U0785928

贵港年鉴

GUIGANG NIANJIAN

2019

贵 港 市 人 民 政 府 主办
贵港市地方志编纂委员会办公室 编

方志出版社
Publishing House of Local Records

图书在版编目（CIP）数据

贵港年鉴．2019 / 贵港市地方志编纂委员会办公室编
．-- 北京 ：方志出版社，2019.12
ISBN 978-7-5144-4044-7

Ⅰ．①贵… Ⅱ．①贵… Ⅲ．①贵港—2019—年鉴
Ⅳ．① Z526.73

中国版本图书馆 CIP 数据核字(2019) 第 285465 号

贵港年鉴（2019）

编　　者：贵港市地方志编纂委员会办公室
责任编辑：顾　洁

出 版 者：方志出版社
　　　　　地址　北京市朝阳区潘家园东里 9 号（国家方志馆 4 层）
　　　　　邮编　100021
　　　　　网址　http://www.fzph.org
发　　行：方志出版社图书经销中心
　　　　　电话（010）67110500
经　　销：各地新华书店
装帧设计：南宁市佳彩广告设计有限公司
印　　刷：深圳市精一瑞兰印刷有限公司

开　　本：889 × 1194　　1/16
印　　张：27.5
字　　数：776 千字
版　　次：2019 年 12 月第 1 版　　2019 年 12 月第 1 次印刷
印　　数：001 ～ 530 册

ISBN 978-7-5144-4044-7　　　　定价：198.00 元

·版权所有　翻印必究·

编辑说明

一、《贵港年鉴》编纂是为贯彻落实国务院《地方志工作条例》，由贵港市人民政府主办，贵港市地方志编纂委员会办公室主编的地方综合性年鉴。始终坚持以马克思列宁主义、毛泽东思想、邓小平理论、“三个代表”重要思想、科学发展观、习近平新时代中国特色社会主义思想为指导，坚持辩证唯物主义和历史唯物主义的立场、观点和方法，全面贯彻党和国家各项方针政策、法律法规，全面反映贵港人民全面建成小康社会的伟大实践。

二、《贵港年鉴(1996—1997)》为首卷，2019年卷是连续公开出版发行第十五卷，是系统记述2019年1月1日至12月31日贵港市行政区域内自然、政治、经济、文化、社会等方面情况的年度资料性文献，为了保持内容的连贯性和完整性，个别条目适当上溯和下延，书前书后内容不受时间限制。

三、2019年卷篇目框架保持相对稳定，仅部分分目作适当调整，设概况、政治、法治、军事、经济、产业、建设　环保、教育　科技、文化　体育　卫生、社会生活、县(市)区、人物12个部类。在书前设数字贵港、图片专辑、特载、大事记，书后设附录和索引。内容涉及综合情况、动态信息、辅助资料三大部分。

四、本年鉴采用分类编辑法，以条目作为基本单位，用黑体字加【　】作为条目标题，一般先以介绍行业、事业的概况条目开篇，后按一项或一事一目的原则设置条目。内容层次的设置，是为了便于读者进行系统地阅读、检索。表示部类与条目之间的层次关系，不反映严格的科学分类体系，行政、企事业单位的排序和层次一般亦不表示其地位和规模。

五、本年鉴使用规范的语体文和记述体，直陈其事，寓论断于叙事之中，文字力求言简意赅。

六、本年鉴的稿件主要由中、区直驻贵单位及市内各部门、各县(市、区)和有关企事业单位提供，并经过相对应单位主要负责人审核。各条目中的统计数据，优先使用统计部门提供的数据，统计部门未列入统计范围的，采用撰稿单位提供的数据。数据价值的绝对数未加注明的，均以当年价格计算，增减百分比除注明外均按可比口径计算。货币单位除特别注明外均按人民币计。“亩”为非法定计量单位，由于本年鉴涉及农业、建设等仍保留“亩”。

七、本年所称“区”“自治区”均特指广西壮族自治区，“市”特指贵港市。

八、本年鉴随书制作有电子版(光盘)，光盘采用多媒体技术和全文检索技术，方便读者查阅。

贵港市地方志编纂委员会

主　　任　农　融

副 主 任　武林东　黄卫平　罗冠荣　农卓松　周桂英

成员单位　市委办　市人大办　市政府办　市政协办　市委编办　贵港军分区　市发展改革委　市工业和信息化局　市教育局　市科技局　市民宗委　市公安局　市民政局　市财政局　市人力资源和社会保障局　市住房和城乡建设局　市交通运输局　市农业农村局　市文化广电体育和旅游局　市卫生健康委　市统计局　贵港日报社　市委党史办　市地方志办　市档案馆　桂平市　平南县　港北区　港南区　覃塘区

《贵港年鉴(2019)》编辑部

主　　编　莫松坚

副 主 编　张金生

执行副主编　周绪明

编　　辑　莫松坚　张金生　周绪明　吴剑华　陈伟容

校　　对　莫松坚　张金生　周绪明　吴剑华　吴群花

资料征集　张金生　周绪明　吴剑华　吴群花

《贵港年鉴(2019)》编写组

（按文稿刊出先后顺序）

市委办公室 邬 裕
市委组织部 陆剑忠 韦锦波
市委宣传部 宋 迪
市委统战部 陈 琦
市委编办 谭瓦厦
市委政研室 潘婷婷
市直属机关工委 陈毅清
市委党校 杨思思
市委老干局 郑良朝
市纪委监委 唐天成
市人大办 宾 华 王 宇
市政府办 何婷婷
市大数据发展和政务局 周剑锋
市人力资源社会保障局 汪建国 刘 丽
市信访局 周忠佳
市外事侨务办 谢日生
市民宗委 陈 杰
市直属机关后勤服务中心 胡煊赫
市政协办 吴国忠
民革贵港市委 彭雪莉
民盟贵港市委 梁带伟
民建贵港市委 覃文晖
民进贵港市委 张 玲
农工党贵港市委 阳沐乎韧
致公党贵港市委 李少兰
市工商联 甘永前
市总工会 麦 夏
团市委 庾 琳
市妇联 李婉凌
市文联 唐鹏飞
市科协 黄仲昆
市侨联 犟 丹
市贸促会 黄小英
市残联 钟 莹
市社科联 罗森壬
市红十字会 卢石才
市委政法委 米 泉
市司法局 梁燕恒 梁伯聪
贵港市中级法院 莫学平
贵港市检察院 姜永明
市公安局 邓勉霞
贵港军分区 朱清松 刘 宇
贵港市消防支队 叶 艺
贵港出入境边防检查站 邓小东
市住房城乡建设局 刘丽水 梁思远
市发展改革委 麦菲菲 刘华富 范翠珊
市投资促进局 黎 航
市扶贫和水库移民局 冼 峰 兰春仁
市产业园区管委会 郑 冰
市财政局 何泰乐
市税务局 陈 洋
市金融办 邓宏水
人民银行贵港市中心支行 蒙莹莹
农发行贵港分行 李勇军
工行贵港分行 黄天晓
农行贵港分行 赖 伟
建行贵港分行 陆伟国
中行贵港分行 黄梓谣
交通银行贵港分行 覃敏丽
邮政储蓄银行贵港分行 吴佳忆

北部湾银行贵港分行　郑冰桃
农村信用合作联社　覃文皆
柳州银行贵港分行　傅姗姗
贵港保险行业协会　孙昭凝
市国资委　李云山
市应急管理局
　　黄立云　梁新荣　龚政媛
　　梁勋宇
市市场监管局　韦海红　韦　波
银保监贵港分局　余丽英
市统计局　李　娟
国家统计局贵港调查队
　　黄崇色
市审计局　李银萍
贵港海关　任才韬
贵港海事局　舒　昊
贵港船舶检验局
　　胡　东　黄　铧
市农业农村局
　　黄彬桃　甘炳铭　李泳仪
　　彭伟雄

市水利局　李二梅
市林业局　黎　烨
市工业和信息化局　范培榕
市二轻联社　甘佳欣
市交通运输局　蒋路遥
贵港公路管理局　麦广朝
西江航运交易所　严昌俊
贵港市邮政管理局　丘　凌
市商务局　韦欣彤
贵港供电局　韦勇娇
贵港盐业分公司　黄东莉
贵港市烟草专卖局(公司)
　　梁小玲
市供销社　李月芬
市文化广电体育和旅游局
　　杨小聪　吴浩阳　韦　玮
电信贵港分公司　何成华
移动贵港分公司　区弘哲
联通贵港市分公司　林嘉欣
贵港市无线电管理处　甘　萍
市自然资源局　黄　瑜

市城市管理监督局　卢　斌
市住房公积金管理中心
　　赵　凤
市生态环保局　温志杰
市教育局　何镇海
市广播电视大学　李　红
市科技局　周　宇
贵港市气象局　卢冬梅
贵港市水文水资源局　廖　伟
贵港日报社　陆筱梅
市档案局　甘　丽
市委党史办　韦有恒
市地方志办　周绪明
市卫生健康委　戴建福
市民政局　吴伟书
港北区　廖广越
港南区　余力为
覃塘区　覃国祥
平南县　覃　永
桂平市　李琼惠

贵港市地图

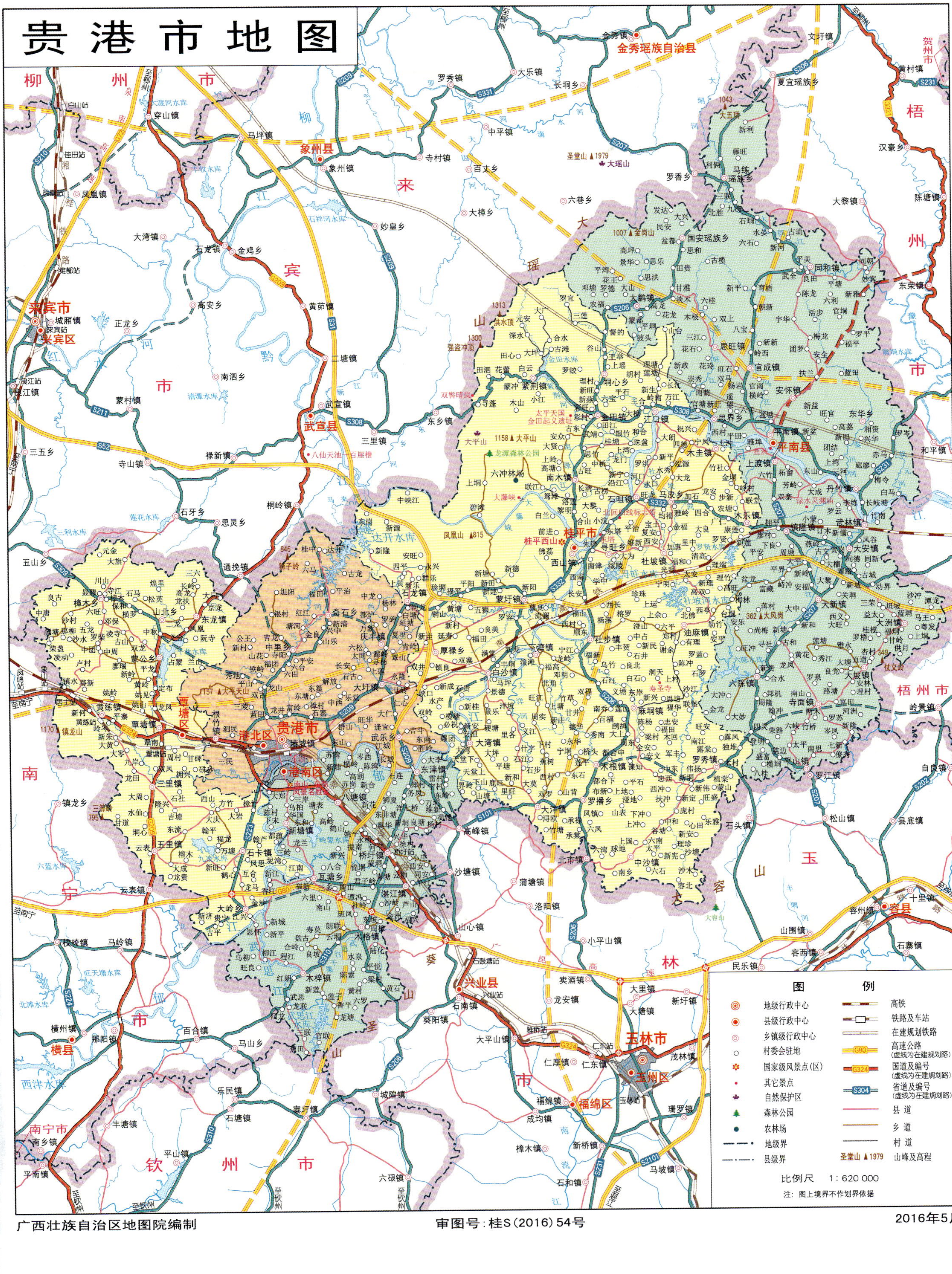

广西壮族自治区地图院编制　　审图号：桂S（2016）54号　　2016年5月

数字贵港 2018

◎ 行政区域面积：1.06 万平方千米
◎ 县（市、区）：5 个
◎ 乡镇：67 个（民族乡 2 个）
◎ 街道办事处：7 个
◎ 年末户籍总人口：561.29 万
◎ 世居民族：3 个
◎ 少数民族人口：98.57 万
◎ 宗教数：4 个
◎ 年末常住人口：440.92 万
◎ 人口自然增长率：9.42‰
◎ 年末城镇人口：220.85 万
◎ 城镇化率：50.09%
◎ 年平均气温：22.5℃
◎ 年平均降雨量：1419 毫米
◎ 矿产资源种类：43 种
◎ 水资源总量：103 亿立方米
◎ 野生动物资源：25 目、56 科、200 多种
◎ 野生植物资源：166 科、533 属、1039 种
◎ 森林覆盖率：46.42%
◎ 地区生产总值：1169.88 亿元
◎ 人均地区生产总值：2.66 万元
◎ 第一产业增加值：198.21 亿元
◎ 第二产业增加值：494.04 亿元
◎ 第三产业增加值：477.63 亿元
◎ 三次产业比重：17∶42.2∶40.8
◎ 居民消费价格涨幅：3%
◎ 财政收入：106.57 亿元
◎ 一般公共财政预算收入：57.22 亿元
◎ 一般公共财政预算支出：263.81 亿元
◎ 全社会从业人员：323 万
◎ 年末城镇登记失业率：1.33%
◎ 农林牧渔业总产值：341.7 亿元
◎ 粮食种植面积：273.85 千公顷
◎ 粮食总产量：147.72 万吨
◎ 稻谷产量：122.3 万吨
◎ 甘蔗产量：227.4 万吨
◎ 肉类总产量：38.93 万吨
◎ 农机总动力：377.03 万千瓦
◎ 农作物耕种收综合机械化水平：62.31%
◎ 工业增加值增长：12.9%
◎ 规模以上工业增加值增长：13.5%
◎ 规模以上工业综合能耗：523.32 万吨标煤

- ◎ 单位 GDP 能耗比上年下降：6.7%
- ◎ 固定资产投资（不含农户）比上年增长：19.8%
- ◎ 社会消费品零售总额：515.24 亿元
- ◎ 外贸进出口总值：27.6 亿元
- ◎ 交通运输、仓储及邮政业增加值：92.66 亿元
- ◎ 公路总里程：8072 千米
- ◎ 客货运周转量 642.52 亿吨公里
- ◎ 港口货物吞吐量：7003 万吨
- ◎ 港口集装箱吞吐量：30.01 万标准箱
- ◎ 民用汽车拥有量：34.82 万辆
- ◎ 邮政业务总量：6.91 亿元
- ◎ 电信业务总量：130.41 亿元
- ◎ 旅游总消费：322.68 亿元
- ◎ 旅游人数：2743.54 万人次
- ◎ 金融业增加值：52.81 亿元
- ◎ 年末本外币各项存款余额：1372.08 亿元
- ◎ 年末各项贷款余额：958.96 亿元
- ◎ 保险业保费收入：37.02 亿元
- ◎ 中等职教、普中、小学学校：1070 所
- ◎ 中等职教、普中、小学在校生：87.62 万
- ◎ 专科申请受理量：2193 件
- ◎ 获得专利授权：926 件
- ◎ 公共图书馆：6 个
- ◎ 博物馆：3 个
- ◎ 文化馆：6 个
- ◎ 医疗卫生机构：4162 个
- ◎ 医院、卫生院病床数：17338 张
- ◎ 卫生技术人员：2.1 万
- ◎ 各类社区服务设施和机构：934 个
- ◎ 城镇居民人均可支配收入：30506 元
- ◎ 城镇居民人均消费支出：19329 元
- ◎ 城镇居民恩格尔系数：38.1%
- ◎ 农村居民人均可支配收入 13786 元
- ◎ 农村居民人均消费支出：9023 元
- ◎ 农村居民恩格尔系数：41%
- ◎ 城镇职工基本养老保险参保人数：21.22 万
- ◎ 城乡居民基本养老保险参保人数：176.35 万
- ◎ 城乡居民基本医疗保险参保人数：496.68 万
- ◎ 失业保险参保人数：10.61 万

罗泊湾大桥　张锦燕　摄

图片专辑

“书记号”品牌建设　推进基层党建

喜庆改革开放40周年　自治区成立60周年

贵港市“六个年”活动

贵港市大招商　招大商

梁敏敏　摄

贵港市智慧城市建设

“奔跑中国”2018首站国际马拉松比赛

第32届全国荷花展

第十一届广西（贵港）园博会

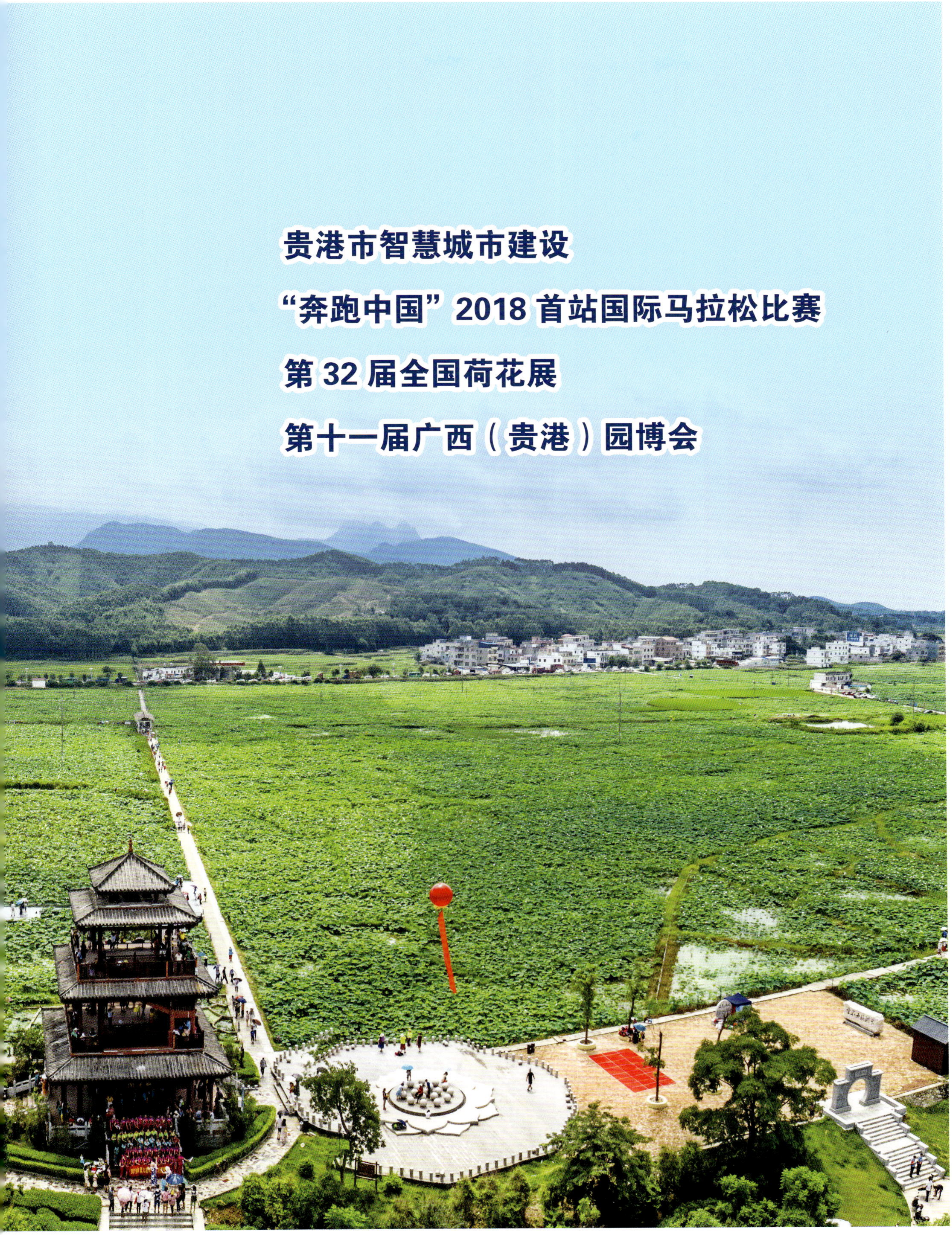

“书记号”品牌建设　推进基层党建

2018年，贵港市按照新时代党的建设总要求，大力践行“担当为要、实干为本、发展为重、奋斗为荣”为政理念，深入实施“五大系列”党建工程，高位推进“书记号”品牌建设。在2016年、2017年创建“书记面对面”“书记问效”、党建联盟品牌建设基础上，2018年再创“市委书记基层直通车”“红色一家”平台，先后实施“夯基系列”工程，推进固本培元“六大行动”、补短克难“五项集中攻坚”、组织力提升工程、党支部建设“对表工程”、党员星级化管理、党员固定日活动等。通过“书记面对面”“书记问效”层层传导压力，形成有部署、有要求、有责任、有落实、有考核的闭环式运行机制；实施党建联盟，实现党群一体化、城乡一体化、党建与业务工作一体化，提升党建工作的整体效应；“市委书记基层直通车”聚焦乡镇（街道）基层党建、脱贫攻坚、乡村振兴等重点领域，倾听基层声音，畅通基层干部意见反馈的渠道，切实解决基层工作中的实际问题；“红色一家”是在广西率先探索实施将党支部建在城市小区，以建设正能一家、管服一家、互助一家、平安一家、健康一家、和谐一家为宗旨，推动形成党建引领共建共治共享的小区治理格局，解决联系服务群众“最后一米”问题。推行“书记号”系列工程，在社会全域实现党建引领，贵港市易地扶贫搬迁项目建设进度、基层党建述职考核评议综合得分排名在全区均实现三连冠。贵港基层党建工作经验“15条”得到在全区推广。9月，“提升基层党组织组织力”研讨会暨第五届全国基层党建创新典型案例征集评选活动启动仪式在贵港市举行，该活动也是首次在北京以外的城市举办。《人民日报》、《广西日报》、人民网等150多家媒体围绕贵港基层党建工作发布报道211篇，人民网、中国共产党新闻网首次同时在头条聚焦报道。

1

1 2018年9月19日，“提升基层党组织组织力”研讨会暨第五届全国基层党建创新典型案例征集评选活动在贵港市启动，图为与会领导按动水晶球　郭晓枫　摄

2 2018年10月26日上午，市委召开第7期书记问效党建工作会议　张智荣　摄

3 2018年3月27日，第一期市委书记“基层直通车”座谈交流会在麻垌镇举行　张智荣　摄

4 2018年3月27日，第一期市委书记“基层直通车”座谈交流会在麻垌镇举行　张智荣　摄

5 2018年4月25日，市委召开第五期书记问效党建工作会议　张智荣　摄

6 2018年9月11日，第三期市委书记基层直通车　张智荣　摄

7 2018年5月8日，贵港市召开市直机关党建“四化”建设现场推进会，参会人员参观市交通运输局机关党建教育示范基地

2

3

4

5

6

7

喜庆改革开放40周年　自治区成立60周年（一）

贵港市是一座具有两千多年历史的古郡新城，1996年由县级贵港市升格为地级市，辖区面积1.06万平方千米，2018年末户籍人口562.17万、常住人口440.92万。中共十八大以来，贵港市紧扣打造新时代“四力”新贵港、加快建成西江流域核心港口和新兴工业城市的总目标，围绕市委“13446”工作思路，以“五大系列”党建工程为引领，深化拓展“六个年”活动，持续开展“大招商、招大商”活动，凝心聚力、开拓创新、真抓实干，全市经济保持高质量快速发展的良好态势，各项民生、社会事业全面进步。连续8年获得全国“双拥模范城”，先后获得国家森林城市、全国森林旅游示范市、2018年度中国十佳营商环境示范城市、2018中国营商环境质量十佳城市等称号。

2017年，贵港生产总值1082.18亿元，比1996年增加973.92亿元，经济总量翻3.3番，年均增长9.9%；财政收入90.03亿元，是1996年的14倍，年均增长13.4%；人均GDP24857元，是1996年的8.6倍，年均增长8.9%；人均财政收2068元，是1996年的12倍。三次产业结构由1996年“一三二”到2017年调整为17.9∶43∶39.1。农业基础不断稳固，2017年农林牧渔业总产值334.75亿元，是1996年的4.1倍，年均增长5.5%。贵港市工业优势支柱产业快速发展，建材、冶金、制糖、板材、电力“老五样”工业格局被改变，新能源汽车和电动车、电子信息、生物制药“新三篇”产业兴起。2017年规模以上工业总产值由1998年的28.96亿元提高到1182.2亿元，年均增长21.6%；规模以上工业增加值由1998年的8.63亿元提高到360.7亿元，年均增长17.1%。服务业不断优化发展，2017年第三产业增加值422.68亿元，是1996年的11.2倍，年均增长9.6%。依托便捷的陆路、水路交通条件、交通运输仓储邮政业是贵港第一大行业。港口货物吞吐能力、船舶运力和造船能力均占广西内河50%以

1

上，2017年港口货物吞吐量6322万吨，是1996年的16.8倍，年均增长14.4%，稳坐华南地区内河港口头把交椅16年。固定资产投资高速增长，2017年达到983.8亿元，是1996年的126.9倍，年均增长25.9%，先后建成投产西江航运枢纽、华润水泥、台泥、华电等，在建的大藤峡水利工程、工业新兴产业等一大批重点建设项目。城镇化建设稳步推进，城镇化率由1996年的23.3%提高到2017年的49%，年均提高1.2个百分点。民生福祉大幅提升，2017年城镇居民人均可支配收入28806元，是1996年的6.4倍，年均增长9.2%；农村居民人均可支配收入12544元，是1996年的6.6倍，年均增长9.4%。

2

1 2016年12月29日，在广西贵港市产业园石卡园，广西华奥新能源汽车正式下线　潘金强　摄
2 2019年10月，贵港市喜庆改革开放40周年　自治区成立60周年　张庆杰　摄
3 2018年，贵港市实现水路货运量15945万吨，港口实现货物吞吐量7003万吨，集装箱吞吐量30.01万标准箱，图为贵港爱凯尔集装箱码头　赖柳生　摄
4 2018年，贵港市农机总动力377.03万千瓦，农作物耕种收综合机械化水平达到62.31%。图为港北区庆丰镇稻谷收割现场　潘金强　摄
5 2018年，贵港市获得2018年度中国十佳营商环境示范城市，图为贵港市一站式服务政务大厅一角
6 广西久久星新能源年产15万台智能电动制造项目首批电动车于2016年6月16日下线，图为久久星生产车间　潘金强　摄
7 广西贵港市嘉龙海杰电子科技产业园生产车间　谭凯兴　摄
8 贵港贝丰科技有限公司电子生产车间　江金莲　摄

3

4

5

6

7

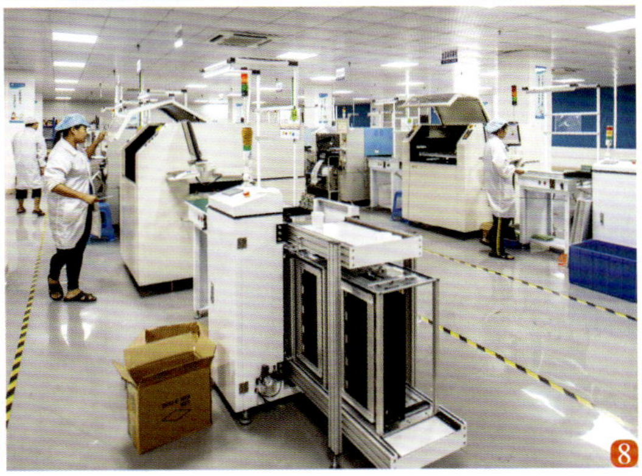
8

喜庆改革开放40周年　自治区成立60周年(二)

1

2

3

4

❶ 2017年10月30日，贵港市委书记李新元在华奥汽车总装车间宣讲中共十九大精神　陈榕玲　摄

❷ 2017年4月27日，贵港市人民医院院士工作站在贵港市人民医院揭牌成立

❸ 2018年5月25日，贵港市智慧城市管理中心建成，图为群众参观智慧城市建设展示厅　张庆杰　摄

❹ 2016年10月28日，第六届广西发明展在贵港市体育中心举办　陈榕玲　摄

❺ 2016年6月21日，贵港市体育中心建成启用，图为体育中心　周开强　摄

❻ 2017年11月30日，第四届中国汽车（房车）露营大会开幕式现场　陈榕玲　摄

❼ 2018年3月4日，国家级IP“奔跑中国”2018赛季首站，“奔跑中国·一带一路”主题第一站——华奥汽车·2018贵港国际马拉松在贵港城区新世纪广场鸣枪起跑　郑文虹　摄

5

6

7

喜庆改革开放40周年　自治区成立60周年(三)

1

2

1 壮美贵港园博园 张庆杰 摄
2 城市绿化建设 周开强 摄
3 2018年7月1日，正式通车的青云大桥 郭晓枫 摄
4 梧（州）柳（州）高速大鹏段 谢胜东 摄
5 景色宜人的草塘区平田屯 张庆杰 摄
6 港南区四季花田 陈榕玲 摄
7 平南县村屯文化活动中心建设 陆庆军 摄
8 城市公园之马草江公园 曹宇政 摄
9 贵港高铁发展 曹宇政 摄

喜庆改革开放40周年　自治区成立60周年（四）

1. 2017年6月22日，贵港市委书记李新元为扶贫拆迁安置户发放钥匙
2. 2017年“百孝之子”“最美家庭”颁奖现场　陈榕玲　摄
3. 三月三歌圩　周开强　摄
4. 医疗服务进社区　陈榕玲　摄
5. 城市新能源公交
6. 抗战老兵服务志愿者队伍　霍伟林　摄
7. 老有所乐　岑永仁　摄
8. 平南石硖龙眼　陈榕玲　摄
9. 桂平市木根镇荔枝喜获丰收　黄华丽　摄

6

7

8

9

贵港市“六个年”活动（一）

①

2018年，贵港市围绕市委“13446”工作思路，持续推行“六个年”活动，即“工业提质增效年、项目建设效益年、企业服务品牌年、城市发展跃升年、县域经济发力年、精准扶贫突破年”活动，全力打造新时代“四力”新贵港，加快西江流域核心港口和新兴工业城市建设。

围绕培育“新三篇”新兴产业和提升“老五样”传统产业，持续开展“大招商、招大商”活动，以落实“工业提质增效年”活动。年内，全市新增签约项目278个，总投资887.8亿元。其中，新增亿元项目205个，投资额820.06亿元。工业增加值同比增长12.9%，规模以上工业增加值增长13.5%，对经济增长贡献率为40.6%。

全市实施“项目建设效益年”活动项目330个。其中，计划新开工项目249个，计划竣工项目81个，年度计划投资143.45亿元。全年实际项目投资同比增长29%，工业投资增长56.8%。在华奥新能源汽车落户贵港的带动下，众泰汽车、久久星汽车、战神专用车等70多家新能源汽车和电动车企业相继落户贵港。

以打造“贵港服务”“贵港速度”“贵港质量”金字品牌，落实“企业服务品牌年”活动。市长服务企业接待日活动协调解决企业问题70个，厅级及各部门领导开展企业挂点服务协调解决300家企业问题365项。贵港市企业投资环境满意度连续两年排名全区第一，被评为“2018年中国营商环境质量十佳城市”“2018年年度中国十佳营商环境示范城市”。

紧扣打赢“城市提升主动仗”，以实现“城市大变化”为目标，开展“城市发展跃升年”活动，建设基础设施项目32个，总投资204.3亿元，全面开展大气污染防治攻坚战、市容市貌整治、交通秩序专项整治等，不断提升城市品质。

以“县域经济大突破”为目标，实施“县域经济发力年”活动，不断加大县域经济发展的引导和扶持力度，县域经济综合实力不断增强，经济结构不断优化，呈现蓬勃发展、加快发展、竞相发展的良好局面。全市地区生产总值1169.88亿元，比上年增长10%。桂平市被评为“广西科学发展先进县”，平南县、覃塘区、港南区被评为“广西科学发展进步县”。桂平市、平南县入选“西部百强县市”、被评为“广西健康产业发展示范县”。

实施“精准扶贫突破年”活动，坚持把脱贫攻坚作为重大政治任务和头号民生工程，大力推进精准扶贫、精准脱贫，完善机制体制建设，加强人员动态管理，加大财政投入，全力推进产业扶贫，全市实现6.42万贫困人口脱贫、111个贫困村摘帽。

2

3

4

1 2018年5月2日，自治区党委书记鹿心社（前中）到广西华奥汽车制造有限公司调研 张智荣 摄

2 2018年5月28日，广西工业高质量发展大会考察团到华奥新能源汽车制造项目现场考察

3 2018年7月17日，贵港市委书记李新元在久久星新能源车辆项目建设现场调研 陈榕玲 摄

4 2018年5月9日，贵港市长农融到桂平市调研脱贫攻坚

贵港市“六个年”活动（二）

1

2

1. 2019年1月14日，贵港市委书记李新元、市长农融出席众泰贵港基地君马乘用车下线仪式，并在新车上签名留念
2. 2018年9月13日，贵港新能源汽车及电动车首次亮相中国—东盟博览会
3. 2018年9月19日，广西工业学院奠基　　陈榕玲　摄
4. 2018年11月9日，第三届中国富硒农业发展大会暨第二届广西贵港富硒农产品博览会开幕　　张智荣　摄
5. 2018年9月26日，贵港市安铂瑞医疗产业投资有限公司举办成立庆典，拉开了贵港医疗器械产业战略布局的新篇章

贵港市“六个年”活动（三）

1

2

1 2018年10月28日，大藤峡工程项目施工现场　　郭晓枫　摄

2 广西柳钢大菱电动车制造公司生产线一角　　郭晓枫　摄

3 2018年8月4日，嘉龙海杰电子产业园电子元件生产车间　　张庆杰　摄

4 广西源安堂药业有限公司生产车间　　陈榕玲　摄

5 2018年8月7日，保利高塑胶制品有限公司生产车间　　张庆杰　摄

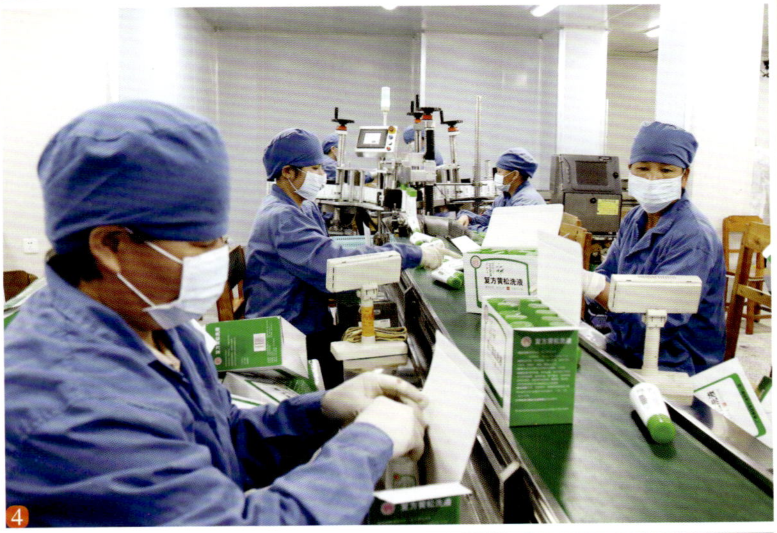

贵港市大招商　招大商

2018 年，贵港市深入落实“13446”工作思路，围绕“工业兴市，工业强市”发展战略，按照“强龙头、补链条、聚集群”要求，坚持招商引资“一号工程”，落实“市带头，县推动，小分队、部门及驻点联动”和“主官工程不动摇”工作机制，强化领导招商；围绕新能源、电子信息、生物制药“新三篇”实施产业招商，引进总投资 35 亿元的平铝生产项目、投资 15 亿元金奔腾汽车服务云项目、投资 10 亿元的安铂瑞医疗产业生产基地项目等，延长其产业链；按照各大产业园区功能定位，实行精准招商。利用各类活动平台加大招商推介，键全完善各项招商机制，深化招商服务、优化营商环

1

2

3

4

境。全市累计新增签约项目 278 个，总投资 887.8 亿元。其中，新增亿元项目 205 个，投资额 820.06 亿元。全市完成实际到位区外境内资金（含续建项目）519.18 亿元，完成自治区下达年任务的 123.61%。招商引资项目到位资金直接占贵港市固定资产投资的 70%。贵港市企业投资环境满意度连续两年排名全区第一，获评为“2018 年中国营商环境质量十佳城市”“2018 年年度中国十佳营商环境示范城市”。

1 获评2018年度中国十佳营商环境示范城市
2 2018年10月16日，贵港市委书记李新元、市长农融在贵港城区会见瑞典诺德斯特吉南集团董事会主席薇薇卡・约翰逊一行
3 2018年12月19日，贵港市委书记李新元率小分队到世界500强企业——徐工集团招商考察
4 2018年10月15，农融率小分队到世界500强企业——比亚迪集团招商考察
5 2018年9月13日，第15届中国—东盟博览会贵港市投资合作项目专场签约仪式在南宁举行
陈榕玲　摄
6 2018年2月27日，贵港市委、市政府召开全市“解放思想再发力、营商环境再优化、赶超跨越再攀登”大讨论暨三年招商工作总结表彰大会
7 2018年，贵港市获环球时报“2018中国营商环境质量十佳城市”殊荣
8 2018年12月19日，贵港市委书记李新元率队赴徐州市考察徐州徐工环境技术有限公司
9 2018年2月1日，贵港市与广西大学举行战略合作框架协议签约仪式，市委书记李新元见证签约

贵港市智慧城市建设

1

2017 年 11 月，贵港市智慧城市建设启动，以“惠民、善政、兴业”为主要目标，重点对行政管理、公共安全、民生服务、产业发展等信息化进行升级。项目探索采用 PPP 模式建设，成为广西区内首个以 PPP 模式进行综合开发、投资额最大的智慧城市建设项目，总投资 25.2 亿元，被列为国家发改委、财政部 PPP 项目执行库的智慧城市建设项目。按照“一云、一网、一图”总体框架和“1+2+4”模式推进项目建设，先后建成大数据平台、云计算中心和智慧城市管理中心，设计包括智慧交通、智慧政务、智慧教育等 26 个子项目。截至 2018 年底，贵港智慧城市建设完成 198 个系统部署和 16 个政府付费项目建设，形成高质量数据 7575 万条，32 个部门实现数据的交换共享，发布数据目录 545 项。2018 年 8 月，在 2018 中国智慧城市国际博览会上，贵港智慧城市建设模式作为全国 4 个最佳实践案例之一发布；9 月，在中欧绿色和智慧城市峰会上，贵港获得“技术创新奖”；11 月 9 日，2018 中国（贵港）绿色智慧城市发展高峰会议在贵港市开幕。

1 2018年5月25日，李新元主持召开智慧城市项目推进会　张智荣　摄
2 2018年5月25日，贵港市委书记李新元、市长农融在智慧城市管理中心调研　张智荣　摄
3 2018年5月25日，贵港市委书记李新元、市长农融在智慧城市管理中心调研　张智荣　摄
4 2018年5月25日，贵港市智慧城市管理中心揭牌　张智荣　摄
5 贵港市智慧城市管理总控厅　陈榕玲　摄
6 2018年11月9日，2018中国（贵港）绿色智慧城市发展高峰会议在贵港市开幕　陈榕玲　摄

2

3

贵港市智慧城市管理中心
4

5

2018' 中国（贵港）绿色智慧城市发展高峰会议
China (Guigang) Green & Smart City Development Summit 2018
6

“奔跑中国”2018 首站国际马拉松

2018 年 3 月 4 日，国家级 IP“奔跑中国”2018 赛季首站，“奔跑中国·一带一路”主题第一站——华奥汽车·2018 贵港国际马拉松在贵港城区新世纪广场鸣枪起跑。比赛设马拉松 (42.195 千米)、半程马拉松 (21.0975 千米)、迷你马拉松 (约 4 千米) 三个项目。参赛运动员设置马拉松 2000 人、半程马拉松 3000 人、迷你马拉松 5000 人，来自全国 20 多个省市及港澳台地区近 8000 名选手报名参赛，邀请了 2018 年平昌冬奥会短道速滑男子 500 米冠军武大靖助阵比赛。此次比赛成为贵港市首次万人奔跑、全城参与、全民观赛的大型马拉松赛事，由 CCTV-5 全程直播，中央电视台新闻联播主持人欧阳夏丹从“两会”新闻主播台加入“奔跑中国”直播台，与中央电视台主持人沙桐共同主持直播。

经过角逐，中国选手斯国松、张景霞分别以 2 时 33 分 32 秒、2 时 58 分 30 秒的成绩分获男、女组第一名，中国选手石吉林、周清兰以 1 时 13 分 51 秒、1 时 28 分 15 秒的成绩分别获得半程马拉松男、女组第一名。

1

2

3

4

5

6

1 2018年3月4日，奔跑中国·2018贵港国际马拉松赛暨“一带一路”赛首站比赛在贵港市举行，市委书记李新元等领导参加赛事

2 2018年3月4日，起跑现场　郑文虹　摄

3 2018年3月4日，贵港市委书记李新元向女子全程马拉松冠军获得者表示祝贺　张庆杰　摄

4 2018年3月4日，奔跑中国·2018贵港国际马拉松赛暨“一带一路”赛首站比赛在城区新世纪广场鸣枪起跑　陈榕玲　摄

5 2018年3月4日，比赛现场　梁敏敏　摄

6 2018年3月4日，李新元给男子全程马拉松前三名颁奖　张智荣　摄

第 32 届全国荷花展

2018 年 6 月 26 日至 28 日，第 32 届全国荷花展在贵港市开展。该届荷花展以“我芳香 2000 年，只为等你来”为主题，以荷花为主角、以荷文化为主线，举办系列荷花展示及荷花文化交流活动，将荷文化、美食文化、群众娱乐休闲以及乡村旅游文化相结合。在贵港园博园设主会场，贵港覃塘区荷美覃塘景区、港南区四季花田生态观光园、市区新世纪广场和民族文化公园等设分会场。主会场展出 500 多个品种、4 万盆缸栽、2 万平方米水栽荷花，“荷美覃塘”分会场展出 300 多个品种、3000 多亩连遍荷花。

26 日晚，第 32 届全国荷花展览暨贵港市第五届“美丽贵港·我爱荷城”荷花展在贵港园博园举行隆重开幕式，演出中国首部荷文化“情景集”——大型浸透式情景诗画《荷城往事》，以“风、情、缘、梦”4 个篇章组成，展现贵港人文风采、天文地理、人间四季、精神风貌。开幕式在广西电视台新闻频道全程直播，人民网、新华网、央视新媒体、新浪、网易等进行现场直播，贵港新闻网“新华社现场云”进行网络直播，贵港电视台、贵港手机台并机直播。

1

1 2018年6月27日，李新元、农融等市领导与社会各界同游园博园共赏荷花　　张智荣　摄

2 2018年6月26日，第32届全国荷花展在贵港开幕，中国首部荷文化“情景集”——大型浸透式情景诗画《荷城往事》演出

3 晚霞中的贵港市行政中心　　梁敏敏　摄

4 贵港园博园一角　　梁敏敏　摄

5 贵港园博园一角　　梁敏敏　摄

第十一届广西（贵港）园博会

1

2018 年 1 月 21 日，第十一届广西(贵港)园林园艺博览会在贵港园博园开幕。博览会以"水韵古郡·活力荷城"为主题，依托鲤鱼江滨水、田园、湿地风光，利用自然地形和水体，就地掘池，因势堆山，打造"一轴托两翼、三带十六景"的景观结构，通过挖掘贵港深厚历史文化底蕴，同时展现广西各地市的风情风貌，满足园林艺术展示、丰富生态湿地体验、提供休闲文化娱乐、突显荷文化特色的综合性园林园艺博览园。

2

贵港园博园位于贵港市中心城区西南角，规划建设用地总面积 1246 亩。于 2017 年 5 月开工建设，2018 年 1 月 21 日开园，园区建设历时 9 个月。建成主展馆、14 个地级市参展园，以"寄情山水、畅游人文"为主题，结合广西地理位置和各城市特色，将贵港园之外的 13 个城市展园区划分为乐水之乡、民族风情、山园田居 3 个分区，通过发掘各地市的人文景观特色，充分展现八桂大地不同城市的景观特征。

博览会突出生态、技术、绿色博、百姓园博四大特点，为市民提

供集休闲、娱乐、健身于一体的大型城市公共空间。期间，安排插花艺术展、盆景艺术展、书法展、摄影展、写意荷花展、工艺品美术展等文化展示类活动，举行集体游园及各地市“城市活动日”开园仪式，结合贵港市的特色设置新能源工业展、特色农产品展等特色展示活动。

1 开幕式
2 贵港市委书记李新元、市长农融陪同自治区政协主席蓝天立参观开幕式艺术展　　郑文虹　摄
3 园博园开幕式现场　　郑文虹　摄
4 南宁园开园
5 贵港园　　郑文虹　摄
6 园博园位置全景　　张庆杰　摄

1

2

1 园博园夜景 郑文虹 摄
2 鸟瞰南宁园 张庆杰 摄
3 园博园一角 张庆杰 摄
4 园博园夜景 郑文虹 摄

3

4

目　　录

特　　载
Feature

大 事 记
Chronicle of Major Events

概　　况
Overview

政　　治
Politics

法 治
Rule of Law

军　事
Military

经　济
Economy

产　业
Industry

建设　环保
Construction Environmental Protection

教育　科技
Education Science and Technology

文化　体育　卫生
Culture Sports Health

社会生活
Social Life

县(市)区
Counties and Districts

人　物
Figures

附　录
Appendix

索　引
Index

特　　载

政府工作报告

——2019年1月13日在贵港市第五届人民代表大会第四次会议上

市长　农　融

一、2018年工作回顾

过去一年，在自治区党委、政府和市委的坚强领导下，在市人大及其常委会和市政协的监督支持下，在市中级人民法院和市人民检察院的司法保障下，我们坚持以习近平新时代中国特色社会主义思想为指导，深入贯彻党的十九大和十九届二中、三中全会精神，持续深入落实“三大定位”新使命和“五个扎实”新要求，认真贯彻中央、自治区和市委的决策部署，按照市委提出的“13446”工作思路，坚持“稳中求好、好中快进”发展主基调，牢固树立新发展理念，认真落实高质量发展要求，深化细化“六个年”活动，持续开展“大招商、招大商”活动，凝心聚力，开拓创新，真抓实干，经济社会全面发展、均衡发展，呈现出质量高、增速快、后劲足的良好态势，较好完成了市五届人大三次会议确定的目标任务。

（一）经济发展稳中向好、好中快进

地区生产总值1169.9亿元，增长10%，全区排名第二，连续三年实现逆势提速、高速增长；财政收入突破100亿元，达106.6亿元，增长18.4%，增速全区排名第一；固定资产投资增长19.8%，连续三年全区排名第一；居民人均可支配收入22175元，增长9%；主要经济指标增速均排名全区前列，全部超额完成年初确定的目标任务。

2019年1月13日，贵港市五届人大四次会议在贵港城区召开

工业经济扩量提质。深化细化“工业提质增效年”活动，推动出台《广西战略性新兴产业城（贵港）三年行动计划（2019—2021年）》，制定《关于推动贵港工业高质量发展的决定》及支持企业做大做强相关奖励办法，推动工业高质量发展。全市规模以上工业总产值增长22.6%，规模以上工业增加值增长13.5%、全区排名第三。新兴产业加速集聚，产值增长37.2%，获自治区定位为广西战略性新兴产业城。工业投资增长55.7%，全区排名第一，获评为广西工业投资评价优秀

单位;久久星专用车下线,众泰贵港基地君马乘用车即将下线,贵和科技、爱玛电动车等项目试产,荷美专用车获得整车生产资质,上马科技、柳钢大菱电动车获国家3C认证。传统产业提档升级,荣获“中国南方板材之都”称号,林板纸产业产值增长54%;纺织服装、建材等产业产值增速均超过20%。预计企业技改投资增长46.2%,全区排名第一;贵钢特种钢技改项目投产,华润(平南)绿色工厂入选工业和信息化部绿色制造名单。新入库规模以上工业企业127家,全区排名第一;贵钢集团入选中国制造业企业500强,5家企业入选“广西百强企业”。

农业现代化步伐加快。农林牧渔业总产值341.7亿元,增长5.5%。粮食总产量147.2万吨,桂平市、港南区、覃塘区获中央财政常规产粮大县奖励。现代特色农业示范区增点扩面提质升级,累计建成自治区级现代特色农业核心示范区13个。“中国硒港”影响力扩大,荣获“全国富硒农业示范基地”称号,新增自治区认证富硒农产品15个、广西名优富硒产品4个。成功创建桂平维军生态国家级稻渔综合种养示范区、平南石硖龙眼中国特色农产品优势区,港北农业科技园被认定为广西农业科技园区。新增市级以上农业产业化龙头企业22家、农民专业合作社698家、家庭农场130家。畜禽规模养殖场生态养殖占比75%,494家养殖场通过广西畜禽现代生态养殖认证。“双高”糖料蔗基地建设扎实推进。农作物耕种收综合机械化水平62.1%。

现代服务业优化升级。社会消费品零售总额551.2亿元,增长7.6%;万达广场和上亿国际汽车城开业,广西永泰跨境电商产业园开园,建成登龙桥农贸市场、蓝田村农贸市场,开工建设贵港易农国际农产品交易中心、贵港吾悦城市广场;成功举办第三届中国富硒农业发展大会、中国—东盟林木高峰论坛、新能源汽车展等活动。港口货物吞吐量突破7000万吨,增长10.8%;集装箱吞吐量30万标箱,增长35.1%;贵港进境粮食指定口岸通过国家验收,贵港口岸核心能力建设通过海关总署复核;建成国际贸易“单一窗口”,关检业务实现“一次申报”。实施“旅游强市”战略,全力打造特色旅游品牌,接待游客总人数增长28.1%,旅游总消费增长34.5%,荣获“全国森林旅游示范市”称号,桂平市被评为“广西特色旅游名县”;平南龚州生态园、雄森动物大世界、北帝山旅游区和荷美覃塘景区被评为4A级景区,新增四星级以上乡村旅游区(农家乐)6家、广西休闲农业与乡村旅游示范点5家,西山泉旅游度假区被评为自治区级旅游度假区;成功举办中国健身名山登山赛、中国旅游日(广西分会场)等旅游活动。金融服务实体经济能力进一步增强,金融机构贷款余额增长17.7%。餐饮、住宿、保险、快递、电信等服务业稳步发展。

项目建设成效明显。深化细化“项目建设效益年”活动,全力推动项目多开工、多竣工,早开工、早竣工,736个主要建设项目完成投资401亿元,其中新开工项目220个、竣工90个;中央预算内投资项目开工率全区排名第一,自治区层面统筹推进重大项目投资完成率全区排名第三。储备项目1788个,634个列入自治区重大项目三年滚动计划储备项目库,24个纳入国家发展和改革委PPP项目库,8个纳入财政部PPP项目库。项目建设用地保障得到加强,新增建设用地指标1.15万亩,盘活存量建设用地2.9万亩,完成土地征收5.3万亩。

县域经济整体跃升。实施乡村振兴三年行动计划,深化细化“县域经济发力年”活动,预计五个县市区地区生产总值增速均高于全区平均水平。桂平市被评为“广西科学发展先进县”,平南县、覃塘区、港南区被评为“广西科学发展进步县”。桂平市、平南县入选“西部百强县市”、被评为“广西健康产业发展示范县”。港北区主要经济指标增速在广西21个主城区中排名前列。

创新能力持续增强。新增国家授权专利232件,每万人口发明专利拥有量增长38.8%,增速全区排名第一。新增国家高新技术企业14家、国家级星创天地1家。贵港高新技术产业开发区获自治区政府批复设立,新增自治区级农业科技园区2家、创新小镇2家、院士工作站1家。完成科技成果转化项目25项,任务完成率连续两年全区排名第一。完成技术交易额13.5亿元,增长10倍,增速全区排名第一。实施“商标品牌”战略成效凸显,新增注册商标1840件,增长24%。“质量强市”战略深入推进,14个产品荣获“广西名牌”称号。广西新能源电动车质检中心投入使用。

(二)改革开放纵深推进

营商环境不断优化。荣获“2018中国营商环境质量十佳城市”和“2018年度中国十佳营商环境示范城市”称号,企业投资环境满意度连续两年全区排名第一。取消行政审批事项10项,调整行政许可事项41项。行政审批中介超市服务基本实现投资项目全覆盖,中介服务提速60%以上,服务收费降低20%以上。市本级政务办事1066项实现“最多跑一次”,79

项实现“一次不用跑”。认真贯彻中央和自治区降低实体经济企业成本政策措施，减轻企业负担23亿元。深化细化“企业服务品牌年”活动，持续开展“市长服务企业接待日”“市政府服务接待日”活动，切实解决企业提出的问题。组建贵港市12345便民服务中心，对市民咨询投诉实行一个平台受理、多个渠道分办、统一口径反馈。

重点领域改革富有成效。改革组建工业投资集团、农业投资集团、文化旅游投资集团。推进11家经营类事业单位改革。河长制湖长制验收考评成绩全区排名第一。财政改革进一步深化，财政管理工作获自治区督查激励通报。推进西江农场土地管理综合改革，与广西农垦局签订了《贵港市规划利用广西农垦西江农场土地协议》。县级公立医院综合改革效果评价通过国家复核，国有林场改革通过自治区验收，农村土地承包经营权确权登记颁证工作经验在全区推广。机构改革稳步推进，安全生产、不动产登记、金融、供销等重点领域改革有序推进。

招商引资持续发力。新增签约项目278个，合同投资额887.8亿元，增长8.3%，其中亿元以上项目205个，合同投资额820.1亿元，平铝轻量化车厢、贵和科技、金奔腾汽车服务云、安铂瑞医疗、中化集团新型肥料等项目落户。产业链招商取得新进展，成功引进“新三篇”项目18个，合同投资额142.5亿元。新开工招商项目178个；实际利用内外资519.2亿元，增长14.9%，增速排全区前列。

对外交流合作进一步加强。外贸进出口总额26.7亿元，增长12%；加工贸易进出口总额9.7亿元，增长115%，增速全区排名第一；实际利用外资4002万美元，增长17%。加强与美国蒙特利公园市、墨西哥梅里达市、越南富寿省的交流交往；积极推动中华文化走出去，外派华文教师工作全区领先。

（三）城乡基础设施不断完善

城市功能品质得到提升。深化细化“城市发展跃升年”活动，全面启动城市总体规划修编，有序推进西江新城控制性详细规划和广西第二汽车生产基地规划编制工作。青云大桥全线贯通，高铁广场一期投入使用，贵港园博园开园，一级连线道路改造工程、西江大桥维修加固工程完工，郁江两岸综合治理工程、金港大道东段高架桥、北环西环路改造工程、城区河湖连通工程等项目扎实推进。完成中心城区6条支路“白改黑”。基本消除城区道路雨后重大内涝积水点。推进“公交都市”建设，提供多样化的公交服务。智慧城市建设走在全区前列，荣获2018中欧绿色和智慧城市“技术创新奖”，成功承办2018中国绿色智慧城市发展高峰会议；建成大数据平台、云计算中心和智慧城市管理中心，智慧党建、智慧市政、智慧消防、智慧教育、智慧交通、智慧政务、智慧环保上线试运行。深入开展文明城市、卫生城市、食品安全示范城市、森林城市、园林城市、生态文明建设示范城市“六城”创建工作，荣获“国家森林城市”称号，继续保持“广西卫生城市”称号；在自治区文明城市实地测评中，得分全区排名第一；食品安全质量水平持续提升，园林绿化美化景观提档升级，城市生态环境更加宜居，广大市民享受到更高品质的城市生活。成功举办第32届全国荷花展览、第十一届广西园林园艺博览会。城镇建设力度加大，4个特色小镇列入自治区特色小镇培育名单。常住人口城镇化率达49.5%。

交通网络建设加快。贵港至隆安高速公路、荔浦至玉林高速公路、覃塘至石卡产业园一级公路等项目顺利推进，西外环高速公路、“九路两桥”项目全面启动，江南工业园至桥圩、猫儿山至武乐、木格至寨圩等8条公路开工。苏湾作业区进港公路通车，武林港二期、苏湾作业区一期竣工，贵港航运枢纽二线船闸工程建设加快。苏湾作业区进港铁路支线和郁水作业区进港铁路支线纳入国家“十三五”港口集疏运系统建设方案。

农村基础设施明显改善。推进大藤峡水利枢纽、病险水库除险加固、农田水利工程和中小河流治理等水利项目建设，总投资达46.5亿元。新增恢复改善灌溉面积39.4万亩，新增高效节水灌溉面积5.1万亩。实施农村饮水安全巩固提升项目50个，受益人口15.7万人。实施水库移民新村项目45个，受益群众3万多人。“四好农村路”建设加快，新建、改扩建农村公路646公里，71.6%的乡镇通二级路，88.4%的行政村开通客运班线。投入3.6亿元改造农村电网，新建改造低电压台区2054个。

（四）生态环境得到改善

深入贯彻落实习近平生态文明思想，切实担负起生态环境保护的政治责任，出台全面加强生态环境保护“1+4”系列文件，制定工作考核办法，健全完善工作机制，层层压实责任，生态环境保护工作上新台阶。

污染防治成效初显。全力攻坚蓝天保卫战，开展大气污染防治“百日攻坚”行动，空气质量得到改善。积极开展清水行动，建成镇级污水处理厂10个，城西污水处理厂提标改造工程、城东污水处理厂项目、城区污水直排口截污工程加快推进;率先在全区完成市本级集中式饮用水水源地环境问题整改,主要江河水考核断面水质达标率100%,县级以上集中式饮用水水源地水质达到或优于Ⅲ类标准;城区黑臭水体治理和非法网箱养殖整治成效明显。扎实推进净土行动,没有突发土壤污染环境事故。认真整改中央环境保护督察组“回头看”反馈问题,及时解决了一批突出环境问题,清理整治“散乱污”企业808家,群众举报环境问题处理率100%。

节能减排取得新成绩。单位地区生产总值能耗下降3%,能耗总量控制在自治区下达目标任务内,规模以上万元工业增加值能耗下降10.3%。实行最严格水资源管理制度,落实水资源消耗总量和强度“双控”目标,全市用水总量、万元地区生产总值用水量、万元工业增加值用水量控制在自治区下达目标任务内。

“美丽贵港”乡村建设加快。实施“厕所革命”,新建改建旅游和市政厕所56座,改造农村厕所6万户。完成农村改厨6万户。实施农村环境综合整治项目40个,建成“清洁田园”生态田园示范片区143个。港北区荣获“自治区级生态县”称号,15个乡镇荣获“自治区级生态乡镇”称号,平南县镇隆镇富藏村荣获“全国生态文化村”称号。完成造林15.03万亩,森林覆盖率46.42%。

(五)民生福祉持续增进

加大民生投入,民生领域财政投入增长13.6%,支出占比达83.5%。以广西第一名的成绩入选中国地级市民生发展100强。

脱贫攻坚有新突破。深化细化“精准扶贫突破年”活动,预计111个贫困村、6.41万贫困人口脱贫摘帽,贫困发生率下降到2.8%。贫困人口建档立卡数据质量排名全区第一。在自治区扶贫开发成效考核中,桂平市获一等等次,平南县、港北区、港南区、覃塘区获二等等次。产业扶贫扩面增效,县级“5+2”特色产业覆盖率91%,建成105个就业扶贫车间,所有贫困村集体经济收入达3万元以上。易地扶贫搬迁综合进度全区排名第一,在全区率先完成“十三五”易地扶贫搬迁安置任务。建设村屯道路694.9公里,改造农村危房9686户。发放贫困户学生奖助学金1.1亿元、惠及贫困学生6.4万人次。农村最低生活保障标准提高12.5%。健康扶贫“198”工作落实到位,一站式保障系统全面建成;建档立卡贫困人口城乡居民基本医疗保险参保率100%,贫困人口住院费用报销比例90%以上。认真整改自治区巡视组扶贫领域机动式巡视反馈问题。

教育事业全面发展。建成中山小学、港南一小、桂平凤凰小学等6所小学和中山幼儿园、油麻中心幼儿园、国安瑶族乡甘雅幼儿园等6所幼儿园;开工建设荷城二中、港南三中、平南工业园初中、覃塘实验小学等27所学校;贵高新校区建设加快。学前三年毛入园率87%。五个县市区全部通过国家义务教育均衡发展督导评估。高中教学质量有新提升,高考每万人口本科上线率全区排名第一。高等教育迈出新步伐,广西工业学院项目开工,广西物流职业技术学院项目加快推进。职业教育、民办教育持续健康发展,其他各类教育取得新成绩。教育信息化工作再上新台阶,村完全小学以上学校校园网建成率94.7%,全区排名第一。

民生保障能力不断增强。城镇新增就业1.9万人,农村劳动力转移就业新增4.6万人,城镇登记失业率1.35%,比控制目标任务数低3.22个百分点;有效落实就业创业政策,获自治区督查激励通报。“五险”参保人数743万人次。企业、机关事业单位退休人员养老金月人均分别提高了4.1%和6%。建成市社会福利中心、康乐湾养老中心,创建示范性基层老年协会26家,港南区四季花田获“自治区养生养老小镇”称号。投入5亿多元,保障城乡低保对象、特困人员、残疾人、优抚对象、孤儿和老年人生活。防灾减灾工作得到加强,防汛抗旱工作扎实有效。保障性住房建设力度加大,新开工棚户区改造住房10874套。

文化事业更加繁荣。新建村级公共服务中心104个。“荷城”城市品牌、“和为贵”文化节影响力进一步扩大,大型历史题材话剧《压舱石》获第十届广西戏剧展演桂花铜奖,纪录片《大藤峡》在广西卫视和广东卫视播放,被列为自治区文艺精品。历史文化遗产得到保护传承,完成罗泊湾漪澜塔修缮,建成3个自治区级非物质文化遗产保护工作平台,港北壮族油纸伞制作技艺和桂平石龙壮族春牛舞入选自治区级非物质文化遗产代表性项目名录;5个村落入选中国传统村落名录;在第二届东盟地区论坛城市应急救援研讨班上,传承180多年的《平南大安消防节》得到了与会国家和国际组织的高度评价。在全区地级电视台率先启用高清播出系统。意识形态工作得到加强,社会主义核心价值观深入人心。黄大年纪念馆开馆,爱国主义教育广泛开展。

健康贵港建设加快。医疗卫生事业健康发展,实施卫生基础能力建设项目53个,市妇幼保健院新院投入使用。落实分级诊疗制度,医联体建设加快,基本实现大病不出县。基层卫生服务能力得到提升，17家乡镇卫生院荣获国家级“群众满意的乡镇卫生院”称号。全民健身活动广泛开展，成功举办国际马拉松赛、国际龙舟邀请赛、全国健美健身公开赛等重大赛事。

安全生产形势总体稳定。深入开展“落实企业安全生产主体责任”和“强监管、严执法”专项行动，深化安全隐患大排查大整治，没有发生重特大生产安全事故。在全区率先实行企业现场作业岗位安全生产信息公开告知制度。推行安全生产责任保险制度，企业安全生产责任险参保率全区排名第一。

庆祝自治区成立60周年活动圆满成功。出色完成广西壮族自治区成立60周年大庆各项任务。筹措87.7亿元，实施了社保惠民、健康惠民、教育惠民等33个大庆惠民实事项目。各项活动隆重热烈，俭朴务实，突出政治性，充分展示了我市民族团结、经济繁荣、社会进步、奋力跨越的新气象，得到中央代表团的充分肯定。

其他各项社会事业上新台阶。“平安贵港”建设深入推进，“维稳基石工程”深入实施，信访“三场硬仗、五大活动”取得较好成效；扫黑除恶专项斗争成效全区首次测评调查得分全区排名第一，社会治安形势明显好转，人民群众安全感满意度持续提升。普法依法治理工作深入开展，普法宣传走在全区前列，村居法律顾问实现全覆盖。宗教工作扎实开展。国防教育、国防动员、民兵调整改革、人民防空、军事设施保护和双拥优抚安置等工作迈出新步伐，创建自治区“双拥”模范城“十连冠”通过自治区考评验收。对台、侨务、统计、绩效、物价、编制、档案、地方志、应急管理、地震、公积金、粮食、机关事务管理、二轻联社等工作取得新成效，工会、共青团、妇联、科协、文联、残联、贸促会、社科联、工商联、红十字会和法学会等群团组织在促进经济社会发展中发挥积极作用，税务、海关、海事、农垦、邮政、水文、气象、烟草、盐业、石油化工、船舶检验、地质勘探、无线电管理等中区直各部门和驻贵部队、武警官兵、消防指战员为贵港经济社会发展做出新贡献。

（六）政府自身建设得到加强

深学真信笃用习近平新时代中国特色社会主义思想，推进“两学一做”学习教育常态化制度化，广大党员干部“四个意识”不断增强，“四个自信”更加坚定，始终做到坚决维护习近平总书记党中央的核心、全党的核心地位，维护党中央权威和集中统一领导。切实履行全面从严治党主体责任和党风廉政建设“一岗双责”，认真落实中央八项规定及其实施细则精神，持之以恒纠正“四风”，严格执行国务院“约法三章”。抓好自治区党委第七巡视组反馈意见整改。修订《贵港市人民政府工作规则》。坚持重大问题向市委请示报告，坚持重大事项向市人大常委会报告，向市政协通报，自觉接受监督，人大代表建议和政协提案办复率均为100%。加强法治政府建设，提请人大审议《贵港市烟花爆竹燃放管理条例（草案）》《贵港市城市道路管理条例（草案）》；全面推行政府法律顾问制度，强化行政执法监督工作，行政复议、行政应诉工作得到加强。完善公众参与、专家论证和政府决定相结合的决策机制。强化审计监督，狠抓督查落实，政府执行力和公信力不断提升。加强政务公开，主动公开各类政务信息。

过去一年取得的成绩实属来之不易。这是习近平新时代中国特色社会主义思想科学指引的结果，是党中央、国务院和自治区党委、政府坚强领导和亲切关怀的结果，是市委统揽全局、科学决策的结果，是市人大及其常委会法律监督、工作监督和市政协民主监督的结果，是市中级人民法院和市人民检察院司法保障的结果，是全市各级各部门和全市各族人民团结奋斗的结果。在此，我代表市人民政府，向全市各族人民，向人大代表、政协委员，向人民法院和人民检察院，向各民主党派、工商联、无党派人士、各人民团体，向驻贵人民解放军、武警官兵、公安司法干警、消防指战员，向中区直驻贵各单位，向所有关心支持贵港发展的社会各界人士表示崇高的敬意和衷心的感谢！

我们也清醒地看到，我市经济社会发展中还存在不少困难和问题：高质量发展的基础还不够牢，新旧动能转换步伐还不够快；城市功能品质有待优化，城市综合管理水平有待提高；生态环境保护、民生领域还有不少短板，基本公共服务保障能力还不强，影响社会和谐稳定的风险点还有不少。一些政府工作人员的服务能力、担当意识还不够强，“四风”问题尤其是形式主义、官僚主义仍一定程度存在。我们一定要直面问题，敢于担当，锐意进取，尽心竭力做好工作，不断开创政府工作新局面。

二、2019年工作安排

2019年是新中国成立70周年，是全面建成小康社会关键之年，也是全面贯彻落实习近平总书记重要题词精神的第一年。做好今年工作意义重大，影响深远。我们要进一步坚定发展信心、保持战略定力，乘势而上、主动作为，奋力谱写新时代贵港发展新篇章。

今年政府工作总体要求是：坚持以习近平新时代中国特色社会主义思想为指导，深入贯彻党的十九大和十九届二中、三中全会精神以及中央庆祝改革开放40周年大会、中央经济工作会议、自治区党委十一届五次全会、全区经济工作会议精神，按照“建设壮美广西、共圆复兴梦想”的总目标总要求，持续深入落实“三大定位”新使命和“五个扎实”新要求，统筹推进“五位一体”总体布局，协调推进“四个全面”战略布局，围绕建设六“壮”六“美”新广西，按照市委提出的“13446”工作思路，坚持新发展理念和“稳中求好、好中快进”发展主基调，深入实施“五提升一决胜”六个年活动，统筹推进稳增长、促改革、调结构、惠民生、防风险工作，保持经济持续健康发展和社会大局稳定，为全面建成小康社会收官打下决定性基础，迈出打造新时代实力活力魅力给力新贵港，加快建成西江流域核心港口和新兴工业城市的坚实步伐，开启建设壮美广西、共圆复兴梦想新征程，以优异成绩庆祝中华人民共和国成立70周年。

根据总体要求，今年经济和社会发展的主要预期目标是：地区生产总值增长9%，财政收入增长10%，固定资产投资增长15%，规模以上工业增加值增长13%，社会消费品零售总额增长10%，外贸进出口总值增长10.5%，万元地区生产总值能耗下降2%，主要污染物排放总量控制在自治区下达目标内，居民人均可支配收入增长9%，居民消费价格指数涨幅控制在3%左右，城镇登记失业率控制在4.3%以内，城镇新增就业1.7万人，常住人口城镇化率49.9%，农村贫困人口减少7.46万人。

为实现上述目标，我们将重点做好以下几方面工作：

（一）构建现代产业体系，推动经济高质量发展

推动新旧动能转换和融合发展，调整优化产业结构，提高经济质量效益。

发展壮大工业经济。深入开展“工业发展提升年”活动，年内规模以上工业总产值增长23%以上。围绕建成战略性新兴产业城目标，大力发展新能源汽车、新一代信息技术、生物医药、智能装备制造、精细化工、新材料等产业，加快推进华奥二期、平铝轻量化车厢、石药泰诺、振华通讯等重大工业项目，推动腾骏、赛尔康、嘉龙海杰、爱玛、达庆生物等企业发展壮大。优化升级传统产业，抓好桥圩·中国羽绒谷、金源生物扩建、平南科技生态纺织园、华润装配式建筑等重点项目，推动建材、木材加工、冶金、羽绒、服装等优势产业“二次创业”。完善园区基础设施和配套设施，规划医药产业园，提升园区承载力，年内园区规模以上工业总产值占全市规模以上工业总产值的70%以上。

提升改造现代服务业。提升改造贵港储运贸易物流园，加快推进苏湾（西江）现代物流园、美家居国际博览城二期等项目，新建或改造城区农贸市场3个以上。举办富硒农产品、新能源汽车等各种展会和促销活动，提高贵港产品品牌知名度和影响力。加快发展港口运输业，年内港口货物吞吐量增长5%以上。大力实施“旅游强市”战略，年内旅游接待总人数增长28%以上、旅游总消费增长35%以上。积极创建全域旅游示范区。整合全市旅游资源，引进大型文旅公司重点打造一批特色旅游景点景区，构建旅游联盟衔接机制。加快状元山、汉古伞庄等旅游项目建设，力争贵港园博园、平天山国家森林公园、九凌湖景区成功创建AAAA级景区，推进桂平西山AAAAA级景区创建工作。加强汽车营地、旅游度假区、生态旅游示范区等旅游新业态品牌创建工作。

增强科技创新能力。实施高新技术企业倍增计划，高新技术企业保有量50家以上。完善科技孵化体系，新增科技创新平台30家以上；完成科技成果转化项目10个以上。激发各类主体创新活力，每万人口发明专利拥有量增长15%以上。深化市校合作，强化人才支撑，大力引进高端人才、紧缺人才和创新团队。实施“商标品牌”战略，争取有一批地方特色产品获准地理标志证明商标注册。实施“质量强市”战略，全面提升产品、工程、服务、产业和人居质量。

（二）实施乡村振兴战略，推动农业农村现代化

把乡村振兴战略作为新时代“三农”工作总抓手，巩固发展“三农”持续向好形势。

推动县域经济发展新跨越。深入开展“县域经济提升年”活动，大力实施县域经济发展三年行动计划，壮大县域经济综合实力，确保各县市区GDP增速均高于全区平均水平，力争2个县市区获评广西科学发展“先进县”或“进步县”。落实促进县域经济发展各项措施，支持各县市区抓好优势产业发展、产业集群培育、园区建设等工作。加强县域基础设施和公共服务设施建设，布局和建设一批强县富民的大项目、好项目。推进新型城镇化，加快覃塘荷美新区建设，推动桂平市、平南县县城扩容提质，打造一批各具特色的产业小镇、历史文化小镇、民俗风情小镇。

坚决打赢打好脱贫攻坚战。深入开展“精准扶贫决胜年”活动，紧扣“两不愁、三保障”，注重脱贫质量，年内实现67个贫困村、7.46万贫困人口脱贫摘帽。大力发展特色产业，实现每个贫困村都有现代特色农业示范点。壮大贫困村村级集体经济，确保全部贫困村村级集体经济收入达4万元以上。提升贫困地区基础设施水平，新建村屯道路300公里以上，实施农村饮水安全巩固提升项目20个以上，完成农村电网改造项目30个以上。完善教育医疗住房“三保障”体系，实现贫困村贫困户义务教育巩固率100%；落实健康扶贫各项政策，贫困人口住院费用实际报销比例90%以上，门诊慢性病报销比例80%以上，实现“一站式”信息交换和即时结算服务；完成贫困家庭危房改造7849户。强化智慧农业产业扶贫精准技术服务。统筹抓好就业扶贫、生态扶贫、旅游扶贫等精准扶贫工程。全力支持桂平市做好脱贫攻坚，确保桂平市在2019年底达到贫困县脱贫摘帽各项指标要求，实现稳定脱贫摘帽。

发展现代特色农业。紧抓粮食生产不放松，确保粮食总产量135万吨以上。抓好果蔬、茶叶、中药材、肉蛋鱼禽等特色优势种养，打造珠三角和粤港澳绿色农产品生产基地和配送中心；成立百香果育苗中心、研究院和协会，打造广西乃至全国百香果发展最优平台。实施现代特色农业示范区建设增点扩面提质行动，新建自治区级现代特色农业核心示范区2个以上，实现每个县市区都有示范区、每个乡镇都有示范园、每个乡镇60%以上的村都有示范点。实施富硒品牌提升行动，建成富硒优质稻产业基地6万亩以上，新增认证富硒农产品5个以上；举办和参加各种富硒展览交易会，打响贵港“中国硒港”品牌。依照市场化和农民自愿的原则，加快推进农村土地流转，发展多种形式适度规模经营，培育新型农业经营主体，新增农民专业合作社200家以上、家庭农场100家以上。创建一批粮食生产功能区、重要农产品生产保护区、特色农产品优势区和现代农业产业园、科技园、创业园。全面完成8万亩“双高”糖料蔗基地建设任务。发展生态养殖，畜禽规模养殖场生态养殖占比80%以上，抓好水库洁水养鱼、微循环流水养鱼、稻渔综合种养示范点建设。强化农机全程社会化服务，农作物耕种收综合机械化水平64%以上。

提升农产品深加工水平。做强制糖、林产品、粮食、羽绒、畜禽水产等加工业，壮大果蔬、中药材、茶叶、桑蚕等特色农产品加工业。发展富硒农产品加工业，规划建设富硒农产品深加工园区。培育农产品加工特色小镇和田园综合体。积极引进和培育农产品加工龙头企业，力争新增自治区级或国家级农业产业化龙头企业4家以上，加快形成县县有规模以上加工业、优势特色产业，有加工龙头企业带动的发展格局。鼓励企业打造全产业链，支持农民专业合作社发展农产品加工流通业。

完善农业农村基础设施。实施乡村风貌提升三年行动，开展实用性村庄规划，分类推进村庄整治建设，建成基本整治型村庄1990个、设施完善型村庄260个、精品示范型村庄28个。建设“四好农村路”，新建、改建农村公路500公里以上，90%以上的行政村开通客运班线；建成根竹至平天山、石牛水库至平天山、金田起义进入景区道路等公路，开工建设桥圩至东津、动界至寺面、桂平新垌至玉林北市等通乡二级公路，年内75%以上乡镇通二级路。抓好农田水利基础设施建设，新增恢复改善灌溉面积5万亩以上，完成6座小型病险水库除险加固，继续加大大藤峡水利枢纽工程建设力度。加快移民新村建设，实施水库移民基础设施项目100个以上。新建、改造配电台区1900个。升级改造供销社服务网络，构建上下贯通、安全高效的农村物流体系。

创新农村社会治理。推行“农事农办”“农事网办”，加快村级综合服务中心规范化、标准化建设。建设平安乡村，推进县乡村三级综治中心和农村“雪亮工程”建设，下沉社会治安防控力量，实施网格化服务管理，促进农村矛盾纠纷精准排查、精细化解。实施公民道德建设工程，开展移风易俗行动，引导农民向上向善、孝老爱亲、重义守信、勤俭持家，提高乡村社会文明程度。

（三）扩大改革开放，增强发展动力活力

深入学习贯彻习近平总书记在庆祝改革开放40周年大会上的重要讲话精神，落实供给侧结构性改革“巩固、增强、提升、畅通”八字方针，坚定不移深化改革，扩大开放。

优化营商环境。深入开展“营商环境提升年”活动，强力推进“354560”“减证便民”等措施落到实处，深化“一事通办”改革，全面建成政务服务“一张网”，实现90%以上的市县政务服务事项网上办理、90%以上的依申请政务服务事项“最多跑一次”。实施“证照分离”改革扩容提速，深化“多证合一、一照一码”改革，深入推进企业登记全程电子化。强化项目联合预审，剔除“一票否决”因素，大幅压缩工程建设项目审批时间。建立完善政企沟通、优化营商环境投诉举报和招商引资项目代办服务“三大平台”，打造外来投资服务“金字招牌”。持续开展“市长服务企业接待日”“市政府服务接待日”活动，切实解决企业、市民和基层一线反映的困难问题。

推进重点领域改革。深化国企国资改革,建立健全出资人监管权力和责任清单,推动国资监管从管资产向管资本转变;抓好混合所有制改革,增强国有经济活力。深化基本公共服务领域市以下财政事权和支出责任划分改革,全面实施预算绩效管理改革。稳步推进政府机构改革,优化政府机构设置和职能配置。探索建立林长制。统筹推进农村集体产权、水利、教育、司法、事业单位、社会保障、城市管理、农村投融资、供销社等领域改革。

扩大招商引资。围绕强龙头、补链条、聚集群,深入开展"招商引资提升年"活动,坚持招商引资"主官工程",继续强化全民招商、重力招商,年内新增签约亿元项目150个以上,新开工招商项目160个以上,到位资金增长12%以上。坚持产业链招商,围绕现有产业,培育壮大产业集群,着力引进一批汽车、电子、现代农业、高端木业等项目。提高招商引资针对性,聚焦大健康、大数据、大物流、新制造、新材料、新能源等重点产业,着力引进一批有实力、有经验、有市场、有眼光的企业。以项目早开工、早竣工、早投产为首要目标,完善合同条款,加强项目服务,全面提高合同履约率、资金到位率和项目开工率。

做大做强民营经济。启动实施强优民营企业培育计划,创建民营经济示范市、县、乡(镇)和示范园区。落实国家和自治区减轻企业税费负担政策,细化配套惠企措施,切实降低企业要素成本。创造充足市场空间,扩大民营经济市场准入。拓宽融资渠道,解决民营企业融资难融资贵融资慢问题。建立完善行政执法监督制约机制,维护民营企业合法权益。构建"亲""清"新型政商关系,加强民营企业家队伍建设,在全社会营造尊重企业家、关心企业家、支持企业家干事创业的浓厚氛围。

深化对外交流合作。做好贵钢集团、赛尔康电子、保利高塑胶、益嘉发服饰、金源化工等重点外贸企业服务工作,鼓励企业扩大外贸进出口。促进外商投资稳定增长,年内实际利用外资增长8%以上。深化与国际友城交流,扩大国际友城"朋友圈",继续做好华文教育工作。积极参与珠江—西江经济带建设,加快建设粤桂黔高铁经济带合作试验区广西园贵港分园,主动融入"一带一路"、国际陆海贸易新通道、粤港澳大湾区、北部湾经济区,着力构建全方位开放新格局。

(四)加强城市建设管理,提升城市功能品质

坚持人民城市为人民,统筹规划、建设和管理,深入开展"城市品位提升年"活动,进一步提高城市发展持续性、宜居性。

规划建设西江新城。以抓好城市总体规划修编为龙头,高标准科学规划西江新城和广西第二汽车生产基地。围绕把新城建设成新时代生态文明典范城区的目标,统筹推进港口、产业园区和城市生活区三大建设,促进港产城互动融合发展。加快建设广西第二汽车生产基地、中国—东盟新能源电动车生产基地、西江保税物流中心(B型);高标准建设贵港高新技术产业开发区,启动国家高新技术产业开发区创建工作。大力推进西江教育园区基础设施和广西工业学院、广西物流职业技术学院、贵高新校区等学校项目建设。

完善城市基础设施。开工建设同济大道、城市规划馆、南山公园改造工程、市民中心和郁江城区防洪项目,加快推进金港大道东段高架桥、西环北环路综合改造、江南大桥、城东大桥、高铁广场二期、郁江两岸综合治理工程、南湖整治工程、城区第二水源等项目。抓好道路设施、园林绿化等改造提升,基本消除道路坑洼、人行道路破损、绿化黄土裸露等现象。着力打通城区"断头路"。改造城区供水管网,提升城区供水能力。启动泸湾江取水点搬迁工作。推进海绵城市建设。加快同济大道、西南大道城市风貌和小街小巷改造。

加强城市精细化管理。深入开展创城工作,巩固提升国家森林城市、广西卫生城市,力争获得全国卫生城市提名和广西食品安全示范城市,全国园林城市、文明城市、生态文明建设示范城市创建工作取得新进展。强化城市网格化管理,实现城市管理在"网"上提速,公共服务在"格"中提效。规范城市道路开挖和地下管线建设行为,杜绝"拉链马路"现象。深入开展市容市貌专项整治行动,突出解决交通秩序混乱、乱摆乱卖、侵占城市道路人行道、黑车非法营运、广告乱贴乱挂、农贸市场脏乱差等群众反映强烈的问题。推进"公交都市"建设,增加公交线路和专线公交,逐步开行城乡公交。严厉打击"双违"行为,坚决遏制增量,逐步消化存量。

构建大交通格局。年内贵港至隆安高速公路建成通车,开工建设西外环高速、高铁站交通枢纽工程。继续推进"九路两桥"和泗灵至高峰、社步至麻垌、覃塘至石卡产业园等一批路网项目。完善港口基础设施,开工建设贵港至梧州3000吨级航道,加快推进贵港航运枢纽二线船闸工程,抓好苏湾作业区进港铁路支线和郁水作业区进港铁路支线前期工作。启动贵港蒙圩机场和贵港苏湾机场前期工作。

建设数字贵港。加快基础设施智慧化、特色智慧应用、数据交换共享及运用建设，推进县市区智慧城市建设。启动实施数字政府建设三年行动计划，完善智慧党建、智慧政务、智慧市政、智慧环保、智慧公安、智慧消防等平台。发展“互联网＋医疗健康”“互联网＋教育”“互联网＋养老服务”，提升公共服务均等化、普惠化、便捷化水平。推动物联网、云计算、大数据等新一代信息技术创新应用，实现与城市经济社会发展深度融合。

（五）着力改善生态环境，努力建设美丽贵港

全面贯彻落实习近平生态文明思想，践行“绿水青山就是金山银山”理念，坚决打赢污染防治攻坚战，大力推进生态文明建设。

打好蓝天保卫战。深入开展大气污染防治三年攻坚作战行动。强化工地扬尘管控，实行建筑工地现场全部封闭围挡、全部湿法作业、场区道路全部硬化、渣土物料全部覆盖、在建楼体全部封闭、出入车辆全部清洗。强化散货运输管控，推行城区特定范围密闭化公司化散货运输。强化秸秆焚烧管控，推动秸秆资源化利用。强化城市餐饮业油烟排放和烟花爆竹限放管控，全面取缔城区露天夜宵烧烤。推进园区集中供热，整治“散乱污”企业，全面开展水泥、板材、砖瓦等行业综合整治，确保工业企业稳定达标排放。启动城区重污染企业搬迁或升级改造。

打好碧水保卫战。深入开展水污染防治三年攻坚作战行动，推动河长制湖长制见行动见实效，巩固提升主要江河考核断面水质达标率、饮用水水源地达标率。加快建设城东污水处理厂、江南城区污水主干管，改造提升江南污水处理厂。完善污水管网，实施清污分流，提升城区污水收集处理率。推进城区污水直排口截污工程建设，完成5条河道截污与生态治理，基本消除城区黑臭水体。完善农村污水处理设施，建成18座镇级污水处理厂。建设病死畜禽无害化处理中心，全面清理禁养区畜禽规模养殖场、专业户。强化畜禽养殖粪污资源化利用。实行最严格水资源管理制度，持续推进江河湖库“清四乱”。

打好净土保卫战。深入开展土壤污染防治三年攻坚作战行动，确保不发生土壤环境污染事故。开工建设餐厨垃圾、固体废物处置中心和桂平生活垃圾终端分类处理项目，建成桂平市、平南县医疗废物收集中转站。提高工业固体废弃物综合利用率。加强重点行业企业用地土壤环境调查，强化重点区域、重点企业地块土壤监测、隐患排查和整治，不断提升土壤质量。

推动绿色低碳发展。深入实施生态经济重点工程，加快生态产业、生态基础设施、生态环境治理、生态城乡建设等领域重点项目建设。大力发展新能源、节能环保等产业，培育一批绿色工厂和绿色制造示范企业。扩大充电桩建设覆盖范围，推广新能源在公交、物流等车辆中的应用。提高环境准入门槛，严格控制新上高耗能、高排放项目。优化工业布局，推进园区循环化改造，出台相关优惠政策，鼓励、引导污染企业主动搬迁入园。开展全民绿色行动，倡导简约适度、绿色低碳的生活方式。

加强生态环境监管。落实领导干部生态文明建设责任制，严格执行“党政同责、一岗双责”。全面完成中央环境保护督察“回头看”反馈问题整改。严格执行考核评价和责任追究制度，认真落实环保信用评价、信息强制性披露、严惩重罚等制度。健全网格化环境监管体系，加强区域联防联治，严厉打击环境违法违规行为。

（六）保障和改善民生，着力增进群众获得感

坚持以人民为中心，把增进人民福祉、促进人的全面发展作为一切工作的出发点和落脚点，持续发展民生事业。

办好人民满意教育。建成东湖小学等6所小学，改扩建江南中学、达开高中、民族中学等学校，增加学位1万个以上；新开工建设荷城三中等3所中学、5所小学和3所特殊教育学校。继续实施学前教育行动计划，规范小区配套幼儿园建设使用，新增自治区认定多元普惠性幼儿园80所，学前三年毛入园率88%以上。抓好义务教育工作，义务教育巩固率95%以上。扩大高中教育规模，高中阶段毛入学率89%以上。抓好广西工业学院、广西物流职业技术学院办学申报工作。办好职业教育，鼓励社会力量依法兴办教育，重视发展民族教育、特殊教育、继续教育等各类教育。加强师德师风建设，培养高素质教师队伍。弘扬尊师重教的社会风尚，提高教师政治地位、社会地位、职业地位。

提高社会保障能力。实施就业优先政策，开展职业技能培训，加大创业扶持和就业援助，解决好高校毕业生、农民工、退役军人等群体就业。全面实施全民参保计划，深化社保“一门式”经办服务改革。强化对困难群体的生活兜底保障，城乡低保标准提高10%以上。做好被征地农民社会保障工作。发展居家、社区和互助式养老，推进医养结合。加强社会救助保障，健全社会救助体系，支持公益慈善事业发展。加强残疾康复服务。营造尊重妇女、关爱儿童、尊重老人，爱护残疾人的良好风尚。继续实施三年棚改攻坚计划,年内开工4300套以上。

建设健康贵港。完成贵港中心血站搬迁,推进贵港市东晖医院建设,启动贵港市第四人民医院、市疾病控制预防中心新大楼和覃塘区第二人民医院、民族医院、妇幼保健院项目。实施基层医疗卫生机构能力建设行动计划,年内所有乡镇卫生院基础设施达到国家标准。加快县域医共体建设,实现县域医共体乡镇卫生院全覆盖。加强医疗卫生人才队伍建设,75%的乡镇卫生院有2名以上全科医生,70%以上的乡村医生具有中职以上学历。传承发展中医药、壮瑶医药事业,支持社会办医。落实全面两孩政策配套措施。实施体育惠民工程,多渠道增加全民健身场所和设施,创建"健康贵港·休闲运动示范点"30个,积极申办国际国内大型体育赛事,加快发展体育产业。

发展文化事业。培育和弘扬社会主义核心价值观,提高公民素质和社会文明程度。加强文化遗产保护利用,规划建设贵港自然博物馆,加快推进南江古码头二期维修工程和大南门城楼修缮保护工程。抓好文化惠民工程,新建村级公共服务中心105个。广泛开展群众喜闻乐见的文化活动,提升"和为贵"文化节、荷花展、荷城大舞台"周周演"等文化品牌。坚持以人民为中心的创作导向,推出更多反映贵港新时代发展的文化艺术精品。加快广播电视村村通向户户通升级。推进全民阅读,共建书香贵港。

统筹发展其他各项社会事业。深入开展民族团结进步活动,支持民族地区发展。积极探索符合贵港实际的军民融合深度发展路径与模式,深化全民国防教育,做好新时代国防动员、后备力量、人民防空、双拥共建等工作,加强退役军人服务管理,维护军人军属合法权益,巩固军政军民团结,确保实现全国"双拥模范城"九连冠。加强社会信用体系建设。抓好档案、统计、公积金、粮食、物价、地方志、地震、绩效、二轻联社、机关事务管理、对台和侨务等工作,充分发挥工会、共青团、妇联、科协、文联、残联、贸促会、社科联、工商联、红十字会和法学会等群团组织作用,支持海关、海事、税务、农垦、邮政、通信、水文、气象、石油化工、烟草、电力、金融、盐业、船舶检验、地质勘探、无线电管理等中区直部门工作。

(七)打好防范化解重大风险攻坚战,确保社会和谐稳定

聚焦重点领域,防范和化解经济社会发展中的风险挑战。

防范金融债务风险。完善市县两级金融监管体系,打好防范化解金融风险攻坚战,严厉打击非法集资等违法违规金融活动,守住不发生系统性金融风险的底线。防范化解债务风险,依法合规举债。积极培植财源,增强可偿债综合财力。完善重大项目决策机制,加强财政承受能力评估论证,用好用足地方政府专项债券资金。清理财政借垫款,盘活沉淀资金,降低财政支付风险。

防范公共安全风险。深化"平安贵港"建设,加强社会治安综合治理,创新推进"维稳基石工程",加强政法基础设施建设,加快立体化社会治安防控体系建设,持续开展扫黑除恶专项斗争,强化反恐维稳工作,严厉打击电信网络新型违法犯罪和黄赌毒、盗抢骗等人民群众反映强烈的各类违法犯罪行为。完善社会矛盾纠纷多元化解机制,创新信访工作方式,依法及时解决群众合理诉求。

防范安全生产风险。严格落实安全生产责任制,加大交通运输、建筑施工、消防火灾、非煤矿山、危险化学品、烟花爆竹、粉尘涉爆等重点行业领域风险防控和隐患排查治理,强化安全监管执法,加大监督检查和失责追责力度,坚决遏制重特大生产安全事故;完善突发事件应急体系,加强应急管理和救援能力建设,推动应急指挥系统标准化,科学妥善处置各类突发事件。

三、加强政府自身建设

各位代表!新时代对政府工作提出了新要求,我们必须按照习近平总书记提出的信念过硬、政治过硬、责任过硬、能力过硬、作风过硬要求,坚持担当为要、实干为本、发展为重、奋斗为荣,全力打造人民满意的服务型政府、法治政府和廉洁政府。

旗帜鲜明讲政治。坚持以习近平新时代中国特色社会主义思想武装头脑、指导实践、推动工作,精心组织开展"不忘初心、牢记使命"主题教育,提升政府系统广大党员干部的政治觉悟和政治能力,牢固树立"四个意识",切实增强"四个自信",坚决做到"两个维护",确保中央、自治区和市委的各项决策部署不折不扣地贯彻落实。严格执行新形势下党内政治生活若干准则,进一步严肃政治纪律和政治规矩。持续推进自治区党委第七巡视组反馈意见整改落实。

坚持依法行政。推进法治建设,严格遵守宪法和法律,依照法定权限和法定程序行使权力、履行职责,把政府工作全面纳入法治轨道。坚持重大问题向市委请示报告,重大事项向市人大常委会报告,向市政协通报。坚决执行市人大及其常委会各项决议决定,自觉接受人大法律监督、工作监督，积极支持政协履行政治协商、民主监督、参政议政职能，认真办理人大代表建议和政协提案，主动接受社会监督。落实重大行政决策程序、“三重一大”事项决策机制。加强政府信息公开，主动回应社会关切。

强化实干担当。认真贯彻落实进一步激励广大干部新时代新担当新作为有关要求，大力弘扬新时代敢干、实干、苦干、善干“四干”新作风，坚持实字当头、干字为先，直面问题、说到做到，按照目标明确、措施明确、阶段性目标明确、责任人明确的要求，以“钉钉子”精神确保各项工作高标准推进、高质量完成。坚持问题导向，解难题、破瓶颈，做到及时主动发现问题、及时主动解决问题、及时主动协调问题、及时主动报告问题。强化督促检查，抓好责任落实。认真贯彻容错纠错机制，旗帜鲜明为敢于担当、踏实做事、不谋私利的干部撑腰鼓劲；坚决整治工作落实不力、效能低下、敷衍塞责等“慵懒散”行为。

建设廉洁政府。坚持以全面从严治党统领政府各项工作，扎实做好政府系统党风廉政建设和反腐败工作。坚决贯彻落实中央八项规定及其实施细则精神，驰而不息反“四风”，坚决破除形式主义、官僚主义。加强公共资金、国有资产、国有资源和领导干部经济责任审计监督，加大对权力运行的规范和制约。健全工程建设、土地出让、政府采购、产权交易等重点领域腐败风险防控机制，深化扶贫领域腐败和作风问题专项治理，坚决查处损害群众利益的问题。

注解：

1.3C 认证：China Compulsory Certification 的英文缩写，全称为“中国强制性产品认证制度”，是我国为保护消费者人身安全和国家安全、加强产品质量管理、依照法律法规实施的一种产品合格评定制度。

2. 内河单一窗口：指的是以内河为运输路线的进出口贸易企业，通过单一的申报平台提交标准化的信息和单证以满足各个联检部门管理要求。这个申报平台就叫内河单一窗口。

3. 全域旅游：指的是在一定区域内，以旅游业为优势产业，通过对区域内经济社会资源尤其是旅游资源、相关产业、生态环境、公共服务、体制机制、政策法规、文明素质等进行全方位、系统化的优化提升，实现区域资源有机整合、产业融合发展、社会共建共享，以旅游业带动和促进经济社会协调发展的一种新的区域协调发展理念和模式。

4.PPP 项目：Public-Private Partnership 的英文首字母缩写，又称 PPP 模式，指在公共服务领域，政府采取竞争性方式选择具有投资、运营管理能力的社会资本，双方按照平等协商原则订立合同，由社会资本提供公共服务，政府依据公共服务绩效评价结果向社会资本支付对价。

5. 智慧城市：是指利用各种信息技术或创新意念，集成城市的组成系统和服务，以提升资源运用的效率，优化城市管理和服务，以及改善市民生活质量。

6. 九路两桥：“九路”指的是桥圩镇绕城一级公路、苏湾作业区至东津作业区疏港一级公路、贵港至贵隆高速公路庆丰出口一级公路、江南工业园至贵梧高速贵港南出口一级公路、覃塘至黎塘界一级公路、桥圩至玉林山心一级公路、木格至寨圩二级公路、南环路至瓦塘二级公路、猫儿山至武乐三级公路等，“两桥”指的是大岭郁江大桥、东津郁江大桥。

7. 四好农村路：2014 年 3 月 4 日，习近平总书记提出，“要进一步把农村公路建好、管好、护好、运营好，逐步消除制约农村发展的交通瓶颈，为广大农民脱贫致富奔小康提供更好的保障”。

8. 生态环境保护“1+4”系列文件：“1”是指《关于全面加强生态环境保护坚决打好贵港污染防治攻坚战的实施意见》，“4”是指《贵港市大气污染防治攻坚三年作战实施方案(2018—2020)》《贵港市水污染防治攻坚三年作战实施方案(2018—2020)》《贵港市土壤污染防治攻坚三年作战实施方案(2018—2020)》《贵港市生态环境保护基础设施建设三年作战实施方案(2018—2020)》。

9. “5+2”特色产业：2017 年 12 月 5 日，自治区召开全区扶贫项目管理现场交流会，会议提出加大“5+2”特色产业扶持力度。“5”是指在自治区认定产业目录中选择 5 个以内特色产业，“2”是指由县自主选择确定 2 个以内特色产业。

10. 健康扶贫“198”：2018 年 10 月，自治区人民政府办公厅印发《关于进一步加强健康扶贫工作若干措施的通知》，提出建档立卡贫困人口（含未脱贫贫困人口、两年继续扶持期内脱贫人口）基本医保参保率 100%，住院医疗总费用实际报销比例达 90% 以上，29 种门诊特殊慢性病按规定治疗实际报销比例达 80% 以上。

11.“三场硬仗、五大活动”:2018年初,市委、市政府提出打赢信访业务建设规范化、基层基础建设标准化、赴邕进京越级访治理“三场硬仗”,深化拓展领导大接访、案件大协调、政策落实大督查、基层信访干部大培训、信访工作责任大落实“五大活动”,重点化解300件积案难案。

12.六“壮”六“美”新广西:2018年12月27日,中国共产党广西壮族自治区第十一届委员会第五次全体会议在南宁召开,会议提出,建设壮美广西,最核心最关键的是要让经济实力“壮”起来、发展质量“美”起来,让民主法治“壮”起来、民主团结“美”起来,让民族文化“壮”起来、精神文明“美”起来,让民生保障“壮”起来、人民生活“美”起来,让绿色发展“壮”起来、生态环境“美”起来,让管党治党“壮”起来、政治生态“美”起来,努力把广西建设的更加繁荣富裕、开放创新、团结和谐、美丽幸福。

13.“雪亮”工程:指的是以县、乡、村三级综治中心为指挥平台、以综治信息化为支撑、以网格化管理为基础、以公共安全视频监控联网应用为重点的群众性治安防控工程。

14.“354560”提速行动:2018年7月11日,在全区深化“放管服”改革转变政府职能暨2018年国务院大督查全区自查迎检工作动员部署电视电话会议上,自治区提出推进“354560”提速行动,实现企业开办手续3个工作日内完成、不动产登记5个工作日内完成、园区建设项目施工许可45个工作日内完成、其他建设项目施工许可60个工作日内完成。

15.保税物流中心(B型):保税物流中心是指封闭的海关监管区域并且具备口岸功能,分A型和B型两种,其中B型保税物流中心是指经海关批准,由中国境内一家企业法人经营,多家企业进入并从事保税仓储物流业务的海关集中监管场所。

16.郁江城区防洪项目:指的是郁江右岸台岭泵站至二桥段治理工程、郁江右岸铁路桥至沙冲段治理工程、郁江左岸铁路桥至洪冲段治理工程等城区防洪项目。

17.海绵城市:指的是通过加强城市规划建设管理,充分发挥建筑、道路和绿地、水系等生态系统对雨水的吸纳、蓄渗和缓释作用,有效控制雨水径流,实现自然积存、自然渗透、自然净化的城市发展方式。

18.“清四乱”:2018年7月,水利部办公厅发布关于开展全国河湖“清四乱”专项行动的通知,通知强调,为加强河湖管理保护,维护河湖健康生命,决定于从2018年7月20日起,在全国范围内对乱占、乱采、乱堆、乱建等河湖管理保护突出问题开展专项清理整治行动。

大　事　记

2018 年大事记

1 月

1 日　贵港市青云大桥实现两轮车通行。该桥总投资 2.8 亿元，北引桥接迎宾大道，南引桥连江南大道，是亚洲第一座双塔双索面预应力混凝土边主梁斜拉桥，主桥部分长 548 米，宽 36.5 米，设计为双向 6 车道。

2 日　2018 年全国新年登高健身大会桂平市登高活动由桂平市委、市政府携手中国登山协会和自治区体育局在桂平举行。

3 日　中国共产党贵港市第五届委员会第五次全体会议在贵港城区召开，贵港市第五届党委委员 51 人、候补委员 8 人出席，贵港市纪委委员和有关方面负责人，以及第五次党代会部分代表列席会议。

4 日　自治区党委政法委副书记李志刚率检查考评组到贵港市检查考评 2017 年度平安建设工作，经考评贵港市 5 个县（市、区）安全感均超过 90%，超越全区平均水平，创历史新高。

5 日　贵港市委召开第四期书记问效党建工作会议，市委书记李新元对 2017 年度“六个年”活动开展和任务指标完成情况进行问效和点评，就相关党建知识对各级党组织书记进行考问。

6 日　贵港市首台“居民身份证自助申领机”在港北区流动人口服务中心正式投入使用。

8 日　贵港市政协召开表彰大会，表彰 2017 年度优秀提案、先进承办单位和先进承办个人。贵港市政协五届一次、二次会议共收到提案 338 件，经审查立案 328 件，分别交由 54 个单位承办，本次获表彰优秀提案 29 个、先进承办单位 18 个、先进承办个人 30 人。

9 日　中国人民政治协商会议第五届贵港市委员会第三次会议在贵港城区开幕。

同日，贵港市住房公积金管理中心被授予“全国住房城乡建设系统先进集体”称号，是全区住房公积金系统中唯一连续两次（五年评一次）获此荣誉的单位。

10 日　贵港市第五届人民代表大会第三次会议在贵港城区开幕，第五届人民代表大会实有代表 423 人，出席此次会议代表 405 人，会议由大会主席团常务主席、执行主席李新元主持，市长农融向大会作政府工作报告。

11 日　贵港市政协五届三次会议闭幕，大会通过《中国人民政治协商会议第五届贵港市委员会第三次会议关于常务委员会工作报告的决议》《中国人民政治协商会议第五届贵港市委员会提案委员会关于政协五届三次会议提案审查情况的报告》《中国人民政治协商会议第五届贵港市委员会第三次会议政治决议》。

12 日　贵港市第五届人民代表大会第三次会议闭幕，大会选举秦金敏为贵港市监察委员会主任；补选成广为贵港市中级人民法院院长；选举产生了贵港市出席广西壮族自治区第十三届人民代表大会代表。表决通过了关于政府工作报告的决议、关于贵港市 2017 年国民经济和社会发展计划执行情况与 2018 年国民经济和社会发展计划的决议、关于贵港市全市与市本级 2017 年预算执行情况和 2018 年预算的决议、关于贵港市人大常委会工作报告的决议、关于贵港市中级人民法院工作报告的决议、关于贵港市人民检察院工作报告的决议。市委书记、市人大常委会主任李新元为新当选的国家工作人员颁发当选证书，并作讲话。

13 日至 14 日 越野 e 族广西大队年会暨“平南商会杯”场地越野争霸赛，在平南县上渡西江流域文化城举行。赛事分为新秀组、女子组、改装组，来自全国各地的俱乐部、协会 15 支车队、150 辆赛车参赛。

16 日 贵港市监察委员会正式挂牌，市委书记李新元，市委常委、市纪委书记、市监察委员会主任秦金敏为贵港市监察委员会揭牌。

17 日 自治区党委第一巡视组党支部到贵港市产业园开展“领略新业态、启航新征程”党日活动。

同日，贵港市社会主义核心价值观教育系列读物第一部《我美丽的家乡荷城贵港》出版，全书 7.5 万字，从发展贵港、文化贵港、胜景贵港、人物贵港、红色贵港、特产贵港六个部分对贵港作全方位的介绍。

19 日 《中国组织人事报》报道贵港党建工作经验，广西贵港闭环式管控体系压实主体责任，书记抓党建 行动在一线。

同日，2018 年贵港市扶贫开发领导小组第一次全体会议暨脱贫攻坚作风建设年动员部署会在市区召开。

同日，贵港市市长农融主持召开会议，专题研究部署全市环境保护工作，会议要求切实将“四个明确”“四个及时主动”贯穿环保工作始终，牢守环境保护红线，压实责任、突出重点、强化联合作战、从严督查。

同日，贵港市市长农融主持召开市五届人民政府第三十四次常务会议，审议《贵港市深化出租汽车行业改革发展实施方案》《贵港市网络预约出租汽车经营服务管理实施细则(试行)》《贵港市生态文明建设示范市规划(2016—2025)》等议题，研究取消一批行政许可事项目录。

同日，第十一届广西(贵港)园林园艺博览会布展完毕，自 2017 年 3 月 24 日自治区人民政府会议决定由贵港市承办，历时 9 个月，完成园区及配套工程建设实现城市展园面积最大，刷新广西园林建设史上的纪录。

同日，“贵港宣传”政务微信号发布推送文章《定了！贵港园博园 1 月 21 日盛大开园！》。短短数小时，推文浏览量超过 10 万，点赞量超 2000 个。至此，该微信号自 2014 年 5 月开通，长期位列全国宣传类微信公众号排行榜前 50 名，稳居广西政务微信影响力榜首，并率先在全区转型升级为集宣传性、新闻性、服务性和互动性为一体的“移动城市宣传平台”。

同日，贵(港)隆(安)高速公路哥板山隧道全线顺利贯通，哥板山隧道是贵隆高速公路项目全线唯一长隧道，隧道为双洞分离式设计，右线全长 1472 米，左线全长 1484 米，净宽 11.5 米，净高 5 米，洞身内轮廓半径 6.65 米。

21 日 自治区党委常委、自治区常务副主席蓝天立到贵港市开展新春慰问活动，慰问道德模范、低保户、退休厅级老干部。

同日，第十一届广西(贵港)园林园艺博览会开幕，园博会围绕“水韵古郡·活力荷城”的主题，开幕式安排有插花艺术展、盆景艺术展、书法展、摄影展、写意荷花展、工艺品美术展等文化展示类活动。园博园占地面积 1246 亩，依托鲤鱼江利用现有自然地形和水体，打造“一轴托两翼、三带十六景”的景观结构，突出了生态园博、技术园博、绿色园博、百姓园博四大特点。

同日，贵港市法律援助中心中级人民法院工作站正式挂牌成立。

22 日 贵港军分区党委三届六次全体(扩大)会议在贵港城区召开，市委书记、贵港军分区党委第一书记李新元出席会议并讲话。

同日，贵港市委书记李新元、市长农融率贵港市慰问团到广西消防总队和南部战区陆军总部机关开展慰问。

同日，贵港市村“两委”干部就业和职业培训业务培训班开班。

23 日 贵港市参加第 33 届广西青少年科技创新大赛，获一等奖 7 个、二等奖 13 个、三等奖 41 个、优秀科技辅导员 1 人、基层赛事优秀组织单位 3 个、优秀组织工作者 1 人。

同日，《贵港日报》报道，在广西第二次“古树名木”普查活动中，贵港市 2 株古树入选广西树王。一株是位于港北区中里乡坦阳村六堡屯的鸡毛松，树龄 1200 年，堪称“古鸡毛松之王”；另一株是位于桂平市西山风景区洗石庵门前的芒果树，树龄 1080 年，号称“中国芒果王”。

24 日 出席自治区第十三届人大一次会议的贵港市代表团在广西人民会堂贵港市厅开展代表团活动。

同日，贵港市体育中心亮化工程通过验收。该工程“以荷城悦色，精彩绽放”为主题，通过动态亮化效果展现荷城元素，开创贵港市场馆外控动画亮化模式的先河。

25 日 出席自治区十三届人

大一次会议的贵港市代表团，在广西人民会堂贵港市厅审议自治区人民政府工作报告。

27日 《农民日报》头版头条报道贵港市发展富硒产业经验《资源变资本 富硒更富民——广西贵港市发展富硒产业纪实》。

29日 自治区政府发布《广西壮族自治区人民政府关于2017年度广西科学技术奖励的决定》，贵港市人民医院教授谭海涛团队完成的《医学3D打印技术在骨科修复重建的应用》获广西科学技术进步奖二等奖。

同日，据气象监测，8时受26日、28日先后两股强冷空气南下影响，贵港市大部最低气温2~4℃，其中北部和南部山区-0.5℃~2℃，受31日、2月2日冷空气持续南下，一周内(29日—2月4日)平均气温5~6℃，比历年同期偏低5℃左右；周降雨量3~5毫米，比历年同期偏少5~7成。

29日至2月4日 京东商城将开展贵港京东“狗年惠更旺”年货集市线上活动。

31日 由贵港市委宣传部、市文明办、市文新广局主办的2018年贵港市深入学习贯彻中共十九大精神文化科技卫生“三下乡”集中示范活动在港北区庆丰镇举行。

同日，贵港火车站“2018年春暖回家路”启动。

2月

1日 贵港市委书记李新元、市长农融率团到首府南宁市武警广西总队、广西军区开展新春慰问。

同日，贵港市与广西大学在广西大学校园内举行战略合作框架协议签约仪式。

同日，贵港市山区最低气温普遍下降到-1~0℃，平原地区最低气温0~3℃，全市大部出现明显的霜冻或冰冻。

3日 由贵港市委宣传部、市文化新闻出版广电局主办的2018新春音乐会在市会议中心大会堂举行。

同日，“金田葛园杯”首届布山文学奖颁奖典礼在贵港城区举行，吕小春秋、蒙福森、梁勇、杨旭乐获本届布山文学奖，莫之棪、潘大林获本届布山文学奖特设的终身成就奖。

5日 贵港市委、市政府在市区举行2018年企业家迎春座谈会，市委书记李新元出席并致辞。

5日至7日 中国科学院智慧城市产业联盟与贵港市院地合作接洽会在贵港市区举行，贵港市智慧城市建设采用PPP项目模式，中科曙光联合中科院四大产业联盟智囊团，全方位、立体化服务贵港市智慧城市建设。

6日 中国共产党贵港市第五届纪律检查委员会第三次全体会议在贵港市区举行，出席全会的市纪委委员37人，列席人员238人。全会由市纪律检查委员会常务委员会主持，市委书记、市人大常委会主任李新元出席全会并作讲话。会议审议通过了《坚定不移落实党的十九大精神 开启党风廉政建设和反腐败斗争新征程》的工作报告。

同日，“冬日暖阳，情满旅途”——贵港市“平安春运”爱心驿站活动在港北区大圩镇启动，在港北区大圩镇、覃塘区覃塘镇、桂平市石龙镇、平南县大安镇设站点4个，为长途返乡的摩托大军提供取暖、食物、药品、摩托车检修等服务，活动为期一周。

同日晚，贵港市首届少儿春晚在市会议中心上演。

7日 贵港市在市区举行2018年军地迎春座谈会，军地双方欢聚一堂，共叙军民鱼水深情，共谋军地融合发展，市级四家班子主要领导、驻贵部队首长出席。

8日 贵港市委书记李新元到定点帮扶贫困村——桂平市蒙圩镇流澜村开展春节慰问暨“兴水利、种好树、助脱贫、惠民生”主题活动。

同日，随D3680次动车抵达贵港火车站，广西工会“暖心行动”活动贵港站迎送仪式启动。

9日 贵港市农村工作会议在市区召开，市委书记李新元在讲话强调，要凝心聚力、主动作为，咬定目标、苦干实干，全面实施乡村振兴战略，开创新时代贵港“三农”工作新局面，为打造新时代“四力”新贵港，加快建成西江流域核心港口和新兴工业城市而共同奋斗。

11日 贵港市委、市政府在市会议中心举行2018年春节团拜会。市委书记李新元代表市委、市政府向全市550多万各族人民，向驻贵部队广大指战员和武警官兵，向各民主党派、工商联、无党派人士和各人民团体，向所有关心支持贵港经济社会发展的各界人士致以节日的问候和美好的祝福。

同日，贵港市长农融到港南区开展新春慰问暨“兴水利、种好树、助脱贫、惠民生”主题活动,给当地群众拜年,带头兴修水利、种植树木。

同日,国家级IP“奔跑中国·一带一路”马拉松系列赛首站——华奥汽车·2018贵港国际马拉松赛路线尘埃落定,全程和半程马拉松赛路线起终点均设置在贵港市新世纪广场;迷你马拉松赛道起点为贵港市新世纪广场,终点设置在贵港市体育中心。三个马拉松赛道途经展现贵港城市风貌的荷城路、迎宾大道、园博园大道、金港大道等主要干道,经过市区新世纪广场、园博园、体育中心、东湖公园和民族公园等特色景点。

同日,贵港市2017年度贫困母亲“两癌”救助公益金发放仪式在市区举行。

16日 2018年初一,贵港市在市区新世纪广场举行“金犬迎春——欢乐荷城”游园、平南县江北公园举行醒狮表演、港南区湛江镇四季花田举行古代迎春仪式、客家婚礼、客家大鼓、歌舞表演等一系列庆新春活动。

22日 春节假期后上班第一天,贵港市四家班子领导分赴各单位部门走访看望干部职工。

同日,贵港市市长农融主持召开2018年全市招商工作领导小组第一次会议,要求继续保持高昂的斗志,秉承敢干、实干、苦干、善干“四干”新作风,坚持实字当头、干字为先,直面问题、说到做到,进一步抓紧抓实抓好各项工作,力争取得新成效。

23日 贵港市“创建国家森林城市”暨“美丽贵港·宜居乡村”植树活动在港南区桥圩镇长塘村长塘屯举行。市委书记、市人大常委会主任李新元,市长农融,市政协主席肖明贵,市人大常委会副主任肖孟等四家班子领导参加。

同日,贵港市2018年“春风行动”系列大型招聘会在市区新世纪广场举行,招聘会由贵港市人社局、工信委、扶贫办、总工会、妇联联合举办,2月23日到2月25日举办三场大型就业招聘会,525家企业参加,提供岗位2万多个,当场达成就业意向13951人次。

同日,贵港市首个自治区现代服务业集聚区——广西物资集团贵港储运贸易物流园挂牌成立。

同日,广西华奥汽车制造有限公司年产30万辆SUV吉普车整车项目二期工程封顶。

24日 贵港市委召开第十九期“书记面对面”谈党建工作研讨会,研讨主题“落实主体责任问题整改”。

同日,贵港市长农融主持召开会议专题研究文明城市、卫生城市、食品安全城市创建工作。

25日 中央电视台财经频道(CCTV-2)《经济信息联播》栏目播出《早春农事忙——广西贵港:统一流转打包　土地不再撂荒》,报道覃塘区樟木镇土地流转典型经验。

27日 贵港市委、市政府全市“解放思想再发力、营商环境再优化、赶超跨越再攀登”大讨论暨三年招商工作总结表彰大会在城区召开,会议部署开展2018年深化改革优化营商环境工作,动员全市在新的发展阶段继续深入解放思想、抢抓机遇,持续发力、久久为功,表彰奖励先进客商总额119.42万元。

同日,水利部督导组组长、水利部副部长周学文率督导组到贵港市督导全面推行河长制湖长制工作。

同日,自2017年10月受自治区公安厅指派成立专案组,成功破获特大跨国电信网络诈骗案,在公安部的统一部署下,73名电信网络诈骗犯罪嫌疑人从菲律宾押解回国,其中14名犯罪嫌疑人被押回贵港接受审。

同日,平南县监察委经群众反映对某乡镇国家工作人员李某某的违纪违法问题线实施监察留置,是贵港市首例监察留置案。

28日 自治区副主席费志荣到贵港市检查安全生产工作、调研承接产业转移项目建设情况。

同日,《奔跑中国·一带一路》华奥汽车·2018贵港国际马拉松第二次新闻发布会在贵港市区维多利亚大酒店举行,发布赛道丈量完成,招募官方配速员领跑24名,志愿者1393名,裁判队伍121人;3个项目赛道设置医疗站点20个,配备医护人员、急救跑者和医疗志愿者770多名,救护车和电动摩托车60辆。

同日,“走进新时代　共圆中国梦”贵港市第三届元宵灯会在市园博园璀璨亮灯,市四家班子领导、全国劳动模范代表、道德模范代表参加启动仪式。

3月

1日 贵港市《进一步激发人才创新创业活力加快建成新兴工业城市的若干措施》开始施行。

同日,“我们走进新时代——广西名家元宵朗诵会”在贵港市会议中心大会堂举行。广西优秀朗诵名家联袂献声,以诗歌的形式,赞颂新时代。

3日 中国田径协会主席段世杰在贵港市区听取贵港市委书记李新元就国家级IP“奔跑中国·一带一路”华奥汽车·2018贵港国际马拉松赛事工作情况的汇报，中华环保联合会主席孙晓华、自治区体育局局长李泽、国家体育总局小球中心副主任王延梅参加会议。

4日 国家级IP“奔跑中国”2018赛季首站，“奔跑中国·一带一路”主题第一站——华奥汽车·2018贵港国际马拉松在贵港城区新世纪广场鸣枪起跑，来自全国20多个省市及港澳台地区近8000名选手报名参赛。经过角逐，中国选手斯国松、张景霞分别以2：33：32、2：58：30的成绩分获男、女组第一名，中国选手石吉林、周清兰以1：13：51、1：28：15的成绩分别获得半程马拉松男、女组第一名。邀请了2018年平昌冬奥会短道速滑男子500米冠军武大靖助阵比赛。

同日，中国田径协会主席段世杰、国家体育总局小球中心副主任王延梅一行到广西华奥汽车制造公司考察。

6日 贵港市公安工作会议在市区召开，市委书记李新元出席会议并讲话，强调公安机关作为维护稳定、保障发展的主力军，要在围绕中心、服务大局上主动作为，在维护稳定、惩治犯罪上主动作为，在忠诚为民、服务群众上主动作为，在公正廉洁、队伍建设上主动作为，为全市经济快速健康发展、社会和谐稳定再立新功。

同日，贵港市正式印发《贵港市农业信贷担保实施办法》，2017年6月5日，广西农业信贷担保有限公司区内首家办事处在贵港市揭牌成立，以“政银担”合作机制初步建立贵港市农业信贷担保体系，当年全市累计发放贷款36笔，担保金额3015万元，有力解决了农业融资问题。

7日 共青团贵港市五届三次全委（扩大）会议在市区召开，贵港市委常委、组织部部长武林东出席会议并讲话。

同日，贵港市妇女联合会举行2018年“走美丽荷城、看贵港速度”庆“三八”欢乐行活动，组织市直75家单位500多名女干部职工实地参观工业园区新兴产业项目和贵港园博园。

8日 全国人大代表、贵港市市长农融作客“2018全国两会广西云北京访谈间”，就贵港新能源汽车产业发展、打造富硒农业品牌等问题接受采访。

同日，贵钢集团贵港桂宝特钢有限公司120万吨轧钢项目正式开工建设。

同日，贵港市在市体育中心举行“巾帼心向党·建功新时代”快乐三八节游园活动，庆祝第108个三八国际劳动妇女节。

9日 《经济日报》—中国经济网刊发文章《农融代表：全力推动改善营商环境》。

同日，总投资35亿元平铝项目落户贵港市。贵港市委书记李新元率招商小分队到广西平铝集团有限公司考察推介，覃塘区人民政府在中国铝都平果与广西平铝集团有限公司正式签署平铝投资协议。

12日 贵港市第十九期中青年干部培训班在市委党校开班。

同日，为期40天的2018年春运落下帷幕，此次春运期间贵港市道路运输行业共运送旅客233.52万人次，与上年同比下降15.23%；铁路运输71.1万人次，同比增加3万人次。春运期间未出现旅客滞留问题，无较大以上安全责任事故发生。

13日 自治区党委常委、自治区常务副主席秦如培到贵港市，就落实经济稳增长、重大项目、园区产业、营商环境、国企改革、珠江—西江经济带基础设施建设等工作开展调研。

14日 贵港市召开国家生态文明建设示范市创建工作动员暨全市环境保护工作会议，贵港市委书记李新元作“努力建设天蓝地绿水清的美丽贵港，推动我市生态环境保护事业实现新突破”讲话。

同日，贵港市司法局联合广东省广州市番禺区司法局、广西商会番禺分会在番禺成立贵港籍务工人员法律服务工作站。

19日至20日 联合国儿童基金会组织中国科学院和中国儿童中心专家组到贵港市开展儿童社会心理支持项目的前期调研。

22日 贵港市妇联启动2018年“善行贵港·巾帼扶贫”白内障复明救助公益活动，为2000名符合救助条件的白内障患者提供复明手术及免费眼疾筛查服务。

23日 2018年贵港市宣传思想文化暨“六城联创”工作视频会议召开，在城区设主会场各县（市、区）设分会场，市长农融作工作部署，市委书记李新元作动员讲话。

同日，贵港市民办学校委员会成立暨党员大会在新江南实验中学召开。

25日 荷城义工协会创建的贵港市第一面乡镇友善之墙在覃塘区石卡镇产生。

26日 贵港市委党的建设工作领导小组在市区召开2018年第一次会议，审议县（市、区）、市直和组织关系属地管理的中区直单位党委（党工委、党组）书记2017年度抓基层党建考评结果、2018年度基层党建述职评议考核意见，以及《市委党的建设工作领导小组2018年工作要点》，研究部署2018年全市党建工作。

27日 贵港市第一期市委书记“基层直通车”座谈交流会在桂平市麻垌镇举行，以“基层干部队伍建设和脱贫攻坚工作”为主题与基层干部现场考察脱贫攻坚工作并进行座谈交流。

同日，贵港市委书记、市人大常委会主任李新元主持召开市四家班子主要领导联席会议第10次会议，总结2018年第一季度工作，谋划第二季度工作。

同日，贵港市市长农融主持召开市五届人民政府第三十八次常务会议，审议《贵港市企业技术中心认定管理暂行办法》《贵港市突发地质灾害应急预案》《贵港市农村饮水安全巩固提升工程“十三五”规划》等议题。

同日，桂平市举行2018年脱贫攻坚誓师大会暨“美丽广西”乡村建设（扶贫）工作培训会，与会1200多人进行集体宣誓。

30日 贵港市残疾人联合会第五次代表大会在市区召开。

同日，贵港市举行2018年第一季度招商引资合作项目集中签约仪式，集中签约项目7个，合同投资总额68.12亿元。

4月

1日至2日 广西钦州市委书记、市人大常委会主任王革冰，钦州市市长谭丕创率钦州市党政考察团到贵港市考察。

2日 贵港理昂生物质发电有限公司在覃塘区国地税联合办税大厅开出缴纳排放二氧化硫、烟尘等污染物的环境保护税税票，这是贵港市开出的首张环境保护税税票。

3日 贵港市人大常委会召开全市立法工作会议。

同日，贵港市2018年度民兵整组集中点验暨入伍宣誓大会在市体育中心举行，500多名民兵代表接受点验，并参加入伍宣誓仪式。

同日，贵港市首届公益花坛葬活动在市福泰园举行。

9日 贵港市委书记、市人大常委会主任李新元率招商小分队到北京市为汽车产业进行招商推介。

同日，平南县人民检察院首次采用“诉讼式审查”模式对陈某涉嫌盗窃一案进行审查。

10日 《广西日报》一版刊载《桂平誓师打好脱贫攻坚战》。

同日，由广西西江监狱和市文化新闻出版广电局主办，新华书店有限公司承办的广西西江监狱首届读书月系列活动启动仪式在西江监狱举行。

11日 水利部副部长陆桂华率国家防总检查组到贵港市检查大藤峡水利枢纽工程建设及防汛抗旱准备工作。

15日至16日 美国加州蒙特利公园市市长林达坚率代表团到贵港市开展为期两天的访问。

16日 贵港市中华文化促进会成立，在市区召开第一次代表大会，审议通过《贵港市中华文化促进会章程》，是广西首家全民阅读的社会组织。

同日，以“中华民族一家亲·同心共筑中国梦”为主题的贵港市2018年“民族团结进步宣传月”启动仪式在市区民族文化公园举行。

17日 平南县人民法院对平南县丹竹镇国土规建环保安监站干部李某某犯贪污罪一案作出一审判决，判处李某某有期徒刑三年六个月，并处罚金人民币20万元。此案是广西各级监委成立后办理的首例监察留置案。

同日，贵港市“壮族三月三·八桂嘉年华”系列活动——“舞动广西”广场舞展演在市园博园举行。

同日，中医中药中国行——中医药健康文化推进行动（贵港站）启动仪式在贵港市区新世纪广场举行。

同日，贵港市高级中学举行“观天下商场奖学金”首次发放仪式，42名高三学生获奖。

18日 2018年贵港市“壮族三月三·八桂嘉年华”文化旅游消费品牌活动暨港北区壮族“三月三”文化旅游节在港北区幸福港开幕。

23日 正值第23个世界读书日，广西首个全民阅读组织机构——贵港市全民阅读促进会在市图书馆揭牌，揭牌后举行广西著名作家丘晓兰读书分享会。

24日 贵港市在荷城初级中学举行侵权盗版及非法出版物集中销毁活动暨“绿书签行动”宣传活动。

25日 贵港市委召开第五期书记问效党建工作会议。市委书记李新元对各县（市、区）和相关部门征地拆迁工作推进情况进行问效和点评，就相关党建知识对党组织书记进行考问。

26日 位于贵港市区金港大道东段的贵港市康乐湾养老中心开业，该项目计划总投资8000多万元，占地100亩，一期完成投资3700多万元，改建的公寓楼有床位200张。

27日 贵港市第五届人民代表大会常务委员会第十四次会议决定，授予武大靖“贵港市荣誉市民”称号。

同日，贵港市第四次归侨侨眷代表大会在贵港市区召开，选举产生新一届贵港市侨联班子，市委书记、市人大常委会主任李新元出席开幕大会并作讲话，自治区侨联副主席林振龙到会指导。

同日，贵港市召开2016—2017年度“美丽广西”乡村建设（扶贫）工作队总结暨新选派队员动员培训会。

28日 贵港市人民医院举行第二届国际医院管理论坛暨建院80周年学术活动，喜迎医院80华诞。

5月

1日 《贵港市网络预约出租汽车经营服务管理实施细则（试行）》开始施行。

2日 贵港市召开2018年脱贫攻坚工作推进大会暨业务培训会。

同日23时44分，港北区三合村龙圣小区一村民自建房发生火灾，造成5人死亡，1人受轻伤。

2日至3日 自治区党委书记鹿心社到贵港市，就深入贯彻落实习近平总书记视察广西重要讲话和自治区党委十一届四次全会精神情况进行调研。

3日 贵港市委常委会召开（扩大）会议，传达学习自治区党委书记鹿心社调研的指示精神。

4日 贵港市纪念“五四”运动99周年大会在市会议中心举行，大会表彰2017年度优秀共青团员132名、优秀共青团干部76名、五四红旗团支部（总支）73个及五四红旗团委28个。

同日，2018年贵港市招商工作领导小组第二次会议在市区召开，1至4月全市新增签约项目72个，总投资额为237.39亿元；新增亿元项目57个，总投资额231.45亿元；累计新开工项目48个，总投资额116.68亿元。

同日，贵港市2018年汉字听写大赛在港北区港宁小学举行，有荷城初中、桂平二中、平南镇中学、中里民族中学、港北三中、港南二中和覃塘一中7支学校代表队35名选手参加比赛，港北三中摘得桂冠。

4日至5日 由重庆市医改办副主任方明金率领的国家复核评价组到平南县开展2017年公立医院综合改革效果复核评价工作。

7日 贵港市交通运输管理局主持召开贵港汽车东站申请终止经营事项听证会，会上一致通过贵港汽车东站关于终止经营的申请。贵港汽车东站于2003开始运营，因交通形势发展而终止运营使命。

7日至11日 越南社会主义共和国富寿省祖国阵线副主席、富寿省各友好组织联合会副会长阮文玉率代表团到贵港市开展为期5天的访问。

8日 在全国、全区普通高校招生考试安全工作电视电话会议结束后，贵港市召开普通高校招生考试工作电视电话会议。

10日 贵港市委常委会召开会议，学习习近平总书记在纪念马克思诞辰200周年大会上的讲话精神等。

同日，贵港市委、市政府在市区召开专题会议，研究部署贵港市工业高质量发展工作。

11日 贵港市委书记、市人大常委会主任李新元，市长农融率相关部门负责人检查部分城建重大项目建设及城区市容市貌整治情况。

同日，贵港市在市区召开大气污染防治工作约谈会，对2018年大气污染防治工作存在较多问题的9个单位进行约谈。市长农融出席约谈会并讲话，强调要坚持实字当头、干字为先，直面问题、说到做到，切实严防死守，主动出击，全力以赴，确保全面完成大气污染防治工作目标任务。

14日 贵港市委书记、市人大常委会主任李新元率招商小分队到陕西省铜川市德力节能环保科技有限公司考察推介。

同日，贵港市人民政府与广州七喜集团有限公司在贵港城区举行广西桂中肿瘤医院项目签约仪式，广西桂中肿瘤医院项目签约落户贵港市。

16日 贵港市委书记、市人大常委会主任李新元率招商小分队到四川省成都市开展招商推介活动，覃塘区政府与四川弈新实业有限公司签订总投资7亿元的项目合作协议。

17日至18日 水利部副部长刘伟平率考核组到贵港市，就2017年度实行最严格水资源管理制度进行考核。

18日 贵港市在市产业园区石卡园举行2018年第二季度重大项目集中开竣工仪式，集中开竣工重大项目120个，总投资297.48亿元。

同日，贵港市在市产业园扬翔公司总部举行政务公开日启动仪式暨政务服务进园区活动。

同日，由贵港市鹏云汽车销售服务有限公司、市荷美公交出租车有限公司联合举办的“江淮汽车·贵港荷美出租车交车暨启航仪式”在新世纪广场举行，88辆纯电动新能源出租车在贵港市正式投入运营。

同日，贵港市投资7000多万元的市产业园(石卡园)汽车大道升级改造工程竣工投入使用。

18日至21日 2018年“中国旅游日”广西分会场暨贵港市(平南)全域旅游主题推广活动在平南县举行。

20日 “庆祝自治区成立60周年”广西龙舟系列赛暨“龙聚西江·情满龚州”2018年平南·国际龙舟邀请赛首站在西江平南县城段开赛，有来自美国、摩洛哥、巴基斯坦、加拿大等国内外32支龙舟队参加比赛。

同日，贵港日报社首家阅读联盟单位在市区唐人文化城荷城艺术会馆揭牌成立。

21日 贵港市长农融主持召开市五届人民政府第四十二次常务会议，审议并通过《贵港市人民政府关于废止和修改部分政府文件的决定》。

22日 贵港市覃塘区农村产权交易中心第一批12宗交易项目，在北部湾产权交易所集团农村产权“E农村”交易平台正式上线，创建了广西首个县级村集体经济孵化器，为村集体经济发展提供一站式服务。

23日 贵港市委在覃塘区召开第二十期“书记面对面”谈党建工作研讨会，市委书记李新元与市直各部门和县(市、区)、乡(镇)、村(社区)三级党组织书记围绕“提升基层党组织组织力”主题进行研讨。

同日，贵港市“六城联创”誓师大会暨交通综合整治大行动启动仪式在新世纪广场举行。

26日至27日 国家林业和草原局调研组到贵港市，就创建国家森林城市工作进行调研。

27日 全区工业高质量发展大会参会人员由自治区党委常委、常务副主席秦如培，自治区副主席费志荣分别带队，到贵港市考察华奥新能源汽车、腾骏汽车等“广西第二汽车生产基地”、电子信息产业和中国—东盟新能源电动车生产基地。

28日 自治区党委、政府在南宁召开全区工业高质量发展大会，贵港市委书记、市人大常委会主任李新元代表贵港市在会上作交流发言，介绍贵港工业发展“三量”，即改造提升传统产业，做强存量；培育发展新兴产业，做大增量；持续提升发展效益，做优质量。

30日 贵港市长农融主持召开市五届人民政府第四十三次常务会议，审议通过《贵港市打击非法渔业养殖非法渔业捕捞工作方案》，明确到2018年12月31日前，全面取缔江河、水库水域范围内的非法渔业网箱、拦网养殖，完成非法养殖网箱、拦网等设施工具的拆除清理工作。

同日，贵港市召开禁毒工作、扫黑除恶专项斗争暨全面从严治警“五查五整顿”专项行动推进电视电话会。

31日 由广西报纸自办发行协会主办、贵港日报社承办的广西报纸自办发行协会2018年会员大会在贵港市召开，来自全区13个地级市报纸发行单位参会。

6月

1日 国际儿童节，贵港市委书记、市人大常委会主任李新元先后到贵港市体育中心、港北区中里乡六台村儿童之家参加六一国际儿童节活动，并向全市广大少年儿童致以节日的问候和美好的祝愿。

同日，贵港市人民政府与北京

金奔腾汽车科技有限公司在市区签订合作协议，投资15亿元的金奔腾车联网云服务平台项目落户贵港市，标志着贵港一个新业态的崛起，意味着汽车行业的阿里巴巴将问世贵港。

同日，贵港海关全面取消《入出境货物通关单》出口货物。

同日，贵港市第32届全国荷花展览新闻发布会在市会议中心举行，中央、自治区和市本级近60家媒体参加发布会。

4日 贵港市2018年贫困村党组织书记为期1周的培训班在市委党校开班。

5日 自治区副主席丁向群率调研组到贵港市，就工业企业融资问题开展专题调研。

同日，贵港市召开迎接中央环保督察“回头看”工作部署电视电话会议，传达自治区迎接中央环境保护督察“回头看”准备工作会议精神，市长农融就迎接中央环境保护督察“回头看”工作进行动员部署。

同日，广东省佛山市委常委、南海区委书记黄志豪率队到贵港市考察南广高铁经济带建设合作事项。

同日，是世界环境日，贵港市“美丽中国·我是行动者”世界环境日暨贵港环保公众开放日活动在新世纪广场举行。

6日 贵港市长农融主持召开市五届人民政府第四十四次常务会议，审议通过《贵港市服务业发展专项资金使用管理暂行办法》。

同日，2018年贵港市“爱心送考”志愿服务活动启动，高考期间，208辆公交车、20辆出租车免费接送考生参加高考。

同日，位于贵港市产业园区石卡园的广西久久星新能源车辆科技有限公司新厂启用、新车下线。

7日 中央第五环境保护督察组对广西壮族自治区开展“回头看”工作动员电视电话会在南宁召开，督察组组长张宝顺、生态环境部副部长黄润秋就做好督察“回头看”工作分别作讲话，自治区党委书记鹿心社作动员讲话，会议由自治区主席陈武主持，贵港市委书记李新元、市长农融在贵港分会场参加会议。

8日 贵港市政府与自治区质量技术监督局签订战略合作协议。

9日 覃塘区覃塘街道挂牌成立。

12日至13日 自治区政协主席蓝天立率自治区政协常委视察团到贵港市，结合重点提案督办和供给侧结构性改革自治区重点改革任务，就降低实体经济企业成本开展民主监督性视察。

13日至14日 粮食安全省长责任制国家考核工作组办公室成员、水利部农水司巡视员李远华率国家粮食安全省长责任制考核联合抽查工作组到贵港市，就2017年度落实粮食安全省长责任制情况进行实地抽查考核。

14日 贵港市与温州弘海投资有限公司在市区举行合作办学签约仪式，总投资25亿元的广西工业学院项目落户贵港市。

同日，贵港市举办庆祝自治区成立60周年爱国诗词诵读大赛，18支代表队参赛。

16日 2018年中国“6·21”国际乐器演奏日暨“美丽贵港·钟琴唱响”活动在市体育中心举行。

17日至24日 应墨西哥城政府、梅里达市政府以及蒙特利公园市政府邀请，贵港市委副书记、市长农融率团访问墨西哥、美国。

18日 平南县公安局禁毒大队成功破获一起特大运输毒品团伙案件，抓获犯罪嫌疑人3人，缴获毒品海洛因疑似物306.35克。

19日 贵港市委、市政府召开全面检审整改中央环境保护督察反馈问题专题会议。

19日至20日 自治区党委常委、统战部部长徐绍川到贵港市调研统战民族宗教工作和非公经济发展情况，了解贵港市促进非公经济“两个健康”的做法和成效。

20日 第二期市委书记“基层直通车”座谈交流会在平南县上渡街道举行，就“新时代激励干部新担当新作为”为主题开展座谈。

同日，贵港市召开《城市道路管理条例》立法听证会。

23日 国际奥林匹克日，第32届全国荷花展览·荷美贵港——2018育金投资·幸福迷你马拉松（贵港站）暨贵港市体育中心运营一周年庆典活动在贵港市体育中心举行。

25日 中央第五环境保护督察组小组组长喻旗率中央环保“回头看”督察工作组到贵港市开展环保督察工作。

同日，为纪念中国共产党成立

97周年、改革开放40周年、广西壮族自治区成立60周年，贵港市在市博物馆举办“新时代·新贵港”暨“翠贯浔郁·森林荷城”大型摄影展。

同日，在国际禁毒日前日，贵港市中级人民法院集中审判一涉毒团伙，对方某能等5名涉嫌贩卖、窝藏毒品嫌疑人进行宣判，其中3人被判处死刑缓期二年执行、1人被判处无期徒刑，1人被判处有期徒刑十年。

26日 由自治区党委宣传部联合人民日报社、人民网开展的“砥砺奋进60载·2018境外媒体看广西”采访团走进贵港，来自阿富汗、柬埔寨、印度、老挝、巴基斯坦等14个国家的16名媒体记者深入贵港市企业、园博园参观采访，认识贵港、了解贵港、推介贵港。

同日，第32届全国荷花展览以“我芳香2000年，只为等你来”为主题在贵港园博园开幕，全国70个城市500多个品种、4万盆缸栽、2万平方米水栽荷花盛装而出。贵港市委书记、市人大常委会主任李新元在开幕式上致辞，并宣布第32届全国荷花展览暨贵港市第五届“美丽贵港·我爱荷城”荷花展开幕。开幕式演出中国首部荷文化“情景集”——大型浸透式情景诗画《荷城往事》。贵港新闻网“新华社现场云”进行网络直播，广西电视台新闻频道全程直播，贵港电视台、贵港手机台并机直播，人民网、新华网、央视新媒体、新浪、网易等也将进行现场直播。

27日 贵港市委书记、市人大常委会主任李新元，市长农融等市四家班子领导集体到贵港园博园参观荷花展览，与社会各界共享荷花盛宴。

同日，贵港市市长农融主持召开市五届人民政府第四十六次常务会议，审议通过了《2018年贵港市行政许可事项目录》和《贵港市工业行业“冠军企业”和“明星企业”评选奖励暂行办法》。

同日，《贵港市工业企业创新研发及两化融合奖励暂行办法》出台，明确对贵港市辖区内注册设立并依法纳税、具有独立法人资格的工业企业，获得认定的可以得到相应的补助和奖励。

同日，作为第32届全国荷花展览分会场，“荷美覃塘”（第五届）盛大开园。

同日，由贵港市委宣传部、市文学艺术界联合会、市教育局、市文化新闻出版广电局、市社会科学界联合会主办的第32届全国荷花展览暨贵港市“美丽贵港·我爱荷城”第五届荷花展千人现场写荷画荷颂荷活动在贵港园博园举行。

同日，由广西演艺集团、广西杂技剧团打造的首部大型壮族魔幻杂技剧《百鸟衣》在市区会议中心大会堂上演。

28日 自治区党委第七巡视组巡视贵港市及所辖县(市、区)工作动员会召开。会上，自治区党委巡视工作领导小组成员、自治区纪委常委、自治区党委巡视办主任奉明芳对配合做好巡视工作提出要求，自治区党委第七巡视组组长秦邦元就将开展的巡视工作作讲话。

同日，为荷而来——2018年贵港市荷花产业招商推介会暨项目集中签约仪式在市区举行，签约项目8个，总投资23.58亿元。

同日，中国花卉协会荷花分会第八届理事会第二次会议在贵港市召开，中国花卉协会荷花分会会长陈龙清主持会议。

29日 贵港市委书记、市人大常委会主任李新元率招商小分队到同济大学考察推介，与同济大学校长钟志华共商产业研究中心事宜。

7月

1日 青云大桥、鲤鱼江大桥全线通车，横跨郁江，项目起点为迎宾大道，终点位于江南大道，线路全长约5220米，其中青云大桥长1280米，道路部分长3940米(含鲤鱼江大桥220米)，该桥主桥桥面宽36.5米，引桥面宽30米，双向六车道加非机动车道，是亚洲首座塔双索面预应力混凝土边主梁钢横梁斜拉桥。

同日，贵港市委书记、市人大常委会主任李新元率招商小分队到苏州康力骨科器械有限公司考察推介，2日与江苏宏鑫集团签订总投资14亿元的热电联产集中供热热力管网建设运营项目意向协议。

同日，贵港市儿童医院、贵港市妇幼保健院新院正式开业，结束了贵港市没有儿童医院的历史。

3日 贵港军分区为在利比里亚维和中立二等功的平南籍军人蓝卫宇、杨远方家属隆重送达立功喜报，并赠送荣誉牌匾及慰问金。

4日 贵港市市长农融率相关部门负责人及企业代表到广东省佛山市推介旅游产业项目，并在贵港市旅游产业投资合作推介会上致辞。

4日至5日 自治区副主席方春明率自治区第二督察领导小组到贵港市检查督办中央环境保护督察组交办问题整改工作，调研贵港市脱贫攻坚工作。

5日 国家税务总局贵港市税务局挂牌成立。

同日，第四届粤桂黔高铁经济带合作联席会议在广东省佛山市南海区举行，围绕“携手合作 推动乡村振兴”主题共商发展大计。市长农融率贵港市代表团参加会议。

同日，广西区古树名木保护管理工作现场会在贵港市召开。

6日 贵港市委书记、市人大常委会主任李新元就坚持以人民为中心的发展思想，开展就网络问政积极回复网友、网罗社情民意，提升为民服务水平等内容接受人民网记者专访。

7日 贵港市主城区郁江北岸堤路园项目最后一户被征收户签订房屋补偿协议书，标志着长达13年之久的郁江北岸堤路园项目土地征收工作取得突破性进展。

10日 贵港市港北区贵城街道西江社区挂牌成立。

13日 贵港市学习贯彻习近平新时代中国特色社会主义思想和中共十九大精神集中轮训暨第四十七期领导干部时代前沿知识讲座在市会议中心举办。

同日，广西首家村级农村金融服务站在覃塘区东龙镇凤凰村成立。当日上午，“云闪付”移动支付购物注册32户，支付交易127笔，预约注册29户，代缴水电费惠及农户近400户。

15日 下午4时18分贵港汽车东站正式终止运营。

16日 贵港市首届“荷城杯”才艺大赛开赛，比赛分少儿组和青年组，内容涵盖声乐类、舞蹈类、器乐类、戏曲语言、杂技类等，经海选、初赛、决赛环节，赛事持续到8月12日结束。

17日 由贵港北控水务有限公司建设的港南区江南大道供水管网完成安装、冲洗、消毒和试压等环节，标志着江南大道供水工程全面竣工。

18日 自治区党委常委、常务副主席秦如培到桂平市调研大藤峡水利枢纽工程及工业经济发展。

同日，由广东省佛山市高明区盈夏纺织有限公司投资建设，总投资49亿元的科技生态纺织园项目正式签约落户平南县。

18日至20日 贵港市人大常委会组织驻桂全国人大代表、自治区人大代表以及部分市人大代表，围绕“优化营商环境”专题在贵港市开展年中专题调研。

19日 中国共产党贵港市第五届委员会第六次全体会议在贵港城区召开，市委委员49人、候补委员7人出席会议，市第五届纪律检查委员会全体委员和有关方面的同志、市第五次党代会部分代表列席会议，审议通过《中共贵港市委员会关于推进乡村振兴战略的实施意见》。

20日 贵港市委、市政府召开专项协调会，动员部署庆祝自治区成立60周年筹备工作。

同日，按照国家税务总局和自治区党委、政府的统一部署，贵港市各县级和乡镇新税务机构统一挂牌，标志着贵港市三级税务机构分步合并和相应挂牌工作全部完成。

24日 贵港市在城区启动2018年全国食品安全宣传周贵港市活动暨创建广西食品安全示范城市宣传活动。

25日 贵港市庆祝中国人民解放军建军91周年暨双拥模范城创建工作动员会在市区召开。

同日，贵港市委召开第六期书记问效党建工作会议，对民生项目推进情况进行问效。

同日，自治区人民政府召开广西第四次全国经济普查动员部署电视电话会议，贵港分会场在电视电话会议结束后，继续召开会议部署贵港市第四次全国经济普查工作。

同日，2018年全国农民手机应用技能培训广西贵港专场在覃塘区启动。

同日，覃塘区人民法院入驻抖音平台，利用抖音发布16名失信被执行人信息，惩治失信拒执行为，成为贵港市人民法院系统中第一个入驻该平台的单位。

27日 2018年全区优质高产高糖糖料蔗基地建设年中工作会议在贵港市召开，自治区副主席方春明出席会议并讲话。

同日，贵港市首届“布山杯”工艺美术展览在贵港园博园正式开幕。

30日 贵港市年中工作会议暨工业高质量发展、深化改革优化营商环境和县域经济发展推进大会在市中心城区召开。

31日 以“南雄风雅龚州醉，北帝山奇龙眼香”为主题的中国（平南）石硖龙眼节在平南县安怀镇石硖龙眼示范基地开幕。

8月

1日起 贵港海关实施进出口货物整合申报，报关单、报检单将合并为一张报关单。经过梳理整合，原报关、报检共229个申报项目合并精简至105个，统一了国别（地区）、港口、币制等8个原报关、报检共有项的代码，其中7个采用国家标准代码或与国家标准建立对应关系。海关简化整合进口申报随附单证，将原报关、报检74项随附单据合并整合成10项，102项监管证件合并简化成64项。

同日，贵港市食盐质量安全监管职能交接仪式在贵港市食品药品监督管理局举行，至此，原自治区盐业公司贵港分公司（盐业管理局）承担的食盐生产、经营及食品生产加工、餐饮服务用盐的食盐质量安全管理、市场监管与盐政执法职能全部移交市食品药品监督管理局，实行属地化管理。

同日，《人民日报》刊发《广西贵港开设脱贫大课堂》文章，介绍广西贵港市主动适应脱贫攻坚新形势、新变化，自2016年举办"周末大课堂"系列活动352场，累计培训扶贫干部9万余人次、贫困群众80万余人次，实现了"市、县、乡、村"四级干部培训全覆盖。

同日，经过9个多月全封闭维修加固的贵港市中心城区西江大桥正式恢复通车。

2日 贵港海关对广西某公司从越南进口的42.22立方米重57吨的高棉酸枝（原木锯枋）开展现场检疫和开箱查验时，发现双钩异翅长蠹、天牛科、坚甲科、粉蠹科等多种外来有害生物，其中双钩异翅长蠹为贵港口岸首次截获。

7日至8日 自治区政协副主席、党组成员陈刚到贵港市就全区政协系统党的建设工作进行调研。

10日至14日 由自治区体育局主办的广西少年儿童武术套路锦标赛在市体育中心举行。

11日至12日 由贵港市委宣传部、贵港市文化新闻出版广电局策划，广西戏剧院组团创作，贵港广播电视台承办的贵港本土廉政历史题材大型话剧《压舱石》在市会议中心首次公演。

14日 覃塘农业科技园区通过验收，被评为第一批10个自治区农业科技园区之一。

15日 贵港市富硒百香果溯源系统上线发布会在贵港城区举行，标志着贵港市富硒百香果实现从"农产品"向"农产精品"的转变，富硒百香果消费者能够掌握产品的种植、加工和包装等信息。

17日 2018年广西"农村扶贫济困""社区邻里守望"志愿服务系列活动（贵港）在港北区贵城街道震塘社区举行。

18日 以"舞动青春·放飞梦想"为主题的贵港市第一届网络文化节之街舞大赛暨青少年网络安全教育宣传活动在城区举行。

21日 全区信访服务重大项目建设暨信访矛盾化解攻坚战现场推进会在贵港市召开，自治区信访工作联席会议召集人、自治区副主席胡煒出席会议并讲话。

同日，2018年雅加达亚运会女子水球比赛进入到最后一天，中国队以16∶3击败中国香港队，以五战全胜夺得冠军，实现亚运会三连冠。贵港市覃塘籍运动员农三凤代表中国女子水球队参加比赛，拿到广西运动员在雅加达亚运会赛场上的首金。

同日，贵港市首例食品安全民事公益诉讼案件——假冒碘盐案在贵港市中级人民法院公开开庭审理。

同日，港北区贵城街道三合社区召开的2018年大学新生奖学金发放座谈会，该社区及其经济能人为该社区38名考入一、二本新生发放奖学金18.8万元。

22日 贵港市市长农融主持召开市五届人民政府第四十九次常务会议，审议并通过《贵港市打赢脱贫攻坚战三年行动计划（2018—2020年）》。

23日 由广西商务厅和贵港市人民政府主办的广西特产行销全国（一市一品）2018年贵港市富硒农产品（广州）专场推介会在广州举行。

24日 贵港市委召开第21期"书记面对面"谈党建工作研讨会，就加强党的政治建设进行研讨。

27日 贵港市委书记、市人大常委会主任李新元率招商小分队到广东龙浩集团有限公司考察推介，贵港市人民政府与龙浩集团签订战略合作协议，计划就贵港蒙圩军民合用机场、贵港城区通用机场规划建设与运营管理、航空产业园规划建设及配套市政基础设施投资建设等展开合作,项目计划投资约100亿元。

同日,广西第二届“花山诗会”开幕式在贵港市举行,作品杂志社社长、著名诗人杨克,中国诗歌网总编辑、诗人、评论家金石开以及王十月、肖江虹、余思、朱山坡、凡一平等区内外著名作家、诗人60多人受邀参加诗会。

27日至29日 全国政协委员、自治区政协副主席、民建广西区委主委钱学明到贵港市,就《加强东西部协作与广西精准承接产业转移研究》开展课题调研。

28日 贵港市首个警邮合作中心在贵港城区国际生活港的邮政快递网点挂牌成立。即日起,广大市民可以在该网点办理18项车驾管业务。

同日,广西盐业集团有限公司贵港分公司举行揭牌仪式,标志着贵港盐业发展进入一个新的里程碑。

29日 贵港市在市区举行2018年家庭经济困难大学新生资助金发放仪式,2018年贵港市本级财政安排241.5万元专项资金用于资助家庭经济困难大学新生。另外,贵港开展生源地信用助学贷款共受理申请贷款大学生26716人,合同金额19287万元。

9月

3日 投资3.3亿元的贵港市大将国际学校竣工启用,总投资5900万元的港北区中山小学建成并投入使用。

4日 贵港市市长农融在市区主持召开市五届人民政府第五十次常务会议,审议通过《贵港市现代特色农业示范区增点扩面提质升级(2018—2020)三年行动方案》。

7日 贵港市委、市政府在桂平召开全市乡村振兴暨旅游发展大会。

同日,在2018“中欧绿色和智慧城市峰会”上贵港市获得“2018中欧绿色智慧城市”技术创新奖。该峰会由欧盟委员会指导,中国城市和小城镇改革发展中心、法国展望与创新基金会在浙江省宁波市主办。

同日,贵港市首家警保联动车管服务中心正式启用。市民在该服务中心可办理申请、补、换领六年免检机动车的检验合格标志等11项业务,真正享受到交管业务“放管服”改革红利。

12日 第15届中国—东盟博览会签约仪式在南宁举行,贵港市参加大会集中签约项目15个,合同投资总额约75.7亿元。

13日 第15届中国—东盟博览会贵港市投资合作项目专场签约仪式在南宁举行,签约项目20个,合同投资总额175.13亿元,项目涵盖新能源、大健康、电子信息、建筑材料、现代农业、林板及化工等领域,签约企业有华润集团、雄塑集团等多家知名企业。

同日,在参加第15届中国—东盟博览会期间,市委书记、市人大常委会主任李新元接受《中国东盟报道》杂志采访,介绍贵港市推进智慧城市建设的经验。

同日,贵港市在贵港火车站举行2018年度新兵入伍欢送会。

同日,贵港市在驻贵某部队举行第18个全民国防教育日暨贵港市“军营开放日”活动。

14日 国家统计局总经济师盛来运率国家统计局调研组到贵港市开展经济形势调研。

16日至18日 受2018年第22号台风“山竹”过境影响,贵港市大部出现6至9级大风,西北部、桂平、平南南部乡镇普降中到大雨,造成部分乡镇村屯大片农作物受灾,受灾面积超过12万亩。

18日 黄大年事迹展馆揭牌仪式在贵港市广西第六地质队举行。

同日,国家知识产权局商标局贵港商标受理窗口在市工商局正式启动运行,现场受理商标名称“客联达+图形”的申请。

19日 “提升基层党组织组织力”研讨会暨第五届全国基层党建创新典型案例征集评选活动启动仪式在贵港市举行,活动由中国浦东干部学院、人民网、中国共产党新闻网、中国组织人事报社主办,中共贵港市委员会、人民网广西频道、广西党的建设研究会承办。

同日,广西工业学院奠基仪式在贵港市西江教育园区举行。

20日 是第九届“中国统计开放日”,自治区统计局、自治区第四次经济普查领导小组办公室与贵港市共同在贵港市区新世纪广场举行统计开放日暨广西第四次全国经济普查宣传活动。

28日 贵港市“12345”政府服务热线上线仪式在市城区举行。市长农融出席仪式并宣布贵港市“12345”政府服务热线启动。

同日,南广高铁平南南站开启

旅客“刷脸”自助进站模式，通过“票、证、人”三验为一体的智能实名制验证闸机进站。

29日 2018年市扶贫开发领导小组第四次全体（扩大）会议暨全市脱贫攻坚问题整改工作推进会在市区召开，贵港市委书记李新元强调，紧盯目标任务，全力抓攻坚确保高质量完成年度脱贫目标任务。

30日 全国第五个烈士纪念日，英雄烈士保护法实施后的第一个烈士纪念日，贵港市在南山公园革命烈士纪念碑前举行烈士纪念日活动。

同日，心仪广西·六十国宝——广西壮族自治区成立60周年文物博物馆事业成果展在市博物馆举行开幕仪式。

10月

8日 黄大年纪念馆在贵港市港北高中落成揭牌。

10日 贵港市“学习习近平新时代中国特色社会主义思想和党的十九大精神”集中轮训暨2018年“百名法学家百场报告会”贵港市专场在城区举行。中南财经政法大学刘仁山作题为《宪法修正案解读》专场报告。

同日，全国供销合作总社理事会副主任骆琳到贵港市调研督查供销合作社综合改革、推动乡村振兴落实情况。

10日至11日 自治区扶贫开发领导小组在贵港市召开全区易地扶贫搬迁后续扶持、后续管理暨拆旧复垦工作现场会，自治区人大常委会党组副书记、副主任，自治区扶贫开发领导小组副组长张秀隆出席会议并讲话。

12日 “香港图书阁”开幕式及桂港合作标语创作比赛颁奖典礼在市图书馆举行。

13日 2018年重阳中国健身名山·广西平天山（贵港）登山赛在贵港市平天山举行，2500多名中外登山运动员参赛。

15日 在广东省深圳市召开的全国2018森林城市建设座谈会上，国家林业和草原局授予贵港市“国家森林城市”称号，成为2018年广西唯一入选城市。

16日 贵港市获批设立自治区级高新技术产业开发区，这是贵港首个获得广西壮族自治区人民政府批准设立的高新技术产业开发区。

同日，贵港市委书记、市人大常委会主任李新元率队到平南县寺面镇瞻仰劳五暴动烈士陵园。

同日，贵港市第八届“和为贵”文化节开幕式暨“百孝之子”颁奖晚会在市区新世纪广场举行，莫献芬等10人被授予2018年度贵港市“百孝之子”称号。

17日 自治区副主席黄俊华率队到贵港钢铁集团有限公司调研。

同日，是中国第5个扶贫日、第26个国际消除贫困日，贵港市2018年扶贫日启动仪式暨脱贫攻坚成果展在贵港市博物馆举行。

同日晚，驻贵某部举办《塔山精神永放光芒》纪念塔山阻击战胜利70周年主题晚会。

18日 2018年贵港市本级第五、第六批公租房保障家庭公开摇号配租仪式在市体育中心举行。

19日 贵港市“智慧党建”平台正式上线运行。

同日，贵港市开展2018年水生生物资源增殖放流活动，放流鱼苗1164.18万尾。

20日 自治区召开中央第五环境保护督察组对广西壮族自治区第一轮中央环境保护督察整改情况开展“回头看”情况反馈电视电话会，反馈会由自治区主席陈武主持，中央第五环境保护督察组组长张宝顺通报督察意见，自治区党委书记鹿心社作表态发言，贵港市委书记、市人大常委会主任李新元，市长农融在贵港市分会场参加会议。

22日 市长农融主持召开贵港市五届人民政府第五十四次常务会议，会议审议并原则通过《贵港市关于鼓励社会力量兴办教育促进民办教育健康发展实施方案》。

23日 贵港市“荷城有礼六行动”启动仪式在新世纪广场举行，深化文明创建，提升城市品质。市长、市“六城联创”工作领导小组组长农融宣布“荷城有礼六行动”正式启动。

23日至25日 2018年U11、U12全国举重冠军赛在陕西省西安市举行，贵港市派出选手6名，获得金牌8枚、银牌7枚和3个第四名，并夺得团体总分男子组第二名、女子组第四名。

24日 广西机构改革动员部署电视电话会议在南宁召开，贵港市同步启动机构改革工作。

同日，贵港市锦达·香格里拉楼盘项目正式复工，该项目一期原计划2015年底交房，停工近三年备受贵港市民关注。

26日　贵港市委召开第七期书记问效党建工作会议，就2018年绩效考评指标完成情况进行问效和点评。

同日，贵港市委书记、市人大常委会主任李新元会见第十一届全国“五好家庭”获得者黄丽萍、丁速家庭和2018年度全国“最美家庭”获得者李建壑、余金权家庭，并为全国“五好家庭”“最美家庭”以及2018年度贵港市“最美家庭”代表颁奖。

同日，贵港市市长农融在市区会见美国加州蒙特利公园市市长陈赞新。

同日，“不忘初心、牢记使命——广西党组织成长的光荣之路”主题展馆，以及贵港市“不忘初心、牢记使命”教育体验基地在贵港市交警支队正式启用。

29日　贵港市在贵港园博园举行黎家德个人藏品捐赠仪式，黎家德在海外从商多年，将海外的珍奇异宝搜寻并运送回国，将海洋生物化石（砗磲）、金丝楠阴沉木等一批珍贵藏品捐赠给国家交由贵港收藏。

29日至30日　中国农业技术推广协会会长陈生斗率专家组到贵港市考察评审“全国富硒农业示范基地”申报创建工作，经中国农业技术推广协会富硒农业技术专业委员会专家组评定，同意授予贵港市“全国富硒农业示范基地”称号。

31日　自治区党委常委、副主席严植婵到贵港市检查中央环保督查“回头看”发现问题整改、大气污染防治“百日攻坚”行动等工作情况。

11月

2日　贵港市宣传思想工作会议在中心城区召开，市委书记李新元强调建设具有强大凝聚力引领力的社会主义意识形态，奋力开创新时代宣传思想工作新局面。

5日　贵港市“119”消防宣传月校园行宣传活动在港南区桥圩镇智慧星幼儿园正式拉开序幕。活动期间，全市举行形式多样的宣传、培训、知识竞赛和多场应急散演练。

9日　由国家发展改革委城市和小城镇改革发展中心主办，贵港市委、市政府承办的2018中国（贵港）绿色智慧城市发展高峰会议在贵港市开幕。

9日至10日　第三届中国富硒产业发展大会暨第二届广西贵港富硒农产品博览会在贵港举办，大会分中国富硒产业发展大会和广西贵港富硒农产品博览会两部分，农业农村部领导、国内知名专家800多人出席大会。

10日　首届中国国际进口博览会在上海隆重闭幕，贵港市45家采购企业、150多人参加本届博览会。

13日　贵港市江南中学教育集团华南校区挂牌成立。

14日　2018年广西机关党建理论研究座谈会在贵港市召开。

17日　以“聚集群　抓创新　创品牌　助力行业高质量发展”为主题的2018中国—东盟博览会林木高峰论坛暨第三届广西（贵港）木材加工产业发展高峰论坛在贵港市举行，国家林业和草原局总经济师张鸿文出席开幕式并致辞。

同日，中国林产工业协会授予贵港市“中国南方板材之都”称号。至此该市拥有林产品加工企业3000多家，年产值近350亿元；胶合板产量占广西总量的60%，板材出口量占广西的50%，成为全国重要的胶合板、单板生产加工基地和林产品集散中心。

19日　贵港市首个跨境电商产业园广西永泰跨境电商产业园在市产业园区石卡产业园内开园。

同日，农行贵港分行投放的贵港市首台硬币兑换机，在港北区大圩镇东塘村金融综合服务站启用。

20日　第22期“书记面对面”谈党建工作研讨会暨贵港市巡视巡察督查反馈问题整改集体约谈会在贵港市区召开，主题为“书记面对面”谈“巡视巡察督查反馈问题整改”，对27个整改牵头单位“一把手”进行集体约谈。

21日至23日　驻桂全国、自治区、市三级人大代表开展年终集中视察活动，采取听取汇报、座谈、实地察看等方式，对贵港市富硒产业发展情况进行集中视察。

23日　中国少年先锋队贵港市第四次代表大会在市区召开。

同日，贵港市在北部湾港贵港集装箱码头有限公司5#泊位举行北部湾港贵港码头——中外运永泰码头“穿梭巴士”开航仪式。

24日 自治区统战部部长徐绍川到贵港市检查庆祝广西壮族自治区成立60周年筹备工作。

27日 贵港市在“九路两桥”项目中的S511江南工业园至桥圩界一级公路项目建设现场举行2018年第四季度重大项目集中开竣工仪式，全市共有96个重大项目集中开竣工，总投资245.77亿元。其中，开工项目57个，总投资144.93亿元；竣工项目39个，总投资100.84亿元。

28日 《人民日报》刊发《让富硒地变富裕地——广西贵港以特色产业和科技引领助力精准脱贫》文章。

29日 自治区政协主席蓝天立到贵港市看望慰问老党员李祝富、先进模范人物邓先，代表自治区党委、人大、政府、政协四家班子，向其致以诚挚的问候。

12月

4日 自治区人大常委会副主任、党组书记王跃飞到贵港市调研人大代表履职情况。

同日，贵港市在新世纪广场举行2018年“12·4”国家宪法日集中宣传月活动启动仪式，作为全区五个分会场之一，与自治区同步举行国家宪法日集中宣传活动。

同日，2018年全区人大法制干部培训班暨法规案审议经验交流会开班仪式在贵港市举行，自治区人大常委会副主任、党组书记王跃飞出席开班仪式并讲话。

6日 贵港市庆祝改革开放40周年和自治区成立60周年文艺晚会在市会议中心举行。

7日 2018年贵港市新时代文明实践中心和新时代讲习所建设暨志愿服务工作会议在市区召开。

11日 中共中央书记处书记、中央统战部部长、中央代表团副团长尤权率中央代表团三分团到贵港市，看望慰问贵港各族各界干部群众，转达以习近平为核心的党中央的亲切关怀和全国人民的美好祝福。

同日，自治区工业和信息化厅、自然资源厅、投资促进局联合发文，授予贵港市2017年度“广西工业投资评价优秀单位”称号，是广西3个设区市获此荣誉之一。覃塘区、桂平市和平南县获得“广西工业投资评价优秀单位”称号。

12日 贵钢集团举行贵钢桂宝特钢120吨电炉项目竣工仪式，标志着该集团300万吨产能目标的胜利完成。

15日 在2018第十三届中国全面小康论坛上，贵港市获“2018年度中国十佳营商环境示范城市”称号。

16日 在2018中国森林旅游节上，国家林业和草原局授予贵港市“全国森林旅游示范市”称号，这是2018年广西唯一获此称号的城市。

19日至20日 贵港市委书记、市人大常委会主任李新元率贵港市考察团到江苏省徐州市考察城建、产业发展等情况，徐州永刚电力设备有限公司、徐工集团考察推介。

21日 在海南省海口市举办的第七届全国公安政务新媒体伙伴大会上，平南县警方侦办的全国首例空号短信劫持案被评为公安执法领域十大社会共治影响力案件。

22日至23日 “佳兆业杯”2018年中国·东盟国际体育舞蹈公开赛在贵港市体育中心举行。66支代表队近2000名运动员参加本次比赛。

26日 贵港市召开2018年度贵港市县（市、区）党委和市直属党（工）委书记落实全面从严治党主体责任述职评议会议。

同日，贵港市委书记、市人大常委会主任李新元，市委副书记、市长农融率市四家班子领导到驻贵部队开展“军事日”活动。

同日，贵港市举办第一届网络文化节微论坛。

27日 《广西第二汽车生产基地发展总体规划》专家评审会在贵港市区举行。

28日 广西海事系统内河30米级海事巡逻船“海巡10481”在桂平正式列编。

29日 贵港市市长农融主持召开市五届人民政府第六十次常务会议，审议并通过《贵港市物流业发展中长期规划(2018—2025)》《贵港市环境空气质量限期达标规划》《贵港市湿地保护修复制度实施方案》。

同日，贵港市消防支队举行转隶迎旗、授衔和换装仪式。

概　　况

自然环境

【地理位置】 贵港市位于广西东南部，东临梧州、南临玉林和钦州、西接南宁、北邻来宾。位于北纬22°39′~24°02′、东经109°11′~110°40′之间。地处广西最大的平原——浔郁冲积平原中部，珠江流域干线西江中游，面向粤港澳、背靠大西南、南出北部湾，处于华南、西南及珠三角、北部湾经济圈的结合部，行政区域面积1.06万平方千米。南(宁)广(州)高铁，黎(塘)湛(江)铁路、南(宁)广(州)高速等高速公路293千米，国道324线和209线过境。郁江、黔江交汇于桂平城区流入浔江汇于西江。西江黄金水道流经全境长，长年可通行2000吨级船舶，是广西重要的水陆联运交通枢纽，是东南沿海地区经济向中西部地区梯度转移的重要桥梁和大西南物资出口粤港澳最便捷、最经济的通道。

【环　境】

空气环境质量　2018年，贵港市环境空气监测365天，有317天达到或优于Ⅱ类标准，优良率87.3%，污染物以$PM_{2.5}$（细颗粒物）为主。其中二氧化硫年日均浓度12微克/立方米；二氧化氮年日均浓度23微克/立方米；可吸入颗粒物年日均浓度63微克/立方米；细颗粒物年日均浓度40微克/立方米；臭氧日最大8小时平均第90百分位数浓度为141微克/立方米；一氧化碳日均浓度值第95百分位数浓度为1.2毫克/立方米。除$PM_{2.5}$年日均浓度未达到国家《环境空气质量标准》(GB3095-2012)中的二级标准外，其余的监测项目均达到国家《环境空气质量标准》(GB3095-2012)标准要求。

降水环境质量　2018年，贵港市区监测降水137场次，获降水监测数据1644个。降水的pH值(酸碱值)范围5.71~7.77，pH年均值为6.78。其中pH值小于标准值5.6的降水0场次，酸雨频率为0%。

水环境质量　2018年，获河流水质监测数据9969个。国控断面火电厂、石嘴、武林渡口、白额的监测结果年均值达到《地表水环境质量标准》(GB 3838-2002)的Ⅱ类标准，武思江大桥的监测结果年均值达到《地表水环境质量标准》(GB 3838-2002)的Ⅲ类标准；城市集中式饮用水源地泸湾江的年均值达到《地表水环境质量标准》(GB 3838-2002)的Ⅲ类标准。

声环境质量　2018年，获得噪声监测数据1064个。贵港市区道路交通昼间噪声平均值66.5分贝，噪声强度等级属一级；贵港市区道路交通夜间噪声平均值61.5分贝，噪声强度等级属三级。贵港市城市建成区区域声环境昼间平均值55.4分贝，总体水平等级为三级；贵港市城市建成区区域声环境夜间平均值47.9分贝，总体水平等级为三级。贵港市功能区声环境布设监测点位8个，4个类别功能区，监测64点次，昼间、夜间各监测32点次。各类功能区昼间有28个监测点次达标，占昼间监测点次的87.5%；各类功能区夜间有30个监测点次达标，占夜间监测点次的93.8%。

（温志杰）

【气　候】 2018年，贵港市各地平均气温22.2~22.9℃，全市平均为22.5℃，比常年偏高0.6℃。年度降水量1336.7~1477.0毫米，全市平均为1419.0毫米，属正常。日照时数为1329.9~1590.9小时，属正常。冬、春季偏暖，降水正常到偏少；夏季气温正常，雨量稍偏少；秋季气温正常、雨量偏多。　（卢冬梅）

【水　文】 2018年，贵港市在主要河流及水库设有贵港、桂平、大湟江口、平南等水文(位)站51个、雨量站181个、水质监测断面20个、泥沙站2个、蒸发站4个、土壤墒情站1个、水土保持监测站1个，分别由贵港水文站、桂平市中心水文站、平南县中心水文站按片区管辖,其中贵港水文站管辖的范围包括贵港市港北区、港南区、覃塘区。基本建立了布局科学、结构合理、项目齐全、功能完善的水文站网体系。

雨　情　汛期4—9月平均降雨量1038.0毫米,较多年同期平均偏少13.7%,属偏枯年景。4—9月各站点降水量在722.5~1708.5毫米之间,最大降雨量为平南县思旺镇1708.5毫米,最小降雨量为覃塘区三里镇722.5毫米,降雨量在1000毫米以上占全市面积的56.6%,降雨量在500~1000毫米占全市面积的43.4%。最大1小时降雨量97.5毫米(港南区木梓镇新莲村,9月7日)、最大3小时降雨量126.0毫米(平南县马练瑶族乡巡检村,9月26日)、最大6小时降雨量192.5毫米(平南县马练瑶族乡巡检村,9月26日)、最大12小时降雨量194.0毫米(平南县马练瑶族乡巡检村,9月26日)、最大24小时降雨量205.5毫米(贵港市平天山林场,9月17日)、最大3天降雨量238.5毫米(平南县马练瑶族乡巡检村,9月25日—27日)。

水　情　贵港市辖区范围内有3条河流共4站次出现超警戒水位的洪水。除白沙江、鲤鱼江、大洋河发生超警戒水位以上洪水外,其他主要江河均未出现超警戒洪水。

大江大河水情情况　6月,受强降雨影响,柳江、红水河水位出现明显上涨,黔江桂平水文站水位从6月21日11时起涨,起涨水位25.59米,至6月24日23时出现洪峰水位31.66米,水位涨幅6.07米,距警戒1.54米,涨水历时84小时;浔江大湟江口水文站从6月21日13时起涨,起涨水位22.85米,至6月25日2时出现27.94米的洪峰水位,水位涨幅5.09米,距警戒水位3.76米,涨水历时85小时;平南水文站从6月21日18时起涨,起涨水位21.01米,至6月25日5时出现25.36米的洪峰水位,距警戒水位3.64米,水位涨幅4.35米,涨水历时83小时。8月,受上游来水影响,贵港市各主要江河水位出现明显上涨,郁江贵港水文站8月7日9时45分出现39.31米洪峰水位,距警戒水位1.89米。

中小河流水情情况　9月中旬,受第22号台风“山竹”影响,贵港市出现强降雨过程1次,白沙江、大洋河、鲤鱼江出现超警戒洪水。其中,大洋河中沙水文站9月17日1时35分出现138.80米洪峰水位,超警戒0.30米;大洋河满坡水文站9月17日12时43分出现41.86米洪峰水位,超警戒0.86米;白沙江南义水文站9月17日7时45分出现97.01米洪峰水位,超警戒1.01米,水位涨幅5.71米,属小洪水;鲤鱼江三里水文站17日17时出现46.28米洪峰水位,超警戒0.28米。

(廖　伟)

表1　　2018年贵港市主要控制水文站最高水位对照表

(水位:米,85基准)

河流	站名	1至12月最高水位	出现日期	历史最高水位	出现日期	警戒水位
郁江	贵港	39.31	8.7	46.93	2001.7.10	41.2
黔江	桂平	31.66	6.24	41.89	2005.6.2	33.2
浔江	大湟江口	27.94	6.25	38.28	2005.6.23	31.7
浔江	平南	25.36	6.25	36.11	2005.6.23	29.0
六红河	中里	111.72	9.17	113.96	1994.7	112.5
大同江	水晏	81.99	9.26	89.81	2005.6	84.5
白沙河	南义	97.01	9.17	98.75	2009.7	96.0

【气象灾害】 2018年,贵港市主要气象灾害有台风和低温冷害两种。

台　风　第22号台风“山竹”于9月16日23时以台风级别从玉林北流南部进入广西,从贵港市以南地区经过。受台风环流影响,贵港市从9月16日下午开始出现风雨,16日傍晚至17日上午出现狂风暴雨。9月16日20时至9月17日14时,贵港全市有84个(超过半数)自动气象站雨量超过50毫米,其中100~200毫米有37个站,大于200毫米有5个站,最大雨量249.3毫米,期间全市大部出现7~8级风,部分地区风力9~13级,最大阵风出现在港南区东津石江村,极大风速达40.2米/秒。据民政部门灾情核报统计数据,受台风“山竹”影响,贵港市74个乡镇不同程度受灾,灾害造成全市420852人受灾,因灾死亡1人,伤病1人;农作物受灾面积37862.55公顷,其中成灾面积14593.58公顷、绝收面积1949.51公顷、损坏耕地31公顷;倒损住房1118间,其中倒塌住房348间、严重损环住房477间。直接经济损失29598.27万元,其中农业损失28008.87万元。

低温冷害　10月10日—19日,受冷空气影响贵港市出现连续10天日平均气温不大于22℃的寒露风天气过程,过程平均气温20.4℃,极端最低气温17.0℃,过程雨量为 44.9 毫米，雨日 8 天。期间全市晚稻普遍处于抽穗扬花期或灌浆、乳熟期，寒露风天气对晚稻产量造成一定影响。（卢冬梅）

【资源·特产】

矿产资源 贵港市主要的矿产资源 40 多种，有金、银、锰、铝、锡、铅锌、铁、铜、锑、铋、铀、磷、钛、白泥、钾、重晶石、石膏、石英、玄武岩、石英砂（岩）、红砂石、花岗岩、大理石、钾长石、石灰石、煤、赤砂岩、硅质岩、陶土及红黏土等。其中，锰矿储量达 2174 万吨，铅锌矿储量 1749 万吨，锡矿储量 7000 吨，煤储量 3040 万吨，石灰石储量 2000 亿吨以上，花岗岩储量 100 亿吨以上。三水铝储量两亿吨居全国首位，含量高，表层浅，易开采。黄金和铀矿被列为国家开采项目。

动植物资源 贵港市境内野生动物资源有 25 目、56 科、200 多种。其中鳄蜥、蟒、林麝为国家重点一级保护动物，猕猴、穿山甲、白鹇、蛤蚧、虎纹蛙为国家重点二级保护动物。野生植物资源有 166 科、533 属、1039 种，分别占广西科、属、种的 59.2%、31.9%、17.2%。珍稀野生植物主要分布于大平山自然保护区，其中喻有植物“活化石”的桫椤属国家一级保护植物，圆籽荷、格木、紫荆木、观光木属国家二级保护植物。圆籽荷是中国独有的茶科单种属植物，广西境内仅分布于贵港地区。

水利电力资源 境内河流密布，郁江、黔江交汇流入浔江，水能总蕴藏量达 210 万千瓦以上。西江航运枢纽一、二期工程早已建成发电，珠江流域防洪控制性枢纽工程、珠江—西江经济带标志性工程——大藤峡水利枢纽工程开工建设，项目计划投资 330 亿元，建设后水库总库容为 34.3 亿立方米，发电装机 160 万千瓦、年平均发电量 61.3 亿千瓦时，船闸可通航 3000 吨级船舶。市内拥有广西区内第一个超临界百万千瓦级火力发电厂，华电集团贵港发电有限公司计划投资 120 亿元，规划装机容量为 3200 兆瓦，一期工程 2×600 兆瓦超临界燃煤发电机组分别 2007 年 2 月和 6 月投产发电。

白石山仙境 欧伟民 摄

旅游资源 贵港是广西重要的旅游胜地和重点发展的桂东南历史文化宗教名胜旅游中心，有国家 A 级旅游景区 16 家，其中 AAAA 级 7 家、国家 AAA 级旅游景区 9 家，自治区级生态旅游示范区 1 家，自治区级旅游度假区 1 家，星级乡村旅游区和农家乐 27 家，星级旅游饭店 10 家，旅行社 19 家，星级汽车旅游营地 3 家。著名景点有太平天国金田起义旧址、佛教圣地桂平西山、千年古刹南山寺、道教圣地白石山、华南“小三峡”大藤峡、天文科学景观北回归线标志公园、龙潭国家森林公园、平天山国家森林公园、“四季花田”“荷美覃塘”特色农业（核心）示范区等。市区休闲娱乐及观光场所有园博园、东湖公园、新世纪广场、马草江公园和民族文化公园等。

地方特产 贵港地处亚热带和浔郁冲积平原，除传统的稻谷、玉米等大宗粮食作物，花生等油料作物，甘蔗、剑麻等经济作物外，还有众多地方特产。著名地方产品有东津细米、金田淮山地理商标产品，石硖龙眼、白石山铁皮石斛、麻垌荔枝、覃塘毛尖茶、覃塘莲藕、西山茶、桂平黄沙鳖、平南墨底鳖等中国地理标志保护产品，以及罗秀米粉、桂平腐竹、木格白玉蔗、大玉余甘果、西番莲、罗汉果等特色产品。

人 文 地 理

【历史沿革】 据平南县相思洲文化遗址推断，距今约 8000 年前，古代贵港已有人类活动。秦始皇三十三年（公元前 214 年），秦朝征服南越，设桂林、象、南海三郡，其中桂林郡的治所在布山县（今贵港市区)。汉高祖三年(公元前204年),南海尉赵佗起兵击并桂林郡和象郡,建立南越国,改桂林郡为郁州,布山县属郁州。汉元鼎六年(公元前111年),汉武帝派出的军队平定南越国丞相吕嘉等人的叛乱,改郁州为郁林郡,郡治布山县。公元9年,王莽建立新朝,改郁林郡为郁平郡,郡治布山县。东汉时(25—220),郁平郡复称郁林郡,布山县属郁林郡并仍为郡治所在地。之后从东吴、两晋直到南朝的大部分时间里,布山县长期作为郁林郡的治所。南朝宋、齐时期(420—502),置布山、郁平、怀安三县,其地均在今贵港市。南朝梁、陈(503—589)时期,布山县仍沿袭原称,郁平县改为郁林县、怀安县改称怀泽县,另置龙山县,4个县均在今贵港市,属南定州。隋开皇十年(590),南定州改称尹州。大业二年(606),布山、龙山、武平、怀泽四县并称郁林县,与马度县同属广州。此后布山之名不再沿用。

唐武德四年(612),置郁林、怀泽、义山(原马度县)、潮水四县,设南尹州总管府,府治龙山,属岭南道。贞观九年(635),前述四县改属贵州(南尹州改名贵州);天宝九年(742)改属怀泽郡;乾元元年(758)复属贵州,领郁林、怀泽、义山、潮水4个县。贵州治所及郁林县治所均在今贵港市区。五代十国时期(917—971),郁平(原郁林)、怀泽、义山、潮水四县同属贵州。州治所及郁平县治所均在今贵港市区。北宋开宝五年(972)怀泽、义山、潮水、郁平并称郁林县,属贵州怀泽郡。州、郡、县三级治所均在今贵港市城区。元代撤怀泽郡,郁林县直属贵州。元大德九年(1305),存州裁县,郁林县之名不再承袭。明洪武二年(1369),降贵州为贵县,属浔州府,贵县县名由此而来。清代贵县属广西行省浔州府。民国元年(1912)贵县属浔州府;民国2年(1913)撤府设道,7月属郁江道;民国3年(1914)属苍梧道;民国16年(1927)11月,属苍梧行政督察专员公署;民国19年(1930)属苍梧民团区;民国21年(1932)4月属梧州民团区;民国23年(1934)3月,属梧州行政监督区;民国29年(1940)属第三行政督察区(即第三区行政督察专员兼保安司令公署);民国36年至38年(1947—1949)改属第九行政督察区。

1949年12月4日贵县解放以后,1951年7月属南宁专区,同年8月属宾阳专区。1952年8月属容县专区。1958年7月属郁林专区。1971年专区改为地区,贵县属玉林地区。1988年12月20日,贵县经国务院批准撤县建市并更名为贵港市,仍属玉林地区。1993年贵港列为国家一类对外开放口岸。1995年10月27日,经国务院批准,县级贵港市升格为地级市,并于1996年6月22日挂牌成立。地级贵港市辖港北区、港南区、覃塘管理区和平南县,代管桂平市。2003年3月6日,经国务院批准,撤销覃塘管理区设立县级覃塘区。

【人文发展】 贵港市历来多种植荷花,别称荷城,是一座具有两千多年历史的古郡新城,也是一座新兴内河港口城市。1993年被列为国家一类对外开放口岸,2013年被列为国家智慧城市试点城市。2014年7月,国务院批准实施《珠江—西江经济带发展规划》的"一轴""四组团"区域城市。是中缅油气管道天然气管道终端。连续8年获得全国"双拥模范城",连续9年获广西"双拥模范城"、连续三年获"自治区文明城",先后获全国群众文化和体育先进城市、全国文明城市提名城市、自治区卫生城市、广西园林城市、获国家森林城市、全国森林旅游示范市、2018年度中国十佳营商环境示范城市、2018中国营商环境质量十佳城市等称号。

【行政区划】 2018年,贵港市行政区域总面积1.06万平方千米。辖3个区、1个县、1个县级市,7个街道办、55个镇、12个乡(其中民族乡2个),全市设100个居民委员会,1065个村民委员会。其中:港北区806平方千米,辖2个街道、4个镇、2个乡、23个居委会、101个村委会;港南区1225平方千米,辖2个街道、7个镇、11个居委会、156个村委会;覃塘区1502平方千米,辖1个街道、7个镇、2个乡、8个居委会、138个村委会;平南县2989平方千米,辖2个街道、16个镇、3个乡(2民族乡)、36个居委会、259个村委会;桂平市4074平方千米,辖21个镇、5个乡、22个居委会、411个村委会。

表2　2018年贵港市县(市)区、乡镇、村委(居委)统计表

县(市)区	乡镇(街道)	村委、居委	
		数量	名称
港北区	贵城街道	18	永新社区、县东社区、石羊塘社区、小江社区、西五社区、东湖社区、三合社区、登龙桥社区、震塘社区、南平社区、港宁社区、荷城社区、龙圣社区、马草江社区、凤凰社区、八一社区、东港社区、西江社区

续表 2

县(市)区	乡镇(街道)	村委、居委	
		数量	名称
港北区	港城街道	14	棉村社区、六八社区、蓝田社区、平富社区 龙井、富岭、麻山、樟村、石寨、旺岭、东山、群山、猫儿山、旺华
	大圩镇	19	大圩社区 大圩、新建、上莲、寻杨、长安、石古、永福、何村、解放、东篁、东塘、乐堂、中西、大仁、仁心、甘岭、永隆、民乐
	庆丰镇	23	新圩、六松、太同、思平、高桥、覃山、鄱岭、太兴、青岭、夏里、新塘、延塘、白塘、石卓、河龙、联塘、鹤林、中龙、杨林、万新、都炉、罗碑、东碑
	武乐镇	8	武乐、逢宜、吉斗、东南、胜岭、水石、长城、江城
	根竹镇	8	湴田、新民、泗民、根竹、江口、三民、民权、汾水
	中里乡	23	三陵、龙山、平陆、双古、平山、秀地、陈轩、铁岭、新村、公王、山花、六田、福团、六台、寺阳、中里、吉龙、全良、山鹤、平安、塘河、坦阳、银村
	奇石乡	11	山乐、兴中、新清、红江、奇石、平治、福田、六马、桂中、达开、古龙
港南区	江南街道	5	木松岭社区、南江社区、南山社区、廉石社区、航运社区
	八塘街道	22	八塘社区、湴村社区、新陆社区、横岭社区 高岭、高新、三板、鹤山、山泉、新花、新合、振新、木龙、苏岗、高北、大新、岑西、高朗、新安、陈湾、新蒙、苏湾
	桥圩镇	27	桥圩社区、兴贵社区 新庆、何平、兴华、徐村、蒙垌、南兴、振南、锦垌、下李、青塘、长塘、松马、新垌、良塘、杨村、永梧、姚平、震华、新华、新兴、南溪桥、铜鼓岭、东井塘、大垌心
	东津镇	18	东津、大李、梁莫、甘寺、潘李、石连、狮夏、郑村、务凤、中和、万垌、荷池、维新、东岭、宁村、雷村、石江、洋七桥
	木格镇	26	木格、周樟、护录、陆化、东坡、岭塘、和平、社岭、谭冯、班凤、柳塘、江石、云垌、朗联、寿莫、良坡、合岭、盘古、君子岭、平悦、水泉、陈索、黄村、梁村、旱礼、黄石
	湛江镇	14	云柳、小庄、兴成、同安、西安、蒙村、平江、湛江、芦山、福兴、金洲、蓬塘、双联、沙岭
	木梓镇	17	大兴、木梓、程江、红朗、武思、龙联、回龙、三联、陈樟、蕉田、官联、龙塘、井良、六罗、香平、新莲、莲子
	新塘镇	19	新和、龙兰、万福、三岭、湖表、湖龙、华国、下宋、东和、蒙大、岭尾、塘表、三平、乌桕、西村、三岸、山边、大郑、陈村
	瓦塘镇	20	上江、香江、新江、福新、瓦塘、泽周、六里、南山、三多、鹿山、上喜、湴垌、八合、思怀、大村、新平、新城、乌柳、旺良、柳江
覃塘区	覃塘街道	16	覃塘社区、荷塘社区 龙岭、龙凤、姚山、大郭、覃南、黄鹤、拥兴、珠砂、谷罗、六务、回龙、杨志、周村、甘碑
	东龙镇	16	石龙社区 东龙、罗马、农昌、阮寺、凤凰、义合、兰山、闭村、大同、京龙、京榜、长岭、高龙、三六、龙扶
	黄练镇	16	黄练社区 山谢、大黄、新朱、岭岑、大董、平寨、姚岭、莫村、新何、新谭、潘陈、葵新、居仕、张团、镇水
	三里镇	11	三里社区 大零、龙田、九岸、双凤、大周、水仙、隆兴、吉塘、石社、甘道
	石卡镇	19	石卡社区 西山、大庆、方竹、大岩、陆村、樟竹、白沙、翰平、福龙、万塘、新旺、鹤心、凤思、都蕴、坭湾、江南、翰芦、村面
	五里镇	8	五里社区 垌心、林村、云表、大成、龙贵、榕木、东流

续表 2

县(市)区	乡镇(街道)	村委、居委	
		数量	名称
覃塘区	樟木镇	25	樟木、黄龙、六旺、黄道、显滕、川山、寺江、元金、大旗、李塘、沙村、良古、中唐、那柳、颜塘、荣盏、凌动、卢村、罗柴、中周、中团、沙水、邓保、五龙
	蒙公镇	14	蒙公、岭庆、占蒙、平龙、定布、姚见、黄岭、英峨、新岭、廖瑞、高占、古山、凌寺、双龙
	大岭乡	10	大岭、村心、新井、新济、古平、贵宁、江兴、金沙、互合、龙马
	山北乡	11	山北、双岩、二龙、万寿、柳乌、中秋、横罗、保和、石马、松英、煌里
平南县	平南街道	23	城湖社区、江滨社区、仙葫社区、附城社区、罗合社区、乌江社区、西山社区、大将社区、朝阳社区、瑞雁社区、月亮湾社区、龙祥社区、阳光社区、凤凰社区、江湾社区 六壬、新盆、甘莲、盆塘、罗新、平田、西村、遥望
	上渡街道	13	下渡社区、大乙岭社区、渡口社区 渭河、上渡、柘畲、雅埠、鹿凤、大成、河口、上石、下石、芳岭
	平山镇	15	平山社区 登明、古松、盛富、慈边、荣路、四灵、六峡、七新、八桂、榄垌、太平、僚秀、翰冲、南思
	寺面镇	12	寺面社区 河洲、六合、罗泉、富田、两木、新隆、竹桥、南山、路塘、罗苏、岑凤
	六陈镇	19	六陈社区 新贵、新塘、寻社、古和、黄花、龙凤、合水、邦机、周隆、尚梅、安乐、旺冲、登塘、大冲、大妙、上龙、金龙、新百
	大新镇	13	大新、大平、大中、新和、大有、安福、西义、大旺、关垌、大黎、新岭、大榴、古文
	大安镇	25	进南社区、镇安社区、镇大社区、镇北社区、新华社区 同新、动界、贺岗、同路、莲珠、稻花、罗明、凤谷、新儒、小蒙、天堂、新蒙、儒村、古城、同德、儒地、联蒙、订木、燕岭、新城
	武林镇	7	武林社区 新联、上旺、竹南、新贤、李练、罗云
	大坡镇	12	大坡社区 华林、直道、罗梧、双鱼、杏村、雅水、大塘、秀江、良党、莲塘、安林
	大洲镇	14	大洲社区 上垌、沙冲、三荣、坦坡、益太、蓝垌、福垌、甘岭、供月、桂榄、粤发、马王、潭龙
	镇隆镇	20	镇隆社区 双寨、福塘、拥平、平隆、周塘、古带、社垌、天竹、马旦、廖村、下良、石岭、六竹、富藏、盆龙、蒋村、峙冲、平界、平安
	安怀镇	12	安怀、梅龙、高荡、旺官、德寨、福平、新益、扶兰、蓝田、罗平、安全、团罗、
	丹竹镇	12	丹竹社区 丹竹、赤马、长岐塘、梅令、廊廖、丰塘、团结、三河、东山、白马、罗岑
	官成镇	17	官成社区 新建、新平、育梧、朝新、东成、八宝、岭西、新新、苏茆、官东、官南、章逻、旺石、双马、畅岩、横岭
	思旺镇	17	思旺社区 金鲍、古榄、镇西、木极、六桂、上邓、双上、三江、镇东、镇南、镇北、花石、花玲、旺岭、新政、崇秀
	大鹏镇	16	大鹏社区 邓塘、平垌、波头、蒙都、高龙、花龙、大山、花王、平湾、思洪、罗德、景华、思乐、高坪、农福
	同和镇	14	练山、活步、平塘、官垌、妙客、宇华、平美、利道、六利、同朝、新雅、武全、良田、陈龙
	东华镇	6	东平社区 关塘、兴华、新田、相资、上湾

续表 2

县(市)区	乡镇(街道)	村委、居委	
		数量	名称
平南县	思界乡	6	思界、官塘、南荫、新旺、相塘、官塘冲
	国安乡	10	国安社区 田贵、发达、大兴、淡木、盆都、思和、民安、花洲、甘雅
	马练乡	12	马练、新利、利俩、藤旺、石垌、北胜、九槐、六石、三联、水晏、新河、古琉
桂平市	西山镇	23	县府社区、城中社区、兴宁社区、城东社区、城西社区、城南社区、城北社区、厢东社区、厢南社区、三千城社区 西山、新岗、大起、岭头、永培、佛荔、白兰、长安、西长、福山、前进、碧滩、上垌
	木圭镇	12	木圭、上冲、竹社、金垌、龙安、祝兴、宁凤、新木、四德、涨源、大朗、合江
	木乐镇	13	木乐社区 木乐、广仁、复全、联堂、农塘、康莲、新莲、罗贤、四合、大良、岭村、步新
	石咀镇	12	石咀社区 必岭、小汶、平治、治安、平安、旺龙、河口、水口、罗洪、新平、榄沙
	社坡镇	20	社坡、西安、复安、维新、光明、禄全、宁明、太安、福和、加惠、新华、宝土、金福、里中、理端、高双、高旺、新理、清高、理竹
	油麻镇	18	油麻、大中、安平、罗蓝、石罗、有理、上村、陈冲、郑村、谢余、六平、上余、上运、北佛、勒竹、西亭、台垌、梅林
	社步镇	16	社步社区 社步、宁江、新岭、清石、杨溪、榕罗、湴山、中占、新民、石井、丰贺、良北、乌竹、福新、石江
	下湾镇	15	下湾社区 下湾、浪滩、贝团、团结、龙岭、福高、邓明、双福、甘井、竹草、新庄、上塘、旺江、北角
	麻垌镇	27	麻垌、何村、东岸、新兴、容荔、鹧鸪、义塘、白石、洞天、思培、周东、梁村、陈杨、大上、南乔、百福、莲山、福田、福华、志安、木回、南江、全安、安文、谏知、联堡、沙江
	罗秀镇	21	罗秀、伟扬、蒙山、良石、植棠、独堆、露凤、露棠、旺安、雅石、新垌、新伟、忠东、廖村、西冲、忠西、侣化、乐雅、木村、军丰、旺盛
	中沙镇	23	沙坡、南乡、六石、桂新、六湾、上国、球地、容北、新宪、六南、太平、中和、谷塘、理珍、沙塘、沙木、新安、心田、庞村、新定、上冲、下冲、扶冲
	木根镇	17	木根、都合上、都合中、都合下、布新、平合、东石、莲平、桥头、湴地、山表、宁垌、永华、德华、秀南、上地、甘丽
	大洋镇	15	大洋、浔欧、竹塘、里旺、鹿旺、新和、大莫、石步、石江、什字、周实、义江、下村、蕉树、双罗
	大湾镇	18	大湾社区 大湾、耀团、天堂上、天堂下、界岭、山塘、下山、平塘、大坪、里各、硬塘、新桂、安担、新安、必祝、双岭、榄塘
	白沙镇	14	白沙、丰垌、满堂、新龙、良美、福田、思建、石贵、新成、水产、马坪、洋坡、景乐、景德
	石龙镇	21	石龙社区 石龙、新乐、群乐、四平、上黄、永兴、安旺、铜山、黄塘、五狮、福平、平阳、珍垌、新村、新隆、东岗、新源、中峡江、思源、石山
	蒙圩镇	16	蒙圩社区 蒙圩、新阳、林村、新德、新田、新塘、官桥、新合、新建、罗容、棉宠、流澜、曹良、西村、顺东
	南木镇	28	南木、朱凤、古旺、洛莲、弩滩、联江、金龙、龙富、上岭、高塘、沿江、三鼎、古楞、黎明、和社、长清、合山、渡头、山塘、大黎、上湾、珠盏、龙门、桂塘、群合、中桥、新宁、思竹
	江口镇	22	镇南社区、镇北社区 岭南、龙山、三布、万江、和合、新其、新生、平石、胡村、莲塘、东升、盘石、望步、长江、大樟、银竹、六宝、理塘、山台、三合

续表 2

县(市)区	乡镇(街道)	村委、居委	
		数量	名称
桂平市	金田镇	19	金田社区 新圩、大贤、吉岭、安众、龙塘、古东、武靖、田江、金田、彩村、和益、莫龙、彩旺、茶林、新燕、罗蛟、新旺、理村
	紫荆镇	15	三江社区 象军、小江、白云、田心、蒙冲、花蕾、田泗、木山、寻蓬、大坪、深水、元安、古滩、合水、大广
	马皮乡	8	马皮、西河、均福、雅岭、加石、嘉荷、大龙、水秀
	寻旺乡	13	寻旺、大为、绥陵、复兴、福寿、东塔、先锋、高岭、珍珠、学中、西南、南津、河南
	厚禄乡	8	厚禄社区 新圭、延寿、双寨、镇良、双井、峡口、莲祝
	垌心乡	7	垌心、上瑶、王举、谷山、督的、三莲、罗宜
	罗播乡	11	罗播、罗西、罗北、万寿、承禄、承棠、六凤、凤镇、西村、陈岭、山背

【人　口】 2018年,贵港市户籍人口561.29万人,比上年增加5.58万人,其中少数民族98.57万人。常住人口440.92万人,比2017年增加3.38万人,增长0.8%,人口总量保持广西第四位。其中,城镇人口220.85万,比2017年增加6.39万,增长3%,城镇化率(常住城镇人口比重)50.09%,比上年提高1.07个百分点。人口自然增长率9.42‰,比上年低0.51‰。其中,出生率14.69‰,死亡率5.27‰。

【民　族】 2018年,按户籍统计,贵港市少数民族人口为98.57万,占全市人口的17.53%。其中壮族86.56万人,瑶族10.66万人。主要聚居于34个乡镇、280个行政村,平南县设有马练和国安2个瑶族乡。

【宗　教】 2018年,贵港市的宗教主要有佛教、天主教、基督教和道教四大教派。各教皈依(入教)信众8万多人,普通信众约40万人。市、县级宗教团体10个。有依法登记的宗教活动场所46个,其中佛教21个、道教3个、天主教15个、基督教7个。宗教教职人员90多人(其中登记备案70多人)。桂平西山洗石庵是广西唯一的全国重点佛教寺院。贵港南山寺、桂平西山龙华寺、白石山寿圣寺是著名的佛教寺院。白石山三清观是广西规模最大的道教场所。广西籍天主教神父半数以上出自贵港。贵港南山寺的石雕佛像、洗石庵的舍利子、西山的浴佛节广有盛名。

表 3　**2018 年贵港市人口数及其构成**

指标	年末数(万人)	比重(%)
全市户籍人口	561.29	100
其中:城镇	121.83	21.7
乡村	439.46	78.3
其中:男性	298.07	53.1
女性	263.22	46.9
其中:0~17岁	151.45	27.0
18~34岁	153.25	27.3
35~59岁	179.50	32.0
60岁以上	77.08	13.7
常住人口	440.92	100
其中:城镇	220.85	50.09
乡村	220.07	49.91

政治建设

【地方立法】 2018年,贵港市人大党委会坚守立法原则,坚持质量优先,强化立法组织协调,继2017年《贵港市太平天国金田起义遗址保护条例》出台后,12月28日《贵港市烟花爆竹燃放管理条例(草案)》经贵港市五届人大常委会第十八次会议审议通过,报自治区人大党委会批准。

突出地方特色立法　根据贵港市委提出的立法要求,贵港市人大党委会认真编制年度立法计划,组织召开全市立法工作会议,总结经验部署年度地方立法工作。年内，遵循“不抵触、有特色、可操作、合规律”的原则，经深入县（市、区）、乡（镇、街道）、社区、产业园区召开征求意见座谈会15场次，征求到原始意见300多条，组织立法专家召开论证会3次，完成《烟花爆竹燃放管理条例（草案）》的审议和修改。同时，《贵港市城市道路管理条例（草案）》待提请审议，《城市市容和环境卫生管理条例》初步完成起草工作，《鹏山保护条例》《平南龚州生态园保护条例》形成讨论稿，《桂平西山风景名胜区管理条例》《畜禽养殖污染防治条例》《户外广告设置管理条例》的起草工作有序推进。

立法机制和队伍建设　健全立法基地、立法专家顾问参与地方立法工作机制，制定《关于争议较大的重要立法事项引入第三方评估的工作规范》《关于地方立法中涉及的重大利益调整论证咨询的工作规范》，新建立基层立法联系点11个。举办立法培训班1期，邀请立法专家，培训立法工作人员150人次，选派立法骨干人员一批参加全国、自治区各类地方立法培训。12月4日，是第5个国家宪法日，第18个全国法制宣传日，自治区人大常委会举办为期4天的全区人大法制干部培训班暨法规案审议经验交流会在贵港市开班，广西各设区市人大常委会分管立法工作副主任，法制委、常委会法工委立法工作人员，12个民族自治县立法工作人员，广西地方立法服务基地、基层立法联系点和自治区人大各专工委的部分人员130多人参加培训。

【基层党建】 2018年，贵港市按照新时代党的建设总要求，大力践行“担当为要、实干为本、发展为重、奋斗为荣”为政理念，深入实施“五大系列”党建工程，自治区党委组织部总结贵港基层党建工作经验“15条”在全区推广。9月，“提升基层党组织组织力”研讨会暨第五届全国基层党建创新典型案例征集评选活动启动仪式在贵港市举行，此次是在北京以外的城市首次举办。《人民日报》、《广西日报》、人民网等150多家媒体平台围绕贵港基层党建工作特色做法发布报道211篇，人民网、中国共产党新闻网首次同时在头条报道贵港市的党建工作。

为贯彻习近平新时代中国特色社会主义思想和中共十九大精神，开展“我们走进新时代”系列宣讲宣传活动，举办各类报告会、学习会、培训班等2000多场次。深入实施“书记系列”工程，坚持“书记抓、抓书记”，在用好用活“书记面对面”“书记问效”平台基础上，创建“市委书记基层直通车”平台。实施“夯基系列”工程，推进固本培元“六大行动”、补短克难“五项集中攻坚”、组织力提升工程、党支部建设“对表工程”、党员星级化管理、党员固定日活动等一批施工图，推动机构、人员、经费、场所、活动等关键性问题得到解决。实施“红色系列”工程，建成50个小区党建“红色一家”、2个“红色双创”基地。实施“综合系列”工程，打造了一批园区党群服务中心、党建联盟、党建综合体、城市党建综合服务中心，组建区域、行业、“两新”组织三种形态的党建联盟120个，有机联结各类组织2800多个。实施“考评系列”工程，实施选拔任用干部征求基层党建履职情况意见办法，推行“五个普遍”制度。抓党建促脱贫攻坚，深化拓展党建促脱贫攻坚考核管理办法、贫困村党组织第一书记考核管理办法，以强大的组织力攻克贫困堡垒，连续三年全市易地扶贫搬迁项目建设进度排名广西第一。年内，贵港市基层党建述职考核评议综合得分排名广西第一、实现三连冠。

【“市委书记基层直通车”】 2018年，贵港市继“书记面对面”“书记问效”平台基础上，创建“市委书记基层直通车”平台，每个季度举办一期，聚焦乡镇（街道）基层党建、脱贫攻坚、乡村振兴等重点领域，每期选定1~2个主题，通过“研、听、问、解、做”的形式进行座谈交流，由市委书记和乡镇（街道）党委（党工委）书记直接面对面交流研讨，年内实现全市74个乡镇（街道）党委（党工委）书记全部参加座谈一次。目的为更好贯彻落实习近平新时代中国特色社会主义思想和党的十九大精神，坚持以人民为中心的发展理念推动工作，更好地畅通市委书记与基层干部沟通交流渠道，倾听基层的声音，摸清基层的情况，研究基层的工作，解决基层的难题，使市委的决策部署更加贴近实际、更加顺应民意、更加迅速在基层得到贯彻落实。3月27日，第一期“市委书记基层直通车”座谈交流会在桂平市麻垌镇举行。贵港市委书记李新元以“基层干部队伍建设和脱贫攻坚工作”为主题，与基层干部现场考察基层党建和脱贫攻坚工作并进行座谈交流。

【第五届全国基层党建创新典型案例征集评选活动】 2018年9月19日，“提升基层党组织组织力”研讨会暨第五届全国基层党建创新典型案例征集评选活动启动仪式在贵港市举行，此次活动也是首次在北京以外的城市举办。此次活动由中国浦东干部学院、人民网、中国共产党新闻网、中国组织人事报社联合主办，中共贵港市委员会、人民网广西频道、广西党的建设研究会承办。活动全面落实新时代党的建设总要求，突出政治功能，以提升基层党组织组织力为重点，交流、总结、推广基层党建工作做法和经验，推动基层党建全面进步、全面过硬。此次案例征集将以“提升基层党组织组织力，提高基层党建质量”为主题，聚焦农村基层党建、城市基层党建、国有企业党建、非公企业和社会组织党建、机关党建、新兴领域党建等方面内容，面向全国各级基层党组织开展，整个征集活动从2018年10月持续到2019年9月，最终通过综合评选的方式评选出最佳和优秀案例。来自中央组织部、全国党建研究会等中央部委的领导，国内党建专家、全国各地党组织代表、各地市党的建设研究会有关人员近200人参加活动。

【全面从严治党】 2018年，贵港市坚持以“五学五讲五表率”为抓手，坚持深入推进全面从严治党，举办学习贯彻党的十九大精神和《监察法》专题研讨班和“新时代讲习班”，市纪委监委班子成员深入基层开展宣讲活动。加强对全市学习贯彻党的十九大精神情况的监督检查，推动习近平新时代中国特色社会主义思想深入人心，推动党的十九大全面从严治党部署落到实处。贯彻中央、自治区和贵港市委关于加强和维护党中央集中统一领导的规定，开展“政治建设六项重点任务”专项监督检查，发现问题285个，约谈领导干部46人次，下发整改建议书47件，督促整改问题254个，对21个问题实施问责，问责党组织20个，立案审查2人。加强对中央、自治区重大决策部署落实情况的监督检查，对推进生态环境保护工作履责不力的4个单位、41名责任人问责，其中给予党纪政务处分13人，诫勉谈话28人。强化选人用人情况监督，出具廉政材料116份，涉及1110人次。

【政府建设】 2018年，贵港市深学真信笃用习近平新时代中国特色社会主义思想，推进“两学一做”学习教育常态化、制度化，广大党员干部“四个意识”不断增强，“四个自信”更加坚定，坚决做到了“两个维护”。切实履行全面从严治党主体责任和党风廉政建设“一岗双责”，认真落实中央八项规定及其实施细则精神，持之以恒纠正“四风”，严格执行国务院“约法三章”。抓好自治区党委第七巡视组反馈意见整改。修订《贵港市人民政府工作规则》，坚持重大问题向市委请示报告，坚持重大事项向市人大常委会报告，向市政协通报，自觉接受监督，人大代表建议和政协提案办复率均为100%。加强法治政府建设，提请人大审议《贵港市烟花爆竹燃放管理条例（草案）》《贵港市城市道路管理条例（草案）》；全面推行政府法律顾问制度，强化行政执法监督工作，行政复议、行政应诉工作得到加强。完善公众参与、专家论证和政府决定相结合的决策机制。强化审计监督，狠抓督查落实，政府执行力和公信力不断提升。加强政务公开，主动公开各类政务信息。

经济建设

【经济发展】 2018年，贵港市持续深入落实“三大定位”新使命和“五个扎实”新要求，按照市委提出的“13446”工作思路，坚持“稳中求好、好中快进”发展主基调，牢固树立新发展理念，深化细化“六个年”活动，持续开展“大招商、招大商”活动。实现地区生产总值1169.88亿元，增长10%，全区排名第二，连续三年实现逆势提速、高速增长。财政收入突破100亿元，达到106.57亿元，增长18.4%，增速全区排名第一。固定资产投资增长19.8%，连续三年全区排名第一。居民人均可支配收入21894元，增长7.6%。主要经济指标增速均排名全区前列，全部超额完成年初确定的目标任务。

【工业经济】 2018年，贵港市深化细化“工业提质增效年”活动，推动出台《广西战略性新兴产业城（贵港）三年行动计划(2019—2021年)》，制定《关于推动贵港工业高质量发展的决定》及支持企业做大做强相关奖励办法，推动工业高质量发展。全市规模以上工业总产值增长22.6%，规模以上工业增加值增长13.5%、全区排名第三。新兴产业加速集聚，产值增长37.2%，获自治区定位为广西战略性新兴产业城。工业投资增长55.7%，全区排名第一，获评为广西工业投资评价优秀单位。久久星专用车下线，众泰贵港基地君马乘用车即将下线，贵和科技、爱玛电动车等项目试产，荷美专用车获得整车生产资质，上马科技、柳钢大菱电动车获国家3C认证。传统产业提档升级，荣获“中国南方板材之都”称号，林板纸产业产值增长54%。纺织服装、建材等产业产值增速均超过20%。企业技改投资增长46.2%，全区排名第一。贵钢特种钢技改项目投产，华润（平南）绿色工厂入选工业和信息化部绿色制造名单。新入库规模以上工业企业127家，全区排名第一。贵钢集团入选中国制造业企业500强，5家企业入选“广西百强企业”。

【农业现代化】 2018年，贵港市农林牧渔业总产值341.7亿元，增长5.5%。粮食总产量147.72万吨，桂平市、港南区、覃塘区获中央财政常规产粮大县奖励。现代特色农业示范区增点扩面提质升级，累计建成自治区级现代特色农业核心示范区13个。“中国硒港”影响力扩大，获“全国富硒农业示范基地”称号，新增自治区认证富硒农产品15个、广西名优富硒产品4个。成功创建桂平维军生态国家级稻渔综合种养示范区、平南石硖龙眼中国特色农产品优势区，港北农业科技园被认定为广西农业科技园区。新增市级以上农业产业化龙头企业22家、农民专业合作社698家、家庭农场130家。畜禽规模养殖场生态养殖占比75%，494家养殖场通过广西畜禽现代生态养殖认证。“双高”糖料蔗基地建设扎实推进。农作物耕种收综合机械化水平62.31%。

【现代服务业】 2018年，贵港市社会消费品零售总额551.2亿元，增长7.6%。万达广场和上亿国际汽车城开业，广西永泰跨境电商产业园开园，建成登龙桥农贸市场、蓝田村农贸市场，开工建设贵港易农国际农产品交易中心、贵港吾悦城市广场。成功举办第三届中国富硒农业发展大会、中国—东盟林木高峰论坛、新能源汽车展等活动。港口货物吞吐量7003万吨，增长10.8%；集装箱吞吐量30.01万标准箱，增长35.1%。贵港进境粮食指定口岸通过国家验收，贵港口岸核心能力建设通过海关总署复核；建成国际贸易“单一窗口”，关检业务实现“一次申报”。实施“旅游强市”战略，全力打造特色旅游品牌，接待游客总人数增长30.6%，旅游总消费增长35.7%，获“全国森林旅游示范市”称号，桂平市被评为“广西特色旅游名县”；平南龚州生态园、雄森动物大世界、北帝山旅游区和荷美覃塘景区被评为国家AAAA级旅游景区，新增四星级以上乡村旅游区（农家乐）6家、广西休闲农业与乡村旅游示范点5家，西山泉旅游度假区被评为自治区级旅游度假区；成功举办中国健身名山登山赛、中国旅游日（广西分会场）等旅游活动。金融服务实体经济能力进一步增强，金融机构贷款余额增长17.7%。餐饮、住宿、保险、快递、电信等服务业稳步发展。

【项目建设】 2018年，贵港市深化细化“项目建设效益年”活动，全力推动项目多开工、多竣工，早开工、早竣工，736个主要建设项目完成投资401亿元，其中新开工项目220个、竣工90个；中央预算内投资项目开工率全区排名第一，自治区层面统筹推进重大项目投资完成率全区排名第三。储备项目1788个，634个列入自治区重大项目三年滚动计划储备项目库，24个纳入国家发展和改革委PPP项目库，8个纳入财政部PPP项目库。项目建设用地保障得到加强，新增建设用地指标1.15万亩，盘活存量建设用地2.9万亩，完成土地征收5.3万亩。

【县域经济】 2018年，贵港市实施乡村振兴三年行动计划，深化细化“县域经济发力年”活动，五个县（市、区）地区生产总值增速均高于全区平均水平。桂平市被评为“广西科学发展先进县”，平南县、覃塘区、港南区被评为“广西科学发展进步县”。桂平市、平南县入选“西部百强县市”、被评为“广西健康产业发展示范县”。港北区主要经济指标增速在广西21个主城区中排名前列。

【创新能力】 2018年，贵港市新增国家授权专利232件，每万人口发明专利拥有量增长38.8%，增速全区排名第一。新增国家高新技术企业14家、国家级星创天地1家。贵港高新技术产业开发区获自治区政府批复设立，新增自治区级农业科技园区2家、创新小镇2家、院士工作站1家。完成科技成果转化项目25项，任务完成率连续两年全区排名第一。完成技术交易额13.5亿元，增长10倍，增速全区排名第一。实施“商标品牌”战略成效凸显，新增注册商标1840件，增长24%。“质量强市”战略深入推进，14个产品获“广西名牌”称号。广西新能源电动车质检中心投入使用。

【营商环境】 2018年，贵港市获得“2018中国营商环境质量十佳城市”和“2018年度中国十佳营商环境示范城市”称号，企业投资环境满意度连续两年全区排名第一。取消行政审批事项10项，调整行政许可事项41项。行政审批中介超市服务基本实现投资项目全覆盖，中介服务提速60%以上，服务收费降低20%以上。市本级政务办事1066项实现“最多跑一次”，79项实现“一次不用跑”。认真贯彻中央和自治区降低实体经济企业成本政策措施，减轻企业负担23亿元。深化细化“企业服务品牌年”活动，持续开展“市长服务企业接待日”“市政府服务接待日”活动，切实解决企业提出的问题。组建贵港市“12345”便民服务中心，对市民咨询投诉实行一个平台受理、多个渠道分办、统一口径反馈。

【招商引资持续发力】 2018年，贵港市新增签约项目278个，合同投资额887.8亿元，增长8.3%，其中亿元以上项目205个，合同投资额820.06亿元，平铝轻量化车厢、贵和科技、金奔腾汽车服务云、安铂瑞医疗、中化集团新型肥料等项目落户。产业链招商取得新进展，成功引进“新三篇”项目18个，合同投资额142.5亿元。新开工招商项目178个；实际利用内外资519.2亿元，增长14.9%，增速排全区前列。

文化建设

【教育事业全面发展】 2018年，贵港市建成中山小学、港南一小、桂平凤凰小学等6所小学和中山幼儿园、油麻中心幼儿园、国安瑶族乡甘雅幼儿园等6所幼儿园；开工建设荷城二中、港南三中、平南工业园初中、覃塘实验小学等27所学校；贵高新校区建设加快。学前三年毛入园率87%。五个县市区全部通过国家义务教育均衡发展督导评估。高中教学质量有新提升，高考每万人口本科上线率全区排名第一。高等教育迈出新步伐，广西工业学院项目开工，广西物流职业技术学院项目加快推进。职业教育、民办教育持续健康发展，其他各类教育取得新成绩。教育信息化工作再上新台阶，村完全小学以上学校校园网建成率94.7%，全区排名第一。

【文化事业更加繁荣】 2018年，贵港市新建村级公共服务中心104个。“荷城”城市品牌、“和为贵”文化节影响力进一步扩大，大型历史题材话剧《压舱石》获第十届广西戏剧展演桂花铜奖，纪录片《大藤峡》在广西卫视和广东卫视播放，被列为自治区文艺精品。历史文化遗产得到保护传承，完成罗泊湾漪澜塔修缮，建成3个自治区级非物质文化遗产保护工作平台，港北壮族油纸伞制作技艺和桂平石龙壮族春牛舞入选自治区级非物质文化遗产代表性项目名录；5个村落入选中国传统村落名录；在第二届东盟地区论坛城市应急救援研讨班上，传承180多年的《平南大安消防节》得到与会国家和国际组织的高度评价。在全区地级电视台率先启用高清播出系统。意识形态工作得到加强，社会主义核心价值观深入人心。黄大年纪念馆开馆，爱国主义教育广泛开展。

生态建设

【污染防治成效初显】 2018年，贵港市出台全面加强生态环境保护“1+4”系列文件，制定工作考核办法，健全完善工作机制，层层压实责任，全力攻坚蓝天保卫战，开展大气污染防治“百日攻坚”行动，空气质量得到改善。积极开展清水行动，建成镇级污水处理厂10个，城西污水处理厂提标改造工程、城东污水处理厂项目、城区污水直排口截污工程加快推进；率先在全区完成市本级集中式饮用水水源地环境问题整改，主要江河水考核断面水质达标率100%，县级以上集中式饮用水水源地水质达到或优于Ⅲ类标准；城区黑臭水体治理和非法网箱养殖整治成效明显。扎实推进净土行动，没有突发土壤污染环境事故。认真整改中央环境

桂平市西山镇前进村新农村建设　　潘金强　摄

保护督察组“回头看”反馈问题，及时解决一批突出环境问题，清理整治“散乱污”企业808家，群众举报环境问题处理率100%。

【节能减排取得新成绩】 2018年，贵港市单位地区生产总值能耗下降3%，能耗总量控制在自治区下达目标任务内，规模以上万元工业增加值能耗下降10.3%。实行最严格水资源管理制度，落实水资源消耗总量和强度“双控”目标，全市用水总量、万元地区生产总值用水量、万元工业增加值用水量控制在自治区下达目标任务内。

【“美丽贵港”乡村建设加快】 2018年，贵港市实施“厕所革命”，新建改建旅游和市政厕所56座，改造农村厕所6万户。完成农村改厨6万户。实施农村环境综合整治项目40个，建成“清洁田园”生态田园示范片区143个。港北区获“自治区级生态县”称号，15个乡镇获“自治区级生态乡镇”称号，平南县镇隆镇富藏村获“全国生态文化村”称号。完成造林15.03万亩，森林覆盖率46.42%。

民生建设

【脱贫攻坚有新突破】 2018年，贵港市加大民生投入，民生领域财政投入增长13.6%，支出占比达83.5%。以广西第一名的成绩入选中国地级市民生发展100强。深化细化“精准扶贫突破年”活动，111个贫困村、6.41万贫困人口脱贫摘帽，贫困发生率下降到2.8%。贫困人口建档立卡数据质量排名全区第一。在自治区扶贫开发成效考核中，桂平市获一等等次，平南县、港北区、港南区、覃塘区获二等等次。产业扶贫扩面增效，县级“5+2”特色产业覆盖率91%，建成105个就业扶贫车间，所有贫困村集体经济收入达3万元以上。易地扶贫搬迁综合进度全区排名第一，在全区率先完成“十三五”易地扶贫搬迁安置任务。建设村屯道路694.9千米，改造农村危房9686户。发放贫困户学生奖助学金1.1亿元、惠及贫困学生6.4万人次。农村最低生活保障标准提高12.5%。健康扶贫“198”工作落实到位，一站式保障系统全面建成；建档立卡贫困人口城乡居民基本医疗保险参保率100%，贫困人口住院费用报销比例90%以上。认真整改自治区巡视组扶贫领域机动式巡视反馈问题。

【农村基础设施明显改善】 2018年，贵港市推进大藤峡水利枢纽、病险水库除险加固、农田水利工程和中小河流治理等水利项目建设，总投资达46.5亿元。新增恢复改善灌溉面积39.4万亩，新增高效节水灌溉面积5.1万亩。实施农村饮水安全巩固提升项目50个，受益人口15.7万人。实施水库移民新村项目45个，受益群众3万多人。“四好农村路”建设加快，新建、改扩建农村公路646千米，71.6%的乡镇通二级路，88.4%的行政村开通客运班线。投入3.6亿元改造农村电网，新建改造低电压台区2054个。

【民生保障能力不断增强】 2018年，贵港市城镇新增就业1.9万人，农村劳动力转移就业新增4.6万人，城镇登记失业率1.35%，比控制目标任务数低3.22个百分点；有效落实就业创业政策，获自治区督查激励通报。“五险”参保人数743万人次。企业、机关事业单位退休人员养老金月人均分别提高4.1%和6%。建成市社会福利中心、康乐湾养老中心，创建示范性基层老年协会26家，港南区四季花田获“自治区养生养老小镇”称号。投入5亿多元，保障城乡低保对象、特困人员、残疾人、优抚对象、孤儿和老年人生活。防灾减灾工作得到加强，防汛抗旱工作扎实有效。保障性住房建设力度加大，新开工棚户区改造住房10874套。

【健康贵港建设加快】 2018年，贵港市医疗卫生事业健康发展，实施卫生基础能力建设项目53个，市妇幼保健院新院投入使用。落实分级诊疗制度，医联体建设加快，基本实现大病不出县。基层卫生服务能力得到提升，17家乡镇卫生院荣获国家级“群众满意的乡镇卫生院”称号。全民健身活动广泛开展，成功举办国际马拉松赛、国际龙舟邀请赛、全国健美健身公开赛等重大赛事。

政　　治

中共贵港市委员会

重 要 会 议

【市委全会】 2018年，中国共产党贵港市委员会召开全体会议2次。

市委五届五次全会　1月3日，中国共产党贵港市第五届委员会第五次全体会议在贵港城区召开。出席会议有贵港市第五届党委委员51人、候补委员8人，市纪委委员和有关方面负责人列席会议，市第五次党代会部分代表列席会议。全会由市委常委会主持。市委书记李新元向全会作工作报告，并作讲话。全会简要回顾2017年市委常委会的工作，研究部署2018年工作。全会指出，2018年是全面贯彻落实党的十九大精神的开局之年，是改革开放40周年，是自治区成立60周年，也是贵港市决胜全面建成小康社会、实施“十三五”规划承上启下的关键之年。全会号召，全市各级党组织和广大党员干部要更加紧密地团结在以习近平为核心的党中央周围，坚持以习近平新时代中国特色社会主义思想为指引，充分发挥全市广大党员干部的先锋模范作用，以坚韧不拔的担当精神、顽强拼搏的奋进姿态，凝聚起推动贵港加快发展、赶超跨越的强大合力，为打造新时代“四力”新贵港，加快建成西江流域核心港口和新兴工业城市作出新的更大贡献。

市委五届六次全会　7月19日，中国共产党贵港市第五届委员会第六次全体会议在贵港城区召开。出席会议有市委委员49人、候补委员7人。市第五届纪律检查委员会全体委员和有关方面人员列席会议，市第五次党代会部分代表列席会议。全会由市委常委会主持。市委书记李新元向全会作市委常委会党建工作报告并作讲话。全会以习近平新时代中国特色社会主义思想为指导，深入学习贯彻党的十九大和十九届二中、三中全会以及习近平总书记对广西工作的重要讲话和指示精神，贯彻落实自治区党委十一届四次全会精神，审议通过《中共贵港市委员会关于推进乡村振兴战略的实施意见》。市委副书记钟畅姿就《实施意见(草案)》向全会作说明。全会决定免去区杰市委候补委员职务。全会号召，全市广大党员和干部群众要更加紧密地团结在以习近平为核心的党中央周围，坚持以习近平新时代中国特色社会主义思想为指导，自觉践行“担当为要、实干为本、发展为重、奋斗为荣”理念，以时不我待、只争朝夕的精神，绵绵用力、久久为功、攻坚克难，积极投身乡村振兴这场伟大实践，让贵港的农业强起来、农村美起来、农民富起来，奋力谱写新时代贵港乡村全面振兴的新篇章，加快建成西江流域核心港口和新兴工业城市。

【市委党委会议】 2018年，第五届中共贵港市委常委会召开会议21次，即第35次到55次会议，其中市委常委扩大会议1次。

第35次会议　1月3日上午，在市会议中心平南厅召开，会议听取各小组对市委五届五次全会有关材料讨论情况的汇报。

第36次会议　1月17日上午，在市委常委会议室召开。会议传达学习习近平总书记在新进中央委员、候补委员和省部级主要领导干部学习贯彻习近平新时代中国特色社会主义思想和党的十九大精神研讨班上的重要讲话精神，十九届中央纪委二次全会精神，《自治区党委办公厅关于深入学习贯彻习近平总书记重要批示精神进一步纠正“四风”加强作风建设的通知》精神，全区农村工作会议精神，全区组织部长会议精神；听取设区市人才工作专项述职情况汇报、全市第二轮巡察工作情况汇报；审议《市委常委班子对照检查材料》《中共贵港市委员会常务委员会关于坚决维护以习近平同志为核心的党中央权威和集中统一领导的规定》《中共贵港市委员会关于进一步贯彻落实中央八项规定精神的实施细则》;研究市委书记、副书记、常委工作分工安排和市侨联换届有关事宜。

第 37 次会议 2月5日上午,在市委常委会议室召开。会议传达学习自治区“两会”精神、中央政法工作会议和全国扫黑除恶专项斗争会议精神、自治区第十一届纪委四次全会精神,审议市五届纪委三次全会有关材料、2017年度落实党风廉政建设主体责任考评结果、《中共贵港市委员会常委会2018年工作要点》《2017年度市委书记抓基层党建工作整改落实方案》《贵港市基层党组织组织力提升工程实施方案》《关于加快发展壮大村级集体经济的若干意见》,研究贵港市政法信访维稳工作、党风廉政建设和反腐败工作、人事问题。

第 38 次会议 2月9日上午,在市会议中心平南厅召开。会议审议《中共贵港市委员会落实自治区党委第二巡视组对贵港市扶贫领域机动式巡视反馈意见的整改方案》,学习《中国共产党党务公开条例(试行)》。

第 39 次会议 3月22日上午,在市委常委会议室召开。会议传达学习中共十九届三中全会精神,全国“两会”精神,自治区党委常委、常务副主席秦如培到贵港市调研时的指示精神,全国、全区宣传部长会议和自治区党委常委、宣传部部长范晓莉到贵港市调研时的指示精神;研究部署贵港市意识形态和宣传思想文化工作;审议《贵港市残疾人联合会第五次代表大会方案(草案)》《贵港市西江职业教育园区一期工程PPP项目实施方案》。

第 40 次会议 3月26日上午,在市委常委会议室召开。会议听取市人大常委会、市政府、市政协、市中级人民法院、市人民检察院党组工作汇报;传达学习全国、全区统战部长会议精神,《广西设区市以下事业单位领导人员管理暂行办法》精神,中纪委副书记徐令义在广西调研督导讲话精神;审议《贵港市2018年深化细化“工业提质增效年、项目建设效益年、企业服务品牌年、城市发展跃升年、县域经济发力年、精准扶贫突破年”活动实施方案》《广西贵港市地下综合管廊(一期)及道路工程PPP项目合同》《广西贵港市地下综合管廊(一期)及道路工程PPP项目投资合作协议》《市委关于落实自治区党委第二巡视组对贵港市扶贫领域机动式巡视反馈问题的整改报告》;研究贵港市统战工作、对违纪党员干部处分问题和人事问题。

第 41 次会议 4月17日上午,在市委常委会议室召开。会议传达学习习近平总书记在中央政治局会议审议2017年省级党委和政府扶贫开发工作成效考核等情况汇报时的重要讲话以及自治区党委常委会会议精神、自治区党委十一届四次全会精神;听取2018年第一季度全市经济运行情况汇报、全市保密工作汇报;审议《物联网智能产业园一期项目合作协议书》;通报市政府大额投资项目有关事项;研究贵港市脱贫攻坚工作、粤桂黔高铁经济带合作试验区广西园贵港分园核心区选址问题、贵港市重要军事设施周边环境安全保密存在问题整改工作和人事问题。

第 42 次(扩大)会议 5月3日下午,在市会议中心多媒体厅召开。会议传达学习自治区党委书记鹿心社到贵港市调研时的指示精神、习近平总书记和自治区党委书记鹿心社关于安全生产工作的重要批示精神,研究部署贵港市安全生产工作。

第 43 次会议 5月10日上午,在市委常委会议室召开。会议学习习近平总书记在纪念马克思诞辰200周年大会上的重要讲话精神;通报广西党政代表团赴广东、海南省学习考察情况;传达学习全国网络安全和信息化工作会议精神;研究部署贵港市网络意识形态工作和督促检查工作;审议《肿瘤医院项目投资合作协议》《贵港市医疗健康综合体建设项目合作协议书》《贵港市支持桂平市脱贫摘帽专项工作方案》《关于加强新形势下全市督促检查工作的实施办法》;研究2017年度绩效考评结果等次和奖励问题、设立县(市、区)巡察工作领导小组办公室和市委巡察组有关事宜、成立市委教育工委及市委教育纪检监察委有关事宜、2017年厅级领导干部年度考核评定等次问题以及人事问题。

第 44 次会议 5月31日上午,在市委常委会议室召开。会议传达学习《关于进一步激励广大干部新时代新担当新作为的意见》精神、全国生态环境保护大会精神、全区工业高质量发展大会精神、全区深化改革优化营商环境大会精神、全区网络安全和信息化工作会议精神;审议《华奥汽车项目补充协议》《腾骏汽车项目补充协议》《安铂瑞医疗产业生产基地项目合作协议书》;通报市政府大额投资项目有关事项;研究华奥二期项目融资问题、对违纪党员干部处分问题、2017年处级干部年度考核评定等次问题以及人事问题。

第45次会议　6月26日下午，在市委常委会议室召开。会议传达学习《中共中央国务院关于全面加强生态环境保护坚决打好污染防治攻坚战的意见》精神、《中央巡视工作规划(2018—2022年)》和有关领导讲话精神；审议《贵港市巡察工作实施办法》《关于配合自治区党委第七巡视组到贵港市及所辖县(市、区)开展巡视工作的方案》《贵港市机电工程学校搬迁安置问题解决方案》《贵港市人民政府　温州弘海投资有限公司合作办学协议书》《贵港市委党委(党组)意识形态工作责任制县(市、区)测评体系(试行)》《贵港市委党委(党组)意识形态工作责任制市直单位测评体系(试行)》《贵港市城市党建综合服务中心PPP项目实施方案》《中共贵港市委员会履行全面从严治党主体责任清单》；研究贵港市环境保护工作，成立市委卫计工委事宜，人事问题，推荐自治区改革开放杰出贡献表彰人选、自治区第八次民族团结进步模范集体和模范个人有关事宜。

第46次会议　7月19日上午，在市委常委会议室召开。会议传达学习习近平总书记在中央政治局第六次集体学习时的重要讲话精神、《自治区纪委开展“政治建设六项重点任务”专项监督检查工作方案》和房灵敏到贵港市调研时的指示精神、习近平总书记对打赢脱贫攻坚战三年行动重要批示精神、全国组织工作会议和《自治区党委办公厅印发关于进一步激励广大干部新时代新担当新作为的实施意见》精神、习近平总书记对推进中央和国家机关党的政治建设作出的重要指示精神、全区统一战线年中工作会议精神、《自治区党委办公厅　自治区人民政府办公厅关于做好中央环境保护督察“回头看”边督边改工作的通知》精神；审议市委五届六次全会议程及有关报告材料，《中共贵港市委员会关于推进乡村振兴战略的实施意见》《关于建立党员涉嫌违纪违法信息通报和及时处理工作机制的实施方案》《关于进一步深化改革创新优化营商环境的实施方案》《贵港市旅游业发展三年行动计划(2018—2020年)》《中共贵港市委员会、贵港市人民政府关于推动贵港工业高质量发展的决定》《贵港市推动工业高质量发展行动方案》；研究贵港市脱贫攻坚工作、机关党建工作、统一战线工作、全市上半年经济运行情况和下半年经济工作、关于追授冯文林为贵港市“优秀共产党员”称号有关事项、对违纪党员干部处分问题以及人事问题。

第47次会议　7月19日下午，在市会议中心平南厅召开。会议听取各小组对市委五届六次全会有关材料讨论情况的汇报。

第48次会议　9月3日上午，在市委常委会议室召开。会议传达学习《中国共产党纪律处分条例》精神、中央政治局常委会会议精神、全国宣传思想工作会议精神、全区组织工作会议精神、全区数字广西建设大会精神、全区市县党委巡察工作会议精神、全区扶贫领域腐败和作风问题专项治理工作例会精神、全区纪检监察机构干部监督工作座谈会精神；听取全市党校工作汇报、反邪教工作汇报、“七五”普法工作汇报；审议巡察工作有关文件、《贵港市打赢脱贫攻坚战三年行动计划(2018—2020年)》《广西贵港市工业投资发展集团有限公司组建实施方案》《广西贵港市农业投资发展集团有限公司组建实施方案》《广西贵港市文化旅游投资发展集团有限公司组建实施方案》；研究贵港市食品药品安全工作、巡察工作、拨付广西华奥汽车制造项目扶持资金问题、改设中共国家税务总局贵港市税务局委员会事宜、对违纪党员干部处分问题以及人事问题。

第49次会议　9月25日下午，在市委常委会议室召开。会议听取全市群团工作汇报；传达学习习近平总书记关于宗教工作的重要批示精神及有关方针政策，鹿心社、陈武在推进柳州市工业高质量发展建设现代制造城现场会上的讲话精神；通报对广西贵港钢铁集团贵港桂宝特钢有限公司120吨电炉项目资金扶持问题；审议《贵港市现代特色农业示范区增点扩面提质升级(2018—2020)三年行动方案》；通报自治区党委第七巡视组巡视贵港市初步沟通的立行立改问题；研究贵港市宗教工作、扶贫领域监督执纪问责和问题整改工作、对违纪党员干部处分问题以及人事问题。

第50次会议　10月23日下午，在市委常委会议室召开。会议传达学习习近平总书记在全国教育大会上的重要讲话精神、习近平总书记在十九届中央政治局第八次集体学习时的重要讲话精神、中央第二巡视组对广西开展脱贫攻坚专项巡视工作动员电视电话会议精神、中央第五环境保护督察组对广西开展“回头看”情况反馈会精神、全区宣传思想工作会议精神；听取全市党史工作汇报；审议《贵港市隐性债务详细清单和政府隐性债务风险化解实施方案》《海外华人黎家德个人藏品捐赠框架协议》《海外华人黎家德个人藏品捐赠补充协议》《贵港市黄金开发总公司改革方案》；通报《贵港市被征地农民参加基本养老保险实施办法》;研究贵港市宣传思想工作、迎接中央第二巡视组专项巡视准备工作、全市重要军事设施周边环境安全保密存在问题整改工作、市总工会换届有关事宜、对违纪党员干部处分问题以及人事问题。

第 51 次会议　10 月 29 日上午,在市委常委会议室召开。会议学习习近平总书记关于巡视工作的重要论述及有关文件精神,通报自治区党委第七巡视组对贵港市巡视反馈意见情况和市委成立贵港市巡视整改工作领导小组及办公室事宜,研究部署巡视反馈意见整改工作。

第 52 次会议　10 月 30 日上午,在市委常委会议室召开。会议审议《中共贵港市委员会落实自治区党委第七巡视组对贵港市巡视反馈意见的整改工作方案》《广西(国际)木材交易中心项目投资协议书》《广西(国际)木材交易中心项目补充协议书》;听取市委第四轮巡察工作情况汇报。

第 53 次会议　11 月 22 日上午,在市委常委会议室召开。会议传达学习《关于陕西省委、西安市委在秦岭北麓西安境内违建别墅问题上严重违反政治纪律以及开展违建别墅专项整治情况的通报》精神,中央、自治区机构改革工作有关会议和文件精神,习近平总书记对黄群、宋月才、姜开斌为代表的抗灾抢险英雄群体和王继才先进事迹的重要指示精神;审议《关于进一步激励广大干部新时代新担当新作为的具体措施》《贵港市市直中区直驻贵单位定点扶贫工作考核办法(试行)》《贵港市乡村振兴战略规划(2018—2022 年)》《贵港市建筑设计院改革方案》;研究贵港市机构改革工作,2019 年度土地储备、棚户区改造政府专项债券申报问题,贵港市迎接自治区成立 60 周年庆祝活动筹备工作以及人事问题。

第 54 次会议　12 月 5 日下午,在市委常委会议室召开。会议研究扫黑除恶反邪教信访维稳禁毒工作;学习《中国共产党支部工作条例(试行)》《干部人事档案工作条例》;传达学习全国、全区党委秘书长会议精神;听取贵港市贯彻落实深化群众性精神文明创建活动实施意见的情况汇报、全市教师队伍建设工作汇报、市自然博物馆筹建工作情况汇报;审议《中共贵港市委员会关于抓党建促乡村振兴的意见》《贵港市勘察测绘研究院改革方案》《贵港市国土资源测绘院改革方案》,贵港市机构改革实施方案、实施意见及所辖县(市、区)机构改革方案;研究对违纪党员干部处分问题。

第 55 次会议　12 月 24 日下午,在市委常委会议室召开。会议学习习近平总书记在庆祝改革开放 40 周年大会上的讲话精神;传达学习中央、自治区党委关于建立巡视巡察上下联动监督网的指示精神;审议自治区党委第七巡视组巡视反馈意见整改工作有关报告材料、《中共贵港市第五届委员会第七次全体会议方案》《贵港市第五届人民代表大会第四次会议方案》《政协第五届贵港市委员会第四次会议方案》《贵港市烟花爆竹燃放管理条例(草案)》;研究对违纪党员干部处分问题和人事问题。

【专题会议】 2018 年,中共贵港市委员会根据阶段工作需要组织召开全市专题会议。

“书记面对面”谈党建工作研讨会　召开会议 3 期。会上,市委书记李新元与市直各部门以及县(市、区)、乡、村三级党组织书记围绕“提升基层党组织组织力”“书记面对面”谈“巡视巡察督查反馈问题整改”“强化规范化建设,打造吸铁型党支部”等不同主题进行研讨。李新元要求,全市各级各部门要深入学习贯彻中共十九大精神,全面提高履职能力,狠抓工作落实,推动年度各项目标任务落到实

2018 年 10 月 26 日上午,贵港市委第 7 期书记问效党建工作会议在市会议中心举行

张智荣　摄

处，为加快建成西江流域核心港口和新兴工业城市做出积极贡献。

“书记问效”党建工作会议　市委分别召开4期“书记问效”党建工作会议。市委书记李新元分别对2017年度“六个年”活动开展和任务指标完成情况、对各县（市、区）和相关部门征地拆迁工作推进情况、2018年民生项目推进情况、绩效考评指标完成情况等主题进行问效和点评。同时，就相关党建知识对各级党组织书记进行考问，并作讲话。

市委书记“基层直通车”座谈交流会　市委召开3期市委书记“基层直通车”座谈会交流会，分别就“基层干部队伍建设和脱贫攻坚工作”“新时代激励干部新担当新作为”“加强和创新社会治理”等主题与基层干部进行座谈交流。第一期在桂平市麻垌镇举行，市委书记李新元与基层干部现场考察脱贫攻坚工作并进行座谈交流。第二期在平南县上渡街道举行，与基层干部进行座谈交流并上党课。第三期在港北区贵城街道举行，与基层干部现场考察社会治理工作并进行座谈交流。

扶贫领域巡视反馈意见整改工作专题民主生活会　2月26日下午，市委召开市委常委班子扶贫领域巡视反馈意见整改工作专题民主生活会，对照自治区党委巡视组对贵港市扶贫领域巡视反馈意见作对照检查和自我批评，剖析问题根源，明确整改工作任务，确保脱贫攻坚工作扎实推进。市政协主席肖明贵、市人大常委会副主任肖孟列席会议并提出批评意见。自治区党委巡视办巡视员韦良、自治区纪委第八纪检监察室副主任何业军到会指导。副市长徐育东列席会议。

国家生态文明建设示范市创建工作动员暨全市环境保护工作会议　3月14日，在贵港城区召开。会议深入学习贯彻习近平新时代中国特色社会主义思想和中共十九大精神，学习贯彻2018年全国环境保护工作会议精神，落实全区经济工作、环保工作会议的部署要求，总结2017年全市环境保护工作，分析当前的形势和任务，部署打好今后三年特别是2018年污染防治攻坚战，动员全市上下创建国家生态文明建设示范市。市委书记李新元在会上作讲话，副市长黄星荣主持会议并具体部署创建国家生态文明建设示范市工作和2018年环保工作。

自治区党委第七巡视组巡视贵港市及所辖县（市、区）工作动员会　6月28日下午，在贵港城区召开。会上，自治区党委巡视工作领导小组成员、自治区纪委常委、自治区党委巡视办主任奉明芳对配合做好巡视工作提出要求，自治区党委第七巡视组组长秦邦元就即将开展的巡视工作作讲话，市委书记李新元主持会议并作表态发言。自治区党委第七巡视组全体成员，市四家班子领导、市中级人民法院院长、市人民检察院检察长出席会议。其他在职副厅级以上领导干部和2015年后退休的厅级干部；市四家班子正副秘书长和办公室负责人；市直各部门和各人民团体主要负责人；市委巡察办主任、副主任，巡察组负责人；市直企事业单位主要负责人列席会议。桂平市、平南县、港北区、港南区、覃塘区等5个县（市、区）有关领导在分会场参加会议。

全市工作务虚会议　12月25日，在市区召开。市委书记、市人大常委会主任李新元主持会议并讲话，市委副书记、市长农融在会上对2019年工作作部署。市四家班子领导，市中级人民法院、市人民检察院、三区两县市主要负责人以及市发展改革委、市统计局、市扶贫办、市投资促进局等部门主要负责人，分别紧扣各自分管工作谈体会，建言献策。

市委机关建设

【概　况】 2018年，中共贵港市委办公室围绕“13446”工作思路，深入践行“五个坚持”，按照“虑事要周全，办事要细致，行事要稳健，作风要务实”要求，对标市委“高严细”标准，发扬新时代敢干、实干、苦干、善干的“四干”新作风，不断提升“三服务”工作水平，有力推动市委决策部署的贯彻落实并取得良好成效。市委市政府督查室被自治区党委办公厅评为先进集体，承接的党委信息、党委督查、保密工作3项自治区绩效考评指标，得分和超额加分均为满分，各项工作没有重大差错，实现全年各项工作考核全满分、争先创优加分全满分的“双百”工作目标。

【决策服务】 2018年，中共贵港市委办公室坚持“身在兵位，胸为帅谋”，围绕市委领导的关注、关切、关心，围绕群众的所盼、所忧、所急，注重准确把握领导意图，紧密联系工作实际，深入开展调查研究，优质高效起草领导讲话、调研报告等各类文稿430多篇，成稿字数近200万字，向市委提交《做大做强贵港新兴产业的对策研究》《贵港市新型城镇化：问题、目标与路径》《关于基层“互联网＋党建”发展情况的调研报告》等，为市委决策提供有价值、有见地、富有前瞻性的参谋建议。

【党委信息工作】 2018年，中共贵港市委办公室加强信息策划报送工作，及时为市委领导提供国内外、区内外、市内外重要动态情况，并围绕全市基层情况、群众声音、信访舆情、经济动态、改革推进、脱贫攻坚等，向自治区党委编报信息916期，向市委领导编报《要情汇报》33期、《信息专报》3期。其中，《贵港市创建小区党建"红色一家"打通城市基层党建"神经末梢"》获自治区党委办公厅《工作情况交流》刊用，《贵港市港北区"村两委+乡贤会""双轮驱动"助推乡村振兴》等一批经验类信息获自治区《每日汇报》刊用。全年信息工作获自治区党委领导批示7次，获市委领导批示13次，获自治区采用积分5074分，超额完成任务1674分，实现指标得分和超额加分"双满分"目标，2个单位获评为全区党委信息工作先进单位，3名信息员获评为全区党委信息工作先进个人。

【统筹协调服务】 2018年，中共贵港市委办公室建立市四家班子秘书长联席会议制度，出台《市领导公务活动协调工作机制》。加强与自治区党委办公厅、市三家办、县（市、区）和市直各部门的联络沟通，形成协同配合、整体联动、无缝对接的良好局面。全年协调服务市委常委会会议21次，服务全市会议、活动及市委领导外出招商、考察调研等400多次，牵头做好自治区党委第七巡视组巡视配合工作、市委"政治建设六项重点任务"工作落实。出色完成第32届全国荷花展览、第三届中国富硒农业发展大会、2018中国绿色智慧城市高峰会议、全国"提升基层党组织组织力"研讨会暨第五届全国基层党建创新典型案例征集评选活动启动仪式、第十一届广西（贵港）园林园艺博览会等100多次全国、全区性重大会议活动的统筹协调。特别是接待自治区60周年大庆中央代表团第三分团到贵港市考察慰问活动的协调服务，实现零差错、零距离、零失误，得到中央领导和自治区领导的充分肯定。大力推进减文控会，出台《进一步贯彻落实中央八项规定精神实施办法》《进一步做好减文控会工作的意见》《进一步加强市层面重要公务活动和拟发文件统筹工作的通知》等5份文件，切实改进文风会风。建立办文时限"三分制"、审核唱校、错情通报、会商等6项制度，优质高效办理收发文，并在全区政策法规工作座谈会上作经验交流发言。

【督促检查】 2018年，中共贵港市委办公室出台《关于加强新形势下全市督促检查工作的实施办法》《关于调整充实2018年市委市政府督查专员和督查员的通知》，加强督查队伍的业务培训，夯实督促检查工作基础。强化统筹整合，以季度大督查的方式，对中央、自治区党委、市委决策部署进行整合督查，紧抓关键环节，持续跟踪问效。全年列入年度重大决策督查计划事项15项，开展季度大督查4次，开展其他事项决策督查41次，撰写报送决策督查报告34份，承办领导批示交办事项36项，其中承办中央、自治区党委领导批示交办事项8项，到期办结率100%，撰写《领导批示件办理情况报告》22份，上报材料获领导批示8份。严肃督查问责，推行红黑榜制度。在贵港电视台、《贵港日报》等媒体上对41个事项22个单位进行"红榜"通报，对27个事项20个单位进行"黑榜"通报，推动全市各级各部门转作风、提效能、争一流。全年上报反映贵港市工作落实中的创新做法和亮点材料获《广西督查》刊用8篇，市委市政府督查室获市政协评为2018年度贵港市政协优秀提案承办单位。

【运行保障】 2018年，中共贵港市委办公室在机要工作方面，加强密码通信服务保障和安全保密管理，强化业务培训，扎实推进项目建设。年内开展的4个项目均能如期推进，多项工作在全区机要密码部门的评比活动中获得名次。对保密工作多次召开市级协调会，市委常委专题学习习近平总书记关于重要军事设施周边环境安全保密工作的重要批示精神，深入研究部署贵港市相关工作，牵头完成贵港市重要军事设施周边环境安全保密隐患2处问题整改，整改工作获得中央保密办联合督导组和自治区保密局的肯定。组织人员对市直单位保密自查自评和互联网门户网站保密检查2项重点工作进行拉网式检查，贵港市保密绩效考评顺利通过自治区党委办公厅核验组现场检查和日常监管，圆满完成保密绩效年度任务。在财务会务等后勤保障工作中，建立会议检查清单制度、制定《中共贵港市委员会办公室财务报账规定》等，扎实推动会务、财务、内务等各项后勤保障工作顺利开展。

【《贵港工作》编辑出版】 2018年，中共贵港市委办公室围绕贵港经济社会发展大局，坚持办一流刊物，在办刊形式、栏目设置、图片报道等方面进行积极探索，使刊物整体水平上一个新台阶。年内出版发行期刊12期、52300份，修改、编排稿件340篇约150万字。

【自身建设】 2018年，中共贵港市委办公室坚持把政治建设放在首位，结合“两学一做”学习教育常态化制度化、“不忘初心、牢记使命”主题教育、“三会一课”、支部生活会，抓好市委关于“政治建设六项重点任务”部署的落实，做到“逢会必讲、凡会必提”政治建设。落实意识形态工作责任制，把意识形态工作列入市委办公室重要议事日程，列入室务会理论学习内容，列入绩效考评内容，协助市委抓好全市意识形态工作，精心打造市委办公室文化长廊，推出宣传视频7期，强化舆情管控，引导县（市、区）和市直部门及时做好权威信息发布工作，牢牢掌握意识形态工作主动权。牵头举办全市办公室“学习贯彻十九大精神　自觉践行‘五个坚持’”主题演讲比赛和征文比赛，把学思想、学理念与学风范、学人格、学境界更加紧密结合起来，筑牢“党办姓党”意识，使“两个维护”成为全市党办系统干部的自觉行动。协助市委全力做好巡视、巡察配合工作并抓好问题整改工作。严格组织生活，全面落实“三会一课”制度，不断丰富“三会一课”内容，灵活“三会一课”形式，提高“三会一课”质量，使组织生活会真正“动”起来、严起来、实起来、活起来；严格党内监督，党员之间相互督促提醒，“三重一大”等事项集体讨论并自觉接受监督；全面落实中央八项规定及其实施细则精神，深入推进减文控会，持续巩固“四风”整治成效，不断筑牢党员干部廉洁自律防线。创建“日常管理汇”“半月学习汇”“每月错情汇”“周三运动汇”“季度评星汇”“半年精品汇”载体，组织党员干部持续深入学习习近平新时代中国特色社会主义思想、党的十九大及十九届二中、三中全会精神和党章党规，并结合办公室业务工作谈体会、作报告、查问题，优化业务机制40多项，推出工作亮点和业务精品20多项，打造市委办公室文化长廊，举办信息、保密、督查等各类业务培训30多期（次），先后2次组织全市党办系统干部107人到区外学习培训。

（邬　裕）

组　织

【概　况】 2018年，贵港市有基层党组织8096个。其中，党委279个、党总支797个、党支部7020个；有机关党组织1000个、村（社区）党组织1119个、非公有制经济组织党组织1099个、社会组织党组织339个。全市有党员151975名，其中有公务员（参公人员）党员14023人。人才规模（总量）20.76万人。全市组织工作以习近平新时代中国特色社会主义思想为指导，深入贯彻落实中共十九大精神和全国、全区组织工作会议精神，认真践行新时代党的组织路线，以政治建设为统领，抓培训提素质、选干部配班子、抓基层打基础、建队伍聚人才，扎实推进党的建设和组织工作。3月，全区党员干部现代远程教育工作会议暨学用工作现场会在贵港召开，贵港市在会上作典型发言；5月，自治区党委书记鹿心社到贵港考察指导，对贵港基层党建工作给予充分肯定，要求把贵港基层党建工作经验和“党建联盟”做法向全区推广并推向全国；9月，全国“提升基层党组织组织力”研讨会暨第五届全国基层党建创新典型案例征集评选活动启动仪式在贵港举办，贵港市在会上作经验交流；抓基层党建和村集体经济工作创新做法，在全区基层党建工作重点任务推进会暨发展壮大农村集体经济工作经验交流座谈会上得到推介；“党建联盟”经验做法，在全区城市党建工作专题培训班上得到推介；抓基层党建述职考评综合得分连续三年排名全区第一。《人民日报》《中国组织人事报》《广西日报》、人民网、中国共产党新闻网等媒体先后对贵港基层党建工作实践探索

2018年7月27日，贵港市组织工作会议在市区举行

进行广泛系统的报道推介。

【党的政治建设】 2018年，贵港市坚持把党的政治建设摆在首位，把旗帜鲜明讲政治的要求融入组织工作全过程、各方面，选人用人突出政治标准，基层党建突出政治功能，人才工作突出政治引领。推动全市各级党组织和广大党员干部落实好加强和维护党中央集中统一领导的若干规定和自治区党委、市委规定精神。坚持把党章作为经常性学习教育、日常管理监督的根本标尺，作为民主生活会、组织生活会的重要内容，教育引导党员干部严格执行新形势下党内政治生活若干准则，坚持把民主集中制教育纳入各级党委(党组)理论中心组学习和干部教育培训的重要内容。

【习近平新时代中国特色社会主义思想学习贯彻】 2018年，贵港市把学习贯彻习近平新时代中国特色社会主义思想和中共十九大精神作为干部教育培训的首要政治任务和重点工作。市本级在市委党校和区内外高校及其他培训机构举办培训班344期，培训各级各类干部40860人次。对市委管理干部和乡镇(街道)党政正职分5期进行学习贯彻习近平新时代中国特色社会主义思想和中共十九大精神集中轮训，轮训人数800多人。举办各类知识讲座5期，培训各级各类干部9100多人次。做好学员调训工作，选调学员参加中央和自治区的各类培训240人次。建成启用全区第一个市级“不忘初心、牢记使命”主题展馆和教育体验基地。全面推进行动学习在贵港市的推广运用，“贵港市贫困村村级集体经济发展研究”项目列为自治区重点行动学习项目课题并完成结题。

【选人用人工作】 2018年，贵港市围绕建设忠诚、干净、担当的高素质干部队伍，突出“三个注重”选人用人标准，即注重从基层选用干部，注重从一线选用干部，注重选用敢干、实干、苦干、善干的“四干”干部，鲜明树立重实干重实绩的用人导向。激励干部担当作为，制定贵港市关于进一步激励广大干部新担当新作为措施，推荐自治区级“新时代新担当新作为”先进典型1名，选树市本级“新时代新担当新作为”先进典型7名。抓好年轻干部培养选拔，组织开展年轻干部专项调研，实施在急难险重任务中历练年轻干部的“壮骨工程”，提升年轻干部能力素质。完成2018年度公务员、选调生招录及事业单位工作人员招聘，全市新录用公务员433人，新录用选调生54人，新录用事业单位工作人员1603人。

【干部监督管理】 2018年，贵港市加强对领导干部的日常管理，促进领导干部忠诚老实。扎实做好处级干部个人有关事项报告信息的录入工作，开展个人有关事项重点抽查和随机抽查，对64名领导干部的个人有关事项进行重点抽查，对80名领导干部的个人有关事项进行随机抽查，对69名不如实报告个人有关事项的领导干部进行批评教育、诫勉谈话。加强对领导干部遵守政治纪律和政治规矩情况的日常监督，扎实推进领导干部经济责任审计，对8名“一把手”进行经济责任审计。全面贯彻落实《贵港市探索实践“第一种形态”对党员干部开展提醒、函询和诫勉谈话的实施办法(试行)》，对45名领导干部进行提醒谈话。从严开展领导干部承包经营农村土地专项清理工作，26名领导干部在规定时间内完成承包经营农村土地清退。

【人才工作】 2018年，贵港市坚持党管人才原则，深入推进人才体制机制改革。加强顶层设计，精准对接经济社会发展重大战略对人才的需求，出台创新创业人才认定办法及认定目录、党政机关及事业单位引进急需紧缺人才“绿色通道”若干办法、工业企业创新研发及两化融合奖励暂行办法等政策措施20多项，涵盖人才培养、引进、使用等多个方面。打造产学研聚才新平台，获批设立自治区级高新技术开发区、扬翔公司国家级博士后科研工作站、史丹利公司广西院士工作站等重大科研平台。成立全区首家新兴产业与技工教育联盟，27所实力雄厚的技工院校通过“新型学徒制”“订单班”等模式为贵港市企业生产一线输送技能人才一批。开通引才留才新渠道，进一步落实用人主体的选人权，举办赴外招聘活动9场，促成一批重点院校紧缺人才与用人单位签订就业协议。开展“青苗优才　智汇荷城”优秀大学生实践活动，以“乡情”为纽带，精准对接一批优秀学子意向回乡就业创业。优化服务提升人才工作水平，紧扣党管人才关键环节，严格落实目标责任考核和专项述职制度。开展“人才工作宣传调研大行动”，打通服务人才“最后一公里”。高层次和创新创业人才“一站式”服务平台建成使用，“贵港市人才工作网”开通运行，打造“贵港市人才港湾”“荷城英才汇”等交流合作平台，推动人才服务线上线下相互促进和互动。年内，落实专项经费2085万元，保障重大人才工程入选者的各项待遇。

【基层党组织建设】 2018年,贵港市以提升组织力为重点,突出政治功能,深入实施“五大系列”党建工程,提升贵港党建品牌影响力。实施“书记系列”工程,在“书记面对面”“书记问效”平台的基础上,新创建市委书记“基层直通车”平台,每月用一个平台分别进行问计、问效和问需,形成制度化、常态化工作机制。实施“夯基系列”工程,新成立中国共产党贵港市委员会教育工作委员会、中国共产党贵港市委员会卫生计生工作委员会,强化市委对全市学校、医院工作的领导;出台《关于进一步加强党内关爱的意见》,强化党内激励关爱帮扶;推进党组织评星定级,2106个基层党组织评为三星级以上党组织;开展“两新组织”党建工作重点任务“百日攻坚”,全市非公企业党组织、社会组织党组织覆盖率分别达85%、89%。实施“红色系列”工程,在全区率先推行创建城市小区党建“红色一家”50个;建成“红色双创”基地2个,打造一批党建综合体、红色孵化基地。实施“综合系列”工程,打造一批园区党群服务中心、党建联盟、党建综合体、城市党建综合服务中心。实施“考评系列”工程,组建5个党建工作指导团驻各县(市、区)常态化开展党建指导,推行重大项目普遍建立临时党组织、急难险重任务普遍组建党员突击队、与群众关系密切的事务普遍推行代办制、机关单位普遍建立“双报到”和责任捆绑制、普遍建立干部一线考察评价制度,实施选拔任用干部征求基层党建履职情况意见办法,提升党建引领中心工作实效。

【抓党建促脱贫攻坚】 2018年,贵港市深化拓展《党建促脱贫攻坚考核管理办法》《贫困村党组织第一书记考核管理办法》,提升党建促脱贫攻坚工作质量。扎实做好新一轮工作队的选派管理,有序实现新老队员工作交替。全市新选派人员2677名,其中工作队长5名、工作分队长72名、第一书记360名、工作队员2240名。出台《关于加快发展壮大村级集体经济的若干意见》,制订实施《贵港市村级集体资产资源合同清理规范工作实施方案》,开展清理规范村级集体经济合同专项行动,释放村级集体经济收入潜在活力。组建党员突击队50个,对发展集体经济最为困难的村“一对一”进行集中攻坚,年末全市集体经济收入贫困村全部达到3万元以上、非贫困村全部达到2万元以上。制定出台抓党建促乡村振兴意见,推动组织资源、组织优势、组织活力转化为乡村振兴的强劲动力。

2018年9月19日,“提升基层党组织组织力”研讨会暨第五届全国基层党建创新典型案例征集评选活动启动仪式在贵港市举行

【组织部门自身建设】 2018年,贵港市委组织部突出“政治立部、能力强部、作风兴部、从严治部”,高标准严要求加强组织部门自身建设。每月召开部务(扩大)会议,深入学习贯彻上级重大决策部署。每月依托主题党日活动,开展政治理论和业务知识集中学习。定期开展务虚研讨、业务交流、业务骨干上讲台、科长讲业务活动。举办全市组织系统学习贯彻党的十九大精神暨业务能力提升培训班,选派到脱贫攻坚一线干部2名。以“打铁必须自身硬”的高度自觉,把教育培训、实践锻炼、纪律约束和关心爱护结合起来,持续建设“讲政治、重公道、业务精、作风好”的模范部门和过硬队伍。

(陆剑忠　韦锦波)

宣　　传

【概　况】 2018年,贵港市宣传工作以习近平新时代中国特色社会主义思想为指导,认真贯彻落实全国、全区宣传部长会议精神和市委工作部署,紧紧围绕市委“13446”工作思路,扎实推进新时代宣传思想文化工作,以落实意识形态责任制加强理论武装,围绕改革开放40周年和自治区成立60周年,围绕解放思想大讨论、精准扶贫、优化营商环境等为主题,结合全国基层党建论坛、2018贵港国际马拉松赛、第32届全国荷花展览等重大活动开展舆论宣传，通过组织创作优秀文艺作品、开展文艺活动加强社会宣传，为建设新时代“四力”新贵港提供强大思想保证、舆论引领、精神动力和文化条件。

【理论武装工作】 2018年，贵港市印发《中共贵港市委员会关于2018年全市理论学习的通知》，开展市委中心组学习会6次。召开全市宣传思想、网络安全和信息化工作会议以及意识形态联席会议等，认真贯彻落实习近平总书记关于意识形态工作的重要论述，定期分析研判形势，及时上报自治区党委和市委。开展各县（市、区）党委书记、市直有关党委（党工委、党组）落实意识形态责任制述职评议，对市直部分单位进行意识形态专项巡察，在全区首创出台《贵港市党委（党组）意识形态工作责任制县（市、区）测评体系（试行）》《贵港市党委（党组）意识形态工作责任制市直单位测评体系（试行）》，开展意识形态“六进六育”（进农村，育感恩之心；进社区，育守望之心；进企业，育自信之心；进学校，育文明之心；进网络，育敬畏之心；进宗教场所，育爱国之心）主题教育活动120场次，压紧压实主体责任。成功举办第一届网络文化节，推动网络文化文明健康发展。深入开展“扫黄打非”工作，桂平市西山镇中心小学获得第二批全国“扫黄打非”进基层示范点。及时有效处置重点敏感事件舆情，开展网络直播、短视频等专项整治和“剑网”2018专项行动，全面清理各类有害信息，进一步提升网络意识形态管控力。2018年度设区市党委书记落实意识形态主体责任评议得分排名全区第3（2016年第13名、2017年第6名），实现贵港市意识形态工作提档进位的目标。

【舆论宣传】 2018年，贵港市围绕改革开放40周年和自治区成立60周年两大主题，先后组织开展解放思想大讨论、精准扶贫、优化营商环境、全区高质量工业发展大会、全国基层党建论坛、第11届广西园博会、2018贵港国际马拉松赛、第32届全国荷花展览等20多个重大主题和重要活动的宣传战役。年内，贵港市在自治区主流新闻媒体发稿量全区第一，连续8年获《广西日报》通讯报道甲等奖。组织14个国家主流媒体和100多家国内媒体到贵港市采访报道，中央、自治区主流媒体累计宣传报道贵港市3200多篇（条），其中《人民日报》、新华社、《光明日报》等发稿180多篇（条）。2018贵港国际马拉松赛在中央电视台CCTV-5频道直播120分钟，第32届全国荷花展开幕式在人民网、新华网等直播累计点击量400万，重播覆盖人口4000多万人次。深化传统媒体与新媒体融合发展，桂平市成为全国首批建成县级融媒体中心的单位。全市建成贵港广播电视台手机台、贵港新闻现场云“两大直播平台”，贵港新闻网、西江传媒网、网络问政“三大网络平台”，手机台、贵港宣传微信号、西江传媒网微信号、《贵港日报》微信号、贵港宣传头条号、贵港发布微博号“六大移动端平台”，同时积极融入“广西云”“广电云”，让贵港的声音传播得更远。贵港日报社在广场、小区、车站等公共场所设立“红色悦读站”20多个，主动占领公共宣传文化阵地，组织开展“浪漫婚纱不老爱情”“摄影进万家·温暖全家福”等公益活动，不断聚人心、暖民心。做大做强“贵港宣传”微信公众号，集合500多个政务头条号，建成广西第一个政务新媒体矩阵，贵港宣传新媒体矩阵年发稿量7000多条，阅读点击量达4200多万次。不断优化贵港网络问政平台，畅通民生诉求反映和信息发布渠道，年受理网民问政6312条，回复率97.4%。市网信办获2018年度人民网留言办理工作先进单位。

贵港市新时代讲习所宣讲课堂

【社会宣传】 2018年，贵港市委宣传部组织开展贵港市2018年春节

2018年6月28日，“2018年境外媒体看广西”采访团走进贵港

团拜会、广西名家朗诵会、新春音乐会、全市文艺界新春茶话会、第三届元宵灯会等“深入生活、扎根人民”主题活动20余项，营造欢乐喜庆、文明祥和的社会氛围。围绕庆祝改革开放40周年和自治区成立60周年主线，举办第32届全国荷花展览暨贵港市第五届荷花展，精心策划大型浸透式情景诗画《荷城往事》演出、壮族魔幻杂技剧《百鸟衣》演出、“和为贵”文化节、“2018幸福跑——贵港站”马拉松赛、百名文化名家代言荷花展、写荷画荷颂荷书画展等文体活动，不断丰富群众文化生活。扎实有序开展戏曲进校园工作，实现100%全覆盖，全市上下弘扬传统戏曲文化的氛围越发浓厚。创作完成《大美贵港·爱满荷城》《贵港市中小学生爱国主义教育歌曲集》等作品，开展“书香荷城——分享阅读·放飞梦想”百场读书分享活动，举办“新时代新广西·我邀明月颂中华”爱国诗词朗诵比赛，通过丰富的实践活动使全市社会主义核心价值观宣传教育活动“接地气”、入眼入脑入心。抓好先进典型选树和宣传工作，向自治区党委宣传部推荐报送先进典型16人、最美国防人3人、自治区成立60年来为广西经济社会发展作出重要贡献的先进人物20人，并在市本级以及自治区相关媒体进行宣传报道，充分发挥先进典型示范引领作用。扶持《乘风破浪走天涯——海上丝路中的贵港站》等文艺精品创作5个和吕宁丽等文学创作人员4人；《非遗文创产品之特色宫灯》《广西少数民族地方特色旅游工艺品开发》列为2018年自治区级文化产业发展专项资金扶持项目。微电影《并蒂莲》获2018第三届美丽乡村国际微电影艺术节优秀作品。组织创作贵港市首部历史题材大型话剧《压舱石》、动漫片《乡村成长日记》、微电影《达英和达花》、小品《冤家扶贫》等文化精品项目9个。其中，话剧《压舱石》获得第十届广西戏剧展大型剧目桂花铜奖，并在南宁市和贵港市巡演9场。

全力抓好庆祝自治区成立60周年主题宣传。根据自治区和市委的统一部署，按照“点上、面上、线上、路上”全覆盖要求，精心组织策划，抓好“政治宣传、节日氛围、文艺宣传、新闻舆论”等工作。深入开展“庆祝自治区成立60周年”“新时代新作为新篇章”“辉煌60年壮美新广西”等重大主题宣传和系列采访报道活动。组织开展专题文艺晚会、音乐会等，创新开展系列活动庆祝自治区成立60周年，营造建设壮美广西，共圆复兴梦想的浓厚文化氛围。市直媒体刊播庆祝自治区成立60周年稿件2510多篇，墙体喷绘5万多平方米、灯杆广告3500多块、大型落地广告牌240块、高炮80多杆(164面)、横幅3150多条、公车亭灯箱200幅、路名牌150幅以及街头荧屏滚动播放宣传片约10万次，宣传标语、微标、吉祥物遍布中心城区大街小巷，公园、广场、主次干道等鲜花盛开、彩旗飘扬、灯笼高挂，到处洋溢着喜庆气息。《人民日报》、新华社、中央电视台、《光明日报》等媒体多角度展现广西以及贵港经济、社会各方面发展取得的伟大成就，广大市民的幸福感、获得感、自豪感进一步增强，凝聚起建设壮美广西，共圆复兴梦想的磅礴力量。

【精神文明建设】 2018年，贵港市广泛开展“百孝之子”等先进典型评选宣传、爱国主义教育、核心价值观公益广告宣传、志愿服务等活动，将社会主义核心价值观融入国民教育和社会实践全过程。年内，贵港市入选“中国好人榜”候选人16人，获得“中国好人榜”称号4人。在城区街道、广场，高速公路沿线建成一批固定的社会主义核心价值观、党建引领、文明创建等宣传阵地。建成金田起义纪念馆、黄大年事迹展馆，完成中共广西一大旧址等7个革命教育基地建设。组织市民、学生代表参加“军营开放日”活动，增强广大市民爱国情怀，获央视“新闻联播”播报。志愿服务工作扎实推进，贵港市网上志愿实名登记志愿者20.98万人，志愿团体1452个。组织开展青少年爱国主义读书活动，获全国全区组织特等奖。组织编印《贵港市中小学生爱国主义教育歌曲集》并广泛传唱。统筹推进群众性精神文明建设。以创建文明城市为龙头，实施“整洁有序·文明礼让”提升大行动，积极开展“荷城有礼六行动”(斑马线前有礼让、行车路上有礼让、公交车上有礼让、有序排队有礼让、上下电梯有礼让、街坊邻居有礼让)，以及道德讲堂、“我爱荷城”志愿服务进社区等文明创建活动，城乡面貌有很大改善，市民素质得到较大提高，贵港市在自治区文明城市实地测评中排名第一。乡村文明扎实推进，全市1073个行政村全部建立健全“一约四会”制度。年内，新增县级文明村镇168个，建立乡风文明示范点72个。组织开展全市青少年传唱社会主义核心价值观主题歌曲、贵港市新时代好少年评选、全市乡村少年宫展演等主题系列活动10多项，贵港市获全区“爱祖国·爱家乡”——庆祝自治区成立60周年青少年传唱社会主义核心价值观主题歌曲汇演小学组二等奖。

2018年6月19日，贵港市委统一战线工作领导小组第三次会议在贵港城区召开

【宣传干部队伍建设】 2018年，中共贵港市委宣传部继续加强基层宣传思想文化队伍建设，做好宣传思想文化干部的培养选拔和教育管理工作，做好新闻和政工系列专业技术资格评审工作。举办全市宣传思想文化骨干、政务新媒体、网络宣传员等专题培训班。加强制度建设，强化人才队伍建设机制，出台《贵港市文化名人培养管理暂行办法》《贵港市基层宣传文化人才队伍建设三年规划实施意见》。

（宋 迪）

统一战线

【加强统战工作领导】 2018年，贵港市始终坚持党对统战工作的集中统一领导，中共贵港市委员会坚持把统战工作纳入重要议事日程，充分发挥统战工作领导小组协调指导、督促检查等作用。6月19日，贵港市委书记、市人大常委会主任李新元主持召开市委统一战线工作领导小组第三次会议，总结上一年度市委统一战线工作，研究部署2018年工作，提出工作重点。3月、7月、9月，分别在市委常委会上专题研究部署统战工作；11月，在市委理论学习中心组专题学习习近平总书记关于宗教工作的重要论述、重要批示及中央和自治区关于宗教工作重大决策部署精神。

【统战系统思想政治建设】 2018年，贵港市以广西统一战线新时代讲习所为主阵地，以各类专题学习、培训为据点，进一步加强对统一战线成员单位的教育引导，夯实团结奋斗的共同思想基础。3月，组织党外干部到井冈山红色教育基地开展教育培训；6月，组织非公经济人士到延安红色教育基地开展教育培训；6月，组织新的社会阶层结合国防教育开展读书分享及赠书活动。9月，举办“不忘创业初心、接力改革伟业”为主题的2018年贵港市非公经济人士培训班(商协会知识讲座)，贵港市中小微民营企业协会会员290余人参加培训。11月，组织50多名非公经济代表人士学习习近平总书记在民营企业座谈会上的重要讲话精神。

【统战服务】 2018年，贵港市委统战部带领统战系统采取多形式服务贵港市中心工作。

建言献策　引导各民主党派、工商联和无党派人士紧紧围绕经济社会发展重大问题，深入调研，在自治区、本市两级“两会”上为各级党委、政府科学决策提供有益参考。5月，邀请各民主党派开展扶贫领域腐败和作风问题专项治理工作巡查调研活动，巡查发现问题12项，提出意见建议10条。

助力脱贫攻坚　牵头组织开展多场扶贫捐赠活动，捐赠善款、物资等折合人民币500多万元，引导统一战线成员开展系列公益扶贫活动，捐赠扶贫资金1100多万元。深化“千企扶千村”活动，强化龙头企业带动作用，引导贫困户以资金、土地等方式入股获利。实施民企结对帮扶，动员全市217个民营企业（商会）结对帮扶贫困村，实现非公企业帮扶贫困村100%覆盖，建立11个企业帮扶示范基地。推动企业建设扶贫车间，让更多无法外出转移就业的贫困群众在家门口实现就业。联合各民主党派、工商联、各商协会等开展法律扶贫、智力扶贫、文化扶贫、医疗扶贫、教育扶贫等多项扶贫活动，组织系列精准扶贫光彩行活动20多场次，充分发挥统一战线在扶贫攻坚中的作用，推动贵港市脱贫攻坚取得实实在在的成效。

开展招商引资　贵港市委统战部组织分赴湖南、江苏、深圳、广州、辽宁、四川等地开展招商引资，走访考察深圳市沃特玛电池有限公司等16家企业，引进项目3个，投资额6.05亿元。全市统一战线系统引进项目22个，投资额82.69亿元。

【持续推进多党合作事业】2018年，贵港市委统战部持续推进政党协商规范化、制度化、长效化建设，围绕重大决策部署献计出力。3月，协助贵港市委印发《2018年度政党会议协商计划》，先后组织召开全市党风廉政建设和反腐败工作情况通报会、招商引资和项目建设工作情况专题协商座谈会、调研协商座谈会，其中市委书记李新元主持并讲话的2次，有效推动市委市政府科学民主决策，加快治理体系、治理能力现代化建设。加强思想教育引领活动，以纪念中央发布“五一口号”70周年为契机，6个民主党派主要负责人撰写纪念文章，在《贵港日报》开设纪念专版，通过集中宣传多党合作的光辉历史和辉煌成就，进一步增强各民主党派坚持和发展中国特色新型政党制度的自觉性和坚定性，扎实推进多党合作事业发展。

【推动非公经济发展】2018年，贵港市委统战部强化对非公经济工作的领导，发挥贵港市非公有制经济领导小组作用，5月召开专题会议，研究非公有制经济发展，全面分析影响其发展的重点难点，研究解决办法。年内，统战成员单位由28个增加到44个，壮大统战成员单位队伍，增强了统战实力。强化教育培训，2月，推荐非公经济代表人士10人参加自治区党委统战部组织的广西非公有制强优企业高级人才培训班等，全年组织非公代表人士教育培训达600多人次。开展专项调研，组织深入各县（市、区）、市直有关单位和部分企业开展专项调研，调研了解贵港市本土企业（产业）、青年企业家创业创新的情况，分析发展存在问题，提出应对措施，广泛征求意见进行完善，形成《关于扶持贵港市本土企业发展的调研报告》《贵港市青年创业情况》2个专项调研报告，专题报告得到市长的充分肯定，其中《关于扶持贵港市本土企业发展的调研报告》已经被《贵港社会科学》杂志刊用，获2018年全区党委政研系统“大学习大调研”活动调研成果优秀奖。做好服务工作，利用广西非公经济服务平台受理企业诉求100多件，解决率90%以上。部门主要领导带队深入企业走访服务，年内累计走访非公企业30多家，推动解决企业反映的问题和困难16项，其中提交市长服务企业接待日研究解决的4项。

【党外干部队伍建设】2018年，贵港市委统战部推荐16名党外代表人士参加中央统战部、自治区党委

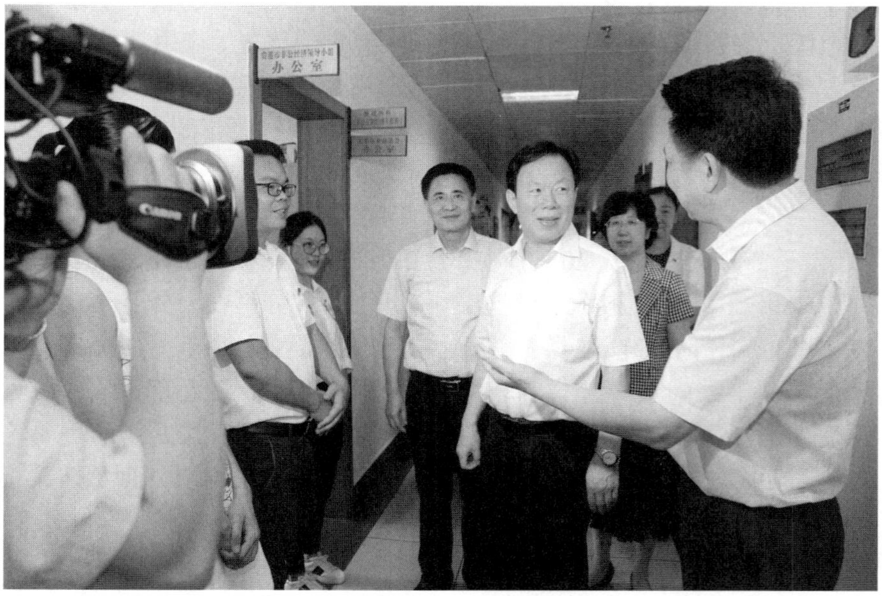

2018年6月20日，自治区党委常委、统战部部长徐绍川到贵港市就统战民族宗教工作和非公经济发展进行调研

统战部和在广西社会主义学院举办的培训班;加强党外代表人士实践锻炼,协调市委组织部做好自治区党委统战部选派党外干部到桂平挂职职务安排,指导桂平市做好党外挂职干部的关心帮助和服务工作。新选派2名党外代表人士到培养基地进行挂职锻炼;配合自治区党委统战部做好广西欧美同学会(广西留学人员联谊会)第六次代表大会贵港市候选人的推荐工作。

【民族宗教工作】 2018年,贵港市委统战部努力做好民族宗教工作,促进民族团结。开展“壮族三月三”系列民族文化活动,协助做好自治区成立60周年庆祝活动贵港市筹备工作,积极参与庆祝活动方案、慰问活动方案等制订工作。以自治区成立60周年为契机,持续开展民族团结进步创建活动。切实维护宗教领域和谐稳定,充分发挥宗教工作联席会议机制作用,积极引导宗教与社会主义社会相适应。以迎接中央宗教工作督查为契机,全面开展全市宗教工作自查整改,推动中央、自治区党委和贵港市委关于宗教工作重大决策部署有效落实。经常性开展走访座谈,更好地把广大宗教界人士和信教群众团结在党和政府周围,引导宗教与社会主义社会相适应。

【港澳台工作】 2018年,贵港市委统战部加强与港澳的联谊,组织开展系列联谊交友活动,促成香港广西总商会、澳门广西社团联合总会等10个商协会考察团200多人次到贵港开展投资考察、扶贫慈善等活动,推动联谊交友向纵深发展。4月26日—27日,澳门广西社团联合总会考察团到贵港开展“饮水思源”考察访问活动,向受大藤峡水利枢纽建设影响的库区移民捐款10万元。引导海外力量为贵港市经济社会发展发挥作用,通过举办各类经济、文化交流活动,协助做好产业对接、项目合作和人才引进的牵线搭桥工作。深化对台交流,加强联谊,持续推进贵台两地各领域交流合作,年内开展经贸、少数民族文化、医学、农业等领域往来考察交流8次;稳妥推动“惠台31条措施”落实落细,联合市公安局等部门做好在贵台胞申领台湾居民居住证的政策咨询和登记服务工作,为在贵经商、生活的台商台胞台属提供更多的便利;依法维护台商台胞台企合法权益,协调解决台泥(贵港)公司采矿权问题、广西万季丰公司办理外资投资企业备案登记问题等,营造良好的对台工作氛围。 (陈 琦)

机构编制

【概 况】 2018年,贵港市改革组建工业投资集团、农业投资集团、文化旅游投资集团。推进经营类事业单位改革11家。河长制湖长制验收考评成绩全区排名第一。财政改革进一步深化,财政管理工作获自治区督查激励通报。推进西江农场土地管理综合改革,与广西农垦局签订《贵港市规划利用广西农垦西江农场土地协议》。县级公立医院综合改革效果评价通过国家复核,国有林场改革通过自治区验收,农村土地承包经营权确权登记颁证工作经验在全区推广。机构改革稳步推进,安全生产、不动产登记、金融、供销等重点领域改革有序推进。

【行政审批制度改革持续深化】 2018年,贵港市开展行政审批事项清理,根据《广西壮族自治区人民政府关于取消下放和调整一批行政许可事项的决定》《广西壮族自治区人民政府关于取消一批行政许可等事项的决定》,组织有关部门3次开展行政许可事项清理,取消的行政许可事项10项(含备案类),承接自治区委托下放的行政许可事项10项,调整的行政许可事项41项,依据法律法规设定为行政许可事项的11项。加强事中事后监管,要求各单位加强从事前审批转向事中、事后监管的研究,制定管理措施和规范强化事中、事后监管职责。完成2018年行政许可事项目录调整,7月,市政府办印发贵港市2018年行政许可事项目录,保留行政许可事项324项。经梳理形成《贵港市保留为行政审批必要条件的中介服务事项目录》报市政府常务会议审定,明确保留行政审批必要条件的中介服务事项57项。做好部门权责清单的动态调整,对申请的14个部门的部门权责清单进行审核,并按程序回复调整。组织开展优化营商环境调研,年内开展优化营商环境大调研大查摆活动2次,形成调研报告报市营商办;组织暗访4次,将暗访报告报市委市政府督查室等。

【行政体制改革】 2018年,贵港市扎实做好市县机构改革前期工作,7月至9月贵港市编制委员会办公室(以下简称市编委办)两次赴自治区编办对接改革事宜,了解改革工作步骤和要求,并积极做好贵港市机构改革前期工作。8月底,参照自治区党委做法成立市机构改革领导小组,组长由市委书记李新元担任,领导小组办公室设在市编委办。开展工作调研,由市编委办牵头组成工作调研组5个，分赴各县（市、区）和市直部门开展机构改革调研，掌握县（市、区）和部门机构运转情况以及收集机构改革工作建议意见。谋划机构改革方案，结合自治区会议精神和对接工作建议，组织县（市、区）编委办多次研究和思考市县机构改革方案，同时加强与周边地市的交流，扎实做好前期工作。

深化乡镇“四所合一”改革，根据自治区部署，由市编委办牵头草拟实施方案和改革联席会议制度，2月底报市人民政府办公室要求审定并印发。指导县（市、区）参照模板重新制订出台乡镇“四所合一”机构编制方案，3月底前在县级政府网站上公开该机构的权责清单和服务清单。年末，正在督促指导市、县两级业务主管部门、乡镇政府，完善对“四所合一”机构的赋权方式以及协调机构购置设备经费，并结合督查加快推进该项改革工作。做好监察委员会组建过程中的相关机构编制事项，贵港市及所辖五个县（市、区）完成机构及职能整合，编制划转和人员转隶工作。按照上级要求，积极推进群团组织机构改革，上半年完成市妇联、团市委、总工会、科协、侨联“三定”方案印发工作。自治区批准港南区桥圩镇为经济发达镇后，指导港南区做好桥圩镇管理体制改革实施方案等。

【经营类事业单位改革】 2018年，贵港市根据中央和自治区分类推进事业单位改革精神，继续推进经营类事业单位改革单位11个，将经营类事业单位转企改制工作纳入各主管部门2018年度绩效工作指标任务。2月始，分别印发《贵港市分类推进事业单位改革工作领导小组关于印发贵港市本级从事生产经营活动事业单位改革工作方案的通知》《关于印发贵港市本级经营类事业单位转企改制职工安置和社会保险衔接实施办法的通知》，明确改革工作目标任务、各部门职责任务分工、改革工作流程、职工安置办法、社会保险衔接等方面内容。年末，市本级11个经营类事业单位已全部完成清产核资，经财政局核准并上报市政府的单位5个，主管部门已向市财政局提交清产核资专项审计报告书的单位6个。对市黄金开发总公司等5个单位的改革方案进行审核，其中市黄金开发总公司和市石龙综合场改革方案已报政府审定，市政府常务会已审议通过了市黄金开发总公司改革方案。

【基础业务工作】 2018年，贵港市完成2017年度机构编制统计工作，形成汇总分析报告上报自治区编办。完成2018年度公务员考录、事业单位招聘用编计划审核工作。完成人员交流调配，全年累计完成市直机关事业单位人员交流调配用编审核139人次。及时做好日常人员出入编管理、机构编制实名制系统数据维护、机构编制云平台推广建设工作、市直机关事业单位人员工资变动审核等工作。开展机构编制问题整改，按9月统计，贵港市机构编制问题比上年减少68项。规范事业单位登记管理，充分利用“互联网+政务服务”，市县年度报告工作“零跑腿”，年内提交年度报告书220个，完成率100%。实施登记管理服务标准化，办理时间市直比法定时限压缩80%以上，即时办结事项的总量达到90%以上，加强事业单位监督管理和督促检查，完成事业单位法定代表人培训等工作。

（谭瓦厦）

政策研究

【概　况】 2018年，贵港市委政策研究室（办）以加强基层党的建设为引领，统筹推动政策研究、全面深化改革、农业农村工作，并持续取得新突破，获自治区党委政研室“大学习大调研”活动优秀调研成果奖课题6个。全面深化改革工作在2018年度绩效考评中排名全区第一，是14个设区市唯一一个获得满分的单位。农村工作在2018年绩效考评中排名全区第二。

【决策服务】 2018年，贵港市委政策研究室（办）通过抓学习活动组织、课题调研等提供决策服务。

开展“大学习大调研”活动　根据自治区党委政研室（改革办、农办）的部署，开展“大学习大调研”活动，组织全市党委部门对25个课题进行调研，开题的数量、结题的数量均居全区14个地市前列，6个课题成果（调研报告）获奖。

课题研究　完成《贵港市特色小镇建设产城融合问题研究》《贵港市构建江海联运新格局问题研究》《“书记工程”引领贵港经济社会大发展——关于贵港市党建“书记工程”助推经济社会大发展情况的调研报告》《贵港市文化旅游产业发展调研报告》《贵港市三年来招商引资工作带来的变化及存在的问题》等8个课题调研，并形成调研报告。

文稿写作　作为市委材料撰写的主要组成单位，年内参与完成市委相关材料200多篇。

办好《决策参考》　全年出版《发挥乡贤在乡村治理中积极作用的问题探讨》《关于建立农产品品牌建设专项资金的建议》等为内容的《决策参考》19期。

【全面改革】　2018年，贵港市在巩固2017年全面深化改革工作成果基础上，进一步完善改革制度，细化改革举措，各领域改革系统协调有序推进。《2018年度工作要点》列出的65项重点改革任务，已完成44项，取消1项，正在推进的20项，除部分因职能管理权限或自治区尚未出台相关改革方案等客观原因而推进滞后外，其他均能按照自治区的要求顺利推进。

完善机制建设　强化统筹谋划，统揽协调，制订《市委全面深化改革领导小组2018年工作要点》《市委全面深化改革领导小组2018年工作要点任务分工方案》，明确每项改革任务责任单位、完成时间等要求，形成改革推进的时间表、路线图。强化示范引领，带动整体推进，制订《市领导2018年全面深化改革工作联系点方案》，以上带下、以点带面，统筹推动各项重点改革任务落地见效。健全协调机制，进一步完善市委改革办、专项小组、县（市、区）党委改革办三级协同联动机制。制定《市委全面深化改革领导小组工作规则》《市委全面深化改革领导小组专项小组工作规则》《市委全面深化改革领导小组办公室工作细则》，进一步明确改革领导小组、专项小组、改革办工作职责，确保改革工作协调运转。

拓展督察深度广度　充分运用督察手段，打通职责不清、落实不力、跟进不快的“梗阻”，推动各项改革举措落地生根。年内形成督察任务46项，明确督察对象、督察方式、督察主体等，实现重点领域重点改革任务督察全覆盖。打造改革督察问效“主官工程”，根据改革任务推进情况，党政主要领导亲自对重点难点改革任务进行督察；将各专项小组、牵头单位、县（市、区）主要负责同志抓改革落实情况、开展改革督察情况的专题汇报纳入重要议程，进一步压实改革主体责任。为更好地了解贵港市义务教育均衡发展情况、医疗联合体建设工作情况，10月市委书记李新元对桂平市开展改革督察，11月初市长农融对港北区教育综合改革落实情况进行专项督察。

【重点领域改革】　2018年，贵港市积极培育改革特色，一系列有力度、有特色、有影响的改革举措落地见效。在经济体制改革领域，深入推动商事制度改革，全面实施“多证合一”改革，实行“一址多照”“一照多址”，推行“容缺后补”服务，据广西创业环境大数据显示，贵港市创业“便利度”位居全区第一，平均1.17天就可以拿到营业执照，高出全区平均水平35%。积极推动重大市政工程领域PPP创新工作试点，经验做法在全国全区推广，贵港市获得“2018中欧绿色和智慧城市技术创新奖”并成功承办2018中国绿色智慧城市发展高峰会议。在开放合作体制改革领域，贵港进境粮食指定口岸通过国家质检总局审查验收，郁水作业区码头泊位及后方陆域配套设施、设备的建设已完成，电子口岸设备安装调试完毕，内河“单一窗口”工程建设完成。推动市场开发服务中心管理体制改革，困扰贵港市13年之久的市场开发服务中心改革难题基本得到解决。在农村和生态文明体制改革领域，市供销社加快推进双线运行机制专项试点，初步探索构建联合社机关主导的行业指导体系和社有企业支撑的经营服务体系，1月贵港市供销社党组书记、理事会主任黄品清获评“全国供销合作社先进工作者”称号。出台《关于推进乡村振兴战略实施的意见》，推动农业全面升级、农村全面进步、农民全面发展，港北区“村两委＋乡贤会”双轮驱动助推乡村振兴经验获《广西改革信息》推介并报送中央改革办。制订《贵港市涉及广西农垦西江农场土地收储实施方案》，盘活西江农场土地8万亩，解决多年想解决而未能解决、影响贵港长远发展最大的瓶颈问题。全面建立河长制、湖长制，贵港市以综合总得分排全区第1的成绩，通过自治区验收考评。在民主法制和社会体制改革领域，桂平市深化信访制度改革，组建全区首个群众工作联动服务部，畅通群众信访渠道，连续三年保持进京到非接待场所上访的“零”记录，桂平市信访局获评“全国信访系统先进集体”。在文化教育卫生体制改革领域，大力推进县域义务教育均衡发展，五个县（市、区）均通过自治区义务教育均衡发展督导评估，义务教育均衡发展排名全区第一。积极推进教育体制改革，市职业教育中心获批为自治区首批现代学徒制试点单位。加快推进健康贵港建设，制订《贯彻落实进一步推广深化医药卫生体制改革经验若干意见的实施方案》，推动城市公立医院综合改革，医联体建设取得初步成效。在党的建设制度改革领域，创新搭建以“书记面对面”“书记问效”和市委书记“基层直通车”为载体的党建“书记工程”，形成书记工程引领、夯基固本、容错纠错、综合联动“四点发力”的党建工作格局,《"书记工程"引领贵港经济大发展》获自治区党委改革办推介并报送中央改革办。成功承办"提升基层党组织组织力"研讨会暨第五届全国基层党建创新典型案例征集评选活动启动仪式。自治区党委书记鹿心社对贵港市基层党建工作给予高度赞扬和充分肯定,并要求把"贵港基层党建工作经验15条"和"党建联盟"经验做法向全区推广,并推介全国。

【改革工作业务培训】 2018年,贵港市为更好适应中央、自治区党委推进全面深化改革、农业农村发展的新部署、新要求,提高市县两级改革办、农村办领导干部的综合能力和业务水平,为确保贵港市全面深化改革和农业农村工作扎实有序推进,在市委党校举办2018年贵港市全面深化改革和农业农村工作专题研修班,切实提升全市改革和农业农村工作干部水平。

【农业农村工作】 2018年,贵港市委政策研究室(办)围绕贵港市农业农村发展形势,按照"三农"工作发展新需求,协助组织召开全市农村工作会议、市委农村工作领导小组(扩大)会议、五届贵港市委六次全体会议、全市乡村振兴暨旅游发展大会,强化对全市农业农村工作的谋篇布局和统筹规划,加快推动乡村振兴等相关重点农业农村工作。

推进重点规划和方案编制,印发《2018年全市农业农村工作要点》《市委农村工作领导小组2018年"四重"工作实施方案》,明确责任单位以及任务分工,强化工作职责与责任要求,确保全市2018年农业农村工作落到实处。谋划和推动出台《中共贵港市委员会关于推进乡村振兴战略实施的意见》,并及时将相关任务具体分解到各级各部门,使各项工作具体到单位、实化到项目、量化到指标,形成任务清单和责任清单。及时跟进《贵港市乡村振兴战略规划》《贵港市农村人居环境整治三年行动实施方案》的编制,统筹协调解决编制工作中遇到的问题和困难,力促规划和方案编制工作按时按质完成。

开展乡村振兴战略专项工作绩效考评,根据《自治区党委农办关于乡村振兴战略专项工作绩效考评》精神,及时分解相关指标,印发《2018年市直单位承接自治区乡村振兴战略专项工作绩效考评指标的通知》《2018年各县(市、区)承接自治区乡村振兴战略专项工作绩效考评指标的通知》,细化目标要求和评分标准,明确相关责任单位,增强绩效考评工作的有效性和科学性。

定期开展重点工作专项督查,对全市农业农村工作要点、乡村振兴战略实施意见、乡村振兴战略专项工作绩效考评指标任务的推进情况开展定期督查,做到及时主动发现、解决、协调、报告问题,确保农业农村各项工作有序推进。

(潘婷婷)

机关党建

【概　况】 2018年,贵港市机关有中共党员21056名,占全市党员总数的13.85%。贵港市直属机关工委管辖87个市直机关单位371个党组织,其中机关党委29个、党总支9个、党支部333个,党员6032名(含离退休党员1332名)。5个县(市、区)直属机关工委管辖344个县级机关单位共836个党组织,其中机关党委19个、党总支48个、党支部769个,机关党员15024名。

【政治建设】 2018年,贵港市直属机关工委围绕"服务中心、建设队伍"两大核心任务开展日常工作,着力推进市直机关党组织"四化"建设,促进机关党组织发挥好战斗堡垒作用和党员的先锋模范作用,组织市直机关党组织和机关党员积极创新学习载体,通过开展"周日学习晚汇""周末大课堂""每周一学"等学习活动以及借助QQ群、微信群等交流平台,深入学习习近平新时代中国特色社会主义思想、中共十九大精神,学习型党组织创建工作更加扎实。分别在上海交通大学、百色干部学院、市委党校举办培训班3期,把党的十九大精神作为重要培训内容,培训党组织书记及党务干部201人次,培训覆盖率达100%。邀请市委书记、市人大常委会主任李新元上"加强党的政治建设"专题党课,培训市直各党组织书记及党务干部680人。机关工委领导班子到各市直机关、覃塘区机关和蒙公镇古山村等基层党组织,为2000多名党员干部讲授十九大精神和强化机关政治功能专题辅导8次。召开市直机关党组织贯彻落实习近平总书记对中央和国家机关推进党的政治建设作出的指示精神和学习《中国共产党支部工作条例(试行)》专题会议,树牢机关党员"四个意识"、坚决做到"两个维护"。

【思想理论武装建设】 2018年,贵港市直属机关工委组织市直机关党组织充分利用走廊、党员活动室等场所,把党建制度、党建言论装帧成内容丰富多彩的党建文化墙,营造浓厚的机关党建工作氛围。围绕"六城联创",开展道德讲堂、"荷

2018 年 10 月 9 日,市直单位党组织书记、党务干部参观党建示范点

城有礼六行动”、学习“黄大年先进事迹”、争创“六城”见行动等主题党日活动。组织广大机关党员参加“八桂先锋”十九大知识竞赛,参赛 3500 多人次,满分 1524 人次。编印《不忘初心,牢记使命——贵港机关党建宣传画册》《坚决落实“两个维护”争当“三个表率”建设“模范机关”——贵港市直属机关工委 2018 年党建工作纪实》分发给各机关党组织和党务干部,加强党组织之间的交流互鉴,发挥学习教育的引导功能。开展党建理论研究活动,收到调研报告 758 篇,其中 5 篇获自治区直属机关工委奖励,市直机关工委荣获优秀组织奖。在《贵港日报》开设“机关党建四化建设先锋榜”专栏,用好“贵港机关党建”微网站、微信公众号和市直单位各类自有媒体,共推介国家时政要闻、机关资讯、机关党建活动、警示教育、书记论坛、“四化建设”、理论学习、作风建设等内容 2000 多条,点击率达数万次。中央和国家机关工作委员会紫光阁网、人民网、新华社、广西电视台、《广西日报》《贵港日报》等媒体刊登宣传报道机关党建工作信息 100 多条。

【廉政教育】 2018 年,贵港市直属机关工委邀请市委常委、纪委书记、监委会主任秦金敏为市直副处级以上党员干部上廉政党课,组织市直机关党员收看《邹碧华》《榜样 3》等教育片。联合市委组织部在市交警支队创建“不忘初心,牢记使命”教育体验基地和贵港市机关党员党性教育基地,在市交运局机关创建机关党建教育示范基地,依托基地组织广大机关党员开展党史学习、重温入党誓言、接受廉政教育等,强化宗旨意识和廉洁意识。通过廉政党课、观看警示教育片、参观廉政教育基地等形式深化党风廉政教育,筑牢党员干部拒腐防变的底线。所属机关党组织共举办廉政党课 147 次,开展警示教育 109 场次,研究处理违纪违法问题党员干部 10 人。组织开展“三亮三争”“流动红旗”等活动,祛除“机关病”,整治形式主义、官僚主义,党员干部精神面貌得到大改观。

【机关党组织“四化”建设】 2018 年,贵港市直属机关工委严格执行“三会一课”、组织生活会等制度,以“抓标准、促规范”为要求,打造 57 个机关党建示范点。党组织建设实行“对表工程”,按照“五好”标准,从严从实争创星级党组织。发挥“头雁”的带头示范作用,把党组织书记及班子成员与普通党员一并纳入党员星级化管理范围,每季度对标统计 1 次,把评定结果运用到党员年度民主评议、评比表彰、提拔任用等方面。强化基层党组织核心功能,印发《关于重新明确基层党组织书记任免有关事项的通知》,345 个党组织书记全部改由单位主要党员领导担任。新发展党员 76 名,完成 4 个机关党委、6 个直属党支部(总支)换届选举。每季度组织 10 个督查调研组开展季度督查和“双随机”检查,下发督查通报,推动机关党建工作落细落实,各机关党组织开展交叉检查,相互提醒、长期监督。

【党建工作会议举办】 2018 年 5 月 8 日,贵港市直属机关工委举办市直机关党建“四化”建设现场推进会,组织 95 个机关党组织书记、机关党委办公室主任 120 多人现场参观学习市工商局机关党委、市财政局机关党委、市地税局机关党委、市交通运输局机关党委 4 个党建示范点,贵港市委常委、组织部部长武林东和市委常委、秘书长、市直属机关工委书记李建锋出席会议并全程参与党建示范点考察调研。10 月 9 日,组织召开 2018 年市直机关党建示范点建设研讨会,市直属机关工委直管的党组织书记、机关党委办公室主任 150 多人参会。

9 月中旬,“提升基层党组织组织力”研讨会暨第五届全国基层党建创新典型案例征集评选活动启动仪式在贵港举行,贵港市组织市直机关党务干100多人，全力做好服务工作，为活动顺利举办提供坚强保障。

11月13日—14日，广西机关党建理论研究座谈会在贵港召开，贵港市委常委、秘书长李建锋在会上就“四化”建设作典型发言，自治区直属机关工委常务副书记邓金玉出席会议并讲话，高度评价贵港机关党建工作。

【**主题摄影展举办**】 2018年6月25日，围绕庆祝改革开放40周年和自治区成立60周年，贵港市直直属机关工委在市博物馆举办“新时代·新贵港”大型摄影图片展活动。摄影展征集照片500多幅，展出120幅，分党建引领篇、社会发展篇、改革创业篇、工业崛起篇、城市发展篇、生态文明篇、幸福生活篇等七个篇章，全面展示贵港市改革开放40年所取得的伟大成就。6月25日至7月6日，机关党员干部参观人员3100多人次。

【**市直机关第一届干部职工运动会举办**】 2018年11月24日至12月6日，贵港市直机关第一届干部职工运动会在贵港市体育中心举行。运动会主题“迎大庆、增四力、创六城、促发展”，由贵港市直属机关工委等单位承办。贵港市直机关86个单位，1530多名干部参赛，运动会设接力赛、趣味体育、气排球、羽毛球、男子篮球、乒乓球、网球7个项目，比赛835场。

【**党内关爱**】 2018年，贵港市直属机关工委印发《关于在2018年春节期间开展走访慰问活动的工作方案》《关于在2018年“七一”期间开展走访慰问活动的工作方案》，组织市直机关党组织开展春节、“七一”走访慰问生活困难党员、老党员和老干部活动，年内慰问老党员、困难党员和老干部240名。

【**党建引领工作**】 2018年，贵港市直属机关工委指导机关单位设立党员先锋岗、党员突击队，激发党员干部干事创业精气神，市直机关各级党组织共招商引资重大项目216个，总投资543.25亿元，重大项目投资完成率97.26%。机关工委联合市粮食局与深圳市环球之音电子科技公司成功签约，引进投资2亿元的电子项目落户港南区。动员机关单位选派115名作风过硬的机关党员骨干担任第一书记、驻村工作队员到农村基层开展脱贫攻坚工作，与贫困户结对子，利用“主题党日”“扶贫日”活动发动机关干部职工捐赠扶贫资金和爱心衣物等。市直机关工委帮助挂点村——蒙公镇古山村引进投资16万元建设光伏太阳能发电项目，解决“空壳村”无集体收入的实际问题；帮扶与慰问贫困户31人；建立沃柑示范种植基地10亩带动贫困户发展增收产业；完善村级党支部规范化建设。组织各单位机关党员干部每季度到联系结对的社区实施“双报到”，开展“六城联创”、家电维修、关爱弱势群体、义务送诊、法律宣传、文化进社区等志愿服务活动1089次，服务群众21860多人次，办好事实事5018件。

（陈毅清）

2018年6月25日，贵港市直机关“新时代·新贵港”大型主题摄影展在贵港市博物馆举办

党校干部教育

【**概　况**】 2018年，贵港市委党校以习近平新时代中国特色社会主义思想为指导，坚持党校姓党，围绕中心、服务大局，以整体推进干部教育培训工作为重点，抓好干部教育培训和科研咨政工作，举办主体培训班19班次，培训学员2388人次；开设部门办班26班次，培训人员2561人次。开展课题调研和理论研究，结项课题6项，各类理论研讨会上论文获奖15项。加强师资队伍建设，指导好县（市、区）党校业务，完成全年各项工作任务。

【**干部培训**】 2018年，贵港市委党校举办主体班19班次，培训学员2388人次。其中，中青班64人次，处级轮训班5期、782人次，县处班52人次，乡镇（街道）党政正职专题研讨班72人次，新录用公务员初任培训班5期、492人次，“双基”班119人次，科级领导任职班148人次等。部门办班26班次、2561人次。其中，贫困村党组织书记专题培训班2期、239人次，村（社区）党组织书记专题培训班2期、200人，基层扶贫干部专题培训班2期、303人次，贫困村村委主任专题培训班2期、327人次等。

教学突出主业主课，优化教学布局和提升干部培训质量。抓好党的理论教育和党性教育，坚持党校姓党，在主体班次中设置马列经典著作导读、习近平新时代中国特色社会主义思想和中共十九大精神、党史国史、党性教育等教学重点模块，主体班党的理论教育和党性教育课程占70.9%，其中党性教育占23.3%。深化教学改革，完善广西特委会议（中共广西一大）会址、中共广西省代表大会（罗村会议）会址等现场教学点建设，把现场变课堂、素材变教材，提升干部教育培训的质量。大力开展市情教育，让学员直观感受贵港在党建、项目建设和社会建设方面的发展和创新。组织学员到法院、检察院、监狱等地开展警示教育等。落实领导干部上讲台制度，全年有包括市委书记李新元在内的领导干部54人次参与党校授课，授课课时占主体班总课时的20.9%。深挖学员潜能，开展教学互助活动，在主体班内开设“学员讲堂”“学员论坛”；开展“读原著、学原文、悟原理”活动；在中青班、县处班等主体班实施入学、结业考试制度。坚持从严治学，出台《教学事故责任追究制度》，推进依规治教，积极预防，妥善处理教学责任事故；出台《主体班学员管理细则》《主体班学员量化考核办法》，建立健全学员学习、管理和考核机制；出台《组织员工作细则》细化跟班教师职责任务，进一步压实跟班管理责任。

【科研咨政】 2018年，贵港市委党校组织教研人员开展课题调研和理论研究，结项课题6项，各类理论研讨会上论文获奖15项，在《广西经济》《贵港日报》《党建研究会》等省市级刊物上发表理论文章14篇。在第七届“桂海论坛”理论研讨会征文评比中获一等奖1项、二等奖2项，在“优化营商环境　推动广西高质量发展”理论研讨会上获奖3项。在2018年全区党校校长会议暨全区党校系统科研咨询工作会议上，贵港市委党校在大会上作经验交流发言。发挥建言献策作用，向贵港市委市政府呈报《咨政专递》2期、信息10条，其中信息被采用6条，《关于深化“放管服”改革，打造贵港市营商环境新优势的对策建议》获市政府常务副市长张壮的肯定性批示。推进教研咨一体化，组织开展《太平天国研究》《贵港市历史文化发展研究》2项课题研究，形成课题成果，将成果转化为教学专题进入主体班课程。举办“求是学术论坛”5期，将论坛成果编印成《求是学术论坛简报》，转化为教学专题。

【师资队伍建设】 2018年，贵港市委党校坚持人才强校，选派学校领导及骨干教师参加中央党校、自治区党校以及市组织的各类培训学习，组织教职工参加广西干部网络学院、广西教育培训网的相关课程学习。开展7次、28个新专题的试教试讲教学，选派青年教师到自治区党校参加“导师制”活动3人。举办贵港市干部教育管理暨师资培训班1期、全市党校系统师资培训班和全市党校系统优质课（微课）评选活动各1期。参加全区党校系统职称评审获评副教授职称1名，招聘引进广西大学全日制硕士研究生1名，在北京人才招聘会上成功签约中国政法大学博士1名和中央财经大学硕士2名。

【党校党建】 2018年，贵港市委党校抓牢抓实意识形态工作，与市委

2018年9月4日，2018年秋季期开学典礼在市委党校举行

签订意识形态工作责任书，落实意识形态工作责任制。组织理论学习中心组学习意识形态专题，举办教职工意识形态专题培训1次；制定出台《主体班教学课题意识形态审查制度》，加强意识形态阵地建设和管理，利用展板、电子屏幕等载体加强意识形态宣传，确保党校课堂无杂音。加强和规范党组织生活，开展组织力提升工程和党组织"四化建设"，完成支部换届、党员星级化管理等工作。做好党建促脱贫、招商引资和党风廉政建设等工作。

【县(市、区)党校指导】 2018年，贵港市委党校到各县(市、区)党校调研督导1次，加强对县(市、区)党校业务工作指导。3月11日至4月12日，贵港市委党校分校举办中青年干部进修班，培训学员56人次；9月2日至9月30日，举办青年干部培训班，培训学员59人次。年内协助县(市、区)党校办班55期次，培训人员5924人次。根据培训需求，贵港市委党校教师到县(市、区)党校班次授课20多人次。6月30日至7月7日，组织县(市、区)党校教师参加2018年贵港市干部教育管理暨师资培训专题研讨班；12月7日至12月11日，组织贵港市委党校及各分校教师赴井冈山开展党性教育现场教学能力提升专题研讨培训。

【党校搬迁项目建设】 2018年，贵港市委党校大力推进贵港市委党校搬迁项目建设，召集各部门召开项目推进会3次。6月，贵港市委书记李新元到贵港市委党校搬迁项目现场调研。年末，一期工程主体框架全部完成，转入装修阶段。二期工程9月完成招投标，正在进行报建等工作；新增学员宿舍楼已通过市政府大额投资会审议，开始初步设计等。（杨思思）

老干部工作

【老干部思想、组织建设】 2018年，贵港市各级老干部工作部门加强离退休干部"两项建设"和做好离退休干部服务保障工作，广泛开展"增添正能量·共筑中国梦"主题活动，引导离退休干部为改革开放40年、自治区成立60年以来的新成就新变化新气象点赞鼓劲、建言献策。加强离退休干部思想政治建设，全面落实离退休干部阅读文件、参加重要会议和重大活动等制度。2月6日，贵港市委、市政府召开全市离退休干部迎新春茶话会暨向老干部通报情况会议，市委书记李新元在会上致辞并通报2017年全市经济社会发展情况，市长农融主持会议，市四家班子主要领导出席会议。8月17日，市委召开专题会议向老干部通报第五次党代会以来全市党的建设和经济社会发展情况。12月，邀请老干部参加全市和全区庆祝自治区成立60周年系列庆祝活动。全市为离退休干部订阅《老年知音》6000多份，组织老干部参观考察10场次。

加强离退休干部党支部建设，全市48个离退休干部党支部，有33个支部由离退休干部担任党组织书记，全部落实300元/月的工作补贴。对全额上交党费的离退休干部支部的党费下拨比例达80%，作为党支部开展活动的经费。注重离退休干部党支部书记和党员骨干培训，全市各级老干部党校举办学习培训班12班次，参加培训的老党员18000多人次。

【服务管理机制建设】 2018年，贵港市为完善离退休干部服务管理机制，印发《贵港市探望慰问离退休干部工作制度》，规范重大节日走访慰问制度。春节、中秋节前集中走访慰问离休干部，实现离休干部走访慰问全覆盖。严格落实离退休干部生病住院的探望慰问制度，全年探望慰问生病住院离退休干部60多人次。全面落实离退休干部生活待遇，为40多名生活完全不能自理的离休干部办理提高护理费标准至每人每月2500元，办理建国初期参加革命工作的部分退休干部生活及医疗补贴150多名，发放离退休干部一次性生活补助每人每年6000元。深化亲情化服务，建立和落实老干部联系制度，及时调整完善机关事业单位"一对一"结对帮扶离休干部机制，加强平时走访，及时了解老干部所需、所想、所盼。

【老干部余热发挥】 2018年，贵港市老干部正能量活动深入开展，离退休干部优势作用得到充分发挥。围绕"增添正能量·共筑中国梦"主题，全市上下广泛开展离退休干部为党和人民事业增添正能量活动。开展"看广西发展60年、话改革开放新成就"专题活动，通过书面征集、上门访谈、集中座谈等形式，组织老干部畅谈自治区成立60年、改革开放40年的全区和贵港市的发展变化，广泛听取老干部的意见建议和心声。年内全市开展各类座谈、访谈10多场，收到意见建议200多条。7月25日，举办全市离退休干部庆祝自治区成立60周年系列文化活动，500多名离退休干部通过文艺展演、山歌、戏曲、乒乓球、象棋比赛等生动展示贵港市老干部积极向上的精神风貌。依托老

2018 年 2 月 6 日，市委书记李新元在 2018 年老干部迎新春茶话会暨向老干部通报情况会议上致辞

年大学、山歌协会等老年社团组织，讴歌改革开放全区各项事业取得的辉煌成就。开展“传承红色基因，争做时代新人”主题教育活动，组织“五老”宣讲团，深入学校、社区、村屯宣讲红色故事。

【老干部活动阵地建设】 2018 年 6 月 11 日，贵港市委书记、市人大常委会主任李新元率队调研贵港市老年大学项目建设，促使项目加快推进。贵港市投入财政资金 300 多万元加强老干部学习活动阵地建设，建成乡村老年学校 79 所，老年教育规模达到 2 万多人。推进老干部党校规范化建设，开展理论培训班 10 多期，培训老党员 18000 多人。（郑良朝）

纪检监察

【概　况】 2018 年，贵港市各级纪检监察机关以中共十九大精神为指导，深入学习习近平新时代中国特色社会主义思想，牢固树立“四个意识”，坚定“四个自信”，坚决做到“两个维护”，忠诚履行党章和宪法赋予的职责，坚持稳中求进工作方针，持之以恒正风肃纪，坚定不移惩治腐败，稳步推进纪检监察体制改革，全市党风廉政建设和反腐败工作取得新成效新进展。贵港市成功办理全区首例留置案，市本级案件质量评比获全区一等奖，扶贫领域腐败和作风问题专项治理“小专项”推动“大专项”经验做法获评为自治区创新优秀案例，市纪委监委机关获得 2016—2017 年度全区“美丽广西”乡村建设（扶贫）工作先进后盾单位。

【五届纪委三次全会】 2018 年 2 月 6 日，中共贵港市第五届纪律检查委员会第三次全体会议在贵港市区召开。出席全会的贵港市纪委委员 37 人，列席 238 人。会议总结 2017 年全市纪检监察工作，研究部署 2018 年工作任务；通过了市委常委、纪委书记秦金敏代表市纪委常委会所作的《坚定不移落实党的十九大精神　开启党风廉政建设和反腐败斗争新征程》的工作报告；传达学习十九届中央纪委二次全会和自治区十一届纪委四次全会精神。市委书记李新元出席会议并作讲话。

【全面从严治党深入推进】 2018 年，贵港市坚持以“五学五讲五表率”为抓手，举办学习贯彻中共十九大精神和《中华人民共和国监察法》专题研讨班和“新时代讲习班”，市纪委监委班子成员深入基层开展宣讲活动。加强对全市学习贯彻党的十九大精神情况的监督检查，推动习近平新时代中国特色社会主义思想深入人心，推动党的十九大全面从严治党部署落到实处。贯彻中央、自治区和市委关于加强和维护党中央集中统一领导的规定，坚决维护习近平总书记党中央的核心、全党的核心地位，坚决维护党中央权威和集中统一领导。深入开展“政治建设六项重点任务”专项监督检查，发现问题 285 个，约谈领导干部 46 人次，下发整改建议书 47 件，督促整改问题 254 个，对 21 个问题实施问责，问责党组织 20 个，立案审查 2 人。加强对中央、自治区重大决策部署落实情况的监督检查，对推进生态环境保护工作履责不力的 4 个单位、41 名责任人严肃问责，其中给予党纪政务处分 13 人，诫勉谈话 28 人。强化党内政治生态建设，加强对新形势下党内政治生活的若干准则、党内监督条例等党内法规执行情况的监督检查。督促各级党组织主要负责人在民主生活会上通报班子成员接受谈话函询情况、被谈话函询干部在民主生活会上作出说明或检查。强化选人用人情况监督，及时做好市管干部党风廉政意见回复，出具廉政材料 116 份，涉及 1110 人次，切实把好廉洁关，坚决防止干部“带病提拔”“带病上岗”。

【廉政宣传教育】 2018年，贵港市开展“学习党规党纪法律法规”专题教育活动，组织全市党员干部学习《宪法修正案》《中国共产党廉洁自律准则》《中国共产党纪律处分条例》等党规党纪法律法规，组织市直部门党纪党规法律法规学习宣传考试2次，推动形成纪律教育常态化，加深全市党员干部对党规党纪法律法规的认识。开通手机短信平台，发送廉政提醒7万多条。开展“身边人身边事”警示教育活动，组织7批次、1300多人次到法院旁听庭审，组织35批次、1000多人前往警示教育基地开展警示教育活动，组织观看《广西3起县级扶贫办主任严重违纪案件警示录》，发挥以案说法、以案为鉴、以案示警的作用。

【纪检监察体制改革】 2018年，贵港市深化国家监察体制改革，组建市、县两级监察委员会。1月12日，贵港市第五届人民代表大会第三次会议选举秦金敏为贵港市监察委员会主任；1月16日，贵港市监察委员会挂牌。调整优化内设机构，制定纪委监委工作规程、规范审查调查措施、完善内部监督制约等6项制度，对12项调查措施的使用和两大类70多种常用文书进行规范，建立健全内部运转机制。完善市委反腐败协调小组工作制度、监察机关与执法司法机关协调衔接机制等相关制度，建设高标准的留置场所、规范化的看护队伍。继续推进派驻机构规范化建设，赋予监察职能，开展派驻机构规范化建设巩固年活动，制定高标准量化考核办法，并纳入绩效考评。完善巡察体制，完成市县党委巡察机构组建，巡察工作领导小组均调整为党委书记担任组长，均组建巡察办和3~5个巡察组，注重选优配强专职人员，组织开展巡察业务培训，提高巡察干部履职能力。加强巡察机构规范化建设，先后出台巡察工作制度机制18项，市本级巡察覆盖率达55.17%，县（市、区）巡察覆盖率达49.5%~68.8%，村级党组织巡察覆盖率达32.3%~61%。

【持续正风肃纪】 2018年，贵港市紧盯重要时间节点、重点部门和关键岗位，深入开展明察暗访、随机抽查和突击检查，对巡视巡察、信访和审查调查中发现的问题线索专项处置，对私车公养、变通财务报销、借培训之机公款旅游、违规公款吃喝、违规接受宴请等问题，做到露头就打，形成持续震慑。全市查处违反中央八项规定精神问题85起，处理126人，其中给予党纪政务处分98人；对20起涉及45人违反中央八项规定精神典型问题进行点名道姓通报曝光。正视巡视反馈问题的整改，部署再次开展贯彻落实中央八项规定精神“回头看”工作和公务员参公人员违规经商办企业自查自纠工作。开展形式主义、官僚主义突出问题专项整治行动，聚焦习近平总书记在重要批示中指出的10个方面具体表现，着力整治为官不为、走秀式调研、生硬冷推、形象工程政绩工程等形式主义、官僚主义突出问题。全市查处形式主义、官僚主义问题380起，处理498人，其中给予党纪政务处分401人；对108起形式主义、官僚主义问题进行通报曝光。

2018年2月6日，贵港市纪委五届三次全会在贵港城区召开

【监督检查】 2018年，贵港市围绕监督基本职责、第一职责，定向监督聚焦，责任向监督压实，力量向监督倾斜。实行监督检查与审查调查分设，履行监督检查职能的纪检监察室负责联系固定的地区和部门，运用线索处置、谈话函询和参加民主生活会等方式，定期研判评估联系地区和部门的政治生态，加强对行使公权力公职人员的日常监督。以“四种形态”为抓手，抓早抓小，坚持把监督挺在前面。全市各级纪检监察机关运用“四种形态”处置问题线索1935人次，其中第一、二种形态处置问题线索1818人次，占94%。严格执行《中国共产党问责条例》，查处落实管党治党不力问题187起，问责党组织18

2018 年 8 月 28 日,秦金敏(右三)在桂平市大洋镇检查扶贫领域腐败和作风问题专项治理工作

个,问责 181 人,给予党纪政务处分 110 人。

【持续高压惩治腐败】 2018 年,贵港市继续完善巩固和提升“信访举报提高年”活动成效,深入推进基层“标准信访举报”“阳光信访举报”,建设覆盖纪检监察系统的检举举报平台,畅通信访举报渠道,提高问题线索收集效能。以组建监察委员会为契机,实行“委机关 + 派驻机构 + 县(市、区)纪委监委”的办案模式,坚持无禁区、全覆盖、零容忍,坚持重遏制、强高压、长震慑,坚持受贿行贿一起查,着力查处不收敛不收手、问题线索集中、群众反映强烈、政治问题和经济问题交织的腐败案件,提升全市办案数量和质量。全市受理信访举报件 3093 件,立案 1259 件,立案涉及处级干部 17 人,市管国企正职领导 1 人;留置 29 人;给予党纪政务处分 1257 人,其中县处级干部 18 人,科级干部 101 人,移送司法机关 26 件 30 人,挽回经济损失 2731.47 万元。查办贵港市交通运输局原局长区某案、桂平市原林业局局长杨某案、平南县扶贫办原主任陈某案等一批强震慑的要案。组织开展案件质量和处分决定执行情况检查,全市案件质量进一步提升,市本级获全区案件质量检查考评一等奖,桂平市、港北区、港南区获优秀奖。

【群众身边的腐败和作风问题整治】 2018 年,贵港市坚持以人民为中心的发展思想,围绕群众身边的腐败和作风问题转、围绕扶贫项目转、围绕重点村屯转、围绕基础设施转、围绕资金转的“五个重点转”,落实“6+2”机制,在精准监督检查上下功夫,在主动收集线索上下功夫,在直查直办和挂牌督办上下功夫,深入整治群众反映强烈集中、损害群众利益的人和事,让人民群众感受到全面从严治党就在身边。全市受理扶贫领域信访举报 425 件,排查问题线索 667 件,立案 610 件,结案 624 件,给予党纪政务处分 619 人,组织调整或处理 180 人,追缴资金 613.1 万元,通报典型案例 151 起。开展扶贫领域执纪审查“回头看”活动,对 2016—2018 年的扶贫领域案件进行自查自纠,整改纠正 38 个偏轻偏软案件。加强与政法、公安、检察等部门协作沟通,建立问题线索信息共享机制,深入推进扫黑除恶专项斗争监督执纪问责工作。全市收集党员干部涉黑涉恶线索 18 条,查处涉恶案件 10 件,其中“保护伞”案件 5 件。

【巡视巡察】 2018 年,贵港市聚焦“六个围绕、一个加强”开展巡察监督。市委先后分 2 轮对 24 个党组织开展常规巡察,发现“三大问题”414 个,其中五届市委第四轮巡察已整改问题 164 个,正在整改问题 1 个,建立完善制度规范 33 项。6 月 28 日至 9 月 24 日,切实从人、财、物全力配合自治区党委第七巡视组对贵港市及所辖县(市、区)开展常规巡视,不折不扣地做好巡视“后半篇文章”,巡视反馈贵港市委具体问题 40 个,已完成整改 34 个,问责追责 135 人,完善制度 52 项,挽回经济损失 17818.79 万元;巡视移交信访举报 479 件,已办结 399 件,办结率为 83.3%;巡视移交问题线索 105 件,已立案 11 件。

【纪委监委队伍建设】 2018 年,贵港市持续推进“两学一做”学习教育常态化、制度化,切实用习近平新时代中国特色社会主义思想武装头脑,自觉把讲政治贯穿于党性锻炼全过程,切实树牢“四个意识”,坚定“四个自信”。制定实施《贵港市纪委监委领导班子关于改进工作作风的实施办法》,班子成员带头改作风、树新风。举办全市纪检监察干部业务培训班,分期分批组织纪检监察干部参加中央纪委、自治区纪委的各类培训班,不断提高纪检监察队伍整体素质。深入学习贯彻自治区纪委《纪检监察干部“十自觉”“十严禁”》，以学习《十八大以来全区纪检监察干部违纪典型案例》为切入点开展警示教育，组织签订承诺书，开展走访约谈活动，对违纪违法的纪检监察干部“零容忍”，从严从实管理干部。全市共处分纪检监察干部3人，组织处理1人，诫勉谈话2人。

（唐天成）

贵港市人民代表大会

【概　况】 2018年末，贵港市有本级人大代表419人，市五届人大常委会有组成人员39人，其中主任1人，副主任6人，秘书长1人，委员31人。市五届人大常委会全年举行常委会会议7次、常委会主任会议10次，审议通过地方性法规1部，听取和审议专项工作报告10项，作出决议、决定4项，组织执法检查2次，审查报备规范性文件7件，开展专题询问1次、专题调研2次，任免国家机关工作人员26人次。

重要会议

【五届人大第三次会议】 2018年1月10日至12日，贵港市第五届人民代表大会第三次会议在贵港城区召开。开幕式实有代表423人，出席会议代表405人，符合法定人数。会议听取和审议市人民政府市长农融作的《政府工作报告》、市人大常委会副主任肖孟受市人大常委会委托作的《贵港市人大常委会工作报告》、市中级人民法院代理院长成广作的《贵港市中级人民法院工作报告》、市人民检察院检察长梁贻勇作的《贵港市人民检察院工作报告》，审查和批准市发展和改革委员会主任廖向杰《关于贵港市2017年国民经济和社会发展计划执行情况与2018年国民经济和社会发展计划（草案）的报告》、市财政局局长邓骁勇《关于贵港市全市与市本级2017年预算执行情况及2018年预算（草案）的报告》。会议选举秦金敏为贵港市监察委员会主任，补选成广为贵港市中级人民法院院长，选举孙大伟、李新元、农融（壮族）、肖孟等55位为广西壮族自治区第十三届人民代表大会代表。会议作出《关于政府工作报告的决议》《关于贵港市人大常委会工作报告的决议》等6个决议。

会议期间，10名以上代表联名提出议案28件，主席团表决通过将黄英梅等12名代表提出的《关于制定〈贵港市畜禽规模养殖污染防治条例〉的议案》交由市人大城建环资委在大会闭会后审议，其余27件议案作为建议、批评和意见办理。与会代表还提出建议、批评和意见49件。

【五届人大常委会会议】 2018年，贵港市第五届人民代表大会常务委员会举行会议7次，即第十二次至十八次，均在市人大常委会会议室举行。

第十二次会议　1月12日召开，会议审议通过有关人事任免职和辞职事项。

第十三次会议　2月28日召开，会议审议市人民政府副市长农卓松所作的《贵港市人民政府关于审定贵港市生态文明建设示范市规划(2016—2025)的请示》的报告，听取市人大常委会秘书长郭淑娣通报贵港市人大常委会2018年主要工作安排和贵港市人大常委会2018年监督工作计划，表决通过《贵港市人大常委会关于批准贵港市生态文明建设示范市规划(2016—2025)的决议》。

第十四次会议　4月27日召开，会议听取和审议市环境保护局局长吴飞受市人民政府委托所作的《关于贵港市2017年环境状况和环境保护目标完成情况的报告》，听取和审议市人大农业委主任委员谭丕龙受市人大常委会跟踪检查组委托所作的《关于对市人

2018年1月10月—12日，市五届人大三次会议在贵港城区召开

民政府办理市人大常委会会议审议意见情况跟踪检查的报告》，审议贵港市人民代表大会常务委员会主任会议关于提请审议《贵港市人民代表大会常务委员会审议意见办理办法（草案）》的议案，审议市人民政府副市长朱永辉所作的《关于同意授予武大靖“贵港市荣誉市民”称号的请示》的报告，表决通过《贵港市人民代表大会常务委员会审议意见办理办法》和《贵港市第五届人民代表大会常务委员会关于授予武大靖“贵港市荣誉市民”称号的决定》，审议通过有关人事任免职事项。

第十五次会议　6月29日召开，会议听取和审议市中级人民法院副院长马肖华所作的《关于案件质量管理工作情况的报告》，市扶贫办主任黄玉娟、市外事侨务办主任范东波受市人民政府委托分别所作的《关于贵港市精准脱贫工作情况的报告》《关于贵港市侨力资源开发利用情况的报告》，听取和审议市人大教科文卫委主任委员谭桂绪受市人大常委会跟踪检查组委托所作的《关于贵港市分级诊疗工作改进情况跟踪检查报告》，审议并通过市人大城建环资委主任委员郑海平所作的《市人大城建环资委关于市五届人大三次会议主席团交付审议的第1号议案审议结果的报告》。

第十六次会议　8月31日召开，会议审议市人民政府副市长张壮所作的《贵港市人民政府关于提请审议〈贵港市禁止燃放烟花爆竹条例（草案）〉的议案》，听取和审议并通过市财政局局长邓骁勇受市人民政府委托所作的《关于市本级2017年决算（草案）的报告》，听取和审议市审计局局长杨伟明、市发展改革委副主任梁富海、市财政局局长邓骁勇受市人民政府委托分别所作的《关于2017年市本级预算执行和其他财政收支的审计工作报告》《关于2018年上半年国民经济和社会发展计划执行情况的报告》《关于2018年上半年预算执行情况的报告》，听取和审议并通过市人大常委会副主任、代表资格审查委员会主任委员肖孟所作的《贵港市第五届人大常委会代表资格审查委员会关于个别代表的代表资格审查情况的报告》，审议通过有关人事任免职事项。

第十七次会议　10月30日召开，会议审议市人大法制委主任委员邓平所作的《贵港市烟花爆竹燃放管理条例（草案）修改情况的报告》，市人民检察院检察长梁贻勇所作的《关于民事审判监督和民事执行监督工作情况的报告》，市食品药品监管局局长李文健、市环境保护局局长吴飞受市人民政府委托分别所作的《关于贵港市食品安全工作情况的报告》《关于贵港市环保工作情况的报告》，市人大教科文卫委主任委员谭桂绪、市人大农业委主任委员谭丕龙分别所作的《关于〈中华人民共和国义务教育法〉实施情况的报告》《关于〈广西壮族自治区抗旱条例〉实施情况的报告》，审议通过有关人事任免职事项。

第十八次会议　12月28日召开，会议审议并通过市人大法制委主任委员邓平所作的《贵港市烟花爆竹燃放管理条例（草案三次审议稿）》，审议通过市人民政府副市长黄卫平所作的《贵港市人民政府关于提请审议2018年贵港市本级财政预算调整方案（草案）的议案》，听取和审议市人民政府副市长黄卫平所作的《贵港市人民政府关于市五届人大三次会议代表建议、批评和意见办理情况的报告》，听取和审议市审计局局长杨伟明、市国资委主任李坚林、市农业局局长冯艺受市人民政府委托分别所作的《关于2017年度市本级预算执行和其他财政收支审计查出突出问题整改落实情况的报告》《关于贵港市企业国有资产管理情况的专项报告》《关于贵港市富硒产业发展情况的报告》，听取和审议并通过市人大常委会副主任、代表资格审查委员会主任委员肖孟所作的《贵港市五届人大常委会代表资格审查委员会关于代表出缺和个别代表的代表资格审查情况的报告》，听取市人大常委会秘书长郭淑娣所作的《关于贵港市五届人民代表大会第四次会议筹备工作情况的汇报》，审议通过市五届人大四次会议的有关事项，原则通过《贵港市人大常委会工作报告（草案）》。会议期间，召开联组会议，对贵港市富硒产业发展情况进行专题询问。

【五届人大常委会主任会议】 2018年，贵港市第五届人民代表大会常务委员会主任会议召开10次，即第16次至25次。

第16次主任会议　1月12日召开，会议研究有关人事任免职和辞职事项；研究确定市第五届人大常委会第十二次会议召开的时间及建议议程。

第17次主任会议　2月26日召开，会议研究《贵港市人民政府关于审定贵港市生态文明建设示范市规划（2016—2025）的请示》；研究市五届人大三次会议第1号议案的办理事项；研究对贵港市2017年度环境状况和环境保护目标完成情况进行调研事项；研究市人大常委会2018年主要工作安排（草案）；研究市人大常委会2018年监督工作计划（草案）；研究确定市第五届人大常委会第十三次会议召开的时间及建议议程。

第18次主任会议　4月24日召开，会议研究2018年立法计划(草案)；听取调研组关于贵港市2017年度环境状况和环境保护目标完成情况调研的汇报；听取跟踪检查组关于对市人民政府办理市人大常委会会议审议意见(五届〔2017〕2号)情况跟踪检查的汇报；讨论《贵港市人民代表大会常务委员会审议意见办理办法(草案)》；研究对市中级人民法院案件质量管理工作情况进行调研事项；研究对贵港市侨力资源开发利用情况进行调研事项；研究对贵港市分级诊疗工作改进情况进行跟踪检查事项；听取市人大各专门委员会、市人大常委会各委室第一季度工作汇报；研究市人民政府关于同意授予武大靖“贵港市荣誉市民”称号请示的事项；研究有关人员辞职事项；研究确定市第五届人大常委会第十四次会议召开的时间及建议议程。

第19次主任会议　6月25日召开，会议听取调研组关于市中级人民法院案件质量管理工作情况调研的汇报；听取调研组关于贵港市精准脱贫工作情况调研的汇报；听取调研组关于贵港市侨力资源开发利用情况调研的汇报；听取跟踪检查组关于贵港市分级诊疗工作改进情况跟踪检查的汇报；听取市人大城建环资委关于市五届人大三次会议主席团交付审议的第1号议案审议结果的报告；研究对贵港市人民防空工作情况进行专题调研事项；研究《贵港市人大预算联网监督工作实施方案(草案)》；研究确定市第五届人大常委会第十五次会议召开的时间及建议议程。

第20次主任会议　7月9日召开，会议研究对2017年市本级决算情况进行审查事项；研究对2018年上半年国民经济和社会发展计划执行情况进行调研事项；研究对2018年上半年预算执行情况进行调研事项；研究对贵港市食品安全工作情况进行调研事项；研究组织三级人大代表开展年中专题调研事项；听取市人大各专门委员会、市人大常委会各委室第二季度工作汇报。

第21次主任会议　8月24日召开，会议研究《贵港市人民政府关于提请审议〈贵港市禁止燃放烟花爆竹条例(草案)〉的议案》和听取市人大法制委的审议报告；听取财经委关于2017年市本级决算审查情况的汇报；听取调研组关于2018年上半年国民经济和社会发展计划执行情况调研的汇报；听取调研组关于2018年上半年预算执行情况调研的汇报；听取调研组关于贵港市人民防空工作情况专题调研的汇报；研究对贵港市实施《中华人民共和国义务教育法》情况进行执法检查事项；研究对贵港市环保工作情况进行调研事项；研究对市人民检察院民事审判监督和民事执行监督工作情况进行调研事项；研究对贵港市实施《广西壮族自治区实施〈中华人民共和国残疾人保障法〉办法》情况进行专题调研事项；研究调整听取和审议市人民政府关于贵港市国有资产监督管理工作情况报告时间事项；研究接受个别代表辞去贵港市第五届人民代表大会代表职务事项；研究有关人事任免职事项；研究确定市第五届人大常委会第十六次会议召开的时间及建议议程。

第22次主任会议　9月26日召开，会议研究对贵港市实施《中华人民共和国非物质文化遗产法》《广西壮族自治区非物质文化遗产保护条例》情况进行执法检查事项；研究对贵港市实施《广西壮族自治区抗旱条例》情况进行执法检查事项；研究《贵港市人大常委会立法专家咨询费支付管理办法(修订草案)》。

第23次主任会议　10月25日召开，会议讨论《贵港市烟花爆竹燃放管理条例(草案二次审议稿)》；听取调研组关于市人民检察院开展民事审判监督和民事执行监督工作情况调研的汇报；听取调研组关于贵港市食品安全工作情况调研的汇报；听取调研组关于贵港市环保工作情况调研的汇报；听取调研组关于贵港市实施《中华人民共和国残疾人保障法广西实施办法》情况专题调研的汇报；听取执法检查组关于开展《中华人民共和国义务教育法》执法检查情况的汇报；听取执法检查组关于开展《广西壮族自治区抗旱条例》执法检查情况的汇报；研究对2017年度市本级预算执行和其他财政收支审计查出突出问题整改落实情况进行调研事项；研究对贵港市富硒产业发展情况开展专题询问事项；听取市人大各专门委员会、市人大常委会各委室第三季度工作汇报；研究有关人事任免职事项；研究确定市第五届人大常委会第十七次会议召开的时间及建议议程。

第24次主任会议　12月20日召开，会议研究《贵港市人民政府关于提请审议2018年贵港市本级财政预算调整方案(草案)的议案》；听取调研组关于2017年度市本级预算执行和其他财政收支审计查出突出问题整改落实情况调研的汇报；听取调研组关于贵港市企业国有资产管理情况调研的汇报；听取调研组关于贵港市富硒产业发展情况调研的汇报，研究拟询问的问题和询问的对象;听取市第五届人大常委会代表资格审查委员会关于代表出缺和个别代表的代表资格审查情况的报告;讨论《贵港市烟花爆竹燃放管理条例(草案三次审议稿)》;研究《关于地方立法中涉及的重大利益调整论证咨询的工作规范(草案)》和《关于争议较大的重要立法事项引入第三方评估的工作规范(草案)》;讨论市人大常委会工作报告(讨论稿);研究市五届人大四次会议的有关事项;研究确定市第五届人大常委会第十八次会议召开的时间及建议议程。

第25次主任会议　12月28日召开,会议听取市人大法制委关于《贵港市烟花爆竹燃放管理条例(草案三次审议稿)》修改情况的报告;研究《贵港市烟花爆竹燃放管理条例(草案)》(建议表决稿),形成《贵港市烟花爆竹燃放管理条例(草案)》(表决稿),提交常委会会议表决。

重要活动

【地方立法】 2018年12月28日,贵港市人大常委会审议通过《贵港市烟花爆竹燃放管理条例(草案)》。经广西壮族自治区第十三届人民代表大会常务委员会第八次会议批准公布,自2019年11月1日起正式施行。

【审议"一府两院"专项工作报告】 2018年,贵港市人大常委会听取审议市人民政府《关于关于贵港市2017年环境状况和环境保护目标完成情况的报告》《关于贵港市分级诊疗工作改进情况跟踪检查报告》《关于市本级2017年决算(草案)的报告》《关于2018年上半年预算执行情况的报告》《关于2017年市本级预算执行和其他财政收支的审计工作报告》《关于2018年上半年国民经济和社会发展计划执行情况的报告》《市人民检察院关于民事审判监督和民事执行监督工作情况的报告》《关于〈中华人民共和国义务教育法〉实施情况的报告》《关于〈广西壮族自治区抗旱条例〉实施情况的报告》《关于市五届人大三次会议代表建议、批评和意见办理情况的报告》。

【人事任免】 2018年,贵港市人大常委会依法任免国家机关工作人员26人次,其中政府工作人员5人次,监察委员会工作人员8人次,法院工作人员6人次,检察院工作人员7人次。依法接受2人辞去领导职务。

【执法检查和备案审查】 2018年,贵港市人大常委会组织检查组对《中华人民共和国义务教育法》《广西壮族自治区抗旱条例》2部法律法规实施情况进行检查,对《贵港市网络预约出租汽车经营服务管理实施细则》等7件规范性文件进行备案审查。

【专题询问】 2018年,贵港市人大常委会召开常委会联组会议,对贵港市富硒产业发展开展专题询问,市农业局、财政局、工商局、商务局、科技局5个部门接受询问并进行答复。

【跟踪检查】 2018年,贵港市人大常委会对贵港市开展荔枝龙眼品改促进精准脱贫、分级诊疗工作改进情况进行跟踪检查,推动常委会审议意见落地见成效。

【国有资产监督】 2018年,贵港市人大常委会党组起草并报市全面深化改革领导小组会议审议通过《关于建立市人民政府向市人大常委会报告国有资产管理情况制度的意见》,开始对贵港市国有资产实施常态化监督。

【预算联网监督】 2018年,贵港市人大常委会预算联网监督系统基本建成,将运用智能化、信息化手段,与市财政部门财政专网、"财政一体化系统建设平台"实现联网和数据资源联通共享,逐步实现预算联网监督。

【调查研究】 2018年,贵港市人大常委会组织对贵港市人民防空工作情况、实施《中华人民共和国残疾人保障法广西实施办法》情况进行专题调研。

【人大信访】 2018年,贵港市人大常委会做好群众来信来访工作,全年累计受理群众来信来访38批145人次,推动信访、申诉事项及时妥善解决,在2018年全区人大信访工作经验交流会上作经验介绍。

【新闻宣传】 2018年,贵港市宣传人大工作新闻稿被自治区级媒体采用60多篇,市级媒体采用550多篇,新媒体发布信息230多篇。

【协助调研和征求意见】 2018年,贵港市人大常委会协助自治区人大常委会开展《广西壮族自治区扶贫开发条例》贯彻实施情况等3个专题调研,开展对《中华人民共和国森林法修订草案(征求意见稿)》

2018 年 12 月 4 日，自治区人大常委会副主任、党组书记王跃飞（右一）到贵港市调研人大代表履职情况

等 8 部法律法规的修改和征求意见工作。

人大代表工作

【代表议案和建议办理】 2018 年，贵港市人大代表在市五届人大三次会议期间提出的议案 28 件、建议 49 件。除黄英梅等 12 名代表提出《关于制定〈贵港市畜禽规模养殖污染防治条例〉的议案》交由市人大城建环资委在大会闭会后审议，其余 27 件议案作为建议、批评和意见办理。议案已通过审议报告，建议已全部办理完毕并书面答复代表。

【探索代表履职监督】 2018 年，贵港市人大常委会加强实践探索，指导平南县东华镇人大开展重大实事项目人大代表票决制试点。9 月，报经贵港市委批转《关于在贵港市乡镇实施重大实事项目人大代表票决制试点工作的意见（试行）》，并逐步铺开试点工作。指导港南区湛江镇人大探索实施人大代表履职量化考评办法，探索人大代表履职监督。

【代表调研和视察】 2018 年 7 月，贵港市人大常委会组织驻桂全国、驻贵自治区人大代表以及部分市人大代表对贵港市优化营商环境情况进行专题调研。11 月，组织人大代表对贵港市富硒产业发展情况进行集中视察。调研组、视察团提出意见建议并向市人民政府反馈。 （宾　华　王　宇）

贵港市人民政府

【概　况】 2018 年，贵港市政府坚持以习近平新时代中国特色社会主义思想为指导，深入贯彻中共十九大和十九届二中、三中全会精神，持续深入落实“三大定位”新使命和“五个扎实”新要求，认真贯彻中央、自治区和市委的决策部署，按照市委提出的“13446”工作思路，坚持“稳中求好、好中快进”发展主基调，牢固树立新发展理念，认真落实高质量发展要求，深化细化“六个年”活动，即工业提质增效年、项目建设效益年、企业服务品牌年、城市发展跃升年、县域经济发力年、精准扶贫突破年，持续开展“大招商、招大商”活动，凝心聚力，开拓创新，真抓实干，经济社会全面发展、均衡发展，呈现出质量高、增速快、后劲足的良好态势。

重要会议

【市政府常务会议】 2018 年，贵港市人民政府常务会议召开 27 次，即贵港市第五届人民政府第 34 次常务会议至第 60 次常务会议，会议在市人民政府会议室举行，由市长农融主持。

第 34 次常务会议　1 月 19 日召开，听取全市安全生产和环保工作情况汇报，审议《贵港市深化出租汽车行业改革发展实施方案》《贵港市网络预约出租汽车经营服务管理实施细则（试行）》《贵港市人民政府决定取消的行政许可事项目录》《广西大学、贵港市人民政府战略合作框架协议》《贵港市生态文明建设示范市规划（2016—2025）》《嘉龙海杰年产 2 万个充电桩建设项目合作协议书》《贵港市公安机关警务辅助人员管理实施办法》《棚户区改造项目三方合作协议》和《政府购买服务协议》，研究贵港市高速铁路客运站站前广场二期工程施工中标单位、贵港市经济适用住房德宝美丽家苑项目遗留问题。

第 35 次常务会议　2 月 9 日召开，审议《贵港市高层次人才认定和待遇落实实施细则(试行)》《贵港市优秀科技人才评选管理办法》《关于改革社会组织管理制度促进社会组织健康有序发展的实施意见》《贵港市西江职业教育园区一期工程PPP项目实施方案》《贵港市农业信贷担保实施办法》《整合非警务非紧急类服务热线组建贵港市12345便民服务中心工作方案》。

第36次常务会议　2月26日召开,研究部署市政府2018年重点工作,审议《中共贵港市委员会贵港市人民政府关于全面深化招商引资工作的意见》《贵港市人民政府关于全面深化招商引资工作的实施细则》《关于表彰2015—2017年度委托招商有功人员的决定》《贵港市二手车流通管理办法》《贵港市高层次人才认定和待遇落实实施细则(试行)》《贵港市"设计—采购—施工"工程总承包项目管理咨询服务采购实施方案(试行)》《广西贵港市地下综合管廊(一期)及道路工程PPP项目合同》《广西贵港市地下综合管廊(一期)及道路工程PPP项目投资合作协议》《贵港市2018年深化细化"工业提质增效年、项目建设效益年、企业服务品牌年、城市发展跃升年、县域经济发力年、精准扶贫突破年"活动实施方案》,通报2017年贵港市招商引资先进单位和先进个人评优结果,听取华奥汽车·2018贵港国际马拉松筹备工作汇报。

第37次常务会议　3月22日召开,传达学习全国两会精神和十九届二中、三中全会精神,审议《贵港市人民政府关于宣布失效一批贵港市人民政府文件的决定》《嘉龙海杰(贵港)电子科技产业园项目补充协议》,研究市政府大额投资项目、授予武大靖"贵港市荣誉市民"称号等问题。

第38次常务会议　3月27日召开,审议《物联网智能产业园一期项目合作协议书》《贵港市企业技术中心认定管理暂行办法》《贵港市工业企业20强评选奖励暂行办法》《贵港市工业企业"上台阶"扶持奖励暂行办法》《贵港市工业企业创新研发及两化融合奖励暂行办法》《贵港市突发地质灾害应急预案》《广西贵港市农村饮水安全巩固提升工程"十三五"规划》,研究粤桂黔高铁经济带合作试验区广西园贵港分园核心区选址问题。

第39次常务会议　5月7日召开,听取全市安全生产和环保工作情况汇报,审议《贵港市富硒产业发展规划(2018—2020年)》《贵港市沃柑产业三年(2018—2020年)发展规划》《贵港市人民政府2018年立法计划》《肿瘤医院项目投资合作协议》《贵港市人民政府关于加强达开水库饮用水水源保护区林木保护管理的通告》《贵港市水利发展规划(2018—2020年)》《贵港市"设计—采购—施工"工程总承包项目管理咨询服务采购实施方案(试行)》《贵港市耕地草地河湖休养生息实施方案》《贵港市医疗健康综合体建设项目合作协议书》及其《补充协议》,研究关于公布一批继续有效、废止、修改的规范性文件目录,取消、调整、承接、设定一批行政许可事项,授权市国土资源局审定市本级园区内工业用地招拍挂起始价问题。

第40次常务会议　5月10日召开,审议《贵港市支持桂平市脱贫摘帽专项工作方案》。

第41次常务会议　5月15日召开,审议《贵港市关于推进农村集体产权制度改革工作的实施方案》《关于进一步加强市本级土地房屋征收资金预算管理工作的通知》《关于推进全市事业单位和国有企业公务用车制度改革工作相关方案》,研究调整贵港市建档立卡贫困人口扶贫帮扶标准、市政府大额投资项目有关问题。

第42次常务会议　5月21日召开,审议《贵港市机关事务管理局机关后勤服务社会化改革工作方案(草案)》《贵港市人民政府关于废止和修改部分政府文件的决定》《安铂瑞医疗产业生产基地项目合作协议书》《腾骏汽车项目补充协议》《华奥汽车项目补充协议》,研究华奥项目融资问题。

第43次常务会议　5月30日召开,研究华奥汽车二期项目融资问题,审议《贵港市打击非法渔业养殖非法渔业捕捞工作方案》。

第44次常务会议　6月6日召开,审议《贵港市城市党建综合服务中心PPP项目实施方案》《贵港市服务业发展专项资金使用管理暂行办法》《江南大桥及接线工程项目节点路段方案》《贵港市人民政府　温州弘海投资有限公司合作办学协议书》《贵港市机电工程学校搬迁安置问题解决方案》,研究购买耕地指标有关问题。

第45次常务会议　6月11日召开,传达学习自治区生态保护领域责任追究工作协调会议精神,研究对贵港市推进大气污染防治工作不力的领导干部进行问责处理问题。

第46次常务会议　6月27日召开,听取贵港市维稳和信访工作情况汇报,审议《2018年贵港市行政许可事项目录》《贵港市工业行业"冠军企业"和"明星企业"评选奖励暂行办法》《贵港市工业企业上规入统奖励暂行办法》《贵港市浙商港口仓储物流投资有限公司股权收购协议书》,研究调整贵港市城乡居民最低生活保障标准问题。

第47次常务会议 7月11日召开，审议《贵港市旅游业发展三年行动计划(2018—2020年)》《贵港市绿色发展指标体系》《关于推动贵港工业高质量发展的行动方案》《关于推进贵港工业高质量发展的决定》《贵港市关于进一步深化改革创新优化营商环境的实施方案》《贵港市12345政府服务热线管理办法》《贵港市12345政府服务热线承办单位工作考核办法》《〈赛尔康租赁合同〉之补充协议》《〈投资协议〉之补充协议三》及《〈西江10万平方米厂房项目工程总承包〉之补充协议》，研究取消、调整、承接和设定一批行政许可事项。

第48次常务会议 7月26日召开，分析研判上半年全市经济运行态势，研究部署下半年经济工作，听取全市安全生产和环保重点工作情况汇报，审议《贵港市人民政府、中国人民财产保险股份有限公司广西分公司战略合作协议》和《“政融保”业务合作框架协议》《贵港市电动汽车充电服务收费标准》《贵港市乡村医生从业管理工作实施意见》《关于完善和规范市本级政府投资建设项目审计工作的方案》《贵港市军民融合发展规划(2019—2020)》，研究市人民政府依法协助人民法院执行工作、安排市建投集团注册资本金相关问题。

第49次常务会议 8月22日召开，审议《贵港市打赢脱贫攻坚战三年行动计划(2018—2020年)》《贵港市第二轮加工贸易倍增计划实施方案》《贵港市禁止燃放烟花爆竹条例(草案)》《贵港市人民政府办公室关于调整市本级征地工作经费标准的通知》《贵港市人民政府与龙浩集团有限公司战略合作框架协议》《贵港市农村产权流转交易市场建设方案》《广西贵港市文化旅游投资发展集团有限公司组建方案》《广西贵港市工业投资发展集团有限公司组建方案》《广西贵港市农业投资发展集团有限公司组建方案》，研究关于追加购买补充耕地指标、广西贵港钢铁集团贵港桂宝特钢有限公司项目资金扶持等问题。

第50次常务会议 9月4日召开，听取贵港市2018年消防安全形势分析和市政府大额投资项目有关事项汇报，审议《贵港市现代特色农业示范区增点扩面提质升级(2018—2020)三年行动方案》《贵港市城市规划管理技术规定》《金奔腾车联网云服务平台项目合作协议及补充协议》。

第51次常务会议 9月19日召开，听取全市退役军人服务管理和稳定工作情况汇报，审议《贵港市保留为行政审批必要条件的中介服务事项目录》《粤桂黔高铁经济带合作试验区广西园贵港分园发展总体规划(2018—2030)》《贵港市加快发展冷链物流保障食品安全促进消费升级的实施方案》《贵港市加快推进重要产品追溯体系建设的实施方案》《2018年市辖三区征地拆迁绩效考核及奖励方案》，研究评选贵港市市树有关问题。

第52次常务会议 9月26日召开，审议《关于全面加强生态环境保护坚决打好贵港污染防治攻坚战的实施意见》《贵港市大气污染防治攻坚三年作战实施方案(2018—2020年)》《贵港市水污染防治攻坚三年作战实施方案(2018—2020年)》《贵港市土壤污染防治攻坚三年作战实施方案(2018—2020年)》《贵港市生态环境保护基础设施建设三年作战实施方案(2018—2020年)》《贵港市被征地农民参加基本养老保险实施办法》《贵港市九路两桥交通基础设施PPP项目投资合作协议、股东协议、项目合同》。

第53次常务会议 10月12日召开，听取第三季度环保工作情况汇报，审议《广西(国际)木材仓储物流交易中心项目投资协议书》《广西(国际)木材仓储物流交易中心项目补充协议书》《关于兑现石卡产业园浙商标准厂房配套项目财政扶持协议》《贵港市黄金开发总公司改革方案》《广西战略性新兴产业城(贵港)五年行动计划(2018—2022年)(上报稿)》。

第54次常务会议 10月22日召开，听取全市安全生产工作情况汇报，审议《贵港市生态环境保护工作考核办法》《贵港市关于中央环保督察“回头看”重点关注问题整改工作方案》《贵港市人民政府工作规则》《广西工业学院项目合作办学补充协议》《广西工业学院项目共管账户资金管理协议》《海外华人黎家德个人藏品捐赠框架协议》《海外华人黎家德个人藏品捐赠补充协议》《贵港市隐性债务详细清单和政府隐性债务风险化解实施方案》《贵港市2018年脱贫攻坚工作追加资金分配方案》《中国城市科学研究会(CSUS)、德国能源署(dena)与广西壮族自治区贵港市人民政府关于“中德生态示范城市”双边合作谅解备忘录(中文译稿)》《关于鼓励社会力量兴办教育促进民办教育健康发展实施方案》。

第55次常务会议 11月5日召开，审议《贵港市乡村振兴战略规划(2018—2022年)》《贵港市直中区直驻贵单位定点扶贫工作考核办法(试行)》《贵港市利用空天信息技术支持智慧城市发展战略合作框架协议》《广西科学院与贵港市人民政府、广西中科曙光云计算有限公司战略合作框架协议》《贵港数字经济发展战略合作框架协议》,研究关于授予黎家德“贵港市荣誉市民”称号和贵港市2019年度土地储备、棚户区改造政府专项债券申报有关问题,听取2018中国(贵港)绿色智慧城市发展高峰会议筹备工作汇报。

第56次常务会议　11月19日召开,研究部署今冬明春火灾防控工作,听取全市开展扫黑除恶专项斗争工作情况汇报,审议《贵港市人民政府、中国铁路南宁局集团有限公司合作框架协议》《贵港市加快推进冷链物流发展三年行动实施方案(2018—2020年)》《贵港市关于加快推进电子商务精准扶贫工作的实施方案》《关于被征地农民申领生活补助有关问题的通知》《贵港市石龙综合场改革方案》《贵港市建筑设计院改革方案》《加大金融支持实体经济发展实施方案》。

第57次常务会议　11月26日召开,审议《推进贵港辖区农村信用合作联社改革加快组建农村商业银行工作的实施意见》《贵港市城市道路管理条例(草案)》《贵港市人民政府决定取消的行政许可等事项目录》《贵港市勘察测绘研究院改革方案》《贵港市国土资源测绘院改革方案》,研究认购广西北部湾银行增资扩股股份问题。

第58次常务会议　12月6日召开,听取全市领导干部接访工作和全市山林权属纠纷调处维稳情况汇报,审议《贵港市城市污水处理特许经营补充协议》《贵港市人民政府关于对广西扬翔股份有限公司总部经济产业的扶持协议》《贵港市规划利用广西农垦西江农场土地协议》《贵港市公共资源集中交易项目目录》《贵港市生态环境损害赔偿制度改革实施方案》《贵港市人民政府关于全面加强和改进新时代公安派出所工作的实施意见》,研究桂平市石龙镇新隆村石塘屯第1生产队与港北区庆丰镇鹤林村委会山林确权案确权有关问题。

第59次常务会议　12月21日召开,听取贵港市非洲猪瘟疫情防控工作情况汇报,审议《关于深化全市公安执法规范化建设的实施方案》,研究扶持广西贵港钢铁集团120吨电炉项目和新源废旧金属回收有限公司等问题。

第60次常务会议　12月29日召开,审议《2019年各项经济指标任务》《政府工作报告》《贵港市2018年国民经济和社会发展计划执行情况与2019年国民经济和社会发展计划草案的报告》《关于贵港市全市与市本级2018年预算执行情况和2019年预算草案的报告》《贵港市物流业发展中长期规划(2018—2025年)》《贵港市环境空气质量限期达标规划》《贵港港总体规划(2017—2035年)》《贵港市西外环高速公路PPP项目投资合作协议、股东协议、项目合同》《贵港市畜禽养殖废弃物资源化利用工作考核办法(试行)》《贵港市湿地保护修复制度实施方案》《关于探索建立涉农资金统筹整合长效机制的实施方案》《广西物流职业技术学院项目合作办学补充协议》《贵港市“天网工程”建设管理暂行办法》《市辖三区2019年土地房屋连片征收及棚户区改造工作方案》,研究关于重新明确贵港市本级土地供应问题。

【市长办公会议】 2018年,贵港市人民政府召开市长办公会3次,会议由市长农融主持。

第1次会议　5月15日召开,研究市文化艺术中心流水表皮及后续建设有关问题。

第2次会议　9月19日召开,审议《贵港市城市污水处理费收付协议》《市辖三区引入社会资本合作建设土地整治项目实施方案》。

第3次会议　11月19日召开,研究收回原贵港市财政信用资金管理局85.91亩国有建设用地使用权问题。

【全市工作会议】

全市“解放思想再发力、营商环境再优化、赶超跨越再攀登”大讨论暨三年招商工作总结表彰大会　2月27日,在贵港城区召开。深入学习贯彻习近平新时代中国特色社会主义思想和中共十九大精神,对2017年全市“六个年”活动进行总结交流,部署开展2018年深化改革优化营商环境工作,动员全市上下在新的发展阶段继续深入解放思想、抢抓机遇,持续发力、久久为功,推动全市经济社会发展在新起点上实现新跨越、新提升。市委书记李新元在会上作讲话,市长农融就全面深化改革、优化营商环境、推进招商引资等工作作具体的部署安排。会议总结2015—2017年招商引资工作,表彰2015—2017年全市招商引资工作先进单位和先进个人。

贵港市政协主席肖明贵、市人大常委会副主任肖孟等领导出席。各级各部门负责人、企业的代表、部分“两代表一委员”参加会议。会议分上、下两个阶段进行,采取电视会议的形式直接开到乡镇一级。

全市年中工作会议暨工业高质量发展、深化改革优化营商环境和县域经济发展推进大会　7月30日,在市中心城区召开。会议总结上半年工作，分析经济形势，研究部署下半年工作及工业高质量发展、优化营商环境、县域经济发展等工作，动员全市上下统一思想，坚定信心，攻坚克难，全力做好年度各项工作。市委书记、市人大常委会主任李新元，市委副书记、市长农融出席会议并讲话。会议由市委副书记钟畅姿主持。五个县（市、区）和市发改委、财政局、工信委主要负责人作发言。市四家班子领导成员、市中级人民法院院长、市人民检察院检察长，市直、区直、中直驻贵有关单位，各县（市、区）及园区主要负责、部分企业负责人参加会议。

施政方略

【发展壮大工业经济】 2018年2月7日，贵港市印发《贵港市新能源汽车专用号牌推广应用工作实施方案》，决定细化新能源汽车专用号牌管理制度。7月13日，印发《贵港市工业行业"冠军企业"和"明星企业"评选奖励暂行办法》《贵港市工业企业上规入统奖励暂行办法》，明确工业行业"冠军企业"和"明星企业"评选条件、评选办法、奖励和扶持措施、评选程序、资金监管等事项，鼓励和支持工业企业上规入统，支持企业做大做强做优。7月19日，印发《贵港工业高质量发展实施方案(2018—2020年)》，明确贵港市推动工业高质量发展的目标、任务、主要措施和工作保障，要求加速工业经济质量变革、效率变革、动力变革，推动贵港市工业高质量发展，开启工业强市新征程。9月20日，印发《贵港市低速电动车生产管理暂行办法(修改版)》，规范低速电动车生产和使用管理。10月17日，印发《贵港市新能源汽车电动车商标品牌创业创新基地创建实施方案》，提出要实施商标品牌战略，嫁接商标品牌服务功能，推动贵港市新兴工业供给侧改革，加快推进和创新引领贵港市新能源汽车、电动车及其关联产业转型升级，在树品牌、强龙头、补链条、聚集群上下功夫，全力打造广西第二汽车(新能源)生产基地和"贵系"商标品牌集群创业创新基地。

【推动农业农村现代化】 2018年2月7日，贵港市印发《贵港市人民政府关于认定第五批市县乡级现代特色农业示范区的决定》，认定一批现代特色农业示范区。3月1日，印发《贵港市农业信贷担保实施办法》，决定创新财政支农方式，放大财政支农政策效应，提高财政支农资金使用效益，引导推动金融资本投入农业。3月28日，印发《贵港市粮食生产功能区和糖料蔗生产保护区划定工作方案》，要求做好粮食生产功能区、糖料蔗生产保护区的划定工作，稳定粮食种植面积和糖料蔗种植面积，保持种植收益在合理水平。4月17日，印发《贵港市农村饮水安全巩固提升工程"十三五"规划》，提出重点解决贫困人口的饮水困难问题，并巩固解决饮水安全问题还不够牢固、容易反复的区域的供水问题。4月28日，印发《贵港市深入推进"四好农村路"建设工作方案(2018—2020年)》，明确建设目标、工作安排及任务分解、综合保障措施，决定成立贵港市"四好农村路"建设领导小组，领导小组负责统筹推进"四好农村路"的组织领导、监督考核等工作。5月22日，印发《贵港市沃柑产业三年发展规划(2018—2020年)》，提出要加快贵港市沃柑产业发展，多渠道增加贫困村农民收入。5月23日，印发《贵港市富硒产业发展规划(2018—2022年)》，分析贵港市富硒产业发展现状，指出产业潜力和产业前景，提出要加快建设富硒产业体系、富硒产业园区和富硒产业治理体系，加大政策支持与机制保障，推动贵港富硒产业开放、持续、健康发展。5月28日，印发《贵港市水利发展规划(2018—2020年)》，提出2018—2020年贵港市水利改革发展的总体思路、主要目标、发展布局、主要任务、主要项目及投资规模、保障措施等，推动贵港水利改革发展。7月23日，印发《贵港市乡村振兴产业发展基础设施公共服务能力提升三年行动计划2018年度实施方案》，要求以项目建设为抓手，着力推动乡村产业发展，改善乡村发展基础条件，有效增加乡村公共服务资源，进一步提升乡村振兴产业发展、基础设施和公共服务能力。10月11日，印发《贵港市农村产权流转交易市场建设方案》，提出要加快推进贵港市农村产权流转交易市场建设，促进农村综合改革不断深化，增强农村经济发展活力。10月24日，印发《贵港市人民政府关于认定第六批现代特色农业示范区的决定》，认定一批现代特色农业示范区。11月20日，印发《贵港市人民政府关于认定第七批现代特色农业示范区的决定》，认定一批现代特色农业示范区。12月20日，印发《贵港市人民政府关于规范2018—2019年榨季糖料蔗购销工作的通告》，规范全市2018—2019年榨季糖料蔗购销工作。

【提升改造现代服务业】 2018年1月29日，贵港市印发《贵港市深化出租汽车行业改革发展实施方案》《贵港市网络预约出租汽车经营服务管理实施细则(试行)》,推进贵港市出租汽车行业改革,规范贵港市网络预约出租汽车经营服务行为,促进出租汽车行业和互联网融合发展,推动出租汽车行业创新发展、转型升级。3月7日,印发《贵港市二手车流通管理办法》,加强二手车流通管理,规范经营行为,保障交易双方的合法权益,促进二手车流通行业的健康发展。6月13日,印发《贵港市服务业发展专项资金使用管理暂行办法》,明确贵港市服务业重点领域发展专项资金的扶持范围、奖励资金的内容和标准,及申报流程,提出要支持服务业发展壮大。8月13日,印发《贵港市移动支付便民工程实施方案》,提出要逐步实现移动支付在贵港市各公共服务领域的全面应用,并引导移动支付创新应用在促进金融普惠民生、助推经济发展等方面发挥更加重要作用。8月24日,印发《贵港市第二轮加工贸易倍增计划实施方案》,提出打造加工贸易产业链全流程集群,促进加工贸易转型升级,不断优化加工贸易结构,促进贵港市加工贸易产业提质增量。9月5日,印发《贵港市贯彻落实广西优化市场环境若干措施工作方案》,提出要通过实施广西优化市场环境若干措施,营造贵港市健康宽松、诚信经营、竞争有序、消费放心的市场环境。9月14日,印发《2018年贵港市开展放心消费创建活动实施方案》,提出要建立"政府有力引领,部门联合推动、企业主动作为、社会共同参与、群众普遍响应"五位一体的社会共创新格局,在与消费者日常生活密切相关的或者消费者投诉举报相对集中的重点行业和领域,深入开展放心消费创建工作。10月9日,印发《贵港市加快推进重要产品追溯体系建设的实施方案》,提出要积极运用物联网、云平台、大数据等现代信息技术,加快建设覆盖全市、先进适用的重要产品追溯体系,不断提升产品质量安全与公共安全水平。10月9日,印发《贵港市加快发展冷链物流保障食品安全促进消费升级的实施方案》,提出要加快推进贵港市冷链物流体系建设,有效减少农产品流通损耗,保障居民消费安全。11月12日,印发《贵港市人民政府关于划定贵港口岸限定区域的通告》,明确贵港口岸限定区域的划定范围、监管内容和管理要求,规范口岸限定区域管理,保障口岸通关顺畅和安全稳定。11月21日,印发《贵港市加快推进冷链物流发展三年行动实施方案(2018—2020年)》,明确总体目标、重点任务、保障措施,要求进一步加快推进贵港市冷链物流体系建设。11月22日,印发《贵港市加大金融支持实体经济发展实施方案》,提出要提升金融服务实体经济的水平和效率,缓解当前企业"融资难、融资贵、融资慢"问题。12月6日,印发《贵港市加强质量认证体系建设促进全面质量管理实施方案》,明确总体要求、重点任务、保障措施,要求进一步加强全市质量认证体系建设,扎实推进质量提升行动。12月7日,印发《贵港市开展质量提升行动实施方案》,提出要持续提高产业、产品、工程、服务、人居等五大质量水平。

【增强科技创新能力】 2018年1月21日,贵港市印发《贵港市人民政府关于2016年度贵港市科学技术奖励的决定》,表彰一批科学技术项目。4月22日,印发《贵港市企业技术中心认定管理暂行办法》,明确申请贵港市企业技术中心的认定标准、评价体系以及调整与撤销等事项,加强和规范贵港市企业技术中心的认定与管理工作。6月27日,印发《贵港市工业企业创新研发及两化融合奖励暂行办法》,明确工业企业创新研发及两化融合奖励范围及认定要求、奖励标准、奖励或补助资金来源、报审程序等事项,提出要鼓励工业企业加大创新研发、推进两化融合、强化质量管理,提升企业核心竞争力和智能制造水平,推动贵港工业提质增效、实现高质量发展。

【打赢打好脱贫攻坚战】 2018年3月13日,贵港市印发《关于进一步做好贵港市困难职工解困脱困工作实施方案》,要求扎实推进城市困难职工解困脱困工作,确保到2020年困难职工同步迈进小康社会。4月9日,印发《关于开展易地扶贫搬迁拆除旧房工作的指导意见》,要求对贵港市易地扶贫搬迁迁出区宅基地等建设用地进行复垦,适宜耕作的优先用于补充耕地资源,不适宜耕作的要进行生态保护修复。6月5日,印发《贵港市人民政府办公室关于印发调整贵港市建档立卡贫困人口扶贫帮扶标准有关问题的通知》,明确关于建档立卡贫困人口参加城乡居民基本医疗保险个人缴费财政补助的问题,关于建档立卡贫困人口(含贫困户脱贫后,在2年扶持期内的人口)参加城乡居民养老保险个人缴费财政补助的问题,以及关于建档立卡贫困家庭义务教育阶段寄宿生的资助标准和农村最低生活保障标准的问题。7月9日,印发《贵港市人民政府办公室关于调整贵港市城乡低收入家庭收入标准的通知》,决定提高市本级(含三区)城市低收入家庭收入标准和农村低收入家庭收入标准。7月31日,印发《2018年贵港第一批建档立卡贫困户等4类重点对象危房改造实施方案》,提出解决全市建档立卡贫困户、低保户、农村分散供养特困人员、贫困残疾人家庭4类重点对象最基本的安全住房需求,实现脱贫攻坚“两不愁、三保障”中住房安全有保障的目标。9月25日,印发《2018—2019年贵港第二批建档立卡贫困户等4类重点对象危房改造实施方案》,总体目标、基本原则、主要任务、投资估算及资金筹措使用、工作要求和保障措施,解决全市建档立卡贫困户、低保户、农村分散供养特困人员、贫困残疾人家庭4类重点对象最基本的安全住房需求。11月21日,印发《贵港市加快推进电子商务精准扶贫工作的实施方案》,提出按照因村制宜、因户施策,积极引导富硒农产品产业加快电商应用,重点推进贵港市贫困地区富硒农产品上行。

【优化营商环境】 2018年1月2日,贵港市印发《贵港市人民政府办公室关于全面清理规范各类证明材料的通知》,要求坚决取消各类无依据、不合理,烦扰企业、群众的奇葩证明、循环证明、重复证明、无谓证明。2月22日,印发《贵港市人民政府关于取消一批行政许可事项的决定》,决定取消5项中央指定地方实施的行政许可事项。3月13日,印发《整合非警务非紧急类服务热线组建贵港市12345便民服务中心工作方案》,整合分散在各部门非警务类、非紧急求助类的公共服务专线职能及号码,组建贵港市“12345”便民服务中心。4月9日,印发《贵港市人民政府关于宣布失效一批贵港市人民政府文件的决定》,决定将已有新政策文件替代等的89件贵港市人民政府文件宣布失效。5月23日,印发《贵港市人民政府关于取消、调整、承接和设定一批行政许可事项的决定》,决定取消中央指定地方实施的行政许可事项1项,调整行政许可事项5项,承接自治区委托下放的行政许可事项9项,依据法律法规设定为行政许可事项4项。5月23日,印发《贵港市人民政府关于废止、修改和继续保留部分贵港市人民政府规范性文件的通知》,决定对46件规范性文件予以废止,对9件规范性文件予以修改,继续保留有效69件规范性文件,明确凡未向社会公布继续有效的规范性文件,不得作为行政管理的依据。5月31日,印发《贵港市人民政府关于废止和修改部分政府文件的决定》,决定对2件政府文件分别予以废止、修改。6月28日,印发《贵港市推行“354560”改革提升服务企业效能的若干措施》,提出要实现贵港市“企业开办手续3个工作日内完成,不动产登记5个工作日内完成,园区企业投资项目施工许可45个工作日内完成,企业投资项目施工许可60个工作日内完成”的“354560”改革目标。7月17日,印发《2018年贵港市行政许可事项目录》,公布一批行政许可事项目录。7月17日,印发《贵港市关于优化通关环境畅通南向通道若干措施》,要求快推进中新互联互通南向通道建设,全面优化贵港口岸通关环节营商环境。7月23日,印发《贵港市12345政府服务热线管理办法(试行)》和《贵港市12345政府服务热线承办单位工作考核办法(试行)》,规范贵港市“12345”政府服务热线的运行和管理工作。8月31日,印发《贵港市人民政府关于取消、调整和承接一批行政许可事项的决定》,决定取消、承接和调整45项行政许可事项。9月30日,印发《贵港市保留为行政审批必要条件的中介服务事项目录(共57项)》,决定对行政审批中介服务事项实行清单管理和动态管理,凡未纳入本目录的中介服务事项,一律不得作为行政审批的必要条件。11月30日,印发《贵港市人民政府关于取消一批行政许可等事项的决定》,决定取消8项行政许可等事项。12月17日,印发《贵港市开展园区政务服务大提升活动方案》,提出要推进园区政务服务体系建设,提升园区政务服务效能,营造效率高、质量优、服务佳的便民亲商政务服务环境,助推经济健康快速发展。12月21日,印发《贵港市公共资源集中交易项目目录》,明确市直及三区执行《贵港市公共资源集中交易项目目录》,列入《目录》的各类公共资源交易项目,必须进入市级统一的公共资源交易平台集中交易。12月24日,印发《贵港市优化营商环境投资投诉举报受理工作实施方案》,提出要进一步优化贵港市营商环境,保障企业的合法权益,更好地为外来企业和其他投资者提供有效、方便快捷的投资政策咨询及投诉举报服务平台。12月24日,印发《贵港市政企沟通服务工作实施方案》,建立贵港市政企沟通服务工作机制。

【推进重点领域改革】 2018年3月12日,贵港市印发《贵港市人民政府办公室关于建立贵港市深化乡镇“四所合一”改革联席会议制度的通知》,建立贵港市乡镇“四所合一”改革联席会议制度。3月

22日，印发《贵港市人民政府办公室关于印发贵港市深化乡镇“四所合一”改革任务清单的通知》，明确工作任务，具体措施和完成时限要求，要求做好全市深化乡镇“四所合一”改革工作。4月2日，印发《广西贵港市建设投资发展集团有限公司组建实施方案》《广西贵港市交通投资发展集团有限公司组建实施方案》《广西贵港市城市投资发展集团有限公司组建实施方案》《广西贵港市金融投资发展集团有限公司组建实施方案》，决定组建四大国有集团。6月12日，印发《贵港市全面推进义务教育学区制管理改革实施方案》，要求通过改革学校管理体制、教育资源调配机制和教育教学管理方式方法，实现学区内统一进行资源配置、师资调配、教学管理、教学研究、招生管理、质量评价的“六统一”，推进县域、城乡、校际之间的深度合作，使优质学校与薄弱学校融合协同发展，扩大优质教育资源覆盖面，积极破解城区“择校热”“大班额”难题，加快县域义务教育均衡发展，促进教育公平。7月9日，印发《贵港市推进“一事通办”改革工作方案》，要求推进“一事通办”改革，为企业和群众提供更有质量、更为高效的政务服务，实现利企便民，建设人民满意的服务型政府。7月16日，《贵港市机关事务管理局机关后勤服务社会化改革工作方案》，要求推进机关后勤服务的标准化、专业化、精细化管理，实现由传统服务向现代服务的转变。10月12日，印发《广西贵港市工业投资发展集团有限公司组建实施方案》《广西贵港市农业投资发展集团有限公司组建实施方案》《广西贵港市文化旅游投资发展集团有限公司组建实施方案》，决定组建广西贵港市工业投资发展集团有限公司、广西贵港市农业投资发展集团有限公司和广西贵港市文化旅游投资发展集团有限公司。11月1日，印发《贵港市黄金开发总公司改革方案》，决定撤销“贵港市黄金开发总公司”事业单位法人，核销事业编制，保留国有企业“贵港市黄金开发公司”身份。11月29日，印发《推进贵港辖区农村信用合作联社改革加快组建农村商业银行工作的实施意见》，推进和支持贵港辖区农信社进一步深化改革，加快组建农村商业银行步伐。11月30日，印发《贵港市建筑设计院改革方案》，决定将贵港市建筑设计院转企改制为企业。12月7日，印发《贵港市国土资源测绘院改革方案》《贵港市勘察测绘研究院改革方案》，决定将贵港市国土资源测绘院、贵港市勘察测绘研究院分别转企改制为企业。

【改善生态环境】 2018年3月1日，贵港市印发《贵港市人民政府关于2018年实施珠江禁渔期制度的通告》，决定自2018年起，在贵港市境内水域全面实施禁渔期制度。4月4日，印发《贵港市保护发展森林资源目标责任制考核办法》，要求充分发挥考核评价的导向、激励和约束作用，将保护发展森林资源目标责任制落到实处，取得实效。4月9日，印发《贵港市生态文明建设示范市规划(2016—2025年)》，决定推进绿色发展，将贵港打造成全国知名的国家生态文明建设示范市。5月23日，印发《贵港市畜禽养殖废弃物资源化利用工作方案(2018—2020年)》，决定全面推进畜禽养殖废弃物资源化利用，加快构建种养结合、农牧循环的可持续发展新格局，为全市营造山清水秀的自然生态提供有力支撑。5月30日，印发《贵港市人民政府关于进一步加强扬尘污染管控工作的通告》，加强扬尘污染管控工作。6月20日，印发《贵港市打击非法渔业养殖非法渔业捕捞工作实施方案》，决定开展惩治辖区江河、水库水域范围内非法渔业网箱、拦网养殖和非法渔业捕捞活动。7月19日，印发《贵港市人民政府关于禁止露天焚烧秸秆垃圾的通告》，决定在全市范围内禁止露天焚烧秸秆、垃圾。9月26日，印发《贵港市大气污染防治“百日攻坚”行动方案(2018年)》，提出要开展专项行动，严格执法监管，强化督查问责，坚决完成年度目标任务，打赢蓝天保卫战。9月29日，印发《贵港市大气污染防治攻坚三年作战实施方案(2018—2020年)》《贵港市水污染防治攻坚三年作战实施方案(2018—2020年)》《贵港市土壤污染防治攻坚三年作战实施方案(2018—2020年)》，提出要打好贵港蓝天保卫战，打好水污染防治攻坚战，打好土壤污染防治攻坚战。9月29日，印发《贵港市生态环境保护基础设施建设三年作战实施方案(2018—2020年)》，提出要坚决打赢污染防治攻坚战，加强生态环境保护基础设施建设，进一步改善全市城乡人居环境。11月6日，印发《贵港市人民政府关于严管散货运输的通告》，提出要严管散货运输，遏止运输车辆沿途抛、洒、滴、漏及扬尘污染等行为，提升贵港市城市空气质量。11月7日，印发《贵港市人民政府办公室关于开展贵港市木材加工企业环境污染集中整治工作的通知》，对全市木材加工企业环境污染进行集中整治。12月12日，印发《贵港市人民政府办公室关于建立贵港市环境保护税征收管理协作机制的通知》，建立贵港市环境保护税征管部门协作机制。12月26日，印发《贵港市人民政府办公室关于建立贵港市湿地保护修复工作局际联席会议制度的通知》，建立贵港市湿地保护修复工作局际联席会议制度。12月28日，印发《贵港市人民政府办公室关于2017年度能源消耗总量和强度“双控”及控制温室气体排放目标责任评价考核情况的通报》，通报2017年度能源消耗总量和强度“双控”及控制温室气体排放目标责任评价考核情况。

【加大招商引资和项目建设】 2018年3月26日，贵港市印发《关于全面深化招商引资工作实施方案》，决定启动新一轮招商引资攻坚计划，明确目标任务、主要措施和保障。7月23日，印发《贵港市“设计—采购—施工”工程总承包项目管理咨询服务采购实施方案（试行）》，规范“设计—采购—施工”工程总承包项目管理咨询服务的采购、运营、付费及监管等行为。12月24日，印发《贵港市招商引资项目代办服务工作实施细则》，提出设立贵港市招商引资项目无偿为招商引资项目单位办理投资项目审批申报及相关工作代办服务中心，无偿为招商引资项目单位办理投资项目审批申报及相关服务。

【强化土地保障】 2018年1月21日，贵港市印发《贵港市人民政府关于调整贵港市本级城镇土地使用税税额标准及有关事项的通告》，明确调整后的市本级城镇土地使用税各等级税额标准和市本级中心城区及工矿区（工业园区）的征税范围及地段等级划分标准。2月12日，印发《贵港市人民政府关于开展第三次全市土地调查的通知》，决定开展贵港市第三次土地调查工作。2月14日，印发《贵港市2017年度土地矿产卫片执法监督检查工作实施方案》，提出要通过开展土地矿产卫片执法监督检查，评估市、县（市、区）2017年度国土资源管理秩序，落实国土资源属地监管责任情况；督促依法查处整改国土资源违法行为，保护国土资源；评估检验国土资源日常执法监管情况，推动执法方式向“发现在初始、解决在萌芽”转变。3月5日，印发《贵港市人民政府办公室关于进一步规范和加快建设项目用地报批工作的通知》，要求认真抓好建设项目前期工作，加快建设项目用地报批工作进度，建立用地报批联席机制和跟踪机制，建立建设项目用地报批工作奖惩机制，确保项目尽快开工建设。3月30日，印发《贵港市市辖区砂石资源开发专项规划（2016—2020年）》《贵港市矿产资源总体规划（2016—2020年）》，重点对市辖区内砂石资源的开发利用与保护做出统筹安排，加强对矿产资源勘查开发和保护。5月28日，印发《贵港市人民政府办公室关于进一步加强市本级土地房屋征收资金预算管理的通知》，提出要加强市本级土地房屋征收资金预算的管理，规范资金运作，提高资金使用效益，确保贵港建设项目用地征收工作顺利推进。9月5日，印发《贵港市国有林场被侵占林地综合整治工作方案》，要求依法依规收回被侵占国有林地。10月12日，印发《贵港市开展“大棚房”问题专项清理整治行动坚决遏制农地非农化工作方案》，提出要在全市范围内集中开展“大棚房”问题专项清理整治行动，坚决遏制农地非农化。10月18日，印发《贵港市人民政府办公室关于下达2018年补充耕地、耕地提质改造和非农建设占用耕地耕作层土壤剥离指标任务的通知》，分解落实2018年补充耕地、耕地提质改造和非农建设占用耕地耕作层土壤剥离指标任务。

【开展“六城联创”活动】 2018年5月10日，贵港市印发《贵港市创建全国森林旅游示范市工作实施方案》，明确目标任务、时间安排、各单位工作任务及职责，决定成立贵港市创建全国森林旅游示范市工作领导小组加强对创建工作的领导。9月20日，印发《贵港市城乡“厕所革命”行动推进工作方案（2018—2020年）》，提出要集中开展城镇公共厕所新建改建、农村厕所改造治理、旅游厕所改造升级、交通公厕改造升级、加油站厕所改造升级和厕所文明宣传教育六个专项行动，明确总体要求、基本原则、主要任务、工作要求和保障措施。12月7日，印发《贵港市创建国家卫生城市工作规划（2018—2020年）》，明确任务目标、工作步骤、保障措施，决定用三年时间创建国家卫生城市。

【发展民生和社会事业】 2018年1月10日，贵港市印发《贵港市人民政府办公室关于明确市本级棚户区改造房源安置工作主体的通知》，明确责任主体、基本原则、安置范围和工作要求，要求做好棚户区改造房源安置工作。2月1日，印发《贵港市2018—2020年城乡居民大病保险工作实施方案》，要求做好城乡居民大病保险工作，减轻人民群众大病医疗费用负担，解决因病致贫、因病返贫的突出问题。4月9日，印发《2018年贵港市人民政府为民办实事工程项目分工方案》，要求重点推进社保惠民、健康惠民、教育惠民、水利惠民、安居惠民、农补惠民、生态惠民、文化惠民、扶贫惠民、科技惠民和市政基础设施惠民项目为民办实事工程。4月9日，印发《贵港市结核病防治实施方案(2018—2020年)》，要求进一步减少结核病危害，有效遏制结核病的流行，保障人民群众身体健康，加快推进健康贵港建设。4月28日，印发《贵港市关于落实教育部对广西教育相关工作要求的实施方案》，提出要加快推进全市教育事业改革发展，到2020年，与全区同步基本实现教育现代化，基本形成学习型社会，进入广西人力资源强市行列。5月3日，《贵港市教育提升三年行动计划实施方案(2018—2020年)》，决定实施教育提升八大工程，推进“十百千”计划，推动全面实现贵港教育事业发展“十三五”规划目标。5月4日，印发《贵港市防治慢性病中长期规划(2018—2025年)实施方案》，提出要切实遏制慢性病快速发展的趋势，保障人民群众身体健康。5月25日，印发《贵港市人民政府办公室关于公布第五批贵港市级非物质文化遗产代表性项目名录的通知》，决定将《石贤油纸伞制作技艺》确定为第五批贵港市级非物质文化遗产代表性项目名录。5月30日，印发《贵港市推进医疗卫生与养老服务相结合实施方案》，提出要以医疗卫生与养老服务结合发展体系建设为抓手，激发各类服务主体潜力和活力，提升医养结合服务水平和效率。6月5日，印发《贵港市突发地质灾害应急预案》，指导全市的突发地质灾害应急处置工作。6月13日，印发《贵港市2018年创建“健康贵港·休闲运动示范点”工作实施方案》，提出2018年内，在全市城乡范围内创建30个“健康贵港·休闲运动示范点”，实现示范点周边群众15分钟健身圈目标要求。6月28日，印发《贵港市乡村医生从业管理工作实施意见》，要求加强贵港市对乡村医生的从业管理，依法保障乡村医生合法权益，保证农村居民获得基本公共卫生和基本医疗服务。7月3日，印发《贵港市2018年度地质灾害防治工作方案》。7月27日，印发《2018年贵港市预防非职业性一氧化碳中毒专项整治行动方案》，明确工作目标、工作任务、保障措施，决定开展预防非职业性一氧化碳中毒专项整治工作。8月23日，印发《关于进一步加强贵港市文物安全工作实施方案》，要求进一步落实文物安全保护责任，筑牢文物安全防线。9月7日，印发《贵港市统筹推进县域内城乡义务教育一体化改革发展实施方案》，提出要实现城乡学校建设标准统一、教师编制标准统一、生均公用经费基准定额统一、基本装备配置标准统一和“两免一补”政策城乡全覆盖。10月16日，印发《贵港市人民政府办公室关于进一步抓好贵港市社区和住宅小区服务场所配套落实工作的通知》，要求全市住宅小区要配套落实“红色一家”服务场所等社区服务服务场所。12月19日，印发《贵港市全面加强和改进新时代公安派出所工作的实施意见》，决定在全市开展“抓基层、打基础、做大做强做实派出所”长效机制，将公安派出所打造成为打击防范、管理服务、保卫一方平安的基层综合战斗实体，全面提升社会治安防控能力。12月21日，印发《贵港市鼓励社会力量兴办教育促进民办教育健康发展实施方案》，进一步促进全市民办教育健康发展。

【政府自身建设】 2018年2月12日，贵港市印发《贵港市关于分解落实〈西部大开发“十三五”规划广西实施方案〉重点工作任务的方案》，根据《西部大开发“十三五”规划广西实施方案》，分解落实涉及贵港的九大项重点任务。2月27日，印发《贵港市人民政府关于分解落实2018年政府工作报告指标任务的通知》，对政府工作报告指标任务进行分解落实。4月2日，印发《2018年度审计项目计划》，对2018年审计项目进行安排计划。4月17日，印发《2018年全市推动经济高质量发展情况“红黑榜”督查通报工作方案》，决定开展全市推动经济高质量发展情况“红黑榜”督查通报工作。5月23日，印发《贵港市人民政府2018年立法工作计划》，确定计划立法项目，提出工作要求，提出立法工作责任。5月25日，印发《贵港市人民政府2018年各部门(单位)重点工作一览表》，明确各部门(单位)重点工作，要求各部门(单位)认真履行职责，密切配合，共同推进，确保各项重点工作的顺利完成。8月6日，印发《贵港市人民政府关于依法协助人民法院执行工作若干问题的通知》，依法协助人民法院执行工作。8月21日，印发《关于完善和规范市本级政府投资建设项目审计工作实施方案》，提出要实行政府投资项目分类审计(审核)管理，严格控制政府投资项目审计(审核)质量，强化政府投资项目审计问题整改责任落实，实现新旧机制无缝衔接，确保平稳过渡。10月28日，印发《贵港市人民政府办公室关于设立市人民政府法律顾问委员会的通知》，决定设立市人民政府法律顾问委员会。11月1日，印发《贵港市人民政府办公室关于设立市人民政府法律咨询委员会的通知》，决定设立市人民政府法律咨询委员会。11月14日，印发《贵港市人民政府工作规则》，提出要坚持依法行政，实行科学民主决策，推进政务公开，健全监督制度，加强廉政和作风建设，明确会议制度、公文审批、工作纪律等事项。

（何婷婷）

大数据发展和政务服务

【“12345”政府服务热线上线运行】 2018年，贵港市创建全区首家“一号对外”“12345”政府服务热线，建成政府服务“总客服”。针对政府部门热线号码多，记住难、咨询难、投诉难的问题，围绕“集成、高效”改革思路，在全区率先全面整合“12315”等18个非警务非紧急服务热线专线，建成广西第一家“一号对外、集成服务、全时在线”服务新模式。9月28日，贵港市“12345”政府服务热线正式上线运行，通过网络平台、热线电话、微信、APP等全媒体365天、每天24小时受理市民政务咨询、诉求投诉等事项，为群众提供全方位、多渠道、一体化的政府服务，解决人群众办事咨询难、要素不清、反复跑、多头跑、无效跑等反映强烈的问题，真正做到“事事有回音，件件有着落”，让群众轻轻松松去办事，降低市民办事成本，大幅提升政务服务效能，建成政府服务的“总客服”和市民的“办公厅”，成为党委政府和群众的“连心桥”。

【政务服务中心改革】 2018年，贵港市政务服务中心完成“一窗受理、集成服务”改革。12月，将市政务服务中心审批事项进行“同类项合并”，划分为投资项目审批服务、商事登记、税务服务、不动产交易登记、公安服务、公积金服务、医保社保、其他综合事务等并联审批模块，设置8个“一窗受理、集成服务”综合窗口，全面推行分类分版块前台综合受理、后台分类审批、综合窗口出件模式的“一窗受理、集成服务”新模式，办事群众只需到一个窗口提交一套材料便可办结原来可能涉及多个部门“一件事情”，逐步形成各项便民服务“最多跑一次”甚至“零跑腿”机制。

【编制审批“三张清单”】 2018年，贵港市全面贯彻落实自治区党委、政府和市委、市政府的决策部署，全面梳理、改造行政审批流程和要素，组织编制市、县（市、区）、乡（镇、街道）三级“一次性告知”“最多跑一次”“一次不用跑”3张清单。全市市、县、乡三级应编制清单的事项数量10381项，年末完成编制10381项，完成率100%。其中，市本级实现“最多跑一次”事项1014项，占应编制事项的92.6%；县（市、区）级实现“最多跑一次”3488项，占应编制事项的92.25%；乡镇实现“最多跑一次”事项5000项，占应编制事项的90.83%。同时，以企业和群众办好“一件事”为标准，加快涉及多部门“一件事”梳理工作。完成投资项目审批、商事登记、不动产登记、医保社保、公安、住房公积金、教育、卫生、民政、水电气服务10个重点领域涉及多部门“一件事项”办事清单的编制工作，并于10月、11月先后2批向社会公布。

【深入推进政府信息公开政务公开】 2018年，贵港市坚持“谁起草、谁解读”，按要求做好重要政府文件和重大政策的解读工作，做到政策解读与政策文件同时向市政府报审、同时公布公开，让群众充分理解政策、掌握政策、落实政策。推动重大决策预公开，重大政策性文件出台前充分向社会预公开、征求意见、修改完善。抓好重点领域信息公开，财政预决算、重大建设项目批准和实施、公共资源配置、社会公益事业建设四大重点领域及为民办实事项目执行情况

2018年9月28日，广西首家“一号对外、集成服务、全时在线”的“12345”政府服务热线正式上线运行

等信息全部向社会公开。进一步健全公开源头管理机制，印发《关于进一步规范机关公文公开属性源头认定工作的通知》，规范了机关公文公开属性源头认定工作，做到"应公开尽公开"。规范依申请公开工作，建立健全接收、登记、办理、答复等流程，依法保障公民、法人和其他组织获取政府信息的权利。全年，各级各部门在政府门户网站发布政府文件、政策解读8373条(其中公开政策解读138条)；收到依申请公开信息29件，全部得到有效、及时答复；各级各部门通过政府门户网站"意见征集"栏共向社会征集重大决策、重大项目方案意见153个，公开人大代表建议和政协提案答复241份。

【"容缺受理""减证便民"专项清理】 2018年，贵港市开展"容缺受理""减证便民"专项行动，逐项厘清行政审批事项主要申报材料和容缺材料，梳理"容缺受理"政务服务事项清单。市本级有41个单位梳理出可容缺受理事项456项，可容缺受理的申请材料986份；县(市、区)级单位有113个单位1019项事项提供"容缺受理"服务；全市74个乡镇1691项事项提供"容缺受理"服务。同时，按照"减环节、减材料、减时限、减费用、减跑动次数"和"八统一"要求，大力推进"减证便民"行动和审批服务事项标准化工作，对"其他材料""有关材料""相关证明"等逐一予以明确，推动事项申报材料更加精简、统一、标准和规范。市级45个部门证明事项清单保留254项、取消17项证明材料；县级清单保留266项、取消18项证明材料；乡级清单保留11项证明材料。通过开展"容缺受理"和"减证便民"行动，进一步优化了审批服务流程，提升了服务质量，推动政务服务再升级。

【公共资源交易平台管理】 2018年，贵港市加快推进全程电子化。在房屋与市政施工类电子招投标项目稳定运行的基础上，全力推进交通及水利工程类、政采服务类电子招投标建设，实现网上缴退保证金、网上代售标书、网上免费下载标书，初步建成远程异地评标平台，成功与平南县实现远程异地评标测试，建成公共资源交易电子监察平台，实现对建设工程招投标等交易活动的全程监管。同时，修订发布《贵港市公共资源交易集中监管目录》，不断建立健全公共资源交易综合监管机制制度，推动全市公共资源交易提质增效。全市完成各类公共资源进场交易项目2920个，同比2017年(2112个)增长38.26%，交易金额283.25亿元，节约金额2亿元，增值金额4.88亿元。其中，在自治区公共资源交易中心完成交易14个，交易金额97.62亿元，节约金额0.11亿元；在市公共资源交易中心完成交易1950宗，交易总额164.68亿元，节约金额1.67亿元，增值金额2.87亿元；在桂平市、平南县公共资源交易中心完成交易956个，交易金额20.94亿元，节约金额0.21亿元，增值金额2.01亿元。

【公共资源交易服务调整】 2018年，贵港市调整公共资源交易中心工作架构，推动服务管理再创新。在深入研究公共资源交易工作的基础上，将市公共资源交易中心原按照业务板块"纵向到底、各管一块"设置的5个工作部，调整为按照公共资源交易流程环节设置"分环节服务、各管一段、相互衔接"的6个工作部，进一步提升市公共资源交易中心的服务效率和质量。

【智慧城市建设】 2018年，贵港市大数据中心学习全区数字广西大会精神，按照市委、市政府工作部署，克难攻坚，积极作为，推动智慧城市建设加快发展。年末，198个系统完成部署，16个政府付费项

2018年9月28日，贵港市"12345"便民服务中心揭牌成立

目（含13个政府付费项目和涉及2018年年终绩效考核的3个补充项目）如期完成建设，按照合同规定完成2018年阶段性验收工作。形成高质量数据7575万条，32个部门实现数据的交换共享，发布数据目录545项。获2018中欧绿色和智慧城市技术创新奖，并在颁奖晚宴上作特邀发言；成功承办2018中国（贵港）绿色智慧城市发展高峰会议；受邀参加2018（第四届）中国智慧城市国际博览会，作为全国4个智慧城市建设典型案例之一，在2018智慧城市最佳实践案例发布会上作经验介绍；贵港市获得“2018年度中国十佳营商环境示范城市”和“2018年中国营商环境质量十佳城市”称号。

（周剑锋）

人力资源管理

【概　况】 2018年，贵港市加大人才引进力度，完善人才保障机制，加强人力资源管理，落实和支持就业创业政策工作获自治区人民政府办公厅发文通报表扬，清理整顿人力资源市场秩序专项行动获国家人社部、国家工商总局办公厅通报表彰，广西“三支一扶”计划工作优秀单位，第五届广西农民工技能大赛优秀组织奖，全区人事考试工作年度考核优秀等次。

【人才队伍建设】 2018年，贵港市出台《贵港市高层次人才认定和待遇落实实施细则》《创业创新人才认定办法》《贵港市人才小高地提升工程实施方案》和《关于贵港市事业单位公开招聘人员有关事项的通知》等配套文件，为打赢人才争夺战、加快人才聚集提供强有力的政策保障。搭建高层次人才引进服务平台，平南县成立广西区人才市场首家县级分市场，市本级建成高层次人才“一站式”服务窗口和贵港市“人才港湾”，为人才引进、待遇落实、交流合作提供优质、高效服务，加快各类人才向贵港聚集。全市组织122家企事业单位赴北京、广州、武汉和南宁、桂林开展高层次人才专场招聘会，参加单位比上年增长7.7倍，签约286人，签约人数比上年增长5.4倍。完成21096人次职业技能鉴定，核发职业资格证书20826人，新增高技能人才427人、新增技师和高级技师122人，获得晋升初级、中级、高级专业技术资格分别17245人、3154人、305人。

【人才交流服务】 2018年，贵港市完成流动人员人事档案信息核对和录入13560册；新接收档案3532份，转递1438份，收到补充材料1068份；接待阅档单位223个，查阅档案378份，开具档案相关证明1180份。举办各类人才交流（招聘）会26场，现场参加用人单位累计639家，提供就业岗位37313个，现场达成意向性协议803人次。

【人事培训考试】 2018年，贵港市考试录用公务员（选调生）423人，对新录用公务员（选调生）进行初任培训，培训合格488人。组织全市基础岗位和基层公务员进行培训，培训合格112人；组织市直机关和参公单位新任科级领导职务公务员进行任职培训，培训合格144人。完成全市公务员全员培训，全市报名13453人，培训合格13443人，完成率99.93%。全市参加《“一带一路”倡议》科目学习的专技人员35129人，通过考试获得合格证书34601人；参加《学习“十九大”精神》科目的学习人数35130人，通过考试获得合格证书34602人。审核一级建造师、二级建造师、监理工程师、经济师、社会工作者、一级消防工程师、一级造价工程师、执业药师、注册安全工程师、注册城乡规划师等各类资格考试报名资格考生共6365人，其中符合相应资格考试条件并获得应试资格5406人。

【事业单位人事管理】 2018年，贵港市事业单位计划公开招聘1861人。其中，教师类计划招聘1410人，其他事业单位类计划招聘451人。因部分岗位无人报考或达不到开考比例等原因，核减258人，实际招聘1603人。对市直132个事业单位344个岗位晋升、调动、转岗变动进行认定；因增编减编和新设立等原因全市重新核准调整岗位设置方案的单位616个，其中重新核准单位451个、新增设单位核准165个，核准管理岗位609个，专技岗位44568个，工勤岗位700个。

【就业培训】 2018年，贵港市构建招工、培训、就业互动互促机制，促进实现高质量就业。组织开展招聘会68场次，提供就业岗位6.2万个，现场达成就业意向2.2万人次。依托新兴产业与技工院校联盟平台，协调技工院校向多家重点企业培训3425人，仅向腾骏公司输送优秀技工502名，保障了企业的正常开工前期人才储备。依托3个农民工创业园、14个创业孵化基地，以创业带动就业4036人，发放创业担保贷款3018万元。开展春季服务企业大招工行动，建立“项目制”招工长效机制，累计为赛尔康等重点企业推荐用工7710人，缓解企业招工难的问题。年内，全市城镇新增就业22035人，城镇失业人员再就业4216人，就业困难人员再就业1642人，农村劳动力转移就业新增46634人，分别完成年度目标任务的129.62%、120.46%、298.55%、103.63%；城镇登记失业率为1.33%，比控制目标任务数4.3%低2.97个百分点。全市累计完成职业技能培训20847人，同比增长321.24%。

【大中专毕业生就业】 2018年，贵港市应届高校毕业生通过网上办理报到手续15409名，其中市直1656人、港北1673人、港南1372人、覃塘1319人、平南3894人、桂平5495人。据2018年广西离校未就业高校毕业生实名制系统统计，贵港市离校未就业毕业生有5271名，按照属地管理原则将任务分解到县(市、区)，多举措助推高校毕业生就业创业，年末贵港市离校未就业毕业生就业率达到96.94%，排名全区前列。

【军转干部安置与服务】 2018年，贵港市各级军转安置部门通过召开军转安置专题会议、组织军转干部培训班、印发文件、政策宣讲、走访座谈等方式，积极开展军转安置政策宣传，主动加强请示汇报，争取贵港市委、市政府主要领导的重视和支持，要求各级党政机关带头接收军队转业干部，优先照顾安排功臣模范、团职和长期工作在边远艰苦地区以及从事飞行、舰艇工作的转业干部。深入了解全市用编计划，周密制订军转安置方案，执行《贵港市计划分配军队转业干部安置实施办法(试行)》，严格按照程序开展军转安置工作，实行核定岗位、组织考试、量化考核、计分排序、自主选岗与组织安排相结合的分配办法，充分体现公开、公平、公正的原则。加强自主择业军转干部管理服务，确保各项政策待遇落实到位。建立经常化的联系制度，准确掌握信息，及时登记录入数据库。按时核发自主择业退役金，办理基本医疗保险和大病医疗保险，发放独生子女费。协调有关部门落实优惠政策，支持和鼓励有创业意向的自主择业军转干部创业。加强与财政、社保、国资委等部门联系，落实企业军转干部生活困难补助金政策，确保企业军转干部生活困难补助金按月足额发放，为符合条件企业军转干部办理医疗保险。12月底前，全部完成军转干部和随军家属安置工作。

【人事档案管理】 2018年，贵港市人力资源社会保障局对管理的干部人事档案进行盘点，在库档案10369册。其中，在职人员档案5477册，零散人员596册，退休人员4229册，辞职、开除人员67册。对在职在编人员的档案分单位、按人员类别进行重新编排，共6000余册；编码、拆装档案边条约5500条。转入、装订干部档案205册，按照档案装订一级标准转出干部档案22册。接待查阅干部档案750人次。归档零星材料约2000份。

【劳动关系管理】 2018年，贵港市查处拖欠农民工工资案件11件，结案率100%，涉及农民工156人，清欠工资180.49万元。拖欠农民工工资案件数、涉及人数和金额同比上年分别下降94%、95%、94%，实现“三个大幅度下降”的目标。全市“三个严禁”零发生；落实应急周转金1580万，实名制、分账管理、按月足额发放工资覆盖率100%，分包单位委托总包单位银行代发工资制度覆盖率99%，达到自治区目标要求。11月，在全区保障农民工工资支付工作调研评价中，贵港市排名第一。积极开展企业劳动合同集体合同签订情况专项检查活动，全市企业劳动合同签订率97%，超任务指标7个百分点；企业集体合同签订率84.8%，完成任务指标100%。建设贵港市法律援助中心劳动人事争议仲裁院工作站，为劳动者特别是广大农民工提

2018年6月1日，贵港市24小时社保自助服务区正式开通启用

供“优质、高效、便捷”法律服务。积极稳妥化解劳动人事争议，全市劳动人事争议仲裁当期结案率99.9%，劳动人事争议调解成功率66.8%。

【工资福利】 2018年，贵港市人力资源社会保障局审核市直机关事业单位工作人员正常晋升级别（档次、薪级）9074人次；调入、岗位设置变动等重新确定工资1411人次；变动特殊岗位津贴32407人次；转正定级112人；公务员（含参公人员）奖励829人次；职务（岗位）晋升988人；核定2017年下半年和2018年上半年事业单位奖励性绩效工资9806人次；办理工作人员退休281人，确定退休费待遇288人；办理改革前获得相关荣誉改革后退休人员发放退休补助205人；办理工作人员（离退休人员）死亡后再发三个月工资、丧葬费和一次性抚恤金94人；调整市直机关事业单位工作人员（离退休人员）遗属生活困难补助419人次。根据自治区的部署，落实市人民法院、市人民检察院员额内法官、检察官以及司法辅助人员工资套改工作，全市完成套改员额内法官工资套改213人，员额内检察官工资套改138人。

（汪建国　刘　丽）

信　访

【概　况】 2018年，贵港市信访局受理群众来信来访总量1257件人次，与上年同期1200件人次相比，上升4.75%。其中，来访总量211批次811人次，与上年同期相比分别上升4.46%和5.87%。来信总量446件，与上年同期434件相比，上升2.76%。

贵港市群众进京非访人次同比下降72%，到邕非访人次同比下降46%。到京越级访38人次，占自治区下达控制指标的29.46%，到邕越级访15人次，占自治区下达控制指标的22.73%。没有发生赴邕进京大规模集体访和因信访问题引发的极端恶性事件和舆论负面炒作，保持贵港市社会大局和谐稳定。

【信访工作成效明显】 2018年全国“两会”期间，贵港市实现“五无目标”（即无进京非访、无在京极端行为、无在京失联失控人员、无送回安全事故、无干部违法违规行为），得到自治区通报表扬。5月14日至15日，贵港市代表广西接受国家信访局基础业务规范化检查组检查，结果总评为优秀等次，检查组对贵港市信访基础业务规范化工作给予充分肯定。8月，全区信访服务重大项目建设暨信访矛盾化解攻坚战现场推进会在贵港市召开，贵港市在会上作经验介绍。全市信访基础设施标准化规范化建设水平得到较大提升，市、县、乡、村四级群众信访服务中心（站、室）建设取得明显成效。中央、自治区交办贵港市的15件重点信访积案化解率100%，息诉罢访率为60%，息诉罢访占比全区排名第一；贵港市首次实现全年群众到邕进京零非访；年度信访工作目标管理责任绩效考评总分排名全区第一；市信访局在全区信访系统创建“人民满意窗口”活动绩效考评总分排名全区第一。山东省信访局、四川省广元市、广西玉林市等5个省市信访局先后到贵港市信访局进行信访业务交流学习。12月，自治区信访局作出决定，号召全区信访系统干部职工向黄桂林学习，并推荐为全国、广西“三八红旗手”候选人。

【越级访、非访有效遏制】 2018年，贵港市赴邕进京越级访、非正常上访得到有效遏制，在“三场硬仗”活动中，市信访联席办将历年来到市到邕到北京上访的300件积案难案集中交办并协调推进化解，截至年末化解293件，其中罢访息诉187件、占63.82%，提前完成国家、自治区交办重点案件15件化解任务，按时完成自治区第七巡视组交办的信访办理任务596件。

【信访基层基础设施建设】 2018年，贵港市信访基层基础建设得到加强，市本级群众信访服务中心在原来基础上投入经费23万元扩建100平方米，并竣工投入使用。五个县（市、区）群众信访服务中心共改扩建或新租用共3020平方米，共投入资金599万元，均已完成建设并投入使用，且实现单家独院接待群众来访。全市74个乡镇（街道）群众信访服务站整合或调剂共2740平方米，落实资金198万元，均已建成投入使用。全市有1162个村（社区）建设群众信访服务室，已有532个村（社区）完成建设。超额完成自治区和市本级制订的工作目标，基层基础设施建设取得明显实效，群众信访接待场所得到进一步改善。

【信访业务规范化建设】 2018年，贵港市针对信访事项受理办理不及时不规范等问题，将信访事项规范办理列入“三场硬仗”之一，通过层层培训，系统全程跟踪、督办、面对面督导检查，以及采取约谈、通报等追责措施，信访事项受理办理业务逐步规范。年末承接自治区绩效考评信访事项受理及时率达

2018 年 5 月 14 日，国家信访局到贵港市检查信访业务规范化建设

100%。5 月 13 日，国家信访局检查组到贵港市检查指导信访业务规范化工作，抽查案件 30 件，现场点评打分，被评为优秀等次。

【信访宣传】 2018 年，贵港市加大法治宣传，引导信访群众依法理性维权。通过接访窗口面对面向群众宣传，依法分类处理信访诉求工作规则、来访接待业务工作规程等，对应当通过诉讼、仲裁、行政复议解决的信访诉求，实行诉访分离。通过宣传板报、墙报宣传，引导群众依法维护自身合法利益。加强以案释法工作力度，编印《信访行为违法案例》，以案说法教育群众依法信访。利用“12·4”法治宣传日活动，通过多种形式宣传《信访条例》和有关法律法规，引导群众依法、理性、有序、文明信访。

（周忠佳）

外事侨务和港澳事务

【概　况】 2018 年，贵港市外事侨务工作服务于国家外交总体布局和对外开放发展，坚持党建和外侨工作齐抓并进，推进对外开放，大力实施“走出去、请进来”战略，不断拓宽对外交往空间、建设国际友好城市、提升外事侨务服务水平，推动对外宣传推介、招商引资、对外贸易、项目建设、国际友城发展，有效提升贵港国际知名度和影响力，为贵港市打造西江流域核心港口和新兴工业城市作贡献。贵港市组织外事出访 37 批、59 人次，出访美国、墨西哥、德国、柬埔寨、尼日尔等国，开展旅游推介、参展、发展友城、医疗援外等活动。赴港澳团组 6 批、10 人次，在旅游发展宣传、环境保护、文化等方面开展合作交流。

【深化对外交流】 2018 年，贵港市通过国务院侨办、外交部、中国友协、自治区外侨办、港澳办、友协等上级部门组织开展各种活动，重点做好外商、侨商及海外重点华人、华侨、侨团联系工作，积极涵养外侨资源。为扩大国际“交往圈”“朋友圈”密切与国际友城联系，以新春贺信形式，加强与韩国九老区、菲律宾三宝颜市、泰王国洛坤府、马来西亚马六甲州（市）等友城、意向友城交流，保持友好联系。新建与美国蒙特利公园市友好交往，培育新的国际友城资源，新促进与越南、缅甸友好交往，拓宽贵港市国际交流。6 月 26 日，由自治区党委宣传部联合人民日报社、人民网开展的“砥砺奋进 60 载·2018 境外媒体看广西”采访团走进贵港，来自阿富汗、柬埔寨、印度、老挝、巴基斯坦等 14 个国家的 16 名媒体记者到贵港市参观采访；6 月 26 日，第 32 届全国荷花展览期间，来自印度、巴基斯坦、斯里兰卡、菲律宾、蒙古等 14 个国家的 16 家主流媒体记者到贵港采访报道；8 月，参加在上海举办的首届中国国际进口博览会时机，加强宣传推介贵港；9 月 13 日，利用第 15 届中国—东盟博览，贵港市市委书记、市人大常委会主任李新元会见以色列国会代表团、万国和谐集团和广西“一带一路”投资集团负责人，接受《中国东盟报道》杂志采访。

【外事出访交流】 2018 年，贵港市因公出国（境）37 批、59 人次，实施“走出去”战略，主动加强与国外城市、地区、海外侨胞联系，分赴美国、墨西哥、德国、柬埔寨、尼日尔等国家，宣传推介“四力”新贵港。

6 月 17 日至 24 日，贵港市委副书记、市长农融率团访问访问墨西哥墨西哥城、梅里达市，美国孟菲斯市、米兰市、蒙特利公园市。在墨西哥期间，双方就城市规划建设、文物保护、环境治理等问题进行交流和探讨，参观国家人类历史博物馆（尤卡坦）；同时贵港代表团拜访了中国驻墨西哥大使馆。在美国田纳西州孟菲斯市、米兰市，参观孟菲斯物流园、孟菲斯大学孔子学院，并在孟菲斯大学与当地政府、企业、专家学者交流；拜访米兰市市长BW·比斯利和孟菲斯市市长吉姆·斯特里克兰，对物流业发展以及吸引企业投资、对企业的扶持、人才培养以及劳动力培训等问题进行探讨。在洛杉矶，蒙特利公园市市长林达坚与南加州侨胞代表一同欢迎贵港市代表团，在座谈会上共同签订两市友好合作备忘录；在广西籍侨胞举办的欢迎午宴上，中国驻洛杉矶总领事馆曹婷领事出席；贵港市代表团还参观了蒙特利公园市的Costco等企业。在旧金山，农融一行拜会旧金山广西同乡会，美国著名爱国侨领池洪湖先生、旧金山广西同乡会创会会长陈丽丽、现任会长谭珍珠和常务副会长区玉琪等100多名侨胞出席晚宴，并表示尽快对贵港市进行访问，寻求合作。

【外事接访】 2018年，贵港市施行“请进来”战略，力邀国际各类外侨团组到贵港访问考察，亲身感受“四力”新贵港。

2月24日，市长农融在市区会见英国华夏文化协会会长、英国广西总商会会长贝学贤一行，双方就开展经济、文化、教育、旅游等方面的合作进行沟通交流。

3月19日—20日，联合国儿童基金会组织中国科学院和中国儿童中心专家组到贵港市开展儿童社会心理支持项目的前期调研。

4月15日—16日，美国蒙特利公园市市长林达坚受邀率团访问贵港市，先后到华奥新能源汽车生产基地和市博物馆参观，促进两市交往，加强经济、文化交流。

5月7日—11日，越南富寿省祖国阵线副主席、各友好组织联合会副会长阮文玉率团访问贵港市，对华奥新能源汽车生产基地、中国—东盟新能源电动车基地、赛尔康、市博物馆、桂平西山、桂平长安工业园等地进行考察，促进双方汽车制造、电子信息、旅游开发和农业等领域交流。

6月27日，贵港市委书记、市人大常委会主任李新元在市区会见世界华人协会会长程万琦，双方就加强合作进行沟通交流。

7月26日—28日，美国旧金山广西同乡会代表团一行到贵港市参观考察访问，双方就进一步加强沟通，深化友谊，推进两地同乡之间的友好合作进行交流，贵港市长农融在贵港市区会见美国旧金山广西同乡会代表团。

2018年4月15日，美国加州蒙特利公园市市长林达坚率代表团一行到贵港市访问

8月5日—7日，墨西哥梅里达市政府顾问、尤卡坦半岛华人华侨联合会会长白义率团来访，并就贵港市与墨西哥梅里达市建立国际友城事宜沟通洽谈。

8月10日至11日，缅甸纺织协会主席丁妙温(TIN MYO WIN)、副主席妙格迪(MYAT KAY THI)和秘书长英英陌(YIN YIN MOE)率领由缅甸纺织协会和部分企业领导及代表组成的缅甸政商考察团一行到访贵港市，就部分纺织企业、服装知名企业及地方新兴工业发展情况进行参观考察。

10月6日，瑞典诺德斯特吉南集团董事局代表团、芬兰赛尔康制造有限公司代表团一行访问贵港市，就赛尔康(贵港)有限公司运营情况和在贵港市商谈扩大投资事宜等事项进行交流。

10月26日，美国蒙特利公园市新任市长陈赞新率团一行访问贵港市，双方就加深友谊、寻求合作进行沟通交流，贵港市市长农融会见了陈赞新一行。

10月31日—11月2日，世界广西妇女联谊总会主席陈丽丽率团到贵港市访问，贵港市市长农融在贵港市区进行会见。

【港澳交流合作】 2018年，贵港市坚持密切港澳台交流交往，有6批、10人次赴港澳台开展宣传、交流活动。

贵港市组团赴香港澳门举办主题宣传推广活动和赴澳门参加国际环保合作发展论坛及进行展览等系列活动，密切贵港市与港澳在旅游发展宣传、环境保护、文化等方面交流，推进合作发展。联合自治区港澳办和香港特区政府驻广西联络处成功举办“认识香港”阅读活动标语创作比赛活动。

7月27日,香港广西总商会考察团到贵港参观考察,召开香港广西总商会贵港招商推介会,贵港市委书记、市人大常委会主任李新元在贵港市区会见香港广西总商会会长、中港车身制造厂(控股)有限公司董事总经理吴家荣等香港广西总商会考察团代表一行,双方就加强合作进行沟通交流。

10月11日—12日,香港特区政府驻广西联络处和自治区港澳办到贵港市参观考察调研,推动交流合作,在贵港市成功举办“香港图书阁”开幕式,首批捐赠图书《我的1997》《香港攻略》《百年香港文学史》等200多本。举办桂港合作标语创造比赛颁奖典礼(贵港站)活动,贵港市达开高级中学杨晓瑜以“紫荆传意荷花传情,桂港合作互利共赢”获得贵港赛区冠军。

【因公出国(境)管理】 2018年,贵港市认真执行因公出国(境)管理规定,创新工作方式,提高服务质量,提升工作效能,通过实施因公出访计划管理、严审出访手续、主动对接上级、出访行前宣教、收缴因公护照(通行证)等举措,确保贵港市重要对外交往交流工作圆满完成,促进对外交流工作,提升外事管理工作水平。全市因公出国(境)共37批、59人次。无触碰外事“红线”“底线”情况发生。

【外侨工作品牌创建】 2018年,贵港市推进平南县平山镇侨乡工艺小镇建设,争取到自治区侨办支援创建侨乡工艺小镇经费30万元,加快该镇侨乡工艺特色小镇门楼等基础设施建设。开展侨情调查,重点掌握海外侨胞、港澳同胞中政治上有地位、经济上有实力、学术上有造诣、社会上有影响的“四有”人士和海外重点侨(社)团情况,形成海外华人华侨专业人才的资料查询体系,用大数据提高贵港市侨务引资引智工作的系统化、专业化和信息化水平。

【开展情暖侨心活动】 2018年,贵港市多措并举真情服务侨众民生,利用春节、元旦、“七一”、重阳、国庆等重要节假日,组织开展形式多样的走访慰问送温暖活动,走访慰问归侨侨眷失业下岗职工、老归侨、归难侨、归侨侨眷特困户50多户,发放慰问经费3万多元。做好侨务信访维护侨益工作,加大外事侨务政策法规宣传工作力度,先后在市新世纪广场、港北区龙圣社区、桂平垌心乡罗宜村、平南平山镇等地开展“外侨为民”政策法律法规宣传和义诊活动;做好侨务信访维稳工作,全年未出现因调处不力而引发的不稳定因素,得到广大归侨侨眷和海外侨胞的好评。

【外侨招商引资工作】 2018年,贵港市挖掘外侨部门职能优势,积极推进外侨招商引资工作。9月3日—4日邀请江苏华源医疗科技股份有限公司总经理李金才率领江苏华源医疗科技股份有限公司投资考察团一行到贵港市参观考察,签订《江苏华源医疗科技股份有限公司PVC手套生产线项目投资协议书》。与贵港市荣耀食用菌有限公司签订投资5000万,年产一百万袋食用菌产业基地项目投资协议书。11月,邀请连云港宏翔东方智能技术有限公司到贵港市对营商环境、项目投资等进行实地考察。

【第15届中国—东盟博览会签约】 2018年9月13日下午,第15届中国—东盟博览会贵港市投资合作项目专场签约仪式在南宁举行。贵港市市委书记、市人大常委会主任李新元在签约仪式上致辞,市长农融主持签约仪式。

仪式上,集中签约项目20个,合同投资总额175.13亿元,项目涵盖新能源、大健康、电子信息、建筑材料、现代农业、林板及化工等领域,签约企业有华润集团、雄塑集团等多家知名企业。

2018年12月27日,在平南县平山镇组织开展宣传义诊

【华文教育外援】 2018年，贵港市大力弘扬中华文化，推动中华文化走向世界，扎实开展华文教育工作，为华文外派教师华文教育工作层层推荐选拔优秀人选，成功推荐19位优秀教师进入自治区华文外派教师师资库，新选派出16名中小学优秀老师赴泰国、印尼、老挝、缅甸、柬埔寨等国开展华文援教工作。贵港市华文外派教师外派援教工作全区领先。

【外事侨务宣传】 2018年，贵港市抓好"一服务两公开"工作，加强中国贵港门户网站平台和"贵港外侨"微信公众服务平台建设，编发《领事保护应知应会》《出国（境）应知应会》，开展外侨政策法规宣传，重点对境外领事保护和服务、领事保护和协助、出国（境）安全注意事项、国际文明礼仪、世界各地风俗习惯等方面进行宣传教育。

（谢日生）

民族事务

【开展民族团结创建活动】 2018年，贵港市继续以民族团结进步创建"六进"为主阵地，安排65万元创建经费，深入开展民族团结进步创建活动。以宣传教育为先导，利用报刊、广播、电视、新媒体等载体，加强民族团结进步宣传教育，增强各民族的中华民族共同体意识，让"三个离不开"和"五个认同"的思想更加深入人心。以学校课堂为重点，在蒙公民中、奇石民小、石龙民中等学校建设校园民族知识长廊，建设民族民俗展馆，举办校园民族文化节等活动，让学校师生民族团结意识得到进一步增强。以民族节庆活动为载体，充分利用"三月三"、"盘王节"等民族节庆，举办民族民俗文化活动，增强了民族文化认同感和自豪感。以示范带动、面上覆盖的形式逐步推动全市民族团结进步创建活动深入开展，从村屯、社区、学校、企业、机关等选树培育的民族团结创建示范典型。贵港市公安局等6个单位被授予"广西壮族自治区第八次民族团结进步模范集体"称号，黄英梅等12人被授予"广西壮族自治区第八次民族团结进步模范个人"称号。

【加强与台湾民间交流】 2018年，贵港市加强与台湾省花莲县瑞穗乡原住民同胞的民间交流，共同铸牢中华民族共同体意识。"三月三"期间，台湾花莲县瑞穗乡乡长陈进光率团到广西贵港市参观贵港市园博园、贵港市龙荟花世界景区，与贵港各族群众共同参加民族歌舞表演等活动，与港北区港城街道交流，并参加贵港市2018年"民族团结进步宣传月"启动仪式。让台湾同胞充分感受到祖国大陆发生的巨大变化，不断拓展双方合作交流领域，为实现交往、交流、交融、合作共赢发挥积极作为。5月，贵港市代表团赴台湾花莲县瑞穗乡交流，参加当地"丰年祭"活动，走访瑞穗乡乡村、社区、企业等，与当地民众深入交流，增强友谊。通过两岸民间交流，增进两岸同胞民间交往交流交融，增强民族文化认同感和自豪感，共同铸牢中华民族共同体意识。

【支持民族地区经济建设】 2018年，贵港市民族宗教委争取各级少数民族发展资金共1917万元，扶持项目建设82个，项目资金重点用于扶持少数民族聚居的贫困村基础设施建设及村集体经济发展，其中投入1522万元扶持修建屯内道路40.43公里，小型水坝、三面光水渠2.3公里，投入395万元扶持养牛、种植砂糖橘、沃柑等村集体经济。项目的建成，极大地改善了当地群众的生产生活基础设施落后状况，有效地解决了群众"出行难"、"灌溉难"等问题，群众自我发展的能力得到了进一步加强，促进了民族地区的协调发展。

【参加全区第十四届少数民族传统体育运动会】 2018年10月24至31日，广西第十四届少数民族传统体育运动会在崇左市体育中心举行，全区14个设区市和5个高校19个代表团参加。贵港市代表团以贵港市民族中学等单位共同组队，共104名运动员参加8个项目比赛。经角逐，高脚竞速2×100米男子接力等3个项目获银牌；男子60米竞速等6个单项获铜牌，获奖项目总数比上届增加3项，奖牌总数排19个代表团第12位，排全区14个市的第10位。

【庆祝广西壮族自治区成立60周年】 2018年，贵港市切实抓好广西壮族自治区成立60周年庆祝活动，成立市委、市政府主要领导为组长的筹备工作委员会，下设办公室，工作机构设在市民宗委。制定《贵港市庆祝广西壮族自治区成立60周年活动总体方案》，明确了主要活动的内容和筹备工作安排。全市举办举办系列文化、体育活动，广大群众踊跃参加。组织实施包括社保惠民、健康惠民、教育惠民等11方面惠民项目，共33项子项目，筹措项目资金876767.61万元。抓好2017年中央预算内投资60周年大庆项目11个，总投资5997万元，中央预算内投资4672万元。广大群众在参与活动、参与建设过程中，增强了获得感、幸福感。

12月10日—11日，贵港市代表团赴南宁参加自治区成立60周年隆重集会和有关活动。12月11日，中共中央书记处书记、中央统战部部长、中央代表团副团长尤权率中央代表团三分团，看望慰问贵港各族各界干部群众，转达党中央的亲切关怀和全国人民的美好祝福。

【加强少数民族干部培训】 2018年，贵港市委组织部、市民族宗教委继续加强少数民族干部培训，提高少数民族干部综合素质。7月8日—13日在广西民族大学举办2018年贵港市少数民族干部培训班，此次培训班培训对象主要是近三年来未参加过少数民族干部培训的乡科级干部，共计43人。培训采取专题讲座和现场教学相结合的培训方式。培训主要内容有：《学习中共十九大精神　做好民族工作》《民族干部沟通能力和执行力提升》《新形势下民族干部群众工作能力提升》等课程。培训班组织学员到百色市田东县开展红色教育、党性教育，参观民族团结进步示范点。　　（陈　杰）

2018年9月18日，市民宗委组织贵港市四大教派在港北区中里乡三陵村开展2018年宗教慈善集中慰问活动

宗教事务管理

【宗教政策法规宣传】 2018年，贵港市把党的方针政策和宗教法律法规宣传和执行作为宗教工作的着力点。7月上旬，组织举办宗教政策法规学习培训班，邀请自治区民宗委副主任梁柳宁授课，全市宗教系统干部、宗教工作联席成员单位分管领导、宗教团体和场所负责人120多人参加培训。主要就十九大精神、党的宗教工作方针以及国务院新颁布实施的《宗教事务条例》等进行培训。同时，印发《宗教政策法规知识宣传手册》，并将新修订的《宗教事务条例》统一在场所上墙。

【宗教工作调研检查】 2018年，贵港市民宗委开展大型露天宗教造像的专项排查整治、商业资本介入佛道教专项检查、防止境外宗教势力非法渗透等工作。11月，迎接了中央、自治区部署的宗教工作专项督查。

【依法审批宗教活动场所】 2018年，贵港市民宗委依据宗教团体的申请，经现场检查、多方论证和业务会议讨论，依法批准了桂平佛光寺、港南木格镇基督教活动点两个宗教活动场所的筹备申请。

【“和谐寺观教堂”创建】 2018年，贵港市采取学习交流、现场观摩、总结提高等方式，加强对宗教场所的安全、秩序、卫生、民主议事、财务监督、宗教活动等事务的管理，同进积极引导宗教人士爱国爱教、学法守法、团结和睦、端正教风。依照各教派的的仪轨仪规，加强教职人员的教育引导，端正教风。

【组织开展宗教慈善周活动】 2018年，根据国家宗教局的统一部署，贵港市组织和发动宗教界开展“宗教慈善周”活动，借此推动宗教慈善活动的常态化，发动全市宗教界参加赈灾、扶贫、救助失学儿童、关爱老弱病残、修桥铺路等各种慈善公益活动。全市宗教界筹款约50万元用于开展公益慈善活动，受益人数3万多人。9月18日，贵港市民宗委组织四大教派在港北区中里乡三陵村开展年度宗教慈善集中慰问活动，筹款3万余元（含物资），慰问困难户19户。

【宗教团体建设】 2018年，贵港市民宗委组织各宗教团体班子成员参加国家、自治区和市本级举办的培训学习，提高其综合素质。年内，完成了贵港市天主教爱国会和贵港市基督教“两会”的换届工作。成立了平南县佛教协会。　　（陈　杰）

机关事务管理服务

【概　况】2018年，贵港市直属机关后勤服务工作坚持强化管理、优化服务、深化保障的方针，开拓创新，加强机关后勤管理、保障、服务。市机关事务管理局高质量完成贵港市庆祝自治区成立60周年活动的后勤保障，顺利推进机关后勤社会化改革，做好市人才公寓的接收管理和机关食堂的膳食服务，深入推进公共机构节能建设，加强办公用房、公务用车管理。成功举办2018年广西机关事务管理工作现场（桂东南片区）经验交流会贵港分会场会议，展示贵港市机关食堂美食、机关文化建设、党建引领物业管理、新能源汽车生产和推广应用。

【公共机构节能建设】2018年，贵港市严格组织能源资源消费统计，经过统计和数据会审全市公共机构人均节水指标同比下降3.73%、人均节能（综合能耗）同比下降6.17%、单位建筑面积节能指标同比下降2.69%，均控制在自治区下达的指标范围。抓好“两型”单位创建，申请财政补助专项资金20万元支持贵港市“两型”单位创建工作，已有市人民检察院、港南二中2家单位顺利通过创建国家级节约型公共机构示范单位自治区级验收。完善能源资源资源计量器具配备，经过沟通、协调和发动，全市单栋建筑各类能源配备率达到100%，公共机构分区计量器具配备率达到90%，新建办公区内的分区计量器具配备率达到100%。各级公共机构一级水表使用率达100%，二级水表使用率达95%。扎实推进公共机构节能改造，重点推动机关、学校、医院等单位采用合同能源管理模式开展空调、照明和食堂等重点用能系统及部位的节能改造。平南县、港南区分别得到自治区住建厅建筑节能可再生能源示范县项目资金300万元，对7所学校实施太阳能、空气能、光伏发电等项目改造，改造面积14万平方米，全市其他公共机构完成7.9万平方米既有建筑的改造任务。推广新能源汽车应用，市县两级机关事务管理局分别与市公交公司签订租赁协议，租赁新能源公交车70辆，用于重大会议、活动使用；全市新建充电桩31个。开展节能宣传和培训，抓住《公共机构节能条例》颁布实施10周年、节约型示范单位创建与能效领跑者评选、生活垃圾分类等宣传重点，各级部门综合运用多种宣传手段广泛开展宣传活动，制作悬挂宣传标语、张贴宣传画3000多幅，发放宣传资料、宣传册3500多份。开展生活垃圾强制分类工作，市直各公共机构、各县（市、区）均能按市节能工作要求，印发本部门本地区生活垃圾强制分类工作方案，与回收公司签定资源回收利用协议，按照要求采购配备分类收集容器，完善资源回收台账记录。

2018年11月27日，全区机关事务经验交流会在贵港召开，图为参观垃圾分类处理

【办公用房管理】2018年，贵港市机关事务管理局对90家市直单位分别下发办公用房管理的通知，核定办公用房面积92089平方米，要求各单位严格按照办公用房核定面积，开展自查自纠工作。聘请有资质的测绘单位开展全市办公用房测绘及检查，完成测绘建筑面积186815平方米和部分面积CAD图的绘制。组织开展全市办公用房管理培训班1期，有效提高了相关人员的专业知识和综合能力。

【公务用车管理】2018年，贵港市机关事务管理局公务用车管理工作克服用车任务繁重等困难，紧密结合实际开源挖潜、开拓创新，圆满完成市四家班子领导、市本级车改部门的机要、应急、行政执法用车、老干部用车任务。据不完全统计，全年出车12000天次，行程150万千米，均做到安全无事故。

（胡煊赫）

政协贵港市委员会

重要会议

【政协五届三次会议】 2018年1月8日至11日，中国人民政治协商会议第五届贵港市委员会第三次会议，在城区举行。大会由市政协副主席曾海燕主持，市政协主席肖明贵向大会作工作报告，贵港市委书记李新元在会上讲话。会议应出席委员401人，实到369人。

会议审议并批准《政协第五届贵港市委员会常务委员会工作报告》和《政协第五届贵港市委员会常务委员会提案工作情况的报告》，审议通过有关人事事项。大会通过《中国人民政治协商会议第五届贵港市委员会第三次会议关于常务委员会工作报告的决议》《中国人民政治协商会议第五届贵港市委员会提案委员会关于政协五届三次会议提案审查情况的报告》《中国人民政治协商会议第五届贵港市委员会第三次会议政治决议》。委员列席人大会议，听取、讨论《政府工作报告》，市中级人民法院《工作报告》、市人民检察院《工作报告》以及其他报告。会议期间，李新元、农融等出席会议并参加小组、联组讨论，与委员共商贵港改革发展大计。会期期间，组织委员参观考察市园博园。

会议期间，收到提案193件，经审查，立案191件，作为委员意见和建议转送有关部门参考2件。立案提案中，委员提案159件，占立案提案总数的83.25%；集体提案32件，占立案提案总数的16.75%；各民主党派市委会和市工商联提案29件、政协专门委员会提案3件。会上，对2017年度政协提案工作先进单位和个人进行表彰。

【政协常委会议】 2017年，召开政协五届贵港市委员会常委会4次，第7次到第10次。

五届政协第7次常委会议 1月11日，在贵港城区召开。会议听取政协第五届贵港市委员会第三次会议各小组讨论情况综合汇报；通过人事事项；通过《政协第五届贵港市委员会第三次会议关于常务委员会工作报告的决议(草案)》《政协第五届贵港市委员会提案委员会关于市政协五届三次会议提案审查情况的报告(草案)》《政协第五届贵港市委员会第三次会议政治决议(草案)》。

五届政协第8次常委会议 7月16日，在贵港城区召开。市人民政府副市长徐育东列席会议。徐育东在会上介绍贵港市产业扶贫基本情况、存在问题和今后的努力方向；刘东庆、黄汉洋分别就《关于加强贵港市产业扶贫工作的建议》《落实乡村振兴战略加快特色小镇建设》等议题作主题发言。与会人员对上述议题进行分组讨论，提出引进龙头企业、出台产业扶贫激励政策、做好产业规划和建立专业化市场等建议。肖明贵在讲话中总结上半年政协工作。

五届政协第9次常委会议 9月20日，在市区召开。会议学习习近平总书记关于加强和改进人民政协工作的重要思想；专题协商加快贵港市林木加工产业提档升级议题；通报融入南广高铁经济带加快贵港市旅游业发展专题调研情况和关于挖掘壮乡文化资源创建壮乡文化品牌专题调研情况。会议审议、表决通过有关人事事项，同意谢林翰、谢海辞去政协第五届贵港市委员会委员职务，同意增补陶周立、陈桂朝为政协第五届贵港市委员会委员。

五届政协第10次常委会议 12月26日，在贵港城区召开。会议决定，政协第五届贵港市委员会第四次会议于2019年1月13日至16日在贵港城区召开。市人民政府副市长韦彦应邀参加会议并通报市政协五届三次会议提案办理

2018年1月11日，中国人民政治协商会议第五届贵港市委员会第三次会议在贵港城区胜利闭幕　　郭晓枫　摄

工作情况。会议审议通过《关于召开政协第五届贵港市委员会第四次会议的决定》《政协第五届贵港市委员会第四次会议议程(草案)》和日程,秘书长、副秘书长名单,编组办法和小组召集人名单;审议通过《提交政协第五届贵港市委员会第四次会议审议的常务委员会工作报告》和《常务委员会关于政协五届三次会议以来提案工作情况的报告》,并确定报告人;审议通过《贵港市政协2019年协商计划(草案)》《政协第五届贵港市委员会常务委员会2019年工作要点》;听取市政协各专门委员会2018年度工作情况汇报;审议驻贵自治区政协委员和市政协委员《2018年度专题视察报告》;审议通过人事事项及其他事项。

【其他会议】

全市政协系统党的建设工作座谈会　2018年10月17日,在贵港城区召开。市政协主席、党组书记肖明贵主持座谈会并讲话,市委常委、组织部部长武林东,市政协副主席曾海燕、宋宾、谭汝新、刘东庆、林武、周桂英、黄汉洋,市政协秘书长覃伯贤出席座谈会。市委书记、市人大常委会主任李新元出席会议并讲话,要求加强政协系统党的建设,努力开创政协系统党的建设新局面。

全区政协教科卫体委工作会议　8月7日下午,全区政协教科文卫体委员会工作经验交流会在贵港城区召开。自治区政协副主席、党组成员陈刚出席会议并讲话,要求各级政协组织和政协委员扎实履职、奋发有为,不断开创政协教科文卫体委员会工作新局面。市长农融在会上致辞,市政协主席、党组书记肖明贵出席会议。会上、贵港市、南宁市、梧州市、北海市、贺州市、河池市就2018年政协教科文卫体委员会工作作经验交流。会议期间,与会人员先后到广西贵港华奥汽车制造公司、覃塘区"荷美覃塘"考察。

重要活动

【专题调研】 2018年,贵港市政协组织开展形式多样的民主协商活动。围绕加强贵港市产业扶贫、加快旅游发展、加快林木加工业提档升级、创建壮乡文化品牌、加快特色小镇建设等课题深入调研,组织开展专题协商、对口协商、界别协商、提案办理协商等多方面多层次协商议政活动,形成专题调研报告和协商建议8份。《加强贵港市产业扶贫工作的建议》《融入南广高铁经济带,加快贵港市旅游业发展》《贵港市林木加工产业提档升级专题调研报告》等得到市委主要领导的肯定性批示。

【专题视察】 2018年,贵港市政协组织驻贵自治区政协委员和市政协委员,采取交叉视察的形式,围绕"贵港市现代特色农业示范区建设"开展专题视察活动,坚持问题导向,有针对性提出意见建议,为促进贵港市现代特色农业示范区建设提出意见建议。协助自治区政协做好"加强民族地区乡村教师队伍建设""关于推进广西家庭教育立法的建议""推进农业供给侧结构性改革""推进广西香米品牌建设"等专题调研活动。

【民主监督】 2018年,贵港市政协贯彻落实中共中央《关于加强和改进人民政协民主监督工作意见》,牵头起草《关于加强和改进人民政协民主监督工作的实施意见》,探索民主监督方式方法,增强监督实效,进一步发挥政协民主监督的优势作用。加强与党政部门、监督机构、新闻媒体等方面的协作配合,进一步完善政协民主监督的组织领导、权益保障、知情反馈、沟通协调机制,提高政协民主监督工作的制度化、规范化、程序化水平。推举政协委员应邀担任司法机关和政府部门特约监督员,应邀参加党委、政府有关部门组织开展的专项

2018年1月11日,市政协委员参观园博园　　陈榕玲　摄

调查、巡查、督查等活动,促进有关部门改善服务质量、优化贵港发展环境。

【提案工作】 2018年,贵港市政协严把提案立案"入口关",努力促进提案质量提升,全年收到提案215件,立案197件,立案率91.63%。进一步完善提案督办机制,组织相关界别委员、提案者、承办单位负责人组成重点提案督办组,实行领导领衔、现场调查、面对面协商,选取《关于改造贵港市环城路与304、324线等交汇处立交互通的建议》和《关于恢复小学午托服务工作的建议》等8件提案作为重点提案开展督办活动,促进了相关问题的解决。在自治区政协十二届一次会议上,驻贵自治区政协委员联名提交的《关于支持在贵港建设一所独立设置的应用型本科院校的建议》和《关于推动玉林、钦州、贵港三市共同开发建设六万大山森林生态旅游示范区,促进北部湾地区发展的建议》提案被列为自治区政协重点提案。提案《关于支持在贵港建设一所独立设置的应用型本科院校的建议》承办单位自治区教育厅将贵港市新建的广西工业学院列入《广西高等学校设置"十三五"规划》,7月,签订合作办学协议;9月16日,贵港市委、市政府在西江教育园区举行广西工业学院奠基仪式。自治区政协调研组到贵港市就《关于推动玉林、钦州、贵港三市共同开发建设六万大山森林生态旅游示范区,促进北部湾地区发展的建议》开展调研督办并实地考察六万大山、贵港亚计山林场旅游资源情况,为贵港市旅游业发展提供有力支持。

【文史资料采编】 2018年,贵港市政协开展文史资料征集活动,收集、编辑、出版反映贵港市学校变迁、建设、发展过程和成就的《贵港文史》第十六辑,为贵港市教育事业发展提供参考借鉴。征集书画作品参加自治区政协举办的庆祝自治区成立60周年书画展,10件作品获得参展,是获参展作品较多的地市之一。

【政协理论研究】 2018年,贵港市政协扎实推进政协理论研究,深入开展习近平总书记关于加强和改进人民政协工作的重要思想大学习大讨论活动。征集论文63篇,其中4篇入选自治区政协理论研究会年度《论文集》,47篇入选市政协理论研究会年度《论文集》;召开贵港市政协第六次人民政协理论与实践研讨会,充分发挥理论指导实践作用。

【"两学一做"微讲坛】 2018年,贵港市政协打造"两学一做"微讲坛,扎实推进"两学一做"学习教育常态化、制度化。把"两学一做"微讲坛作为提升政协委员和机关干部履职能力和水平的有效平台,采取"专家学者专题讲、政协领导带头讲,机关干部轮流讲,政协委员参与讲"等形式开展,举办微讲坛活动12期,参与人数1000多人次。微讲坛活动经验在全国政协华南片区党建工作研讨会上发言,得到全国政协领导的肯定。

【"我为贵港献一策"活动】 2018年,贵港市政协开展"我为贵港发展献一策"活动,动员各级政协组织、政协委员发挥人才荟萃、智力密集、联系广泛的优势,为贵港市经济社会高质量发展建言献策。委员围绕贵港市经济建设、政治建设、文化建设、社会建设、生态文明建设提出意见建议69份。其中关于加强产业扶贫、加快富硒产业发展、推进特色小镇建设、加快民营企业发展等建议得到市委市政府充分肯定,并要求相关部门抓好落实。

【招商引资】 2018年,贵港市政协发挥位置超脱、联系面广的优势,积极开展招商引资活动。全年,外出招商考察16次,邀请客商到贵港考察洽谈17次。签订项目投资协议7个,投资额54亿元,已开工建设项目3个。桂平市政协创新开展雁归工程,设立"雁归工程工作联络处"为招商引资、对外开放牵线搭桥,力促形成"人回乡、钱回流、企回迁"良好态势,成功吸引企业家回乡投资兴办企业30多名。做好联系重大项目和重点企业工作,市政协班子领导主动深入联系的重大项目和重点企业调查研究,协调解决困难和问题,有效推动项目建设和企业发展。

【脱贫攻坚委员在行动】 2018年,贵港市政协领导主动深入挂点联系的县(市、区)乡镇、村开展调研、助推脱贫攻坚。引导挂点村建立合作社,发展壮大村集体经济,为联系挂点村协调争取各类资金650多万元,促进挂点村产业发展、基础设施建设。积极开展"脱贫攻坚委员在行动"活动,全体委员分成8个活动小组,政协领导每人联系一个小组,每个小组联系若干个贫困村和若干户贫困户。发挥党员先锋模范作用,实施"党建+委员行动",开展专题调研和"助一村、帮一户、献一策"等活动。委员联系帮扶贫困村164个、贫困户489户,深入贫困村贫困户走访1081人次,捐款捐物209.25万元,筹措扶持资金651万元、撰写调研报告14份、提出意见建议400多条、办实事403件。桂平市政协发挥政协委员企业家作用,带领贫困村发展产业;平南县政协发挥优势,主动作为积极投身脱贫攻坚战;港北区政协积极开展“双联系”(委员联系贫困户、委员小组联系贫困村)、“双满意”(党委政府满意、贫困户满意)活动;港南区政协“连线村两委”,助推村集体经济发展;覃塘区政协开展“单周例会,双周下访”活动助力脱贫攻坚。

【“三下乡”活动】 2018年,贵港市政协组织开展科技、文化、卫生“三下乡”活动,组织经济、农业、科技、文化、卫生等界别的委员和农业、水利、科技、卫计、文化等部门的专业技术人员到覃塘区大岭乡开展“三下乡”活动。为当地群众免费发放保健手册、农业实用技术手册、法律科普丛书等书籍和种养技术资料7万多份,接受群众技术、健康咨询3000多人次,为群众义诊500多人次。

【开展广泛合作】 2018年,贵港市政协密切与各民主党派、人民团体和各族各界人士的联系,组织各民主党派、人民团体和各族各界人士参加学习培训、视察调研和联谊活动。为各民主党派、人民团体和各族各界人士提出提案和意见建议、参加大会发言创造条件。界别诉求表达更加畅顺,实施“党建+委员联络室”活动,建立扬翔公司、桂平市木乐镇、平南县工业园区、港北区人民医院、港南区江南社区,覃塘区石卡镇等13个政协委员联络室,将政协工作触角延伸到社区、乡镇,密切群众关系,反映界别利益诉求,开展化解矛盾,解疑释惑,促进和谐工作。依托各专门委员会和委员活动小组,召开不同界别委员座谈会,认真听取、及时反馈各民主党派、无党派人士和界别委员的意见建议。发挥宗教界委员的作用,了解和反映宗教界的愿望和诉求。开展委员接待日活动,接待委员100多人次,收集意见建议20多条,编发《委员来访录》4期,及时反映社情民意。港南区政协建立“走访委员责任制”,实现政协领导对所联系界别委员的走访全覆盖。联谊交流更加有序,接待区内外政协来访,组织政协委员和机关干部赴区内外先进地市学习考察,进一步推动对外交流。召开港澳台侨外事联谊工作座谈会、组织港澳委员参观考察贵港市重点企业和重大项目、开展港澳委员活动日,帮助港澳委员知情明政,发挥港澳委员在维护香港澳门长期繁荣稳定和促进内地经济社会发展中的“双重”积极作用。平南县政协组织平南商会(同乡会)成立平南县教育慈善会,筹集资金846万元,举办平南县教育慈善会成立暨2018年奖优助学扶贫活动。

(吴国忠)

民主党派　工商联

民革贵港市委员会

【概　况】 2018年,中国国民党革命委员会贵港市委员会(简称“民革贵港市委会”)有党员155人。其中,男性党员占59.4%,女性党员占40.6%;平均年龄45.31岁。有省级政协委员2人,市人大代表4人,市政协委员17人,其中常委4人。

【思想建设】 2018年,民革贵港市委会组织对习近平新时代中国特色社会主义思想、中共十九大精神等治国理政新理念、新思想、新战略系统学习。领导班子率先垂范,利用主委会议、召开常委扩大会议、纪念“五一口号”发布70周年座谈会、参加中共贵港市委举办的各种专题研讨班等加强学习,并带头撰写学习体会文章。

民革机关先后参加民革中央在社院、民革广西区委在浙江大学等举办的学习培训。全体民革界别的政协委员参加政协委员学习培训。组织参加“不忘合作初心,继续携手前进”主题教育,“观故居,走多党合作之路”活动。组织开展“学好民革《章程》展现新气象新作为”硬笔书法比赛。

加强宣传工作,年内向《广西民革》《贵港日报》《贵港政协》等刊物和民革广西区委网站投递稿件20多篇。

【组织建设】 2018年,民革贵港市委会围绕领导班子建设、支部组织建设、后备干部队伍建设、组织发展为重点,加强组织建设。

领导班子建设　坚持民主集中制原则,重大事项班子内充分沟通协商,坚持每个季度召开常委会议1次,研究民革市委会重大事项和学习习近平讲话精神。

注重发展高素质的新党员　注重发展政治思想好,工作能力强,有潜力或在单位中层以上职位的年轻成员,年内发展新党员3名。

加强后备干部队伍建设　积极向民革广西区委会、市委统战部、县(市、区)中共党委推荐后备干部,多次与港北、港南党委协商两区的民革支部班子调整事宜。5月和7月,分别完成民革港南区和港北区支部领导班子调整，进一步推动基层组织建设。

走访骨干党员　为进一步加强同党员骨干所在单位的联系沟通，对党员所在的单位开展走访活动，全年走访骨干党员单位10多个。

【参政议政】 2018年，民革贵港市委会围绕贵港市经济社会发展和人民群众关心的热点、难点问题，把参政议政、建言献策放在重中之重的位置，扎实开展议政调研工作。

政治协商活动　参加贵港市非公经济发展和招商引资工作专题协商座谈会、贵港市党外人士党风廉政建设和反腐败工作专题协商会等10多次，就贵港市的经济带建设、招商引资工作、发展非公经济、扶贫攻坚工作、党风廉政建设工作、市政建设等发表意见建议。

建言献策　自治区政协委员王成炎、麦子俊在自治区政治会议期间，向大会提交议案4件；市政协委员在政协五届三次会议上提交提案17件，其中集体提案5件、个人提案12件；《关于贵港市在小学恢复午托管理制度的建议》《关于恢复小学午托管理制度的建议》提案并案获优秀提案。

到贵港市扶贫办、贵港市港添养殖专业合作社、曼布斯（贵港）集成房屋公司、覃塘区台泥、里昂生物工程等企业调研，了解扶贫和企业发展情况；组成调研组到各县（市、区）开展"贵港市乡村治理体系状况的调研"，形成报告呈交贵港市委市政府作决策参考。组织30多名党员参加民革广西区委会在贵港召开的信息调研座谈会。

"委员行动工程"　政协委员成员组继续跟踪开展"委员联项目助企业促发展"活动。

【祖国统一工作】 2018年，民革贵港市委会组织祖统委员在加强学习的基础上，按照民革中央提出的祖统工作"四个转变"要求，围绕两岸关系和平发展主题，抓好对台方针政策的学习和宣传，密切同海外侨胞和台胞的联系，接待海外侨胞和台胞10多人次。

【社会服务】 2018年，民革贵港市委会量力而行，认真开展社会服务工作。

2018年8月31日，民革贵港市委会调研组到平南镇调研

开展免费写送春联活动　春节前，组织书法家到港北区武乐镇开展写送春联活动，送出春联400多幅。

助力脱贫攻坚　先后到港北区庆丰镇六松村、覃塘区五里镇龙贵村、覃塘区五里镇云表村了解贫困户的脱贫情况，共捐助资金4100元。12月，响应自治区党委统战部号召发动党员开展"同心水柜"捐赠活动，捐款13998元。

招商引资　与深圳市利佰科技有限公司洽谈在贵投资事宜，接待深圳市盛智机电设备有限公司董事长一行到贵考察，持续跟踪2016、2017年签约项目在贵港落地建设情况。年内，成功引进投资2500万元的广西贵港市环峰针织有限公司落户覃塘区。

开展"法律进校园活动"　9月28日，联合共青团贵港市委员会到贵港市德智中学开展"法律进校园暨'我与法同行，法为我护航'"活动。

举办书画展　11月7日，为纪念"五一口号"发布70周年和民革成立70周年，在贵港市图书馆举办书画、篆刻展，70多名党员和社会各界人士参加活动。

（彭雪莉）

民盟贵港市委员会

【概　况】 2018年，中国民主同盟贵港市委员会（简称民盟贵港市委会）盟员人数174人。有市直、港北区、港南区和覃塘区支部8个基层支部。有自治区政协委员（常委）1人；市政协委员22人，其中政协常委3人；县（市、区）人大代表2人，其中人大常委会委员1人；县（市、区）政协委员27人，其中政协常委

4人。

【思想建设】 2018年,民盟贵港市委会通过抓好中共十九大精神学习,开展专题教育活动以加强民盟组织思想建设。

中共十九大精神学习 及时组织广大盟员学习贯彻中共十九大精神,购买系列读本发放给盟员骨干、基层支部负责人,采取集中宣讲、专题学习、座谈交流讨论等形式组织学习。

专题教育活动 坚持以思想建设为主线,以能力建设为核心,有序推进坚持和发展中国特色社会主义学习实践活动,扎实开展"不忘合作初心,继续携手前进"专题教育活动,及时传达民盟中央、民盟广西区委组织工作、宣传工作、参政议政工作会议精神,组织学习贵港市"两会"精神;举办"纪念'五一口号'发布70周年"知识竞赛等系列活动;先后选派骨干盟员10多人次参加中央、自治区和贵港市举办的各种培训班学习。

【参政议政】 2018年,民盟贵港市委会围绕中心,服务大局,积极参与参政议政。

参加政治协商 领导班子围绕市委中心工作,积极建言献策。参与自治区政协课题调研会2次,市政府工作报告听取民主党派意见会1次;参与市委统战部"民主协商会"4次;参加市政协"课题视察"调研课题座谈会3次。

提案工作 在市政协五届三次会议上,提交提案29条,其中集体提案7件、个人提案22条。《关于改造贵港市环城路与304、324线等交汇处立交互通的建议》提案得到市委书记李新元等领导批示要求重点督办,并获得2018年度优秀提案奖。《关于恢复小学午托服务工作的建议》和《关于加快贵港市停车位规划建设的建议》提案被评为2018年度优秀提案。完成贵港市委、市政府下达的《关于乡镇小城镇建设问题及对策的研究》调研课题并提交调研报告及调研成果转化。

【组织建设】 2018年,民盟贵港市委会通过人才培养、盟员发展抓好组织建设。

量质并重稳步推进组织发展 在组织发展过程中,始终坚持"三为主"原则,注重吸纳政治素质好、作风正派、学有专长、富有生机的中青年人入盟,并在发展中听取考察对象所在单位党组织和群众的意见。年内,发展新盟员8人。

精英盟员参与社会工作 向民盟区委会推荐副主委郭起炎、陆桂明分别担任民盟广西区农业委员会副主任、生态环境委员会副主任,另有朱宇佳等9名盟员担任各相关委员会委员。此次推荐在民盟广西区委专委会任职是贵港市历年人数最多、层次最高的一次。

基层支部工作 港北区、港南区、覃塘区支部围绕"不忘合作初心,继续携手前行"主题,组织开展专题学习,组织支部盟员到玉林、宜州等地开展专题调研。市直二、四支部开展服务"精准扶贫"工作,为推动扶贫事业捐款捐物。二支部联系市中小微民营企业家协会参加各项公益活动,投入资金30多万元。四支部整合桂平商会会员资金800多万元用于帮助贫困村和贫困户脱贫。

统战平台建设 盟市委给覃塘区支部拨款1.8万元,在覃塘区东龙镇建设统一战线服务平台,打造贵港市的第一个县(市、区)统一战线服务平台。

【社会服务】 2018年,民盟贵港市委会持续组织开展各类社会服务活动,服务大局,助推中共贵港市委中心工作任务完成。

推县域经济发展 组成招商小组围绕鼓励贵港市外出经商能人回乡创业为主题,3月成功引进总投资5000万元的年产8000吨草甘膦异丙胺盐项目和投资1.9亿的雄正木业有限公司,年末两家企业已开工建设,雄正木业建成投产。

送法律进校园 9月,联合贵港市光彩事业促进会、贵港市元丰律师事务先后在港北区、平南县、覃塘区联合开展"法律进校园"宣讲活动,参加宣讲活动学生3600多名。

同时,先后到港北区武乐镇开展文化下乡活动,到桂平市石龙镇开展送春联活动,到港南区桥圩镇开展庆祝自治区成立60周年文艺活动,到港北区庆丰镇开展扶贫活动。盟员苏伟国带领中小微民营企业协会为贫困户累计捐款捐物价值30多万元。 (梁带伟)

民建贵港市委员会

【概　况】 2018年,中国民主建国会贵港市委员会(以下简称民建贵港市委会)有支部7个,会员人数169人,其中男性会员112人,女性会员57人。2018年度获得民建广西社会服务工作先进集体、民建广西宣传工作先进集体、民建广西市级组织管理信息系统工作评比一等奖、民建广西参政议政工作先进集体、民建广西社情民意工作优秀组织奖等荣誉。

【思想建设】 2018年,民建贵港市委会以多种形式开展“习近平新时代中国特色社会主义思想”等专题学习活动。参加广西统一战线新时代讲习所(贵港分会场)12讲,参加市政协举办的“两学一做”微讲坛活动4期。积极参加纪念“五一口号”70周年征文活动和有关主题活动。

【组织建设】 2018年,民建贵港市委会新发展会员3名,从柳州民建转入会员1名。选派会员到江苏省社会主义学院、到江西井冈山干部教育学院等地学习培训。向民建广西各专委会推荐任委员7人,其中会员莫薇担任区民建农业与农村委员会副主任;向区民建和贵港市委统战部推荐党外人士一批。民建覃塘支部完成届中选举,韦冬梅担任支部主委。

【参政议政】 2018年,民建贵港市委会开展政治协商工作,主要参加贵港市委书记主持的“作风建设”“招商引资和项目建设”等专题政党协商座谈会。提案工作,在市政协五届三次会议上提交提案18件,其中《关于在学校对学生引入心理疏导机制的建议》《关于办好贵港市学前教育的建议》被评为优秀提案;《关于加强居民垃圾分类的知识宣传》列入贵港市重点督办提案。在建言献策工作中,完成《加快培育高新技术企业,助推贵港工业提质增效》调研报告提交市委市政府,向区民建提交《政府主导下的广西农村学前教育“温度”发展研究》调研报告,《高职院校呼唤工匠精神回归》调研报告获得民建中央“工匠精神与职业教育”课题研讨活动三等奖,《关于中兴事件的一点看法》得到民建中央信息采用,《加大对太平天国起义遗址的深度挖掘》得到贵港市领导批示。

【社会服务】 2018年,民建贵港市委会通过捐资助学、参与扶贫攻坚、招商引资等履行社会服务职能。经牵线搭桥帮助覃塘区6名贫困大学生获得每人7000元以上的盛邦助学金。

参与精准扶贫,开展“思源工程·创品牌·扶持村集体经济”活动,为桂平市西山镇佛荔村捐赠菌种2车;开展“创品牌·扶助佛荔村小学饮用水改造工程”活动,扶持该村小学2万元用于学生饮用水改造工程,筹积资金1.5万元慰问贫困户学生20多名。选取桂平社坡镇太安村作为区民建脱贫攻坚观察点。中秋前夕,民建港南区支部到东津镇东津村对贫困户进行慰问。配合区民建开展“民建会员关爱行动”,上门慰问百岁会员姜世楷。

开展招商工作,联合市商务局赴深圳市考察物流企业、赴南宁市考察专业市场、开展东盟博览会招商推荐活动,并完成年度市委下达的3000万招商任务。

(覃文晖)

民进贵港市委员会

【概　况】 2018年,中国民主促进会贵港市委员会(以下简称民进贵港市委会)辖2个总支11个基层支部,有会员186名。有自治区政协委员1人,贵港市人大代表5人,政协委员24人。民进贵港市委会获评2018年度民进广西市级组织社会服务工作先进单位、民进广西市级组织参政议政工作先进单位。

【思想建设】 2018年,民进贵港市委会坚持理论中心组学习制度,每季度组织市委会领导班子、市委会常委、基层组织主要负责人开展政治理论学习。开展纪念中共中央发布“五一口号”70周年活动。到百色市粤东会馆、百色起义纪念馆开展“不忘合作初心·继续携手前进”主题教育活动;组织全体会员及入会培养对象开展“学习会史会章、感受贵港速度、坚定四个自信”教育活动。

【组织建设】 2018年,民进贵港市委会以2017年基层组织换届为契机,配强配优基层组织领导班子,完成66名新一届基层组织领导班子成员配备。在新一届基层组织领导班子12名主要负责中,担任副科级以上或学校中层以上职务11人。民进贵港市委会引导各支部积极物色培养入会积极分子,全年新发展会员或培养入会积极分子12人。

【参政议政】 2018年,贵港市民进界别的政协委员向自治区、市政协提交提案30件,其中集体提案5件,个人提案25件,联名提案4件。其中,《关于支持在贵港建设一所独立设置的应用型本科院校的建议》获列为2018年自治区领导重点督办提案;《广西土地流转相关法律问题的建议》转化为民进广西区委集体提案《关于完善我区农村土地流转相关法律的建议》,获评为自治区政协重点提案;《关于大力推进贵港市富硒特色扶贫产业发展的建议》等3个提案获评为

2018年，民建贵港课题调研组到柳州市调研

2018年贵港市级重点提案;《关于路边市场综合整治长效机制强化的建议》等4个提案获评为贵港市级优秀提案。全年，民进贵港市委会领导和会员参与市委、市政府和市政协组织的招商引资工作、作风建设、党风廉政建设、项目建设和调研成果协商等各类协商视察活动53人次，提出系列建议意见供决策参考。

【社会服务】 2018年，民进贵港市委会发挥会内资源优势，汇聚会外力量，组织开展系列社会服务活动。开展“春联万家”活动，在桂平市罗播乡为群众免费写送春联1800幅。开展“同心·彩虹行动”活动，在全市7个乡镇(街道办)对420名书法骨干老师开展辅导讲座;联合农工党贵港市委会、市妇幼保健院、市皮肤病防治院开展医疗下乡活动，为130多名群众提供义诊服务;组织开展乡村小学帮扶活动，送去图书2000册，引导会内外爱心企业家助力脱贫攻坚、开展教育帮扶捐赠款物折合人民币约30万元。

参与全市招商工作，通过“走出去”和“请进来”等方式到北京市、江苏泰州市等地开展招商引资活动4次，跟踪服务推动总投资1000万元的融资项目、总投资1.05亿元新墙体材料项目竣工投产，助推总投资2亿元的年产600万吨绿色环保材料和总投资1.2亿元的生猪养殖项目开工建设。民进贵港市委会副主委贾春红、民进港南区支部主任覃星琴获评“招商引资工作先进个人”。 (张 玲)

农工党贵港市委员会

【概 况】 2018年，中国农工民主党贵港市委员会(以下称农工党贵港市委会)有党员175名，其中发展党员5名，有总支1个、支部12个。

【统战理论和政党理论研究】 2018年，农工党贵港市委围绕“习近平多党合作思想”“新型政党制度”等主题，开展各类课题研究和学术交流活动。参加自治区政协、农工党中央、农工党广西区委、广西统战部和市政协举办的政党理论和统战理论论文评比活动，全年撰写统战理论和政协理论文章19篇，获奖文章21篇(次)，其中《习近平新时代统一战线理论和实践的文化透析》《人民政协坚持以人民为中心的发展思想之思考》2篇获得一等奖，多篇获得二等奖和三等奖;有3篇在《广西社会主义学院学报》《前进论坛》发表。

【组织建设】 2018年，农工党贵港市委在医疗卫生、文化教育和其他系统发展综合素质比较强的新党员5名，并对不同层次的党员加强培训。

【参政议政】 2018年，农工党贵港市委组织党员在自治区、市两级“两会”提交各种议案提案32件，其中集体提案4件。以“贵港市乡村产业发展现状与对策研究”为题，到各县(市、区)开展调查研究活动。报送社情民意信息21条，其中被农工党广西区委采用14条，被自治区统战部和中央统战部采用4条。

【社会服务】 2018年，农工党贵港市委开展各种社会服务活动，推动经济社会建设。年内在城区或乡镇组织大型义诊活动3次，发放资料1万多份，受益群众1100人多次。组织健康知识讲座12场，受益群众628人次。在城区开展第十期乡村医生技术技能培训活动。

(阳沐予韧)

致公党贵港市委员会

【概 况】 2018年，中国致公党贵港市委员会(以下简称致公党贵港市委会）有5个基层组织，分别是市直支部、港北区支部、经济支部、贵糖支部和港南区支部。党员总数113人。有自治区政协委员1人；市人大代表5人；市政协委员14人，其中市政协常委3人、副主席1人；县（市、区）人大代表2人，其中常委1人；县（市、区）政协委员14人，其中常委3人、政协副主席2人。

2018年7月26日，贵港市政协副主席、致公党贵港市委会主委谭汝新率队在覃塘区黄练镇开展“加强农村经营管理人才队伍建设，助推乡村振兴战略”调研

【思想建设】 2018年，致公党贵港市委会注重加强政治思想教育，通过召开委员扩大会议、专题学习会等多种形式，重点学习习近平新时代中国特色社会主义思想、中共十九大精神、习近平总书记关于加强和改进人民政协工作的重要思想、关于“新型政党制度”重要论述。参加纪念中共中央发布“五一口号”70周年活动。组织学习新修订的《中国致公党章程》。做好理论研究和信息宣传，上交理论文章8篇，宣传信息30篇。

【组织建设】 2018年，致公党贵港市委会以人才培养、党员发展、机关建设等谋求组织新发展。坚持发展与巩固相结合的党员发展方针，立足新时期参政党履职新要求，积极稳妥地发展新党员3名，其平均年龄35岁，本科以上文化，本行业本单位的骨干，律师1人、公务员2人，有“侨”“海”关系2人。加强支部建设指导，支持、鼓励各支部开展活动，7月上旬组织经济支部、港南区支部、港北区支部及贵糖支部联合到港南区开展产业扶贫调研活动。加强后备队伍建设，建立后备干部档案，实行后备干部队伍动态管理和培养。有计划地选送后备干部到广西社会主义学院和中共贵港市委党校学习培训，组织后备干部参加党派各类参政议政活动。加强机关建设，参照国家公务员制度及致公党广西区委会机关制度的要求，加强机关工作人员的管理、学习和培训。

【参政议政】 2018年，致公党贵港市委会加强参政议政制度建设和创新工作机制、推进课题调研和社情民意信息工作。参加中共贵港市委、市政府召集的征求意见会、调研会、座谈会、情况通报会及贵港市政协专题会等积极建言献策，履行政治协商职责。“两会”期间，向自治区、市政协会议提交提案12件。其中，谭汝新提交的《采取措施保证稳定企业用工的长效机制》获得自治区政协十一届六次会议书面发言，集体提案《关于贵港市采取措施保证企业用工稳定的建议》获贵港市政协五届三次政协会议重点提案，集体提案《关于对贵港市进行地下综合管廊建设的建议》获贵港市政协五届三次政协会议优秀提案。对重点课题《加强农村经营管理人才队伍建设，助推乡村振兴战略》开展调研。11月，致公党贵港市委会获致公党中央授予致公党参政议政工作先进集体称号。

【社会服务】 开展公益捐助活动。8月，到桂平市开展“致福民众情暖侨心”活动，捐助10名贫困学生每人800元。11月，到港南区东津镇东岭小学举行赠书活动，捐赠图书1200多册。12月，帮扶港北区庆丰镇都炉村村民合作社资金1万元；为“统一战线同心水柜”捐赠3000元。

招商引进项目在中国—东盟博览会上集中签约。致公党贵港市委会加大招商引资力度，多次赴广东、福建等地开展招商引资工作，成功引进项目2个，投资总额40亿元，分别是总投资38亿元的优迪教育园区项目和总投资2亿元的年产10万套板式家具建设项目。9月13日，两个项目在第15届中国—东盟博览会贵港市投资合作项目签约专场会上签约。年末，优迪教育园区项目落户贵港市教育园区，年产10万套板式家具

项目全部建成投产后预计年产值2.45亿元以上，年缴纳税收1020万元以上。（李少兰）

贵港市工商联

【概　况】2018年，贵港市工商业联合会（以下简称贵港市工商联）有会员3736名，其中企业会员2382名、团体会员111个、个人会员929名。年内新发展成立贵港河南商会、贵港江西商会，新发展会员462名。在开展“四好”商会创建中，港南区桥圩镇商会获全国工商联认定为2017—2018年度全国“四好”商会；桂平市木乐镇、江口镇、社坡镇商会，平南县平南镇商会，港北区武乐镇商会，港南区湛江镇商会获自治区工商联认定为广西“四好”商会。

11月13日，贵港市工商联五届三次常委会议在城区召开，会议专题学习习近平总书记在民营企业座谈会上的讲话精神。9月29日，“2018广西民营企业100强”发布会在南宁市举行，贵港市贵钢集团、扬翔股份、金源化工、史丹利化肥、业成木业入围广西民企百强。

【参政议政】2018年，贵港市工商联引导非公经济人士有序参与政治生活和社会事务，提交《继续加强垃圾分类及循环利用工作力度》《关于继续加大对贵港市职业教育扶持力度的建议》等提案10多件，得到政府相关职能部门的高度重视和答复，其中《继续加强垃圾分类及循环利用工作力度》获得2018年贵港市优秀提案奖。年内，协助自治区开展《激发广西各类市场主体活力的思路与对策研究》调研，独立完成《贵港异地商会发展现状》课题调研，为党委政府提供非公经济发展决策依据。

【招商引资】2018年，贵港市工商联先后到福建、广东、重庆等地开展招商考察推介9批次，接待百色贵港商会、柳州贵港商会、广东新粤商商会到贵港市开展招商考察活动。与覃塘区政府联合签约平果铝项目、与港北区健发种养专业合作社签约的生态农业种养园项目、与广西钜豪家具有限公司签约的家具生产项目、与广西桂中石油化工贸易有限公司签约的根竹商贸城项目4个项目，合同投资额20.76亿元。

【商会企业参与扶贫】2018年，贵港市工商联组织扶贫活动有7次，引导企业家、商（协）会自行开展的活动36批次，捐款捐物折合人民币79.36万元，发放各类种养科技手册650份，受益群众1020户。其中，贵港温州商会为港北区大圩镇、木格镇、蒙圩镇捐款物9.1万元；贵港市中小微民营企业协会开展活动21批次，捐款物23.6万元；泉州商会开展扶贫活动7批次，捐款27.3万元。（甘永前）

群众团体

总　工　会

【概　况】2018年，贵港市有单独基层工会6137个，涵盖单位10511个，较上年增长3.06%；全市会员总数411561人，较上年增长5%。开展“联建联创”企业8家，涵盖工会组织118个，会员4980多人。港市人民检察院工会、桂平黎明医院工会被评为全国模范职工之家，市交警支队车辆管理所工会小组、华隆超市荷花店生鲜处工会小组被评为全国模范职工小家，史丹利化肥贵港有限公司工会主席郭显昌被授予全国优秀工会工作者称号，史丹利化肥贵港有限公司工会女职工委员冯英梅、桂平市房产管理所工会主席潘立志被命名为全国优秀工会积极分子。

开展“货车司机入会集中行动”，货运企业建会206个，建会率40.23%，货车司机入会37718人，入会率40.02%。

【重要会议】

贵港市总工会四届九次全委会议　2018年3月23日，在贵港市总工会办公驻地召开。会议学习贯彻党的十九大和十九届三中全会精神，自治区党委十一届三次全会和区总十二届七次全委会议精神，总结全市工会2017年工作，部署2018年工作任务，履行有关人事事项的民主程序。

贵港市总工会四届十次常委会议　2018年3月23日，在贵港市总工会会议室召开。会议审议替补常委、委员事项；审议工会工作报告；审议经审工作报告。

全市工会工作会议　2018年3月30日，在市会议中心召开。召会议学习贯彻党的十九大和十九届三中全会精神、自治区党委十一届三次全会和区总十二届七次全委会议精神，总结2017年全市工会工作，部署2018年工作任务。

【职工权益维护】2018年，贵港

市总工会加强以职工代表大会为基本形式的企事业单位民主管理，深入推进非公有制企业民主管理。民主管理厂务公开工作稳步推进，国有及控股企业、事业单位厂务公开和职代会制度建制率涵盖单位分别达到99.79%和99.62%；全市非公有企业厂务公开建制率94.15%；职代会制度建制率94.52%。推动工资集体协商“提质扩面”工作深入开展，努力维护职工权益。年末，贵港市工资集体协商签约1719份，覆盖企业11319家，25人以上企业工资集体协商单独签约1585份。

加强协调劳动关系，劳动争议调解组织980个，建立数已达可建劳动争议调解委员会基层工会数任务1307家的75%。元旦、春节期间，大力维权工作力度，维权办理18人次，维权知识宣传教育575人次。加强法律人才队伍和法律援助机构建设，全市有职工律师团1个(市本级律师团有律师6名)，职工法律服务站5个，大型企业和工业园区律师服务点9个，所有的律师联系方式均在《广西工人报》进行公示。扎实做好工会维稳和防抵渗透工作，各级工会律师团、职工律师援助站办理职工维权案件或为职工仲裁或诉讼提供代理法律援助的案件30件，其中为农民工维权16件、为农民工追回拖欠工资200多万元；工会信访办接待处理职工来函信件43件，结案处理43件，结案率100%；接待来访职工122人次。

【困难职工精准帮扶】 2018年元旦、春节期间，贵港市开展“心系职工情，温暖进万家”为主题的送温暖慰问活动，全市各级工会组织筹措送温暖帮扶慰问资金89.26万元，走访企业66家，慰问一线职工2721人次，慰问困难(特困)家庭788户，慰问困难(特困)职工345户，慰问困难农民工322户，慰问各级困难劳模121户。加强与帮扶单位沟通，走访困难职工家庭，做好困难职工摸底调查工作，全年各级工会救助特困职工265户，发放救助金150多万元。抓好抓实“夏送清凉”“金秋助学”等工会品牌工作，“送清凉”活动发放清凉慰问品23万元；在金秋助学活动中，资助困难职工子女和困难农民工子女118人，各级工会发放金秋助学款45.37万元。做好职工医疗互助保障工作，在保职工98711人，全年2954人次获得住院、身故补助，补助金额655万元。

【服务农民工】 2018年，贵港市开展农民工平安返乡“暖心行动”和“暖流行动”。春运期间，全市设农民工平安回家“暖流行动”服务站5处，各级工会共投入资金10多万元，为返乡农民工服务。开展“暖心行动”，顺利迎送在广东务工人员返乡107名。开展“春风行动”，促进再就业，与市人社局、市扶贫办、市工信委、市妇联等单位联合举办贵港市2018年“春风行动”大型就业招聘会。活动期间，招聘会进场企业525家，提供就业岗位3万多个。做好全市“工会爱心驿站”建设，在全市新建“工会爱心驿站”7个，为户外劳动者服务。开展农民工子女暑期亲情主题活动，7月23日—27日以“关心·关爱·亲情”为主题，组织开展广西贵港籍驻广东惠州市农民工留守儿童暑期赴粤与父母团聚活动，15名留守儿童与家人60人参加活动。

【组织劳动技能竞赛】 2018年，贵港市大力开展劳动竞赛，国有及国有控股企业15家，参赛面100%；规模以上非公企业547家，开展劳动竞赛520家，参赛面达到95%；工业园区5个，参赛率100%。国有及国有控股企业职工共5267人，参赛职工5003人，参赛率达到98%；规模以上非公企业职工共30976人，参与劳动竞赛职工29428人，参赛率达到92%；全市5个工业(经济)园区，有职工25210人，参与劳动竞赛职工23950人，职工参赛率达到95%。

积极参加广西第六届全区职工技能大赛，贵港市选手熊朝斌在砌筑工比赛中获得第2名，并代表自治区参加全国农民工技能大赛；积极组队参加2018年广西职工创新成果展示，贵港市25个项目职工创新成果参加展示；探索与广西科技商贸高级技工学校合作办学，开展农民工学历提升教育和技能培训，积极主动服务“新兴产业”发展，全年培训人数4500多人次。

【参与脱贫攻坚】 2018年，贵港市工会参与蒙村15千瓦时的光伏发电项目工程建设再投入扶持资金10万元，该项目累计扶持资金30万元。年末，并网发电手续正在完善中。投入资金6万多元，支持蒙村党群服务中心、党员活动室建设。

【五一劳动奖推荐评选】 2018年，贵港市根据自治区总工会《关于评选推荐2018年全国、广西“五一劳动奖”和工人先锋号的通知》，开展年度全国、广西五一劳动奖和工人先锋号的评选推荐工作。经评选，贵港市获全国“五一劳动奖”章1人，全国工人先锋号1个；广西五一劳动奖3个，广西五一劳动奖章5人，广西工人先锋号6个。

表 4　**2018 年贵港市获省(部)级以上先进集体一览表**

编号	获奖集体	所获奖项	获奖文号	备注
1	广西金田木业有限公司中纤板车间甲班	全国工人先锋号	总工发〔2018〕12 号	
2	广西贵港北控水务有限公司	广西五一劳动奖状	桂工发〔2018〕12 号	
3	广西平南桂银村镇银行股份有限公司	广西五一劳动奖状	桂工发〔2018〕12 号	
4	贵港市覃塘区人民法院	广西五一劳动奖状	桂工发〔2018〕12 号	
5	贵港市交通投资建设有限公司财务部	广西工人先锋号	桂工发〔2018〕12 号	
6	广西电网有限责任公司贵港供电局贵港电力调度控制中心	广西工人先锋号	桂工发〔2018〕12 号	
7	中国华电集团贵港发电有限公司脱硫环保部运行五班	广西工人先锋号	桂工发〔2018〕12 号	
8	桂平黎明医院护士站	广西工人先锋号	桂工发〔2018〕12 号	
9	广西通泰运输集团股份有限公司贵港汽车西站站务班	广西工人先锋号	桂工发〔2018〕12 号	
10	桂平市公安局交通警察大队车辆管理所(中队)	广西工人先锋号	桂工发〔2018〕12 号	

【“贵港工匠”评选】 2018 年,贵港市为深入实施建设制造强国战略,大力弘扬“工匠精神”,根据贵港市委宣传部、市总工会、市工业和信息化委员会、市科学技术局、市人力资源和社会保障局《关于印发〈选树 2018 年度“贵港工匠”活动方案〉的通知》,开展选树年度“贵港工匠”活动。经广大市民的积极参与、各级工会的层层推荐选拔、公众投票和专家评审等程序,评选出马振鹏等 10 人为“2018 年度贵港工匠”,陈达勇等 4 人被提名“2018 年度贵港工匠”。4 月 28 日晚,在贵港市会议中心举行庆祝五一国际劳动节暨“贵港工匠”年度人物发布晚会上发布。　(麦　夏)

共青团贵港市委员会

【青少年思想建设】 2018 年,中国共产主义青年团贵港市委员会(以下简称团贵港市委)将党的重要精神及时传达到位,组织开展习近平新时代中国特色社会主义思想、党的十九大精神、习近平“7·2”重要讲话、团的十八大精神宣讲活动 100 多场次。广泛开展共青团特色主题活动,全市举办“研读十九大青年话使命”演讲比赛、“清明祭英烈·共铸中华魂”主题活动、“你好,新时代”大型少年军(警)校检阅式、“你好,新时代”主题队日等共青团特色主题活动 200 多场。

年内,贵港市青年当选团十八大代表 3 名。团港南区委原西部计划志愿者韦雨明获“全国优秀共青团员”称号,税务局卢江曼获“全国青年岗位能手”称号,市公安局李宁、广西久久星新能源车辆科技有限公司负责人张雄获 2017 年度“广西青年五四奖章”称号,团港南区委等 7 个团组织获 2017 年度“广西五四团委(团支部)”称号,李洁等 16 人获 2017 年度“广西优秀团干(团员)”称号。团市委对 2017 年度表现优秀的共青团员、共青团干部、基层团组织等 307 个集体和

表 5　**2018 年度“贵港工匠”一览表**

编号	姓　名	单位
1	马振鹏	平南县荣泰工艺厂管理人员
2	韦军民	广西东方尚贤文化有限公司董事
3	叶　康	贵港市红林木雕坊负责人
4	郑世金	平南县轻子刀具厂厂长
5	胡要林	华润水泥(平南)有限公司工程师
6	黄成辉	贵港钢铁集团有限公司副主任
7	梁永昌	广西电网公司贵港供电局高级工程师
8	曾　义	贵港布山书画院院长
9	黎宏宇	广西根号三雕刻艺术有限公司总经理
10	潘铁明	贵港市覃塘区东龙镇手工艺者

表 6　**2018 年度“贵港工匠”提名奖一览表**

编号	姓　名	单位
1	陈达勇	平南供电局技师
2	周春龙	贵港市港南区木格镇手工艺者
3	容伟贤	桂平市供电局技师
4	熊朝斌	贵港建设集团有限公司工人

个人予以通报表扬，通过树立青年典型，凝聚青年力量，引领青年投身工作。

【青年志愿服务品牌建设】 2018年，团贵港市委承接园博园开园、元宵灯会、2018年贵港·国际马拉松比赛、创文明城市、幸福马拉松、全国荷花展、登山赛等大型志愿服务活动7场次，3000多名青年志愿者参与志愿服务活动，高标准完成市委市政府交给的任务。在“六城联创”活动中，全面启动“创文明城·青年我先行”活动，12支志愿服务队定期进社区、进公园、进高铁等开展志愿服务活动。

【青年创业就业工作】 2018年，贵港市举办青年创业创新先进个人和优秀项目展演活动和庆祝改革开放40周年贵港市青年创业创新项目成果展示大会，通过选树青年创业典型，传递青年奋斗精神。举办贵港青年创业创新沙龙进社区（农村）活动12场，服务农村创业青年300多名。以贵港青年就业创业服务超市为基础，搭建就业创业智慧微平台，帮助5000多名青年实现就业。桂平市“三浔记”罗秀米粉等4个项目获得自治区级以上青年创业创新大赛优秀奖，智慧餐厅等2个项目被团广西区委推荐参加第五届“创青春”中国青年创业创新大赛全国赛。

【团属组织作用凸显】 2018年，贵港市团属组织发挥凝聚各界青年的桥梁和纽带作用更加凸显，以团属组织联系、服务青年为抓手，凝聚青年企业家、青年志愿者、青年书法家、电子商务从业青年、创业青年、青年演讲爱好者、青少年艺术从业者等名各界优秀青年1000多人。团属协会围绕中心、服务大局，开展脱贫攻坚、招商引资、志愿服务、书法进学校、电商培训、创业培训、演讲培训、艺术培训、扶贫慰问、公益助学等一系列主题鲜明的活动，成效显著。

【青少年社会工作】 2018年，贵港市积极探索通过政府购买服务形式开展青少年社会工作，团贵港市委争取财政资金60万元，购买青少年思想引导、青少年身心健康促进、青年婚恋交友、青少年社会融入与社会参与、青少年合法权益维护和社会保障、预防青少年违法犯罪等12个项目的青少年社会工作服务，取得初步成效。

2018年5月4日，团市委在市会议中心举办贵港市青年创业创新先进个人事迹和优秀项目展演

【青年组织招商引资】 2018年，贵港市发挥青年社会组织资源优势，“走出去”到深圳等地招商引资7次，“请进来”邀请企业家到贵港投资考察5次，引进项目5个，投资总额19.1亿元。

【团建基础建设】 2018年，贵港市实施团市委机关领导干部专、挂、兼制度，团市委领导班子设书记1名、专职副书记2名，配备挂职副书记1名、兼职副书记2名，机关部（室）配备挂职干部2名、兼职干部2名。优化团市委内设机构，团市委机关设4个部（室）基础上，成立贵港市青少年活动中心。成立系统团工委，成立共青团贵港市直属机关工作委员会，共青团贵港市教育工作委员会，共青团贵港市国有企业工作委员会，共青团贵港市小微企业、个体工商户、专业市场工作委员会，共青团贵港市新社会组织工作委员会5个团工委。党建带团建工作取得发展，把团建工作纳入到党建工作进行总体部署，将团建工作列入到党建工作目标考核。贵港市委常委会听取共青团工作汇报后提出明确要求，市委组织部在团干部队伍建设、青年创业就业、青年志愿者等方面均给予大力支持，为共青团工作的开展提供组织保障。 （庾 琳）

贵港市妇女联合会

【概 况】 2018年，贵港市妇女联合会（以下简称贵港市妇联）围绕市委“13446”工作思路，按照自治区妇联工作部署，实施妇女思想引领、创业创新、乡村振兴、家庭文明创建等巾帼行动，贵港市获自治区级以上荣誉的先进集体（个人）34个，其中全国三八红旗集体1个，第十一届全国五好家庭2户、2018年度全国最美家庭2户，第十一届广西五好家庭8户、2018年广西最美家庭15户；培树贵港市“巾帼文明岗”17个，贵港市“最美家庭”20户。

【妇女思想引领】 2018年，贵港市妇联认真履行团结引领广大妇女群众的政治责任，实施“妇女思想引领行动”，引导广大妇女更加紧密地团结在以习近平为核心的党中央周围，坚定不移听党话、跟党走，为助力“四力”新贵港建设打牢思想根基。依托主流媒体，唱响时代主旋律，大力推进贵港妇女微信公众号建设，打造“网上妇女之家”，推送信息657条，阅读量达22.12万次。注重宣传典范，弘扬新风尚、传递正能量，在《贵港日报》“巾帼风采”专栏和《中国妇女报》《广西日报》《广西妇女》等刊登信息127条，宣传先进妇女典型45例。宣传中国妇女十二大精神，号召全市妇女开展形式多样的学习宣传贯彻活动，开展专题宣讲23场，参与群众4000多人。培树先进典型，汇集社会正能量，通过培树先进典型，树立精神标杆，以榜样力量引领妇女创先争优。开展品牌活动，展示妇女新风貌，举办“走美丽荷城·看贵港速度”庆“三八”欢乐行活动，市直、中区直驻贵机关事业单位女干部职工500多人参加；举办“巾帼心向党·建功新时代”快乐三八节游园活动，市委书记李新元等市领导亲临活动现场与1000多名女干部职工共度节日；举办荷美女性大讲堂10期，受益妇女4000多人。

【创业创新巾帼行动】 2018年，贵港市实施“创业创新巾帼行动”，带动妇女创业就业岗位建功。各级妇联联合有关部门举办“春风行动”就业招聘会10多场，提供就业岗位2万多个，达成就业意向1万多人。做响家政服务品牌，深化巾帼家政培训进村（社区）活动，提升妇女就业技能。开展家政培训“大篷车”进村（社区）活动18场，参与群众1989人。进一步发挥妇女居家灵活就业示范基地辐射作用，促进农村妇女居家灵活就业。

【乡村振兴巾帼行动】 2018年，贵港市实施“乡村振兴巾帼行动”，在乡村振兴战略中发挥妇联组织独特作用。深入实施“产业到家、牵手妈妈”脱贫行动，大力建设以“巾帼脱贫示范基地”为龙头的各类“妇字号”基地，发挥示范引领作用，实现产业帮扶脱贫。培树“全区巾帼脱贫示范基地”6个，其中“巾帼科技示范基地”5个、居家灵活就业示范基地1个，获上级项目资金补助30万元；全区“金绣球”农家乐示范点4个，获上级项目资金补助40万元。推进“儿童之家”创建工作，将“儿童之家”建设纳入为民办实事工程，年内在乡村创建“儿童之家”151个，其中市级重点示范“儿童之家”11个。“儿童之家”的建成，大大改善农村儿童特别是留守儿童的课外活动场所，为农村儿童健康成长营造良好环境。

【家庭文明创建巾帼行动】 2018年，贵港市实施“家庭文明创建巾帼行动”，推动社会主义文明新风尚。深入开展寻找“最美家庭”活动，依托城乡社区“妇女之家”开展“晒、议、讲、展、秀”活动，使妇女和家庭在参与过程中生动鲜活地接受家庭道德教育。10月，举办“最美家庭”故事分享会，向广大干部群众传播好家风好家训，共建文明和谐美丽新贵港。贵港市获“全国五好家庭”2户，“全国最美家庭”2户，“广西五好家庭”8户，“广西最美家庭”15户，评选出贵港市2018年度“最美家庭”20户。加强家风家教宣传教育，开展“家庭教育大讲堂”活动，各级妇联举办家庭教育报告会287场，受益家长12563人；联合市文明办举办“学习贯彻十九大　传承荷城好家风”——“一封家书”主题演讲比赛，分享家庭故事，弘扬中华美德，传播文明家风。

【巾帼维权行动】 2018年，贵港市实施“巾帼维权行动”，切实保障妇女儿童合法权益。依托贵港市妇女儿童法律咨询服务中心、家庭暴力庇护中心、妇女儿童维权岗、惜缘婚姻家庭辅导室、婚姻家庭纠纷人民调解委员会、“平安家庭活动室”等维权平台，全方位维护妇女儿童合法权益，联同社会各界为妇女儿童权益撑起“保护伞”。加强法律宣传，以“建设法治中国·巾帼在行动”为主题，以特定节庆普法宣传、安全知识进校园、进社区等形式，深入基层一线面对面向妇女儿童开展维权宣传教育活动，提高妇儿依法维权意识。全年，各级妇联开展禁毒、防艾、宪法等法律宣传10多场次，发放妇儿维权宣传资料和宣传用品20多万份，现场提供咨询服务1600人次。创新普法载体，联合贵港市万益律师事务所在港宁社区开设“巾帼学法·万益讲堂”系列法律知识讲座，举办讲座10期，受益妇女群众760多人。抓好信访维稳，全市各级妇女儿童维权服务机构共接待妇女儿童信访案件278件，处理率达100%，有效保障妇女儿童合法权益，切实维护社会和谐稳定。

【巾帼关爱帮扶行动】 2018年，贵港市实施“巾帼关爱帮扶行动”，增进妇女儿童民生福祉。实施“儿童工作资源中心”项目，建立健全“专家智库＋儿童保护委员会＋社会组织＋志愿服务”工作机制，此创新实践在自治区党委《每天汇报》作为典型经验交流，并列入《自治区加快创建“儿童之家”情况的报告》，得到原全国妇联党组书记、副主席书记处第一书记宋秀岩的重要批示。在“儿童工作资源中心”项目基础上，由联合国儿童基金会、中国科学院心理所、中国儿童中心开展的“社会心理支持”项目在贵港试点实施，通过开展儿童社会心理课程、心理健康追踪评估和体育游戏等活动，帮助农村儿童增强适应社会的能力和培养良好的心理素质。积极探索“妇女之家”“儿童之家”专业化、项目化服务模式，推行政府购买社会服务工作。依托社会组织在“妇女之家”开展活动36场，服务人数1925人次；在“儿童之家”开展活动350场，服务人数1.8万人次。开展“两癌”救助工作，为163名农村贫困“两癌”患病母亲争取每人1万元的救助金，实现对2016年建档立卡贫困家庭、农村低保家庭的患病母亲的救助全覆盖。开展关爱女性“两癌”保险工作，为贫困妇女争取400份关爱女性“两癌”保险的赠送名额，保险总金额2000万元，为贫困妇女生产生活提供全方位保障。全市有58546名妇女购买关爱女性“两癌”保险，为全市妇女提供29.27亿元的保险保障，完成目标任务的112.59%。开展“善行贵港·巾帼扶贫”白内障复明救助公益活动，联合湖南爱眼公益基金会、贵港爱尔眼科医院，为贫困家庭白内障妇女患者捐赠2000个免费眼疾筛查和复明手术名额，帮助符合救助条件的困难家庭的妇女白内障患者脱盲复明，恢复劳动和生活能力。全市已筛查30100人，为贫困家庭白内障患者2250人施行复明手术。实施“春蕾计划”行动，为10名困难女大学新生每人资助3000元救助金。开展形式多样的慰问活动，利用“三八”“六一”等重大节日开展慰问活动，各级妇联开展慰问活动30多次，慰问妇女儿童4000多人，赠送慰问金慰问品价值30多万元。

【招商引资巾帼行动】 2018年，贵港市实施“招商引资巾帼行动”，积极响应市委“解放思想再发力、营商环境再优化、赶超跨越再攀登”号召，新引进项目7个，其中亿元项目1个、项目投资额1.25亿元。年末，6个项目投产运营，亿元项目美年大健康体检中心项目计划2019年3月投产运营。

【组织建设】 2018年，贵港市妇联围绕中央、自治区、市委进一步加强和改进党的群团工作实施意见，以增强“政治性、先进性、群众性”为目标，以联系和服务妇女群众为根本，以深入推进妇联改革创新为切入点，通过建组织、扩队伍、强服务，全面提升妇联工作作风。深化妇联改革，全面推进村（社区）“会改联”，织密织牢基层组织网。全市村（社区）100%完成妇联组织换届选举和“会改联”工作，选举产生妇联主席1158名，妇联副主席或兼职副主席5786名，执委12803名，有效延伸妇联工作手臂，壮大基层妇联力量，打通联系和服务妇女群众的“最后一公里”。积极推进乡镇（街道）妇联组织区域化建设，补齐基层组织短板。通过打破行政壁垒和条块分割的界限，将妇联的组织链条和工作触角向乡镇（街道）延伸，全市乡镇（街道）妇联100%完成区域化建设，选举产生兼职副主席122名，执委725名。6月底，市级妇联改革各项任务全面完成。发挥执委作用，增添妇联工作新活力。健全完善执委联系制度，发挥执委作用，引领妇女发展。组织市妇联五届执委开展学习实践活动，先后到贵港市智慧城市管理中心、桂平市大藤峡水利枢纽工程、全区巾帼科技示范基地——平南县丹竹镇大玉余甘果基地、金绣球农家乐示范基地——德湖山庄学习交流。加强队伍建设，开展多种形式的“大学习”“大练兵”，全面提升妇联干部队伍素质。各级妇联举办各类妇女干部培训班18期，培训妇女干部2390人。

（李婉宁）

文学艺术界联合会

【概　况】 2018年，贵港市文学艺术界联合会（以下简称贵港市文联）有团体会员16个，其中市属文艺家协会10个；县（市、区）文联5个；行业性文联1个，即市公安文联。10个市属文艺家协会有会员1683人；县级各文艺协会有会员2300人。有中国作协等国家级各文艺协会会员21人，广西区各文艺协会会员293人。

至2018年，办有刊物5个，分别是市文联主办的《荷塘月》《贵港文艺界》，桂平市文联主办的《浔江》，港北区文联主办的《港北文艺》，覃塘区文联主办的《荷香》。

在庆祝改革开放40周年暨自治区成立60周年美术书法篆刻摄影作品展览中，贵港市共有30件作品入展。在中国书法家协会举办的全国第三届篆书作品展览中，会员莫文才的书法作品入展。在2018年中国—东盟（南宁）戏剧周系列活动之中国—东盟南派粤剧大赛暨粤剧红派艺术大赛（广西赛区）中，林华获朱槿花奖·粤剧大赛（红派粤曲业余组）一等奖，梁馨悦获南派粤曲少儿组一等奖。在自治区成立60周年文学歌曲创作征集活动中，贵港市有7名作家、9件作品获奖。其中，梁勇的《她的山》《乡里》分别获得中短篇小说二等奖，蒙福森的《扶贫故事》获得三等奖；诗歌组，陈科成的《山与水》获得一等奖，卢悦宁的《还有一个南方》获得二等奖，赵绿扬的《行走在浔郁大地上》获得三等奖。

2018年2月28日，举行贵港市第三届元宵灯会启动仪式

【对外交流】 2018年1月，在第11届广西（贵港）园林园艺博览会期间，贵港市文联邀请自治区书法美术等艺术名家到贵港采风创作或笔会交流，并举办书法作品展览。6月，在第32届全国（贵港）荷花展期间，邀请国家和省级作家、美术家、摄影家、书法家到贵港荷花赏荷基地实地采风创作，所创作精品部分赠送贵港收藏。同时，举办翰墨荷风——广西知名书法家甘文锋书法艺术作品展。8月，协助广西作家协会在贵港举办第二届广西花山诗会，区内外60多名著名作家、诗人受邀参会。12月，举办当代乡土文学作家黄飞卿作品研讨会，来自广西区内外30多名文艺评论家、作家、文化专家出席研讨会，收到专家教授的论文11篇。

【文艺活动】 2018年2月7日，贵港市举办贵港市文艺界新春茶话会，共商贵港文艺事业发展大计，推动贵港文艺繁荣发展。贵港市委书记李新元致辞，贵港市长农融主持茶话会，市委常委、宣传部部长、副市长黄卫平通报贵港市文艺工作相关获奖情况，徐强、黎宏宇、陶桂丽、韦萍等文艺界代表作发言，150多名文艺界代表参加座谈会。10月—12月，贵港市文联参与贵港市第八届“和为贵”文化节，策划“爱家乡·唱家乡”原创歌曲（乐曲）演唱（奏）音乐会，组织贵港市第四届“观天下”杯广场舞大赛，有近200支队伍参加比赛。春节期间举办“美丽荷城”——2018贵港市迎春美术作品展，举办贵港市‘宣传十九大·翰墨薪火传’书法大赛，举办首届布山文学奖颁奖典礼活动。开展基层文艺调研活动，组织机关干部和文艺家深入市各文艺家协会和县（市、区）文联调研，了解文艺家的创作、工作和生活情况，深入乡村屯了解文艺村、文艺户开展文艺活动情况。

【文艺慰问和演出】 2018年，贵港市文联组织“文艺轻骑队”开展系列文艺慰问和演出活动。春节前夕，开展“迈进新时代·福到千万家”主题实践活动，深入桂平市蒙圩镇流澜村等15个乡村（社区）为群众免费写（送）春联，全市文联系统共举办免费写（送）春联活动300多场，免费为群众写（送）春联20万幅。春节前后，举办“不忘初心·砥砺前行”为主题的系列文艺慰问演出活动，深入平南县大黎村等8个村镇进行文艺慰问演出，观众1万多人次。为庆祝改革开放40周年暨自治区成立60周年，开展“弘扬老区精神，传承红色基因”——走进革命老区演出活动，先后走进全市13个革命老区乡镇慰问演出，丰富老区人民文化生活。

【文艺志愿服务】 2018年，贵港市文联在第5个中国文艺志愿者服务日（“5·23”）前后，围绕“文艺助力脱贫攻坚”和“群众文艺”两个重点组织开展“到人民中去”文艺志愿服务主题活动，参与志愿服务的志愿者 275 人次，受益人数 9500 人。主要有：组织文艺家赴桂平市白沙镇马坪村、中沙镇庞村，平南县大安镇燕岭村、同和镇官垌村进行文艺辅导；组织书法家赴覃塘区三里镇中心小学开展书法进校园活动；组织文艺家分别赴覃塘区黄练镇新谭村，港南区东津镇、湛江镇、瓦塘镇等举办“文艺助力精准扶贫”文艺志愿慰问演出。

（唐鹏飞）

贵港市科学技术协会

【概　况】 2018 年，贵港市科学技术协会（以下简称“贵港市科协”）管理的全国级科技工作者调查站点 1 个、自治区级调查站点 5 个、市级调查站点 15 个，市直学（协）会 28 个，企业科协 21 个。年内，市科协分别被中国科协评为全国科普日优秀基层组织单位、被自治区人社厅和自治区科协联合评为广西科协系统二等功集体，蒙雪凤获广西科协系统记二等功个人。

【开展公众科普系列活动】 2018 年，贵港市科协启动以“创新引领时代，智慧点亮生活”主题的全国科普日贵港活动，各县（市、区）、市全民科学素质各成员单位广泛开展系列活动。桂平市结合农村农业的特色开展“第一届中国农民丰收节”科技助力乡村振兴活动；平南县结合未成年人素质情况，开展系列青少年科普活动，2018 年全国科普日暨八桂科普大行动和第六届广西青少年科学节平南活动被评为“2018 年全国科普日优秀特色活动”。打造“科普 + 旅游”产业发展模式，联合中国科学院天文科普联盟、广西科技馆、腾讯网和广西电视台等单位、媒体在广西桂平北回归线标志公园组织开展 2018 年“夸父逐日 · 立竿无影”大型科普主题及视频直播等活动，北回归线公园成为广西自然科学博物馆协会会员单位。强力推进纲要实施工作，及时调整领导小组成员单位成员和联络员，市委宣传部、市地震局、气象局等各成员单位结合部门职能开展形式多样的科普宣传活动，推动全民科学素质工作全面开展。

【科普资源提档升级】 2018 年，贵港市创新打造“会邮科普联盟”战略合作模式。联合市邮政公司实施会邮科普联盟助力贵港百香果产业提升行动，创建贵港市青少年素质教育基地，利用基层网点和邮乐购站点 145 个手机大屏、574 个 LED 屏和 56 台液晶电视链接“科普中国”，传播分享“科普中国”APP 内容。广西科协系统“会邮科普联盟”战略合作现场会在贵港市举办，争取到“科普中国”专项资金 20 万元。做好“互联网 + 科普”服务平台，推动贵港供电局科普展厅、荷城社区等 23 个科普中国 e 站（社区、学校、乡村）建设，采用线上线下相结合的方式，推动优质科普知识信息的落地应用，解决科普服务大众“最后一公里”的问题。

【青少年科普活动】 2018 年，贵港市积极争取到中国科协支持价值 78.8 万元的一部科普大篷车和一批展具。组织“中国流动科技馆”广西巡展活动，先后在港北区、港南区展出科普仪器 70 多件，接受辖区中小学校师生参观体验 6 万多人次。承办广西第二届青少年科技运动会，组织开展贵港市青少年科学节、快乐科普校园行、大手拉小手——科普报告希望行、2018 年青年科普调查体验、科技运动会选拔赛、青少年科技辅导员培训班和广西发明创造成果展览交易会等品牌专题教育活动，参与师生 4 万多人次。

【青少年科技创新竞赛】 2018 年，贵港市组织学生参加 2018 年全国青少年创意编程与智能设计大赛，江南中学获优秀组织单位奖，学生作品获全国三等奖。组织参加第

2018 年 6 月 21 日，2018 年北回归线“夸父逐日 · 立竿无影”大型天文科普活动在桂平市北回归线公园举行

33届青少年科技创新大赛获得全国奖作品3个,自治区级一等奖7个、二等奖11个、三等奖41个、优秀科技辅导员1人、优秀组织工作者1人、基层赛事优秀组织单位3个。组织参加广西第八届科技成果展获得中小学生发明创造特别奖作品2个,组织参加第六届广西青少年科学节活动获得优秀组织单位2个、优秀活动1个、特色活动4个、先进个人10个。

【开展应急科普宣传】 2018年1月和12月,贵港市针对寒冷天气引起频发的一氧化碳中毒事件迅速开展应急科普宣传活动,在全市1580多个车站、社区、街道、集市、公园、广场等公共场所张贴、发放科普宣传资料1.2万份。通过《科普之窗》《贵港先锋》《贵港宣传》和贵港科普惠民网等媒体、网站推送预防一氧化碳中毒知识宣传内容100多期。

【学会促进项目活动】 2018年,贵港市科协积极组织学会、县(市、区)科协开展"学术交流月"活动,开展多种形式的学术交流活动20多场,开展学会促进项目19项,为学会牵线联系专家开展培训班9场。市中医学会举办贵港市中医脑病诊疗技术新进展、贵港市经方在脾胃病肝病中的应用培训班;市护理学会举办2018年贵港市护理质量与安全管理培训班暨临床护理质量改善成果分享会;市畜牧水产学会举办养殖技术培训班;市气象学会举办贵港市气象信息员培训班;市三农科技联盟协会举办天然大果油茶优质高产新品种推广种植技术培训班等学术交流活动。鼓励学会大力承接政府转移职能,市医学会受理医疗纠纷案件12例,鉴定9例,没有出现争议或投诉;市畜牧水产学会在43个乡镇(街道)实行政府购买动物免疫服务,成立43个动物免疫技术服务有限公司,防疫员423名,有效提升全市动物防疫水平。组织学会(协会)开展"进学校、进社区、进农村"科普宣传活动,市护理学会、市食品药品行业协会等学会(协会)到港北区荷城、石羊塘、东湖等社区开展"送医进社区,学会助力社区科普"主题活动;市老科协进大将国际学校开展"学好学科基础知识,放飞学生创造梦想"知识讲座;市畜牧水产学会进农村开展"狂犬病防控知识讲座"等共8场,惠及群众约500人次,发放宣传资料5600份。

【企业创新扶持】 2018年,贵港市科协开展企业创新扶持项目15项,开展"科技专家贵港行"活动8次,联系省内外专家到企业开展技术创新学术交流活动。邀请中国医药教育学会会长、教授黄正明,原国家食品药品监督局副局长张文周等5名学会专家以及广西药学会理事长刘华钢等2名专家到广西复鑫益生物有限公司科协开展调研,为其申报国家地理标志产品(菲牛蛭)及原产地保护品种认证提供咨询服务、技术指导。帮助广西扬翔股份有限公司科协邀请华南农业大学教授张桂红,华中农业大学校党委书记高翅、副校长姚江林等一行开展学术交流活动和校企合作。为广西华晟木业有限公司邀请广西水利电力职业技术学院伍学珍举办"创新方法——一线工程师"培训和广西大学化学化工学院博士殷亚庆讲授《脲醛树脂的反应原理与发展》培训。指导史丹利化肥有限公司对接院士成立"院士专家工作站"。

【企业科协发展】 2018年,贵港市科协通过在企业科协中广泛开展以技术创新为内容的"讲理想,比贡献"活动,不断激发科技工作者的创新欲望。组织广西复鑫益生物有限公司等2家企业参加"中欧论坛"对接会和论坛;组织史丹利等10家企业到南宁参加"一线创新工程师培训班"。组织广西信业生物有限公司等4家企业参加"2018年中国创新方法大赛广西赛区选拔赛",有11个项目获奖,2家企业获得三等奖。组织华晟木业有限公司等5家企业12人到柳州参加创新方法深度培训,企业参与量达30多个,科技人员参与总数100人次。

【课题调研和站点建设】 2018年,贵港市科协积极组织专家学者建言献策、开展课题调研活动,形成《气象服务如何助力贵港市现代特色农业发展对策与建议》等4个课题建议,《贵港市农业产业的重构和价值提升对策研究》等5个课题完成结题,编制《科技工作者建议》8期,提炼优秀站点信息《信息摘报》9期。推动科技工作者调查站点建设,全市设市级站点15个、省级站点5个、全国级站点1个,完成站点信息和信息上报工作。市科协被广西科协评为A优秀区域责任部门。

【基层科普行动】 2018年,贵港市科协大力实施"基层科普行动计划",市本级开展提升农技协、科普示范基地创建活动,评选出先进单位和个人22个,落实奖补资金14.6万元。推荐项目参加广西和全国"科普惠农兴村计划"评选,桂平市蒙圩镇流澜村等 13 个新建农技协（提升农技协、科普示范点、青少年科学工作室）入围项目支持，获奖补资金 142 万元。

【科技扶贫】 2018 年，贵港市县两级科协选派脱贫攻坚工作队员 8 名，分别指导港北区根竹镇江口村、桂平市垌心乡上瑶村、罗宜村等贫困村开展脱贫攻坚工作。邀请广西农科院研究员苏志强、台湾朝阳大学教授张清安和杭州秋田电商创始人谢茂林等专家到挂点村举办种桑养蚕种养殖管理技术、百香果种植技术和山坑鱼养殖技术等培训，举办培训班 12 期，培训群众 1200 多人次，同时捐赠科普图书 1500 多套。

【开展农村适用技术培训】 2018 年，贵港市组织历年获得奖补的先进农技协、科普示范基地、科普带头人和市级驻村指导员积极开展精准科技扶贫适用技术培训（咨询），组建科技助力精准扶贫专家服务团 6 个，开展“五个一”培训 30 多场次，培训建档立卡在册贫困户 463 户 2084 人次，提高了贫困群众依靠科技致富的能力，扩大了获奖单位自身项目的影响力、带动力和辐射面，有效延长“科普惠农兴村”工作链。广西复鑫益生物科技有限公司总经理卢天才获得“2018 年全国科技助力精准扶贫工作先进个人”。

【“科普惠农兴村计划”成果交流】 2018 年，贵港市组织桂平市铁皮石斛产业协会、贵港市港北区深禾丰蔬菜产业种植示范基地、港南区养蜂协会等农技协（示范基地）和桂平百香果、平南龙眼干果、港北富硒米、港南蜂蜜、覃塘莲藕等 40 个名优特新农产品参加由广西科协、财政厅在广西科技馆主办的 2018 广西“科普惠农兴村计划”成果交流活动，在农产品现场交易区开展交易活动，进一步提高贵港市名优特色农产品的影响力和知名度。

【科协基层组织建设】 2018 年，贵港市超前谋划，开展“三长”（乡镇、街道医院院长、学校校长、农技站站长）建设工作，通过落实《贵港市科协系统深化改革实施方案》明确乡镇（街道）科协由党委副书记担任主席，由农技推广站站长、学区办主任、卫生院院长担任副主席的领导班子框架，实现有人负责、有机构牌子和办公地点、有议事规程、有一定工作经费的目标。年内组建乡镇（街道）科协 74 个，全部实现“四有”目标，“三长”配备覆盖率 100%，远超全区年覆盖率要达到 30% 的目标，9 月 14 日在全区科协系统深化改革会议上作经验介绍，并被中国科协收录到《提升基层科协组织能力“3+1”试点工作典型案例汇编》。扩大科协组织的工作范围，将其延伸到企业（园区）、农村基层。通过拓宽服务渠道，打造科技工作者之家“升级版”，成立贵港市嘉龙海杰电子科技有限公司科学技术协会企业（园区）科协，全市企业科协达到 21 个；与 181 家企业建立工作联系人制度，在 43 家企业建立起工作联络站；组织成立农村专业技术协会、科普示范基地、科普示范村（社区）累计达到 196 个；开展市级、自治区级中小学生发明创造示范单位（试点）申报，累积创建示范学校 22 所。

（黄仲昆）

2018 年 5 月 3 日，广西“会邮科普联盟”战略合作现场会在贵港市召开

贵港市归国华侨联合会

【概 况】 2018 年，贵港市归国华侨联合会（以下简称贵港市侨联）围绕市委“13446”工作思路，凝聚侨界力量，发挥侨联组织优势，深入推进组织机构改革，完善工作职能，开展招商引资、招贤引智、参政议政、维护侨益、海外联谊，落实侨务政策，接待海外、港澳社团 25 批，推选黄佳映、吴钊 2 名代表参加全国第十次全国归侨侨眷代表大会，积极开展“侨心工程”多项公益活动，推进“侨胞之家”有序建设。

【海内外联谊】 2018 年，贵港市侨联加强海内外联谊，积极涵养侨力资源，进一步增强侨联组织的凝聚

2018 年 9 月 24 日—25 日，香港百名学生“一带一路”研习交流团到贵港交流

力。利用自治区侨联、其他省市侨联以及海外侨社组织活动搭建的平台，“走出去、请进来”与海内外侨社开展联络工作。接待到贵港市商务及公益事业考察的华侨华人、港澳同胞及其社团 25 批、225 人次，利用广西华商会第四届会员大会、广西侨联港澳委员顾问恳谈会，玉林（容县）海外华侨华人恳亲会、华商八桂行（崇左）结交海外乡贤。会议期间，与美国侨领杨文、杨辉、黄明慧、乔立华、韦诚、陈丽丽，英国侨领贝学贤，加拿大侨领庄秋宁、黄天华，日本侨领赵云茜、港澳侨领王钦贤、温深文、韦民、汤玉婵等 50 多位知名侨界人士友好交流和联谊。6 月，组织 10 多位侨联海外顾问借全国 32 届荷花展之机相聚贵港，共商侨联发展大计；11 月，组织世界广西妇女联谊总会贵港行活动。通过联谊和文化交流，最大限度凝聚侨界力量。

【侨联改革】 2018 年，根据中央和自治区、市委统一部署，贵港市侨联系统继续推进侨联改革工作。按照《贵港市侨联改革方案》优化贵港市第四次归侨侨眷代表大会委员会和常委会的人员构成，贵港市第四次归侨侨眷代表中基层代表 89 名，占比 76.1%，妇女代表 56 名，占比 47.9%，中共党员 57 名，占比 48.7%，基层代表、妇女代表份额明显增加。同时，第四次归侨侨眷代表大会按照领导班子专兼职 1 ： 1 的比例配备，选举兼职副主席 2 名，打造专兼职领导班子，群众性得到进一步体现。

【第四次归侨侨眷代表大会召开】 2018 年 4 月 26 日—27 日，贵港市第四次归侨侨眷代表大会召开。大会应到正式代表 120 名，出席大会开幕式代表 108 名，参加选举大会代表 97 名。大会听取并审议通过贵港市归国华侨联合会第三届委员会《工作报告（审议稿）》，选举产生新一届市侨联班子，选举产生贵港市侨联第四届委员会委员 25 名，常务委员 11 名。中共贵港市委书记、市人大常委会主任李新元出席开幕式并作讲话，自治区侨联副主席林振龙到会指导。

【公益事业】 2018 年，贵港市侨联继续做大做强以“侨心工程”为品牌的侨联公益事业，联合桂平市侨联、平南县侨联与平南同安骨伤医院合作，先后在桂平市江口镇、木乐镇、金田镇和平南县大新镇等地开展“健康扶贫”下乡义诊活动，累计派出医务人员 80 余人次，为 1700 多名患者进行义诊，推进“健康扶贫”。开展春节“献爱心送温暖”慰问活动，慰问贵港市困难归侨侨眷及退休干部职工 90 多人，发放慰问金慰问品价值 4.5 万元。3 月 26 日，慰问挂点镇建档立卡贫困户 10 户，发放慰问金 5000 元。

【参政议政】 2018 年，贵港市各级侨联继续调动归侨侨眷人大代表、侨联界政协委员的积极性，发挥政治参与、民主监督作用，提交提议案、批评意见建议 15 件，被采纳 12 件。

【侨情调研】 2018 年，贵港市侨联班子领导多次深入广西华奥汽车公司、桂平乳泉液酒业有限公司等侨属企业开展调研，大力宣传推广“贵港造”名片，将华奥、战神、久久星电动车推向东盟国家，如马来西亚、越南等。顺利完成侨资企业经营情况调研、侨联组织发展调研、涉侨优惠政策调研，并形成调研报告。

【持续开展招商引资】 2018 年，贵港市侨联招商小分队赴广东广州、东莞和浙江杭州、丽水等地招商，推介贵港的投资环境，欢迎企业家到贵港投资兴业。与贵港市明灯集成房有限公司成功签约 3500 万元的二期生产项目。 （翚 丹）

贵港市贸易促进会

【概 况】 2018 年，中国国际贸易促进委员会贵港市支会（以下简称贵港市贸促会）与贵港国际商会实行“一个机构两块牌子”的形式开展工作，是贵港国际商会的业务主管单位和会长单位。在深化贸促改革中，贵港市贸促会将加强商会的建设作为改革的一项重要的内容。围绕贵港市主导、特色的产业发展国际商会会员，年末会员数量112家。为进一步增强咨询、信息、会展、法律服务等功能，向会员企业发布经贸信息100多条，带领会员企业外出参展累计80家次，开展培训、座谈4次，为会员企业解决实际困难10多件。

【服务会员企业】 2018年，贵港市贸促会充分利用上级贸易促进会平台，为90多家企业“走出去”提供服务。在第15届中国—东盟博览会和中国—东盟商务与投资峰会前，经深入会员企业提前摸底、调研，掌握企业参展、参会意向，为48家企业126人申办嘉宾证，组织9家企业11人参加中国—东盟商务与投资峰会的系列活动。全年，累计组织30多家企业参加各类大型的培训和2018“一带一路”中新互联互通南向通道物流高峰论坛、广州国际食品展、中国首届进口博览会等论坛、展会。

发挥好桥梁纽带作用，代言工商并及时传达和宣传贵港市委、市政府最新政策和经贸信息。建立会员企业主微信群，入群企业89家，推送经贸商机、贸易政策、展览展会、投资国外预警等信息100多条。为加强会员企业对外经贸知识及法律法规知识学习，提升企业抵御风险能力，贵港市贸促会召开企业座谈会3期，举办企业主外经贸法律政策知识培训班1期，培训业务骨干150人次。落实贵港市委、市政府“企业服务品牌年”活动，通过调研、走访、座谈会等方式了解企业情况，帮助企业解决生产、经营实际困难10多件。

【推进机构改革】 到会员企业开展专题调研25家（次），向组织、财政、编办等13个部门征求意见，组织到桂林市、钦州市、崇左市、防城港市、湖南娄底市等地学习交流，从打造贸促工作品牌、增强信息服务能力、加强投资促进功能、加强国际商会建设、强化对外联络职能、解决出国（出境）贸促经费、增强贸促机构建设等方面拟订《贵港市贸促会机构改革方案》，年底提交市政府审议。

【招商与扶贫】 参与贵港市新一代信息技术招商小分队招商活动，提供招商引资线索8条，分赴广州、深圳、中山、重庆、盐城、西安等地开展招商，与平南县政府成功引进加工500万吨水果和年生产100万个水果专用篮项目。落实贵港市委、市政府“精准扶贫突破年”活动要求，参与脱贫攻坚。通过走访、调研为平南县同和镇良田村、妙客村贫困户出谋划策；开展“兴水利、助脱贫”活动，到同和镇维修水渠1500米；扶贫捐助2次。

（黄小英）

2018年9月11日—14日，市贸促会组织企业参加第15届中国—东盟商务与投资峰会

贵港市残疾人联合会

【概　况】 2018年，贵港市残疾人联合会（以下简称贵港市残联）围绕贵港市委“13446”工作思路和“六个年”活动，组织开展残疾人扶贫关爱工程，为残疾人脱贫精准发力，推进残疾人实现小康目标。开展学习十九大精神暨业务培训，聘请自治区专家和纪委领导进行授课。9月，贵港市人大常委会组织开展贵港市实施《中华人民共和国残疾人保障法广西实施办法》专题调研，形成调研报告，经人大常委会通过后转贵港市政府实施。在2018年自治区残联工作会议上，贵港市残联作基层换届工作经验交流发言。

【残联第五次代表大会召开】 2018年3月29日—30日，贵港市残联第五次代表大会在贵港城区召开。会议正式代表200人,实际到会183人,会议听取并审议通过陈日清代表市残联第四届主席团所作《工作报告》,选举产生市残联第五届主席团委员41名和出席自治区残联第七次代表大会代表18人。其间,召开市残联第五届主席团第一次全体会议,选举产生主席团主席、副主席。聘请主席台名誉主席、副主席。推选产生贵港市残联第五届执行理事会理事长、副理事长,审议通过贵港市残联第五届残疾人各专门协会主席、副主席、秘书长名单。

【“党员扶残温暖同行”项目建设】 2018年,根据自治区残联的部署和要求,贵港市继续组织开展“党员扶残温暖同行”工程项目,动员全市基层党组织1100多个,以“一帮一、多帮一”的形式,对全市1100户农村贫困残疾人家庭进行结对帮扶,每户给予1000元的帮扶资金,帮助贫困残疾人家庭发展生产、增加收入。项目任务通过达县(市、区)残联下达,各县(市、区)按项目要求筛选帮扶对象,项目资金及市、县(市、区)两级配套资金全部下达到位,6—8月,五个县(市、区)将扶残名单进行公示,9月底前完成年度帮扶任务,扶持资金发放到受帮扶的残疾人家庭。

【“农村残疾人扶贫基地”工程】 2018年4月至5月,按照自治区残联的通知要求,实施“农村残疾人扶贫基地”工程项目,贵港市残联组织市财政局、市扶贫办、市畜牧水产兽医等部门开展对新增和变更的基地进行考察评估检查,确定2018年农村残疾人“阳光助残扶贫基地”,分别是桂平市南木镇广安养殖场、平南县大安镇木山蛋鸡场、平南县官成镇嘉旺种猪场、广西贵港市港丰农牧有限公司、港南区景泰渔业有限公司、覃塘区达旺育鸡苗养殖农民专业合作社6个基地,每个基地扶持资金20万元。通过向残疾人提供种猪、鸡苗、饲料技术等扶持,辐射带动600户以上残疾人发展生产,助推残疾人脱贫致富。全市完成633户的种苗发放和养殖技术培训,扶贫基地发挥辐射带动残疾人劳动致富的作用。

【“阳光家园计划”工程】 2018年,贵港市推进实施“阳光家园计划”工程项目,自治区下达贵港市2319名在就业年龄段、丧失劳动能力、长期需要照顾护理的智力、精神和重度肢体残疾人每人给予1500元的托养服务补助,共347.85万元。贵港市全部完成项目申报、审核、补贴发放工作。对中央项目指标部分的954人全部完成购买服务,进入服务实施。

【残疾人居家无障碍改造】 2018年,贵港市残联争取上级支持组织实施贫困残疾人家庭无障碍改造工程。全年实施无障碍改造贫困残疾人家1742户,主要针对建档立卡或城乡低保的贫困重度残疾人的需求对卫生间、走廊、楼梯扶手、厨房灶台、坡道等项目进行改造,每户补助4000元。完成改造并通过验收1327户,中央部分954人全部购买服务,11月底前完成任务。

【贫困残疾儿童康复救助项目】 2018年,贵港市实施贫困残疾儿童康复救助项目,通过开展脑瘫儿童筛查和康复训练、聋儿筛查和语言训练、孤独症儿童筛查和康复训练、智障儿童筛查和康复训练等抢救性康复训练工程,白内障患者的筛查和优惠免费手术、辅助器具发放及适配等,为有需求的残疾人提供康复救助或服务。

按进度要求,完成0~6岁聋儿助听器康复救助项目任务23名。按规定完成筛查、公示、验配助听器23人,春季学期开学后分别安置在相应的定点康复机构进行康复训练,12月底项目完成。完成0~6岁智力残疾和孤独症儿童康复救助训练任务129名。经贵港市残联审核公示和备案审批后,3月初分别安排到市妇幼保健院、港北区明阳艺术幼儿园、市康复中心和桂平、平南的智障儿童康复机构进行康复训练,12月底项目完成。按进度,对129名肢体残疾儿童实施康复训练。

【残疾人精准康复服务】 2018年,贵港市实施残疾人精准康复服务项目,自治区下达基本康复服务指标9879人,补贴标准190元/人;下达基本辅具适配任务4583人,补贴标准人均1000元,年底完成。

【残疾人就业及培训】 2018年,贵港市积极推进农村贫困残疾人实用技术培训工程,提高贫困残疾人的就业能力,全市农村贫困残疾人实用技术培训任务1419名,5月初下发培训方案,将培训任务分配到各县(市、区)残联,11月底全部完成。

1月18日,贵港市残联与市人力资源和社会保障局举办2018年就业援助月暨就业创业政策宣传和就业援助月活动专场就业招聘会,28家企业参加招聘,提供就业岗位350个,有约50名残疾人到现场咨询应聘。组织开展就业援助月活动期间,走访残疾登记失业人员家庭64户,登记失业的残疾人

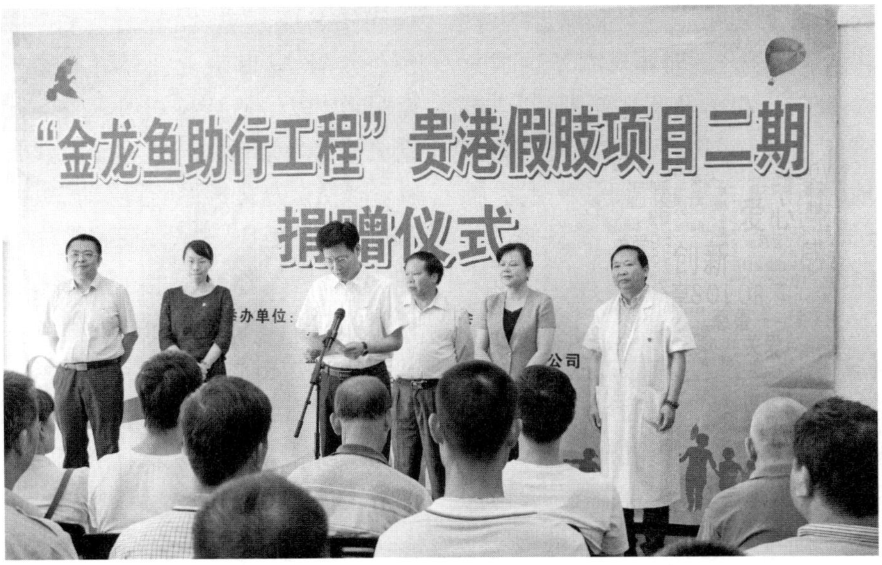

2018年6月7日，在市残联办公楼举行"金龙鱼助行工程"贵港假肢项目二期捐赠仪式

员555人，组织残疾人专场招聘会2次，实名制纳入年度培训计划残疾人237人，帮助残疾登记失业人员实现就业83人，帮助残疾人享受专项扶持政策23人。6月26日，经宣传发动，通过政府购买服务，举办第16期盲人保健按摩培训班，培训盲人30人。完成按比例安排残疾人就业审核工作。

组织参加全区第五届残疾人职业技能竞赛，对计算机程序、网页制作等16个项目的参赛选手报名筛选，确定参赛残疾人12人，获得了优良成绩。贵港代表队获得团体总分第四名，贵港市残联获得优秀组织奖。完成残疾人就业保障金征收，各级残联联合地税局做好残疾人就业保障金征收工作，截至10月底全市征收残疾人就业保障金入库7424.9万元。

【开展助残活动】 2018年元旦春节期间，贵港市残联组织开展残疾人慰问活动，全市慰问残疾人机构、基层组织2个，慰问贫困残疾人家庭834户。在全国第二十八次助残日期间，加强宣传工作，联合学校、医院及爱心企业深入农村，上门筛查白内障患者、免费评定残疾、现场办理残疾人证，送戏送政策上门，慰问贫困残疾人。参加残健文体活动2000多人次，白内障免费检查600多人，现场办理残疾人证60多人，慰问建档立卡的残疾人200多名，发放慰问金及慰问品价值12万多元。争取企业支持开展"金龙鱼助行工程"项目，金龙鱼慈善基金会捐助资金35.2万元，为48名肢残患者免费安装假肢。

【组织参加残疾人运动会】 2018年9月27日，广西第九届残疾人运动会暨第四届特殊奥运会在桂林开幕，运动会为期3天，设游泳、举重、飞镖、羽毛球、乒乓球、坐式排球等7个大项、378个小项；第四届特奥会设游泳、乒乓球、滚球、田径4个大项、90个小项。来自全区14个市和中铁南宁局共15个代表团参赛，参赛运动员547名，决出金牌411枚。贵港市经充分准备、积极组织，派出30名运动员参加比赛，获得11金5银9铜的成绩，是历届获奖最多的一届。

【残疾人康复中心项目建设】 2018年，贵港市积极做好市残疾人康复中心项目建设前期工作，该项目规划占地面积15亩，总建筑面积15141平方米，主要建设残疾儿童康复训练楼、成人残疾人康复和残疾人文化体育楼以及室外基础配套设施，项目计划投资5684万元，项目投资额已通过了市政府大额投资项目管理委员会讨论。年内，该项目完成有关前期工作，年末正在征地和初步设计。

（彭艳媚）

贵港市社会科学界联合会

【概　况】 2018年，贵港市社会科学界联合会（以下简称贵港市社科联）发挥"桥梁纽带、组织协调、咨询服务、宣传普及"职能，推动贵港市哲学社会科学繁荣发展，推动贵港市经济社会发展。4月16日，召开贵港市社科联一届四次全委（扩大）会暨2018年全市社科联工作会议。年内，港北区社科联、桂平市社科联被评为自治区工作成绩突出单位，港南区社科联被评为自治区社科联系统舆情信息工作成绩突出单位。

【课题研究】 2018年，贵港市社科联坚持把加强理论学习、理论宣传、理论研究作为社科工作的主要任务，充分发挥社科界思想引领凝心聚力的职能作用。组织开展"我们走进新时代"系列理论宣传活动，组织开展党的十九大精神宣讲活动11场。组织开展2018年度贵港市社科课题研究工作，评审立项课题20项，编纂《2017—2018年度贵港市社科研究课题成果汇编》，为市委市政府及相关部门提供决策参考，较好完善了课题发布、立项资助、指导调度、结项验收、成果转化工作链。贵港市社科联组织撰写的《贵港市荷文化传承与发展对策》入选第三届中国—东盟民族文化论坛论文集。

【科普活动】 2018年，贵港市社科联按照贴近实际、贴近生活、贴近群众的总体要求，开展社科普及活动，引导、教育广大市民提高社科人文素养和思想政治素质。

5月，贵港市人民政府办公室印发《关于建立贵港市社会科学普及工作联席会议制度的通知》，研究制定社会科学普及工作的规划、计划，明确联席会议成员单位工作职责，社科普及各部门联动的大格局初步形成。

联合开展多样化科普活动，充分发挥“联”的作用，联合相关市直单位开展学习贯彻党的十九大精神暨文化科技卫生“三下乡”集中示范活动、“六五”世界环境日暨“普及社科知识·共建美丽贵港”广场行活动、“扬帆新时代·唱响主旋律”庆祝改革开放40周年和自治区成立60周年社科普及进社区活动；联合覃塘区社科联，举办庆祝改革开放40周年和自治区成立60周年社科普及下乡活动；联合港南区社科联，共建四季花田科普基地；联合港北区社科联、平南县社科联，开展“扶贫助学”暨科普进校园活动等。

【首届科普活动周举办】 2018年5月15日—21日，贵港市举办首届社会科学普及活动周活动，活动以“学习宣传贯彻党的十九大精神 共建新时代‘四力’新贵港”为主题，推出校园科普游园活动、党的十九大精神科普画廊、荷城历史人文书画摄影展、“分享阅读·放飞梦想”百场读书分享会、荷城社科大讲坛以及社科普及服务基层系列活动。同时，在市园博园设立“荷城文化长廊”作为市级社会科学普及基地，教育引导广大市民提高社科人文素养。

【学术阵地建设】 2018年，贵港市社科联坚持“以质量为本、办精品刊物”的宗旨，着力办好《贵港社会科学》期刊，年内编印4期。面向全国征集市社科联LOGO，扩大社科联知名度。建设“贵港社科”微信公众号，开辟网上社科阵地。公众号以“以传播社科知识·服务社会公众”为宗旨，分为“社科要闻、社科普及、人文贵港、基层动态、社科成果”等板块，开设“荷娃带你学理论、荷娃带你看贵港”等特色栏目，向市民宣传、解读中央、自治区和市委重大方针政策和战略部署，大力弘扬中华民族优秀文化和荷城历史文化，通过普及社科知识，传播主流思想，凝聚社会共识。

【县级社科联建设】 2018年，贵港市县级社科联课题研究工作稳步推进，共立项课题45项，组织开展征文活动3次，编印《桂平社科联通讯》《港北社会科学》《港南社会科学》内刊。开展形式多样的社科科普活动，共组织科普活动45场，其中科普知识进村进社区进企业进校园活动29场。（罗森壬）

2018年5月15日，在荷城小学举办贵港市首届社科普及活动周启动仪式

贵港市红十字会

【概　况】 2018年，贵港市红十字会系统有市红十字会机关1个、县（市、区）红十字会5个，红十字基层组织24个，综合志愿者服务队2支，红十字个人会员150人，红十字注册志愿者200人。贵港市红十字会机关是副处级事业（参公）单位，内设办公室和救助救护部，事业编制4名，后勤服务控制数1名。现有在编在职人员4人，有专职副会长1名，科级领导职务2名。

【救助工作】 2018年，贵港市红十字会系统以“小天使计划”“博爱救心”“博爱在贵港”等品牌救助项目为抓手，拓宽渠道，大力开展向困难人群的人道救助工作。4月

23日，联合广西中医药大学附属瑞康医院在桂平市举行2018年第二批“天使阳光”基金贫困儿童先天性心脏病筛查暨专家义诊公益活动启动仪式。并于4月23、24日在桂平市、港南区开展先天性心脏病筛查活动，活动筛查患儿201人，符合手术指征68名患儿得到手术治疗和救助。全年，先后有50名困难群众向市红十字会申请人道救助，经资料审核、入户核查、会议评审等程序，50名申请人共得到人道救助金5.25万元，其中针对已故辅警黄永记家属生活困难问题给予专门救助2000元。春节前夕，继续开展“红十字博爱送温暖”品牌活动，对孤寡老人、困难户、养老院和受灾受困群众进行慰问，发放温暖箱250个，受益人数5033人。申请“小天使基金”“天使阳光”基金等救助104例，通过“小天使基金”审批获救助17人，救助金额53万元；通过“天使阳光”基金审批获救助9人，救助金额11万元。

【应急救护培训】 2018年，贵港市红十字会系统以应急救护培训为抓手，把应急救护“五进”（进学校、进机关、进企业、进社区、进乡村）活动作为重点工作推进。先后组织专业人员、志愿者深入学校、机关、企业、社区、乡村开展应急救护知识和技能的培训，开展应急救护知识培训96场次，发放宣传资料7万多份，培训受益超过8.85万人次。贵港市红十字会重点加强对中小学生防溺水知识培训，深入城乡各中小学校，组织中小学生防溺水知识培训班40多场，超过5万人次在校师生参加培训。

【红十字事业宣传】 2018年，贵港市红十字会以红十字事业知识为重点，大力宣传和弘扬“人道、博爱、奉献”精神，通过多种形式，开展内容丰富的宣传活动，营造红十字事业发展的良好氛围。5月8日，在市会议中心开展主题宣传活动，通过宣传展板、开展健康咨询义诊、发放宣传资料、现场应急救护演练等方式开展《中国红十字会法》、无偿献血、造血干细胞、人体器官（遗体）捐献、地震避险逃生、现场应急救护等知识宣传和义诊。各县（市、区）红十字会也结合自身实际，组织红十字会会员、志愿者深入学校、社区、机关、乡村、集市、工厂和在网络上开展宣传。活动当日展出展板20块，横幅50多条，发放宣传资料3000余份。以各级医疗机构为支点，深入乡村开展以“三献”（人体器官、遗体捐献，造血干细胞捐献，无偿献血）工作为主题的宣传活动，制作宣传资料架40个，深入30个乡镇开展宣传，现场为群众讲解和宣传“三救三献”的相关政策，发放宣传小册子2万多册，张贴宣传海报100多张。“三献”工作步入一个健康有序的良好环境，“生命延续”的理念逐步深入人心。

【“三献”工作】 2018年，贵港市红十字会协调、见证人体器官捐献77例，捐献大器官190个，捐献例数在广西排名第一，年内发放人体器官捐献者困难家庭人道救助金96.9万元。遗体捐献7例。造血干细胞采样115份，捐献成功3例。利用“5·8”世界红十字日、“6·14”世界献血者日、世界急救日等重大节日，协助贵港市中心血站开展无偿献血宣传工作，全年全市无偿献血人数3.32万人次，献血总量1227.17万毫升。

【参与完成重大活动保障】 2018年，贵港市红十字会志愿者以专业知识、良好的作风参与贵港市多项重大活动的保障任务。1月21日，组织志愿者50多人顺利完成园博会开幕式、贵港国际马拉松赛、第32届全国荷花展、幸福迷你马拉松等大型活动的相关保障服务。

（卢石才）

法　　治

政法委与综治

【概　况】 2018年，贵港市政法系统以“保稳、治乱、创安、强基、为民”为主线，以服务打好“三大攻坚战”（防范化解重大风险、精准脱贫、污染防治）为着力点，不断增强“四个意识”，牢固树立“三治理念”（重心治政保忠诚、重力治害守底线、重点治警树新风），聚焦打赢“三场硬仗”（社会治安、非访治理、从严治警），忠诚履行维护国家政治安全、确保社会大局稳定、促进社会公平正义、保障人民安居乐业的职责使命。贵港市设市、县两级党委政法委机关6个；有县级以上人民法院6个，人民法庭16个；有人民检察院6个，乡镇检察室16个；有市、县两级公安机关6个，派出所96个；有市、县两级司法行政机关6个，司法所74个。

【扫黑除恶专项斗争】 2018年，贵港市委政法委、市扫黑办积极发挥牵头抓总职能，健全机制，主动作为，严格按照“有黑扫黑，有恶除恶，有乱治乱”的原则，周密部署，协调各方，打防并举，标本兼治，切实打好扫黑除恶专项斗争主动仗、攻坚仗、整体仗，取得阶段性成效。全市立九类涉黑涉恶案件292起，破201起，抓获涉黑涉恶嫌疑人951人；依法对4起涉黑涉恶案件进行判决；查处公职人员4人，查处涉嫌黑恶势力“保护伞”2人。贵港市年度扫黑除恶专项斗争成效调查指标得分92.82%，高于全区平均水平1.38个百分点，全区排名第1名。

【维护社会稳定】 2018年，贵港市建立健全党委、政府议稳制度，市委常委会、市政府常务会议坚持每季度至少听取政法维护稳定工作汇报1次，分析研判维稳形势，研究部署维稳工作。推进重大决策社会稳定风险评估，对81个重大项目或重大决策进行社会稳定风险评估，经评估准予实施80个，不予实施1个。年内，化解自治区督办“三敏感”问题121个，中央、自治区交办贵港市15件信访积案化解率100%。强化防范惩治、教育转化、警示教育等工作力度，织牢织密反邪教防线。全国“两会”、东盟“两会”、自治区成立60周年庆祝活动、贵港国际马拉松等重大活动期间维稳安保工作，获自治区高度赞扬。贵港市赴邕进京到非接待场所上访人数首次实现“零”目标。一批工作经验获全区推广，覃塘区在全区维稳工作会议上作经验发言；全区信访服务重大项目建设暨信访矛盾化解攻坚战现场推进会在贵港市召开，贵港市和桂平市在会上作经验介绍。2018年度贵港市社会稳定动态八项工作综

2018年5月30日，贵港市禁毒工作、扫黑除恶专项斗争暨全面从严治警“五查五整顿”专项行动推进电视电话会议在市会议中心召开

合排名全区第3。在全区111个县（市、区）中，覃塘区第1名，桂平市第2名，港南区第8名，港北区第10名，平南县第15名，贵港市是全区唯一一个市级和全部县级同时得到自治区通报表扬和工作经费支持的地市。

【“维稳基石工程”建设】 2018年，贵港市以实施“维稳基石工程”10周年为契机，大力推进“维稳基石工程”创新发展。全市县（市、区）、乡镇（街道）、村（社区）全部建有综治信访维稳中心，均落实人员经费，明确了工作职责。7月24日，市委政法委召开贵港市“维稳基石工程”创新发展经验交流会，进一步强化“维稳基石工程”在乡村矛盾纠纷排查化解的基础性作用。桂平市对“维稳基石工程”进行提档升级，通过整合优化现有资源，组建群众工作联动服务部（群联部），并取得显著工作成效，工作经验得到了自治区的肯定，自治区改革办在《广西改革信息（2018）》第7期作了专门刊登。年内，县（市、区）、乡镇（街道）、村（社区）三级群众工作平台收集处理情报信息5084条，排查调处矛盾纠纷5424件，接待群众来访1.65万人次，开展法制宣传和法律服务1.95万次，发放资料94.24万份。各级妇女儿童维权服务机构共接待妇女儿童来信来访281件，调处率100%。2018年评出五星级群众工作部5个，五星级群众工作中心66个，四星级群众工作中心8个，并对获得星级称号的群众工作部和群众工作中心授予相应牌匾。

【群众安全感满意度工作】 2018年，贵港市严格落实平安建设领导责任制，切实解决好群众反映强烈的影响安全感满意度的突出问题，统筹推进“神剑”系列整治专项行动，严厉惩治涉枪涉爆、涉黑涉恶、黄赌毒、盗抢骗等违法犯罪活动。全市刑事立案、治安案件立案数同比下降6%、13.2%，抢劫、抢夺、盗窃案件立案数同比分别下降40.2%、65.1%、23.8%，侵财案件立案数同比下降15.9%，全市黄赌毒持续处于全区低发行列，全面实现“立案下降、惩治上升”的工作目标。年内，贵港市惩治整治枪爆违法犯罪取得重大战果，是全区唯一完成“三打击一整治”网络贩枪任务的地级市。2018年度贵港市群众安全感为96.54%（比全区平均水平高0.39个百分点，与2017年度相比提高2.98个百分点），排名全区第4。

【社会治安综合治理】 2018年，贵港市依托市委书记“基层直通车”平台，发挥党建工作在社会治安综合治理工作中的引领作用，9月11日召开以“加强和创新社会治理”为主题的贵港市第三期市委书记“基层直通车”座谈交流会议，通过实地调研、召开会议和互动问答的形式，分析形势、提出措施，深化城区“天网”、乡镇“天眼”工程建设，构建“视频+物联网”的数字化安全防控体系。全市建成“天网”“天眼”高清监控点1.3万个，南广高铁沿线和黎湛铁路沿线建设公共安全视频监控系统58套。成功申报2019年公共安全视频监控建设联网应用（雪亮工程）重点支持城市（区），获得中央预算内投资补助2800万元；建成各级综治中心91个，其中港北区、覃塘区实现乡镇（街道）综治中心全覆盖。聘请专职网格员569名，较上年增加167名。市、县（市、区）综治视联网平台全部安装完成，桂平市、平南县、港北区、覃塘区实现乡镇（街道）综治视联网系统全覆盖。对5个基层治安混乱村（社区）进行综合治理，加强综治中心、网格化、信息化建设，创新社会治理工作格局。深入开展社会治安重点地区排查整治专项工作，通过加强社会面治安清理，打击整治、创建“三无”村（小区）活动和推行“一村一警务”工作，全市社会治安多发问题得到有效整治，治安状况持续良好。加强校园及周边环境整治，重点抓好学校、幼儿园及周边治安秩序、消防、食品卫生校园摊点和校车专项整

2018年10月17日，市委书记李新元率队赴市公安局开展扫黑除恶专项斗争专题调研活动

治。铁路护路工作成效显著,建成了南广高铁路外安全防范示范线,确保高铁运行安全畅通。加强流动人口服务管理,登记在册流动人口2.21万人,列管出租房屋1702套(间),发放流动人口居住证1080份。加强刑满释放人员安置帮教,衔接刑释人员2743人,安置2328人,帮教2687人。加强社区矫正工作,新接收社区矫正人员837人,解除矫正720人,年末有社区矫正人员958人,社区矫正人员重新犯罪率为0.1%。加强吸毒人员社区管控戒毒工作,组织社区戒毒、康复1062人。

【法治宣传】 2018年,贵港市坚持把法治宣传作为平安贵港、法治贵港建设的基础工作抓紧抓实。举办主题为"宪法修正案"的贵港市"学习贯彻习近平新时代中国特色社会主义思想和党的十九大精神"集中轮训暨2018年"百名法学家百场报告会"贵港市专场,完成贵港市荷城初级中学"模拟法庭"建设任务,该模拟法庭是地级贵港市建市以来第一座参照人民法院法庭建设规范建成的校园模拟法庭,举行了模拟法庭揭牌首演仪式。组织开展2018年贵港市校园法治电影大展播活动,播放电影244场次,观众达到39万人次,覆盖全市所有的中学,是建市以来贵港市举办规模最大的一次法治电影展播活动。建设校园"法治之窗",打造校园青少年法治教育品牌。累计建成校园"法治之窗"178座(其中2018年建成70座)。其中,以法治文化长廊为载体的大型"法治之窗"3座,以法治宣传橱窗为载体的小型"法治之窗"175座,实现全市规模千人以上中学的全覆盖。投入1000多万元建成乡镇"法治之窗"74座,实现乡镇的全覆盖,加强面向农村地区的法治宣传教育。

【政法改革】 2018年,贵港市深化政法改革,着力提高服务中心工作水平。市中级人民法院大力推进内设机构改革和新型审判团队建设,实行院庭领导带头办难案机制,推行案件繁简分流机制,整合专业法官会议和审判委员会职能,建立新型审判监督管理机制,加强问题研判解决审判难题。市人民检察院制定完善《业绩考评实施细则》《案件质量评鉴工作实施细则》等综合配套制度11项,稳步推进司法责任制综合配套改革。全年刑事审判监督工作排名全区前3,增幅排名全区第1。完成检察官单独职务序列和检察官助理、书记员等级确定,落实员额退出机制,依规办理员额检察官退出47名(含转隶人员)。市公安局持续深化"放管服"改革,积极开展营商环境大优化活动,优化提速14项行政许可、审批事项的法定办结时限,下发6项行政审批权限至县级公安机关。市司法局拓展法律服务领域,率先实现村(社区)法律顾问100%全覆盖,为全市经济发展提供更为优质的法律服务。

【执法监督】 2018年,贵港市委政法委严格履行工作职责,充分发挥党委政法委在执法监督方面的职能。年内,办结群众信访件72件,接待群众来访110多人次。市委政法委组织集中评查重点涉法涉诉信访案件,纠正执法偏差,评查案件52件。规范审批发放司法救助金,全市对601件案件、758人开展司法救助,发放救助金461.46万元。

【政法队伍建设】 2018年,贵港市委政法委以全面从严治党引领全面从严治警,持续深入推进全市政法系统全面从严治警"五查五整顿"专项行动。加大对政法部门的纪律作风督查巡查,采取蹲点巡查或明查暗访方式,查摆纠正各类问题270个,接收举报件470件,办结351件。开展"比学赶超"主题教育活动,全市政法系统掀起向周会明、方金刚、黄登林、黄桂林学习热潮。全市政法机关有82个集体、72人(次)获自治区级以上表彰。严格落实领导干部选拔任用"一报告两评议"工作。着力规范党委政法委协管干部职能履行,复核、审核提拔干部11名。2018年度贵港市政法队伍满意度排名全区第3,政法队伍建设得到新提升。

（米　泉）

法治政府建设

【概　况】 2018年,贵港市深入贯彻落实《法治政府建设实施纲要(2015—2020年)》《广西壮族自治区法治政府建设实施方案(2016—2020年)》和《贵港市法治政府建设工作方案(2016—2020年)》,及时研究部署法治政府建设各项工作,6月8日印发《2018年全市法治政府建设工作任务(要点)》,制定了2018年法治政府建设考评指标和评分标准。9月,市法治政府建设工作领导小组办公室开展法治政府建设年中专项督查。11月22日—30日,按照自治区、贵港市法治政府建设绩效考评指标规定,市法治政府建设工作领导小组办公室组织4个考评组对5个县(市、区)人民政府和43个市级政府部门就

2018年度法治政府建设工作进行考评。经考评，5个县(市、区)人民政府均为满分，43个市级政府部门中40个满分。

【政府立法】 2018年5月23日，贵港市制订并印发《2018年度政府立法工作计划》，同时召开2018年贵港市政府立法工作会议暨培训会，通过开展立法工作培训，有效提升相关调研起草责任单位领导和起草人员业务水平。加强对立法起草单位的组织协调和督促指导，《贵港市桂平西山风景名胜区管理条例》等6个立法预备项目启动立法调研程序。9月19日，召开《贵港市城市道路管理条例(草案)》专家论证会；11月21日，向市政府提请审议《贵港市城市道路管理条例(送审稿)》；11月30日，向市人大常委会提请审议《贵港市城市道路管理条例(草案)》。7月，贵港市公安局和环保局将《贵港市烟花爆竹燃放管理条例(草案)》报送贵港市人民政府法制办公室(以下简称贵港市法制办)进行初次审查，贵港市法制办于7月6日和7月19日分别召开听证会和专家论证会，7月27日，提请市人民政府审议；12月28日，《贵港市烟花爆竹燃放管理条例(草案)》获得贵港市五届人大常委会第十八次会议审议通过，报自治区人大常委会批准。10月15日，贵港市政府立法工作在自治区举办的立法工作座谈会作经验交流发言。

【行政执法监督】 2018年，贵港市加强对事关经济社会发展全局和涉及人民群众切身利益的重点领域开展行政执法专项监督检查。9月，联合市环保局开展全市环境保护行政执法专项监督现场检查。5—6月，组织开展行政执法案卷评查，加强行政执法行为事后监督，强化对行政执法个案的监督，收到行政执法监督申请书4份。贵港市法制办积极向有关单位、部门发函核实、了解情况，并及时将处理结果向当事人反馈，切实提高公正文明行政执法。落实执行行政执法制度，7月印发《关于落实执行行政执法制度的通知》，要求市直各执法部门严格执行行政执法公示制度，将本部门行政执法决定文书按照规定全文在本单位门户网站、办公场所的电子显示屏或触摸屏公示和要求市直各执法部门界定重大执法决定范围、落实法制审核主体、确定法制审核内容、规范法制审核程序。截至年末，已有33个市直执法部门将本单位行政执法决定文书的网址公示和37个执法部门将本部门重大执法决定法制审核制度材料报送贵港市法制办。

2018年5月22日，2018年度贵港市政府立法工作会议暨培训会在贵港城区召开

【政府法律事务】 2018年，贵港市人民政府健全重大行政决策机制，规范重大行政决策程序，制定重大行政决策79项。严格执行有关规范性文件备案规定，加强备案审查，年内出台的7件规范性文件，均按要求向自治区政府法制机构以及向市人民代表大会常务委员会提交备案，备案率为100%。同时，备案审查各县(市、区)政府和市直部门报备的规范性文件13件。

贵港市法制办发挥政府法制机构在处理政府法律事务中的参谋助手作用，严格审查把关政府法律事务，为本级人民政府重大政策与合同审查等事项提供法律咨询、论证等法律服务，出具法律意见102件次。加强司法征地拆迁法律服务，3月主持召开司法征地拆迁工作座谈会，总结司法征地拆迁工作的主要经验，及时解决申请司法征拆工作中遇到的困难和存在的问题。6月，编印《贵港市司法征拆工作手册》，为贵港市司法征拆工作提供法律服务。参与处理项目用地等历史遗留问题，优化营商环境，为《石卡产业园浙商标准厂房配套项目相关协议》《浙商港口仓储物流投资有限公司股权收购协议书》《贵港市浙商发展有限公司16万平方米标准厂房项目闲置土地处置方案》《港北区人民政府关于将三合社区生产生活留用地上不动产分割确权给社区居民的请示》等出具法律意见。参加贵港市浙商港口仓储物流投资有限公司款项清单落实及浙商标房配套用地有关问题协调会、研究贵港市东昇纸业有限公司项目建设用地有关问题会议以及研究泰和小区开发项目土地遗留问题专题会议，牵头处理贵港市中心医院遗留问题。牵头组织市中级人民法院、市国土资源局、市住建委等部门起草《贵港市人民政府关于依法协助人民法院执行工作若干问题的通知》，8月9日经市政府审定后印发执行。

【法律顾问制度建设】 2018年，贵港市发挥外聘法律顾问在重大行政决策、法治政府建设工作中的“外脑”作用。外聘法律顾问为市本级政府重大决策事项等提供法律咨询、论证服务、参与本级人民政府商务谈判、合同审查等法律服务提供法律意见5件次，参与处理行政复议、行政诉讼等法律事务7件次。

开展政府外聘法律顾问工作调研活动，3—5月通过书面交流、座谈会研讨、走访调研等方式组织开展全市外聘法律顾问专题调研活动，形成《贵港市政府外聘法律顾问专题调研报告》。公开遴选市人民政府法律咨询委员会、法律顾问委员会委员，4月8日印发《关于更新贵港市政府法律顾问人才库的公告》，贵港市法制办8月21日、9月11日在贵港市人民政府门户网站公开发布公告，经社会公开遴选并报市人民政府审定，聘任张树国等5人为贵港市人民政府法律咨询委员会委员，聘任王锦意等8人为贵港市人民政府法律顾问委员会委员。10月28日印发《贵港市人民政府办公室关于设立市人民政府法律顾问委员会的通知》成立市人民政府法律顾问委员会，11月1日印发《贵港市人民政府办公室关于设立市人民政府法律咨询委员会的通知》成立市人民政府法律咨询委员会。

【行政复议应诉】 2018年，贵港市法制办履行行政复议职责，依法办理行政复议案件，接收复议申请107件，对符合受理条件的88件全部受理，已审结77件，法定期限内结案率达100%，未结案的11件尚在审理当中，均未超法定复议期限。对不符合立案条件的19件已及时告知申请人。通过行政应诉化解行政争议、树立政府法治形象，全年代理市政府出庭应诉121件次，其中一审65件次、二审51件次、再审5件次。

【仲裁工作】 2018年，贵港市发挥仲裁在社会矛盾纠纷解决中的特有优势，为构建和谐平安贵港做贡献。贵港仲裁委员会受理各类仲裁案件196件，审结186件，结案率94.89%，标的1.5亿元。

（梁燕恒）

公　安

【概　况】 2018年，贵港市公安局以开展“扫黑除恶”专项斗争、做好改革开放40周年和自治区成立60周年系列庆祝活动安保维稳工作为主线，强力推进落实“深化六大任务、打造六新局面”重点工作任务，有力维护全市社会大局的持续和谐稳定，各项公安工作和队伍建设再上新台阶、再创新局面，全市公安整体绩效位居全区第一、社会稳定八项动态指标排全区第三、群众安全感排名全区第四，政法队伍满意度排名全区公安第三；扫黑除恶破案、抓获、刑拘、逮捕、打团伙5项指标，禁毒严打破案、逮捕、起诉、强戒、缴毒量5项指标，惩治赌博破刑案、刑拘、逮捕3项指标，同比均大幅上升；全市刑事案件立案总数、八类案件和抢劫、抢夺、盗窃案件立案数连续5年保持下降。

【治安防控体系建设】 2018年，贵港市按照共建共治共享的理念，加强新形势下的社会治安治理方式创新，启动实施新一轮的全市社会治安防控体系建设三年规划，大力推进以深化“一平台、三张网、一中心”为主体的城乡一体化治安防控体系改造升级。“一平台”即打造大情报数据平台，通过整合资源，打破壁垒，实现全局资源手段共享共用；“三张网”即以“天网”“天眼”为主体的城乡全覆盖高清视频专网，以电动车防盗备案登记、娱乐场所三色预警机制和重点领域治安管控网等全民“地网”，以环绕市县和集5种技术手段于一体的“两环五手段”技术防控网，点、线、面全方位防控更加严密；“一中心”即率先在全区成立市、县（市、区）两级合成作战中心，技网侦手段向县（市、区）延伸，情指行一体化向派出所延伸，精准打防更加有力。取得了全市社会治安环境营商环境持续优化、人民群众安全感满意度持续提升的显著效果。全年，全市立刑事案件6621起，同比下降10.4%，其中八类案件和抢劫、抢夺、盗窃案件同比分别下降7.1%、40.2%、65.1%和23.8%，均保持连续五年大幅下降，黄赌警情也持续处于全区低发行列。全市人民群众安全感96.65%，同比提升2.98个百分点，继续保持全区第四。贵港市企业投资环境满意度连续2年排名全区第一，获评为“2018年度中国十佳营商环境示范城市”“2018中国营商环境质量十佳城市”。派出所建设、基础工作信息化建设和危爆物品安全监管等多项工作在全区性会议上作经验介绍。

开展电动车防盗备案登记、娱乐场所三色预警机制等“地网”建设，广泛发动社会各界参与。年内，二轮电动车新车总上牌12.69万辆，防盗备案登记12.53万辆，备案率98.76%，位列全区第一；推进落实三色预警工作机制，强化娱乐场所管控，全市娱乐场所110警情同比下降13.04%。

打造重点领域治安基础防控信息网。大力推进旅馆业、寄递物流业、机修业、校园、车站等重点领域治安管控信息网建设，全市562家旅馆业实现“人证合一、无证入住”及持“港澳通行证”入住功能，全市已有8万多名旅客使用无证入住功能成功登记入住，有效解决了旅馆业治安管理阵地控制的难题和国务院反映的群众办事堵点难点问题。全市通过旅馆业信息系统抓捕在逃人员152人，同比增加40人，进一步提升公安机关的阵地控制和管理服务能力；490家寄递物流企业员工安装使用手机APP信息采集系统，实现寄递物流活动“三个100%”的目标；全市144家（一类1家，二类90家，三类53家）机修业信息上传率为81.62%，全区第三名；寄递物流整治活动实现“三个100%”，寄运违禁品现象基本消除。在全市大型幼儿园（在园幼儿200名以上）推行智慧安防系统建设，在港北区开展试点。出台《贵港市旅馆业分级治安管理实施办法》，严格推行旅馆业分级管理工作机制，全年全市旅馆业入住人员信息上传率为99.98%，全区排名并列第二名。

【打击刑事犯罪】 2018年，贵港市公安系统以扫黑除恶专项斗争为龙头，紧盯影响群众安全感的突出违法犯罪，统筹组织开展“神剑3号”系列专项行动，依法严厉惩治各种刑事犯罪活动。实现“立案下降、打击上升”持续向好目标。在案件连续5年持续下降的背景下，逮捕数连续4年保持上升；全市立刑事案件立6621起，同比下降6%，破刑事案件2927起，破案率为44.2%；抓获各类刑事作案人员4089人，同比下降4.7%；其中逮捕犯罪嫌疑人总数3025人，同比上升0.5%。现行命案连续4年实现100%全破；扫黑除恶成效调查排名全区第一；破获公安部督办大案要案件24起。刑侦工作全区排第六名，其中扫黑除恶工作第四名、惩治枪爆犯罪工作第三名、惩治电信诈骗犯罪工作第三名；禁毒工作全区排第三名；治安工作排第二名，在全区相关会议上作经验发言。破获了公安部督办“2017-10-26”特大跨国买卖爆炸物品专案，禁毒严打整治“大治理、大收戒”行动获自治区禁毒办通报表扬，破获的公安部督办“2018—120”毒品目标案件，是广西历年破获的最大一起制造羟亚胺案件，缴获制毒物品及原料创广西之最，公安部禁毒局为此专门发来贺电；惩治跨国电信网络诈骗犯罪开创广西先河，首次组织专案工作组赴菲律宾与当地警方联合惩治跨国电信网络诈骗犯罪，捣毁电信网络诈骗犯罪窝点6个，抓获犯罪嫌疑人43人，分两批押解回国审查。

【扫黑除恶专项斗争】 2018年，贵港市在扫黑除恶专项斗争工作中，全市公安机关共抓获涉黑恶犯罪嫌疑人951人、刑拘784人、逮捕直诉757人，同比分别上升29%、26.7%、13%。破获涉恶一般团伙114个成员759人，破获团伙个数同比持平、打掉团伙成员数同比上升27.6%。办理涉黑组织案件4起。其中，以许某某为首的涉黑组织案已于5月29日作出终审裁定，以平南张某、张某某为首的涉黑组织案、以港北韦某某为首的涉黑组织案均于12月3日一审宣判，许某某、韦某某均判处有期徒刑25年，张某、张某某均被判处死缓，为2018年全区涉黑组织案被判处最重的案件。以桂平黄某某为首的涉黑组织案已于12月29日移送检察机关审查起诉。全年破获恶势力团伙5个，一审判决恶势力犯罪集团1个、11人。公安机关扫黑除恶专项斗争绩效考评位居全区第三名。

【惩治民生环保犯罪】 2018年，贵港市公安系统深入开展食品药品“利剑”行动、环境“清水蓝天”行动。全市共立食药环打假案件49起、破41起、刑拘96人、逮捕50人。其中，办理食品案件2起、刑拘4人、逮捕1人，侦破药品案件4起、刑拘2人，逮捕2人，破环境案件17起、刑拘55人、逮捕24人，侦破烟草案件11起、涉案金额1100余万元、刑拘26人、逮捕18人，破成品油等其他打假案件2起、涉案金额403万元、刑拘3人、逮捕2人。成功侦破国家烟草专卖局、公安部联合督办的“2018-6-1”非法经营案以及公安部督办的蔡某等非法经营案、贵港林某等生产、销售伪劣产品案、贵港“6·13”污染环境案4起部督案件。6月1日凌晨，贵港市公安局联合市烟草局出动警力

130多人开展统一行动，在港南区新塘乡山边村某木业工厂附近查获生产及储存窝点3个，缴获加工成烟丝120吨、假烟生产机器一批，烟叶烟丝货值600多万元，抓获犯罪嫌疑人45人（其中越南籍涉案工人29人），已逮捕10人。

【维稳安保】 2018年，贵港市公安局以强化预知预测预警预防能力为核心，着力构建主动进攻型的社会稳定风险防控新体系，初步建成可视化、数字化的治安反恐巡逻防控网络，自主开发慧眼警务通APP及“预鉴”情报平台，妥善处置一批重大涉稳风险隐患，圆满完成贵港国际马拉松赛、第15届中国—东盟博览会和自治区成立60周年大庆等重大活动安保工作，坚守住全市不发生暴力恐怖活动和影响社会稳定重大案事件的底线。特别是成功侦破公安部督办的重大专案2起，得到了公安部、公安厅领导的批示表扬，开创了贵港市公安机关侦破此类专案的先例。

【行政审批改革】 2018年，贵港市公安机关为优化营商环境，提速14项行政许可、审批事项的法定办结时限，下发6项行政审批权限至县级公安机关，涉及市局行政审批项目全部实现“四个一”（“一台式”综合服务、“一次式”告知服务、“一窗式”受理服务、“一站式”审批服务）综合集成办理。7月底，提前完成“一事通办”事项清单编制，编制事项清单49项；“只需跑一次”和“一次不用跑事项”数量从原来的27项增加到47项，“最多跑一次”事项达到95.92%，超额完成自治区下达的2018年底80%以上依申请办理的行政审批和公共服务事项实现“最多跑一次”的指标要求。市本级的49项行政许可和公共服务事项网上办理率达到97.14%，提前超额完成自治区要求到年底达到80%以上事项网上办理的指标要求。出入境业务网上办理、身份证自助办理、车驾管互联网自助驾考管控系统等实现微信服务平台“一网办通”和“网上支付”。

【公安队伍建设】 2018年，贵港市公安局持续深化抓党建带队伍促业务的工作理念，创新实施“党建引领、赶超跨越”工程，通过建立市、县、所队党组织三级联建联创模式，打造“1+6+N”三级党建宣传教育网络，固化“书记面对面”现场问效工作机制，对表中心工作，对标先进地区，抓住各阶段工作推进中重点难点问题，有效解决重业务、轻队建、松党建的问题，推动了党建和队伍、业务工作的深度融合发展，队伍的纪律作风和战斗力持续明显提升。

全年，获得各级表彰奖励集体62个、个人167名。其中，市公安局先后被自治区党委、政府授予“全区脱贫攻坚先进集体”“广西壮族自治区民族团结进步模范集体”称号；市局“2017-1-22”专案组立集体一等功，交警支队获“第五届全国文明单位”称号，交警支队车管所获评“全国模范职工小家”称号；5个新媒体项目在自治区公安厅举行的广西公安首届新媒体正能量7个“十佳”评选活动中获奖。获“全区公安模范人民警察”称号民警2名，被授予第二十一届广西五四青年奖章民警1名，作为广西公安系统唯一的团代表出席共青团第十八次全国代表大会。立功受奖的规模和档次为近年之最。

（邓勉霞）

2018年11月1日，中共贵港市委政法委员会委员扩大会议在市公安局会议室召开

【消防概况】 2018年10月9日，根据中央改革部署和8月22日中办、国办印发《组建国家综合性消防救援队伍框架方案》，武警消防部队集体退出现役，成建制转隶，改为行政编制，划归应急管理部管理。实行在领导体制上，省级以下综合性消防救援队伍实行以应急管理部为主，省、自治区、直辖市党委和政府双重领导体制。履行开展消防监督检查，督促整改火灾隐患；组织调查火灾原因，处理火灾事故；实施消防处罚，依法追究法律责任；参与灭火抢险救援，保护国家和人民生命财产安全等职责。成立于1998年2月5日的武警贵港市消防支队隶转为贵港市消防支队，12

月29日举行迎旗、授衔和换装仪式。年末，贵港市有消防大队5个、消防中队9个。

【防火监督】 2018年，武警贵港市消防支队始终坚持党委研判形势，把火灾稳定作为第一责任，火灾防控体系不断筑牢。组织界定全市消防安全重点单位483个，全部落实“六加一”措施，重点单位“户籍化”管理全部达标。针对“高低大化”和人员密集等重点场所，严格落实“每日一查”制度，严治重大火灾隐患。2017、2018年，各级政府累计挂牌整改单位14家、年末已销案13家。结合《贵港市“十三五”消防事业发展规划》，推动市综治办将消防安全同步纳入网格化管理内容，动员全市5244名综治网格员对城中村、城乡结合部、农村等易发生火灾的地区开展火灾隐患排查和宣传教育工作；推进微型消防站建设，全市483个重点单位、7个街道办、79个社区建成微型消防站，创建消防安全示范社区69个，完善区域联防协作组织94个，微型消防站在扑救初起火灾发挥了“救早、灭小”的作用。主动协调发改、财政、公安等部门，推动投资2500万元“智慧消防”项目落地生根，年末五大平台已经上线试运行。

【灭火救援】 2018年，武警贵港市消防支队修订支队数字化预案20份，大、中队数字化预案180份，修订支队、中队辖区情况手册7份，接警出动1166起，出动车辆2919辆，出动警力15282人次，抢救财产价值4047.6万元，抢救人员271人，疏散人民群众210人。出色完成“3·6”木乐镇岭尾村火灾、“7·20”平南官成水井坍塌事故和“9·17”桂平江口采砂船救援等各项急、难、险、重的灭火抢险救援任务。

【执勤备战】 2018年，武警贵港市消防支队坚持以比促训，建立支队每季度一比武，每月一考评的训练机制，从制度上保障练兵，从措施上推进练兵。全年，开展“六熟悉”训练713次，熟悉单位438家、道路133条、水源1878处，开展实战演练435次（其中支队级演练12次），支队党委会议训4次，召开训练形势分析会6次，组织夏训操法示范演示1次，修订《夏季练兵手册》并制作成册下发各基层单位。为强化训练效果，在2月、7月、9月和12月分别组织开展基层中队实战化练兵比武竞赛。年初，集中组织2017年入伍新兵第二阶段集训，5月开展水域、山岳、结绳技术培训以及冲锋舟培训，组织修订《水域、山岳救援技术操法汇编》，年内组织召开灭火救援战例研讨7次，通过持续开展系列业务大培训，基层指战员业务素质与专业水平得到明显提高，队站整体实战能力不断提升，为灭火救援工作的顺利开展打下坚实的基础。

2018年12月29日，贵港消防支队举行转隶迎旗授衔和换装仪式

【消防宣传】 2018年，武警贵港市消防支队消防宣传工作围绕中心目标任务，立实创新、多点发力，形成“党政重视、部门合力、媒体聚焦、群众参与”的新格局。创新开展消防宣传“七进”网络直播活动，组织开展宣传直播进校园、社区、农村活动7场次，校园直播在线观看人数达10万人，社区直播达5万人。积极发动物业公司制作小区119消防宣传专栏，基本覆盖城区已建成的所有小区。联合市教育局开展假期消防作业、消防第一课、中小学生绘画作文大赛等活动，信件发放100万份，收到消防作业、作品2万份；大力开展消防宣传车“74乡镇宣传万里行”活动，成立“消防基层行宣传队”6支，发动志愿者开展消防宣传接力传递行动，确保每周开展宣传活动不少于3天，有效提升消防宣传的覆盖面。

【消防保障建设】 2018年，贵港市投入消防业务经费1.06亿元，比上年增长0.56亿元，增幅为112%。有9个消防站建设得到加强，贵港市消防支队消防训练基地、战勤保

2018 年 11 月 9 日，贵港消防支队开展“119”消防宣传月系列活动

障大队消防站等 5 个消防站建设项目开工，其中桂平长安消防站已经进驻投入执勤备战。贵港市水上消防站、贵港市特勤二中队消防站、港南区江南消防站和平南县大安消防站 4 个消防站建设项目做前期准备工作。全年新购置消防车 32 辆，购置各类器材装备 4940 件(套)，实现消防员基本防护装备和特种防护装备配备率、备份率 100% 的目标，个人防护装备、灭火器材装备、抢险救援器材配备率显著提升。投入资金 1.15 亿元，购置芬兰博浪涛 101 米曲臂登高消防车、灭火机器人等“高、精、尖”装备一大批。全年，完成新建队站 3 个、老旧队站功能性改造重建 6 个、2 个队站施工建设，新增队站面积 1.3 万平方米，新增土地面积 12.4 万平方米，新增公寓房 20 套。

（叶　艺）

检　察

【概　况】 2018 年，贵港市县两级检察院围绕打好“三大攻坚战”和服务保障市委“13446”工作思路实施，以党建为引领，充分履行法律监督职责，推动新时代贵港检察工作持续健康发展。全市检察机关获得全国先进集体 4 个、先进个人 3 名，市人民检察院获评为“全国模范职工之家”，15 个集体和 33 名个人获自治区级先进表彰；党建、公诉等 6 项工作在全区检察相关会议上发言或作经验介绍。获评全国检察机关精品或优秀案件 2 件，获评全区检察机关精品(优质)案件 18 件。全市检察队伍满意度 98.78%。市检察院连续 9 年被评为贵港市党建工作目标管理先进单位，连续 2 年在全区检察机关党建工作会议上作经验发言。

【刑事犯罪检察】 2018 年，贵港市县两级检察院持之以恒做实做优刑事立案、侦查和审判监督工作，批捕各类刑事犯罪案件嫌疑人 2976 人，起诉 3369 人。严格执行证据裁判规则，对证据不足或犯罪情节轻微、无逮捕必要的，不批捕 465 人，不起诉 92 人。对应当立案而不立案的，监督立案 131 件；不应立案而立案的，监督撤案 35 件。对应当逮捕、起诉而未提请逮捕、未移送起诉的，追加逮捕 115 人，追加起诉 165 人。突出抓好刑事抗诉工作，提出刑事抗诉 19 件，同比增长 171.43%，全区增幅最大，法院采纳 8 件，全区公诉工作推进会在贵港市人民检察院召开，贵港市人民检察院在会上作经验发言。在自治区检察院各项精品、优质案件评比工作中，全市两级检察院均榜上有名，监督办案成效彰显。做实做好刑事执行检察工作，审查减刑、假释、暂予监外执行案件 2382 件，纠正减刑、假释和暂予监外执行不当 16 件，纠正刑事执行活动不当 106 件。开展监督维护在押人员合法权益专项活动，纠正监管场所不当行为和安全隐患 42 个。开展监外执行(社区矫正)专项检察，纠正监外执行履职不当 70 件。加强羁押必要性审查，提出变更强制措施或释放建议 208 人，获采纳 207 人，其中 1 件被评为全国检察机关羁押必要性审查精品案件。

【民事行政检察】 2018 年，贵港市县两级检察院围绕做实做强民事行政检察工作，对认为有错误的民事行政生效裁判和调解书，提请抗诉 22 件，获上级院支持抗诉 10 件；提出抗诉或再审检察建议 10 件。对民事行政诉讼活动中的违法情形，提出检察建议 47 件，法院采纳 45 件。支持法院解决“执行难”问题，批捕起诉拒不执行判决、裁定犯罪 10 人，对不服法院正确判决裁定的申诉案，依法决定不支持监督申请 83 件，并做好释法说理、息诉服判工作。

【职务犯罪检察】 2018 年，贵港市县两级检察院扎实做好做细职务犯罪检察工作，全力配合国家监察体制改革，扎实做好自侦、预防部门的转隶工作，划转政法专项编制113名、人员86人。加强与监察委的衔接配合，建立良好沟通协作机制，办理监察委移送案件26件、36人，决定逮捕29人、取保候审7人，已起诉14件、19人，法院作出有罪判决6件、6人。

【公益诉讼检察】 2018年，贵港市县两级检察院认真学习贯彻习近平总书记关于“检察官作为公共利益的代表”的重要论述，全面推进全市检察机关公益诉讼工作，发现公益诉讼案件线索77件，立案31件，提起民事公益诉讼4件，发出诉前检察建议25件，行政机关已履职督促整改16件，追回国有财产1946.15万元，3家企业投入治污整改资金220万元，一批受损林地补植复绿。加强请示报告，贵港市“两办”联合发文支持检察公益诉讼工作，贵港市政府在市人民检察院召开全市公益诉讼工作推进会。与5家市直行政单位召开公益诉讼协调、联席会议9次，形成齐抓共管大格局。组织开展“保障千家万户舌尖上的安全”专项治理等活动，发出检察建议9件，已整改落实6件。贯彻双赢多赢共赢监督理念，实现公益诉讼“三个效果”有机统一。以推动行政机关主动履职担当、及时有效解决公益损害问题为目标，严格提起公益诉讼程序，积极通过诉前检察建议，推动相关单位主动履职纠错，实现双赢多赢共赢。桂平、港北区人民检察院通过诉前检察建议，督促分别追回国有财产1400多万元和500多万元。

2018年12月14日，贵港市人民检察院检察长梁贻勇到市委党校培训班作扫黑除恶专项斗争专题讲座

【司法改革】 2018年，贵港市县两级检察院认真贯彻上级各项司法改革部署，锲而不舍抓落实，推动各项改革落地见效。有序推开内设机构改革，制订《市检察院内设机构改革初步方案》，部署各基层院探索组建专业化办案机构，推动落实“捕诉一体”办案机制。8月，覃塘区人民检察院合并公诉、侦监成立刑事检察部，按“捕诉一体”机制办案，其余基层检察院正按照“捕诉一体”机制全面推进。推动检察官办案责任制全面落实，推动员额检察官按照司法权力清单，依法履行办案职责，全市由检察官直接决定起诉的案件占起诉总数的93%，平均办案周期缩短5天。稳步推进司法责任制综合配套改革，扎实做好司法责任制改革第三方评估迎检工作，制定完善配套制度11项，建立以办案质量和效率为基础的监督考评体系，对全市检察院2018年办结案件开展质量评查1次，落实检察人员职业保障配套制度。

【检察建议】 2018年，贵港市县两级检察院着力增强检察工作监督刚性，树立“监督是在帮助被监督者把工作做得更好，共同推动问题解决，共同维护人民合法权益，共同促进严格执法和公正司法”的双赢多赢共赢监督理念，制定落实《关于加强检察建议工作的若干规定》和《关于开展检察建议公开宣告工作的规定》，严格检察建议制发程序，改进监督方式方法，提高监督效力效果。全年发出检察建议176件，收到相关部门回复131件。市人民检察院检察长主办的对西江监狱突发性群体性敏感性事件建议案被评为全区精品检察建议。

【推进平安贵港建设】 2018年，贵港市县两级检察院坚决贯彻中央决策部署，深入开展扫黑除恶专项斗争，批捕涉黑涉恶案件72人，起诉11件、81人。加强对黑恶势力背后“保护伞”问题的惩治，移送“保护伞”线索9条。贯彻总体国家安全观，切实维护国家安全和社会稳定，批捕各类刑事犯罪案件嫌疑人2976人，起诉3369人。践行新时代“枫桥经验”，不断加强检察环节社会治安综合治理，升级改造两级院“12309”检察服务中心，向群众提供更优质的一站式检察服务，桂平、平南和覃塘区人民检察院已完成改造，市人民检察院和港北、港南区人民检察院在抓紧建设。深化落实办案风险评估预警、司法救助和检察长接访、包案约访等制度，办理群众来信来访622件次，同比上升18.7%，稳控、化解涉检信访重点案件20件，同比上升33.3%，救助刑事被害人86件，发放救助金106.5万元，未涉检进京赴邕非正常上访等事件发生。认真落实普法责任，弘扬法治正能量，促进法治社会建设，开展“法律六进”活动116次，组织检察官上法治课86场，制作推送检察微电影、微视频6部，通过检察院门户网站、“两微一端”等发布释法案例、检察信息1.2万条。加强未成年人检察工作，护航“祖国花朵”健康成长，依法惩治校园欺凌等犯罪，起诉侵害未成年人的犯罪167人。落实未成年人案件“三见面、三查清”、犯罪记录封存、回访帮教等制度，帮助涉罪未成年人悔过自新、回归社会。加强未成年人法治宣传教育工作，联合教育等部门在市人民检察院筹建全市青少年法治教育基地；推动两级院检察长等领导干部担任辖区中小学法治副校长，开展“法治进校园”巡讲（宣讲）活动65场次，受教育学生约6.6万人次。

2018年12月28日，贵港市人民检察院召开首次公益诉讼工作新闻发布会

【特色检察服务】 2018年，贵港市县两级检察院积极参与防范化解重大风险攻坚战。重点惩治涉众型经济犯罪，批捕各类破坏市场经济秩序犯罪53件、90人，起诉52件、78人，依法办理跨国网络诈骗案43人、非法经营和非法控制计算机信息系统案12人等重大案件。主动服务污染防治攻坚战，积极开展打击破坏环境资源犯罪专项行动，批捕破坏环境资源犯罪案件44件、58人，起诉100件、124人。实行领导督办，对中央环保督察组“回头看”反馈的环境污染问题开展检察监督，发现案件线索9件，发出检察建议4件，提起民事公益诉讼1件；对跨省非法倾倒危险废物等重大环境案件从严从快办理，批捕3件、5人，起诉2件、4人。助力打好精准脱贫攻坚战，两级检察院选派36名干警担任驻村扶贫书记或队员，协调筹集资金200多万元，其中市人民检察院约90万元，帮扶21个挂点村精准脱贫。积极救助因案致贫群众17人，发放司法救助金24.1万元。平南县检察院在全区检察机关国家司法救助工作助力脱贫攻坚战推进会上作经验介绍。持续深化服务企业、服务项目建设工作，起诉妨害重大项目建设、影响企业生产发展的犯罪5件、21人，保护企业合法权益。深入推进检察长挂点服务企业制度化、常态化，两级检察院检察长到产业园区和辖区企业走访调研45次，协调解决困难问题16个。

【扫黑除恶专项斗争】 2018年，贵港市县两级检察院坚决把扫黑除恶专项斗争作为重大政治任务。为提高两级院思想认识和政治站位，研究推进扫黑除恶专项斗争召开会议12次。成立市人民检察院扫黑除恶领导机构，抽调5名人员专职负责，市院检察长到市委党校作扫黑除恶专题授课。落实涉黑涉恶案件改变定性和适用法律、不捕不诉向上级检察院报备报批制度，加强与公安、法院的衔接配合，召开协调会议17次。落实市人民检察院领导“包院包案”责任制，成功办理许红兵等16人、韦日柱等17人和张辉等34人、3件涉黑案，法院均采纳公诉意见，作出有罪判决，其中张辉等34人涉黑案的2名主犯被判处死缓，有力惩治黑恶势力犯罪。全年，全市检察机关批捕涉黑涉恶案件72人，起诉11件、81人，移送“保护伞”线索9条，扫黑除恶专项斗争成效显现。

【检察队伍和基层基础建设】 2018年，贵港市县两级检察院始终把政治建设放在首位，深入学习习近平新时代中国特色社会主义思想和中共十九大精神，开展大学习、大讨论、大培训活动，建立“新时代讲习所”，开讲2堂，牢牢把握检察工作正确政治方向，增强“四个意识”，坚定“四个自信”，坚决做到“两个维护”。加强全市检察机关党风廉政和纪律作风建设,全面细化党风廉政建设主体责任清单,抓好自治区党委第七巡视组反馈意见的整改落实,组织深入开展全面从严治检“五查五整顿”专项行动、“纪律作风教育月”活动,开展执纪督察6次,谈话提醒79人次。对桂平、平南县人民检察院开展全面巡察和政治监督。扎实推进队伍专业化建设,认真开展“队伍建设年”活动,落实全员分类分批培训机制,组织专业培训59批、3011人次。深入开展技能竞赛、优秀法律文书和优秀公诉庭评审等活动,不断提升检察人员专业素能,被评为全国或全区检察机关精品(优秀)案件20件,获评全区检察业务标兵(或能手)干警6名。持续加强检察信息化和基层基础建设,推进“智慧检察”建设,全区检察机关“智慧公诉”项目试点落地贵港。推动加快专业技术用房建设,组织完成了检监互联、远程提讯、远程庭审系统等建设,“智慧检务”工程成效初显。 (姜永明)

法 院

【概 况】 2018年,贵港市各级法院围绕“努力让人民群众在每一个司法案件中感受到公平正义”工作目标和市委工作大局,牢牢把握公正司法、司法为民的主线,忠实履行宪法和法律赋予的职责。全市各级法院受理各类案件40858件,同比增加8.01%,办结各类案件36435件,同比增加9.47%。其中,市中级法院受理各类案件6061件,办结各类案件5694件。全市获得最高人民法院天平奖章10人次,获得广西高级法院先进个人称号43人次,课题调研《化执行“梗阻”为互利多赢》获2016—2017年度广西法院优秀调研成果三等奖。

【刑事审判】 2018年,贵港市各级法院依法惩治刑事犯罪,推进平安贵港建设。全年审结各类刑事案件2784件,判处罪犯2806人。深入开展“扫黑除恶”专项斗争,市中级法院制定“涉黑、涉恶案件证据收集和审查判断指引”,把以“审判为中心”的证据标准前移至侦查阶段,形成惩治合力,严惩黑恶势力犯罪,张某、韦某、许某等黑社会性质组织头目受到严惩,审结涉黑涉恶案件6件、54人,有效震慑黑恶势力犯罪。严惩毒品犯罪,审结涉毒品犯罪案件559件,推动禁毒工作深入开展。严惩职务犯罪,审结贪污贿赂和渎职等职务犯罪案件56件,对广西首例监察委查办的李某贪污案作出有罪判决。加大对破坏环境资源犯罪的惩治力度,审结盗伐林木、滥伐林木、非法捕捞水产品、非法采矿等破坏环境资源犯罪案件103件。

【民事审判】 2018年,贵港市各级法院能动化解民商事纠纷,积极维护经济安全和社会稳定审结各类民商事案件17728件。对家庭纠纷案件,注重发挥家事审判的调整、修复、救助功能,促进家庭和谐稳定,审结婚姻家庭、继承纠纷案件4575件,其中调解结案1748件,同比增加20.17%。对侵权类案件注重裁判的价值引领,对某原告无故长期停放亲人尸体索要停尸费的诉讼请求,坚决予以驳回,旗帜鲜明昭示此种行为有损道德风尚和公序良俗,以正确是非判断价值观,引领社会道德风尚,审结侵权类案件2913件。对涉众型房地产纠纷案件,采取因案施策、多方协调联动的方式妥善处理,成功化解香格里拉房地产项目停工多年引发的系列纠纷案,使该项目恢复动工,各方利益都得到保障,维护了社会稳定。共审结房地产纠纷相关案件1124件。对借款、买卖合同、建设施工合同等民商事合同纠纷案件,支持守信,惩戒违约,培育诚实守信的风尚,审结该类案件7433件。依法审结了贵港首例民事公益诉讼案——梁某等人销售假冒碘盐危害公众权益案。

【行政审判】 2018年,贵港市各级法院妥善审理行政争议,促进法治政

2018年12月3日,贵港中级人民法院对张辉等34人涉黑案一审庭审现场

府建设。受理行政案件565件，同比下降18%，审结行政案件490件。

建立“府院”联席会议制度，通过联席会议，及时通报问题、规范行政行为，促进依法行政，实现政府与法院的良性互动，从源头减少“民告官”案件。注重行政争议的实质性化解，对桂平市征地拆迁回建安置地无法落实的历史遗留问题，推动桂平市人民政府依法改用货币补偿方式予以解决，妥善化解了一批历史遗留问题。推动行政机关负责人出庭应诉制度的落实，行政机关负责人出庭应诉行政案件174件，出庭应诉率57.81%，行政机关负责人出庭应诉率位列全区法院前列，行政机关负责人依法行政的意识和水平普遍提高。注重行政行为合法性的审查，对合法行政行为判决予以支持，对不合法造成损失的依法判决赔偿，依法审结“白凹窝”“口岸新海洋机械设备贸易公司”等行政赔偿案件17件。

【判决执行】 2018年，贵港市各级法院决战“基本解决执行难”，依法保障胜诉当事人及时实现权。2018年是最高人民法院提出“用两到三年时间基本解决执行难”的决战决胜之年。全市法院对照“四个基本”的目标任务，全面落实“一把手”工程，举全市法院之力，不断加大执行力度，强化执行措施。执结案11747件，同比增长43.54%；执结标的12.78亿元，同比增长133.64%。针对被执行人规避执行、抗拒执行和外界干预执行的问题，加大执行强制性和信用惩戒措施，纳入失信被执行人名单5372人次，限制高消费12721人次，限制购买机票18041例，限制购买动车票8601例，罚款6人，拘传205人，拘留438人，移送公安机关追究拒执罪35人，判决拒不执行判决、裁定罪10人。加大财产处置力度，确保有财产可供执行案件在法定期限内基本执行完毕。进一步完善网络查控系统，将网络查控财产类型逐步扩展到银行理财产品等金融资产，对被执行人的主要财产形式基本实现了“一网打尽”。全面推行网络司法拍卖，推送网络拍卖的案件562件，成交额6.14亿元，溢价率19.9%，为当事人节省佣金2294.68万元。针对消极执行、选择性执行、乱执行的问题，加强监督管理，狠抓执行规范化建设。市中级法院出台《执行实施类案件办理指引》《涉执信访管理办法》等执行工作指引文件7份，统一规范全市法院的执行行为，确保无财产可供执行案件严格遵循终结本次执行程序，提升了执行工作的规范化水平。

【特色司法服务】 2018年，贵港市各级法院发挥司法能动，主动延伸审判职能，服务保障贵港发展大局。围绕市委“13446”工作思路，找准审判服务保障发展大局的切入点。市中级法院出台《关于充分发挥审判职能作用为优化贵港营商环境提供有力司法服务和保障的意见》，针对重点企业、重大项目的司法需求，深入企业和项目走访，为企业项目解决法律问题100多个。积极服务保障民生，对涉民生的案件优先审理优先执行，办结涉民生案件2024件，成功解决贵港市中心医院项目停工多年的问题，促使项目恢复动工。积极服务招商引资，针对招商引资项目落地征地拆迁难的问题，进行专门调研，并与政府部门召开研讨会，提出针对性的建议和对策，促进政府部门依法、有序、有效征地拆迁。同时，针对国有划拨土地被个别单位和个人违法占用问题，提出开展专项清理的司法建议。

【司法为民】 2018年，贵港市两级法院坚持司法为民，努力满足人民群众的多元司法需求。深化司法公开，推动阳光司法。紧跟大数据时代步伐，努力构建开放、动态、透明、便民的阳光司法机制，不断提升司法公开的广度和深度，让人民群众看得见、感受得到公平正义。全市法院公开生效裁判文书27146份，通过网络直播庭审3529件，同比增长112.98%。创新司法公开形式，法院新媒体建设取得新成效，平南县人民法院微信公众号关于张辉等34人涉黑案件的报道，单条微信阅读量6小时内突破10万，提升了法院的良好形象和影响力。平南县人民法院、覃塘区人民法院的执行宣传工作，得到最高人民法院的通报表扬。践行司法为民，积极回应群众司法新期待。全市法院诉讼服务中心基本完成升级改造，整合诉讼引导、信息查询等功能，为群众提供线上线下、方便快捷的“一站式”诉讼服务。推进完善反家暴联动工作机制，全市法院创建妇女儿童维权岗、维权合议庭、维权服务点68个，依法发出人身保护令5份，逐步形成反家暴的社会氛围。加强对困难、弱势群体的司法救助力度，为生活困难当事人依法减免缓诉讼费132.18万元，发放司法救助金324.3万元，同比增加220.01%，救助645人次。深入推进诉前联调，多元化解矛盾纠纷。坚持发展新时代“枫桥经验”，加强合作共建，把矛盾纠纷解决在源头，有效整合社会资源，成立律师调解工作室、婚姻家庭调解室9个，满足群众多元调解需求。在乡镇、街道建立法官工作室、服务站（点）等，联合司法所和社区、村委会等组织，联动化解矛盾纠纷，接待群众900多人次，化解纠纷270多起。

【司法改革】 2018年，贵港市各级法院深化司法改革，促进审判体系和审判能力适应新时代要求。为着力解决制约审判质效的突出问题，通过解放思想、改革创新、系统思维、综合施策、整体推进，结合全市法院的实际，在全市法院实施“加减乘除法”工程，大力提高审判质效。在整合资源上做加法，以整合资源形成合力促进审判质效。整合内设机构，整合审判力量，设立综合审判团队、专业审判团队和速裁团队。整合案件，及时对案件进行繁案和简案的甄别，并将案件及时分流到相关团队，实现“繁案精审、简案快办”。整合审判管理，对审判团队实行扁平化管理，继续落实好“由审理者裁判、让裁判者负责”的司法责任制。在删繁去重上做减法，以删减不必要、不需要、重复的工作实现快速高效。简化裁判文书，推行民事裁判文书改革，推行要素式民事裁判文书，为9种常见类型纠纷案件，提供14种要素式裁判文书样版。简化案件审理程序，积极引导当事人双方约定适用简易程序，全市法院简易程序适用率达到93.83%，走在全区法院前列。完善多元化纠纷解决机制，在源头及时化解矛盾纠纷，积极开展司法确认试点工作，依法确认人民调解协议有效案件235件。通过采取前述措施，全市法院减少大量重复劳动、无效劳动，有效提升了审判工作效率。在完善机制上做乘法，以建立完善工作机制促使审判质效达到事半功倍效果。完善专业法官会议制度，通过召开专业法官会议，为员额法官办案提供咨询意见426份，同比上升140.68%。完善审判委员会工作机制，制定《关于完善和健全审判委员会工作制度的意见》，将审判委员会职能从讨论个案向总结审判经验、统一裁判尺度、研究审判工作上转变，总结审判经验45项，以审判指导意见的方式指引审判工作。完善院庭长带头办案工作机制，发挥院庭长办理重大、复杂、疑难和新类型案件的示范引领作用，全市法院院庭长办结案件17666件，占全市法院结案数的52.11%。完善与政府的联动工作机制，通过与政府协调联动，化解了一批征地拆迁、房地产开发等历史遗留问题，促进政府依法行政，从源头治理，减少行政争议。在打通梗阻上做除法，以及时发现、研究、解决问题，打通梗阻提升质效。建立问题清单制度，及时研究审判中出现的问题，打通研判不足的梗阻，针对交通事故、民间借贷、夫妻共同债务纠纷等9种常见类型案件，进行研判并解决共性问题47个，形成审判参考指引下发全市法院，统一裁判尺度。针对一些法官庭审虚化、庭审能力弱化的问题，推进庭审实质化工作，组织开展庭审观摩现场点评活动。由院庭领导组成观摩团，进行现场观摩、马上点评，增强庭审的针对性、实效性，有效提升了办案法官对庭审争议焦点的归纳能力、法庭调查能力、掌控法庭辩论的能力。

【法院队伍建设】 2018年，贵港市各级法院深刻把握队伍建设新要求，打造新时代过硬队伍。坚持从严治党、从严治院，抓党建带队建促审判。始终把政治建设放在首要位置，加强党性党规党纪教育，加强政治思想和意识形态工作，扎实开展“不忘初心、牢记使命”主题教育。积极开展“五查五整顿”专项行动，切实改进司法作风。加强法院文化建设，培植和弘扬法治信仰，开展宪法宣誓，增强坚守法治的定力和厉行法治的意志。深入学习习近平新时代中国特色社会主义思想，在审判工作中自觉践行“司法为民、公正司法”的要求。开展司法巡查工作，加强对干警教育管理和监督，严格落实“五个严禁”、任职回避等铁规禁令，督促干警知敬畏、存戒惧。加强新时代法院队伍的能力建设，以推进法院队伍正规化、专业化、职业化建设为目标，以提升司法能力为重点，开展针对性的学习培训、岗位练兵、实战演练，共开展审判执行业务培训215次，培训1828人次。开展庭审观摩、案件质量评查、文书评查7次，着力提高法官认定事实、庭审驾驭、适用法律、说法释理、做群众工作、应用信息化办案等能力。

【司法监督】 2018年，贵港市各级法院主动接受人大及其常委会监督，市中级法院就案件质量管理工作，向市人大常委会进行专题报告。加强与人大代表的沟通，创新搭建人大代表手机短信信息平台和院长直通车平台，及时通报法院审判执行工作情况，接收人大代表意见建议。广泛接受社会监督，选聘执法监督员，组织开展法院开放日活动，邀请人大代表、政协委员视察工作、旁听庭审、参与执行、参加座谈，认真听取意见建议，加强和改进工作。依法接受法律监督，支持配合检察机关履行法律监督职责，依法审理检察机关提起的抗诉案件9件。　（莫学平）

许某兵涉黑案

2018年5月29日上午，贵港市中级人民法院对许某兵等16人组织、领导、参加黑社会性质组织等罪一案作出终审判决，依法驳回上诉，维持原判。

2017年12月28日，贵港市港北区人民法院作出一审判决，以被告人许某兵等16人犯组织、领导、参加黑社会性质组织罪、容留他人吸毒罪、开设赌场罪、故意伤害罪、非法拘禁罪、聚众斗殴罪、非法持有枪支罪，分别判处有期徒刑25年至2年不等，并处没收个人财产和罚金。宣判后许某兵等人不服，向贵港市中级人民法院提起上诉，贵港中级人民法院经过审理认定，原判认定事实清楚，证据确实、充分，定性准确，量刑适当，适用法律正确，审判程序合法，裁定驳回上诉，维持原判。

贵港市中级人民法院审理查明，自1998年起，许某兵以赌博、开设赌场为业。2005年，许某兵曾因开设赌场被处以劳动教养二年。2010年以来，许某兵纠集、招揽被告人杨某森、许世成等社会闲散人员跟其“做事”，至2013年，逐步发展形成了以许某兵为领导者，杨永森、许某成等人为基本固定骨干成员，被告人李某、李某坚、李某传等人为一般参加者的黑社会性质组织。该黑社会性质组织具备一定规模，并有比较明确的层级，自发形成不成文的约定。许某兵安排人在赌场抽水、放高利贷、记录，核对记录收支情况；杨某森、许某成直接听命于许某兵，分别领导、指挥其下层成员；组成成员必须尊重许某兵，以许某兵为中心。该组织聚敛的财产不低于人民币150万元，通过实施违法犯罪活动，为非作恶，欺压群众，多次实施了开设赌场、容留他人吸毒、故意伤害、非法拘禁、聚众斗殴、非法持有枪支等一系列违法犯罪活动，造成5人轻伤、3人轻微伤的后果。对贵港市覃塘区东龙镇当地群众形成心理威慑，合法权益受到侵害的群众不敢报案，害怕报复。该组织的行为已严重破坏了东龙镇及周边地区正常的经济、社会生活秩序。

张某、张某旗涉黑案

2018年12月3日上午，贵港市中级人民法院对张某、张某旗等34人犯组织、领导、参加黑社会性质组织、故意伤害罪等罪一案作出一审判决。张某、张某旗等22人被判决犯组织、领导或参加黑社会性质组织罪、开设赌场罪、故意伤害罪等罪。张某瑜等12人犯故意伤害罪、聚众扰乱社会秩序罪、开设赌场罪等罪。

法院判决张某、张某旗犯组织、领导黑社会性质罪，开设赌场罪、故意伤害罪等6个罪名中的数罪，分别判处二人死刑缓期二年执行，剥夺政治权利终身，并处没收个人全部财产。

判决林某、吕某杰犯参加黑社会性质组织罪、聚众扰乱社会秩序罪、开设赌场罪等5个罪名中的数罪，分别判处二人无期徒刑，剥夺政治权利终身，并处没收个人全部财产。

判决范某荣等另外18名涉黑被告人，犯参加黑社会性质组织罪、聚众扰乱社会秩序罪、开设赌场罪等5个罪名中的数罪，判处有期徒刑20年至3年6个月不等，并处没收个人全部财产或处罚金。

对张某瑜、李某海等其余12名被告人，法院以故意伤害罪、开设赌场罪、聚众扰乱社会秩序罪等罪中的一罪或数罪分别判处有期徒刑15年至3年3个月不等，部分被告人被并处罚金。

贵港市中级人民审理查明，张某、张某旗等34名被告人均是广西平南县人，张某旗于2008年开始通过借钱治病、合开赌场、为服刑人员提供生活费和出狱接风、帮人找关系解决事端等方式，先后笼络了林某等人追随从事违法犯罪活动。以张某旗为首的团伙通过实施赌博、开设赌场、为赌场“看场”“望风”、故意伤害他人、干扰和插手民间纠纷、共同经营等行为或方式维护团伙关系及生存发展，逐步扩大势力范围和经济基础，该团伙于2016年3月正式发展成为黑社会性质组织。2016年7月，被告人张某通过邀请参与董事会管理、入股经营等方式，吸纳被告人张某旗、林某等人成为上上酒吧的股东或董事，实现了对上述人员的控制管理，与被告人张某旗共同成为该组织的组织者、领导者。该组织通过聚众扰乱社会秩序、入股上上酒吧、开设赌场、容留卖淫、协助组织卖淫等方式，聚敛的财产不低于200万元，并将所得的经济利益部分用于违法犯罪活动和维持组织的生存、发展。该组织多次实施聚众扰乱社会秩序、寻衅滋事、容留卖淫、协助组织卖淫、开设赌场、故意伤害等犯罪活动，造成了1家采石企业停工、1人死亡、1人轻伤、1人轻微伤的严重后果。该组织插手民间纠纷，干扰、破坏企业的正常生产经营，导致企业不能正常生产。同时，该组织的犯罪行为让平南县城区的群众产生极大的恐慌心理，严重影响人民群众正常的生产、生活秩序。

"龙山帮"涉黑案

2018年12月3日上午8时30分，平南县人民法院依法对被告人韦某柱等17人涉黑案进行一审公开宣判。法院依法判决：主犯韦某柱犯组织、领导黑社会性质组织罪、敲诈勒索罪、寻衅滋事罪、故意伤害罪、聚众斗殴罪等五个罪名，数罪并罚，决定执行有期徒刑二十五年，并处没收个人全部财产，剥夺政治权利五年。黄某江、郑某等16名被告人分别被判处有期徒刑二十年至三年不等的刑罚，并处没收个人财产或罚金。

被告人韦某柱等17人均为贵港市港北区奇石乡或中里乡人。2007至2008年期间，韦某柱等人聚集十多名贵港市港北区奇石乡、中里乡一带（简称龙山籍）的男子，以收"保护费"为主要形式，多次在贵港市城区的商业场所敲诈勒索他人钱财，被告人韦某柱因犯敲诈勒索罪于2010年12月13日被判处有期徒刑六年六个月，并于2013年12月2日被获准假释。出狱后，被告人韦某柱借经营生蚝、啤酒等生意为名聚拢一批龙山籍人员。2014年下半年，被告人韦某柱替蔡某向黄某等人催债，黄某及其家人被迫将贵港市龙岗小区200号房产过户到蔡某以及债主梁某名下，后被告人韦某柱等人强行占用该房子作为据点，通过发放工钱、免费提供食宿、安排组织成员到酒吧娱乐、花钱或出面帮摆平事端等手段，拉拢、网罗了一批贵港市龙山籍的社会闲散、违法劣迹人员，购买铁水管、刀具等作案工具并共同实施敲诈勒索、故意伤害、寻衅滋事、非法追债等违法犯罪活动，至2015年6月份发展成为黑社会性质组织。

该组织具有一定规模，形成了相对固定的规约。组织成员较为固定且超过10人，结构较为稳定，并有明确的层级和职责分工，对外号称"龙山帮"、"万事通"公司。被告人韦某柱作为该组织的组织、领导者，被成员奉为"柱哥"，在组织内部拥有发放工钱、安排食宿、组织玩乐、决定事情处理方式等权力，在组织内有绝对权威。被告人覃某学、黄某江、潘某权、郑某为组织骨干成员参与组织实施违法犯罪活动。

该组织通过敲诈勒索、恶意追债索取佣金以及强占民宅，聚敛财产约人民币50万元，有组织实施的刑事案件11起，违法案件8起。

司法行政

【概　况】 2018年，贵港市司法行政系统紧紧围绕市委"13446"工作思路，坚持以人民为中心的发展思想，聚焦工作重点，抓牢突出问题，切实以党建引领司法行政队伍和司法行政各项业务工作，建立全市司法行政机关"书记面对面"现场问效党建工作平台。全年开展"书记面对面"现场问效党建工作会议4期。获得全国司法系统先进个人称号3人次，获得自治区司法系统先进个人称号13人次。

【人民调解】 2018年，贵港市司法行政系统坚持和发展"枫桥经验"，构建多元化纠纷解决机制。狠抓组织建设，建立健全人民调解乡镇（街道）、村（社区）、屯（小组）纠纷信息员三级网络建设，建立医患纠纷、道路交通事故、海事（水运）纠纷、劳动争议纠纷、旅游纠纷、保险行业纠纷、婚姻家庭纠纷等行业性专业性调委会。全市各级人民调解组织排查各类矛盾纠纷8158件，调处8123件，调处成功7931件，成功率97.2%。创新建立律师调解工作模式，在市中级人民法院、港北区人民法院、市信访局、市公共法律服务中心、港北区公安分局城北派出所5个试点设立律师调解工作室，选聘律师、基层法律服务工作者、专业人士103人担任调解员，律师调解工作室负责解答群众法律咨询、提供法律援助、调解各类矛盾纠纷，有力推进"诉调对接""公调对接""访调对接"。

【法律援助】 2018年，贵港市法律援助坚决做到"应援尽援"，全市承办各类法律援助案件1559件，其中刑事案409件、民事案1150件。接待、解答来电、来访群众法律咨询3997人次。

【社区矫正和安置帮教】 2018年，贵港市开展"社区矫正信息化建设攻坚年"活动，社区矫正指挥中心、远程视频督查系统、视频点名系统建成并投入使用，以科技手段加强社区服刑人员管理。新接收社区矫正人员837人，解除矫正720

2018年3月22日，贵港市司法局到贵港市监狱开展“送法进单位”暨法律援助活动

人，年末有在矫958人，累计重新犯罪4人，矫正人员重新犯罪率为0.1%，实现司法厅年内再犯罪率低于0.2%的要求。对刑满释放人员安置帮教，衔接刑释人员2743人，安置2328人，帮教2687人。

【公共法律服务体系建设】 2018年，贵港市本级、5个县（市、区）、74个乡镇（街道）全部建立公共法律服务中心（工作站），其中规范化公共法律服务工作站22个。建立一村（社区）一法律顾问经费长效保障机制，将政府购买一村（社区）一法律顾问经费纳入同级财政预算予以保障，每年给予每个村（社区）法律顾问3600元的经费保障。年内，全市村（社区）实现法律顾问全覆盖，落实法律顾问经费418.54万元，法律顾问为村（社区）提供法律咨询14052人次，出具法律意见622次，开展法治宣讲、法治宣传活动1197场次，参与矛盾纠纷化解1014起，有力提升了基层民主法治建设水平。

【普法宣传教育】 2018年，贵港市法治宣传教育工作扎实有效开展，推动出台《贵港市贯彻〈党政主要负责人履行推进法治建设第一责任人职责规定〉实施办法》，全面落实国家机关“谁执法谁普法”工作责任制，改变一家普法为大家普法。组织宪法学习宣传，争取市委支持，印发《贵港市关于开展深入学习宣传贯彻〈中华人民共和国宪法〉活动方案的通知》，对学习宣传和贯彻实施宪法提出明确要求，对各级各部门各行业工作职责作出明确规定，层层分解任务，落实责任，在全市营造尊崇宪法、厉行法治的氛围。成功举办广西2018年“12·4”国家宪法日集中宣传月贵港分会场启动仪式，市委书记李新元等领导出席活动。创新普法载体，扎实开展“法润荷城·服务惠民”和“法律六进”活动，在贵港电视台和《贵港日报》分别开辟《律师说法》《以案说法》栏目，推动司法、执法部门积极开展以案说法活动，使法治宣传教育更加精准有效。拓宽普法阵地建设，分别在市本级和各县（市、区）建立青少年法治宣传教育基地、法治文化长廊。年末，全市203间学校建立校园“法治之窗”。新媒体普法成效显著，“贵港普法”（微信公众号）获“2018年度中国优秀政法新媒体”称号，在广西司法行政系统微信公众号指数排行中名列第一，得到中央政法委和自治区党委政法委的关注和肯定。抓好国家工作人员学法用法考试，全市5万多名公职人员参加普法学习和考试，参考率、通过率均达99%以上。顺利通过自治区“七五”普法中期督查。

【国家法律职业资格考试】 2018年，国家司法考试改革为国家统一法律职业资格考试，实行“一次考试，两个阶段”方式，第一阶段客观题实行计算机化考试，贵港考区报名人数707人；第二阶段主观题实行纸笔考试，全区设置南宁、桂林、贵港3个考区，其中玉林市、梧州市、贵港市合并为贵港考区，报名人数528人。贵港市司法局坚持“从严治考、规范管理、热情服务”的总原则，切实落实司法部关于考试安全工作“严密组织，严谨程序，严格标准，严明纪律”的要求，抓住考务人员、考场、考生、试卷和舆情五大关键要素，实现贵港考区考试平稳、安全、有序、有效的工作目标。

【律师、公证工作】 2018年，贵港市全力推进律师、公证制度改革，创新律师、公证工作。加强律师党建工作，成立律师行业党委，进一步加强对全市律师和法律工作者行业党组织的覆盖和党员的管理，组织引导律师和法律服务工作者积极参与法治贵港建设。推进律师制度改革和律师队伍建设，全市律师人数从2015年的182人增加到2018年的290人。推进法律顾问工作，全市36家律师事务所290名律师担任机关单位、企事业单位、村（居）法律顾问531家，办

2018年12月4日，广西2018年"12·4"国家宪法日集中宣传月活动启动仪式（贵港分会场）在新世纪广场举行

理刑事案件641件、民事案件3523件、非诉讼法律事务383件、仲裁案件80件。推荐优秀律师参政议政，贵港市有律师担任自治区人大代表1名，担任市人大代表2名，担任市政协委员3名，担任县（市、区）政协委员4名。开展2015—2017年度贵港市"优秀律师事务所""十佳律师""优秀青年律师"的评选活动，授予广西君望律师事务所等4家律师事务所为2015—2017年度贵港市"优秀律师事务所"称号、陆如积等10名律师为2015—2017年度贵港市"十佳律师"称号、林春丽等7名律师为2015—2017年度贵港市"优秀青年律师"称号。公证服务质量持续提升，完成贵港市公证处驻地整体搬迁工作，为群众提供了便利的服务环境。全市3个公证处办理各类公证6313件，其中国内公证5062件、涉外公证1027件、涉港澳台公证224件。

【司法鉴定】 2018年，贵港市3家司法鉴定机构办理司法鉴定业务1597件。其中，法医临床936件，法医毒物565件，痕迹鉴定96件，未接到任何相关投诉。

【扫黑除恶专项斗争】 2018年，贵港市印发《全市司法行政系统开展扫黑除恶专项斗争工作方案》《贵港市司法局关于组织开展社区矫正扫黑除恶专项排查工作方案》，制定《贵港市律师办理黑恶势力犯罪案件辩护代理工作实施办法》，统筹做好律师涉黑涉恶案件代理指导管理和现场监督、组织人民调解员对重点行业和领域的矛盾纠纷开展大排查、加强对社区服刑人员监管教育、深入开展法治宣传发动群众参与，营造扫黑除恶斗争强大声势和良好法治保障。年全，经排查和根据有关当事人举报，收到涉黑涉恶线索2起（已向市扫黑办报送），指导律师代理涉黑涉恶案件已备案42件，推送涉黑涉恶专项斗争动态信息116条。

（梁伯聪）

军　　事

贵港军分区

【概　况】 2018 年，贵港军分区坚决贯彻党中央、中央军委、习近平主席和上级党委决策部署，按照“突出政治、聚焦中心、强化作风、夯实基础、守住底线”的工作思路，坚持以学习贯彻中共十九大精神为主线，以备战打赢为主轴，以“六个广西”为标准，扭住“六个注力”使劲用力，较好完成了年度工作任务，各项建设平稳发展，部队总体安全稳定。

【思想政治建设】 2018 年，贵港军分区深入抓好党的十九大精神的学习，突出学好习近平新时代中国特色社会主义思想和习近平强军思想，落实深入贯彻军委主席负责制等 5 个专题学习教育，组织以学习习近平主席重要讲话为主要内容的 4 个专题党委中心组带机关理论学习。扎实开展“传承红色基因，担当强军重任”主题教育，紧跟中美贸易摩擦、朝鲜半岛危机等国内国际热点问题组织形势政策教育 3 次，官兵维护核心、看齐追随的思想根基更加牢固。着眼严守党的纪律规矩，认真组织“书记讲党课”活动，扎实开展“清网”“信教”及重要会议活动信息等清理清查，落实敌社情调研、隐蔽斗争军地协作、网上涉军舆情监控等制度机制，加强民兵思想政治工作，部队保持了高度集中统一和纯洁巩固。

2018 年 3 月 7 日，贵港市召开 2018 年度民兵组织调整电视电话会议

【战备训练】 2018 年，贵港军分区严格落实党委议战议训制度，及时分析研究解决战备、训练问题。结合任务变化，修订完善战备方案 39 个。严密开展“和平积弊大起底大扫除”专题活动，大力纠治和平麻痹思想，进一步强化官兵备战打仗的危机感、紧迫感。扎实组织育战、研战、演战，以岗位能力素质考核为牵引抓好常态化训练，组织军事业务培训 4 期，官兵年终岗位能力素质考核合格率 100%。参加广西军区“镇南—2018”指挥演练，军分区组织首长机关防空袭疏散、动员保障驻贵部队快速出动演练，各人武部组织保交护路、抗洪抢险、应急处突等课题演练。按照“全年度、基地化、部队式”的民兵训练模式，组织 50 人的民兵教练员骨干培训 1 期，完成 2844 名民兵训练任务。组织民兵完成抗洪抢险和环保巡查等任务 120 多人次，部队备战水平和遂行任务能力有明显提高。

【国防动员】 2018 年，贵港军分区及时调整补充市县两级国防动员组织机构，完成自治区部署的国防动员组织机构设置调研任务。稳步推进国防动员“十三五”规划任务落实，召开专题任务部署会，制定下发任务落实方案，圆满完成

2018 年 11 月 12 日，贵港军分区参加广西军区“镇南—2018”国防动员指挥演练

自治区国动委“十三五”规划落实情况中期检查评估迎检任务。修订完善各专业办公室动员预案，组织开展国防动员潜力调查统计，与多家企业签订军民通用装备预征预储协议，进一步掌握全市国防潜力现状。扎实开展兵役登记工作，全市满 18 周岁公民兵役登记率达 100%，完成年度兵员征集任务，大学文化程度兵员为 62.82%，比自治区要求高近 4 个百分点。认真抓建民兵组织调整改革工作，压减基干民兵规模，组织结构得到进一步优化。积极抓好专武干部队伍培训，选派 5 名新任专武干部参加自治区培训，组织为期 10 天的专武干部业务培训班 1 期，培训人数 54 人，有效提升了基层动员队伍的整体能力。

【抓基层打基础工作】 2018 年，贵港军分区认真贯彻军委国防动员部“三个一线”集训和广西军区“来宾会议”精神，稳步推进人武部规范化建设。开展“贯彻落实新条令，塑造军队好样子”活动，严格依据条令法规管理部队。严密组织安全大检查、“百日安全”活动，紧盯安全管理“17 项重点要素”，常态开展安全形势分析、安全评估、隐患排查等工作，安全顺利完成民兵报废弹药调运工作。科学编制年度经费预算，严格财经管理，确保经费正确流向。及时请领和发放被装、工资，对营区进行美化亮化，积极营造拴心留人的环境。稳妥推进停止有偿服务工作，停止有偿服务 7 个项目按时间节点如期完成。

【作风建设】 2018 年，贵港军分区深入学习贯彻军委党的建设会议精神，严密组织学习讨论，对表抓党建的方向目标。围绕“六个必须”开好两级党委民主生活会，严格个人重大事项报告，强化党员干部管理监督。扎实开展纠治“形式主义、官僚主义”活动，大力整治训风、演风、考风。认真贯彻民主集中制原则，坚持集体领导，公正选人用人，推荐提拔使用干部 4 名。组织观看《铁纪强军》等专题纪律教育片，及时传达上级各种违规违纪案件通报。突出敏感领域、重要环节和对外交往，紧盯“四风”新动向和“微腐败”开展常态化明查暗访。全面推行基层风气监察联系点建设，桂平市人武部的经验做法被广西军区总结推广。

【党管武装】 2018 年，贵港军分区开好市县两级党委常委议军会，组织党政领导过“军事日”，推动解决军队停止有偿服务项目处置、建设经费保障等难题难事。积极推动贵港市委、市政府和军分区联合出台《关于进一步加强拥军优属工作，提升军人职业荣誉感的实施办法》等文件精神落地落实，军人免费乘坐公交车、军地领导上门为立功现役军人家庭送喜报匾牌等举措，以及港南区组织的“最美国防人”文艺晚会，取得较好的社会反响。军民融合发展稳步推进，成立贵港市军民融合发展组织领导机构，2 次迎接自治区国防动员委员会专题调研。扎实开展全民国防教育，积极推动国防教育进地方党委中心组理论学习、进中小学校、进干部培训班，直接受教育人数 7 万多人次；先后协调党政机关、学校、企事业单位 5000 多人到驻军部队参观，对全市 50 所中学 5.4 万名学生进行军事训练。积极助力地方脱贫攻坚，召开驻军部队参与的任务推进会，复制广西军区“六扶六帮”扶贫模式，累计投入扶贫经费 70 多万元，帮扶的 5 村、30 户、138 人已脱贫摘帽，产生良好的政治社会效应，军委国防动员部对军分区部队的扶贫工作给予充分肯定。

（朱清松　刘　宇）

贵港边检站

【概　况】 2018 年，贵港边防检查站按照对贵港口岸往来香港、澳门的人员、货物和交通运输工具实施边防检查，防范和惩治走私、偷渡、贩毒等违法犯罪活动，确保口岸安全稳定，为贵港市社会经济发展提供便捷高效、安全畅通的口岸通关环境职责，围绕“严管、规范、稳定、有为”的工作思路，坚定信心不动摇、面对纷扰不走神、直面得失不纠结，落实责任不懈怠，以“抓管理保安全，抓中心带全局，抓作风促战力”为抓手，维护队伍与口岸安全稳定。12月25日，根据《第十三届全国人民代表大会第一次会议关于国务院机构改革方案的决定》全国公安边防部队集体转制，由现役制边防检查机关转为职业制边防检查机关，现役制编制全部转换为人民警察编制，归口公安部移民管理局。贵港边防检查站2001年由梧州边防检查站贵港分站升格成立。2018年12月31止结束现役编制，自2019年1月1日零时起转隶为人民警察序列，同日举行授旗、换装仪式，更名为贵港出入境边防检查站。

【边检执法】 2018年，贵港边防检查站以边检勤务模式改革为抓手推进“放管服”深入开展，打造“西江明珠·阳光边检”服务品牌，不断提高管理服务效能。创新服务举措，切实提升口岸通关效率。按照“小前台、大后台”的勤务指挥架构需求，完善指挥中心指挥调度、信息研判、勤务值班和勤务监督等工作机制和运转流程，实现边检勤务平稳运行。整合一线执勤科、队现有执勤岗位，合理设定岗位职责，设立报检室(办证厅)检查服务综合岗位、港口码头外勤综合岗位，定岗不定人，全面提升岗位勤务运行效率。推行出入境船舶网上报检，实现边检服务“无纸化”，达到“让数据多跑路，让群众少跑腿”的良好效果。积极参与“单一窗口”“三互”大通关平台建设，优化通关环境，提升行政效能。

狠抓基础培训，淬炼全能型检查员队伍。以“着眼长远、经济适用、功能齐全”为思路，对原有培训设施进行升级，扩建多媒体业务培训中心，搭建梅沙系统虚拟网络平台，完善业务和培训档案资料。建立完善分层次培训模式，通过业务骨干集中授课、情景体验、“边检夜校”和参观见学等方式，切实提升官兵的边检业务水平。完善边检业务练兵工作机制，把练兵成绩与干部月绩效考评和评先评优有效挂钩，激发官兵的学习动力。制定“全员学业务暨机关干部到执勤一线轮岗培训”工作方案，建立“一对一”结对帮扶机制，组织机关人员轮流到执勤业务科跟班，全程参与一线执勤执法与后台查控工作，有效提高官兵综合工作能力。

抓住关键环节，全力维护口岸安全稳定。建立“边检机关监管、查验单位共管、口岸企业协管、船舶自管”的“四维”全方位防控体系，形成口岸管控合力。深度运用边检反恐核查平台、港口管理系统、“反恐利剑”查缉工具、船舶航行动态管控系统等科技手段，提高口岸管控科技水平。利用视频监控系统对口岸限定区域进行动态巡查，重大敏感节点增派警力进驻口岸，提升阵地防控能力。修订完善《处置突发事件预案》，充实应急处突力量，建立营门岗哨、业务科协同、快反班应急、处突分队处置4级应急梯队，以防暴恐袭击、闯关闹事、非法入境逃脱和梅沙系统应急保障为重点，开展处突实战演练，切实提升官兵快速反应能力和应急处置水平。投入经费3万余元更新更换梅沙系统前后台查验设备，对工作网络宽带进行扩容，开展经常性的梅沙系统检查维护，确保出入境边防检查系统安全。2018年，检查出入境船舶158艘次，出入境员工1151人次，货物59800多吨，办理年审内河证件1052份。口岸全年保持安全畅通，持续保持“无案件、无事故、无有效投诉”的良好纪录，圆满完成全国“两会”、博鳌亚洲论坛、“上合”组织峰会和自治区成立60周年大庆等重大活动边防安保任务，展现对外开放口岸的“窗口形象”。

【边检队伍建设】 2018年，贵港边

2018年10月26日，贵港边检站副站长薛志华家庭获评贵港最美家庭

防检查站紧盯队伍教育管理薄弱环节，突出基层至上，坚持久久为功，全力确保队伍纯洁稳定。强化政治教育，筑铸忠诚警魂。以全面深入学习贯彻中共十九大精神和全国“两会”精神为统领，开展“不忘初心，牢记使命”和“传承红色基因，担当强军重任”主题教育。制订改革宣传教育实施方案，开展“拥护支持改革，做好军人样子”大讨论、“书记谈改革”教育和“知敬畏、存戒惧、守底线”专项纪律教育和忠诚教育活动，引导官兵遵章守纪。实施“谈心、暖心、聚心”的“三心”工程，把握官兵思想脉搏。

从严规范管理，维护内部稳定。严明从严治警导向，刚性执行“九条铁规”，扎实开展“条令学习月”活动，狠抓基本制度、基本环节、重点领域管理，坚决维护部队内部绝对安全稳定。强化素质强警，提高活力战力，持续抓好基础体能、队列和擒敌等科目训练，组织开展每月至少1~2次应急处突演练。制订出台士兵转改培训工作实施方案，21名战士通过部队转改招录考试。

【爱民固边工作】 2018年，贵港边防检查站推进警民融合交流，构建和谐警政警民关系。持续开展“警察爸爸”帮扶活动，加大对帮扶多年的3名困难儿童的帮扶力度。联合驻地青年志愿者设点服务春节返乡的摩托大军，为返乡大军服务500多人次。深入口岸辖区帮助困难群众抢收甘蔗10余吨，耕种水稻7亩，走访慰问困难群众15户，赠送慰问品和慰问金10800元，做好事、解难事20多件。开展精准扶贫工作，开展送文化、送科技和送健康等，为6位面临辍学的学生送去助学金7800多元。扎实开展警地共建，先后组织官兵到贵港市国家安全局参观学习，与共建单位贵港市骨科医院开展庆祝“5·12”国际护士节活动，组织开展“国防教育进校园”活动，受益师生800多人，进一步推动了警地共建交流合作的深入开展。

【警营文化建设】 2018年，贵港边防检查站严格落实“文化育警、文化强警、文化兴警”工作思路，围绕“不忘初心，牢记使命”和“传承红色基因，担当强军重任”主题教育活动，全面深入学习贯彻党的十九大精神和全国“两会”精神，聚集强警目标，凝聚思想共识，提升思想站位。推进改革宣传教育，引导官兵深刻理解部队改革的重大意义。利用部队驻地红色教育资源，组织官兵参观中共广西一大旧址、南山烈士陵园等教育基地，筑牢官兵红色基因。举办庆祝“八一”文艺晚会，激发官兵履行新使命、创造新辉煌的斗志。加强警营文化基础建设，完善警营娱乐设施，丰富官兵的业余文化生活，缓解官兵的工作压力，提升官兵的荣誉感和幸福感。

（邓小东）

人民防空

【概　况】 2018年，贵港市人民防空工作贯彻落实中央深化人民防空改革决定和第七次全国人民防空会议，以及全区人民防空会议精神为主线，以信息化、法治化、实战化为重点，深入实施“创新驱动、军民融合、区域协调”战略，统筹推进人防建设和人防军事斗争准备，有效履行“战时防空、平时服务、应急救援”的使命，被自治区人民防空办公室评为2018年度人民防空工作目标管理“达标先进单位”。

【人防工程建设】 2018年，贵港市人防工程建设与管理工作稳步开展。加快推进人防重点工程建设，完成“0601”人防工程项目二次装修及设备安装，6月4日市中山路人防工程开工建设，项目总投资额3亿元，年末完成顶板建设和地下管线迁改，恢复道路交通。抓人防工程质量监督和安全管理，按照国家人防工程建设的规范和标准，严格把关项目建设的设计、施工、竣工验收，确保工程质量达到要求。全年，全市人防工程建设未发生重大质量安全事故，工程合格率均为100%。

【人防行政审批】 2018年，贵港市按照行政审批改革总要求，抓好人防行政审批，截至12月中旬，市本级受理人防行政审批事项110项，办结110项，按时办结率100%，服务对象满意率100%，没有被责任投诉。完成人防工程易地建设审批19项，依法收取人防工程易地建设费；完成施工图审批11项；审批人防工程竣工备案2项；防空地下室设计条件审批20项。

【人防基础建设】 2018年，贵港市人防组织指挥和通信建设工作有序推进。通信系统和指挥平台建设，投资350多万元，完成“三个系统”（人防备用无线图像传输系统、人防可视化保障系统、人防综合指挥调度系统）项目建设，包括立项审批、可行性研究报告和建设方案审批、招标方案审批、招标工作，9月建设完成并通过竣工验收，在“9·18”防空警报统一试鸣暨人防疏散隐蔽演练以及人防专业队伍实战化演练活动中投入使用，取得良好效果。

2018年9月18日，贵港市举行2018年防空警报统一试鸣活动

【人防组织建设】 2018年，贵港市抓好人防专业队伍组训，对全市人防专业队伍组织进行整顿。从2月底开始，组织人员到相关单位调查摸底，依据摸底情况对各人防专业队进行组织整组，整组抢修抢险队190人、运输队70人、医疗救护队90人、通信队70人、防化防疫队30人、信息防护专业队15人、心理防护专业队30人和伪装设障专业队30人，整组后人防专业队伍人员配备更加合理，功能更加完备。同时，结合组建单位的工作和生产实际，坚持以在职训练为主、集中训练为辅的方法，加强人防专业队伍的专业技术战术技能和应急救援等方面的训练，提高专业队伍的业务水平和应急反应处置能力。加强人防机关和信保中心业务训练，坚持落实应急机动通信指挥训练，牢固树立练为战的思想，每周二、周五进行人防机动指挥信息系统操作训练，机动应急通信设备操控熟练程度进一步增强，人防机动指挥应急通信保障能力进一步提高。抓好人防专业训练，11月组织参加全区人防无人机比武竞赛，贵港市取得第二名。

【防空演练】 2018年，按照自治区的统一部署，贵港市举行防空警报统一试鸣活动。9月18日，在贵港市举行防空警报统一试鸣暨人员疏散隐蔽演练和人防专业队伍实战化演练活动。全市参加防空警报统一试鸣警报器51台，鸣响率达到100%，音响覆盖率达到95%以上。结合警报试鸣活动，在贵港市区就荷城社区干部和志愿者组织未能及时进入人防工程情况开展紧急掩蔽演练，演练利用便利地形进行就地隐蔽课目。

【法治和宣传教育】 2018年，贵港市人防法治和宣传教育工作深入开展。加大人防行政执法，组织执法人员对全市房地产公司进行摸底排查，重点查处少报、漏报、瞒报建设工程，对全市未报建工程项目进行追缴，开展人防行政执法检查20余次，受检单位40多个。广泛开展人防宣传活动，组织执法人员到各县（市、区）开展人防法规宣传活动，深入宣传人防法规政策知识。投入宣传经费16万元，发放宣传手册3万多份，制作宣传栏及宣传板报50多版（期），发放人防广告雨伞、太阳帽、购物袋8000多份。利用“贵港人防”微信公众号开展公开人防政务、普及人防知识、发布应急警报等一系列人防宣传活动。抓好全市人防知识教育，会同市教育部门联合印发《2018年贵港市初级中学人民防空知识教育实施方案》，为全市初级中学订购发放《人民防空应急救灾知识》5000本。年内，全市接受人民防空防灾知识教育和防护技能训练学校17所，参加师生1.5万名，普及率达100%。

【“准军事化”机关建设】 2018年，贵港市人防机关“准军事化”建设不断加强。完善制度，对原有的各项规章制度，经反复讨论、补充完善，做到各项工作有章可循、职责分明，为机关“准军事化”建设提供可靠的制度保证。严肃作风纪律，狠抓干部职工队伍政治思想和作风纪律，强化全体干部职工的战备意识、奉献意识、打赢意识，培养求真务实、雷厉风行、敢于担当的生活作风。办公秩序良好，按照市委、市政府物业管理社会化保障要求，利用公开招投标方式，服务外包加强对办公场所标准化管理。

（刘丽水）

经　济

经济综述

【概　况】2018年，贵港市围绕“13446”工作思路、加快建成西江流域核心港口和新兴工业城市的总目标，实现地区生产总值1169.88亿元，增长10%。其中，第一产业增加值198.21亿元，增长5.4%；第二产业增加值494.04亿元，增长11.7%；第三产业增加值477.63亿元，增长10.5%。规模以上工业总产值增长22.6%；规模以上工业增加值增长13.5%。财政收入106.57亿元，增长18.4%。全社会固定资产投资增长19.8%。社会消费品零售总额515.24亿元，增长7.6%。外贸进出口总值27.6亿元，增长15.3%；直接利用外资4002万美元，增长17.5%。城镇居民人均可支配收入30506元，增长5.9%；农村居民人均可支配收入13786元，增长9.9%。

【产业结构调整】2018年，贵港市第一产业增加值198.21亿元，增长5.4%，对经济的贡献率为10.4%；第二产业增加值494.04亿元，增长11.7%，对经济增长的贡献率为46.3%；第三产业增加值477.63亿元，增长10.5%，对经济增长的贡献率为43.3%。三次产业结构由上年的17.9∶43.0∶39.1调整为17.42∶42.2∶40.8，一产下降0.9个百分点，二产下降0.8个百分点，三产比重提高1.7个百分点。

【农业生产发展】2018年，农林牧渔业总产值341.67亿元，同比增长5.5%，比上年提高1.1个百分点。其中，农业产值154.85亿元，同比增长5.7%；林业产值26.03亿元，同比增长16.4%；牧业产值95.23亿元，同比增长2.8%；渔业产值46.95亿元，同比增长5.1%。

主要农产品产量平稳增长。水果产量35.1万吨，同比增长31.9%。水产品产量26.87万吨，同比增长7.5%。肉类总产量38.93万吨，同比增长2.5%。年末生猪存栏252.59万头，同比增长10.9%；全年生猪出栏377.43万头，同比增长3.2%；家禽存栏2053.27万羽，同比增长9.53%；家禽出栏4471.7万羽，同比下降1.13%。

【工业及园区发展】2018年，贵港市全部工业增加值396.51亿元，同比增长12.9%，比上年提高1.6个百分点，对经济增长的贡献率为40.6%，拉动经济增长4个百分点。全市规模以上工业企业567家，比上年增加68家，实现规模以上工业增加值同比增长13.5%，增速比上年提高1.3个百分点，增速在全区排名第三位。

工业园区发展势头强劲。五

2018年7月2日，贵港市发展改革委与安徽四创电子公司举行贵港市风电项目签约仪式

大园区规模以上工业企业273家，占全市规模以上工业企业数的48.15%。五大园区规模以上工业增加值同比增长13.9%，增幅比全市平均水平高0.4个百分点，园区带动全市经济发展的效应凸显，发展步伐强劲。

2018年8月7日，市发展改革委副主任胡巨带队赴桂平调研中海油销售桂平有限公司桂平油库及油品码头建设项目

【服务业发展】 2018年，贵港市第三产业增加值477.63亿元，增长10.5%。交通运输、仓储和邮政业实现增加值92.66亿元，增长6.5%；批发和零售业增加值81.35亿元，增长9.3%；住宿和餐饮业增加值19.8亿元，增长8.2%；金融业增加值52.81亿元，增长10.6%；房地产业增加值66.95亿元，增长4.9%；商品房销售额190.01亿元，同比增长9.4%，待售面积52.23万平方米，同比增长15.3%。港口货物吞吐量7003万吨，增长10.8%；集装箱吞吐量30.01万标准箱，增长35.1%；年末客货运周转量642.52亿吨千米，增长12.2%，其中水路客货运周转量506.92亿吨千米，增长13%。社会消费品零售总额515.24亿元，增长7.6%；城镇、乡村社会消费品零售总额分别为374.55亿元、140.69亿元，同比分别增长8.2%、6.1%。旅游经济不断发展壮大，全市接待游客增长30.6%；旅游总消费增长35.7%。

【投资和项目建设】 2018年，贵港市固定资产投资增长19.8%，比上年提高2.9个百分点，连续3年增速全区排名第一位。

全市主要建设项目734个，全年累计完成投资449亿元。其中，218个项目实现开工，70个项目实现竣工。自治区统筹推进重大项目56个，完成投资124.9亿元，完成年度投资计划的121%；市级重大项目421个，完成投资370亿元，完成年度投资计划的110.8%。实施“项目建设效益年”活动项目330个，完成投资145亿元，完成年度投资计划的101%。2018年度中央预算内投资项目97个，获得中央资金约5.3亿元，全部实现开工，开工率全区排名第一。全市“十三五”储备项目1788个，总投资7880.5亿元，其中634个项目列入自治区重大项目库。PPP试点城市建设顺利推进，24个PPP项目进入国家发改委PPP项目库，总投资251.9亿元；智慧城市项目荣获2018年“中欧绿色和智慧城市技术创新奖”，2018中国（贵港）绿色智慧城市发展高峰会议在贵港市召开。

【改革开放】 2018年，贵港市率先启动“智慧政务”工程，“12345”便民服务中心建成投入运营，营商环境持续优化，创业“便利度”和企业投资环境满意度连续2年广西第一。深入推动商事制度改革，持续推进“多证合一”改革，全面实施“证照分离”，试点推行“企业名称网上自主申报”，推行企业登记“容缺制度”。积极推动重大市政工程领域PPP创新工作试点。大力推动市场开发服务中心管理体制改革，加快推进市供销社双线运行机制专项试点。印发贵港市涉及广西农垦西江农场土地收储实施方案，盘活西江农场土地8万亩。深化信访制度改革，组建全区首个群众工作联动服务部，桂平市信访局获评为“全国信访系统先进集体”。扎实推进健康贵港建设，进一步巩固破除以药补医成果，持续深化公立医院综合改革。贵港进境粮食指定口岸通过国家验收，完成内河“单一窗口”建设，开放发展的基础更加扎实。不断深化和推进国有企业、林业、水利、安全生产、财政金融等其他各项改革。招商引资成效显著，狠抓产业链招商，全市招商引资新签约项目278个，合同投资额887.8亿元。其中，亿元以上项目205个，合同投资额820.06亿元；招商引资实际到位资金519.18亿元，178个项目实现落地开工；成功引进新能源汽车、电子信息、生物制药等新兴产业项目18个。

【社会民生】 2018年，贵港市科技创新能力不断增强，新增国家高新技术企业14家，新增科技型中小企业28家，新建产学研合作关系10个。全市有效发明专利430件，每万人口发明专利拥有量0.99件。技术交易工作取得新突破，全市输出和吸纳技术合同100项，合同交易额和技术交易额均突破9亿大关，创历史新高。教育事业加快发展，建成中山小学、中山幼儿园等小学、幼儿园11所。开工建设荷城二中、覃塘实验小学、平南工业园小学、港南三中等27所学校。全市学前教育三年毛入园率87.3%，义务教育巩固率95%以上，桂平市通过自治区义务教育均衡发展督导评估，全区义务教育均衡发展推进现场会在贵港召开。高中阶段毛入学率88%，高考质量逐年攀升，2018年贵港市每万人口考上一本人数上线率位列全区第二，每万人口考上二本和专科上线率位列全区第一。市职教中心获评国家中等职业教育改革发展示范学校。广西工业学院开工，广西物流职业技术学院、贵高新校区加快推进。文化体育事业蓬勃发展，新建村级公共服务中心104个，话剧《压舱石》获第十届广西戏剧展演桂花铜奖，承办第十一届广西园博会、2018贵港国际马拉松赛、“中国旅游日”广西分会场暨贵港（平南）全域旅游主题活动、第32届全国荷花展等。卫生计生工作得到加强，全面实施医联体建设，建成县域医共体11个，三二医联体7个，市妇幼保健院完成新院搬迁。脱贫攻坚成效显著，全面完成111个贫困村、6.41万贫困人口的摘帽脱贫奋斗目标；全市360个贫困村集体经济收入全部达3万元以上；修建贫困村屯道路694.9千米，改造危房9686户，完成易地扶贫搬迁安置点项目11个、安置搬迁贫困群众13873人，率先在全区全面完成“十三五”期间搬迁安置人口任务；扬翔公司董事长黄定寿获2018年全国脱贫攻坚奉献奖，覃塘富伟茶业公司董事长覃富伟在自治区扶贫日启动仪式上作经验介绍，《人民日报》刊登推广贵港市的“脱贫攻坚周末大课堂”。着力提高居民收入，城乡居民人均可支配收入21894元，增长7.6%，超额完成2018年目标任务。努力扩大就业渠道，全市城镇新增就业1.9万人，城镇登记失业率1.33%，新增农村劳动力转移就业4.6万人。持续落实社保惠企惠民政策，全年累计为企业减收各项社会保险费7907.82万元，拨付企业稳岗补贴437万元，受惠企业221家。切实加强保障性安居工程建设，开工建设保障性住房8722套，基本建成709套；建设移民新村45个，发放扶持资金1.25亿元。开创智慧公安新格局，扫黑除恶效能实现“三连升”，维稳、安全生产、信访、人民调解和法律服务工作得到加强，国防和双拥工作迈出新步伐，社会和谐安定。

（麦菲菲）

招商引资

【概　况】 2018年，贵港市落实“13446”工作思路，围绕“工业兴市，工业强市”发展战略，按照“强龙头、补链条、聚集群”要求，坚持招商引资“一号工程”，深入推进全市产业大招商活动开展，全市累计新增签约项目278个，总投资887.8亿元。其中，新增亿元项目205个，投资额820.06亿元。全市完成实际到位区外境内资金（含续建项目）519.18亿元，完成自治区下达年任务的123.61%；完成全口径实际利用外资（含续建项目）5.5亿美元，完成年任务的122.14%。实际利用内外资增速和完成进度在全区均排名前列。招商引资项目到位资金直接占贵港市固定资产投资的70%。贵港市企业投资环境满意度连续两年排名全区第一，获评为“2018中国营商环境质量十佳城市”“2018年度中国十佳营商环境示范城市”。贵港市获自治区2018年度招商引资专项考评

2018年5月30日，贵港市人民政府与安铂瑞科技有限公司项目签约仪式

第二名,被授予"2018年度招商引资专项考评优胜单位",评为优秀等次;奖励资金500万元、建设用地指标500亩。

【领导招商】 2018年,贵港市紧盯全年产业招商目标任务,落实"市带头,县推动,小分队、部门及驻点联动"和"主官工程不动摇"的工作机制,市委书记、市长坚持每月外出招商,每周接待客商不少于2批次,各县(市)区和各部门主要领导围绕招商引资目标任务积极开展"走出去、请进来"招商引资工作,坚持一把手亲自抓招商,亲自率队外出招商,推动在谈项目签约,有效推进了平铝、中化集团、安伯瑞、金奔腾、爱玛电动车等一批大项目落地。

【产业招商】 2018年,贵港市围绕重点发展的新能源汽车、电子信息、生物医药等产业,积极引进总投资35亿元的平铝生产项目、投资15亿元金奔腾汽车服务云项目、投资10亿元的安铂瑞医疗产业生产基地项目、投资7.5亿元的黑茶时代智能终端物联网产业园项目等,有效地延长了新能源汽车、电子信息、生物制药等产业链。同时,坚持招大引强培育新动能,借助华奥、腾骏、爱玛、赛尔康、石药等知名企业的吸引、衍生作用,着力进行补链、扩链、壮链、强链招商,锁定重点行业、龙头企业,分重点区域精准发力,密集对接广通汽车、新能源联合公司、比亚迪电动车、绿源电动车、广州香雪制药、修正药业等知名企业取得实质性进展。始终围绕培育大企业、发展大产业、构建大集群,着力引进补齐产业链、延伸供应链、提升价值链的配套项目,不断招大引强。年内,贵港市成功引进上海逢诚木材交易中心项目、"金奔腾汽车服务云项目"和"安铂瑞医疗产业生产基地项目",标志着贵港市开启总部经济"无烟工厂"新业态,为城市升级发展提供了新动能。

【精准招商】 2018年,贵港市实施定向招商,坚持精准发力、主动出击。精准产业定位,围绕新能源、电子信息、高端装备制造、生物制药等"新三篇",锁定新能源汽车及关键零部件、芯片等战略性新兴产业延伸链条,瞄准上海、深圳、杭州、苏州等重点区域,谋划引进一批长远发展的大项目。瞄准地域布局,继续发挥驻点招商作用,把珠三角的深圳、东莞,长三角的上海、浙江,京津冀地区等作为重点招商区域,以驻点为中心,拓展周边地域,积极收集信息,主动作为。依靠驻点布局招商,从长三角引进安铂瑞医疗器械项目,从珠三角引进贵和科技等项目。精准对接目标企业,采取登门招商战略,在引进战略投资者上下功夫,精准对接"三类500强"、央企国企、上市公司、"独角兽"等企业,积极搜集潜在投资企业信息,做足行业调研、对照分析等功课,力争上门一个、成功一个。年末,精准对接的平铝项目、广东海大、新城吾悦广场等"三类500强"企业重大项目均已签约落地,在谈的北京东方园林、大参林、修正药业等也取得实质性进展。

【利用平台招商】 2018年,贵港市坚持依托各种活动平台,借力平台巧发力,实施"走出去、请进来"的招商思路。借力第15届中国—东盟博览会、中国—东盟商务与投资峰会成功签约项目37个,合同投资额254.83亿元。借第32届全国荷花展,举办为荷而来——2018年贵港市荷花产业招商推介会;第四届粤桂黔高铁经济带联席会,举办贵港市旅游产业投资合作推介会;以及新时代新征程新机遇——2018广西(深圳)投资合作推介会、2018年贵港市富硒农产品(广州)专场推介会、2018年广西新制造新材料产业发展(南京)推介会等平台抢抓机遇,加快推进贵港招商步伐。年内,贵港市借助区级以上平台25个,开展专题推介活动18次,收集企业有效信息85个,成功签约项目20个。

【键全招商机制】 2018年,贵港市通过总结2015—2017年三年大招商活动经验,借鉴武汉、成都、贵阳、重庆、柳州、北海等先进地市招商引资先进做法,贵港市出台《关于全面深化招商引资工作的意

2018年10月6日,李新元、农融会见瑞典诺德斯特吉南集团董事会主席薇薇卡·约翰逊考察团　　潘经强　摄

见》,印发《关于全面深化招商引资工作实施方案的通知》,结合实际,进一步修订完善《贵港市招商小分队考核管理办法》《贵港市外聘驻点招商专员管理办法》等管理制度,探讨外聘招商专员进行社会化驻点招商。此外,以百万巨资对贵港市招商引资社会有功人士进行奖励,有效地宣传了贵港市招商的氛围、力度和契约精神。

【深化招商服务】 2018年,贵港市在优化营商环境方面继续做实政策措施、工作机制、办事流程等,优化营商环境集中整治成效初显。通过实施"企业服务品牌年""市长服务企业接待日"以及"政府服务接待日"等活动,着力构建企业问题快速反应机制,主动帮助企业解难题、破瓶颈、促发展,努力打造科学化、规范化的亲商安商长效机制,更好地发挥企业家作用,充分激发市场活力。切实加强项目落地后续服务,大力推行全方位、"保姆式"服务模式,同时强化要素供给,确保招商项目快速推进,顺利落地。投资35亿元的平铝项目,从接触洽谈到正式签约仅用1个多月;贵和科技项目,从签约到落地投产,仅用3个月,再次刷新"贵港速度",推动贵港市经济社会高质量发展。 (黎 航)

精准扶贫和库区移民

【概 况】 2018年,贵港市严格贯彻落实中央和自治区关于脱贫攻坚的决策部署,围绕市委"13446"工作思路,实施"精准扶贫突破年"活动。贫困人口建档立卡数据质量多次全区排名前列,全区县级脱贫攻坚项目库建设现场推进会暨业务培训会和全区易地扶贫搬迁后续扶持管理暨拆旧复垦工作会议在贵港市召开,成功选树全国脱贫攻坚奉献奖先进典型1个,配合完成国务院委托北京师范大学进行的建档立卡数据质量第三方评估和中央第二巡视组对广西开展脱贫攻坚专项巡视。库区移民安置以权益维护为目标,以改善民生为抓手,以增加移民收入为重点,以管理服务为推动,以突出问题为导向,不断改善移民生产生活条件,全面提升富裕、美丽、和谐库区和移民安置区建设。全市实现6.42万贫困人口脱贫、111个贫困村摘帽。

【脱贫攻坚机制体制建设】 2018年,贵港市精准扶贫、脱贫攻坚工作从机制体制上坚持实行高位统筹,不断优化政策供给。强化主体责任落实,市委、市政府主要领导坚持在脱贫攻坚一线解决问题,对脱贫攻坚工作作出批示38次,深入贫困村屯开展专题调研活动15次,以实际行动推动脱贫攻坚工作开展。主持召开市扶贫开发领导小组会议5次,市委常委会9次专题研究脱贫攻坚工作,市政府常务会6次专题研究脱贫攻坚工作,传达学习和研讨中央、自治区脱贫攻坚决策部署,协调解决实际问题。进一步完善政策体系,出台《贵港市打赢脱贫攻坚三年行动计划(2018—2020年)》,保持脱贫攻坚政策的连续性和稳定性;制订《关于加大力度支持桂平市脱贫摘帽的工作方案》《贵港市支持深度贫困村脱贫攻坚实施方案》,加大对贫困地区的支持力度。实施"脱贫攻坚干部培训年"活动,对全市扶贫系统干部、市扶贫开发领导小组成员及成员单位联络员、乡镇党政领导班子,贫困村党组织书记、村主任以及全市帮扶干部进行全覆盖培训,全年完成培训134期、43963人次。实施"脱贫攻坚作风建设年"活动,制订印发《关于开展扶贫领域作风问题专项治理实施方案》。抓好各类督查、巡视、考核评估、财政、审计发现问题整改,坚持以问题为导向,对2016—2018年中央和自治区扶贫巡视、考核评估、督查、暗访、审计、民主监督等发现的问题,真抓实改,有效促进脱贫攻坚整改工作和责任的落实。坚持党建引领建强队伍,通过"书记面对面""书记问效"以及市委书记"基层直通车"等平台,实现市、县、乡、村四级党组织书记联动机制,层层传导压力,深入推进党建促脱贫工作。选好贫困乡镇"一把手",成立乡镇扶贫工作站74个,选聘扶贫信息员1223名;选优配强贫困村第一书记、村党组织书记和"两委"班子,完成对基层软弱涣散党组织的整顿,建立起脱贫攻坚一线坚强堡垒。

【贫困人口动态管理】 2018年,贵港市坚持实事求是、严格程序的原则,做到"四个狠抓""一个创新"(狠抓业务培训人员、狠抓工作进度、狠抓识别方法、狠抓识别精准、创新工作措施),开展年度建档立卡扶贫对象动态管理工作,全市新识别贫困人口729户、2998人,错评剔除659户、1939人,认定返贫111户、455人,贫困人口自然减少5332人,自然增加2280人。

【扶贫财政投入继续加大】 2018年,贵港市共筹措落实财政扶贫资金11.84亿元,其中桂平市整合自治区资金17624万元,全市各级资金支出进度达到自治区要求。市本级专项扶持桂平市脱贫摘帽3000万元,追加全市各类保障兜底补助资金4000万元,全力支持脱贫攻坚各项指标任务的完成。

【产业扶贫】 2018年,贵港市从市本级财政专项扶贫资金切块1000万元到市产业专责小组用于特色扶贫产业发展项目奖补,落实《贵港市特色产业扶贫行动方案》《贵港市贫困村村级集体经济发展行动方案》及配套政策文件,全市县级“5+2”特色产业覆盖率达91.01%。出台《贵港市发展壮大村级集体经济若干意见》,统筹3500多万元设立专项资金,发展壮大集体经济。完成清理规范村级集体资产资源合同279份,增加集体收入550多万元。全市360个贫困村集体经济收入均达3万元以上,752个非贫困村集体经济收入均达2万元以上。

【基础设施建设】 2018年,贵港市新修建村屯道路1283条706千米;完成建档立卡贫困户危房改造4817户;完成农村饮水安全巩固提升项目19个、农村电网升级改造项目21个、贫困村村级公共服务中心62个。

【易地扶贫搬迁】 2018年,贵港市投资2.35亿元建设7个集中安置点,搬迁建档立卡贫困户912户、4039人,投资完成率、住房竣工率、搬迁入住率均达100%,提前完成“十三五”期间搬迁项目建设任务,连续多次在全区通报综合排名第一。

【公共服务保障建设】 2018年,贵港市建档立卡贫困人口城乡居民基本医疗保险参保率100%,经过基本医保、大病保险、民政救助和政府兜底后,贫困人口住院费用报销比例达90%以上,门诊特殊慢性病实际报销比例达80%以上。农村最低生活保障标准从3200元提高到3600元。

【扶贫宣传】 2018年,贵港市在中央主流媒体上稿51篇、网媒180篇;自治区主流媒体上稿269篇、网媒175篇。开展“扶贫讲堂”451期、“田间微课堂”359期、“扶贫故事文艺演出”58场,拍摄《你我的希望》《同边鞋》等多部宣传片在贵港电视台等平台播放,积极宣传先进典型,激发贫困群众的内生动力。

【社会捐助】 2018年,贵港市以贵港市光彩事业促进会作为统一接收社会力量捐助的平台,通过发挥群团部门的作用,合力推进扶贫济困捐助规范化、常态化,2017、2018年获捐款300多万元,资助特困大学生205人、因病致贫特困家庭60多户。 (冼 峰)

【易地扶贫搬迁项目全面建成】 2018年,贵港市投资2.35亿元建成集中安置点7个,搬迁建档立卡贫困户912户、4039人。各县(市、区)严格落实市包县、县包点的“八包”责任制,通过层层传导和压实责任、倒排施工建设工期、24小时轮番施工的办法,全力推进移民搬迁安置项目建设,按计划完成7个安置点项目搬迁建设任务,实现投资完成率、住房竣工率、搬迁入住率3个100%。在全区率先全面完成“十三五”期间的移民搬迁安置项目建设,累计建设完成移民集中安置区10个、安置点11个,累计完成投资7.53亿元,竣工住房3180套,搬迁入住建档立卡贫困户3165户、13873人,连续三年在全区通报中综合推进进度排名第一。10月10日—11日,全区易地扶贫搬迁后续扶持、后续管理暨拆旧复垦工作现场会在贵港市召开,自治区对贵港市易地扶贫搬迁工作成效给予高度肯定,会上港北区、覃塘区代表贵港市作经验交流发言。

【库区移民后续扶持】 2018年,贵港市因地制宜研究制订完善的后续扶持实施方案,在特色产业、农林加工业、乡村旅游业、服务业等方面,强力推进“一户一策”“一户一帮”“一户一档”的“三个一”帮扶措施落实,做到因户施策、找准路径、制订扶持计划,落实帮扶政策及增收项目。各县(市、区)在加强技能培训,提高搬迁户的技能水平同时,通过招商引资,在各安置点附近引入适合本区域发展的劳动密集型企业,建立合作社或扶贫车间,吸纳贫困户务工、收益分红等方式,解决移民搬迁后的后续就业、生产和生活问题。各县(市、区)易地扶贫搬迁安置点搬迁户已认定脱贫的人数11154人,后续扶持投资5298.82万元,落实后续扶持措施13873人。其中,通过发展特色农林业2646人,发展劳务经济8640人,发展现代服务业876人,实行资产收益921人,实行社会保障兜底790人。发放过渡期生活补助资金552.74万元,落实过渡生活补助8752人。

开展水库移民培训工作,全市组织465名水库移民到南宁、柳州、梧州等7所职业学校参加农村实用技术和劳动技能培训,其中有73人获得特种作业证书。

【库区移民后续管理】 2018年,贵港市积极探索创新移民后续管理模式,通过在各安置小区建立“红色一家”特色模式,建立党支部,基层自治组织,社区服务中心,加强搬迁群众的教育培训,加强安置区社区的服务与管理,创建"一部一会一社"的新模式,即建立"老乡家园党支部、管委会、产业合作社"协商互促新机制,坚持以党建为引领,激发搬迁群众的内生动力,充分调动小区各方的积极性和创造性,建立共建共治共享的基层社会治理新格局。

【库区旧房拆除】 2018年,贵港市及时研究出台《易地扶贫搬迁拆除旧房工作指导意见》,制订旧房拆除试点工作方案,按照"能拆就拆、应拆尽拆、鼓励自拆、不搞强拆"的原则,动员并组织力量及时稳妥地推进搬迁户旧房拆除和土地复垦工作,对已拆除复垦了的,落实奖补政策,按照标准及时兑付奖补资金。2016—2018年,全市应拆除旧房2761户,已拆除1725户,拆除面积91754平方米;已复垦复绿1365户,复垦面积7.2万平方米,兑付奖励资金982万元。全市易地扶贫搬迁旧房拆除复垦工作位居全区前列。

【移民区项目建设资金投入】 2018年,贵港市争取到水库移民后期扶持项目资金25567.6万元,比上年增长175%。其中,为民办实事项目(水库移民新村项目)资金3508.6万元,水库移民村屯道路硬化项目626万元,水库移民后期扶持基金项目5223万元,库区移民发展专项资金项目1291万元,水库库区基金项目1181万元,水库移民后期扶持项目13670万元,鹤地水库广西库区移民遗留问题处理项目68万元。通过项目建设争取资金落实,改善水库移民的生产生活条件奠定了基础。

【大藤峡水利工程征地拆迁】 2018年,贵港市大藤峡水利枢纽工程征地拆迁新增基础设施建设项目用地1402.65亩,完成征地1194.79亩,占85.18%。累计完成征地49358.68亩,其中陆地征收任务为26622.24亩。涉及应拆迁房屋1693座、2359户、10013人,截至年底,累计签订《房屋拆迁补偿安置协议》1646户。其中,坝区用地范围内组织3次紧急搬迁,完成1381户、5143名群众平稳过渡搬迁,完成坝区拆迁1191座、26.77万平方米,坝区实现封闭施工管理;库区房屋拆迁任务502座,累计完成签订《房屋拆迁补偿安置协议》468座。剩余34座未签订房屋补偿手续,其中5座为宗族祠堂。

【大藤峡移民安置】 2018年,贵港市高标准做好移民安置区的规划建设工作,规划大成塘、渡头、白马圩、黎明、柳欧岭、碧滩、白兰7个移民安置区。根据工程项目建设计划,优先推进大成塘安置区建设,集中力量打造成为有产业、有特色、有发展的社会主义新农村样板工程,为其他安置区建设树立标杆、积累经验。

大成塘安置区,用地面积579.58亩,计划安置1054户、3360人,分11个组团,总投资5.875亿元。年末,坝区大成塘安置区建成第1~10组团213幢(其中两层半192幢、四层半21幢)856座房屋,有856户移民户领住房钥匙,部分群众已陆续搬迁入住。第11个组团计划安置188户630人,规划建设46栋房屋,投资10449万元。截至年底,开挖43栋,完成±0.00以下25栋,其中14栋正在施工一层主体,封顶5栋,完成投资3000万。

渡头安置区,用地面积71.62亩,总投9200万元,计划安置173户476人。截至年底,完成财政评审,正在进行招投标工作。黎明安置区,用地面积76.58亩,总投资8611万元,计划安置174户、615人。截至年底,正在进行34栋房屋的主体工程建设,完成基础浇筑,其中18栋主体工程完成封顶,完成投资额3780.77万元,占工程量百分比52.5%。柳欧岭安置区,用地面积357.36亩,总投资30000万元,计划安置652户、2286人,规划建设135栋房屋。截至年底,开挖106栋,完成地梁70栋,完成首层楼面9栋,封顶3栋,完成投资额约5000万元。碧滩安置区,用地面积112.31亩,总投资12215万元,计划安置248户、902人。截至年底,完成财政评审,正在进行招投标工作。白兰安置区,用地面积99.1亩,总投资10000万元,计划安置175户、746人,截至年底完成工程招投标,施工单位已进场施工。白马圩安置区,用地面积245.35亩,总投资22930万元,计划安置石龙镇东岗、思源、新源、中峡江4个村移民搬迁户428户、1609人。截至年底,完成工程招投标,施工单位已进场施工。

【大中型水库移民后期扶持】 2018年,贵港市各大中型水库移民后期扶持普惠政策资金发放,按时发放直补资金12529.74万元,没有出现截留、挪用、贪污的案件发生,保障了20.88万名水库移民的基本生活。 (兰春仁)

工业园区建设

【概 况】 2018年,贵港市有市产业园区、贵港生态工业园区、覃塘产业园区、桂平长安工业集中区及平南临江工业园区五大工业园区规模以上工业企业273家，占全市规模以上工业企业数的48.15%；五大园区规模以上工业增加值同比增长13.9%，增幅比全市平均水平高0.4个百分点。10月16日，贵港市获批设立自治区级高新技术产业开发区。

市产业园区辖江南园、粤桂园、石卡园，有入园企业202家，投产企业172家，其中规模以上企业81家，主要产业有新能源汽车、电子科技、电力、化肥、现代机械制造、饲料、木材加工、羽绒、服装、造纸、建材及生产性服务业等。2018年实现工业总产值188.84亿元，同比增长20.6%；完成工业增加值46.2亿元，同比增长9%；完成税收6.11亿元，同比增长26.5%；完成工业投资10.8亿元，同比增长55.6%。市产业园被自治区评为2017年度工业投资优秀单位、2018年度广西工业园区建设管理工作优秀单位、新签项目开工率成绩优秀单位、新签项目合同投资额成绩优秀单位等。

【园区基础设施建设】 2018年，贵港市产业园区推进基础设施项目76个，总投资约72.8亿元。推进在建基础设施项目11个，总投资约16.3亿元，其中粤桂园3个、石卡园5个、江南园3个。实现项目开工5个，项目竣工9个，完成基础设施投资4.36万元，同比增长近4倍，广西第二汽车生产基地核心区路网基本建成。推进前期工作项目63个，项目总投资51.51亿元。其中，获得立项批复63个，获得可研批复25个，初步设计批复30个，完成地勘、施工图设计并备案30个，提交大额会申请招标开工的项目21个，年内实现新开工项目5个。项目储备提交市大额会审定的项目71个，总投资约50.2亿元。其中，同意启动前期工作项目36个，同意开工项目21个。年末，园区符合土规路网项目和配套设施项目全部启动前期工作。

【园区土地服务管理】 2018年，贵港市产业园区配合三区政府完成土地征收10997亩，拨付三区征地款4.26亿元；全年完成预审材料报送6060亩，并全部取得预审批复；全年上报3519亩供地材料；已出让成交16个工业项目，用地面积955亩，成交总价款11601万元；划拨批复项目3个，用地253亩。保障了中强铝业、中化集团、木材仓储物流交易中心等一大批重大项目用地。

【园区投融资】 2018年，贵港市产业园区以下属平台公司为依托，进一步加强了投融资工作。参与设立北部湾银行30亿元私募基金项目，保障征地及项目建设资金。完成农发行6亿元贷款资金的提取。通过农发行新型城镇化和流通体系建设货款项目融资29亿元，融资项目包总投资约36.7亿元，贷款资金涵盖了园区多数前期项目和在建项目。开展平台公司财务梳理工作，通过增加公司资产、拓展公司经营业务等一系列措施增加公司信用评级，使公司资产从31亿元增加到68亿元，负债率由90.37%降至27.5%，为未来两到三年拥有AA级资质自主发债奠定基础。

【高新区创建】 2018年，贵港市产业园区积极开展创建自治区高新区工作，完善企业孵化器的硬件设施，积极组织开展高新企业创建工作，园区高新企业达8家。加强与自治区有关部门沟通对接完善申报材料，认真组织现场核验和专家评审，自治区级贵港高新技术产业开发区获得自治区政府批复。

【园区招商引资】 2018年，贵港市产业园区深入开展“大招商、招大商”“推进工业提质增效年”活动，以“补链条、聚集群”为导向，积极“走出去”“请进来”，先后赴江苏、湖北、广东、山东等地开展招商引资。全年新签约投资15.8亿元的广西(国际)木材仓储物流交易中心项目、投资10亿元的中化化肥年产100万吨新型肥料项目、投资2.54亿元的年产10万吨高档生活用纸建设项目等5个项目，其中有4个项目为亿元以上项目，总投资额约30.75亿元，超额完成年度招商引资任务，投资额是年度任务目标的10倍多。

【园区企业服务】 2018年，贵港市产业园区深化捆绑服务企业工作，深入开展“企业服务品牌年”活动，成立14个捆绑服务小组，对园区202个投产和在建项目开展全覆盖服务，坚持每月到挂点的相关企业走访2次以上，及时解决企业建设生产存在的问题，营商环境不断优化。全年共收到企业反映发展中遇到的问题182件，共解决企业招工、用水、用电、融资、环评、租金和用地等困难、问题共164件，解决率达90%。其中，为25个企业办理用水、用电报装业务，为12家企业解决贷款资金2.9亿元。组织51家企业参与电力市场化交易，为企业降低用电成本1130万元。在园区“保姆式”的服务下，促进了腾骏汽车、思扬木业、翰林木业等10个项目实现竣工投产。

（郑　冰）

财 税

财 政

【概 况】2018年，贵港市财政局围绕“13446”工作思路，坚持“稳中求好，稳中快进”发展主基调，坚定不移支持打好“三大攻坚战”，积极开展“两年”活动，支持深化细化“六个年”活动和“大招商、招大商”活动，统筹推进稳增长、促改革、调结构、惠民生、防风险各项工作。贵港市财政总收入299.50亿元。其中，一般公共预算收入57.22亿元，上级补助收入163.01亿元(含返还性收入6.81亿元、一般性转移支付收入108.17亿元、专项转移支付收入48.03亿元)，债务转贷收入27.10亿元，上年结余7.36亿元，调入预算稳定调节基金5.85亿元，调入资金38.96亿元。财政总支出289.45亿元。其中，一般公共预算支出263.81亿元，上解上级支出1.86亿元，债务还本及其他债务还本支出14.58亿元，安排预算稳定调节基金9.20亿元。收支相抵，年终滚存结余10.05亿元。

表7　　2018年度贵港市一般公共预算收支决算总表

单位：万元

预算科目	决算数	预算科目	决算数
一、税收收入	398898	一、一般公共服务支出	219919
增值税	140645	二、外交支出	
企业所得税	40921	三、国防支出	4256
个人所得税	16891	四、公共安全支出	149472
资源税	15348	五、教育支出	620543
城市维护建设税	27650	六、科学技术支出	5496
房产税	10908	七、文化体育与传媒支出	21033
印花税	9228	八、社会保障和就业支出	356005
城镇土地使用税	5601	九、医疗卫生与计划生育支出	352038
土地增值税	41850	十、节能环保支出	19379
车船税	9255	十一、城乡社区支出	332592
耕地占用税	1192	十二、农林水支出	309684
契税	77425	十三、交通运输支出	50950
烟叶税		十四、资源勘探信息等支出	26916
环境保护税	1984	十五、商业服务业等支出	7681
其他税收收入		十六、金融支出	485
二、非税收入	173329	十七、援助其他地区支出	
专项收入	48656	十八、国土海洋气象等支出	20358
行政事业性收费收入	53499	十九、住房保障支出	105026
罚没收入	20655	二十、粮油物资储备支出	4833
国有资本经营预算收入		二十一、其他支出	535
国有资源(资产)有偿使用收入	35479	二十二、债务付息支出	30596
其他收入	15040	其中：地方政府一般债券付息支出	30150
		二十三、债务发行费用支出	268
本年收入合计	572227	本年支出合计	2638065

【财政收入】 2018年，贵港市财政收入成功突破百亿大关，实现106.57亿元，增长18.4%，增幅广西排名第一。其中，一般公共预算收入57.22亿元，增收6.81亿元，增长13.5%，增幅广西排名第一；非税收入17.33亿元，占一般公共预算收入的比重为30.3%，低于全区平均水平3个百分点，占比广西排名第四位，收入质量进一步提高。

按征管部门划分：财政部门组织收入13.98亿元，增收0.7亿元，增长5.2%；税务部门组织收入92.58亿元，增收15.85亿元，增长20.6%。

按行政区域划分：市直组织收入23.76亿元，增收2.79亿元，增长13.3%；港北区组织收入22.03亿元，增收4.34亿元，增长24.5%；港南区组织收入10.18亿元，增收2.36亿元，增长30.3%；覃塘区组织收入12.72亿元，增收3.83亿元，增长43%；平南县组织收入19.86亿元，增收1.73亿元，增长9.6%；桂平市组织收入18.02亿元，增收1.49亿元，增长9%。

【财政支出】 2018年，贵港市一般公共预算支出263.81亿元，完成预算的95.7%，增支29.88亿元，增长12.8%。八项支出205.54亿元，增支25.39亿元，增长14.1%；民生支出220.56亿元，增支26.56亿元，增长13.7%，民生支出占一般公共预算支出比重的83.6%。

按行政区域划分：市直支出55.96亿元，增支7.46亿元，增长15.4%；港北区支出22.38亿元，增支2.4亿元，增长12%；港南区支出21.29亿元，增支1.86亿元，增长9.6%；覃塘区支出23.09亿元，增支2.78亿元，增长13.7%；平南县支出67.23亿元，增支10.04亿元，增长17.6%；桂平市支出73.86亿元，增支5.34亿元，增长7.8%。

财政收支增速在全区排名，贵港市财政收入同比增长18.4%，高于全区平均增速(7.1%)11.3个百分点，增幅在全区排名第1位，其中非税占一般公共预算收入比重30.3%，比重全区排名第4位；贵港市财政支出同比增长12.8%，高于全区平均增速(8.2%)4.6个百分点，增幅在全区排名第3位，其中八项支出同比增长14.1%，增幅全区排名第4位。

【政府性基金收支】 2018年，贵港市政府性基金预算收入67.46亿元，增收33.48亿元，增长98.5%。贵港市政府性基金预算支出50.20亿元，增支16.82亿元，增长50.4%。

【财源建设】 2018年，贵港市大力实施“工业兴市　工业强市”发展战略，以经济发展为主线，充分发挥财政职能作用，全力支持推进产业转型升级，强化财源建设，厚植财源基础，增强发展后劲，助推贵港经济向高质量发展。

支持招商引资，培育财源新动能　落实招商引资工作经费3000万元，支持开展“大招商、招大商”活动，围绕拉长现有新兴产业和传统产业链条，瞄准重点区域、重点企业开展精准招商，强化上下游产业招商，立足“新三篇”新兴产业优势，不断壮大贵港市产业规模，推动集聚集群发展。

支持产业发展，夯实财源基础　筹措安排资金3亿元，支持赛尔康、嘉龙海杰、华奥汽车、安铂瑞等新兴产业加快发展。支持深化拓展“工业提质增效年”“企业服务品牌年”活动，筹措落实企业节能技改、工业园区发展、两化融合等项目资金18亿元，推动工业产业提质增效。设立安排各类专项资金1亿元，支持现代服务业、现代特色农业等产业加快发展。

支持企业融资，降低实体经济成本　支持推进“放管服”改革，落实各项减免涉企收费政策，减轻企业和创业者收费负担1600多万元。创新金融服务，加大“惠企贷”工作力度，推进中小微企业加快发展，累计向金融机构推荐“惠企贷”贷款2.17亿元，帮助企业解决融资难题；完善农业信贷担保流程，落实风险补偿资金1.9亿元，促进现代特色农业实现增点扩面提质升级。

【政府债务管理】 2018年，贵港市严格按照中央、自治区关于坚决打赢“三大攻坚战”中防范化解重大风险的工作部署，不断规范政府性债务管理，采取措施积极化解存量政府性债务，切实防范债务风险。加强政府债务限额管理，严格按照《财政部关于对地方政府债务实行限额管理的实施意见》要求管理政府性债务，合理举借债务，守住不发生系统性、区域性债务风险的底线。全年，贵港市政府性债务余额105.52亿元，其中一般债务余额61.14亿元、专项债务余额45.38亿元，均未超过自治区核定的贵港市政府性债务限额。建立贵港市债务数据监控机制，积极防控债务风险。严格按照有关工作部署，对贵港市各行政事业单位及所属二层机构、企业的债务进行全口径清理，建立债务监控数据月报制度，实行动态监控。全年贵港市未发生政府债务风险事件，债务风险总体可控。

【重大项目建设】 2018年，贵港市用于重大项目建设筹集到位资金

109.79亿元，实际拨付资金84.97亿元，重点保障教育学校、水利交通、市政道路及基础设施、棚户区改造及产业园区建设等260多个在建重大项目顺利推进，年内实现同济大桥、青云大桥全线贯通，高铁广场一期投入使用，一级连线交通提升改造工程竣工通车，金港大道东段高架桥项目扎实推进等等。

同时，建立大额投资项目内部联合审核机制，着重在项目投资必要性可行性、投资规模及建设标准、资金来源等方面进行联合审核，严抓项目入库、预审，前移审核关口，合理控制投资规模。筹建基建项目库管理系统，对基建项目的立项、可研、设计、开工建设、资金拨付、审计结算等各环节，实行全过程动态监控，促进政府投资项目资金使用规范化、制度化、程序化，为政府投资项目审批提供有力决策依据。

【“三公”经费】 2018年，贵港市“三公”经费一般公共预算支出10070.7万元，同比增加576.29万元，增长6.1%。主要是部分公务车辆已达报废年限，报废处理后购车导致车辆购置费增加，年内新购置公务用车67辆，其中市直25辆、平南县42辆。因公出国(境)费244.47万元，增长56.7%，主要是组织出国(境)团组考察学习以及加大招商引资工作力度增加支出。全年，公务用车购置及运行费7979.12万元，增加518.57万元，增长6.9%；公务接待费1847.11万元，减少36.75万元，下降2%。

【预算管理改革】 2018年，贵港市从支出经济分类科目、绩效管理、预算执行审查、盘活财政存量资金等方面稳步推进预算改革工作。

支出经济分类科目改革　印发《贵港市本级支出经济分类科目改革实施方案》，分设政府预算经济分类和部门预算经济分类两套科目，促进部门预算与政府预算相衔接，提高预算透明度，提高预算编制科学化、精细化水平，实现两套预算政策衔接。

预算绩效全程管理　坚持预算绩效目标与部门预算编制同步申报，预算绩效目标实现了部门和资金的全覆盖。组织88个市直一级预算单位开展部门整体支出预算绩效自我评价，涉及资金量8.69亿元，并对418个项目支出开展预算绩效自我评价，涉及资金量5.48亿元。

预算执行审查　联合市人大财经委、审计局等部门，选择市政、国资委、环保3个部门单位作为重点审查单位开展2017年预算执行情况审查，加强对预算执行的监督。

预决算公开　开展2018年预算公开自查工作，加强对县(市、区)和市直部门工作指导及督促检查，确保政府预决算和部门预决算信息公开内容准确、完整，打造“阳光财政”“透明财政”。

盘活财政存量资金　收回财政存量资金4.76亿元并全部形成实际支付，统筹安排用于重大项目建设、农业发展、脱贫攻坚等重点工作，积极服务稳增长、促发展大局。

全年，由于执行财政预算、盘活财政存量资金、消化财政赤字、公开预决算等财政管理工作完成情况好，获自治区政府通报表扬，并给予贵港市一次性综合财力补助1000万元和额外增加政府债券额度5000万元的奖励。

【国库改革】 2018年，贵港市国库集中支付制度改革覆盖面达100%，当年累计预算改革资金量占当年预算支出的90.1%。公务卡结算制度改革覆盖面达100%，公务卡使用率达到73.5%，增长22%。贵港市本级列入全区国库集中支付电子化管理改革范围，10月17日市本级国库集中支付电子化系统正式上线运行。贵港市2017年度财政总决算工作在全区考评中荣获三等奖。

【公务用车制度改革】 2018年，贵港市顺利完成市本级非参公事业单位公务用车制度改革工作，涉改车辆326辆，其中保留215辆、划转2辆、报废34辆、拍卖75辆。市本级非参公事业单位公车改革取消的75辆公务用车网络竞拍成交74辆，成交率98.67%，成交车辆挂牌总金额102.45万元，成交总价为175.67万元，溢价总额73.22万元，平均溢价率71.47%。

【社会民生事业支出】 2018年，贵港市教育、社保、医疗、农林水等民生支出220.47亿元，增长13.6%，民生支出占一般公共预算支出比重83.5%，基本公共服务均等化水平进一步提高。

教科文事业　教科文预算支出64.71亿元。其中，教育支出62.05亿元，科学技术支出0.55亿元，文化体育与传媒支出2.11亿元。教育支出主要涉及“双千计划”公办幼儿园建设及多元普惠性幼儿园发展，建档立卡子女保教费，农村义务教育基础薄弱学校改造，农村义务教育阶段教师特设岗位补助，保证义务教育中小学正常运转，免除各教育阶段建档立卡贫困户子女，库区移民子女及非建档立卡的家庭经济困难残疾学生，农村低保家庭学生，农村特困救助供养学生的学费、课本费和住宿费等方面。文化支出主要涉及公共服务中心，博物馆、公共图书馆、文化馆免费开放、公共文化服务体系建设等方面。科学技术支出主要涉及技术研究及开发，科技创新平台建设，科技企业扶持、技术推广及企业技术创新等方面。

社保与医疗　社会保障和就业支出35.63亿元，增长28.2%；医疗卫生与计划生育支出35.04亿元，增长2.6%。社会保障和就业支出方面全年累计发放困难群众救助补助资金6.4亿元。其中，发放困难残疾人生活补贴和重度残疾人护理补贴0.37亿元，最低生活保障资金4.4亿元，发放城乡医疗救助资金0.71亿元，发放高龄老人生活津贴0.41亿元。贵港市城乡居民基础养老金提高到每人每月116元，高于全国最低保障标准26元，全年筹集城乡居民基本养老保险补助资金8.03亿元保障了按时足额发放基础养老金。贵港市就业资金累计支出0.59亿元，同比增加0.21亿元，增长55.8%，就业扶持政策惠及5.13万人。贵港市开展职业培训20847人，同比增长321%，完成21096人次职业技能鉴定，核发职业资格证书20826人，同比增长115%。医疗卫生与计划生育支出方面继续实行统筹城乡、公平可及、管理规范、便民高效的城乡居民医保制度，筹集城乡居民基本医疗保险财政补助资金23.09亿元，下达用于资助建档立卡贫困人员参加居民基本医疗保险0.21亿元。加大对城乡居民大病保险的支持力度，按时支付大病保险费，巩固完善城乡居民大病保险全覆盖工作，城乡居民大病保险筹资标准从30元提高到38.5元。继续实行贫困人口城乡居民大病保险起付线降低50%，报销比例提高10%政策。建立医疗费用兜底保障机制，通过政府兜底保障机制或购买商业保险等措施，确保贵港市建档立卡贫困人口住院医疗费用报销比例达90%，全年市财政投入用于社保兜底资金1750万元。投入基本公共卫生项目补助经费1.89亿元；为逐步缩小城乡服务差距，促进基本公共卫生服务均等化，人均基本公共卫生服务经费标准从每人每年50元提高到55元，各级财政共投入资金2.7亿元。落实政府投入责任，对公立医院承担的公共卫生任务给予专项补助，公立医院实行零差率销售，药价财政补助15%，筹集公立医院改革补助资金0.16亿元。

农业发展　筹措落实财政扶贫资金11.84亿元，支出11.38亿元，支出进度为96.11%。其中，新增政府债券用于扶贫资金2.47亿元。贵港市统筹整合财政涉农资金1.7亿元，支出1.67亿元，支出进度为95.03%。清理存量资金可统筹部分用于扶贫6135万元。落实扶贫小额信贷贴息资金6784万元，风险补偿金1.68亿元。获得自治区耕地地力保护补贴2.84亿元、水利建设补助专项资金2488万元，获得中央农村土地承包经营权确权登记颁证补助资金114万元、中央和自治区农机购置补贴资金2150万元。全市授理各类新型农业经营主体在保金额1亿元，累计放款金额1.28亿元，累计还款金额2745万元。

【财政投资评审】 2018年，贵港市完成899个项目预(概)算控制价评审，涉及送审金额76.14亿元，审定金额69.44亿元，审减6.70亿元，审减率为8.8%。涉及建筑、市政、水利、土地整治等项目，有效促进了财政资金的使用效益。

根据《广西壮族自治区人民政府办公厅关于进一步加强中央预算内投资管理的若干意见》，将财政评审起评标准调整为100万元，提高评审效率。市财政对218个申请进入储备库的重大项目出具评审意见，提出调减约11.19亿元的资金安排等建议。建立财政投资项目造价指标数据库，为市本级政府大额投资项目储备决策提供参考依据。完成市本级政府大额投资项目前期估算—评审专家库的建立。

【政府采购】 2018年，贵港市政府采购预算金额37.37亿元，实际采购金额34.73亿元，节约资金2.64亿元，资金节约率7.06%，实际采购同比减少2.06亿元。

政采云平台投入使用　5月底，开始推进政采云平台业务系统的建设工作，11月15日正式上线。政采云平台是经财政部批复同意，作为财政部在全国唯一推广的政府采购电子卖场试点平台，该平台主要包含政府采购电子卖场和项目交易管理功能。该平台以互联网为基础，充分运用云计算和大数据技术，涉及政府采购全流程、各领域、多用户，集政府采购网上交易、网上监管和网上服务为一体的综合性云服务平台。

政府采购评审专家库系统上线运行　11月20日，正式上线运行全区统一的政府采购评审专家库。该系统主要有评审专家选聘、评审专家信息变更、评审专家抽取、评审专家推荐、监管机构监督管理等功能。专家库系统实现了评审专家资源共享，有效解决部分地区评审专家数量不足的问题，达到全区评审专家资源共享的目标。

【会计管理】 2018年,贵港市全国会计专业技术初级资格无纸化考试报考人数3922人,比上年1827人增加2095人,增长114.67%,实际出考2605人,出考率66.42%,合格544人。中级考试报名人数1062人,比上年的841人增加221人。2019年度会计专业技术初级资格考试报名人数4379人,比2018年的3922人增加457人。

【财政资金监督】 2018年,贵港市通过各项专项检查加强对财政资金监管。

财政扶贫资金专项检查 对各县(市、区)2017年各级财政预算安排用于脱贫攻坚的各类财政资金实施专项检查,查出违规违纪金额8431.55万元。其中,以拨代支1139.5万元,滞留财政扶贫资金1622.52万元,整合资金用于非扶贫领域3391.66万元,未按规定实施政府采购金额2206.45万元,违规发放扶贫资金71.42万元。

企业会计信息质量检查 对市内14个单位开展会计监督检查,其中行政事业单位6个、民营企业8个,检查发现违规问题14个,发现违规问题金额13091.34万元。其中,会计核算不实金额11867.44万元,信息披露不实金额658.83万元,会计基础工作不规范金额523.54万元,其他违规金额41.53万元。

年度预算编制执行情况检查 开展2017年度部门预算编制执行情况实施专项检查单位4个。查出违规违纪金额2301.9万元。其中,未按规定公开决算收入11.95万元,未按规定核算收入0.5万元,未按规定使用预算科目核算支出10.36万元,未按规定办理政府采购手续8.07万元,无预算支出0.86万元,无公函接待0.61万元,未按规定上缴非税收入7.27万元,应收款项及暂存款项长期挂帐2262.28万元。 (何泰乐)

税 务

【概 况】 2018年7月5日,国家税务总局贵港市税务局(以下简称贵港市税务局)在国税地税征管体制改革中成立,设置机构26个。其中,内设科室15个,派出机构4个,事业单位3个,另设机构、党和纪检监察机构4个。年末,贵港市税务系统有在职在编人员1066人,其中公务员1016人、事业编制人员25人、工勤人员25人。贵港市税务局在机构改革、个税改革等多项工作叠加的情况下,顺利完成组织收入等各项工作。全年,全市税务系统获得“全国五好家庭”有2个户,获得“全国巾帼建功标兵”称号1人,获得“全国青年岗位能手”称1人号。

【税收收入】 2018年,贵港市税务局组织税务总局考核口径税收收入94.85亿元,同比增收17.87亿元,增长23.21%,完成年度调整目标94.8亿元的100.06%;自治区政府考核口径收入90.76亿元,同比增收16.26亿元,增长21.82%,完成年度调整目标90亿元的100.85%;市人民政府考核口径收入92.58亿元,同比增收15.73亿元,增长20.47%,完成年度调整目标92.56亿元的100.02%。在全区14个地市中,贵港市税务局组织收入(税务总局口径)排名第8,同比增幅排名第1。各县(市、区)税收全部实现增收,按增幅排名依次是覃塘区(47.26%)、港北区(36.61%)、港南区(29.72%)、桂平市(14.78%)、平南县(14.73%)、市直(含第一税务分局)(14.41%)。

工业税收比重加大,全市第二、三产业分别实现税收42.18亿元和53.76亿元,增长31.66%和17.86%,税收产业结构占比为44∶56。其中,工业税收入库32.32亿元,增长36.41%,占全部税收的33.6%,比上年提高3.1个百分点;工业增值税入库20.79亿元,增长40.33%。

传统税源强势增长,全市水泥、木材、钢材、电力、建筑、商业、金融和房地产8个重点税源行业增减相抵后合计实现税收72.52亿元,同比增长30.53%,占全部税收的75.41%。

减税降负有效落实,全市税务系统全年累计减免税金26.59亿元,同比增加4.2亿元,增长18.78%。

【非税收入】 2018年,贵港市地方教育费附加入库9646万元,同比增长1967万元,增幅为25.62%。工会经费收入4768万元,同比增长467万元,增幅为15.70%。残疾人就业保障基金和水利建设专项收入出现较大降幅,降幅分别为34.67%和23.39%。

【党委政府对税收工作支持】 2018年,贵港市各级党委政府大力支持税收改革工作,7月6日由贵港市人民政府牵头,组织召开国税地税征管体制改革座谈会,相关单位参加。7月9日,贵港市委书记李新元到贵港市税务局开展调研工作,专题听取贵港国税地税征管体制改革工作的进展情况。9月25日,贵港市人民政府组织召开社会保险费和非税收入征管职责划转工作动员会，对全市社会保险费和非税收入征管职责划转工作进行统一部署，布置任务、明确步骤和时间、提出要求。同时，印发《社会保险费和非税收入征管职责划转工作实施方案》及《社会保险费征管职责划转交接工作方案》。

【征管体制改革】 2018年6月25日，原贵港市地方税务局部分先遣队员提前入驻原贵港市国家税务局机关；7月2日，原国税地税双方领导班子成员以及办公室、纳税服务科、人事科和基层工作科4个科室实现合署办公。改革过程中，贵港市税务局严格按照“三定”暂行规定，合理安排干部，顺利完成科（股）室职责划转、工作交接、人员到岗、公文系统人员信息配置等。税务机构挂牌、“三定”暂行规定落实、社会保险费和非税收入征管职责划转等三项重要工作如期按质完成，实现改革平稳有序推进。按照自治区地方税务局的统一要求，7月5日贵港市税务局正式挂牌成立，贵港市税务局金港大道办公区、贵港市税务局稽查局同日揭牌。于7月20日，贵港市各县（市、区）税务局均顺利按要求挂牌，所辖的税务分局（所）、稽查局挂牌成立。

【税收法治】 2018年，贵港市税务局做好重大税务案件的审理工作，审结贵港市税务局稽查局移送贵港市税务局重大税务案件审理委员会审理的案件24件，追缴税款190.32万元，罚款358.28万元，滞纳金5.15万元；开展合法性风险性审查，出具合法性风险性审查法律意见书50份。加强对规范性文件的管理，根据《税收规范性文件制定管理办法》，对年度内制定的11份规范性文件进行合法性审查、合规性评估和备案。全年，发生税务行政复议案件2件，其中被行政复议申请人撤回1件、原自治区国税局作出维持复议决定1件；发生行政诉讼案件1件，以原告撤诉结案；召开依法行政工作领导小组会议4次；税收执法资格考试通过率100%。对税务行政审批事项，全面推行一个窗口办理、并联办理、限时办理、规范办理、透明办理、网上办理制度，税务行政许可审批1426件，其中增值税专用发票（增值税税控系统）最高开票限额审批1395件，对纳税人变更纳税定额的核准17件，对纳税人延期申报的核准14件，对达到移送公安案件标准的移送公安部门15案件，同时抄送检察院3个。落实税收执法责任制，依托《税务系统内部控制监督平台》，加强对各主管税务机关执法监控，会同各主责部门加强税收执法监督管理，同时对在平台发现的税收执法过错，及时进行提醒和开展调查核实，督促相关部门做好陈述申辩和整改处理工作，按规定做好责任认定工作。该平台自2018年3月上线，年内监控全市税务系统预警过错数1315个，其中自我纠正过错数358个，考核无过错责任调整数957个。

【税收优惠政策落实】 2018年，贵港市税务系统个人所得税累计完成6.76亿元，同比增收1.48亿元，同比增长28.1%，增幅全区排名第5位。在第四季度个人所得税过渡期政策实施后，全市缴纳有税款的个人所得税工资薪金纳税人从前三季度的月均8.36万人下降到4.32万人，缴纳税额从月均2964万元下降到1452万元，纳税人和纳税额分别下降48%和51%，缴税面从31.54%下降到15.89%。全市税务系统累计减免税金26.59亿元，同比增加4.2亿元，增长18.78%。其中，促进小微企业发展减免2.74亿元，增长30.84%；鼓励高新技术减免0.22亿元，增长74.22%；促进区域发展减免1.93亿元，增长34.15%；改善民生减免11.07亿元，增长40.57%。

【税种管理】 2018年，贵港市国内货物劳务税收入完成54.05亿元，增长29.35%。其中，国内增值税完成45.63亿元，增长29.31%；车辆购置税完成5.54亿元，增长52.3%。所得税类收入完成20.55亿元，增长21.44%。财产行为税收入完成20.26亿元，增长10.83%。其中，在行业清理、房产交易市场活跃和大宗土地交易增长三大利好因素的叠加下，土地增值税入库4.19亿元，增长54.06%；契税入库7.74亿元，增长62.32%，对全市税收增收的贡献率达到16.6%。与土地密切相关的2个税种大幅下滑。其中，耕地占用税入库0.12亿元，下降96.88%；城镇土地使用税减收0.56亿元，下降28.31%。

【纳税服务】 2018年，贵港市税务局做好纳税咨询工作。全市7个办税服务厅共配置固定咨询人员14人，机动咨询人员7人，设置咨询辅导专窗（区）。加强咨询人员培训力度，全年举行培训班3期，培训281人次。

优化办税服务，选派3人到不动产登记中心窗口，联合开展个人二手房交易业务联合办理；全市6个全职能办税服务厅均设置注销业务专窗，升级排队叫号机系统，增设“清税注销”业务排队功能。简化税务注销资料，对已实名办税

2018 年 10 月 31 日，贵港市税务局举办问需纳税人座谈会

的纳税人，免予提供税务登记证件和个人身份证件，咨询导税台摆放纸质"清税注销"一次性告知单。

做好纳税人权益保护，加强纳税服务投诉管理，加强对税收一线人员的纳税人权益维护的培训和指导工作，定期召集纳税服务社会监督员对办税服务厅和纳税服务工作开展明查暗访工作，全年全市税务系统处理自治区税务局"12366"纳税服务热线转派工单 82 件(其中涉税举报类 56 件、咨询类 21 件、意见建议类 1 件、投诉类 4 件)。以上涉税举报、咨询、投诉工单均已经在规定的时间内全部办结。

开展企业走访活动，贵港市税务局班子成员先后走访所联系的 12 户重点企业，通过开展"两会代表委员话春风"，走访全国、全市人大代表，召开"问需求，优服务"纳税人座谈会、"问需求、查短板、帮发展"民营企业座谈会、企业代表现场交流会和到民营企业开展大调研大走访等活动，全市税务系统完成实地和电话走访企业 16961 户，收集纳税人对税务部门进一步优化服务、改进管理等方面的意见和建议 50 多条。

做好纳税信用体系建设，全面实施纳税信用等级评定，加强银税互动，对全市 6179 户符合纳税信息评定条件的纳税人进行纳税信用评定，联合评出 369 户 A 级纳税人，并为 366 户纳税信用好的小微企业发放涉税金融产品贷款 4.3 亿元。

落实便民办税措施，落实压缩开办时间、加大政策扶持、规范业务流程、简化办税流程等 13 类、50 项便民惠企措施。推进"一事通办"改革，推行 5 大类、133 项"最多跑一次"清单和四大类 71 项"全程网上办"清单工作；落实 5 项便民办税清单，推行办税事项"一次办""网上办""马上办""就近办""一站办"。开展"减证便民"专项行动，清理涉及企业和群众办事创业的各类无谓证明，开展办税事项容缺受理事项梳理，梳理出 7 类、20 项容缺受理涉税服务事项清单。

【征收管理】 2018 年，贵港市税务局持续开展单管户监控和处理工作，规范业务操作、优化业务流程，从税务登记设立、变更、注销登记及非正常认定等环节进行再优化，使原国、地税信息整合同步，从源头避免单管户的产生。全年下发数据治理任务 37 个批次，涉及问题任务 67 个，处理问题数据 1800 余条，完成率达 100%。

进一步完善市、县两级风险防控体系，依托大数据分析应用平台，统筹开展市级综合风险分析、组织集中应对，重点是开展营改增高风险行业，推动征管方式转变，提升风险管理效能。按照税收风险管理工作流程，由各级风险分析管理中心统一推送风险纳税人 834 户、扎口推送率是 100%；已采取应对措施 834 户，风险应对率是 100%；已完成风险管理全流程 830 户，发现实际有问题 698 户，风险分析识别命中率 84.09%，累计取得应对成效 2771.81 万元，其中查补入库税款 2553.2 万元 \ 其他税收 218.61 万元。

做好"放管服"改革，推进税收管理员制度落实，从税源管理机构调整、人员配置、岗位设置、职责划分、技术支撑等方面全面参与。进一步完善办税实名制，全面推行网上和移动终端实名身份信息采集，完善自助办税终端身份比对验证，推行纳税人和税务经办人员"双实名制"。简化税务注销程序，实行清税证明免办服务、优化税务注销即办服务。

做好发票管理工作，组建大数据团队，以金税三期系统、增值税发票系统、广西大数据平台为基础，设置"进销不匹配""纳税人超一年未验旧发票结存""其他扣税凭证和应纳税减征额""农产品加工行业进项单一""认证后失控票""混凝土制造业单位电耗高于 1.5 度 / 吨""木材加工行业增值税税负低于 3%"等风险指标，用数据支持主管税务机关实施有效的发票风险管理工作。分行业、分指标、分事项抽取相关数据，精确实施发票风险监控，形成工作任务清单推送至管理员，借力纪检监察推动任务执行完成。贵港市税务局接收上级下发的风险应对任务16批次共56户，其中总局下发的风险应对任务9批次、17户、区局下发的风险应对任务7批次、39户。根据自治区税务局推送的发票管理风险数据，采取事中阻风险、事后防蔓延等相关措施，及时发现有38户电子科技商贸企业进销不匹配，涉嫌虚开发票10638份、金额9.76亿元，销项税1.66亿元。

以大企业税收风险管理系统为依托，组织实施好分类分级风险管理工作，统筹开展风险分析、风险应对工作，通过“典型企业风险剖析+行业复制推广”，实现风险分析质效升级和成果增值利用，强化风险管理工作。全市由各级风险分析管理中心统一推送风险纳税人834户、扎口推送率是100%；已采取应对措施834户，查补入库各项税收收入2771.81万元。

坚持从基础管理、行业管理和后续管理上着力，扎实推动大企业和重点税源企业日常各项管理工作，持续提升税收管理有效性。同时强化重点税源行业以及新能源汽车、电子信息和生物制药三大新兴产业的纳税服务，落实各项税收优惠政策，助力企业加快发展，服务好招商引资和地方经济社会发展大局。全市水泥、木材、钢材、电力、建筑、商业、金融和房地产8个重点税源行业合计实现税收72.52亿元，同比增长30.53%，占全年税收的75.41%。

加强非税收入管理，落实《国家税务总局广西壮族自治区税务局办公室关于强化非税收入减费降负政策落实的通知》要求，与贵港市财政局、国资委等有关非税收入部门联系，与缴纳非税收入企业沟通联系等。非税收入征管职责划转工作中与财政部门、国资委对接，对国有资本经营预算收入进行征收，征收5户，入库509万元，其中区级75万元、市级434万元。落实2017年度残疾人就业保障金减免3518户，安排残疾人就业人数384人，残疾人就业保障金各项减免金额2930.64万元，其中全市安排残疾人就业单位户数177户、安排残疾人就业384人，该项减征残疾人就业保障金2313万元；落实小微企业减免3306户、减免额514万元；经营困难户免缴残保金34户、减免额98万元；落实残保金征收标准上限降低后1户、减免残疾人就业保障金5.64万元。全市代收工会经费任务4694万元，已完成4768万元，完成101.58%。

【税务稽查】 2018年，贵港市税务局稽查局立案在查的案件116件，其中上年度移案43件、本年度立案73件，案件总数在全区排名前列。全年入库税款4370万元，查补税款2122万元(其中税款1242万元，滞纳金385万元，罚款495万元)，比上年同期减少3486万元，降幅44.37%。对涉嫌骗税和虚开的72户企业开展检查(其中总局虚开案源3户，上年度遗留虚开案源13户，遗留骗税案源1户，自选虚开案源53户，自选骗税案源2户)，结案40件，结案率为55.56%。查补税款557.34万元，滞纳金226.16万元，罚款348万元，查补1131.5万元，占稽查总查补收入的53.32%，已入库805.7万元。贵港市税务局稽查局认定对外虚开增值税专用发票2555份，涉及金额2.02亿元，涉及税额3445万元；认定对外虚开增值税普通发票229份，涉及金额1863万元，涉及税额56万元；认定接受虚开增值税专用发票140份，涉及金额1393万元，涉及税额222.6万元。发出确定虚开函104份，涉及发票1150份，金额1.48亿元，税额2520万元。全年接收总局下发的存在风险企业85户，个人3户。通过逐户开展告知与辅导工作，申报纳税户数87户，申报率为98.86%，补缴税款纳税人80户，入库税款7.84万元，入库率为91%。在积案清理方面，贵港市税务局稽查局2016年以前积案25件，2018年度清理积案20件，积案清理率80%。在已清理的案件中，全部执行完毕案件2件、依照法定职权确实无法查证全部或者部分税收违法行为，但有根据认为其涉嫌犯罪，并按规定移送公安机关且公安机关立案的12件，按照规定处理走逃(失联)企业6件。清理入库税款总额1827.43万元，其中税款1062.36万元，滞纳金302.75万元，罚款462.32万元。积极落实税收“黑名单”制度，全年录入符合标准的重大税收违法案件26件，通过自治区税务局门户网站“重大税收违法案件信息公布专栏”对外公布案件24件(不符合公布标准2件)。

【国际税收服务】 2018年，贵港市税务系统组织开展2017年度关联申报数据审核工作，通过“县市两级双审核”机制，组织完成13户疑似存在关联申报错误企业的信息核实和修正工作。对存在跨境关联交易的企业申报数据的完整性、逻辑性进行重点审核，未发现企业有避税疑点。做好“一带一路”税收服务与管理，依托自治区税务局下发的第三方信息，更新和完善贵港市“走出去”企业和个人清册。通过召开“一带一路”税企座谈会，结合业务培训、一对一宣传等方式，向“走出去”企业和个人宣传跨境增值税免税服务、对境外投资者以分配利润直接投资暂不征收预提所得税政策、以及税收协定优惠政策等内容，了解“走出去”企业和个人涉税诉求，提醒帮助企业规避和消除在境外投资经营活动中潜在的各类涉税风险。

【税务信息化建设】 2018年，贵港市税务系统更换重要服务器、路由器、交换机等重要设备6台，确保中心机房核心设备运转平稳，顺利完成26个节点的网络切割，成为全区第一个全部线路优化贯通的地级市。为保障机构合并后的计算机办公环境良好，完成办税大厅窗口、网络、计算机等的重新配置，根据工作需求，新增14个网络节点线路和设备。在保障网络与信息安全方面，完成360桌面安全系统的迁移、合并、升级，360杀毒软件安装率100%，全市统一实行IP和MAC绑定安全策略，防范违规外联。引进了前沿计算机技术提高信息化应用程度，升级旧服务器硬件配置，研究云终端虚拟机应用，打造了50人的“电子云教室”，拓展“云大厅”应用，增加采购1台服务器和10个终端。

【税法宣传】 2018年，贵港市税务系统始终坚持内外相结合的宣传方式，紧扣机构改革重点、税收工作亮点、重要时间节点、纳税人关注热点，做实做细税收宣传工作。围绕第27个全国税收宣传月“优化税收营商环境，助力经济高质量发展”的主题，及时宣传税收新政策、服务新手段，释放发展红利。加强多元化宣传，在《贵港日报》、贵港电视台、《广西日报》、广西新闻、人民网、国家税务总局微信公众号、广西税务微信公众号等自治区级及以上公共媒体发表新闻信息70余条。同时，积极参加全区税收公益广告比赛，制作《向共和国纳税人致敬》等7部作品参赛并获得较好成绩。

【税务队伍建设】 2018年，贵港市税务系统围绕党的十九大精神、习近平新时代中国特色社会主义思想，综合运用中心组学习、支部党课、主题党日、机关党员微信群“微学习”、参加“八桂先锋”APP学习考试等形式，加强税务系统党建工作。按照《国家税务局总局广西壮族自治区税务局关于市级税务局落实“三定”暂行规定的指导原则》和《国家税务总局广西壮族自治区税务局关于市级税务局人员配备办法》，贵港市税务局落实“三定”暂行规定，招录公务员46名，选拔、任免科级领导干部10名。制订《贵港市税务局税务地税征管体制改革期间干部教育培训工作实施方案》，选派人员参加上级培训班80余期、400余人，举办各类培训班148期，培训干部7764人次。按照自治区税务局党委工作部署，组建队伍对全市税务系统开展巡察。加强内控机制建设与督察审计，严格落实机构改革后的内部财务管理制度，确保了机构改革和税收征管两不误。 （陈 洋）

2018年4月16日，贵港市国税地税部门联合开展税收普法进校园活动

金 融

金融综述

【概 况】 2018年，贵港市金融工作办公室围绕市委“13446”工作思路，坚持“服务实体经济、防控金融风险、深化金融改革”的宗旨，把扩大融资规模作为服务实体经济的基础，积极引导银行机构加大信贷投放。年末，全市金融机构本币贷款余额958.96亿元，比年初增加144.42亿元，同比增长17.73%，同比增速居全区第2名。

【担保业务发展】 2018年，贵港市积极开展“4321”融资担保业务，继续强化商业担保服务，全力发展农业信贷担保。截至年末，全市“4321”政融担在保金额1.86亿元，共70户。其中，西江担保14户4040万元，小微担保56户、14665万元。西江担保公司融资担保业务在保余额4.22亿元，非融资性担保业务在保余额 4.1 亿元。全市办理农业信贷担保 280 笔,在保余额 1.13 亿元。

【政银企合作】 218 年,贵港市持续开展“金融服务促进月”活动,提高企业融资的可获得性。组织召开政府、银行、担保企业融资对接会 5 次,为 36 家企业获得银行贷款 1.86 亿元。组织各县(市、区)参加全区工业高质量发展政银企对接会,累计签约 37 个项目,签约金额 26.22 亿元。

【融资渠道拓展】 2018 年,贵港市推动“引金入贵”向“引企、引资、引智、引制”并重转变,9 月 28 日实现柳州银行平南分行开业运营,推动安盛天平保险公司在桂平设立分支机构,推动设立贵港市嘉业小额贷款有限公司,推动市政府与中国人民财产保险股份有限公司广西分公司签署战略合作协议。

【农村金融改革】 2018 年,贵港市持续深化农村金融改革,全面推广“农金村办”模式。截至年末,全市打造“三农金融服务室”1772 个、助农取款(支付)服务点 2004 个,覆盖率达 100%。创建信用乡镇 39 个、信用村 557 个、信用户 44.18 万户,覆盖率分别达 54.17%、51.86%、53.03%,提前完成 2020 年目标任务。

【信用联合会成立】 2018 年 12 月 20 日,贵港市信用联合会召开第一次会员大会并选举产生理事会单位,标志着信用联合会正式成立,是贵港市培育信用服务第三方机构迈出的实质性一步,民间信用信息将得到有效归集。贵港市信用联合会由市保险行业协会、国海证券中山路营业部、广西基君律师事务所共同发起成立,于 11 月 8 日获得市民政局颁发的社会团体登记证书,有会员单位 92 家。

贵港市信用联合会旨在开发民间信用信息系统,有效利用民间信用信息,打通民间信用信息转变成信用资产、信用财富的渠道,最终达到规范民间信用行为、拓宽资本流动渠道、提高资金周转效率、维护金融资产安全等目的,打造有利于诚实守信公民和企业生存发展的社会环境,促进贵港市信用体系建设健康发展。 (邓宏水)

2018 年 12 月 20 日,贵港市信用联合会正式成立

银 行

人民银行

【概 况】 2018 年,中国人民银行贵港市中心支行(以下简称人民银行贵港市中心支行)围绕上级行“党建引领,改革稳定提升年”主题,以供给侧结构性改革为主线,落实稳健中性的货币政策,坚决守住不发生系统性风险的底线,大力推进金融改革开放发展,促进金融服务实体经济,为努力打造新时代“四力”新贵港,加快建成西江流域核心港口和新兴工业城市提供强有力的金融支撑。年内,贵港市人民币各项存款余额 1372.08 亿元,比年初增加 108.71 亿元,增长 8.62%,居全区各地市第 5 位,存款比年初增速居全区各地市第 5 位。人民币各项贷款余额 958.93 亿元,比年初增加 144.42 亿元,增长 17.73%,居全区各地市第 6 位,贷款比年初增速居全区各地市第 2 位。

【金融服务实体经济】 2018 年,人民银行贵港市中心支行与贵港市金融办、工信委等多部门合作,齐心打通企业融资症结,全年开展政银企对接会、座谈会 5 次,促使 36 家企业获得银行贷款 1.86 亿元。有效运用货币政策工具,为金融支农和金融扶贫增杠杆。1—12 月,辖区 5 家地方法人金融机构合计新增贷款 57.57 亿元,同比多增 16.19 亿元。年末辖区再贷款余额 23500 万元,其中支农再贷款余额 8500 万元、扶贫再贷款余额 15000 万元。借助应收账款融资服务平台,拓宽企业融资路径。截至 12 月末,贵港辖区在平台累计注册机构 96 家,促成线上交易129笔，累计成交金额77.6亿元，促成扬翔集团上下游中小企业18家注册平台，线上成交845万元，有效缓解中小企业融资难题。扎根精准扶贫，推动新隆村脱贫摘帽。推动建立黄金百香果扶贫产业示范基地，茶树菇种植产业实现日均生产300多斤。推动开工建设总投资85.8万元的山心、旧村两条屯级道路。完成第一批易地搬迁户旧房拆除工作。贵港市中心支行获得广西自治区级2016—2017年脱贫攻坚先进后盾单位。

【金融风险防范】 2018年，人民银行贵港市中心支行加强反洗钱协作监管，联合贵港市金融办进一步规范小额贷款公司、融资担保公司反洗钱和反恐怖融资工作，联合贵港市民政局启动社会组织的反洗钱和反恐怖融资工作。积极承担责任，参与全市“扫黑除恶”专项斗争和打击逃骗税专项行动，加强对涉黑资金交易的监测，指导义务机构向公安机关移交的1条线索与公安部督办案件有关，为公安部门成功破获涉案金额100多亿元的重大地下钱庄案提供有力支持。加强外汇管理，规范主体外汇行为。开展货物贸易和服务贸易外汇业务专项核查，发现违规问题11笔，金额17.75万美元，已移交查处1笔。从严惩治个人分拆购付汇行为，向银行推送2个分拆结售汇交易组，涉及违规金额69.72万美元。深入开展外汇检查，成功协助公安部门破获涉案金额超100亿元的跨省跨境经营特大地下钱庄案1起。

【普惠金融】 2018年，人民银行贵港市中心支行改善农村支付服务环境建设成果丰硕。截至9月末，全辖累计建立助农取款服务点2003个，其中农村金融综合服务站1772个，保持站、点在行政村100%全覆盖。完成5个农村金融综合服务站示范点申报审批。在覃塘区东龙镇凤凰村成立首家由村集体经营的金融电商综合服务站。移动支付便民工程稳步推进，在全区首个以市政府名义印发《关于印发贵港市移动支付便民工程实施方案的通知》，推动桂平市、覃塘区成为中国银联农村地区移动支付市场建设试点县（市、区）。打造南城百货、东龙街等5个移动云闪付商圈。农村信用体系建设取得新突破，依托“智慧城市”大数据平台稳步推进全市信用信息共享平台建设。建成全市统一农户信用信息系统并上线运行，收录农户信息近400万条。贵港市农户信用信息系统在广西地市中首个实现县、乡、村三级全覆盖，并联网互通。截至12月末，贵港辖区评定信用户455279户，占全市农户54.64%；信用村591个，占全市行政村55.03%；信用乡镇41个，占全市乡镇56.94%。高效合规处理金融消费者咨询、投诉事项，结案率与满意率均为100%。

【金融服务质量提升】 2018年，人民银行贵港市中心支行扎实提高金融统计质量，强化统计增值服务。通过人工审核、系统校验、交叉复核、校验程序校验等手段，确保统计数据质量，全年向数据集中系统上报、审核各期金融统计报表264期，涉及表单45种、指标近800万个，上报货币监测11期，经济分析3期，银行家问卷分析4期。向政府经济管理部门提供服务450人次，统计专报简报12期，向各金融机构提供服务480人次。优化国库管理，推动国库业务升级。严格落实年初工作要求，实现国库资金运行“零案件、低风险”，确保二代TIPS顺利上线。加强与相关部门对接沟通，推动各项业务电子化。至12月末，各级国库累计办理预算收入36.57万笔，金额189.26亿元；办理预算支出23.05万笔，金额400.48亿元，为地方经济和社会发展作出积极贡献。积极开展非法金融广告清理，首次成功加入贵港市虚假违法广告联席会议。加强现金管理，优化现金流通秩序。严把现金入库关，对金融机构缴存现金不符合要求的退款20次，并停办其当天业务。对3家金融机构进行15~40个工作日的业务监督指导，暂停其缴存款业务。对辖区13家银行业金融机构开展人民币鉴

2018年5月23日，贵港市在城区举行2018年防范和打击非法集资现场宣传教育活动

别仪专项检查，机构覆盖率100%。

【内部管理】 2018年，人民银行贵港市中心支行健全内部管理机制，出台《中共贵港市中心支行委员会工作规则》，进一步规范班子议事和决策。修订完善差旅费等9项制度。针对16个科室的业务环节印发《贵港市中支岗位职责及业务操作规程汇编》。加强内审工作，组织开展审计项目7个，发现问题65个，提出审计意见及建议36条。改进会计财务工作，成功试点运行“矩阵式”预算管理信息系统，为全区推广奠定基础。推动物业服务社会化管理，建立采购代理机构库。夯实安全保密防线，将保密工作责任制有关制度纳入党委中心组学习，开展保密警示教育和举办保密培训会，首次组建中支国家安全人民防线建设小组。积极开展正能量宣传，充分借助微电影、微信、板报等载体，广泛宣传诚信文化、意识形态、核心价值观等，全年累计编发新媒体宣传信息50多条，点击率超2.2万人次。增强团委凝聚力，举办青年职业规划大赛，努力探索建立青年成长平台，逐步形成促进青年成长成才的“广西贵港经验”。加强科技基础设施建设，完成中支机房UPS电池、上联路由器、楼层交换机更新。推动新OA、会计工资、保卫监控等新系统的上线。加强安全保卫工作，确保安全生产。加强后勤保障和服务，完成职工食堂、配电房局部改造、公大楼LED节能灯具更换等工程。 （蒙莹莹）

农业发展银行

2018年，农发行贵港分行贷款6.5亿元支持的高铁站前广场项目建设

【概　况】 2018年，中国农业发展银行贵港市分行（以下简称“农发行贵港市分行”）作为唯一一家农业政策性银行，主要服务维护国家粮食安全、脱贫攻坚、实施乡村振兴战略、促进农业农村现代化、改善农村基础设施建设等领域。年末，各项支农信贷资金余额47.67亿元，其中贷款余额42.16亿元、易地扶贫搬迁统贷资金0.32亿元、农发重点建设基金余额5.19亿元；各项存款余额12.51亿元，各项日均低成本存款余额18.77亿元，同比增幅19.13%；实现利润5633万元。全年实现中间业务收入70万元，人均中间业务0.96万元；国际业务结算量4168万美元，人均中间业务收入、国际业务结算量全区农发行系统第二。年末不良贷款4352万元，不良贷款率1.03%，没有发生任何违法违纪案件，没有发生重大事故，持续保持“四无”目标。

【服务地方经济建设】 2018年，农发行贵港市分行围绕贵港市委“13446”工作思路，发挥政策性银行的职能作用，融资与融智相结合，大力支持地方经济建设。全年累放贷款12.65亿元，累收贷款14.99亿元，各类贷款累放累收额人均数排名全区农发行系统第三位。年末各项日均贷款44.05亿元，同比增加7.75亿元，增幅21.35%。其中存量政府类项目贷款11个，存量贷款32.25亿元，涉及产业园区基础设施建设、园博园建设、高铁站前广场、农村土地整治、农村人居环境建设、教育扶贫过桥等社会发展的重点领域和薄弱环节。存量农发重点建设基金项目8个、金额5.19亿元，涉及特色小镇建设、旅游、生物医药、棚改、体育中心建设等重点领域。支持粮食收储，确保资金及时足额供应，投放（下拨）粮食收储资金6亿元，助力贵港收储粮食24万吨。服务脱贫攻坚，发放扶贫贷款6亿元，其中投放首笔教育扶贫过桥贷款2.5亿元，服务建档立卡贫困人口近3万人。为解决金源生化公司、华港农牧公司等龙头企业融资难问题，投放流动资金3.0亿元。支持城乡发展一体化，解决市产业园基础设施建设资金难题，投放资金3.3亿元。探索新模式，主动与市产业园、交通局、教育局、市交投，中建八局等精准等对接，底新增营销储备项目15

个，意向融资 115 亿元。

【经营管理】 2018 年，农发行贵港市分行着力推进风险处置，缓释信贷资产风险，不断强化风险防控。全年减少风险敞口贷款 2.4 亿元；完成作为牵头银行的西化集团、金源生化公司等债权委员会有关工作，发挥债委会约束机制作用，协同防范化解金融风险，确保银行债权得到有效保证。落实信贷全流程管理，通过流程规范操作，制约风险；强化合规风险，防止出现越权操作，逆程序操作，重点防控案件风险。多次召开党委会、行务会周密部署员工行为排查、市场乱象整治排查、内控综合治理等十大突出问题专项治理，及时抓好问题整改和问责。倡导法制，开展“银行业消费者权益保护宣传服务月”、防范非法集资宣传月活动、普及金融知识等系列活动。推进基建工作，网络信息安全管理进一步提升，强化安全责任意识，确保全行无案件、无事故发生。举办“五四”“三八”“行将致远，运动快乐”等系列群团活动，调动和激发员工的凝聚力、归属感和获得感。　　（李勇军）

中国工商银行

【概　况】 2018 年，中国工商银行股份有限公司贵港分行（以下简称工行贵港分行）下辖贵城支行、桂平支行、平南支行 3 个一级支行，有营业网点 17 个。年末，本外币各项存款余额 96.02 亿元，本外币各项贷款余额 125.45 亿元，存贷比为 130.65%。全年实现净利润 0.46 亿元，累计上缴税金 4023.92 万元。

以持续推进服务提升十大行动为主线，以服务口碑改善为目标，以提高员工职业化水平和厅堂服务温度为抓手，强化责任落实，强调重点突破，强化过程管理，加快推进客户满意银行建设，服务改进提升取得显著成效，服务品质迈上新的台阶，被广西分行授予客户满意银行建设优秀组织奖。各级机构按照文明创建工作的总体部署和要求，紧密结合经营管理实际，扎实开展文明创建活动，精神文明建设取得良好成果。2018 年，工行贵港分行被中国工商银行广西区分行继续保留“广西分行文明单位”称号，桂平市支行被广西分行授予“第四届广西分行文明单位”称号，贵城支行、平南支行被广西分行授予“第四届广西分行精神文明建设工作先进单位”称号，贵城新城支行被中国工商银行广西区分行授予“巾帼文明示范岗”。

【存款业务】 2018 年末，工行贵港分行本外币各项存款余额 96.02 亿元，比年初增 12.85 亿元。其中，储蓄存款余额 55.26 亿元，比年初增 6.99 亿元；对公存款余额 40.76 亿元，比年初增 5.86 亿元。

【贷款业务】 2018 年，工行贵港分行围绕贵港市委“13446”工作思路，坚持创新发展理念和“稳中求好、稳中快进”发展主基调，围绕工业高质量发展，以大项目为主导，特别是在贵港市重点建设项目及招商引资项目上，不断加大信贷支持力度，大力支持贵港市经济社会发展，促进资产业务稳健发展，并成功办理该行首笔 PPP 项目贷款——贵港市郁江两岸综合治理工程 PPP 项目贷款。年末，本外币各项贷款余额 125.45 亿元，比年初增加 19.2 亿元。其中，法人贷款余额 50.95 亿元，比年初增加 7.58 亿元；个人贷款余额 74.5 亿元，比年初增加 11.62 亿元。

【内控案防】 2018 年，工行贵港分行扎实推进“内控合规固本强化年”主题活动，加强合规教育，培育合规文化。在全辖持续组织开展“以案说纪　以案说规”“警钟长鸣耳边　保密牢记心间”等主题教育，组织合规标兵到各支行开展巡讲活动，组织各层级人员参加总行“践行合规　固本行远”内控合规网络知识竞赛，开展深化员工行为排查，及时消除各类案件风险隐患，进一步提

2018 年 5 月 30 日，工行贵港分行党委书记、行长陈德明主持召开贵港分行党委中心组（扩大）学习会议。

升员工合规意识，营造依法合规经营氛围，持续增强员工行为管理和案件风险防控能力。结合部分领域业务风险、员工异常行为等情况，对风险管控不力、管辖范围风险高的人员进行约见谈话，不断加强内控案防工作。围绕全行经营管理稳中求进总基调，全面落实从严治行，强化内控案防管理的各项要求，以内控评价为抓手，压实主体责任、监督责任、整改责任“三大责任”，夯实管理基础，守住了不发生案件和案件风险事件的底线，全辖经营环境稳定，保持无内部案件、重大责任事故和群体性事件发生。被工行广西区分行授予2018年度内控合规工作先进奖。（黄天晓）

中国农业银行

【概　况】2018年，中国农业银行股份有限公司贵港分行（以下简称“农行贵港分行”）各项存款余额202.96亿元，比年初增加15.57亿元；各项贷款余额104.57亿元，比年初增加22.33亿元；实现净利润1.91亿元，拨备前利润3.72亿元，拨备后利润2.56亿元。全行各项业务稳健发展，实现安全运营。

【经营管理】2018年，农行贵港分行推进零售业务转型，提升所有营业网点柜台文明标准服务质量。设置24小时自助银行28个，上线运行现金类自助设备和自助服务终端分别达到253台和88台，构建了庞大的服务网络，为贵港城乡广大客户提供高效、优质、便捷的金融服务。坚持狠抓内控管理，规范经营行为，不断丰富业务产品，为客户提供了安全、高效、优质的金融服务。

【贷款业务】2018年，农行贵港分行累计投放各项贷款40.73亿元。央行口径普惠金融领域贷款比年初增1.54亿元，对公普惠金融领域贷款实现“双达标”。加强个人住房贷款、小微企业贷款等产品的营销力度，非“三农”个人贷款余额比年初增加16.73亿元。

【“三农”业务】2018年，农行贵港分行强化责任担当，通过产业带动、家庭农场（专业大户）带动以及建档立卡贫困户贷款等多种形式，进一步加大金融扶贫信贷投放，做实金融扶贫服务工作。截至12月末，扶贫贷款余额1.28亿元，比年初增加0.28亿元。县域各项贷款余额54.18亿元，比年初增加8.72亿元，实现涉农贷款“两个不低于”的监管要求达标。不断发展惠农工程，惠农卡有效客户22.73万张，比年初增长1.95万张；惠农通服务点互联网化升级增量141个，惠农通工程服务点贴码846个，切实履行服务“三农”社会责任。（赖　伟）

中国建设银行

【概　况】2018年，中国建设银行贵港分行（以下简称建行贵港分行）贯彻落实中央、总分行的决策部署，围绕贵港市委“13446”工作思路，深化拓展“六个年”活动的新部署、新要求，在服务实体经济和市民方面做出大量有益探索。截至年末，各项贷款余额突破100亿元大关，达到103亿元，新增11.3亿元。其中，对公非贴贷款余额32.0亿元，新增3.4亿元。加大个人贷款的投放力度，同时推出免抵押免授信的“快贷”产品，不断满足市民消费需求，个人贷款余额达到71.6亿元，比年初新增8.1亿元，增量和增速位居系统前列。

【信贷扶贫】2018年，建行贵港分行落实差异化的信贷政策，推进普惠金融，助推贵港市脱贫攻坚。调整结构，通过“期限调整”“再融资”等无本续贷方式发放贷款3笔1765万元，有力扶持困难企业发展。积极履行社会责任，大力发展普惠金融事业。全年普惠金融贷款（8+1口径）余额5.2亿元，全区建行系统排名第五。践行大行担当，精准服务脱贫攻坚，通过创新金融扶贫产品，依托扬翔公司供应链融资

2018年8月7日，建行贵港分行与广西扬翔股份有限公司签约合作助销e贷，推动普惠金融战略落地

合作平台及小微快贷平台，重点扶持贫困地区特色农业经济，全年支持单位精准扶贫贷款8笔716.3万元，带动扶贫人数335人。

【普惠金融】 2018年，建行贵港分行创新推出“裕农通”普惠金融服务平台，即在边远乡村建立助农服务点。截至年末，在全市各县(市、区)边远乡村建立“裕农通”普惠金融服务平台84个，打通农村金融服务的“最后一千米”，使广大村民足不出村就可以享受到便捷的金融服务。

创新推出“助销E贷”业务，破解小微企业“融资难、融资贵”难题。6月，推出“助销E贷”业务，企业只需开通网上银行就可以在线上自助办理流动资金贷款。截至年末，累计投放助销e贷113笔3682万元，有效提升建行小微企业金融服务能力，满足小微企业“短、小、频、急、散”的融资需求。

【服务社会民生事业】 2018年，建行贵港分行创新和加强与地方政府、学校的服务方式，与贵港江南中学等5所学校搭建“银校通”平台，高效为广大师生提供便捷收款服务；与平南第二人民医院开展“银医通”服务平台，积极为医院和患者服务。积极发动全行员工开展“10·17”扶贫活动，捐款1.8万元，款项全部用于贫困户的脱贫。

【消费者权益保护】 2018年，建行贵港分行继续键全消费者权益保护工作机制，对处理群众来电、来函、来访等处理流程进行规定，以最短的时间对客户的投诉进行处理。加强对个人消费信息保密，切实维护金融消费者财产安全。普及宣传金融知识，做好金融消费风险与安全宣传。全年，堵截假冒他人身份证开立账户事件5起和电信网络诈骗事件2起，为客户挽回经济损失8万元。开展“金融消费权益日”宣传，3月10日参加贵港银行协会统一组织的消费者权益保护集中活动，现场接待群众咨询30多人次，发放宣传资料100多份。同时，借助横幅、LED大屏幕、宣传手册等载体，采用文字、图片、视频等多种形式开展金融知识的宣传。

（陆伟国）

中国银行

【概　况】 2018年，中国银行股份有限公司贵港分行(以下简称“中行贵港分行”)坚持总行战略导向，围绕“建设新时代全球一流银行”目标，紧扣社会主要矛盾变化，坚持发展第一要务，牢牢把握高质量发展的根本要求，主动创新作为，务实改革担当，积极为贵港加快建成西江流域核心港口和新兴工业城市做贡献。年末，本外币各项存款日均余额116.25亿元，各项贷款日均余额74.47亿元。

【存款业务】 2018年，中行贵港分行着力实施新发展战略，着力推动科技业务融合，着力完善数据治理，着力强化客户营销，着力提升重点地区市场竞争力，着力提升全球服务能力，着力优化综合经营模式，着力推动网点转型、运营升级，依托全行的服务平台，加大存款拓展力度，促进存贷平衡发展。截至12月末，本外币各项存款日均余额为116.25亿元，比上年新增5.23亿元，增幅4.71%。

【贷款业务】 2018年，中行贵港分行坚持服务实体经济与提高发展质量相结合，扎实推进业务发展。加大信贷投放力度，持续优化信贷结构；大力发展普惠金融，加大对民营企业、小微企业支持力度；发挥金融市场业务优势，保持信贷适度稳健增长。截至12月末，本外币各项贷款日均余额74.47亿元，比上年增长2.93亿元，增幅4.10%。

【服务管理】 2018年，中行贵港分行以支持地方经济为己任，落实建设“新时代全球一流银行"的发展战略，坚持以客户为中心的服务理念，增强服务管理，提高服务技能，为广大客户提供优质、高效、专业

2018年，中国银行贵港分行走进社区开展“金融知识进万家”宣传活动

的服务形象。全辖网点以获得“中国银行业文明规范服务五星级营业网点”称号的中国银行贵港分行营业部为标榜，制定客户服务实施细则，不断加强员工服务培训和技能提升，网点服务水平得到大幅度提高，实现了网点管理、营销和服务的标准化、流程化和规范化，激发了网点的内生发展动力，全面提高了网点的核心竞争力。

【风险防范】 2018年，中行贵港分行落实中央要求，抓住风险化解的重要窗口期，持续做好全面风险管理，加强信贷风险管理，严密盯防流动性风险，加强市场风险管理，强化反洗钱控制能力，切实管控案件风险，持续强化合规管理，精心组织部署深化整治乱象工作，坚持问题导向，完善制度体系，提升全行治理能力，发挥国有大行的骨干作用，坚决维护金融市场稳定。截至12月末，授信资产不良余额3266万元，比上年末增加1346万元，不良率0.43%，不良率控制在较低水平，公司贷款不良率为零。

【中行队伍建设】 2018年，中行贵港分行进一步强化政治意识、大局意识、核心意识、看齐意识，全面落实从严管党治行，进一步加强党的建设，进一步加强队伍建设，积极打造简单清新的企业文化，为全行改革发展营造风清气正的良好环境。通过重点抓好“三大建设”工程，为员工搭建施展才华的舞台。通过实施青年成才计划、建立中层干部后备人才库、管理岗位和部门岗位空缺统一公开竞聘、破格录用优秀青年员工、举办榜样讲堂等措施培养和激励员工成才。年内，通过岗位公开竞聘，促使13名青年骨干员工走上管理岗位。

【社会责任承担】 2018年，中国银行贵港分行为解决市民长久以来社保缴费“老大难”问题，与市社保单位合作，投入大量资源，开通城镇居民医保微信缴费通道。根据市委市政府要求，开展“精准扶贫突破年”活动，对桂平市油麻镇六合村、平南县六陈镇合水村，坚持精准扶贫、精准脱贫，推进产业扶贫，促进扶贫方式由“输血式”向“造血式”转变。扶贫工作扎实开展，进村到户调查工作细致，帮扶措施针对性强，结对帮扶贫困户收入情况均有所提高，得到当地政府和定点乡镇的肯定。

【银行文化建设】 2018年，中行贵港分行通过组织党员与党建共建单位结对子、组织员工开展公益献爱心、平天山登山外拓等活动，满足员工多层次的文化生活需求。同时，积极响应总行、区分行号召，用实际行动贯彻落实党的十九大精神，组织辖内各党支部代表、分行团委前往贫困村及乡镇小学，开展爱心捐赠暨学习十九大精神助力精准扶贫系列活动。多次组织党员先锋队、青年志愿者深入社区、街道、校园、乡镇等地，开展“普及金融知识”“法治宣传”“反假货币”“打击非法集资”等宣传活动，让群众了解金融知识、识别假货币、金融诈骗、非法集资等特征，增加公众的法律防范意识和金融识别能力。年内，多家经营性支行及集体获得“中国银行业五星级网点”、中国银行总行级“青年文明号”“广西区五一巾帼标兵岗”“中国银行广西区分行中银管理创新奖二等奖”“中国银行广西区分行红旗团组织”等称号，大力推进了企业文化建设和精神文明建设。

（黄梓谣）

交通银行贵港分行

【概　况】 2018年末，交通银行股份有限公司贵港分行（以下简称交通银行贵港分行）各项存款余额19.43亿元，较年初增加2.82亿元，增幅17%；各项贷款余额17.72亿元，较年初增加1.64亿元，增幅10.18%。2018年通过重组、诉讼清收、第三方代偿方式收回及核销等途径，实现不良贷款余额、不良率“双降”，资产质量稳步提升。

【金融服务】 2018年，交通银行贵港分行以快易付、快易贴、交付保、现金管理、产业链、企业网银等产品为抓手，狠抓产业链金融的链属营销，实现低成本资金沉淀和非利息收入增长，实现存款结构优化。简化贷款流程、提高办理效率，积极推广“快捷抵押贷”“房二贷”等金融产品，以产品创新引领服务升级。

【服务实体经济】 2018年，交通银行贵港分行推进普惠金融，发展小微企业信贷。利用线上渠道推广税融通、抵押贷等产品，满足中小企业融资需求；梳理线下流程提高审批效率，提升中小微企业客户体验。

（覃敏丽）

邮政储蓄银行贵港市分行

【概　况】 2018年，中国邮政储蓄银行贵港市分行（以下简称“邮储银行贵港市分行”）践行“普惠金融”责任，不断深化改革，加快转型，稳健经营，各项业务总体发展态势良好。截至年末，资产总额222.66亿元，各项存款余额207.67亿元，各项贷款余额33.76亿元。

【服务实体经济】 2018年，邮储银行贵港市分行围绕立足于服务社区、服务中小企业、服务“三农”的市场定位，扎实推进农村金融服务工作，积极加大对中小企业的金融支持力度，有效支持当地实体经济发展。年末，信贷规模余额33.76亿元，其中涉农贷款余额达到19.76亿元，占比58.53%；小微企业贷款余额19.87亿元，占比58.86%。

加大金融扶贫力度，截至年末，金融精准扶贫贷款余额3931万元，其中个人精准扶贫贷款余额1501万元、产业精准扶贫贷款余额2430万元。同时，为贫困村捐赠扶贫款4万元，支持贫困村基础设施建设，安排驻点人员2名，深入桂平市和平南县挂点贫困村，助力开展精准扶贫工作。

创新担保方式，加码“三农”金融服务，大力支持农业专业大户、家庭农场、农民合作社、农业龙头企业等，为新型农业经济发展提供有力的金融支持。年末，家庭农场（专业大户）贷款余额3550万元。发挥创业担保贷款扶持创业、带动就业和助力扶贫攻坚的作用，积极发展创业担保贷款，全年发放农民工创业担保贷款、国家创业担保贷款3018万元，主要投放于农林牧渔业，为超过2000户的创业客户提供创业资金，有力地支持了城乡再就业，扶持社会弱势群体，较好地响应“就地脱贫”号召，进一步提升了金融扶贫工作的可持续性发展。

【普惠金融服务】 2018年，邮储银行贵港市分行充分依托覆盖城乡的网络优势，坚持根植百姓、立足城乡、秉承“面向社会、服务三农、打造一流零售银行”的宗旨，坚持服务社区、服务中小企业、服务“三农”的定位，自觉承担着“普之城乡，惠之于民”的社会责任。积极改善农村支付服务环境，截至年末，全辖区有助农取款服务点有892个，覆盖村镇面65%，实现交易金额3.7亿元。围绕农村地区的服务需求，依托村村通达的投递配送网络和覆盖城乡的渠道网点资源，打造集“公共服务、普惠金融、网络代购、商品批销”于一体，覆盖县乡村，功能齐全，运行高效的农村电子商务综合服务平台，帮助农民实现“创业、销售、生活、购物、金融、寄递”六不出村。致力培育农村信用环境，深入开展“信用户”“信用村”“信用乡（镇）”以及“贫困地区示范户”“农村青年信用示范户”等创建活动，提高贫困地区的信用意识，营造良好的农村信用环境，截至年末建立信用乡（镇）3个，信用村47个，建档（评级）农户数31470个，授信农户数283个。推动农村地区银行网点服务升级，丰富助农取款点服务功能。加快线上网络渠道建设，积极推广手机银行、网络银行等新型终端，提高金融服务电子化程度。

【银行企业文化】 2018年，邮储银行贵港市分行以企业价值观、使命、愿景、精神和作风5项核心文化理念，以创新、经营、发展、管理、人才培养等在内的15项基本文化理念，提出“建成资产优良，特色鲜明，竞争力强的一流商业银行”的企业愿景，“诚实守信、互利共赢”的经营理念，在员工中强化“邮储遍壮乡，银行惠万家”的企业价值观和“惠泽客户、关爱员工、回报社会、奉献国家“的企业使命，弘扬“唯进则大，唯进则强”的企业文化精神，倡导“崇尚服从，赢在执行”的企业作风，营造“同心同德，同向同行”的团队合作氛围，增强全分行员工的认同感、归属感和凝聚力，践行“借力发展、错位发展、借道发展和联动发展”发展理念，不断拓宽服务领域，实现特色发展。

（吴佳忆）

广西北部湾银行贵港分行

【概　况】 2018年，广西北部湾银行贵港分行（以下简称北部湾银行贵港分行）坚持稳中求进的工作总基调，推进各项工作稳健发展，积极支持贵港市实体经济发展。截至年末，资产规资产总额63.87亿元，营业收入1.88亿元，实现净利润1.26

2018年7月20日，广西北部湾银行贵港分行走进工业园区为企业提供金融服务

亿元，比上年增长143.38%，各项存款时点57.87亿元，较上年增长25.44%，各项贷款时点35.01亿元，较上年增长57.27%，不良贷款余额比年初减少736.70万元，不良率0.29%。上缴税金额1321.22万元。

【园区建设私募投资基金建立】 2018年，北部湾银行贵港分行与贵港市人民政府合作，通过与广西贵港市建设投资发展集团有限公司（现更名为"广西贵港市工业投资发展集团有限公司"）共同出资设立"湾行·贵港园区建设私募投资基金"，总规模为30亿元，用于贵港市西江农场土地综合治理项目及市产业园区基础设施建设，有效缓解贵港市基础设施建设资金紧缺的燃眉之急。

【服务实体经济】 2018年，北部湾银行贵港分行针对教育业、制造业、交通运输、仓储和邮政业等行业在内的48家企业进行信贷支持，大力推进重大授信项目，授信总额达19.96亿元，各项贷款余额12.86亿元。大力支持贵港市龙头企业。截至年末，实现对台泥（贵港）水泥有限公司贷款投放2亿元，广西龙光贵梧高速公路有限公司贷款投放1.99亿元，贵港瑞康饲料有限公司贷款投放1.75亿元，广西贵港郁江贸易有限公司贷款投放6900万元，中国华电集团贵港发电有限公司贷款投放5870万元，贵港市东海木业有限公司贷款投放3000万元等。大力支持教育建设工程，支持贵港市高级中学新校区项目5亿元授信成功落地，累计实现投放金额2.46亿元；支持港区中学校园建设工程，投放资金750万元。

【支持民营企业及小微企业】 2018年，北部湾银行贵港分行发挥城商行灵活高效的特点，支持民营企业贷款、中小微企业贷款，同时通过加大与当地国有担保公司合作，年内提前超额完成贵港"4321"再担保业务目标，累计实现新增投放资金4270万元，年末余额7420万元，新增和余额均在贵港市各家金融机构中排名第一。截至年末，发放小微贷款543笔，发放贷款金额3.18亿元，贷款余额3.01亿元，比年初增加6927万元。

【扶持"三农"助扶贫】 截至2018年12月末，北部湾银行贵港分行涉农贷款余额13.41亿元，占贷款总额的38.29%，比年初增加4.07亿元，增幅43.6%。对重点及薄弱"三农"领域实施信贷支持，对新型农业经营主体，加强与农担公司合作，加大对农业产业化龙头企业、家庭农场、专业大户等涉农客户的贷款投放力度，2018年发放农担公司担保贷款72户、4141万元，发放家庭农场（专业大户）贷款249笔13126.4万元。支持休闲农业于乡村旅游产业发展，向贵港市四季花田农业生态园有限公司发放贷款400万元。支持农民创业和脱贫致富，利用微小个人贷款、"公司加农户方案制"等方式简化贷款手续，作为扶持个体农民、贫困农户、低收入创业群体的特惠手段，信贷指标优先满足涉农信贷需求，截至12月末农户贷款余额8.39亿元，比年初增加2.56亿元，增幅43.91%。

【反洗钱工作】 2018年，北部湾银行贵港分行全面贯彻上级部门反洗钱工作部署，采取多项措施，不断提升反洗钱工作有效性，切实履行反洗钱法定义务和职责。按相关制度规定对客户进行身份识别，识别新客户身份信息55378个，持续识别存量客户身份信息93552个。依托反洗钱检测系统对客户身份信息、交易等情况进行分析，提交上报一般可疑客户311名，重点可疑客户5户。在贵港市区和桂平市区开展形式多样的反洗钱宣传活动，组织或参与反洗钱户外宣传活动5次，下辖营业部、桂平支行、江北大道支行均通过在网点显著位置摆放反洗钱宣传折页，在电视播放反洗钱宣传视频，网点外部LED屏播放反洗钱标语进行反洗钱常态化宣传。全年开展反洗钱宣传活动接受咨询群众3700人次，发放宣传手册、折页等资料1600份。

【金融消费者权益保护】 2018年，北部湾银行贵港分行持续开展金融消费者权益保护工作，加强制度建设和保障机制建设；提升服务，将金融消费者权益保护落实到产品创新、营销推介、售后评估等各个业务环节；加强员工教育培训、服务意识培训、服务技巧培训，提高合规经营、服务意识和技巧，全年举行全行性培训2次；通过开展"3·15"消费者权益保护日、金融知识进万家、金融知识普及月、金融知识万里行等各类活动，加强对公众宣传教育，提高金融消费者金融风险意识和认知能力，全年举办各类消保宣传活动20场次；畅通投诉受理渠道，搭建消费者投诉与处理的平台，保障金融消费者利益诉求，积极受理并妥善处理消费者投诉，主动且有效化解消费纠纷。

【公益活动】 2018年，北部湾银行贵港分行开展慰问返乡农民工、义务植树、慰问贫困户、捐资助学、关爱农村留守儿童等社会公益活动6次。深入社区开展公益宣传、上门

为困难群众提供金融服务，并实现常态化。（郑冰桃）

贵港市区农村信用合作联社

【概　况】2018年，贵港市区农村信用合作联社（以下简称“贵港市区农村信用联社”）狠抓主体业务，严防各类风险，强化党组织建设。取得党建基础进一步夯实、各项业务稳健发展、经营效益不断提升的良好成效，连续2年被评为“特级联社”。年末，有员工575人，营业网点54个，覆盖全市所有乡镇。实现营业总收入9.33亿元，比上年同期增加1.3亿元，增幅16.19%，利润总额4.61亿元，比上年同期增加0.93亿元，增长25.27%。

【存款业务】2018年，贵港市区农村信用联社存款增势强劲且稳定性强，年末各项存款余额179.28亿元，比年初增加17.35亿元，增幅10.72%，完成全年任务的132.47%，存款偏离度合理稳定性强。

【贷款业务】2018年，贵港市区农村信用联社始终坚持“支农”“支小”“支微”市场定位，坚持服务地方经济发展的经营理念，大力支持木业、羽绒、大米加工等产业发展，推进优势产业提档升级，贷款持续快速增长结构进一步优化。年末各项贷款余额141.75亿元，比年初增加21.95亿元，增幅18.32%，其中涉农贷款余额112.88亿元。

【农村金融服务】2018年，贵港市区农村信用联社以农村金融综合服务站建设为抓手，着力推进普惠金融，惠及千家万户。发挥网点遍布城乡的优势，承担全市60万多户农民粮食直补、6万多户农村低保、五保、危房改造和全市城乡居民养老、农村合作医疗、水电费等代收代缴代发业务，为客户提供便捷的金融服务。

为进一步巩固农村主阵地、满足广大群众日益强烈的金融服务需求，多措并举全力做好农村金融服务工作。年末，设立农村金融综合服务站354个（其中港北区87个、港南区130个、覃塘区137个）。农村金融综合服务站全年办理动账业务109.55万笔，查询业务21.91万笔，交易金额5.41亿元。签约POS机特约商户1762户，新增有效商户142户，所有商户回访率100%，实现全市所有行政村金融服务全覆盖，破解金融服务“最后一千米”难题，使农民群众“足不出村”即可办理小额存取款、现金汇款、转账、消费和代领财政补贴等业务。（覃文皆）

2018年8月30日，贵港市区农村信用合作联社新办公大楼荷田大厦正式启用

柳州银行贵港分行

【概　况】2018年，柳州银行股份有限公司柳州银行贵港分行（以下简称柳州银行贵港分行）坚持“稳中求好，稳中快进”的发展主基调，结合贵港市社会经济发展的中心工作，抢抓机遇，锐意进取，全面做好各项工作。年末，柳州银行贵港分行各项存款余额20.90亿元，各项贷款余额44.71亿元，资产状况良好，主要监管指标优良。

【经营管理】2018年，柳州银行贵港分行按照“立足柳州，服务广西，面向全国”的战略定位，立足当地，开拓进取，专注地方经济建设、专业支持小微企业发展。经贵港市政府及财政部门的大力支持，财政性存款大幅增长，年末财政、社保存款余额达到7.6亿元，比年初增加3.7亿元。与贵港市政府达成铁牛集团“年产20万辆新能源及传统汽车整车产业基地建设”项目的合作。发起设立柳银壹号新能源汽车产业基金，并全面募集到位，累计投放用款26亿元。积极拓展个人客户源头性代发业务、征地拆迁款项目，全年拓展代发工资118户，征地拆迁项目累计代发7.08亿元。

【机构建设】2018年，柳州银行贵港分行继2016年桂平支行开业后，2018年下半年平南支行的开业将

2018 年 9 月 28 日，柳州银行平南支行正式开业

物理网点扩延到平南区域，弥补贵港分行在该经济强县缺少一级营业点的空白。在平南设立支行，是贯彻落实贵港市委、市政府金融精准扶贫政策、服务地方经济建设的重要举措，是继续落实总行"走出去"战略的重要一步，将进一步扩大柳州银行在广西的业务辐射，提升柳州银行的品牌影响力。

【金融产品宣传与营销】 2018 年，柳州银行贵港分行积极开展金融产品宣传活动，举办柳州银行贵港分行产品推介会、银企座谈会、金融沙龙等形式的宣传活动 60 多场，宣传和普及金融知识，惠及大众。宣传营销柳州银行产品有桂民卡、龙行卡、信用卡、企业网银、个人网银、手机银行、步步盈、定活宝、取息宝、龙行 e 码付、创业通、消费贷等，提升客户使用柳州银行产品体验度。（傅姗姗）

保　　险

【概　况】 2018 年，贵港保险业扎实推进保险业转型与改革，加快回归保障本源，不断提升服务经济社会能力。截至年底，贵港保险主体 24 家，其中财产险公司 13 家、人身险公司 11 家；四级及以下营业性机构 154 家，其中支公司 36 家、营销服务部 89 家、城区营业部 8 家、三农服务站 21 个；保险专业中介机构 23 家，人身险公司代理网点 561 个。全市保险从业人员 11925 人。其中，财产险公司 2085 人（含内勤员工及管理人员 821 人、营销员 1264 人）；人身险公司 9840 人（含内勤员工及管理人员 263 人、个险渠道人力营销员 9094 人、银保渠道专管员 356 人、团险人力 127 人）。实现原保险保费收入 37.02 亿元，同比增长 15.89%，原保费排名全区第 5，增速排名全区第 6。其中，财产险保费收入 11.06 亿元，同比下降 2.17%；寿险公司保费收入 25.96 亿元，同比增长 25.78%。累计赔付支出 13.1 亿元，同比增长 29.92%。其中，产险公司赔付 6.28 亿元，同比增长 13.4%；寿险公司赔付 6.82 亿元，同比增长 50.03%。

【非车财险业务占比显著提升】 2018 年，贵港市财产险公司业务实现原保险保费收 11.06 亿元，同比下降 2.17%。车险业务增速放缓，民生类非车险业务发展态势良好。受汽车市场销售情况、商车自主定价改革以及市场竞争等方面影响，车险保费增速下滑，增速为 4.33%，比上年同期下降 10.03 个百分点。与国计民生密切相关的农业险、责任险、保证险、家财险等业务持续增长，增速分别为 18.36%、3.68%、381.39%、62.02%，市场占比分别比上年同期增长 1.23、0.18、2.02、1.17 个百分点；除健康险外，其他业务均实现正增长，总体业务稳中向好。

【人身险加快回归保障本源】 2018 年，贵港市人身保险从险种结构看，寿险业务逐渐回归"保险姓保"本源，大幅压缩趸缴业务和银邮渠道业务，更加注重发展长期储蓄型和保障型产品较多的期缴业务和个人代理业务。截至年末，普通寿险保费占比 55.66%，较上年同期上升 1.05 个百分点；万能险占比 0.30%，下降 0.07 个百分点；分红险占比 44%，下降 0.99 个百分点。从缴费结构看，新单原保费收入 11.22 亿元，同比增长 15.82%；续期保费增长强劲，实现保费收入 14.74 亿元，同比增长 34.59%，在一定程度上拉动了寿险业务整体增速。从业务渠道看，个人代理业务原保险保费收入 16.54 亿元，占人身险公司业务总量的 63.73%，同比上升 14.94 个百分点；银邮代理业务 6.54 亿元，占比 25.18%，同比上升 20.39 个百分点。

【道路交通事故快处快赔机制建设】 2018 年，贵港保险业与市交警支队先后在各县(市、区)建立快处快赔网点11个,进一步完善全辖的快处快赔服务网络,轻微事故处理覆盖率超过70%,促进全辖区道路安全畅通。建立重大节假日高速公路快处快赔常态机制,联合市交警支队共同启动三北(高速快处快赔港南服务点)与苍硕(高速快处快赔桂平服务点)2个高速路快处快赔服务网点。全年,处理快赔案件6273起,涉及事故12746万辆,事故金额2564.54万元。

【消费者权益保护机制建设】 2018年,贵港保险业联合市交警支队先后成立贵港道路交通事故人身损害赔偿保险理赔工作室5个,提前介入人伤交通事故,担当双方当事人的沟通桥梁,提供纠纷调解、保险理赔一站式服务。截至12月底,理赔工作室累计处理人伤案件2086件,成功调解2018件,调解成功率96.69%。主张赔偿金额2857万元,实际核损金额2137万元,节省社会资源720万元。该项工作得到自治区交警总队的充分肯定,并在全区范围内予以推广。设立贵港保险行业人民调解委员会,对保险合同双方无法自行解决的合同纠纷进行调解,缓解双方对立情绪,降低合同纠纷处理成本。与市工商局、市消委会协调联系,建立保险消费者保护工作站,畅通工作互动机制,为保险消费者提供多层次的维权渠道。

【承办城乡居民大病保险】 2018年,贵港保险业承办的城乡居民大病保险(以下简称大病保险)是在基本医疗保障制度的基础上,针对城乡居民基本医保参保人因患大病发生的高额医疗费用给予报销的一项保障制度安排,是基本医疗保障制度的拓展和延伸,是对基本医疗保障的有益补充。年内,贵港市的大病保险由中国人寿贵港分公司承办,惠及全市城乡居民468.29万,累计赔付24239人,赔付金额13330.8万元。为方便广大参保群众申请大病保险理赔,承保公司实现本地"一站式"即时赔付全覆盖,是保险行业参与国家社会保障体系建设的重要方式和发挥民生服务保障功能的重要手段。

【商业车险自主定价改革】 2018年9月,广西商业车险启动新一轮自主定价改革试点,试点期一年。此次自主定价改革最大的变化就是将定价权完全交给市场,各公司根据不同消费者的风险水平、自身的风险识别和精准定价能力进行定价,风险和价格更匹配、消费者的选择权更广、保障水平更高。在同等保费条件下,消费者或可享受更高的保障额度和更多的保险服务,进一步提升消费者抵御风险的能力和消费体验。年末改革推进效果已有所呈现,商业车险投保率比自主定价改革前提升4%,商业三责险保额提升40%,消费者车均保费负担下降36%。

【推行学生平安保险改革】 2018年,贵港保险业在全辖范围内推广使用广西学平险指导性条款,提高学平险保障额度和保障范围,解决传统学平险保障额度低、难以满足人民群众保障需求的问题。同时以健全消费者权益保护机制体系为根本,统一优化学平险服务标准,执行广西学平险服务公约,制定明确投保告知基准内容,规范学平险销售、承保、理赔及宣传教育等服务标准。此外,积极向建档立卡贫困生开展保费捐赠活动。全年,全行业为港北区港口高中和桂平市社步镇宁江小学所有建档立卡的252名贫困学生捐赠一年的学平险,保险金额2844万元。学平险理赔补偿方案向贫困生倾斜,医疗费用赔付比例提高5%。

【保险扶贫】 2018年,贵港保险业推行农业保险服务,人保财险、太保产险、北部湾保险三家农业保险经营机构立足贫困地区资源优势和特色产业,因地制宜开展水稻、政策性森林保险、生猪和能繁母猪保险等农业保险产品业务,指导贫困户做好防灾防损工作,有效防止"因灾致贫、价低伤农"现象的发生。推行大病保险服务,人保财险贵港分公司落实对贫困人口大病保险特殊补偿政策,主动提高针对贫困人口的报销补偿比例和降低起付线,将贫困户的起付线降低至3500元,各报销段提升10个百分点,分别为60%、70%、80%、90%。推行补位保险服务,各保险公司主动对接各类扶贫工作派出单位,为政府、企事业单位驻村干部和扶贫挂职干部提供综合人身保险计划;支持地方政府破解脱贫难题、满足贫困群众多样化风险保障需求的补位扶贫保险创新,中国人寿贵港分公司开展计生家庭"关爱保险"扶贫项目,北部湾保险贵港分公司为部分地区建档立卡贫困残疾人、低保户、五保户、民政优抚对象以及在县民政局登记在档的孤儿提供意外伤害保险等。推行产业保险服务,各保险公司积极与财政局、扶贫办沟通,围绕贵港小额贷款扶贫项目,积极开展借款人意外伤保险业务。

【参与社会公益事业】 2018年,贵港保险业组织保险志愿者走进园博园花灯会为市民保驾护航。3月3日至4日，响应市精神文明办的号召，组织志愿者40名参与为期2天的园博园灯会志愿服务，为游客提供引导服务和维护秩序，充分展现贵港保险业志愿者“奉献、友爱、互助、进步”的志愿服务精神。3月16日，组织40多名保险志愿者，为扶贫村募捐树苗65棵，到港北区石古村，开展精准扶贫植树活动。春节和“七一”前夕，联合市金融办到平南县官成镇开展贫困党员慰问活动，慰问贫困党员和群众18名。10月，在国家扶贫日之际，开展“情系永福　扶贫帮困　敬老尊老”献爱心活动，组织保险业志愿者代表到港北区大圩镇永福村开展慰问活动，慰问70岁以上建档立卡的贫困老人34人，花生油、牛奶和空调被等物资价值9000余元。开展“情系扶贫·爱心助学”扶贫活动，阳光财险贵港中支等保险公司到桂平市社步镇宁江小学开展爱心助学活动，捐赠爱心书桌70套、课外阅读书籍500册、书包文具45套等物资价值2.3万元。（孙昭凝）

经济管理与监督

国有资产监督管理

【概　况】 2018年，贵港市人民政府国有资产监督管理委员会（简称“贵港市国资委”）监管企业15家，正常经营企业7家，实现营业收入100036万元，同比增长34.91%；利润总额7045万元（不含政策性亏损的公交公司），同比增长131.51%；应交税费总额7140万元，同比增长59.41%；正常经营企业全部实现盈利，利润总额指标排名全区第六、增幅排名全区第一。

【国企改革重组】 2018年，贵港市坚持以问题为导向，瞄准改革中的重点领域和难点问题攻坚克难，改革由顶层设计向落地见成效转变。推动企业战略性重组，打造形成国资监管6大集团的格局。整合资源组建工投集团、交投集团、城投集团、金投集团、农投集团、文旅投集团，使贵港市国有资本向基础设施建设领域和工业、农业、现代服务业及优势企业集中，国有资本布局进一步优化。推动混合所有制改革增添企业发展活力。出台《关于推进国有企业发展混合所有制经济的实施意见》，指导各集团公司聚焦主业与有实力的社会资本方共同组建混合所有制企业，培育和发展新业态，不断放大国有资本功能。核准设立混合所有制企业5家，已完成组建3家。合力推动撤事转企改革取得实效。指导交投集团、工投集团接管市场开发服务中心、国土测绘院等6家转企单位，完成接管率为50%，做到改革一家、接收一家，确保改革的有效衔接。推动经营性国有资产集中统一监管，基本完成市本级政企分开工作。推动完善企业法人治理结构，印发《自治区关于进一步完善国有企业法人治理结构的实施意见》，为完善贵港市国有企业法人治理结构提供指引；完成向交投集团外派监事会和市本级正常经营企业的公司制改造工作。力抓国有企业“三供一业”改造和僵尸企业出清，完成国有企业职工家属区供水、供电分离移交100%、物业分离移交85%，完成自治区下达的考评任务；完成4家僵尸企业出清重组，完成比为44%。

【国资监管】 2018年，贵港市国资委围绕促进企业提高经营效益和落实国有资本保值增值目标，不断强化国资监管基础工作。推进分类监管和分类考核。出台《企业功能界定与分类实施意见》《企业负责人经营业绩考核暂行办法》和实施细则（商业一类、二类、三类）等7项考核制度，分类建立激励约束机制，激发企业领导人干事创业的热情。规范投资管理，出台《企业投资管理办法》《企业投资负面清单》《企业违规经营投资责任追究暂行办法》，对投资方向、资金回报和投资程序等提出硬约束，增强企业投资底线思维。推进企业三项制度改革，出台《企业劳工用工与收入分配改革指导意见》《改革国有企业工资决定机制实施意见》和《企业工资总额分类管理办法（试行）》，为企业深化三项制度改革提供基本遵循。下放事务性监管事项，将国有资产出租、员工招聘、子企业章程审核及资产公开转让等事项下放出资企业管理，提高管理效率。实行重大事项报告制度，出台《企业重大事项报告制度暂行办法》《企业重大事项报告标准》，修订《企业“三重一大”决策制度实施办法》，进一步规范企业重大事项的监督管理。加强担保管理，出台《企业担保管理办法》，严控超范围、超股比担保，严防担保风险。落实企业法律顾问制度，指导监管企业全部建立了企业法律顾问制度，加强法律风险管理，依法处置生产经营重大法律风险问题。严格财务监督，及时监测企业经营及财务动态，推行全面预算管理，深化企业决算管理应用；实行财务决算审计制度，严格督促企业整改审计发现问题。

强化资产交易监督管理，转发执行《自治区企业国有资产交易监督管理办法》《自治区国资委选聘中介机构备选库》，进一步规范企业资产转让交易、增资和中介机构选聘等行为。全年，全市国资系统保持未发生重大投资经营风险和财务风险。

【重大项目攻坚】 2018年，贵港市市属集团公司在承担全市重大基础设施项目建设、完成投融资任务等方面持续发力。工投集团、交投集团、城投集团完成投资31.08亿元，完成年度计划的123.87%，年度计划融资36.12亿元，完成年度计划的100%。其中，工投集团实现青云大桥、解放路下穿铁路工程等9个项目竣工，实现党校搬迁项目（二期）、荷城第二初级中学等6个重大项目全面开工；交投集团实现城区道路渠化改造、第三公交站场等17个项目竣工，实现港北六中（一期）、郁林路小学等6个重大项目全面开工；城投集团实现震塘棚户区、南江社区棚改安置房等5个项目竣工，实现西江职教园区、贵高新校区、港城棚户区等10个重大项目全面开工。

【金融服务】 2018年，贵港市金投集团着力指导所管理企业持续优化金融服务产品，为全市中小企业的融资发展提供有力支持。其中，西江融资担保公司在保企业92户，同比增长48.38%，在保金额8.32亿元，同比增长56.98%；新组建的小微担保公司在保企业56户，在保金额1.47亿元。

【综合治理】 2018年，贵港市国资委以开展“打赢信访三场硬仗和开展五大活动”活动为主线，做好信访维稳工作，维护改革开放40周年和自治区成立60周年等重大节日期间市国资系统的稳定。以加强企业项目建设安全和消防安全为重点，联合住建、消防等行业部门定期开展安全生产督查工作，排查治理隐患658起，整改率达100%，实现市国资系统无重特大安全生产责任事故发生的目标。督促贵港市水泥厂完成3宗出租资产涉及环保问题的整改工作，并组织监管企业对环保问题开展大检查、大整改活动，坚持举一反三，确保环保方面不出问题。其中，交投集团打响“环境保卫战”首战告捷，成功转移处置固体废物“废钒触媒”19.27吨，彻底消除了重大环境污染隐患。

【国企党建】 2018年，贵港市以党的政治建设为统领，推进国企党建工作引领企业改革发展。坚决贯彻执行中央八项规定精神，认真落实意识形态工作责任制，深入学习贯彻习近平新时代中国特色社会主义思想和党的十九大精神，以习近平新时代中国特色社会主义思想指导国资国企改革发展。抓党建品牌建设，为推动企业改革发展和重大项目建设凝心聚力。通过扩大党组织覆盖范围、配齐配强党组织书记、完善基层党组织议事规则等，推动基层党组织发挥战斗堡垒作用。交投集团党总支班子坚持把方向，组织党员发挥带头作用，主动领责并完成市场服务中心转企改革，同时依法收回多个市场经营权，有效地防止国有资产流失；城投集团党总支坚持管大局，牵头与中建一局等6家单位成立“党建联盟”，在项目一线成立临时党支部，定期开展主题共建活动，着力破解项目建设难题，使西江职业教育园区等一批重大项目建设顺利实施；工投集团开展打造“五好党支部”活动，党总支坚持保落实，多次下沉一线协调服务解放路下穿铁路工程项目各方，组织党员突击队，促进项目路段全线贯通。高标准抓好国资国企人才队伍建设，不断优化人才队伍结构。市国资监管企业有中级以上职称人员197人，同比增长16.56%；企业招聘员工87名，其中研究生以上学历和中级以上职称12名；重新选配10家企业基层党组织书记。驰而不息地加强党风廉政建设。实行约谈提醒制度，及时解决苗头性和倾向性问题；开展上级巡视巡察反馈问题和中央八项规定再次回头看整改工作，完成整改问题81个；完成自治区巡视反馈党建及环保问题的整改。（李云山）

安全生产监督管理

【概　况】 2018年，贵港市发生各类生产经营性事故565起、死亡178人、受伤人数594人。其中，道路交通（运输）事故535起，死亡151人、受伤585人；工矿商贸事故21起，死亡20人、受伤4人；其他事故9起，死亡7人、受伤5人。发生较大事故2起、死亡7人，没有发生重大以上生产安全事故。水上交通、铁路交通、农业机械、渔业船舶未发生生产安全事故。工矿商贸、道路运输事故、其余行业领域事故统计联网直报率均为100%。获交通运输部、公安部、应急管理部评为“道路运输平安年”活动成绩突出管理机构。在自治区年度安全生产履职考核中获优秀等次。

【安全生产领域改革发展】 2017年，贵港市出台《关于推进安全生产领域改革发展的实施办法》。强化科技支撑，推广和使用广西安全生产综合信息平台和贵港市安全生产综合信息平台。加强安全生产领域失信行为联合惩戒体系建设，出台《安全生产领域失信行为联合惩戒信息管理制度》。利用保险机构作为第三方的风险控制和社会管理功能参与企业安全管理，制订《贵港市安全生产责任保险试点工作实施方案》，全市安全生产责任保险投保企业、保费和保额位列全区第一。

【重点领域专项整治】 2017年，贵港市开展非煤矿山、危险化学品、烟花爆竹等重点行业领域安全生产专项整治，检查督查单位和场所16218家，排查发现隐患21663处，责令停产停业停止建设94家，关闭非法违法企业29家，罚款143万元。7月至10月，严格按照国务院安委会和自治区安委会关于开展安全生产大检查的决策部署，组织全市各行业领域进行全覆盖的大检查，并严格落实“五个一批”和“四个一律”。大检查期间，全市组织检查督查组1973个，其中暗查暗访组173个、交叉检查组226个，出动检查督查人员12846人次；检查企业单位和场所8057家，排查发现隐患12435项，全部完成整改；打击严重违法违规行为111起，关闭取缔企业20家，停产整顿企业11家，暂扣吊销证照企业1家，处罚罚款121.13万元，追究刑事责任5人，曝光违法违规企业28家。

【安全生产领域改革】 2018年，贵港市完善安全生产监管体制，全市所有乡镇(街道办)、工业园区均设立安全生产监管机构并配备监管人员。加强安全生产领域失信行为联合惩戒体系建设，落实《安全生产领域失信行为联合惩戒信息管理制度》，将桂平金雅选矿厂尾矿库列入应急管理部联合惩戒“黑名单”，是贵港市第1家列入联合惩戒“黑名单”企业。深入推进安全生产行政审批制度改革，强化重点行业领域安全治理，依法开展事故调查处理，全面推行“双随机、一公开”方式安全生产执法。推广安全生产责任险，全市参保率为83.93%，保险费用321.86万元、保险额度4.47亿元，参保率广西排名第一。2018年度全区安全生产责任保险暨安全生产中介机构工作会议在贵港市召开，贵港市在会上作经验交流发言。

【安全生产责任制落实】 2018年，贵港市进一步压实党政领导干部安全生产责任，贯彻落实《地方党政领导干部安全生产责任制规定》和《广西壮族自治区党政领导干部安全生产责任制实施细则》，落实中央、自治区和市委、市政府对安全生产工作的各项决策部署，及时向市委、市政府汇报安全生产工作情况。贵港市委召开常委会1次、市政府召开常务会4次，研究部署安全生产工作。市级调整由常务副市长分管安全生产工作，五个县(市、区)全部调整由常务副县(市、区)长或担任本级党委常委的政府领导分管安全生产工作。进一步明确部门监管责任，层层签订安全生产责任书，明晰部门安全监管责任，建立安全生产检查执法“四个清单”(即检查任务清单、隐患问题清单、整改验收清单、行政执法清单)和每月报告通报制度，进一步厘清公安、住建、市政、交运、安监、工信等市安委会有关成员单位的安全生产工作职责。强化企业主体责任落实，开展“企业落实安全生产主体责任专项行动”和企业安全生产条件“回头看”。深入重点企业开展企业主要负责人谈话、主体责任专项检查和巡查，通报并督促落实整改巡查发现的192项问题隐患，行政处罚6家企业，罚款16万元。制定《安全生产约谈实施办法》，及时召开安全生产约谈会，约谈事故多发、有较大安全风险的县级政府和企业负责人，强

2018年2月24日，市长农融到贵钢集团调研安全生产工作

化责任落实。

【重点领域整治】 2018年，贵港市继续加大重点领域"打非治违"和专项整治。

非煤矿山方面 检查非煤矿山企业248次，下发执法文书504份，排查整改隐患485项。针对不按设计开采、外包施工单位不向安监部门备案和特种作业人员未持证上岗等突出违法行为，行政处罚立案30起，罚款72.48万元。

危险化学品方面 检查生产企业59家(次)，加油站216家(次)，下发执法文书693份，排查整改隐患529项，行政处罚32家，罚款43.9万元，责令停产停业整顿加油站6家，取缔非法生产经营窝点8个，注销危险化学品经营许可证6个。

烟花爆竹方面 检查批发企业42次，零售店523个，下发执法文书538份，排查整改隐患213项，对存在违法违规行为的经营单位开展行政处罚27起，罚款10.72万元。取缔非法生产经营窝点6个，吊销或暂扣经营零售许可证5个，依法没收非法生产或非法经营的烟花爆竹1938件，大、中、小朝炮(五彩炮、地炮)3761个，折合人民币16.48万元。

工贸行业方面 检查涉及冶金煤气、金属冶练、粉尘涉爆等企业28家，排查整改隐患154项，下达执法文书37份，罚款38万元。

职业健康方面 检查企业386家，排查整改隐患685项，下达各类执法文书462份，查处职业健康违法企业21家(次)，给予行政警告处罚9起，给予经济处罚12家，罚款69万元。

【安全风险防控和重点隐患整治】 2018年，贵港市在安全风险防控中加强源头治理，完善安全风险评估与论证制度，严把矿山、化工等高危行业企业准入条件，实行重大安全风险"一票否决"。注重企业安全防范，实施重点行业领域企业隐患排查治理自查自改制度，建立重大危险源监控网络。加强重点行业领域安全标准化创建，持续开展安全文化建设示范企业创建活动。完善城市安全保障，城区老旧建筑、玻璃幕墙、渣土堆场、寄递物流业等安全隐患治理工作，常态化开展火灾隐患专项行动，深入开展重大火灾隐患整治工作，全市消防安全环境得到了持续改善。加快安防工程建设。完成60个危桥改造和农村公路生命防护工程。开展水上安全专项治理、道路交通安全隐患大检查大排查大整治、防范矿山生产安全事故和其他重点行业领域安全专项行动和专项治理。组织防范一氧化碳中毒事故专项检查，通过手机短信、微信、入户宣传等方式广泛宣传防范知识，深入到工矿企业、小区、老旧房、出租屋以及城中村、城乡结合部进行宣传和排查。列入2018年度自治区政府重点监督整改的贵港市金地公司龙头山采空区安全隐患、华润水泥(贵港)有限公司定祥山石灰石矿南区1#山头140米平台至190米平台终了边坡安全隐患按期完成整改。桂平市金雅选矿厂尾矿库完成闭库。

【依法行政】 2018年，贵港市实行安全生产行政审批标准化建设，推进依法行政。为优化营商环境，简化行政审批手续，压缩审批时限，推行容缺受理，实现"最多跑一次"改革，全年受理安全生产行政审批892个，窗口一次性告知率100%，限时办结率100%，服务对象满意率100%，办结提速达70%。召开行政审批会议13次，对史丹利化肥贵港有限公司、广西兴玺贸易有限公司等41家生产经营单位申请的安全生产许可证或经营许可证进行集体讨论，依照法定程序进行审批许可。召开案件审查会7次，对贵港市星侨家具有限责任公司、贵港市金湘木业有限责任公司等14家生产经营单位行政处罚案件进行集体决策，依法依规进行行政处罚。开展"强监管、严执法"专项行动，在贵港日报公告市政府重点督办11项隐患整改项目；公开曝光一批联合惩戒"黑名单"企业和发生事故的单位。加强安全生产监管执法，查处安

2018年12月20日，在贵钢集团开展贵港市冶金企业(煤气泄漏)生产安全事故应急预案联合演练

全生产违法违规行为或隐患问题1085项,实施行政处罚133次,同比增长151%;实施停产停业整顿9家,罚款113次、324.5万元,同比增长205%、48%。

【应急救援体系建设】2018年,贵港市加强广西矿山救援大队贵港中队救援队伍质量标准化建设,救援中队获评为广西标准化一级,救援中队参加全区应急救援演练竞赛获得团体总分第二名。开展非煤矿山、危险化学品、烟花爆竹、道路交通、水上交通和燃气等行业领域安全生产应急救援演练,完善应急救援预案,健全应急指挥和联动处置机制,成功举办全区冶金企业(煤气泄漏)生产安全事故应急预案联合演练。中南六省(区)安全生产应急救援协作联席会议在贵港市召开。制定实施“12350”安全生产举报管理工作制度,“12350”安全生产投诉举报服务专线实现24小时专人在岗值班值守。

【安全生产基础保障】2018年,贵港市制定并推行企业现场作业岗位安全生产信息公开告知制度,1700多家企业、5200多个现场岗位落实岗位安全生产信息公开告知牌制度,覆盖2万多名现场岗位作业人员。开展以“生命至上安全发展”为主题的安全生产月活动,广泛开展面向群众的安全生产宣传教育培训。6月15日,举行2018年“安全生产月”宣传咨询日活动,全市各机关、企业150个单位,2000多名干部、职工和市民参加咨询活动,展出展板200多块,发放宣传资料36500份,安全生产违法行为与法律责任宣教挂图2000多套。为新闻媒体代表贵港日报社、贵港广播电视台开展“安全生产荷城行”授旗,全方位深入开展安全生产宣传。全市开展各类安全生产培训2900期,培训各类人员8.2万人次。举办安全生产专题讲座4期,在浙江大学举办新时代安全监管干部能力提升专题培训班。每月在非煤矿山、危险化学品、烟花爆竹和工贸行业等重点企业中,对企业的负责人开展“五个一”行动(即“开展一次谈心谈话活动,组织一次法律法规知识学习,进行一次安全生产管理知识考核,观看一次安全生产警示片,举行一次安全生产公开承诺和签订承诺书”)。组织开展100场次谈心谈话活动,200多名企业负责人接受面对面安全生产谈心谈话和培训教育。建立健全群防群治工作机制,开展安全生产网格化监管试点,逐步建立乡镇(街道)、产业园区,村(社区)两级安全生产监管网格。确定港北区贵城街道办事处港宁社区作为自治区和市级安全生产网格化监管试点单位,试点工作在稳步推进,贵港市在2018年全区基层安全生产网格化和电气火灾防范专项治理工作现场会上作经验交流。 (黄立云)

质量技术监管

【概　况】2108年,贵港市积极构建质量技术监督省市合作大格局,自治区质监局与贵港市签订《促进贵港高质量发展战略合作协议》。贵港市质量技术监督局大力开展质量强市工作,四大质量水平稳步提升,以满分完成年度质量强桂绩效考核任务,质量工作被评定为B等级;品牌建设实现新突破,有14个产品获得广西名牌产品荣誉称号,数量创历史新高;推进“先证后核”改革优化营商环境,对15类工业产品生产许可时限由原来的30个工作日减压至5个工作日,最短的可当天完成受理和发证,生产许可准入更便捷;狠抓安全监管,全市没有发生区域性、行业性、系统性的产品质量安全事件和重特大特种设备安全事故,守住了安全底线。

【质量监督管理】2018年,贵港市聚焦质量强市,按照建设质量强国、质量强桂新要求,推动自治区

2018年7月27日,为感谢贵港市质监局优质服务,广西爱玛车业有限公司赠送锦旗

质监局与贵港市签订《促进贵港高质量发展战略合作协议》，得到自治区质监部门对贵港市质量、品牌、技术标准、质量品牌提升、公共检测平台建设等工作的大力支持。加强公共检测平台建设，协调港北区政府和广西质检院推进广西新能源电动车质检中心建设，组织调研并撰写调研报告，规划贵港市建设广西机动车零部件和道路试验质检中心。开展质量提升行动，出台《贵港市开展质量提升行动实施方案》，重点围绕人造板和新能源电动车两个产业开展质量提升活动，深入8家新能源电动车生产企业和9家人造板生产企业进行质量状况调查，邀请质检专家举办人造板检验检测能力提升培训，帮扶企业解决质量提升短板。广泛开展品牌创建工作，推荐平南石硖龙眼和桥圩鸭绒2个产品申报国家地理标志保护商标产品通过自治区初审，全市12家企业14个产品获得2017年广西名牌产品称号，数量创历史新高。落实品牌奖励政策，会同市工信委推动出台《贵港市工业企业创新研发及两化融合奖励暂行办法》，对2016年1月以后获得中国质量奖（含提名奖）、广西主席质量奖（提名奖）、国家地理标志保护产品、广西名牌产品、广西服务业品牌认定的企业给予10万元~50万元的奖励，进一步增强企业争创品牌积极性。加大品牌企业宣传力度，设计开发“贵港品牌”网络宣传平台，把全市获得各类品牌的企业和产品进行广泛宣传，提升贵港产品知名度。推进企业质量信用分级分类管理，制定“工业企业产品质量分类监管评价表”，对所有生产许可证获证企业进行评价，其中A类企业5家，B类企业45家，C类企业4家。加强产品质量监督抽查，以儿童用品、纺织服装、家具家装产品、食品相关产品等日用消费品和建材、农资、危险化学品等为重点，加大监督抽查力度，全年累计监督抽查产品185批次，平均合格率94.2%，并对抽查不合格企业实施责令整改、行政处罚和约谈等后处理工作。

【标准化监督管理】 2018年，贵港市质量技术监督局围绕贵港市特色产业、支柱产业和新兴产业大力开展标准化建设工作。组织参与国家标准制修订获批准发布8项；开展广西地方标准制修订项目5项，其中《富硒百香果生产技术规程》作为广西首个富硒农产品标准获批准发布；指导、帮扶企业创建自治区级标准化示范试点4家；辖区内企业在全国企业标准信息平台自我声明公开标准累计达1000多项。

【计量监督管理】 2018年，贵港市质量技术监督局围绕民生计量，加强计量监督管理。组织开展全市春节市场计量器具、农产品收购用汽车衡、高速公路计重收费动态汽车衡、眼镜配制用计量器具、民用“三表”、加油机、可燃气体报警器、定量包装商品净含量等计量监督检查。抽查定量包装商品57批次，合格批次54批，合格率94.74%；检查各类重点民生计量器具1027台（件），均经法定检定机构检定合格。深入城区6个主要集贸市场免费检定结算用衡器574台，免收检定费5.74万元。开展能源计量监督帮扶工作，对全市23家重点耗能企业进行监督和帮扶，推进节能减排。落实免征强制检定费国家政策，受理计量器具检定备案25000多台（件），免费检定强检计量器具42470台（件），减免检定费用431万元。

【特种设备安全监督管理】 2018年，贵港市质量技术监督局全力维护特种设备安全，加强涉及民生、人员密集场所、盛装危险化学品的高风险特种设备安全监察，集中开展全市木材加工企业锅炉专项安全整治，检查企业268家，排查安全隐患137处。全年，审核特种设

2018年3月13日，为迎接国际消费者权益日，贵港市质监局在贵港城区开展消费维权宣传咨询活动

备安装告知书692份，办理特种设备使用登记注册996台(套)，核发特种设备作业人员证929本，复审特种设备作业人员证300本，检验特种设备9650多台(件、套)，有效保障了贵港市特种设备安全。

【认证认可监督管理】 2018年，贵港市质量技术监督局围绕电动车、电子信息等优势产业的新一轮发展，结合市委市政府的“工业发展优质年”活动，鼓励企业参与质量、安全、环境等领域自愿性认证，全市在质量、环境、食品安全、职业健康与安全等管理体系认证领域累计获得340张证书，通过质量管理体系认证企业250家。加强认证认可监督管理，组织开展全市30家检验检测机构飞行检查和能力验证，对6家存在问题的机构依法进行处置，确保检验数据真实可靠。组织辖区14家环保、食品领域检验检测机构参加水中铅、汞、挥发酚等3类能力验证计划项目36项次，能力验证结果全部满意，无离群现象。开展电线电缆等强制性认证产品实施专项监督检查，打击认证违法行为，确保产品质量安全。

【行政执法监督管理】 2018年，贵港市质量技术监督局聚焦质量安全，维护消费者合法权益，组织开展农资、建材、汽配、日用消费品、特种设备等关系国计民生、健康安全、节能环保重点产品“质检利剑”打假行动，严厉查处不符合强制性标准，违反特种设备安全，掺杂掺假、以假充真、以次充好、以不合格产品冒充合格产品等质量违法行为。办理各类行政执法案件51起，结案51起，无行政诉讼和行政复议案件。其中，查处特种设备生产使用案件33起，占总案件数的64%。积极响应贵港市政府便民服务中心建设，整合“12365”投诉热线，实现统一、便民、高效地为公众提供业务咨询、投诉举报服务。

【优化营商环境】 2018年，贵港市质量技术监督局大力推行重要工业产品生产许可简化审批程序。除危险化学品外，对自治区委托发证产品推行“先证后核”，取消发证前产品检验，将现场审查放在取证之后，将企业提交的申请材料简化为“一单一书一报告”(申请单、承诺书、检验报告)，5日内即可取得生产许可证，取证时间比市场监管总局规定的时间压缩了50%。实施工业产品生产许可证“一企一证”改革，生产多类产品的企业由多张证书多次申请审批简化为一张证书一次性申请审批。深入推进“互联网+审批”，大力推进审批信息化建设，全面实施电子化和无纸化网上申报，通过“互联网+政务服务”，推动减证便民，持续深化“证照分离”改革，企业办理各项行政许可业务实现“最多跑一次”。进一步做好涉企减负服务工作，贯彻落实取消生产许可证收费，取消产品质量强制检定收费，降低检验检测收费标准，停征涉企行政事业性“计量收费”等涉企减负措施，共为企业减负497.23万元。

【自身能力建设】 2018年，贵港市质量技术监督局聚焦能力提升，全面加强自身建设。加强人才队伍建设，选派领导干部到各级党校、行政学院、干部学院、高等院校参加培训，邀请大学教授、行业专家到单位举办业务知识培训讲座，提高政治理论素养、宏观战略思维和领导质监事业科学发展的能力。全年，全局在岗人员培训总人数986人次，其中参加省级以上质监部门组织培训52人次，参加市级组织培训121人次，市局组织的培训813人次；党建培训780人次，质监业务培训88人次，其他培训104人次。强化调查研究，由局领导带领分管业务科室深入基层一线、深入群众开展调查研究，摸清底数，找准企业发展的重点和难点，为贵港市开展质量提升行动提供决策参考。

（梁新荣　龚政媛）

食品药品监督管理

【食盐监管】 2018年，贵港市食品药品监督管理局为保证食盐质量安全监管职能移交后食盐市场的稳定和质量安全，联合相关单位对辖区内从事食盐批发业务的企业开展集中排查，重点排查食盐经营行为和食盐质量安全标准，及重点环节食盐安全隐患、食盐储存和运输条件。全市各级食品药品监管部门出动执法人员1180人次，出动执法车辆375辆次，检查食盐批发企业4家，检查食盐零售网点233家，检查终端用户699家，发现存在问题1处，责令立即整改1处。

【专项整治】 2018年，贵港市食品药品监督管理局针对群众反映强烈的食品“三小”生产经营单位脏、乱、差现象及食品、药品、医疗器械、保健食品、化妆品违规生产、非法经营、夸大宣传等问题，持续开展专项整治和综合治理。1—10月，全市查处食品药品违法案件744起，罚没款335.03万元。各县(市、区)局规范登记小作坊702家，备案食品摊贩700家，登记小餐饮经营户1594家，通过多部门联合采取停电强制措施促使食品“三小”整治。

对获证的6家药品生产企业完成全覆盖检查23家次，要求限期整改5家次，排查并整改完毕12项安全隐患。对142家乡镇以上和民营医疗机构药品使用质量开展专项检查，责令限期整改66家，立案查处4家。开展体外诊断试剂质量安全专项检查，检查经营企业9家，使用单位108家，责令整改26家，警告18家。开展无菌和植入性医疗器械专项整治，共检查经营企业21家，医疗机构22家，责令整改10家，给予警告处罚6家。开展食品保健食品欺诈和虚假宣传整治，检查经营单位3156家，立案查处案件18件。

【重大活动保障】 2018年，贵港市食品药品监督管理局及时与市委市政府接待办联系对接，加强在自治区成立60周年庆祝期间食品安全保障，核实当地食品安全相关信息，下达重大活动食品安全告知书并组织开展食谱审查。同时，做好接待宾馆饭店、茶歇点的食品安全保障工作。期间，安排28名食品安全保障人员对贵港市维多利亚酒店及龙井村、会议中心茶歇点进行驻点食品安全保障，进行全过程、全链条的食品安全监管保障，监督加工工艺、加工时间和加工温度，严禁使用不安全的食品。抽检接待宾馆和接待办食品100批次，快检118批次，不合格2批次，销毁桶装水23罐，更换不合格餐饮具20件，累计保障就餐人员571人。

【社会共治】 2018年，贵港市成立食品药品监管、公安联合执法办公室，在案件侦办中发挥好各自职能优势，开展联合调查和共同追查，提升执法办案成效。联合市人民检察院制定《贵港市食品药品领域公益诉讼工作联席会议制度》，为及时研究解决食品药品领域公益诉讼工作中存在的共性问题提供保障。完成136家食品安全责任保险参保，有效利用保险工具参与食品安全事故处理。成功举办食品安全宣传周、药品安全宣传周、“3·15”消费者权益日、“3·31”主题宣传日、“5·25”护肤日等活动。积极开展食品药品信用体系建设，各成员单位及时向自治区信用信息平台推送双公示信息。利用“两微一端”设立专栏、在线访谈，及时解答热点难点问题。建设食品药品科普示范基地3个和科普宣传站15个。畅通公众参与渠道，全市“12331”食品药品投诉举报中心通过电话、网络、信件、走访、移动终端等多种渠道接收食品药品投诉举报959件，同比增长10%。

（韦海红）

银行保险业监管

【概　况】 2018年，中国银行业监督管理委员会贵港监管分局(以下简称贵港银监分局)围绕贵港市委“13446”工作思路，聚焦贵港市经济动能转换，服务实体经济、银行业改革、风险防控和监管工作取得新成效，辖区银行业总体运行平稳。年末，辖区银行业金融机构各项贷款余额958.96亿元，比年初增加144.42亿元，增长17.73%；各项存款余额1372.08亿元，比年初增加108.71亿元。12月26日，中国银行保险监督管理委员会贵港监管分局正式挂牌成立，简称贵港银保监分局。贵港银保监分局将根据上级的授权统一对辖区银行业和保险业实施监督管理。

【助推改革】 2018年，贵港银监分局持续聚焦地方经济动能转换，引导银行业机构支持新能源汽车及电动车、电子信息、生物制药等新兴产业，全力支持贵港市打造广西第二汽车生产基地、中国—东盟新能源电动车生产基地、电子信息制造基地。积极支持重大项目信贷需求，引导辖区银行业金融机构积极投入“一带一路”建设，加大对重大项目信贷支持力度，主动对接地方重大项目建设和优化营商环境工作。对接当地重大项目54个，发放贷款50.27亿元，柳州银行贵港分行设立贵港市柳银壹号汽车产业发展基金40亿元，重点支持贵港新能源汽车发展。持续发挥债委会化解企业风险的作用，累计帮扶困难企业12户金额8.38亿元，提供续贷资金2.53亿元，稳步退出处置风险贷款3.77亿元。持续降低企业融资成本，以配合做好优化营商环境为契机，通过主动承担抵押登记费、减免结算费、降低利率等方式为企业减费让利，辖区银行业累计办理无还本续贷38.21亿元，节约企业“过桥”成本约0.76亿元。推动指导辖区两家村镇银行不断强化管理、规范经营，桂平村镇银行获评2017年度全国百强村镇银行。

【金融宣传】 2018年，贵港银监分局通过统一指导、强化督导开展多形式的金融知识宣传活动，持续深化校园金融教育长效宣传机制。周密部署“3·15”金融知识宣传、“金融知识进万家”、消费者权益宣传教育活动等多项主题金融知识宣传活动，不断提升公众的风险防范能力，组织银行业开展各类宣传活动55场次，微信推送、发放资料21.11万份，受众客户量23.36万人次。积极推动辖区银行业小微企业“三进三送”“一行一品”专项宣传活动，通过举办银企对接会，宣传小微金融服务政策和产品，持续优化营商环境，贵港银行业金融机构共举办金融政策、知识宣传182场次，现场解决咨询问题3979个。积极做好防范和惩治非法集资、扫黑除恶专项工作的宣传工作，宣传打击治理电信网络新型违法犯罪活动，强化金融消费者风险防范意识，部署辖区银行开展扫黑除恶专项斗争宣传教育工作，组织进社区、进村、进学校等“六进”防范非法集资宣传活动184次，发放宣传资料近10万份，微信自媒体、微博宣传报道次数153条次，获网站新闻报道2次，播放防范非法集资公益广告59次。处理信访投诉7件，消保投诉7件。

【金融服务】 2018年，贵港银监分局督促辖区银行业认真落实普惠金融差异化信贷政策，持续抓好普惠金融服务工作，不断提升服务实体经济质效。大力支持实施乡村振兴战略，辖区银行业助农便民服务点已全部覆盖1074个行政村，桂平桂银村镇银行创新在辖区6个行政村创新实施“整村授信”试点，取得良好成效，助推试点村产业增长约1500万元，带动就业增加4020人次。持续提升民营企业和小微企业金融服务质效，全力推进“银税互动”业务，进一步提升民营企业和小微企业金融服务精准度。同时，认真落实优化营商环境政策要求，不断压缩小微企业信贷审批时间，大大提升了小微企业信贷服务效率。全年，累计向辖区小微企业提供产品服务377种(次)，发放小微企业融资金额18.92亿元，发放银税合作业务贷款2.37亿元。加大金融扶贫力度，辖区银行业机构累计发放各类扶贫贷款34.85亿元，其中桂平市信用联社、桂平桂银村镇银行扶贫贷款发放额分列广西县市信用联社、广西村镇银行首位。

【金融风险防控】 2018年，贵港银监分局开展进一步深化银行业市场乱象整治工作，加强集中度风险管控和不良资产处置，重点领域风险防控有效。强化房地产信贷风险防控，通过指标监测、风险提示、监管联动、窗口指导、监管谈话等渐进性监管措施持续严密防范房地产信贷风险，深入整治房地产贷款集中度超标、实体经济信贷资金违规流入房地产市场等乱象问题，推动地方房地产调控政策落地有效。信用风险管控，联合贵港中级人民法院召开全市法院涉金融案件执行工作座谈会，共同推动不良贷款的清收处置。配合开展涉嫌非法集资广告资讯信息排查清理，排查广告114类、4453个，监测微信、手机短信上涉非广告资讯信息，发现问题广告4个。 （余丽英）

2018年5月23日，贵港市2018年银行业小微企业“三进三送”专项行动在贵港荷城社区启动

物价管理

【概　况】 2018年，贵港市居民消费价格指数同比累计上涨3%，与全国、全区平均持平，商品零售价格总指数累计上升2.1%，农业生产资料价格指数累计下降0.4%，城镇低收入居民基本生活费用价格指数累计上涨2.3%。

【价格改革】 2018年，贵港市贯彻落实国家价格改革政策，深入推进落实电价、气价等价格改革政策在贵港落地，4月1日起，将住宅小区物业服务收费重新纳入政府指导价管理。

电价改革　居民生活用电执行优惠政策，对“一户一表”居民实施用电促销政策，对执行居民阶梯电价的用电客户年累计用电超过4500度部分，优惠0.2元/度。继续降低工商业及其他用电(单一制)销售电价。年内分三批降低工商业及其他用电(单一制)销售电价共8.10分/千瓦时。进一步规范和降低电网环节收费，提高两部制电价的灵活性。两部制电力用户可自愿选择按变压器容量或合同最大需量缴纳电费，也可选择按实际最大需量缴纳电费。并调整电价分类结构，将大工业用电类别和一般工商业及其他用电类别合并为工商业及其他用电类别。取消临时接电费，免收余热、余压、余气自备电厂有关费用。对申请新装及增加用电容量的两路及以上多回路供电（含备用电源、保安电源）用电户，除最大供电容量回路外的其他供电回路按如下标准收取高可靠性供电费用：由供电企业建设的，按原标准70%执行；用户自行建设的，按原标准50%执行。农产品冷链物流的冷库用电和医院、百货大楼、宾馆、饭店竿场所使用的具有移峰填谷作用的蓄热式电锅炉和蓄冷空调等节能设备用电，具备单独计量条件的，低谷时段(23时至次日7时）用电价格按照应执行的目录电度电价（不含政府性基金及附加）的50%执行。

天然气价格市场化改革　加强管道燃气价格管理，4月1日起居民用气销售价格由原来的3.32元/立方米降为3.16元/立方米，非居民用气最高销售价格由原来的4.28元/立方米降为3.90元/立方米，4—12月减少贵港市非居民用气户用气成本77.01万元。5月1日起，管道燃气小区工程安装费由原来政府定价管理改为实行市场调节价。居民用气实行配气价格管理，取消现行的两部制价格，不再区分容量气价和计量气价。

医疗服务价格改革　逐步放开公立医疗机构开展的市场竞争比较充分、个性化需求比较强和特需的医疗服务项目价格实行市场调节价管理；及时公布新增医疗服务项目价格；稳步推进按病种收付费工作和家庭医生签约收费工作。

【价格制定】 2018年，贵港市物价部门完成广西国宏智鸿水务有限公司供水价格制定工作，执行“同城同价”。做好贵港市快速公交车票价制定工作，贵港市开通的3条快速公交车票价与普通公交车票价一致，即空调公交车票价2元/人次，非空调公交车票价1元/人次。荷美公交出租车有限公司巡游出租汽车营运价格的价格按照现行贵港市出租车运营价格执行。做好国有景区门票降价工作，桂平西山风景名胜区、广西龙潭国家森林公园门票降价幅度为10%；太平天国金田起义地址旅游景区门票降价幅度为20%。制定贵港市电动汽车充换电服务收费标准。经成本监审，调整市辖三区公办幼儿园教育收费标准，调整新江南实验中学、德智中学等民办学历教育收费标准。

【市场价格监测预警】 2018年，贵港市物价部门做好日常主要商品价格监测工作，向国家、自治区上报各类价格监测数据18000多条。做好价格走势分析预测，确保客观、真实、及时地反映贵港市市场价格变化以及农副产品平价商店建设动态并提出对策建议，2018年共上报分析材料24篇、各类价格信息50多条，为各级政府决策提供可靠依据。配合国家发改委做好实时价格应急监测调查，全年审核并直报国家发改委价格数据2000多条。针对社会价格热点，深入调研提建议，到大中型养殖场、屠宰场以发放问卷及召开座谈会的形式，针对生猪生产情况开展专项调研活动，调研所得信息及时汇总并形成《贵港市生猪生产和价格情况调查报告》调研报告，上报自治区物价局、市委市政府，切实为上级部门决策提供真实、有效、及时的信息服务。

【市场价格监督检查】 2018年，贵港市物价部门重点开展重大节假日期间市场价格行为的监管，加大对群众生活必需品的粮、油、蔬菜、肉、禽、蛋，及交通客运、景区旅游

2018年11月16日，市物价局局长到水稻种植大户开展2018年晚籼稻生产成本收益情况调查

等重要商品和服务价格的检查力度,共检查了15个单位。开展教育收费检查,抽查了8所市直中小学校的代收费收支情况。通过事先介入检查,防止了部分学校价格违法行为的发生,规范了学校的收费支出行为,维护了学生的切身利益。对市城区机动车检测收费行为进行检查,联合市质监局、交警支队召开了贵港市机动车检验收费政策提醒告诫会,经过一系列检查、整治工作,6家机动车检测机构均按要求对收费公示存在的问题进行了整改。开展供水、供气、电信领域价格重点检查,切实加强对城市供水、供气、电信等领域的价格监管,规范价格行为,维护消费者权益。开展公立医院医疗服务价格专项检查,抽查市直属公立医院2家,规范了医疗机构及医疗服务行业的价格行为。开展涉企收费专项检查工作,抽查贵港市水运企事业、驾驶员考试相关的收费单位等5个单位,切实减轻企业负担,促进实体经济健康发展。开展旅游景区价格检查,检查景区6个,进一步规范了景区门票价格管理,提高了旅游服务质量。配合自治区价检分局做好贵港市市场主体参加价格信用等级评定的复审验收工作。

【价格举报、投诉、咨询受理】 2018年,贵港市保障价格投诉渠道畅通,及时受理价格咨询、投诉、举报。对"12358"价格举报平台除正常上班专人值守外,节假日都另外安排专人24小时值守。2018年,"12358"价格举报呼叫平台电话共接到有效电话咨询投诉共156件,其中交通运输24件,停车收费28件,物业管理28件,商品零售13件,医药16件,社会服务1件,教育7件,旅游3件,房地产1件,邮政通信4件,检测服务6件,社会服务6件,资源及农产品价格5件,机关收费3件,宾馆酒店1件,其他11件。其中咨询件123件,投诉件33件,均已按时办结,办结率100%。投诉件中退还消费者多收价款共8687.9元。2018年9月底起,"12358"价格举报电话已整合到"12345"政府服务热线,贵港市物价局均严格按照要求,及时受理价格咨询、投诉、举报,按时办结。

【价格成本监审】 2018年,贵港市完成的成本监审项目3项,即市辖三区公办幼儿园幼儿教育成本监审,广西国宏智鸿水务有限公司供水定价成本监审,完成新江南实验中学、德智高级中学、白云职业技术学校、中小学生校内午托服务的定调价成本调查。完成2017—2018年度原料蔗、早晚籼稻生产成本与收益情况调查并汇总上报工作;完成2018年度农户存售粮情况、农户种植意向专项调查并汇总上报工作。

【价格认定】 2018年,贵港市市价格认定机构累计完成价格认定案件1772件,认定金额159374.92万元;其中涉案价格认定案件919件,认定金额6281.66万元;涉税价格认定案件830件,认定金额149984.85万元,其他行政价格认定案件21件,价格认定金额86.68万元;全市无一起价格认定案件需要复核。

【平价商店管理】 2018年,贵港市完成平价商品销售额2000多万元,且让利总额322多万元。贵港市平价商店的稳价惠民作用明显,得到了自治区物价局以及各兄弟县市的充分肯定和学习借鉴,也得到老百姓的认可和褒扬。

(刘华富)

工商行政管理

工商行政综述

【概　况】 2018年,贵港市工商行政管理系统围绕"简政放权、放管结合、优化服务"和深化改革、转变政府职能,按照"不断提升营商环境满意度、消费维权安全度、经济发展贡献度和党建引领进步度"的工作要求,深化"六个年"活动,深入推进系列商事制度改革,全面实施"双随机一公开"制度,加大重点商品(领域)监管力度,推行市场监管信息化建设。年末,贵港市累计发展市场主体17.81万户、注册资本1918.56亿元、促进就业60.41万人,分别比上年同期增长17.79%、29.74%、11.40%。其中,新增市场主体3.7万户、注册资本374.42亿元、促进就业12.97万人。贵港市市场主体总量连续三年年均增长10%以上。

【商事制度改革】 2018年,贵港市工商系统压缩企业开办时间,实现群众办事"最多跑一次"。多措并举,大力推进"一次办好"工作改革,压缩企业开办时间。放宽行政许可、行政确认、行政奖励、行政裁决和其他行政权力5类行政权力事项;对公共服务事项办理流程进行梳理和优化,共梳理权力事项74项,实现属于"最多跑一次"的事项64项,占依申请事项的90%,完成了2018年清理指标任务。开展"证明"文件的梳理和清理工作,对无依据的"证明"进行清理,保留3种办照必需的"证明"文件。窗口受理人员做到受理、审核、发照"一人办结",简化多人审批环节,最大限度简化办照审批流程,实现企业登记注册审批“审核合一”。10月8日,贵港市智慧云平台的企业开办板块上线,使得承诺企业注册登记办结时限由法定的20个工作日缩减到3个工作日,大部分能够实现即时办结。

深化“多证合一、一照一码”登记制度改革。全面实行“多证合一、一照一码”登记制度改革,全面实行“一套材料、一表登记、一窗受理”的工作模式,申请人办理企业注册登记时只需填写“一张表格”。持续深化商事制度改革,加大“照后减证”力度,7月起调整“多证合一”改革事项,扩大合并证照范围,将39项涉企(包括企业、个体工商户、农民专业合作社)证照事项进一步整合到营业执照上,新列入财政、人社、住建、农业、新闻出版广电、气象、粮食等部门,实行“39证合一”,更大限度地减少涉企行政审批事项,以“减证”推动“简政”,使企业在开办环节更加方便快捷,进一步优化贵港市营商环境。

开展企业名称网上自主申报改革试点。7月1日起,贵港市试点启动企业名称网上自主申报改革,依托全程电子化登记系统,推行网上申请、简化申请审核流程,实施企业名称自主申报,实现企业名称预先核准环节与企业设立登记环节二合一,让企业在法律框架内获得取名的最大自由度,缓解企业“取名难”状况,实现“我的名称我做主”。截至12月底,贵港市网上自主申报企业名称已达973件,占一般名称预核总量3307件的29.42%;自主申报成功的企业名称已办理设立登记389件,成功率为40%,其中通过网上设立15件,通过窗口设立374件。

扎实推进“证照分离”改革。11月10日起,贵港市全面推行“证照分离”改革。对第一批100项涉企行政审批事项分别按照直接取消审批、审批改为备案、实行告知承诺、优化准入服务四种方式实施改革。到12月底已发出涉及“证照分离”改革事项的营业执照260张。

实行简易注销登记改革,完善市场主体退出机制。继续推行企业、个体工商户简易注销登记改革。积极推动未开业企业、无债权债务企业简易注销登记改革,实现市场主体退出便利化,降低企业退出成本。截至12月,办理企业简易注销登记1450户。办理个体工商户简易注销登记11873户。

【推进注册登记便利化】 2018年,贵港市推行企业登记注册审批容缺机制。在实行“绿色通道”、预约服务制度的基础上,推行“容缺后补”服务,实现“一边准备材料、一边受理初审”并行推进,让企业办事更快一步。为2064户企业主采取容缺登记服务。

深入推行“口头登记,即可办照”登记改革。申请人只需提供身份证、场地证明等申请登记材料,直接窗口口述申请内容,由工作人员电脑录入,实现即到即办、签字完成、当场出照、立等可取。通过“口头申报,即可办照”登记模式核发营业执照13980户。

深入做好试点推行个体工商户简易注销登记。进一步简化手续,减少申办材料,有效降低退出成本。贵港市企业简易注销227户,个体户简易注销1.07万户。

实施“全市通、就近办”企业登记注册制度。以工商业务信息系统为依托,打破地域限制,由申请人自主选择贵港市内县级以上任意企业登记注册窗口办理登记业务,基本实现想在哪儿办就在哪儿办。有332户市场主体在企业行政管辖地外实现注册登记领到工商营业执照。

实施城乡通就近办。对个人独资企业,普通合伙企业和农民专业合作社的注册登记,企业可就近选择在当地县(市、区)级注册大厅或辖区工商所办理。有233户企业在工商所申办营业执照。

实行“一套材料、一表登记、一窗受理”制度,实现“N证压缩打包”登记发照。实施“39证合一”改革后,审批流程从原来各部门按顺序受理的“串联式”,转变为工商一个窗口统一收件、受理、审批。企业在办理注册登记时,只向“一个窗口”提交“一套材料”,只要材料齐全、符合法定形式,企业在1~2个工作日内就能顺利领到“39证合一”的营业执照。

【非公经济组织党建】 2018年,贵港市组建非公经济党组织126个,党员人数396人,“小个专”党建联盟中心作用凸现,接待区内外参观考察人员50批次,接待人数693人次,开展“党旗领航·诚信经营”等系列活动20多次,先后给80多户讲诚信的“小个专”优秀共产党员颁发“共产党员经营户”牌匾,联盟成员带动贫困户25户110人发展养殖业,贵港市工商局在广西“小个专”党建工作暨“党旗领航 诚信经营”活动经验交流会上作经验发言。

市场监督管理

【企业信用监管】 2018年,贵港市落实企业年报制、企业信息公示制、企业经营异常名录管理制度、推行政府部门涉企信息归集公示，以加强企业信用监管。

企业年报　截至6月30日，贵港市各类市场主体的年报率分别为：企业年报率93.79%、个体工商户年报率90.87%、农民专业合作社年报率94.76%。

企业信息公示　在国家企业信用信息公示系统广西协同监管平台对2批“双随机”抽查情况进行公示，公示率为100%；将商事制度改革联席会成员单位(39个)建立的“两库一单”进行公开。通过贵港市市场信息协同监管平台将2830户新设立或变更涉及后置的市场主体登记信息抄告相应的行政许可部门。实施联合惩戒机制，健全部门联运响应和信用约束机制。应各地各级人民法院的要求，将37个自然人或法人在相关公司中的股权共3.37亿元予以冻结，对32名失信被执行人进行拦截(警示)。贵港市工商部门以外的贵港市93个部门(含县、市、区)归集涉企行政许可信息34393条，行政处罚信息4473条，抽查检查信息22416条，全部归集到企业名下通过国家企业信用信息公示系统平台向社会公示。

8月20日，自治区人民政府印发《广西壮族自治区人民政府办公厅关于2017年落实有关重大政策措施真抓实干成效明显地方予以督查激励的通报》，贵港市得到通报表扬。

企业经营异常名录管理　依法依规将有经营异常情形的企业列入经营异常名录。2018年，贵港市被标记为经营异常情况的市场主体15141户，其中企业2600户、个体工商户12293户、农民专业合作社248户。

【无照经营行为专项整治】 2018年，根据《无证无照经营查处办法》，按照“谁审批、谁监管，谁主管、谁监管”原则，贵港市采取市、县(市、区)、工商所三级联动排查机制，加强对无照经营市场主体的排查与整治，密切配合有关部门开展一系列专项整治行动。全年，派出执法人员4437人次，检查市场221个，检查各类经营户15639户，发放相关宣传资料9851份，引导办理营业执照3254户，发出限期整改通知书340份，向其他相关单位抄告无证经营32户，查处无照案件数734件，案值573.38万元，没收违法所得40.734万元，罚款金额95.45万元。

【人力资源市场秩序清理专项行动】 2018年，贵港市工商系统出动联合检查人员981人次，检查用人单位927家，其中职业介绍机构、劳务派遣机构、职业培训机构等各类人力资源服务机构105家；分发各种宣传资料2万多份；严格审查396户用人单位书面材料，下发限期改正指令书52份；及时纠正提供虚假就业信息的用人单位12家；查处收取劳动者押金的用人单位8家，涉及劳动者13人，责令退还押金3.8万元，接受农民工12315投诉举报2起、引导解决2起。

【大气污染防治“百日攻坚”行动】 2018年，贵港市工商部门按职责分工，配合开展检查餐饮油烟和烟花爆竹的专项行动，出动执法人员167人次，出动执法车辆46辆次，检查餐饮油烟户数250个、烟花爆竹户数134个，发放相关宣传资料168份，引导办理营业执照13户，整治夜宵烧烤店45家，其中有6家占道经营，由贵港市市政管理部门依法处理。

【食盐质量安全专项整治】 2018年，贵港市工商部门配合贵港市食品药品监督管理局为规范盐业市场秩序，开展专项整治。按职责查处无照经营行为，对不合格、假冒伪劣食盐，做下架、退市和销毁处理。对影响食盐质量安全且后果严重的经营主体，依法取缔相应资质，纳入违法企业黑名单，涉嫌违法犯罪行为的依法移送相关部门处理。专项整治出动执法人员255人次，车辆67车次，检查市场主体534户次。

【打击市场流通领域走私专项行动】 2018年，贵港市工商部门开展打击市场流通领域走私专项行动，出动车辆67车次，执法人员530人次，检查相关经营户752户，检查集贸市场23个，5家大米仓储点及加工厂，12家冷冻库房及冻品批发经营户，其中桂平市工商局立案查处走私卷烟案件4起，查获走私烟2063.1条，案件移交公安机关处理。将38吨的走私冻动物肉类制品交由定点企业进行无害化销毁处理。

【烟草市场清理整顿】 2018年，贵港工商部门和市烟草专卖局通力协作，以摧毁制售假烟网络、打击非法经营假非私烟行为、取缔无证照经营卷烟摊点为重点，加大对名烟名酒店、餐饮店、娱乐场所、日杂批发零售店、集贸市场、网吧、土特产店、礼品回收店等经营场所的监督检查。查处烟草案件375起，罚没款57.38万元，案值222.58万元。同时，配合贵港市烟草部门，与贵港市公安、质检部门联合开展查处非法烟草专卖品活动，销毁非法烟草专卖品品种15个，数量740.45万支，价值400.21万元。

【安全生产检查】 2018年，贵港市严把高危行业市场主体准入关，对应取得而未取得相关前置许可的，一律不予注册登记。履行“双告知”制度，做好对市场主体的告知，做好对后置审批部门的信息推送。依照相关法律、行政法规的规定，依法依责查处无照经营行为。1—3季度，检查市场128个、各类经营户9911户，出动执法人员1866人次，发放相关宣传资料4000多份，引导办理营业执照770户，发限期整改通知书10份，查处涉及安全生产无照经营案件9件，案值2.35万元，罚没款2.6万元。

【2018红盾护农行动】 2018年，贵港市工商部门开展2018红盾护农行动，出动执法人员928人次、车辆293台次，检查农资实体市场4个次、农资实体店1332户次、网络农资经营主体53户次，下达责令整改通知书26份；完成两个阶段流通领域农资商品质量抽检任务95个批次，发现不合格农资商品8个批次，立案查处8件，已结案7件，案值2.388万元。累计办结农资案件28件，案值19.6万元。

【成品油市场监管】 2108年，根据自治区市场监督管理局抽检新要求和抽检指标安排，贵港市确定对桂平市辖区加油站进行覆盖式抽检，完成流通领域成品油商品质量抽检任务36个批次，发现不合格样品3个批次，立案查处3件，已办结案件2件。

【电动自行车市场监管】 2018年，贵港市完成自治区市场监督管理局流通领域电动自行车商品质量抽查5个批次的抽检任务，检测报告发现不合格5个批次，立案查处5件，案值9.674万元，没收不合格批次电动自行车13辆。各级工商部门检查电动自行车及配件产品销售经营户347家，电动车维修经营户132家。

【旅游市场监管】 2018年，贵港市加强节假日及旅游旺季期间旅游市场监管，组织开展旅游市场专项整治行动。各级工商部门重点检查桂平西山、平南雄森动物大世界、龙荟花世界、幸福港、四季花田、南山公园、荷美覃塘、园博园等景区景点36个次，检查景区周边的宾馆、超市、农家乐等相关经营户980户次，网上检查网络经营户78户次，广告12条（幅）次，实地检查旅行社112家次、检查旅游格式合同30份、旅游宣传广告（海报）67份（幅），发放法律宣传资料500多份，对涉嫌无照经营、超范围经营、违法广告宣传或者合同格式条款违法的旅行社下达责令改正通知书7份，“12315”热线答复消费者咨询44件，发布旅游消费警示2条。此外，与贵港市旅发委联合开展旅游市场突出问题专项整治1次。

【非洲猪瘟防控】 2018年，贵港市各级工商部门依据职责，加强对辖区农贸市场、超市的检查力度，督促市场开办方和进场经营者守法经营，督促市场开办方落实责任和义务，引导经营者诚信经营，按要求配合相关部门的执法检查，及时报告疑似疫情或者病例情况。截至10月中旬，各级工商部门出动执法人员43人次，出动执法车15辆，检查辖区市场20个，检查养殖场35个次，检查猪肉摊点205个次。

【其他重要商品市场监管】 2018年，贵港市抓好“地条钢”专项排查整治，排查生产钢铁（含钢筋）的企业2家，销售钢材经营户2798户。开展巩固全覆盖排查整治“问题地图”专项行动，检查书店、文具店、文体用品店、超市等经营户453户次，检查网站400个次。

【合同行政管理】 2018年，贵港市开展年度“守合同重信用”公示活动。通过贵港工商微信、“守合同重信用”申报服务Q群、政府网站发布申报活动信息累计9条次，发动有意愿参加申报活动的企业44家，督促30家企业履行合同公示义务、上传合同格式文本48份。向自治区市场监督管理局成功推荐符合申报条件的企业31家（已获公示资格）、同比增长14.8%，推荐2家守合同重信用典型企业事迹；对存在行政处罚记录等失信行为信息的6家企业，不予推荐。配合自治区市场监督管理局到广西各地市开展交叉检查，检查2个地市的68家企业申报材料；配合自治区市场监督管理局公示2017年广西“守合同重信用”企业。

开展合同格式条款整治专项行动。检查各类市场主体272户次，检查公用事业类合同、旅游合同、房地产合同101份，约谈旅行社、通讯、供水、娱乐场所经营、汽车销售等企业15家，发放相关宣传资料200余份，查处合同违法案件2起，成功调解涉及合同方面的纠纷2起，为消费者挽回经济损失0.3万元。

【动产抵押登记】 2018年，贵港市在贵港工商微信公众号、政府网站宣传全国市场监管总局动产抵押业务系统在广西上线信息3次。在贵港工商微信公众号设置动产抵押登记链接和咨询电话。贵港市各县(市)工商局、各城区工商分局共办理动产抵押登记业务114份,涉及主债权数额71765万元;办理动产抵押登记注销业务24份,涉及主债权数额6080.16万元。

【天眼工程建设】 2018年,贵港市工商部门完成年度天眼工程完善项目建设,完成局机关计算机房改造、完善港北区工商分局“天眼工程”视频指挥分中心、搭建港南区工商分局和覃塘区工商分局的“天眼工程”视频指挥分中心,支付建设经费36万多元。

【网络市场监管】 2018年,贵港市工商部门组织开展专项行动2次,下发网监系统网站网店线上检查任务数据1539个;组织开展自治区市场监督管理局下发的案源线索排查3个批次、线索27条。各级工商部门开展线上检查网站或网店611个,实地检查线下经营户71户次,删除无效链接104条,回退无管辖权数据13条,核发网监电子标识6个,依法查处网络市场违法案件6件,其中广告案件5个、商品质量案件1个,查处电子商务企业不正当竞争案件(非网络交易和服务)1件。受理消费维权投诉21个,处理举报2个,答复网络消费咨询174次;办结反馈2个批次、17条线索的处置情况,检查企业或者相关主体16个次,下达行政指导1份、责令改正15份。

【反不正当竞争】 2018年,贵港市贯彻实施新《中华人民共和国反不正当竞争法》,以查处混淆仿冒、商业贿赂、虚假宣传、互联网不正当竞争行为等为重点,突出重点领域、重点行业,切实加大监管执法和案件查办力度,依法严厉查处不正当竞争行为。检查经营户256家,查办擅自使用他人名称、混淆行为、虚假宣传等不正当竞争案件6件。

【规范直销和惩治传销】 2018年,贵港市围绕群众关心、社会关切的突出问题,在全市范围内依法开展直销市场监督检查专项行动3次,检查直销企业服务网点、专卖店(经销商)126家次,重点检查是否超出直销产品范围从事直销经营活动,计酬制度有无违反规定,是否有招募、培训直销员的违法行为等,同时引导直销企业主动对直销活动进行报备。

履行“打传办”工作职责。组织召开贵港市惩治传销工作联席会议,研究部署惩治传销工作。贯彻落实广西惩治传销工作现场推进会精神,制定印发《关于建立打击传销长效工作机制的决定》《对受骗涉传人员、一般涉传人员及相关市场主体开展分类分级矫正工作办法》等,完善惩治传销工作机制。创建“无传销社区(村)”,落实好“五个一”创建标准,贵港市“无传销社区(村)”创建率达到98%,其中港北区100%、港南区97%、覃塘区100%、桂平市98%、平南县98%。保持惩治传销高压态势,坚持“打早打小、露头就打、举报就查”的方针,开展惩治传销专项整治行动3次,清查出租屋185间,捣毁传销窝点7个,教育并遣散涉传人员13人,查获书籍、笔记本等传销资料一批。

商标管理

【商标注册和运用】 2018年,贵港市自2017年12月2日出台《贵港市人民政府关于加强商标品牌建设的实施意见》后,政策效应逐步显现。新增注册商标2706件,现有效商标总数量10687件,同比增长30.3%,占广西商标有效注册量的6.2%,排名位居广西第5名,其中中国驰名商标2件,广西著名商标41件,地理标志证明商标2件。经过国家知识产权局商标局和自治区市场监管局同意,9月8日在贵港市工商局分别设立贵港市商标注册申请受理窗口,在贵港市西江产业园和贵港市产业园区石卡园挂牌成立园区商标品牌指导服务中心,为园区企业实施商标品牌战略提供帮助。商标注册申请受理窗口正式运行3个多月,接受咨询300多人次,受理商标注册申请110件,受理注册申请件数在广西第二批兼具商标注册和商标专用权质押登记的窗口中排名第一,便利了贵港市及周边地市的企业,为营造良好营商环境发挥积极作用。通过抓申请、抓运行、抓扶助,加大以发展地理标志商标为重点的区域品牌建设。6月底,贵港市参与商标品牌战略示范市认定,并推荐平南县参与商标品牌战略示范县认定、推荐港南区参与商标品牌战略示范区认定,推荐广西杨翔股份有限公司、广西中健运动休闲服饰有限公司等4家企业参与商标品牌战略示范企业认定。6月26日,广西实施商标品牌强桂战略宣讲团到贵港市进行宣讲。10月底,覃塘红米、覃塘黑米2件商标申请材料递交到国家商标局,“金田淮山”地标许可桂平市符合条件的3家企业使用,“东津细米”地标积极参加包括唐山商标节在内的展会,吸纳了新会员企业。

【打击侵犯商标注册专用权违法】2018年,根据厂家举报,贵港市查处侵犯商标注册专用权案1起,没收侵犯商标注册专用权的“蓝月亮”洗衣液12袋(2千克/袋)。年内,贵港市办结商标侵权案件56件,案值721万元,没收“liby”洗衣液、洗衣粉,“YY”“YONEX”运动服饰、“壳牌”润滑油等商标侵权假冒商品一批。所有案件均依法在广西打击侵权假冒领域行政执法与刑事司法衔接平台和全国企业信用信息公示系统进行信息公开,公开率100%。

广告管理

【广告监测】2018年,贵港市工商部门对贵港市广播电视台、《贵港日报》和桂平市、平南县广播电视台等媒体的广告进行抽查监测。1至11月,监测贵港市广播电视台和《贵港日报》各类广告255条次,广告时长6738秒,所有广告违法条数、违法条次和违法时长均显示为“0”。监测桂平市、平南县广播电视台各类广告1236条次,广告时长16070秒,违法广告1条,罚款6000元。

【虚假违法广告专项整治】2018年2月28日至12底,贵港市开展整治虚假违法广告专项行动,立案查处虚假违法广告33件,结案33件,罚没款14.6288万元。严查涉及导向问题、政治敏感性问题、损害国家利益的违法广告。发现桂平市、覃塘区溢禾烤奶店封口膜广告出现使用或变相使用党和国家领导人卡通形象的违法违规行为,对此桂平市工商局对该市的1家溢禾烤奶店下达限期责令整改通知书,责令立即停止使用该种封口膜,并没收剩余的7卷,共7000张封口膜。覃塘区工商分局对该辖区的1家溢禾烤奶店的36张奶茶封杯膜进行查扣。

开展医疗广告和以健康名义发布虚假违法广告专项整治行动,出动执法人员900多人次,执法车辆430辆,检查广告1431条次,其中广告监测661条次,其他检查770条次,立案查处案件2起,罚款1.1万元。

开展互联网广告专项整治,开展行政约谈5次,自行监测互联网广告595条,开展专项整治工作宣传4次,处理转办线索1条,立案查处互联网广告案件9件。

【大众媒体行政约谈】2018年3月15日,贵港市工商局对贵港市广播电视台、《贵港日报》、中国移动贵港分公司等广告市场主体进行行政约谈,并加强对其广告法律知识培训,要求广告发布者加强广告发布前审查,依法发布广告,避免发布违法广告现象,规范广告经营行为。9月20日,市工商局对中国电信贵港分公司、中国移动贵港分公司、中国联通三家公司进行约谈,桂平市、平南县工商局和城区3个工商分局分别对所辖区的中国电信贵港分公司、中国移动贵港分公司、中国联通3个家公司进行约谈。

【广告监测制度建立】2018年年底前,贵港市工商局广告监测制度正式实施,对贵港市广告发布活动的动态进行监管,广告监测从此有了规范化、制度化管理依据。

消费维权

【概　况】2018年,贵港市工商与全国“12315”互联网平台全面对接,实现对消费纠纷的网上接收、网上分流、网上跟踪督办,为消费者提供更优质、便利、高效的维权服务。持续推进“12315”“五进”和“一会两站”规范化建设,按照自治区市场监督管理局部署要求,进一步扩大“消费维权服务站”建立范围,推进“12315”进商场、进超市、进市场、进企业、进学校、进社区、进农村工作,拓宽消费纠纷和解的“绿色通道”,提高消费纠纷和解率。

以“3·15”活动为契机,将“12315”“五进”消费维权服务站延伸到电商平台,建立电商平台消费维权服务站,方便消费者网上投诉解决纠纷,实现消费纠纷快速处理。有6家电子商务经营户参加“诚信经营　放心消费”创建活动。

【开展放心消费创建宣传活动】2018年“3·15”期间,贵港市工商局、贵港市消委会在市区组织开展“放心消费”创建宣传活动。通过现场开展消费维权咨询服务活动,宣讲《消费者权益保护法》《广西消费者权益保护条例》《网络购买商品七日无理由退货暂行办法》等相关法律知识,现场指导群众识别假冒伪劣产品、现场受理咨询投诉,举行有奖知识问答,26个相关行政部门、行业协会、企业参加咨询宣传活动,活动吸引近千名群众参加。各县(市、区)也相继开展“放心消费”创建宣传活动。在本次活动中,该市工商系统共发放宣传资料12000余份,制作板报25期,接受消费者咨询480人次。

【"老年消费教育大讲堂"进社区】 2018年，贵港市举办老年消费教育进机关、进社区、进校园消费教育大讲堂活动。开展消费教育进商场、进校园、进社区等消费教育课12场，参加学习的消费者6000多人次。到年底，贵港市建立消费教育基地85个。

【商品质量专项检查】 2018年，贵港市突出问题导向，开展流通领域商品质量专项检查、抽检工作。针对家用电器、装饰装修材料、汽车配件、日用消费品、通信器材等五大类重点商品和服务，以商场、超市、集贸市场等集中消费的大型市场以及专卖店、总代理、批发市场为重点场所，做好流通领域商品质量抽检工作和专项执法检查。抽检流通领域重点商品通信、交通工具及配件、建筑和装饰装修、消防器材、日化类商品、小家电、网络服装等7类商品、121批次，经查合格71个批次，不合格40个批次，立案30个(其中8个并案处理)，结案8个。

【2018年红盾质量维权专项行动】 2018年，贵港市开展保护"Liby""壳"牌等注册商标专用权的一系列专项行动，没收侵权"Liby"洗衣液388瓶、洗衣粉17包、"yy""YONEX"运动服装55件、"壳"牌润滑油263瓶、"南孚"电池等商标侵权假冒商品一批。立案查处商标侵权案件38件，结案16件，罚没款17.32万元。发挥广告监管职能，集中时间、集中力量开展重点领域虚假违法广告整治专项行动。检查各类广告395幅，立案查处虚假违法广告案4件。组织开展规范监管合同格式条款工作，对经营者使用的店堂告示、声明、通知、消费卡(证票券)、书面协议等各类消费合同格式条款进行梳理检查。全年，检查各类企业539户，检查各类合同44余份。立案查处格式合同案件1件。开展流通领域珠宝玉石饰品专项整治，检查相关企业、个体户130户次，发现有2户业主未依法取得营业执照，当场下发1份责令改正通知书和1份行政指导告诫书，要求业主立即整改。

(韦　波)

统　计

【概　况】 2018年，贵港市统计局围绕市委"13446"工作思路，稳妥推进统计体制改革，不断提高基层统计工作能力和统计数据质量，推动全市经济运行总体呈现稳中向好、好中快进，完成调研课题20篇，统计信息152篇，分别占总数的80%、77%。实施"四上"企业服务优质工程，"四上"企业入库工作排全区第一名。在年度全区各市统计工作综合考核评比中获得二等奖，全区排名第二；在全区统计系统2018年度各专业业务工作考核评比中获得一等奖专业3个、二等奖专业4个、三等奖专业10个。被国务院农普办评为全国第三次农业普查先进集体，被自治区统计局评为新时代基层统计工作规范化建设示范单位。贵港市年度统计工作取得历史最好成绩。

【经济社会统计调查】 2018年，贵港市统计局按照国家统计报表制度和要求，认真组织开展工业、农业、贸易业、服务业、建筑业、固投、房地产、能源、人口、劳资、综合、核算、基本单位等专业统计年报和定期统计报表工作，以及城市年报、人口抽样调查、小康社会监测、妇女儿童调查等统计任务，全面及时的反映贵港市经济发展的基本情况，为领导了解掌握经济发展形势提供即时信息，为下一步工作提供重要依据和参考。2018年，贵港市地区生产总值增长10.0%，增速排名全区第二，实现连续3年逆势高速增长；财政收入突破100亿元，增长18.4%，增速全区排名第一；固定资产投资增长19%，增速连续3年全区排名第一；规模以上工业增加值增长13.5%，增速全区排名第三；其他各项主要经济指标增速均排名全区前列，全部超额完成年初市委市政府确定的目标任务。

2018年，贵港市地区生产总值1169.88亿元，同比增长10%，增幅比上年提高1个百分点，高于全区平均水平3.2个百分点，全区排名第二，比上年又前移1位。从产业看，第一、第二、第三产业增加值分别为198.21亿元、494.04亿元、477.63亿元，分别增长5.4%、11.7%、10.5%，贡献率分别为10.4%、46.3%、43.3%。产业结构进一步优化，三次产业比重为17∶42.2∶40.8，与上年相比第一产业比重下降0.9个百分点，第二产业比重下降0.8个百分点，第三产业比重提高1.7个百分点。从县市区看，港北区、港南区、覃塘区、平南县、桂平市的生产总值增速分别为10.1%、10.1%、15.3%、8.9%、9.3%，五个县市区的增速均高于全区水平，其中增速最高为覃塘区，增速高于全市5.3个百分点。

【统计服务】 2018年，贵港市开展"统计服务提升年"活动，实施学习培训优质工程，通过走出去、请进来方式，高频率组织各专题教育培训，联合百色市委党校举办“全市统计系统干部党性教育专题培训班”；联合上海财经大学举办“全市统计系统干部统计专业知识提升培训班”；邀请自治区局专家来贵港市开展统计业务专题培训。全年，举办党性教育培训班、统计法制培训班、专业知识培训班等各类培训班40多班次，培训1800多人次，实现全市统计系统专业统计人员全覆盖轮训。实施课题研究优质工程，围绕人民群众关注的热点，贴近发展、贴近民生、贴近社会，深入基层开展调查活动。首次组织举办2018年度贵港市优秀统计分析评比活动，有60篇统计分析参加评比，全面提高了统计分析的质量和统计服务水平。年内，全市统计系统完成调研报告35篇，其中获市委书记李新元批示5篇，获市长农融批示4篇。实施信息服务优质工程，加强对统计动态、统计信息、统计分析按上级布置的信息要点、专业约稿积极撰写信息分析，向市委办报送信息采用得分330分、向市政府办报送信息采用35条。实施统计数据服务提升工程，采用多途径定期向社会及时公布统计数据，提供优质的统计数据咨询服务，全年累计提供咨询服务2200多次，书面答复70多份。发布《2018年贵港市国民经济和社会发展统计公报》，编印《贵港经济动态月报》11期、1450份。

【“四上”企业入库统计】 2018年，贵港市统计局创新实施“四上”企业服务提升工程，把企业入库作为统计工作的重点工作之一，强化责任担当，做到实事求是、依法统计；加强宣传与培训，深入全市各乡镇、企业对统计助理与企业统计员开展“四上”企业入库申报宣传与培训；加强部门合作，充分利用基本单位名录库及工商、税务、民政、质监等部门提供的资料对企业进行排查，联合市发改委、工信委、住建委、商务局对各县（市、区）“四上”企业申报入库情况进行督查指导；强化现场核查，组织专业人员及时到现场核查达标企业，加强对申报企业资料的审核，全力抓好“四上”企业入库工作。全年，全市申报入库“四上”企业238家，其中工业127家、房地产21家、建筑业24家、批发业21家、零售业22家、住宿业5家、餐饮业4家、重点服务业14家，比上年同期多65家，增长37.6%。全市“四上”企业申报入库企业数量创历史新高，新增规模以上工业企业数量全区排名第一。

【启动第四次全国经济普查】 2018年4月，国务院决定第四次全国经济普查开始，年内完成普查准备，贵港市从组建各级普查机构、开展宣传动员、制订和部署普查方案、完成人员选调与培训、单位清查等方面做好工作。7月16日，印发《贵港市人民政府办公室关于成立贵港市第四次全国经济普查领导小组的通知》；7月24日，印发《关于组建广西第四次全国经济普查领导小组办公室的通知》，成立相应的领导机构和工作机构。落实市经济普查办工作人员35名分设11个工作小组，市本级落实普查经费50万，全面完成普查区域划分及电子绘图工作。通过电视、网络、报纸、户外电子屏、宣传车等刊登和播放专题宣传片和相应广告，做到广而告之。抓好业务培训，于8月举办第四次全国经济普查单位清查工作业务培训班2期，培训统计人员280人次。按照国家和自治区统一部署，有序推进经济普查单位清查。截至12月13日，法人及产业活动单位数核查5.16万个，核查率100%；正常填表3.64万个，正常填表率70.7%；清查3.76万个，其中新增0.11万个。个体经营户清查11.3万个，与第三次全国经济普查相比增长19.9%，其中有工商执照的个体户6.56万个、占比58.1%。11月21至23日，根据《贵港市第四次全国经济普查清查阶段数据质量市级抽查方案》及时开展经普单位清查数据质量抽查。

【第三次全国农业普查完成】 2018年，贵港市完成第三次全国农业普查的数据评估与发布，印发《贵港市第三次全国农业普查主要数据公报》，表彰先进典型集体和个人一大批，贵港市第三次全国农业普查圆满完成。本次普查全市组织动员普查员、普查指导员和各级普查机构的工作人员1.2万人，登记农户105.89万、1156个村、74个乡科级单位、4470个农业经营单位。贵港市统计局扎实推进农业普查工作，突出工作重点，创新工作方式方法，农业普查工作成效显著，被国务院第三次全国农业普查领导小组授予全国先进集体称号。同时，港南区统计局等17个集体被评为全区第三次全国农业普查工作成绩突出集体，梁启文、甘卓越、姚广雄等372人被评为广西第三次全国农业普查工作成绩突出个人。

【1‰人口抽样调查】 2018年，贵港市统计局完成人口变动情况抽样调查，做好调查员的选调及业务培训，扎实开展调查摸底，深入到户进行调查，通过查遗补漏等举措提高数据质量。根据自治区统计

局反馈人口抽样调查结果,贵港市常住人口440.92万人,比2017年增加3.38万人,增长0.8%,人口总量保持全区第四位。其中,城镇人口220.85万人,比2017年增加6.39万人,增长3%,城镇化率(城镇人口比重)突破50%,达到50.09%,比上年提高1.07个百分点。全年全市人口自然增长率9.42‰,比上年低0.51‰,其中出生率14.69‰、死亡率5.27‰。

【统计法制建设】 2018年,贵港市统计局始终坚持把统计法治建设放在工作首位,贯彻中央《关于深化统计管理体制改革提高统计数据真实性意见》,不断增强依法统计意识,把依法治统从严治统,贵港市统计法治工作在全区统计系统各专业业务工作考核中获得一等奖。

推行统计法律事务告知书制度　制定《贵港市统计法律事务告知办法》,对网上直报调查对象发放《统计法律事务告知书》,将统计调查对象应当履行的统计法律义务及法律依据明确告知,并将该制度常态化,实行动态化管理,对新增调查对象和单位法人、统计负责人及统计人员有变动的调查对象应实时掌握,及时告知。全年,贵港市统计局市发放告知书约1300份。

强化统计法治宣传教育　开展推进依法行政、依法统计的宣传,积极报送法治政府建设相关信息,完成法治政府建设信息报送8篇。利用贵港电视台、《贵港日报》、贵港电台、宣传展板、LED显示屏等多种渠道结合第四次全国经济普查加强宣传。编印《统计法律法规简明读本》,开展法律知识进社区活动。

开展“双随机”抽查　制定《执法检查推广随机抽查实施办法》,3月20日举办法治业务知识培训班,重点培训“双随机”统计执法检查,培训执法骨干20多人。4月3日,印发《贵港市统计局办公室关于开展2018年度随机抽查工作的通知》,对“双随机”抽查工作的开展步骤、时间安排作出了具体的部署。7月—9月,对全市“双随机”执法检查工作进行督导。

【统计规范化建设】 2018年,贵港市统计局始终坚持把强化统计基层基础工作、推行基层统计工作规范化建设作为重要抓手,注重实践成效,不断发现新问题、研究新办法、积累新经验。按照《贵港市新时代基层统计工作规范化建设实施方案》要求,积极推进县级统计机构工作规范、乡镇(街道)统计工作规范和联网直报企业统计工作规范建设,基层统计能力、统计数据质量、统计服务水平得到全面提高,全市统计规范化建设大踏步前进,县级统计部门已经全部达标,乡镇达标率达85%,企业达标率达71%,全部超额完成自治区统计局下达的任务,贵港市统计局被评为2018年新时代基层统计工作规范化建设示范单位。

【统计改革】 2018年,《贵港市深化统计管理体制改革提高统计数据真实性的实施方案》经市政府常务会议和市委深改组会议审议通过,是全区第一个出台统计改革方案的地市。完善绿色发展指标体系建设,制定《贵港市绿色发展指标体系》,从资源利用、环境治理、环境质量、生态保护、增长质量、绿色生活、公众满意程度等7个方面评价每年生态文明建设进展总体情况,引导落实生态文明建设。贵港市能源统计工作在2018年度全区各专业业务工作考核结果为二等奖。

2018年始,规模以下工业、资质等级外建筑业、限额以下批零住餐业、规模以下服务业等企业和个体户(以下简称“四下”企业)的统计原由国家调查队负责统计改为由地方统计部门承担。贵港市统计局组织制订《“四下”企业统计调查工作交接方案》,完成2065家“四下”企业统计调查的交接。

投资项目统计改革平稳过度,按照国家投资统计改革总体思路,“压实总量、稳住速度”和“分类施策,稳步推进”,从2018年开始对计划投资500万~5000万的项目统计方法进行改革,采用财务支出法替代原来的形象进度法统计,贵港市的建设领域统计工作在全区各专业业务工作考核中获三等奖。

农业统计改革向网络化迈进,

表8　2018年贵港市及各(县、区)人口主要指标

地　区	常住人口(万人)	城镇人口	
		人数(万人)	城镇化率(%)
贵港市	440.92	220.85	50.09
港北区	62.79	48.61	77.42
港南区	55.08	23.35	42.39
覃塘区	43.95	22.32	50.78
平南县	119.84	56.88	47.46
桂平市	159.26	69.69	43.76

从2018年开始，农村统计联网直报层次由县级推进到乡级，填报层次延伸1级，填报节点扩大到74个，村级乡级台账实行统一格式。年末，74个乡镇全部能够按照制度要求进行审核上报数据。贵港市农村统计工作在全区统计系统各专业业务工作考核中排名第一。

（李 娟）

经济社会调查与监测

【统计调查】 2018年，国家统计局贵港调查队完成居民消费价格调查、商品零售价格调查等18项常规调查和投资环境监测调查、农村党员培训专项调查工作。选派队员参加文明城市测评专项调查，协助贵港市委、市政府开展政府工作满意度电话访问、领导评价和民意调查、绩效考评年终考核等工作。

【住户调查】 2018年，国家统计局贵港调查队强化业务培训指导，因地制宜开展集中或一对一的业务培训，每个季度对辅助调查员进行一次考核，提升辅助调查员工作水平。严格执行《贵港城乡居民收入汇总数据评估实施细则（试行）》，确保数据评估工作规范有序，公平、公正、公开。开展分市县住户调查基础工作检查，提升住户调查工作整体水平，确保源头数据质量。利用微信公众号、统计开放日、主题党日活动等载体与平台，加大住户调查电子记账工作的宣传力度，扎实推进电子记账工作；印发《贵港市城乡住户调查电子记账指导服务手册》，提高记账户电子记账技能；对电子记账数据实行收支项目现场复核、缺漏项目及时电话提醒补记的方法，保障电子记账数据质量。年内，贵港市电子记账工作实现调查点全覆盖目标，已推广80户，推广率40%。

【劳动力调查】 2018年，国家统计局贵港调查队加强核查力度，做好每月电话核查和入户回访工作，利用EXCEL表格功能加强数据审核，通过与相关数据材料进行每月对比分析，与农民工调查相关数据进行每季度比较分析，做到数据变动心中有数，提高数据评估报告质量。按时完成劳动力调查样本优化摸底工作。开展上门一对一重点培训，讲解关于示意图的绘制，提高辅助调查员的绘图编制能力，夯实劳动力调查基础。组织业务人员深入新一轮样本轮换点，与辅助调查员共同了解居（村）委会基本情况，细化居（村）委会户籍底册，对居（村）委会内所有建筑物的全部住户进行清查统计，及时对所辖区各调查队劳动力摸底工作进行现场核实和指导，保证摸底工作质量。

【调查业务移交】 2018年，根据国家统计局和广西调查总队的部署，国家统计局贵港调查队将规模以下工业抽样调查、以全国为总体的限额以下批发零售住宿餐饮行业抽样与问卷调查、建筑业小微企业抽样调查、规模以下服务业抽样调查、小微企业固定资产投资情况调查、规模以下企业创新调查等调查业务顺利移交地方统计局。

【统计服务】 2018年，国家统计局贵港调查队积极开展服务型统计建设，努力为党政领导、统计用户、统计对象提供服务。做好调查报告、信息撰写和报送工作，被广西调查总队采用的调查信息（含约稿）和调查报告99篇。其中，调查信息（含约稿）采用82篇，调查报告采用17篇。定期向地方各相关部门公布《贵港调查简讯》12期；印发《贵港调查季度资料》4期，向贵港市两办报送《贵港调查专报》90期，新闻通稿获得采用4篇。

【调查基础保障】 2018年，国家统计局贵港调查队加强统计调查基础建设，提高基层辅调员待遇，完

2018年9月14日，贵港调查队副队长覃盈水带队到住户调查记账户开展电子记账培训工作

善标准网络机房，完善机关大院基础设施建设；加强调查员队伍建设，更新完善辅助调查员名录，完善辅助调查员管理办法，组织辅助调查员开展岗位知识培训，不断提高辅助调查员综合业务素质和调查能力。统一管理调查数据电子材料，建立数字化档案，按季召开数据评审会，规范数据审核评估，建立规范化数据管理体系。重点对信息化建设、政务信息写作等工作进行督查督办；编制全年会议目录，从总体上控制会议费用支出；强化财务预算管理，规范预算执行；强化财务基础建设，规范会计核算；强化固定资产管理，规范采购行为，按要求清理固定资产；强化单位内部控制，规范财务管理。

【统计法治建设】 2018年，国家统计局贵港调查队严格执行《统计法实施条例》，贯彻中央《关于深化统计管理体制改革提高统计数据真实性的意见》《统计违纪违法责任人处分处理建议办法》和《防范和惩治统计造假、弄虚作假督察工作规定》。组织参加国家统计局举办的《中华人民共和国统计法》《全国农业普查条例》知识竞赛和广西调查总队组织的《中华人民共和国统计法》《统计法实施条例》考试和《中华人民共和国宪法》知识测试，打造素质过硬的统计执法队伍。宣讲统计法律法规15场次，培训400人次；在“9·20”统计开放日制作的宣传展板以及宣传展台展示宣传资料，开展统计法制宣传。对贵港辖区的住户调查开展专项统计执法检查和“双随机”统计执法检查，开展“双随机”统计执法检查4次，检查单位18个，发现违法行为4起，立案查处2起。

（黄崇色）

审　计

【概　况】 2018年，贵港市审计机关完成审计项目1025个，查出主要问题金额17.64亿元，其中应上缴财政4.41亿元，应减少财政拨款或补贴3.58亿元，应归还原渠道资金5000万元，应调账处理金额2298万元；已上缴财政13696.42万元，已减少财政拨款或补贴33354.04万元，已归还原渠道资金3541.09万元，已调账处理金额1156.19万元。核减投资额35843万元。移送司法机关、纪检监察部门处理事项6件，移送处理金额1841万元。审计提出建议517条，被采纳391条。其中，贵港市审计局完成审计项目114个，查出主要问题金额10.86亿元，应上缴财政4.36亿元，应减少财政拨款或补贴2.15亿元，应归还原渠道资金294万元，应调账处理及其他整改金额503万元；已上缴财政13302万元，已减少财政拨款或补贴21474万元，已归还原渠道资金226万元。移送司法机关、纪检监察部门处理事项5件，移送处理金额1274万元。审计提出建议108条，被采纳98条。

【财政审计】 2018年，贵港市审计机关完成财政审计项目8个，查出主要问题金额55211万元。其中贵港市审计局完成财政审计项目1个，查出主要问题金额11041万元。2017年市本级预算执行审计结合市人大开展的市直2017年部门决算评审和预算执行情况调研工作，以重大投资项目资金的使用和绩效情况为主线，将审计重点向支出预算和政策拓展。审计发现的主要问题是非税收入未及时缴库，未及时统筹安排财政资金，结转资金支出进度慢，经费支出和财务管理不够合规等。

【重大政策落实跟踪审计】 2018年，贵港市审计机关继续开展重大政策跟踪审计，重点审计防范化解重大风险、落实精准脱贫政策情况、实施污染防治措施情况、优化营商环境、重大建设项目推进等方面。抽查政府重大投资项目，审计或延伸审计（调查）单位110多个，

2018年10月18日，贵港市审计局对产业园区项目开展跟踪审计

出具重大政策措施落实情况跟踪审计(季度)报告4份,出具整改建议函2份,审计发现问题41个,查出问题金额4230万元。其中,贵港市审计局在防范化解重大风险方面,促进出台、完善地方政府性债务配套政策,建立健全规章制度3项;在脱贫攻坚方面,促进出台、完善配套政策,建立健全规章制度1项,收回、调整违规使用的扶贫资金14.53万元,避免和挽回损失9.27万元,促进扶贫资金发挥效益24.05万元。

【固定资产投资审计】 2018年,贵港市审计机关完成固定资产投资审计项目981个,核减投资额35843万元,向相关部门移送案件线索2条。其中,贵港市审计局完成固定资产投资审计项目98个,核减投资额21474万元,向相关部门移送案件线索2条。为监督政府投资项目,提高投资效益,推动政府投资审计工作转型,促使贵港市人民政府审议印发《关于规范和完善市本级政府投资项目审计工作机制的方案》,同时培育和发展中介市场,促进政府投资领域的持续健康发展。规范社会中介机构协审管理,实现对协审中介机构实行统一平台管理,对市本级与三区审计局设置的4个协审中介机构库合并为1个统一的中介机构定点库,纳入市政务服务中心的“中介超市”平台管理。通过统一的平台管理,进一步规范和完善中介机构库的建立、项目分配、协审考核等相关管理制度,有力促进协审工作的公开透明和廉洁高效,有效防范协审服务廉政风险。

【经济责任审计】 2018年,贵港市审计机关完成经济责任审计项目27个,查出主要问题金额49009万元。其中,贵港市审计局完成经济责任审计项目8个,查出主要问题金额46664万元。审计主要发现专项资金报账支出审核不严格,固定资产核算不完整,费用支出手续不完善,违规报销私家车加油费,部分公务接待不规范,往来款项长期挂账不及时清理,未按规定办理政府采购手续8个问题。

【资源环境审计】 2018年,贵港市审计机关完成自然资源资产离任审计项目1个,查出主要问题金额1705.88万元,移送案件线索1条。贵港市审计局在覃塘区开展自然资源资产管理责任审计中探索新方法,首次应用无人机低空遥感测绘技术辅助审计,切实解决取证难,空间、地形阻碍多,人员配备不足等问题,节省审计资源,缩短审计周期,提高审计效率。审计查出主要问题有森林资源、水资源、生态环境管理方面存在违规进行森林采伐,违规养殖,造林面积不实,违规占用、毁坏林地,履行监督责任不到位,虚报森林抚育项目面积等问题。

【专项资金审计】 2018年,贵港市审计机关完成专项资金审计项目3个,查出主要问题金额1181万元。其中,贵港市审计局完成保障性安居工程跟踪审计项目和扶贫审计项目。对市本级及5个县(市、区)2017年保障性安居工程跟踪审计,出具6份审计报告。查出主要问题56个,涉及金额28316.76万元。主要问题有未按规定对保障性安居工程租金收入实行“收支两条线”管理、违规将安居工程专项资金挪用于其他支出、未按规定和标准多发放农村危房改造财政补助资金、未办理项目建设工程施工许可证等手续即开工建设、违反规定程序审批农村危房改造项目、未按规定取得工程变更审批手续、超出面积标准建设廉租住房。对2016—2017年港北区扶贫政策措施落实和扶贫资金分配管理使用情况审计,查出主要问题12个,涉及金额846.75万元,移送案件线索2条。主要问题有超范围使用小额信贷扶持资金、扶贫产业开发项目以奖代补资金;利用空壳公司骗取承载扶贫小额信贷资金,违规向非全日制学校学生发放“雨露计划”

2018年12月22日,自治区审计厅厅长睦国华来贵港市审计局调研

扶贫补助；部分贫困村集体经济扶持资金使用效益较差；个别项目未办理竣工验收就交付使用；违规支付易地扶贫搬迁项目征地补偿款，且征地手续不齐全。

【审计队伍建设】 2018年，贵港市审计机关开展审计干部大培训，更新审计理念，提升大数据分析、审计结果综合能力，掌握新时代新方法，以适应新时代审计工作的要求。努力建设学习型机关，推进习近平新时代中国特色社会主义思想的学习教育，抓好“三会一课”制度的落实，积极培育优秀党员、优秀党务工作者，引领带动机关党建工作，开展廉政教育，筑牢干部队伍拒腐防变防线，不断增强审计干部宏观思维、辩证思维能力。强化审计成果运用，着眼于促改革、促发展、促反腐，为党委、政府决策提供参考。

贵港市审计局实施的平南县2016年扶贫政策措施落实和扶贫资金分配管理使用情况审计项目被评为2018年全区审计机关扶贫资金优秀审计项目三等奖。

（李银萍）

海关监管

【机构改革】 2018年4月20，按照党和国家机构改革工作部署，贵港出入境检验检疫局职责和队伍整体划入贵港海关，队伍和业务逐步实现深度融合。

【通关监管】 2018年，贵港海关继续深入推进全国海关通关一体化改革，各项改革便利化政策落实落地，积极推进“查检合一”和口岸提效降费，加强口岸卫生检疫监管。全年监管进出口货物163.7万吨，同比增长32.8%。贵港口岸进口整体通关时间26.9小时，较上年压缩85.11%；出口整体通关时间7.37小时，较上年压缩64.07%，进出口均已达到国务院关于整体通关时间压缩三分之一的工作目标。

【综合治税】 2018年，贵港海关坚持“量质效”并举，对重点税源企业、重点招商引资项目企业和跨关区进口的属地税收大户进行跟踪服务，培育、涵养口岸税源，吸引税源回流，全年入库税款1.3亿元，增长56.6%。

【检疫监管】 2018年，贵港海关截获有害生物44种、170次，从进口原木中全国首次截获有害生物1种，截获疫情种类和次数排名内河港口前列。出口实验猴检出致贺氏菌95头，线虫33头，完成2批、2380头进口美国种猪隔离检疫监管，检出阳性猪3头，其中猪繁殖与呼吸综合症阳性1头、猪传染性胸膜肺炎阳性2头。退运不合格进口羽绒羽毛6批次。检出出口松油不合格产品3批、34.4吨，货值21.5万美元，检出不合格危险包装5批次5380件。出入境人员健康检查发现病例270人次。建成130平方米贵港口岸国门生物安全教育基地，存有标本及图片近300套件，面向贵港市社会各界开展国门生物安全教育，接待参观7批、200多人次。全面开启非洲猪瘟疫情防控工作，帮助贵港获批进境粮食指定口岸。

【服务发展】 2018年，贵港海关结合辖区特色推出优化营商环境5类、18项工作措施，积极配合贵港市招商引资工作，落实“放管服”改革，提升贵港跨境贸易便利化水平。8月1日起，正式实施进出口货物整合申报，100%实现关检业务“一次申报”“一次放行”。先后完成2批次、2380头美国种猪进口的隔离检疫工作，全力扶持优良种猪资源进口，推动贵港养殖业转型升级。签发自贸协定优惠原产地证321份，签证金额1335万美元，为企业获得进口国减免关税737万元。进口粮食指定口岸和口岸卫生核心能力建设复核顺利通过专家组考核验收。

（任才韬）

海事管理

【概　况】 2018年，贵港海事局主要履行贵港、玉林两市行政区划的水上交通安全监督管理、船舶进出口岸监管和防治船舶污染水域的职能。全年辖区船舶进出港口报告50.9万艘次（船舶进出口岸查验156艘次），进出港船舶货运量9870.4万吨，安全发送水上旅客999.9万人次。

【水上安全监管】 2018年，贵港辖区未发生一般等级以上统计性事故，四项指标（事故件数、死亡人数、沉船数、经济损失）与上年相比持平；发生非统计性事故12起，直接经济损失200.81万元，同比分别下降55.56%、46.6%。

通航管理　加强重点时段、重点船舶和重点航段监管，加大隐患排查力度，坚持片区巡航全覆盖和驻点执法，组织开展季度干线联合巡航3次，联合南宁、梧州、来宾海事局开展跨辖区巡航5次，惩治水上交通违法行为510起。全年出动巡航车船1292辆（艘）次，执法人员3459人次，巡航10.11万海里、

5093.12小时，检查各类船舶5857艘次（其中客渡船3304艘次）。

船舶管理　开展中小型船舶安全整治、船舶进出港报告整治、危化品船舶整治、非法采运砂船舶治理等专项行动，严厉整治辖区船舶未按规定报告、非法采砂等违法行为，严把水上运输安全关。全年实施船舶安检1794艘次，滞留33艘次，查出缺陷9817项；办理船舶登记证书审核制证8233项，签发船舶最低安全配员证书4580本，实施新建船舶吨位丈量抽查复核63艘，办理船舶载运危险货物进出港审批267艘次，监管水上危险货物吞吐量14.26万吨。

航运公司管理　以中小船舶专项整治为契机，强化航运公司日常监管，实施航运公司安全与防污染检查414家次，纠正各类问题1500多项，对2家安全管理状况较差的公司进行了通报，推动航运公司安全管理主体责任落实。

船员管理　运行船员考试、发证、评估体系，全年组织各类船员考试2436人次，签发船员服务簿1006本、内河船舶船员适任证书2461本、散化船特培证13本、客船特培证46本，无违规签发船员证书现象。强化船员履职能力检查，检查船舶537艘次、检查船员863人次，实施违法记分127人。开展船员服务资历核查1611人次、操作性检查1444人次。

【搜救应急处置】2018年，贵港海事局切实履行贵港市水上搜救中心办公室职责，及时传递各类气象、水文、航行预警预报信息20余万条。接报水上险情报警19起，组织搜救行动11次，遇险船舶8艘，获救船舶8艘；遇险人员38人，获救人员37人，人员获救率97.3%。无险情瞒报、漏报、迟报现象发生。组织开展应急演练15次，其中客渡船应急演练10次、水上加油站溢油应急演练2次、危险品船应急演练1次、长航货船应急演练2次。

【服务地方经济社会发展】2018年，贵港海事局有效落实水上交通安全管制措施，全力服务保障大藤峡水利枢纽工程、平南相思洲大桥、平南三桥等重点水工项目施工安全，助力平南国际龙舟邀请赛、贵港香江龙舟赛等重大水上活动顺利举办。深化海事行政“放管服”，持续提升“一站式”服务水平，公布“最多跑一次清单”和“一事通办”事项，加强网上申报审批，业务办结时间较法定时限提升70%~90%，帮扶航运企业获得船舶抵押融资达13亿元。持续开展国际航行船舶联合登临检查机制，推进口岸查验通关一体化，提升港澳船舶通关效率。全面履行“河长制”工作职责，开展水上危化品综合治理，妥善处置船载固体废物非法转运事件，建立辖区首家船舶垃圾上岸回收示范点，在区内率先开展船用燃油质量监督检查，为辖区饮用水源保护和大气污染防治攻坚战贡献力量。加强海事人文关怀，广泛开展形式多样的水上交通安全知识进校园活动18场，承办自治区“水上平安交通　安全伴我成长”知识进校园活动启动仪式，水上交通安全知识进校园获得贵港市“最佳志愿服务项目”称号。

（舒　昊）

2018年5月20日，贵港海事局为平南国际龙舟赛做好水上保驾护航

船舶检验

【概　况】2018年，贵港船舶检验局落实自治区交通运输厅和自治区北部湾港口管理局的工作部署，不断加强检验质量管理和内部管理以及职工队伍建设，持续深化“阳光船检”工作。全年，完成船舶检验6146艘次，其中新建船舶检验发证85艘，营运船舶6061艘次（含6次到广东检验，共检验船舶456艘）；完成182艘船舶的新船开工前检查评审，受理在建船舶162艘；完成船舶设计图纸审查16套，船用产品检验7707件。全年未发生检验责任事故和安全生产事故，

未发生违法违纪案件和信访案件及被投诉的情况。

【建造船舶检验】 2018年，贵港船舶检验局坚决抓好船舶建造检验质量，不断提高新建船舶建造质量。抓住原材料、船用产品装船和船舶装配、焊接几个重点环节，按照自治区船舶检验局《新建船舶质量控制和检验管理检查调研会议纪要》要求，加强对船用钢板、船用产品的装船检验核查和船用产品证书的核验，防止非船用钢板、假冒伪劣产品装船，有效把控船用钢材和船用产品的装船率。加强对结构的装配和焊接质量的检验，对焊工资质进行抽查、对焊缝质量和装配质量进行督查，对无损检测机构检测过程的监控。引导船厂逐步改进生产工艺，年末辖区使用等离子切割、二氧化碳保护焊和陶瓷衬垫单面焊双面成形工艺的船厂达50%以上。完成3批次、203名船舶焊工考试。邀请专家开展技术指导和培训，培训船厂质检员48名。对无损检测机构，采取现场对拍片进行抽查等方式进行监督。此外，根据新版体系文件，编制新的建造检验报验单，规范对船厂的报检要求和报验内容。

【营运船舶检验】 2018年，贵港船舶检验局继续加强营运检验管理，不断提高营运检验质量。对船用救生衣不符合现行法规要求的更换工作基本完成。编制《营运船舶技术证明书》，统一、规范船舶维修数据，提高检验归档资料质量。坚持并强化现场检验拍照留存及上传的做法，保全有关检验证据。开展国内航行油船和散装液体化学品船舶专项整治，辖区所有油船和散装液体化学品船舶由船检科负责检验发证。培训船舶修理厂质检员20多人次，船体测厚人员5名。

【船舶跨省转入管理】 2018年，贵港船舶检验局严把船舶跨省转入关，防止低质量船舶流入。实行关口前移，在船舶转入前对船舶进行实船勘验评估，拒绝低质量船舶转入，降低安全风险和船东的损失。船舶跨省转入的评估和首次检验发证权限设在船检科，全年评估跨省转入船舶11艘，转入10艘。

【船舶档案管理】 2018年，贵港船舶检验局加强船检档案管理，全面完成历年积压的船检档案的清理和归档工作。结合新版体系文件对船检档案管理的要求，召开船检档案管理专题会议研究与接新版体系文件对接工作，选派档案员交流学习，完善有关管理台账，防止档案再出现长期积压未归档等问题发生。

【阳光船检建设】 2018年，贵港船舶检验继续深化"阳光船检"建设，加强对验船师的廉政教育和廉政约谈，向船东发放《船舶迎检告知书》，利用船东座谈会宣传船检廉政规定，营造风清气正的船检工作环境。切实按照深化"放管服"改革措施要求，开展"最多跑一次""减证便民"专项行动和容缺受理政务服务，编制《"最多跑一次"政务服务事项目录清单》《"一次不用跑"政务服务事项目录清单》《证明事项和盖章环节清理规范清单》等，优化船检服务事项办理流程。制定《进驻政务服务中心工作管理制度》，确保驻政务中心窗口工作顺畅、高效，在政务窗口和首问窗口公开展示船检机构廉洁执法准则及"船舶报检指南及表格填写样板"等办事资料，创新网上报检，优化"互联网+政务服务"方式。率先在全区改变船检证书签发方式，由每年签发改为签发全期证书，除建造检验和换证检验签发新证书外，其余检验改为签署，减少船东展期的次数。深入开展作风建设年活动，转变干部职工机关作风和工作效能，优化船舶检验服务。坚持送检上门，全年赴广东检验6次，检验船舶456艘。持续做好船检服务质量的跟踪和改进，开展廉政登记表（船检服务质量调查表）检查2358次，廉政回访236次，召开水运企业座谈会3次，领导成员走访水运企业6次，召开行风监督员座谈会1次，服务对象综合满意率98.37%。

【安全生产】 2018年，贵港船舶检验局严抓安全生产工作，确保船检行业安全形势稳定。针对船检行业特点，抓好水运行业安全生产宣传教育，认真开展春运、安全生产月、防灾减灾日、国内航行油船和散装液体化学品船舶专项整治、"平安交通三年攻坚行动""平安交通百日行动"等专项活动，继续做好交通运输行业安全隐患大检查大排查大整治活动，加强对渡船、旅游船等"四类重点船舶"和危险货物运输船舶的检验，检验不合格的一律不签发船检证书。加强验船师检验安全设施检查，督促船舶修造企业进一步落实检验安全环境要求，确保验船师现场检验工作环境的安全。每月开展一次内部办公场所安全检查，及时消除安全事故隐患。全局安全形势稳定，未发生安全事故。 （胡　东　黄　铧）

产　　业

农　　业

农业综述

【概　况】2018年，贵港市围绕“13446”工作思路，以实施乡村振兴战略为抓手，以推进农业供给侧结构性改革为主线，围绕农业增效、农民增收、农村发展目标，加强党建引领，大力发展优势特色农业，扎实推进产业扶贫，加快发展富硒产业，推动现代特色农业示范区提质升级，深化农村体制改革，全市农业生产保持平稳较快发展。全市农林牧渔业总产值为341.67亿元，同比增长5.5%。

【粮食生产】2018年，贵港市认真落实粮食生产责任制，大力推广良种良法，实施粮食绿色高产高效创建示范，粮食生产持续保持良好的发展态势。粮食播种面积410.77万亩，粮食产量147.72万吨，均超额完成上级下达的任务。认真落实耕地地力补贴政策，耕地地力保护补贴面积228.23万亩，发放补贴资金2.84亿元，惠及农户86.01万户，亩均124.44元。港南区获得绿色高质高效创建项目扶持，港南区、覃塘区、桂平市获得产粮大县中央财政奖励资金2.3亿元。

【产业扶贫】2018年，贵港市着力打造智慧农技快递平台，以科技创新为引领，形成精准扶贫“互联网+智慧农业”新模式；结合富硒产业发展推广生态种养促进扶贫，树建一批特色产业扶贫重点基地和典型范例，贫困地区特色产业覆盖率达到或超过脱贫摘帽考核标准。全市有111个村、6.42万贫困人口达到脱贫标准，县级“5+2”特色产业覆盖360个贫困村、贫困户61805户，覆盖率91.01%；111个预脱贫村“3+1”特色产业覆盖贫困户比例达到95.19%。360个贫困村新型农业经营主体总数515个，带动贫困户8173户；产业基地（园）242个，带动贫困户9707户。建立特色产业扶贫观摩学习示范基地24个，探索形成一批特色产业扶贫模式。

【富硒农业开发】2018年，贵港市累计创建富硒农产品生产基地88个，总面积58153亩，覆盖水稻、茶叶、蔬菜、中药材、水果、畜禽水产等优势产业。全市37家企业、47个产品通过自治区富硒农产品认定，认证数排广西第一。9月28日，在第五届世界硒都（恩施）硒产品博览交易会颁奖仪式上，贵港市获评名优（特色）硒产品11个，获

2018年11月8日，第三届中国富硒农业发展大会暨第二届广西贵港富硒农产品博览会开幕

奖数量占全国获奖总数的10.68%。11月8日举办第三届中国富硒农业发展大会暨第二届广西贵港富硒农产品博览会，现场签约项目及订单金额103.07亿元。11月，贵港市被评为“全国富硒农业示范基地”。贵港富硒产业夯实发展，贵港“中国硒港”影响力进一步扩大。

【现代特色农业示范区建设】 2018年，贵港市围绕广西现代特色农业示范区增点扩面提质升级部署会的总体要求，明确目标，真抓实干，扎实推进现代特色农业示范区建设。全市累计建成并通过认定各级现代特色农业示范区508个。其中，自治区级示范区13个，县级示范区23个，乡级示范园91个，村级示范点381个，示范区建设辐射带动作用日益增强。

【农村改革与产业化发展】 2018年，贵港市全面加快推进农村土地承包经营权确权颁证工作，全面完成权属调查，覆盖行政村1097个、村民小组21999个、承包农户89.45万户，完成发证农户87.22万户，占全市承包农户的97.51%，确权工作进度和质量位居广西前列，所辖县（市、区）全部通过自治区确权考核验收并评为优秀。稳步推进农村集体产权制度改革，贵港市被列为农村集体产权制度改革全国整市推进试点，农村产权流转交易市场建设、清产核资等工作有序开展。培育壮大新型农业经营主体，全市新增市级重点龙头企业22家，累计达到156家，其中国家级4家、自治区级16家；新增合作社698家，累计达到5036家；新增家庭农场130家，累计达到1614家。

【经济作物】 2018年，贵港市经济作物种植面积229.98万亩。其中，蔬菜播种面积104.6万亩，水果种植面积98万亩。实施《贵港市百香果产业发展三年(2017—2019)实施规划》，编制《富硒百香果生产技术规程》，成立“贵港富硒百香果产业电商联盟”，搭建“贵港富硒百香果质量溯源系统”，创建申报百香果卡通人物，百香果产业成为特色优势产业。扎实推进荔枝龙眼品改示范基地建设，“平南富硒石硖龙眼”获富硒品牌认证，“平南富硒石硖龙眼”等品牌影响力增强。大力发展沃柑产业，沃柑种植面积8万亩。贵港市是广西重要的中药材生产基地之一，主要有穿心莲、泽泻、山药、葛根、猫豆以及天冬、佛手、凉粉草等。主要茶叶品牌有桂平西山茶、覃塘毛尖茶、平南团罗茶、港南红茶等8个。

2018年，平南县石硖龙眼中国特色农产品优势区

【农业招商引资】 2018年，贵港市农业局围绕贵港农业资源，主抓现代种植业、富硒农产品精深加工业、示范区建设、农产品加工流通业等方面重点开展招商，抓住重点，主动出击，凝聚责任单位合力，推进全员招商引资工作。签约招商引资项目19个，签约项目投资额37.62亿元。其中，亿元项目14个，开工项目5个。

【农作物病虫害防控】 2018年，贵港市经工商注册的专业化统防统治组织65个，从业人员1050人。专业化统防统治组织机械总装备1390台套，日作业能力达到7.9万亩。实施农作物专业化统防统治面积325万亩次。颁发农药经营许可证535多张。

【农产品质量安全监管监测】 2018年，贵港市通过省级以上认定且在有效期内的无公害农产品生产企业68个，无公害农产品认定87个，基地面积9.99万亩，产量7.49万吨；获得绿色食品认证企业5个，获绿色食品认证产品8个，基地面积1万亩，产量5.16万吨；获得农产品地理标志保护产品7个（桂平西山茶、麻垌荔枝、金田淮山、麻垌铁皮石斛、覃塘莲藕、覃塘毛尖茶、平南石硖龙眼），面积59.56万亩，产量达32.06万吨。开展农资打假专项治理行动，出动农业行政综合执法人员1920人次，检查各类农资生产企业(经营店)、农产品生产企业(合作社、家庭农场、种植大户)4080家次,抽检农资样品252个。发出责令整改通知书135份,没收非法包装销售水稻种子581千克、假劣农药204.7千克。立案查处行政违法案件16起,办结案16起,处罚金额7.98万元。有效打击农业领域违法行为,维护农资市场良好经营秩序。加强蔬菜、瓜果抽样检测。完成660个蔬菜水果定量检测样品检测任务,合格651个,合格率98.64%;完成专项抽检25个,合格24个,合格率96%;完成蔬菜水果定性检测样品10722个,合格10711个,合格率99.9%;乡镇完成蔬菜水果快速检测样品57389个,合格57346个,合格率99.93%。全市没有出现重大农产品(种植业)安全事故。

【农业科技兴农】 2018年,贵港市开展新型职业农民培育2447名。开展牛大力粉垄栽培技术试验,探索不同模式、不同土壤牛大力种植研究,推广种植牛大力500多亩。开展密闭果园改造、高接换种及矮化等技术示范,进行荔枝龙眼高接换种、矮化500多亩,为全市荔枝龙眼品改促进精准脱贫工作提供技术支撑。利用农业数控智能化系统进行姬菇出菇示范3批、16500袋。实施百香果苗育项目,建立百香果繁育基地,完成装袋扦插育苗100万袋,出圃合格百香果苗木60多万株,为2018年百香果产业扶贫提供种苗保障。 (黄彬桃)

糖料蔗生产

【概 况】 2018年,贵港市实施“双高”糖料蔗基地建设项目,建设任务2万亩39个片区,完成土地整治26个片区,完成水利化建设20个片区,拨付奖补资金1740万元,其中已拨付土地整治和水利化奖补资金1500万元、已拨付良种良法补贴资金240万元。截至2018年底,累计建设“双高”糖料蔗基地片区95个,面积8.4万亩。通过实施基地“四化”建设,达到片区有效耕地面积增加2%以上,甘蔗亩产量增加1.5吨以上,亩增加收入500元以上的“三增”目标。2018年广西优质高产高糖糖料蔗基地建设年中工作会议在贵港市召开,贵港市在会议上作经验介绍发言。

【甘蔗保护区划定工作】 2018年,贵港市在糖料蔗保护区面积划定工作过程中,根据港北区、港南区涉及自治区重大项目、城市建设等用地较多等问题,因地制宜地将港北区、港南区糖料蔗生产保护区面积各调减1万亩,由覃塘区承接完成,得到自治区推进“三区”划定建设联席会议糖料蔗生产保护区专责小组的批复,保证全市37万亩糖料蔗保护区任务更好、更科学的完成。年内,完成糖料蔗保护区划定任务37.94万亩,占任务量的102.5%,其中桂平市4.43万亩、港北区6万亩、港南区5.23万亩、覃塘区22.28万亩,并经公示公告。

【榨季生产稳定增长】 2018—2019年榨季,广西贵港甘化股份有限公司2018年11月28日开机生产,西江制糖公司2019年4月14最后收榨。全市进厂糖料蔗163.5万吨,增产18.1万吨,增幅11.2%;产糖18.2万吨,增产1.33万吨,增幅7.8%;蔗农蔗款收入8.3亿元,比上榨季增加0.6亿元,增幅7.8%。食糖销售价格在5200元/吨左右,由于糖价低迷,制糖企业亏损大。

【制糖企业转型升级】 2018年,贵港市各制糖企业受制糖行业市场影响,顺应全面深化改革步伐,广西广业贵糖糖业集团新制糖厂建设步伐加快,年内完成投资80%,各个项目按进度有序推进。贵港甘化股份有限公司技改加快推进,投资1.05亿元的热能中心项目投入运营,引进国外先进技术推出益生菌固体饮料、膜法富硒红糖、黑糖等产品,已投放市场,创出广西领先产品。

【糖料蔗收购价格】 根据《广西壮族自治区物价局 广西壮族自治区糖业发展办公室关于2018—2019年榨季糖料蔗收购价格问题的通知》,2018—2019年榨季,贵港市执行全区统一的普通糖料蔗收购首付价政策,普通糖料蔗收购首付价定为490元/吨,糖料蔗收购价格采取蔗糖价格挂钩联动、二次结算的管理方式,维持蔗糖价格挂钩联动水平,即每吨普通糖料蔗收购价格490元/吨与每吨一级白砂糖平均含税销售价格6660元挂钩联动,挂钩联动价系数维持6%;继续实施优良品种加价政策,加大糖料蔗品种结构调整力度。按自治区物价局文件规定,贵港市确定优良品种为:桂柳05/136、桂糖42号、桂糖44号、桂糖46号、粤糖00/236,每吨加价30元;实行全区统一的二次结算价格标准。具体的二次结算价格标准按《广西糖料蔗价款二次结算价格核定暂行办法》执行。

(甘炳铭)

农业机械化

【概 况】2018年，贵港市农机部门紧扣“乡村振兴”战略目标，着眼提升农业机械化水平，主动作为，开拓创新，强化工作落实，采取项目拉动、示范推动、服务促动等措施，全市农机化事业继续保持健康、快速发展态势。全市农机原值达33.8亿元，农机总动力377.03万千瓦，拥有大中型拖拉机2959台、联合收割机5021台、水稻插秧机5959台，拥有稻谷烘干设备457座，批次烘干能力达到5000吨。农作物耕种收综合机械化水平达到62.31%，同比提高2.23个百分点；水稻耕种收综合机械化水平83.87%，同比提高1个百分点；甘蔗耕种收综合机械化水平62.74.%，同比提高2.01个百分点。

【农机购置补贴发放】2018年，贵港市农机部门对农机购置补贴继续实行“全价购机、县级结算、直补到卡”补贴方式。加大政策宣传，规范操作程序，强化监督检查，优化服务质量，农机购置补贴工作规范推进，成效持续扩大。全市使用农机购置补贴资金2063.17万元。其中，中央补贴资金1966.79万元、自治区补贴资金96.39万元；结算1795.09万元。补贴机具2148台套，新增农机总动力15681千瓦，受益农户2022户，拉动农民投入5151万元。新增拖拉机252台、水稻插秧机316台、水稻联合收割机141台、耕整地机械1173台、谷物烘干机70台、秧盘播种成套设备18台、秸秆粉碎还田机103台。全市农机拥有量80.08万台套，大中型、复合功能机械拥有量逐步增加，农机具逐步向大型化、智能化、多用途方向发展，科技技术含量进一步提升。

【农机化技术推广】2018年，贵港市围绕乡村振兴战略，紧抓农业供给侧结构性改革主线，把富硒水稻生产全程机械化和甘蔗“双高”示范基地建设作为重中之重，开展“农机党员下基层，十万农机闹春耕”主题活动，创建广西第一家农机服务超市，积极参与富硒水稻生产全程机械化和粮食生产示范园区建设，生产耕作、种植、管理、收获及烘干五个环节机械化进一步发展。全市水稻机耕面积322.85万亩，水稻机耕率97.71%；水稻机插秧面积172.15万亩，水稻机插率52.1%；水稻机收面积321.08万亩，水稻机收率97.18%；水稻生产耕种收综合机械化水平达到83.87%。年内，成功申报广西“十三五”水稻生产全程机械化项目17个，占全区农机系统项目的49%，排位第一。利用水稻生产全程机械化项目的助推作用，创建桂平、平南、港北、港南4个富硒水稻生产全程机械化核心示范区共6200亩，突破机械化育秧、机械化烘干薄弱环节。全市有水稻生产全程机械化示范点示范基地25个、水稻机械化育秧中心68家、烘干中心65家、拥有烘干设备塔532座，机械化育秧能力超10万亩，水稻谷物机械化单批次烘干能力超5000吨，水稻生产全程机械化“最后一公里”难题成功解决，水稻生产全程机械化继续走在广西前列。

在“双高”基地建设方面，利用购机补贴政策，引导农民开展甘蔗生产机械化。印发《2018年“双高”糖料蔗基地生产全程机械化实施方案》，在覃塘区樟木镇“双高”糖料蔗示范基地，召开2017—2018甘蔗生产全程机械化现场演示培训会。争取到自治区甘蔗生产全程社会化服务试点项目补助资金150万元，年内完成机械化种植面积4000亩，机耕面积8000亩，机收3900吨。

【农业机械社会化服务】2018年，贵港市加强对农机专业合作组织等服务实体的培育和扶持，新建农机专业合作社42个，全市已依法登记注册农机合作社累计309家，入

2018年9月21日，贵港市在港南区湛江镇举办2018年农村党员农机手培训班

2018年11月16日，贵港市在港北区庆丰镇举办秸秆还田现场演示会

社成员3508人，入社机具15843台套。成立贵港市第一家“农机社会化服务超市”，大力开展水稻生产代耕整、代育秧、代插秧、代收割、代烘干、统一管理等“五代一管”服务模式，深化“公司+专业合作社+农户”的发展模式，推动“小块并大块”土地整合流转，形成以农机专业合作社为龙头、农机化作业服务组织为主体、农机专业户为骨干的农机作业服务体系。全市农机合作社开展农机化作业服务面积248.33万亩，比上年同期增加20万多亩，服务农户37.51万户，合作社年度总收入2.9亿元。探索发展“互联网+”农机作业服务模式，通过网上订单开展农机社会化服务，加速水稻生产机械化、规模化、专业化、产业化的发展。

【农机教育培训】 2018年，贵港市农机部门实施科技推广和创新进村行动，围绕农业供给侧结构性改革，按照“想什么、给什么、缺什么、补什么”的培训思路，抓好重点农时机械化技术，推广农机驾驶技术、农机维修技术、农村实用技术、特种设备技能等培训，结合精准扶贫工作，通过送教下乡、上门培训、菜单式培训等方式，对农机操作人员、农机管理人员和农机富余劳动力转移进行各项技术培训。全市培训各类农机人员4708人次，完成任务的118%，其中培训农机管理人员208人次、农机技术人员1140人次、农机操作人员3360人次(其中培训新购机操作手人员1498人次、党员农机手939人次)。举办各种主题培训班、现场演示培训会101期(场)。

【农机安全生产】 2018年，贵港市农机部门紧抓“平安农机”创建目标，把工作重点抓在细节、抓在平时、抓在预防、抓在管理、抓在重要节假日，采取农机专项整治方式，查违章、查隐患、保平安。检查拖拉机2500多台次，纠查各类农机违法行为150起，排查各类拖拉机事故隐患159个；联合执法30次，检查拖拉机300多台次；发放宣传资料4万多份，到12所学校上农机安全宣传教育课，组织文艺汇演11场，挂横幅标语300多条，推送农机安全手机短信4万多条，出版安全宣传板报24块，张贴农机事故警示教育图片100幅，受教育宣传8万多人次。平南县获得2018年全区“平安农机”示范县(区、市)称号并推荐为全国“平安农机”示范县(区、市)，港北区武乐镇、平南县东华镇等15个乡镇被评为市级2018年创建“平安农机”示范乡镇。全市农机安全生产态势平稳，重特大农机事故零发生。 （李泳仪）

水产畜牧兽医

综　　述

【概　况】 2018年，贵港市实现渔业产值46.29亿元，同比增长5.08%；渔业增加值31.82亿元，同比增长5.14%。实现畜牧业产值104.86亿元，同比增长2.83%；畜牧业增加值51.05亿元，同比增长2.67%。。全市水产品产量26.87万吨，同比增长7.5%；肉类产量38.93万吨，同比增长2.50%；禽蛋产量2.90万吨，同比增长6.31%。生猪出栏374.43万头，同比增长3.20%；家禽出栏4471.70万羽，同比-1.13%；肉牛出栏11.72万头，同比增长25.17%。全年没有发生重大动物疫情、产品质量安全、安全生产等重大安全事故。

【现代生态养殖】 2018年，贵港市水产畜牧兽医部门根据自治区渔牧业现代生态养殖要求，继续抓好现代生态养殖工作。广西畜禽现代生态认证圆满完成，截至2018年末，全市养殖场通过广西畜禽现代生态养殖认证494家(其中2016年19家、2017年333家、2018年142家)，完成生态养殖助农增收合作社示范点8个和创建生态养殖

表 9　**2018 年贵港市水产畜牧业生产情况表**

项目	单位	2018 年	2017 年	同比增长(%)
一、畜禽出栏				
(一)猪	万头	377.43	365.72	3.20
(二)牛	万头	11.73	9.37	25.17
(三)山羊	万只	6.13	5.31	15.44
(四)家禽	万羽	4471.70	4523.03	−1.13
其中:鸡	万只	3487.57	3516.22	−0.814
二、畜禽存栏				
(一)牛	万头	35.16	27.61	27.345
(二)猪	万头	252.59	227.76	10.90
其中:能繁母猪	万头	35.45	30.94	14.57
(三)山羊	万只	4.68	4.31	8.58
(四)家禽	万只	2053.27	1874.62	9.53
其中:鸡	万只	1561.33	1450.83	7.61
肉鸡	万只	1382.81	1325.58	4.3174
蛋鸡	万只	124.13	125.10	−0.77
三、畜禽产品产量				
(一)肉类总产量	吨	389268.00	379790.45	2.50
1. 猪肉	吨	292533.00	284000.00	3.00
2. 牛肉	吨	11049.00	9050.00	22.09
3. 羊肉	吨	957.00	846.00	13.12
4. 马肉	吨	6.00		
5. 禽肉	吨	77517.00	79194.00	−2.12
6. 家兔肉	吨	409.00	432.80	−5.50
7. 狗肉	吨	4285.00	4075.00	5.15
8. 鸽肉	吨	654.00	619.00	5.65
9. 鹌鹑肉	吨	186.00	170.00	9.41
10. 其他肉	吨	1672.00	1403.65	19.12
(二)禽蛋	吨	29014.00	27293.00	6.31
其中:鸡蛋	吨	20804.00	19689.00	5.66
(三)奶类产量	吨	6665.00	5386.00	23.75
(四)天然蜜蜂产量	吨	1481.00	1383.00	7.09
(五)蚕茧	吨	17845.00	19753.00	−9.66
四、水产品产量	吨	26.87	24.99	7.50
五、渔业产值	亿元	46.29	44.05	5.08
其中:渔业增加值	亿元	31.82	30.26	5.14
六、畜牧业产值	亿元	104.86	101.97	2.83
其中:畜牧业增加值	亿元	51.05	49.72	2.67

说明:按上年价格计算

助农增收示范村(通过市级验收，并报请自治区验收)5 个，畜禽规模养殖场生态养殖占比达 74.96%。稻渔生态综合种养推广继续以项目实施为平台，通过创建示范点，继续加大力度推广稻(藕)渔生态综合种养模式，并将该项工作列入农口相关部门重点工作紧抓推进，建立港北区大圩镇 600 亩富硒稻虾生态农业种养示范点、港南区木格镇 200 亩稻渔生态综合种养示范基地、桂平市南木镇 600 亩稻田综合种养休闲观光(核心)示范区、桂平维军万亩规模化稻渔生态综合种养基地等示范点，示范点主要以稻(虾、鳖、螺、鱼)生态综合种养为主，配套观光旅游项目为辅。其中桂平维军获得“国家级稻渔综合种养示范区”称号，成为全区首批稻渔示范基地。截至 2018 年，全市示范点完成建设稻田 2500 多亩，投放小龙虾、禾花鲤、黄沙鳖等苗种约 1.5 万千克，项目达产后预计产量 90 万千克，产值 1500 万元，辐射带动周边 2000 多农户。

【猪病净化示范区建设】 2018 年，贵港市开展猪伪狂犬病、猪高致病性蓝耳病、猪瘟、猪口蹄疫等净化的养殖企业 2 家(广西扬翔有限公司、广西农垦永新畜牧集团西江有限公司)，其中广西扬翔公司贵港市原种猪获“猪伪狂犬病净化示范场”称号、广西农垦永新畜牧集团西江有限公司原种猪场通过农业部的动物疫病净化场(猪瘟、猪伪狂犬)的现场验收，公司旗下其他种猪场也全部实现猪伪狂犬病净化，净化效果十分显著。

【水产畜牧项目建设】 2018 年，贵港市水产畜牧兽医部门实施项目建设效益年活动，主动担当、继续全力推进水产畜业重大项目建设，促进水产畜牧业经济平稳健康较快发展。全市有 7 个项目在建(市级 3 个、县级 4 个)，累计完成投资 5.60 多亿元。其中新开工建设 1 个，竣工投产 4 个、待竣工 2 个，项目建设进度完成 95% 以上。分别有港北区华西·希望集团 30 万头生猪养殖加工项目之子项目武乐德康生猪养殖有限公司建设完成投产，于8月16日引进后备母猪660头；覃塘区汉世伟7.5亿元种猪站建设项目已完成公猪站、实验场、原种母猪场建设，项目累计完成投资4.43亿元。招商引资方面，新引进项目4个，引进投资总额8.63亿元，完成全年任务的288%，其中引进亿元项目3个，完成全年任务的300%。

【养殖产业扶贫】 2018年，贵港市水产畜牧兽医部门围绕猪、牛、禽、水产品标准化规模养殖等主导产业，继续加大扶持和发展特色种养，同时通过龙头企业带动，驻点扶贫工作队员，积极鼓励和引导贫困农户加入“公司+合作社/生产队+贫困户”模式，带动扶贫村和周边建档立卡贫困户参与养殖并入股分红。贵港市水产畜牧兽医局驻点港南区八塘街道新蒙村水产养殖项目完成鱼塘改造和清理60亩，投放鱼苗13万多尾；山泉村争取上级扶贫资金实施低洼丢荒莲藕田改鱼塘养鱼项目，投放鱼苗3万多尾。港南区水产畜牧兽医局结合春防工作，统计各村生猪、肉鸡规模场181家，养殖专业户54家，散养户3400家，指导其发展生产。通过推广“公司+合作社+贫困户”或“合作社+贫困户”的模式，建立港南区新塘镇东与村创联养殖示范基地联合，创造了年养殖量达到1.5万头(羽)，有效带动贫困户42户。号召龙头企业广西扬翔猪基因股份有限公司慰问贫困户25名，捐献物资折合人民币每人300元，合计7500元。

动物疫病防控

【概　况】 2018年，贵港市水产畜牧兽医部门认真落实上级重大动物疫病防控工作部署，以抓好非洲猪瘟防控工作为重点，强化落实各项举措，明确目标任务，层层落实防控责任，狠抓春秋两季动物疫病防控，实现动物病种免疫密度100%、免疫抗体效价水平70%以上的双目标。

【春秋疫病“两防”】 2018年春秋“两防”期间，贵港市免疫猪、牛、羊589.96万头，家禽1155.27万羽，禽流感、猪瘟、口蹄疫等高致病性病种群体免疫密度100%、免疫抗体合格水平均达70%以上。春防期间，桂平市首试推行防疫示范制度和奖励制度，对示范乡镇实行防疫经费倾斜政策，对经自治区和贵港市两级考核验收合格的乡镇实行奖励，同时推广猪瘟、猪蓝耳病非强制免疫病种防疫实行有偿服务。此创新做法，使桂平市动物防疫工作得到较好的规范，重大动物疫病防控水平有较大提升，免疫抗体合格率超80%以上，示范带动周边县(市、区)复制推广，是贵港市2018年动物疫病防控工作中一大亮点。

【非洲猪瘟防控】 2018年8月3日至10月28日，根据贵港市《非洲猪瘟联防联控工作方案》，排查养猪场12190个次、屠宰场2640个次、村(屯)20751个次、散养户27.5万户次，排查生猪1046.49万头次。与交通、铁路、林业、海关等各部门多次召开联防会，加强协作，形成合力，内防外堵，严防疫情传入。全市没有省外疫情传入，没有重大动物疫情发生，防控水平保持较高水平，疫情防控形势总体平稳。

【动物免疫抗体监测】 2018年，贵港市动物免疫抗体监测对血清学监测，开展禽流感、新城疫、猪瘟、猪蓝耳病、口蹄疫、小反刍兽疫等重大病种血清学检测10103份，总体完成全年任务的100%。其中监测禽流感2183份、鸡新城疫2400份、猪瘟1083份、猪蓝耳病1083份、口蹄疫1106份、小反刍兽疫311份、猪伪狂病1100份、狂犬病100份、猪布病537份、羊布病200份。全年群体免疫抗体合格率均达70%以上，同比持平。感染抗体2%以下，人畜共患病阳性为0。对病原学监测，开展猪瘟、猪蓝耳病、猪伪狂犬病、口蹄疫、禽流感等重点病种病原学监测5295份，其中猪瘟750份、猪蓝耳病750份、猪伪狂病750份、口蹄疫1207份、禽流感1838份。全年群体各病种阳性率均为0。在动物疫苗储备供应方面，采购禽流感1711万毫升，猪口蹄疫784.59万毫升，牛口蹄疫83万毫升，牛羊口蹄疫O-A型1.5万毫升，口蹄疫O-I亚型25万毫升，A型口蹄疫疫苗5万毫升，猪瘟疫苗5万头份，蓝耳苗2万头份，狂犬病疫苗6.0075万头份，小反刍兽疫苗5万头份，消毒药3屯；发放禽流感1897.5万毫升，猪口蹄572.5万毫升，牛口蹄疫29万毫升，牛羊口蹄疫O-A型0.7万毫升，口蹄疫O-I亚型25万毫升，A型口蹄疫疫苗0.8万毫升，蓝耳苗22.2万头份，狂犬病疫苗8.58万头份，小反刍兽疫苗4.81万头份，消毒药6.38屯。在防疫物资应急储备方面，市本级储备猪口蹄疫疫苗226万毫升、牛口蹄疫疫苗45万毫升、猪瘟疫苗5万头份、禽流感疫苗166万毫升、小反刍兽疫活疫苗1.15万毫升、消毒剂9吨、纺织袋3000个、防护服700套、口罩600个、手套3900副，所储存的物资均能满足全市市动防应急需要。

动物卫生监督

【概　况】 2018年，贵港市水产畜牧兽医部门加大监督和检查力度，抓好动物卫生监督工作，累计开展屠宰、饲料、兽药等执法检查900多次，检查生猪屠宰场、兽药批发市场、经营企业、使用单位600多个次；检查生猪屠宰场57家，立案查生猪私宰、兽药违规使用等违法案件18件，结案18件，查处率、办结率100%。产地检疫生猪274.13万头、屠宰检疫生猪81.34万头，无害化处理病害猪440头、病害废弃猪肉产品7482千克。完成水产品、畜产品、兽药、饲料和饲料添加剂等产品例行监测样品抽检427批次，合格率100%，水产畜牧产品监管维持较高水平，产品供给安全放心。

【动物检疫监管】 2018年，贵港市动物检疫监管加强出证监管，建立生猪检疫点检疫申报点产地检疫信息化建设点57个，安装视频监督监管设备占全市生猪产地检疫点74个的77%，加强了对动物和动物产品安全生产的监管。全年通过电子出证系统信息化平台监测到贵港市产地检疫的生猪274.13万头，同比增加23.31%；种猪8930头，同比增长87.4%；牛22187头，同比增长45.53%；羊460头，同比增长93.26%；禽类2250.66万羽，同比增长26.4%；生猪屠宰检疫80.16万头，同比增长4%。

加强证章标志管理　各级动物卫生监督所部门实施专人、专柜、专账对证章标志进行管理与使用，有效防止证章标志丢失、违规事件发生。全年购入动物检疫合格证明（动物B）200件、200万张，动物检疫合格证明（产品B）1600件、1600万张。下发给各县（市、区）检疫合格证明（动物A）11捆、5500张，检疫合格证明（动物B）200捆、10万张，检疫合格证明（产品A）0.96捆、479张，检疫合格证明（产品B）1180捆、59万张。

证照管理发放　按照《动物防疫条件审查办法》要求，全市建立防疫条件审核专家库，有自治区级专家2人、市本级专家18人。对申请办理单位防疫条件进行严格审核，向规模养殖场发放动物检疫条件合格证555份，屠宰场57份。同时加强对动物养殖企业防疫条件监督管理，督促养殖企业认真履行动物防疫条件。

无害化处理监管　充分发挥港北区西江无害化处理中心作用，加强全程视频监控，做到病死畜来源去向可视可控。同时，进一步加大规模养殖场及交易市场监管力度，推进无害化处理补贴工作落实。

【畜牧产品安全监管】 2018年，贵港市畜牧产品安全监管规范饲料生产，出动执法检查人员141人次，出动执法车辆35车次，检查饲料生产企业42家次。抽检饲料生产、经营、使用企业或场户113家次。开展产品例行监测，开展对动物及动物产品进行兽药残留抽样，抽检抽取样品25份，样品合格率100%。开展畜牧产品风险监测抽检，抽检抽取样品30份，样品合格率100%。开展畜牧产品质量安全监测抽检，抽检抽取样品130份，样品合格率100%。开展兽药质量监督抽检，完成兽药产品样品抽样37批，样品合格率100%。完成屠宰环节"瘦肉精"抽样990份，合格率100%。加大宣传培训，印发安全用药宣传资料告知书3225份，举办兽药生产、经营企业和规模养殖场业主培训班3期，培训人员261人次。与市内3家兽药生产企业签订《兽药生产质量安全监管工作目标管理责任书》，230家兽药经营企业签订《兽药经营质量安全监管工作目标管理责任书》，规模养殖场签订《动物防疫和动物产品质量安全监管工作目标管理责任书》723份。强化养殖投入监管，组织开展兽药经营环节规范化建设工作和兽药追溯、兽用生物制品经营和现场核查专项监督检查活动，通过企业自查整改和专项监督进行检查；兽药生产企业贵港市康大动物药业有限公司得到自治区农业厅领导及检查专家充分肯定和表扬。加大查处违法行为力度，全年出动执法人员1206人次，车辆302台次，检查兽药生产企业5家次，兽药经营企业236家次，兽药使用单位312个次，立案查处兽药案件24起，查获涉案假劣兽药207.96千克，涉案货值金额2.7万元，查没假劣兽药177.48千克，罚没金额10.17万元。

【动物屠宰监管】 2018年，贵港市以狠抓屠宰检疫对动物屠宰实施监管，实现动物屠宰检疫电子信息化管理，从源头上确保上市肉品质量安全合格。全市在营生猪定点屠宰点58家，屠宰检疫生猪86.59万头，检出病害猪29头，按规定无害化处理病害猪29头。定点屠宰动物入场持证率100%，屠宰检疫率100%，无害化处理率100%。严格厂（场）监管，全年对屠宰场开展执法855次，出动执法人员3420人次，对在营的57个生猪屠宰厂（场）监管率达100%。清理屠宰企业，全市规划内生猪定点屠宰企业57家，已取得新屠宰许可证的屠宰企业18家。开展专项整治，出动执法人员412人次、车辆87车次，检查屠宰企业136家次；责令整改20起，捣毁窝点5个；查处私宰、死因不明肉品3430千克；屠宰场无害化处理病害猪及病害肉产品690千克；行政执法立案（屠宰）1件，办结案件1件，罚款0.3万元。加大法规宣传，组织全体执法人员学习相关法规，发放识别病害肉、注水肉常识资料1500多份，有关法规150多本，宣传标语、宣传画110多份，悬挂宣传标语116张。

渔政管理

【概　况】 2018年，贵港市水产畜牧兽医部门以开展“中国渔政亮剑2018”专项执法行动为重点，多措并举，加大力度，着力抓实渔船检验、安全生产、珠江禁渔、惩治非法捕捞、增殖放流和水产品质量安全监管等工作。

【打击非法渔业养殖非法渔业捕捞】 2018年，根据《贵港市打击非法渔业养殖非法渔业捕捞工作实施方案》，贵港市渔业部门认真开展惩治江河、水库水域范围内非法渔业网箱、拦网养殖和非法渔业捕捞活动，对全市网箱养殖户833户、网箱养殖面积55.12万平方米实施拆除，截至12月底，拆除非法网箱养殖户719户，占总户数的86.31%；拆除网箱养殖面积48.12万平方米，占总面积的87.31%。

【渔船检验】 2018年，贵港市为做好渔船的年度检验工作，确保从源头上把好渔船安全关，渔船检验机构按照检验规则要求，对渔船船体、主机、消防设备、信号设备、救生设备、靠泊设备等进行严格检查，做到登船检验，与渔船船主签订安全生产责任状。全市检验渔船887艘，完成全年任务的100%。与渔船签订安全生产责任状887份。年检时，对不符合要求的渔船要求整改，整改合格后才予以签证航行，确保渔船安全。

【渔业安全生产监管】 2018年，贵港市加强渔船安全检查和隐患排查，各级渔监船检机构认真落实安全生产责任，在元旦、春节、全国“两会”和清明、“五一”、端午节、中国—东盟博览会以及中秋国庆、汛期期间开展渔业安全生产大检查，深入沿江渔船集中停靠地方，开展安全检查和隐患排查，重点检查渔船通信、救生、消防、信号等安全设备配备，特别检查渔船有无非法载客运输违规行为，有效地预防安全事故的发生。全市出动检查人员1080人次，检查渔船1120艘次，排查一般事故隐患36项；发出整改通知书36份；其中已整改的渔船有36项、整改率100%，没有发生渔船重大安全事故。

水上安全专项治理　按照自治区关于开展水上安全专项治理的要求，贵港市制订水上安全专项治理工作方案，切实开展渔船水上安全大检查，对渔业安全隐患进行全面排查治理。特别是桂林“4·21”水上安全事故发生后，在自治区海洋和渔业厅召开水上安全专项检查部署会议后，贵港市立即行动，组织各县（市、区）开展联合执法检查，严查渔船非法载客和运输行为。重点加强对渔船适航性能、安全设施配备、渔船船员持证上岗、渔船非法载客和消防安全等环节的严查、严管、严控、严治，坚决消除各类安全隐患。加强水上渔船安全监管执法，加大对重点水域、重点渔村码头的安全巡查执法力度，严查渔船各类安全违规行为，尤其要强化对渔船非法载客、船员无证上岗作业等违法违规行为的监管防控，严禁船员无证上岗和渔船非法载客，严防渔船群死群伤事故发生，确保渔船水上交通安全。专项整治期间，全市出动检查人员232人次，检查渔船546艘次，发现安全隐患8起，已整改8起，整改率100%，没有发现渔船违规载客等违规行为。

安全生产月活动　开展“生命至上，安全发展”为主题的安全生产月活动。其间，全市各级渔监船检机构通过开展安全生产咨询日活动和利用横幅、板报、宣传资料、电视、报纸、网络、短信等多种方式开展宣传，悬挂横幅20条，板报5期，发放宣传资料2000多份，电视报纸网络报道3次，推送安全短信5000多条。

渔业安全产应急管理　强化台风预报预警，尤其在2018年第22号超强台风“山竹”来临前，全市各级渔监船检机构提前谋划，强化责任落实，通过发短信、发放宣传资料、现场检查等方式通知渔民做好防御台风的准备，提醒渔民加固渔船缆绳，转移水上渔排养殖人员、渔船和住家船。全市派出检查组10个，出动检查人员106人次，检查渔船、网箱210艘次。发送宣传资料800多份，发送安全提示短信1500多条，劝离网箱养殖人员22人次，转移渔船和住家船36艘次，台风期间全市没有发生渔民和渔船安全事故。6月和9月，桂平市和市本级开展2018年度渔业安全应急演练活动，有效提高渔业执法人和渔民的应急救援能力。节假日期间，加强应急值班，全市各级渔监船检机构严格做好应急值守工作，实行24

小时值班制度和领导带班制度。做好渔政执法船艇维护保养和应急备航工作,确保一旦发生突发事故能及时有效进行处置。

【珠江禁渔行动】 2018年3月1日,农业部在梧州市组织开展"中国渔政亮剑2018—春季禁渔同步联合执法行动"(珠江流域分会场)启动仪式,贵港市辖区境内郁江、浔江、黔江等所有水域相继进入春季禁渔期,2018年的禁渔时间从3月1日0时至6月30日24时,为期4个月,禁渔范围扩大为贵港市水域全境,除养殖水域外,所有江河支、干流全面禁渔,正式执行广西史上覆盖范围最广、执法力度最严格、保护措施最强的珠江禁渔制度。为更好地落实禁渔期制度,严厉打击非法捕捞行为,切实养护水生生物资源,保障禁渔期间渔区社会稳定。贵港市渔政主管部门和各级政府加大宣传力度,充分利用电视媒体、广播宣传禁渔通告,深入渔区、码头向渔民发放宣传资料,宣传禁渔期相关法律知识,联合海事、公安、交通等相关部门,对重点江段、重点码头开展联合执法行动,严厉打击各种非法捕捞行为,努力实现"江上无生产渔船,水中无作业网具,市场无捕捞江鱼"的禁渔管理目标。禁渔期间,全市渔政机构共出动渔政执法船艇185艘次,渔政执法人员437人次,检查渔船678艘次,禁渔期间查处渔政案14件,移交司法机关处理7件,结案2件,罚没款4800元,没收涉渔"三无"船舶5艘,无从事载货载客渔船。渔获物现场进行放生,非法网具进行集中销毁。

【"中国渔政亮剑2018"执法行动】 2018年,结合珠江禁渔期行动,贵港市各级渔政执法部门贯彻落实中央、自治区"中国渔政亮剑2018"专项执法整治精神,联合安公、海事、交通等部门开展亮剑执法系列专项行动,取得阶段性成效。其中开展禁渔期联合执法行动,全市出动执法人员938人次、执法车辆279车次、执法船艇296艘次,共查处渔政案件27件,查获涉案人员15人,移送司法处理案件8件,移送司法处理人员8人,罚款42600元,无从事载货载客渔船。开展清理取缔涉渔"三无"船舶行动,查扣涉渔"三无"船舶17艘。开展违规渔具渔网清理整治行动,没收非法设置的网具187张。有力地惩治违法分子的嚣张气焰,遏制非法行为的蔓延,维护执法权威。

【增殖放流】 2018年,贵港市各级渔业部门认真落实6月6日全国"放鱼日"活动,分别在桂平市大藤峡旅游码头和平南县三洲码头投放各类鱼苗137.5万尾进行人工增殖放流;10月19日和10月26日,在贵港郁江大东码头和新塘大郑村委码头共同投放鱼苗1164万尾、黄沙鳖1787只,有效地保护西江渔业资源生态平衡。同时积极争取禁渔补助,保障渔民生活。禁渔期间,桂平市政府按每艘渔船每年400元进行生活补助,平南县申请财政安排渔民禁渔期生活补贴,安排领取生活补贴渔民235名,补贴金额9.4万元。 (彭伟雄)

水　　利

【概　况】 2018年,贵港市抵御强降雨3次、台风1次,已将灾害影响降到最低。全市争取下达水利投资计划的项目115个,获得水利建设投资4.42亿元,完成水利固定资产投资5.88亿元。新建加固堤防8.5千米,完成护岸建设9.5千米,整治渠道233.65千米,新增恢复改善灌溉面积6.33万亩,完成高效节水面积5.11万亩。巩固提升受益饮水安全人口3.67万人。全面推行河长制湖长制,江河湖库水质水环境明显改善,并以全区第1名的成绩通过自治区河长制湖长制验收考评。

【防汛抗旱】 2018年汛期,贵港市水利局牢固树立防大汛、抢大险、抗大灾思想,突出抓好"六到位""四个全覆盖",强化责任制落实、督查检查和值班值守等工作,加强监测预警,及时会商分析,超前部署,成功抵御3次较大的强降雨和1次台风的袭击。市防汛抗旱指挥部组织会商10次,启动台风防御Ⅲ级应急响应1次;通过山洪灾害预警系统发出预警626次,短信6.63万条,启动预警广播5137站次,使得灾害损失降到最低,实现人员零伤亡。尤其是第22号台风"山竹"影响贵港市期间,市委书记李新元、市长农融和市防汛抗旱指挥部指挥长、副市长范治晖等领导先后5次组织召开台风防御会商会议,并亲临一线,靠前指挥,最大限度地减少台风灾害造成的损失。

【水利扶贫】 2018年,贵港市水利局围绕脱贫攻坚目标任务,加强组织领导,解决贫困人口"有水喝"问题,有序推进贫困地区农村饮水安全(巩固提升)工程建设,截至底全市实施农村饮水安全巩固提升项目50个,受益总人口15.66万人。其中,列入2018年度为民办实事水利惠民项目19个,巩固提升受益人

2018 年 7 月 6 日，市委书记李新元检查防汛工作

口 3.67 万人。支持贫困村建设方面，协调交通部门，落实桂平市社坡镇光明村秀塘桥、宝土村大冲桥建设资金并指导督促项目完成建设，帮助解决当地村民出行困难问题。落实每个帮扶贫困村 10 万元专项资金支持当地“五小水利”建设。年内，向帮扶贫困村共派出 4 名科级干部任第一书记，2 名美丽乡村工作队员，大力开展结对帮扶工作，桂平市油麻镇上运村、有理村、社坡镇光明村年末实现脱贫摘帽。至此，贵港市水利局挂点的贫困村全部实现脱贫摘帽。

【水利项目建设】 2018 年，贵港市争取水利投资 4.42 亿元，完成投资 5.88 亿元。其中，主要支流项目完成投资 1.76 亿元，中小河流治理项目完成 0.95 亿元，中央农田水利项目 1.54 亿元，中央农业综合开发、新增千亿斤粮食项目等 0.88 亿元，农村饮水项目完成 0.4 亿元，水库除险加固 0.42 亿元，水土保持、小水电、山洪灾害防治等项目完成 0.18 亿元，水毁修复等其他项目完成 0.63 亿元。大力推进郁江贵港市石卡至竹村段河道治理等 3 个重点水利项目，进一步提升了城乡防洪能力。全市实施农村饮水安全巩固提升项目 50 个，受益总人口 15.66 万人。其中，列入 2018 年度为民办实事水利惠民项目 19 个，巩固提升受益人口 3.67 万人。全市实施中央财政小型农田水利工程 77 个，完成渠道防渗 33.65 千米，新增灌溉管道 200.06 千米，新增恢复改善灌溉面积 6.33 万亩。实施高效节水灌溉建设项目 93 个，完成高效节水面积 5.11 万亩。全市中小河流综合治理长度 6 千米，加固防洪堤 8.1 千米，新建防洪堤 0.4 千米，完成护岸建设 9.5 千米；完成达开电站、田贵电站增效扩容改造项目。

【全面推进水利体制改革】 2018 年，贵港市深化小型水利工程管理体制改革扎实开展，各县（市、区）均制定出台体改实施方案和相关配套文件。全市列入确权的工程数量 3468 本，颁发证书 3416 本，占计划的 98.5%；其中涉及公共安全的工程数量为 1228 个，颁发证书 1204 本，占计划的 98%。同时，桂平市、平南县、港南区、覃塘区 4 个非试点县完成县级自验收，自评全部达到优秀。河长制工作取得卓越成绩，各级河长认真履职尽责，市级总河长李新元书记、农融市长多次带队巡河，共同签署颁发贵港市第 1 号、第 2 号总河长令，有力推动河长制湖长制工作；按时按要求完成全市所有河流的基本信息及各级的分级分段河长信息录入全国河长制湖长制管理信息系统工作；完成市级 5 条河流及县（市、区）和乡镇河流 119 个“一河一策”方案的审定印发；积极开展“清河行动”和“清四乱”专项行动，全市各级河长巡河累计 83830 人次；市、县两级先后组织开展专项行动 89 次，出动 15026 人次，拆除非法网箱养殖共 52 万多平方米，拆除率 95.32%；拆除水上非法设施 41 处，20 多万平方米。农业水价综合改革试点工作顺利实施，完成各县（市、区）2018 年农业水价综合改革工作县级验收，完成农业水价综合改革面积 11561 亩，超额完成自治区下达的 1 万亩年度改革任务。

【依法治水管水】 2018 年，贵港市强化水资源管理工作，以水资源管理“三条红线”为抓手，全面落实最严格水资源管理制度的各项工作，主要江河水库水功能区水质达标率和跨设区市河流交界断面水功能区水质水量达标率均达到 100%；开展入河排污口监测，规模以上入河排污口监测覆盖率达到 100%；安装取水计量在线监测 144 台，建成县级以上饮用水水源地水质在线监测站 3 个。做好行政审批和水行政执法工作，全年受理水利行政审批事项 44 件，办结 44 件，群众满意率为 100%；组织开展各类专项联合行动20余次，出动执法人员922人次，现场制止违法行为90次，立案查处违法采砂案件36件，扣押非法采砂船13艘，清理拆除非法砂场137个，罚款330万元；抓好水资源费征收工作，全市共征收水资源费1513.43万元。加强水土流失治理，全市完成生态治理面积51.87平方千米；征收水土保持补偿费2490万元；加强项目水土保持方案审批及验收工作，并开展水土保持动态监测、水土流失现状调查、生产建设项目水土保持“天地一体化”动态监管等工作。抓好水利安全生产，积极开展安全生产检查监督，排查安全隐患并及时整改到位，确保全市水利水电生产工作安全运行。规范农民工工资支付，开展全市水利工程建设市场秩序专项整治行动，严肃查处违法发包、转包和违法分包、挂靠行为，进一步规范水利行业农民工工资支付行为，全市水利项目实名制管理率、工资保证金制度覆盖率、按月足额支付率、劳动合同签订率、维权信息告示牌设立率、分包委托总包代发工资率、分账管理率、银行代发工资均达到100%。

2018年4月3日，市长农融开展巡河调研检查

【党建引领促水利业务】 2018年，贵港市水利局党组坚持“围绕水利抓党建，抓好党建促水利”的理念，大力开展“党建引领水润荷城”主题党建活动。以“党建+防汛抗旱”“党建+河长制”“党建+精准扶贫”“党建+农田水利建设”“党建+招商引资”等特色活动为载体，深入推进党建工作与水利工作有机统筹、深度融合，有力推动“党建+水利”理念深入人心，调动党员干部充分发挥敢干、实干、苦干、善干“四干”作风，以奉献、负责，求实的水利精神，团结拼搏、奋勇争先，全力推进水利各项工作，全市水利改革发展事业保持稳定快速发展的良好态势，并取得显著成绩，贵港市水利固定资产投资完成率、河长制湖长制工作等两项工作取得了全区第一名的好成绩，此外，贵港市水利局2018年绩效考评获得了优秀等次。党建引领促进了水利业务工作发展的模式和效果，获得了市直机关工委的认可和肯定，也多次接待钦州、贺州等地代表团的参观考察，打造了水利党建工作品牌。

（李二梅）

林业

【概　况】 2018年，贵港市林业用地面积50.18万公顷，占国土总面积的47.29%，森林面积49.13万公顷，森林覆盖率46.42%，其中有林地面积41.13万公顷、国灌4.8万公顷、农地乔木林4623.5公顷、农地竹林7238.9公顷、四旁树绿化面积1.93万公顷。活立木总蓄积2634.66万立方米；年木材产量210.7万立方米；林产品加工产值260亿元，同比增长13.04%；林产业总产值380亿元，同比增长22.58%。

【林业生态建设】 2018年，贵港市完成植树造林10020公顷，全民义务植树完成603.6万株。林下经济产值达59亿元，同比增长11.32%，发展面积16.93万公顷，同比增长41.11%。2017年度中央财政森林抚育补贴项目1万亩和造林补贴项目0.14万亩全部完成任务。

【森林资源管护】 2018年，贵港市完成国有林场被侵占林地回收72.97公顷，全市集体林地林权证发放查缺补漏纠错工作完成3.27万公顷。立刑事案件149起，破案104起；行政案件发案181起，破案178起；牵头调处跨市山林纠纷案件2起，协助调处跨市山林纠纷11起，调处跨县山林纠纷案件2起，处理涉林信访积案9起，排查和化解涉稳案件14起。

切实抓好林木采伐源头管理，严格执行凭证采伐管理制度。做好工程项目征占用林地审核审批

2018 年 7 月 5 日，全区古树名木保护管理工作现场会在贵港市召开

工作，全市审核上报工程项目建设征占用林地 38 宗，面积 543.71 公顷，审核审批率达 100%。加强自治区级以上公益林、天然商品林的保护管理，做好自治区级以上公益林、天然商品林核实落界工作。开展“世界野生动植物日”“爱鸟周”和“保护野生动植物·你我同行”野生动物宣传月活动。加强林业有害生物防治，林业有害生物成灾率 1.79‰，控制在 4.2‰以下。完成新增古树名木的复查、建档及系统录入、公布工作，制作古树名木植物品种二维码牌并进行挂牌，森林生态安全屏障更加牢固。

【林业产业发展】 2018 年，贵港市完成林产品加工产值 240 亿元，人造板产量 760 万立方米，森林旅游产值 5 亿元。各级林业部门认真贯彻落实市委书记李新元在全市林产品加工业专题会上的部署以及市长农融在全市林产品加工业汇报会上布置的 12 项工作，深化拓展“六个年”活动，积极行动，强化落实，制订全市林业产业发展工作方案，明确发展林业产业化工作目标任务和工作安排。

加强对森林公园管理，强化森林公园监督，加强基础设施建设。龙潭国家森林公园增加和完善汽车旅游营地、公园游船、漂流等项目；10 月，平天山森林公园继续举行登山赛活动，持续推动根竹至平天山场部的二级路建设，铺设青牛谷至其茶场水泥路面。指导编制平天山森林公园总体规划，已报自治区林业厅评审。

【林产业招商】 2018 年，贵港市林业局招商引资签约项目 2 个，签约投资额 4 亿元，占任务量的 133.33%。市林板招商小分队预计完成签约项目 25 个，签约投资额 36.27 亿元，占任务量的 362.7%，其中超亿元项目 13 个。年内，贵港市林业局在“北方木都”山东省临沂市成立广西贵港市驻临沂市木业招商办事处，主动承接林业上游企业的产业转移，进一步做大做强贵港市林业产业。

【林业品牌创建】 2018 年，贵港市坚持走“生态文明、特色发展”的林业发展战略，着力打造贵港林业“三张名片”，构筑特色发展优势。

创建“国家森林城市” “国家森林城市”是城市生态文明建设的最高荣誉，自 2014 年贵港市紧紧围绕创建国家森林城市为总目标，按照《广西贵港市创建国家森林城市总体规划》，以“让森林走进城市、让城市拥抱森林”为理念，以“翠贯浔郁，森林荷城”为主题，以郁江为主轴，东西扩张，南北拓展，中心突破，依山傍水的高起点规划，进行了大规模的植树造林、开展创建森林城镇、森林村庄、森林单位园区等活动，积极筹措资金，实施大投入的“造绿、增绿、扩绿”工程，2018 年贵港市的森林覆盖率为 46.42%，人均公园绿地面积 14.96 平方米，城市重要水源地森林覆盖率 80.41%，村庄林木绿化率 32.61%，水岸林木绿化率 82.8%，道路绿化率 82.37%。10 月，贵港市获国家林业和草原局授予“国家森林城市”称号。

创建“中国南方板材之都” 抓住木材加工产业加快发展的机遇，以打造“中国板材之都”为重点，按照贵港市委市政府提出的“把林业产业做成重要支柱产业、闪光产业”推动木材加工产业提档升级，把贵港的木材加工产业进一步做大做强。全市林产品加工企业 3000 多家，其中规模以上企业 130 家、板材出口企业 37 家。11 月 17 日，在 2018 中国—东盟林木产业发展高峰论坛暨第三届广西贵港木材加工产业发展高峰论坛上，国家林业和草原局向贵港市授予“中国南方板材之都”牌匾。

创建“全国森林旅游示范市” 充分利用“高铁 +”发挥森林资源的集成优势，合理规划贵港市三大森林旅游片区。通过发展森林旅游及林业产业加速推进国有林场改革,依托平天山国家森林公园旅游产业综合开发项目开展“森林旅游+体育”产业融合模式,成功举办9届登山节暨森林旅游节活动。龙潭国家森林公园培育生态露营品牌,建成桂东南规模最大、功能最全、景色最美的广西四星级汽车旅游营地,成功举办2018广西桂平龙潭国家森林公园运动嘉年华活动。12月16日,在广州举行2018中国森林旅游节上国家林业和草原局授予贵港市“全国森林旅游示范市”称号。

2018年10月15日,在广东省深圳市召开的全国2018森林城市建设座谈会上,国家林业和草原局授予贵港市“国家森林城市”称号,市长农融(右二)参加授牌仪式

【林业改革】 2018年,贵港市林业改革主要加快3项改革,即加快国有林场改革,各个国有林场通过自治区验收并评为优秀等级,扎实做好国有林场改革收尾工作,组织国有林场开展“回头看”和“查缺补漏”等整改,全面完成主体改革任务;推进“三权分置”改革试点,集体林地“三权分置”试点单位港北区的改革工作稳步推进,计划2019年6月底前基本形成“三权分置”并行格局;探索推进林长制改革,贵港市虽未列入全区林长制试点市、县范围,但经积极作为、主动谋划,在5月组织前往安徽省、江西省学习考察林长制基础上,将平南县列为贵港市林长制试点县,平南县印发林长制工作方案,进一步推动地方党委政府保护森林资源责任的落实。

【林业“三大战略”】 2018年,贵港市林业发展重点突出“三大战略”。全面实施乡村战略,推动乡村生态振兴,实施中央财政森林抚育补贴项目1万亩,选择绿化成效较好的港北区奇石乡奇石村河净屯、中里乡六台村六台屯等7个屯作为村屯绿化景观提升对象。落实“基础便民”农村能源专项活动建设,新增农村能源储备项目10多个。打赢精准脱贫攻坚战,选派一批优秀党员干部作为派驻贫困村的第一书记、队员和林业科技特派员,支持贫困村开展基础设施建设,赠送油茶苗、杉木苗用于村集体经济发展。大力实施林业产业扶贫项目,建设和提升“产业富民”林下经济示范基地。获上级580万元专项资金用于选聘和续聘生态护林员,直接带动1706名以上贫困人员脱贫,实现贫困人口“山上就业”“家门口脱贫”。打好森林防火持久战,建立森林防火预警信息发布制度,科学研判形势,周密部署工作,认真落实责任,做好预案准备、队伍准备、装备技术及物资准备,确保“大火不发生、中火不发生、小火少发生”。全市发生森林火灾29起,火场总面积333.07公顷,受害森林面积131.9公顷,森林火灾受害率0.27‰,低于0.8‰的年度控制目标。（黎　烨）

工　业

工业综述

【概　况】 2018年,贵港市按照自治区“强龙头、补链条、聚集群”的产业发展思路和市委“13446”工作思路,坚定不移实施“工业兴市、工业强市”战略,深化拓展“市长服务企业接待日”“工业提质增效年”和“企业服务品牌年”活动,推进产业转型升级和工业结构调整。成立由市委书记和市长担任组长的推进全市工业高质量发展的工业强市领导小组,出台《关于推动工业高质量发展的决定》《贵港工业高质量发展实施方案(2018—2022年)》,被自治区定位为广西战略性新兴产业城。5月27日,全区工业高质量发展大会代表参观贵港市4个重点项目现场,5月28日市委书记李新元在大会上作经验介绍发言。

全市工业增加值396.51亿元，同比增长12.9%，对经济增长的贡献率为40.6%，拉动经济增长4.1个百分点。完成规模以上工业总产值1252亿元，排名全区第六，总量步入全区中等水平；同比增长22.6%，排名全区第二。规模以上工业增加值同比增长13.5%，位列全区第三。工业投资同比增长56.8%，全区排名第一；技术改造投资同比增长46.2%，在全区排名第一；制造业投资同比增长68.8%，排名全区第二。规模以上万元工业增加值能耗同比下降10.3%，排名全区第三；新增规模以上工业企业127家，排名全区第一，各项工业经济指标全部超额完成，全市工业经济实现稳中快进持续向好发展。

【规模工业企业发展】 2018年，贵港市抓好贵钢、瑞康、华润(平南)、华润(贵港)、华奥、赛尔康等10亿元以上重点企业稳增长，推动企业达产达效，完成规模以上工业总产值1252亿元。积极培育中小企业发展壮大，新增入库规模以上工业企业127家，排名全区第一。其中，新建企业68家，新建入库企业拉动规模以上工业增加值增长4.3个百分点。全面加强经营要素保障，组织194家企业参加电力直接交易，降低企业成本，提高项目建设和企业生产经营所需要素保障能力。规模以上工业增加值同比增长13.5%，比上年提高1.3个百分点，比下达目标高1.5个百分点。

【工业招商引资】 2018年，贵港市工业和信息化委员会牵头推进市新能源汽车(电动车)招商小分队工作，签约项目12个，总投资58亿元。全市新签约工业项目200个，计划投资额582亿元，引进投资35亿元的平铝轻量化车厢、投资15亿元的金奔腾车联网云服务平台项目、投资10亿元的安铂瑞医疗器械产业基地等项目。被评为2017年度工业投资先进单位。

【工业项目建设】 2018年，贵港市加快推动开竣工项目一批，新开工重点工业项目96个，竣工项目37个；新建规模以上项目68家，成为贵港市工业经济发展的新增长极。重点项目建设推进顺利，腾骏汽车、荷美专用车获得整车生产企业资质，久久星专用车实现新厂新车下线，计划腾骏汽车、爱玛电动车、贵钢特种钢技改项目2019年投产，嘉龙海杰电子开始安装设备，平铝项目已开工建设。

【争取政策和资金扶持】 2018年，贵港市制定企业技术中心认定管理、工业企业创新研发及两化融合奖励、工业行业冠军企业和明星企业评选奖励、工业企业上规入统奖励等暂行办法，支持企业做大做强，加速产业集聚，加快新兴产业发展。"新三篇"产业规模以上工业增加值13.76亿元，同比增长29%。组织园区和企业申报2018年度各级工业和信息化发展资金扶持，获得资金5579.43万元。

【工业发展质量效益提升】 2018年，贵港市深化拓展"工业提质增效年"活动，积极推进企业生产技术、清洁生产、智能化改造工作，抓好贵钢、贵糖集团项目的升级改造，推进全自动化装包、机器人码垛、家具智能制造、互联网定制等智能项目建设，提档升级传统产业。林板纸、纺织服装、船舶制造、农副食品加工、非金属矿物制品5个行业对规模以上工业增加值增长的贡献率94.2%，拉动规模以上工业增加值增长12.7%。扬翔、史丹利分别获得自治区级技术创新示范企业、企业技术中心认定；贵钢集团获全国"十大优秀建筑用钢生产企业品牌"；华润水泥(平南)绿色工厂入选工信部绿色制造名单。围绕全市支柱产业和特色产业深入开展品牌培育工作，全市12家企业14个产品获得2017年广西名牌荣誉称号，数量创历史新高。

2018年5月2日，自治区党委书记鹿心社(左二)在贵港调研贵港工业发展情况

【服务企业】 2018年,贵港市深入开展“市长服务企业接待日”活动,举办活动12期,协调解决问题72个。深化细化“企业服务品牌年”活动,实施精准挂点服务,协调解决挂点企业问题367个。完善相关限时办结机制,全部审批服务事项实现“最多跑一次”。贯彻落实降成本政策措施,全年减轻企业负担26亿元,其中电力直接交易减轻企业负担超过1亿元。加强政银企对接,做好重点项目融资,通过产业基金为腾骏汽车项目设备购置融资近10亿元;深入开展“惠企贷”工作,帮助中小企业融资1.96亿。2018年在投资环境满意度中蝉联广西第一,获评为“2018年度中国十佳营商环境示范城市”“2018中国营商环境质量十佳城市”。

【园区发展】 2018年,贵港市推进广西第二汽车生产基地规划编制、工业园区主导产业布局调整及各园区规划修编工作,进一步发展壮大中国—东盟新能源电动车生产基地。年内,新增入园企业30家,累计入园企业615家,全市工业园区完成规模以上工业总产值805.4亿元,同比增长24%;完成规模以上工业增加值231亿元,同比增长13.9%;实现新签约项目合同总投资167.54亿元,完成基础设施建设投资5.4亿元。

重点行业发展

【概　况】 2018年,贵港市工业经济保持较快发展,九个重点行业呈“八升一降”的态势,累计完成规模以上工业总产值1206.9亿元,同比增长22.3%,占全市总产值的96.4%,拉动全市工业总产值增长21.6个百分点。其中,林板纸增长54.2%、机械制造增长25.9%、纺织与皮革增长20.7%、建材增长18.9%、电力增长18.0%、化工增长15.8%、农产食品增长13.9%、饲料增长11.9%,八个行业保持正增长;冶金减少1.6%,行业呈负增长。贵港市新能源汽车及电动车、电子信息、生物医药等新兴产业(贵港市的“新三篇”)完成产值54.9亿元,同比增长37.2%,高于规模以上工业增速14.6个百分点,拉动全市规上工业总产值增速1.5个百分点。电子工业完成产值25.5亿元,同比增长53.1%。医药制造业完成产值8.9亿元,同比增长46.4%。

【建材工业】 2018年,贵港市建材行业完成产值234.3亿元,同比增长18.9%,拉动工业总产值增长3.6个百分点;累计工业用电量22.6千瓦时,累计同比增长2.5%;产销率达99.28%。

因年内水泥行业市场转好,水泥销售价格上涨,贵港市水泥产量2237.8万吨,同比增长5.9%;产值84.2亿元,同比增长27.8%,拉动建材行业增长9.3个百分点。台泥、华润(贵港)、华润(平南)三大水泥公司产值保持平稳较快增速,实现产值79.4亿元,占建材行业产值33.9%,带动建材行业产值增长。石膏、水泥制品及类似制品制造业完成产值15.0亿元,同比增长36.8%。陶瓷业运行良好,完成产值9.9亿元,同比增长25.41%。受环保政策影响,贵港市石灰及石膏制造业完成产值66.7亿元,仅同比增长1.8%。

【冶金工业】 2018年,贵港市冶金行业完成产值76.9亿元,同比下降1.6%;累计工业用电量9.0亿千瓦时,累计同比增长18.5%;产销率为98.27%。

经环保督查,部分冶金企业停产限产,导致行业产值增速下滑。钢材产量136.7万吨,同比增长10.8%。重点企业贵钢集团因环保督查,产值增速放缓,产值56.1亿元,同比增长24.5%,比上年低20.8个百分点,拉动冶金行业总产值增长14.1个百分点。

【农产食品加工业】 2018年,贵港市农产食品加工行业(不含饲料加工)完成产值161.2亿元,同比增长13.9%,拉动工业总产值增长1.9个百分点;累计工业用电量1.4亿千瓦时,累计同比下降1.0%;产销率为95.14%。

重点产品产量在市场需求带动下快速增长,鲜、冷藏肉产量为15.6万吨,同比增长6.7%。其中,农副食品加工业(不含饲料业)产值107.2亿元,同比增长20.7%,拉动农产食品加工行业增长13个百分点。重点企业广西粤桂广业控股

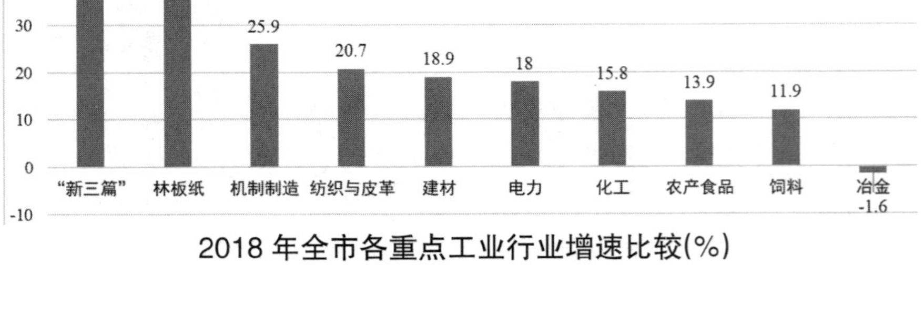

2018年全市各重点工业行业增速比较(%)

股份有限公司实现产值9.4亿元，同比增长0.6%。

【纺织服装与皮革工业】 2018年，贵港市纺织服装与皮革行业完成产值179.2亿元，同比增长20.7%，拉动工业总产值增长3.0个百分点；累计工业用电量0.6亿千瓦时，同比增长11.3%。

因服装价格上涨的利好，服装业继续保持增长势头，全市服装产量1.7亿件，同比增长11.5%，产值132.3亿元，同比增长21.0%，拉动纺织服装与皮革行业产值增长15.5个百分点。羽毛及其制品和制鞋业完成产业40.3亿元，同比增长23.2%。

【机械制造工业】 2018年，贵港市机械制造行业完成产值150.0亿元，同比增长25.9%，拉动工业总产值增长3.0个百分点；累计工业用电量0.13亿千瓦时，累计同比增长18.7%；产销率为93.06%。

造船业累计完成产值102.6亿元，同比增长30.7%。船舶产品产销指标匹配良好，产销率为96.1%，民用钢质船舶产量为369.9万载重吨，同比增长17.2%。得益于华奥汽车、久久星专用车等项目投产增效，汽车制造业累计完成产值24.8亿元，同比增长28.3%，拉动机械制造工业产值增速4.6个百分点。

【电力工业】 2018年，贵港市电力行业完成产值56.3亿元，同比增长18.0%，拉动工业总产值增长0.8个百分点；产销率为98.48%。

贵港供电局受全社会用电量增加的利好影响，实现产值36.9亿元，同比增长11.4%；华电贵港电厂年初通过消纳固废物白泥对应最低保障负荷核查，利用西电东送契机努力增发电量，实现产值13.4亿元，同比增长37.2%。

【林板纸工业】 2018年，贵港市林板纸行业完成产值227.3亿元，同比增长54.2%，拉动工业总产值增长7.8个百分点；累计工业用电量2.5亿千瓦时，累计同比增长1.9%；产销率为96.84%。

因贵港市板材原材料充足，生产成本下降，市场需求旺盛，助推人造板行业产销两旺，完成产量1036.8万立方米，同比增长74.9%，产值178.4亿元，同比增长64.8%，拉动林板纸行业产值增长47.6个百分点。东海木业等重点企业生产稳定，产值保持较高增速。竹藤棕草等制品制造企业开工充足，产值保持增长态势，完成产值29.2亿元，同比增长6.62%。

【化工工业】 2018年，贵港市化工工业完成产值58.9亿元，同比增长15.8%，拉动工业总产值增长0.8个百分点；累计工业用电量1.1亿千瓦时，同比增长13.6%；产销率为97.55%。

由于化肥行业生产成本逐年上升，产能过剩。全市化肥产量为3.4万吨，同比下降28.3%。重点产品产量有增有减：甲醛产量为23.9万吨，同比增长23.9%；二氧化锰产量为202.3万吨，同比增长33.1%；植物类饮片产量为67.1万贵港市，同比下降29.5%；硫酸产量为11.5万吨，同比下降40.4%；合成氨产量为2.5万吨，同比下降31.6%。

【饲料工业】 2018年，贵港市饲料工业完成产值62.9亿元，同比增长11.9%，拉动工业总产值增长0.7个百分点；累计工业用电量0.6亿千瓦时，累计同比下降1.5%；产销率为99.36%。

因饲料市场产销两旺，贵港市饲料产量为196.2万吨，同比增长8.5%。受业内市场竞争激烈，需求提升的影响，瑞康完成产值26.7亿元，同比增长0.3%，拉动饲料工业产值增速0.2个百分点。

（范培榕）

二轻城镇集体企业

【概　况】 2018年，贵港市二轻系统企业35家，职工人数3182人。企业的生产经营项目涉及制浆造纸、日用品、塑料制品、金属制品、服装、编织工艺等工业门类，产品包括纸板、白铁制品、塑料制品、木家具、旗类、刀具、镍氢镍镉电池、服装、工艺品等。为确保二轻企业集体资产不流失且保值增值，保护、传承和发展传统工艺美术，全市二轻行业累计完成工业总产值13479万元，同比增长8.61%；完成销售收入13094.7万元，同比增长8.64%；上缴税金319.5万元，同比增长10.06%；实现利润263.5万元，同比增长10.02%。

【二轻行业管理】 2018年，贵港市二轻城镇集体工业联合社（以下简称贵港市二轻联社）推进二轻行业服务管理，开展“服务基层、创新发展”主题活动，获全区“服务基层、创新发展”三等次。推动贵港市工艺美术行业的传承和发展，不断壮大传统手工业。1月，首次承办第十一届广西园林园艺博览会（贵港）的工艺美术作品展，5大类、150多件工艺美术作品在园博园成功展出。7月，成功举办贵港市首届“布山杯”工艺美术作品展览，展出国家级、省级以及工

2018年5月19日，贵港市二轻联社组织工美企业在南宁市参加广西第八届发明成果创造展览交易会

美企业或个人新创佳品500多件（套）。积极组织参展参评，首次参加2018"百花杯"中国工艺美术精品奖，获金奖1件、银奖1件、优秀奖2件的佳绩，参评获奖率达100%，位居广西榜首；组织6家企业参加第53届全国工艺品交易会暨2018年"金凤凰"创新产品设计大奖赛，取得2银3铜4优秀的成绩；动员企业参加第十届"艺鼎杯"中国木雕现场创作大赛，参赛作品《染》获当代组银奖；组织3家企业12件作品(9件作品参评）参加第八届发明成果创造展览交易会；组织16家企业120多件作品参加2018年广西工艺美术作品旅游工艺品暨大师精品展览，取得2金3银8铜1精品好成绩，贵港市二轻联社获组织三等奖。行业特色区域实现基层全覆，指导平南县顺利通过"广西刀具生产基地"二轻行业特色产业区域称号，年末全市拥有国家级特色区域授名1个、自治区授名3个。11月8日，组织会员召开贵港市工艺美术协会第一次会员大会，12月上旬，协会顺利成立，有助于推动贵港市工艺美术行业的传承和发展。

【招商引资】 2018年，贵港市二轻联社围绕市委"13446"工作思路，全力推动招商引资工作，并以优质服务助推项目建设。开展系列招商引资活动，开展招商洽谈活动6次，引进项目2个，投资资金7500万元，超额完成年度招商任务。协助康乐湾养老中心办理相关证照，协调解决项目存在的困难问题，帮助企业于2018年4月底顺利开业运营，既盘活了闲置资产，使原西江纸厂每年增收60万元，而且使原破烂厂房变成环境优美的养老养生休闲场所。

【企业职工保障】 2018年，贵港市二轻联社履行指导、协调、维护、监督职能，加强对直属企业集体资产监督管理，多措并举维护集体资产权益。对2017年达到退休年龄的已改制企业安置原职工医保情况进行调查摸底，根据调研情况，帮助20名原职工补办职工医疗保险。落实筹资3.7万元帮助困难企业市螺钉厂解决收支不平衡问题，实现企业和职工利益最大化，确保集体资产保值增值。 （甘佳欣）

交通邮政业

交通运输综述

【概 况】 2018年，贵港市公路总里程8072千米。其中，高速公路291千米，一级公路144千米，二级公路652千米，三级公路457千米，平均每百平方千米土地面积有公路65.05千米，所有的乡镇和行政村通公路。辖区内有内河航道287千米，其中二级244千米，所有县（市、区）均有船舶通航。全市有道路运输客货运企业266家、驾培企业65家、三类以上维修企业341家；客运站62个，便民候车亭115个；拥有各类营运车44558辆；公交线路66条，客运班线471条。拥有货运船舶3041艘、501.3万载重吨，旅游客船3艘、488客位。公路客运量累计完成2572万人、客运周转量累计完成333937万人千米；货运量累计完成10244万吨，货运周转量累计完成1322593万吨千米；客货周转量完成135.6亿吨千米。与上年同期相比客运量下降5.20%，客运周转量下降5.15%；货运量增长9.87%，货运周转量增长9.41%；客货周转量增长9.00%。完成水路货运量15945.1万吨，旅游客运量1.8万人，旅游客运周转量36万人千米。全年完成港口货物吞吐量7003.2万吨，同比增长10.8%，其中集装箱吞吐量完成30.01万标准

2018年4月10日，贵港交通运输执法人员对船舶检查　　市交通运输局　提供

箱、同比增长35.1%。全年项目投资累计完成68.16亿元，占全年目标任务60.75亿元的112.18%。

【交通运输安全生产】 2018年，贵港市严格落实安全生产"党政同责、一岗双责、失职追责"制度，以创建"平安交通"为主线，以重大事故"零发生"为目标，以道路客运、危险化学品运输、交通工程建设施工等为重点，以加强组织领导、狠抓责任落实、强化隐患排查治理为措施，全市交通运输行业安全生产形势严峻。全年全市道路运输车辆发生涉及人员死亡的行车事故16起、死亡23人、受伤16人，与2017年同期相比分别上升6.67%、上升35.29%、上升77.78%，发生2次较大道路运输行车事故。

国省干线切实做好重要节假日公路安全生产工作，全年组织开展安全生产专项活动12项。做好雨季汛期防御台风安全工作，汛期以来出动检查组31组，投入检查人员207人次，主要检查桥梁181座，涵洞422座，高边坡及临水临崖，急弯陡坡事故易发路段35处，检查出隐患9处，整改7处，清理水沟40447米。结合各专项活动，全年组织检查232次，排查并整改隐患200处，累计投入资金28.39万元。完成整治辖区内事故多发路段，投入20多万元。

（蒋路遥　麦广朝）

道路运输方面　切实加强车辆动态监控管理。约谈车辆动态监控不到位的道路运输企业，落实整改企业、车次，入网率从98.64%提高到100%，上线率从93.3%提高到100%，查处凌晨2点至5点违规运行的客车，并进行处罚。针对2018年贵港市发生2起较大道路运输行车事故，召开事故安全约谈会。抓好行业维稳工作，继续推进"安全生产月""安全生产荷城行""平安交通百日行动"等活动，抓好节日期间道路运输安全保障工作，联合相关运输企业开展应急疏散与消防应急演练。

港口水运方面　继续推进"平安港航"活动，扎实组织开展"平安港口""平安船""平安渡口"等活动，督促港口水运企业落实安全生产责任、建立健全各项安全生产管理制度并严格执行。开展"渡运安全月"活动，开展渡口渡船专项检查，重点检查乡镇客圩渡船的安全运行及持证、"一渡一岗"责任落实、渡口渡运现场监督管理、渡口渡船视频监控系统管理使用等方面情况，严厉惩治无证驾驶、超载等非法渡运行为。2018年举办全市水路运输企业安全管理人员培训班2期，对企业海务机务和法人、安全管理负责人进行安全管理知识培训。并跟踪修编《贵港市水路运输保障应急预案》和《贵港市水路交通突发公共事件应急预案》。开展危险品港口作业码头安全专项整治，严格水路危险货物运输企业和危险货物运输船舶准入，组织对港口储罐区等危险货物作业进行安全评估。对贵港市平南港区武林港作业区二期工程和西江航运干线贵港航运枢纽二线船闸工程两个2018年在施工水运项目的20次安全检查中，所发现的5处安全隐患均及时整改。全年港航行业没有安全生产责任事故发生。

农村公路方面　继续推进实施公路安全生命防护工程建设。2018年总投资2152万元，完成全市农村公路安防工程38个，处治隐患里程114.18千米。

交通建设工程管理　继续开展"平安工地"建设活动，重点督促交通公路水运工程项目建设、施工、监理等单位落实安全生产管理制度，完善施工现场安全警示设施，规范施工现场临时用电，严格落实施工安全管理"三类人员"持证上岗制度，落实建设工程防坍塌防坠落措施等，确保全市交通建设工程领域无安全责任事故发生。

【参与文明城市创建活动】 2018年，贵港市交通运输局派出人员协助有关部门落实创城工作。在车站、运输企业、公交车、出租车等地方张贴、悬挂、播放有关社会主义价值观、讲文明树新风等创城标语、视频，强化宣传效果。继续开展"礼让斑马线"，交通志愿者高铁站、客运站服务，开展军人、学生、环卫工人公交服务等活动，落实创城工作。通过道路运输行业大整治大提升工作，有效转变贵港市道路运输行业中存在的不文明、不规范、服务不到位的情况，存在问题的整改率达95%以上。道路运输重点行业内的出租车、公交车存在的问题得到明显的改观，重点运输企业自查自纠工作覆盖95%以上。

（蒋路遥）

交通基础设施建设

【概　况】 2018年，贵港市交通基础设施建设项目投资完成68.16亿元，占全年目标任务60.75亿元的112.18%。其中，高速公路完成投资49.7亿元，路网项目完成投资5.196亿元，农村公路完成投资2.74亿元，水运项目完成投资1.5亿元，其他社会交通投资完成9.02亿元。

【公路建设】 2018年，贵港市高速公路建设贵港至隆安、荔浦至玉林高速公路顺利推进，截至年末全市高速公路里程达293千米，中心城区东西南北方向均通高速公路，全市高速公路密度为2.76千米/百平方千米。地方路网武林港疏港大道（武林至上渡沿江）和贵港港中心港区苏湾作业区一期工程进港公路等项目建成通车，四灵至高峰、蒙山至金田、平南大安至镇隆公路和桂平社步至麻垌等进展顺利；覃塘至石卡产业园公路、桂平金田起义旧址进景区道路、根竹至平天山公路和石牛水库至平天山公路等进港区、园区和旅游景区道路项目加快推进。

农村公路建设，4月出台《贵港市人民政府深入推进“四好农村路”建设工作方案（2018—2020）》，各级交通部门积极开展“四好农村路”创建工作，并取得阶段性成果。全年新建、改建农村公路163条646千米。新开工县乡联网路项目6个147千米。完成窄路加宽项目7个33.2千米。完成安保工程项目38个，处理隐患里程114.13千米。完成危桥改造项目8座970.10米。开展农村公路路况自动化检测，委托第三方检测机构对全市2000千米农村公路进行抽检。贵港市在全区农村公路路况抽检中各项指标名列全区第一。

2018年6月，贵隆高速公路ZK14+160-ZK14+483段水泥稳定碎石下基层施工现场

市交通运输局　提供

【水运项目建设】 2018年，贵港市中心港区苏湾作业区竣工，贵港港中心港区苏湾作业区一期工程是贵港市打造现代物流体系的核心项目，自治区统筹推进重大项目和西江亿吨黄金水道项目，同时也是西江经济带基础设施大会战项目。该工程新建设5个、2000吨级泊位（水工结构按照3000吨级预留）及后方陆域配套设施，泊位长度为540米，码头工作平台宽25米，港区陆域纵深约660.3米，陆域面积约为38.66万平方米。配置有门座式起重、集装箱正面吊、铲车、叉车、牵引车等港机先进设备。设计年吞吐量400万吨以上，其中集装箱10万标准箱以上。该工程于2014年12月开工建设，2017年6月16日竣工试运营，2018年通过部分竣工验收。苏湾作业区为第四代现代化港口，具备散货、件杂货、集装箱装卸、仓储、中转、拆装箱等综合业务能力，定位为粮食（玉米、大米等农产品）、白糖、建筑材料、林木产品及相关辅助材料仓储、堆存及交易专业港口。12月29日，西江航运干线贵港至梧州3000吨级航道工程正式开工建设。该航道工程全长290.5千米，投资概算19.58亿元，工期42个月，航道主尺度为4.1米深、90米宽，弯曲半径为670米，满足3000吨级内河船舶、两排一列式一顶2×3000吨级及一顶2×2000吨级顶推船队通航。项目分两期建设，一期工程实施贵港至长洲枢纽段266.5千米库区航道，二期工程实施长洲水利枢纽至界首24千米天然航道，主要工程内容包括疏浚工程、炸礁工程、航标及配套工程等，全线整治滩险27处、局部浅点17处等。（蒋路遥）

【国省线路大中修养护工程】 2018年，贵港公路管理局完成一级公路沥青路面大修工程5千米1375万元，完成危桥改造主体工程2座1075万元，完成水泥混凝土路面大修工程1.36千米180万元，完成安全生命防护工程121.22千米388万元，完成公路地质灾害防治工程0.7千米212.94万元，完成危险路段改造工程3个69万元，投入238.48万元。

【公路养护】 2018年，贵港市交通运输局管养公路8072千米，贵港公路管理局管养国省干线里程915.02千米，其中国道265.36千米，国省干线公路技术状况处在良好状态，实现全部路线好路率77.13%，高出全区平均水平12.1个百分点，连续6年来处于全区领先位置。

贵港市交通运输局加大农村公路水毁工程资金投入，年内投入资金500万元对水毁项目进行修复。经逐年投入，已将历年遗留的水毁问题进行消除，进一步改善农村公路出行条件。加强安全隐患排查，组织各县区交通运输局开展农村公路平交路口安全隐患排查，并逐一建立相关台账。

贵港公路管理局对国省干线公路日常养护，完成路面修补54.42万平方米，完成年度修补计划的101.5%。投入资金151.68万元对桥梁小修养护。开展广西普通干线公路交通标线质量控制专项工作，投入238.48万元，恢复标线36667.8平方米，增设人行横道线306平方米。开展普通国省道里程碑和百米桩埋设工作，完成里程碑埋设401块，百米桩埋设3578块。开展“美丽广西”公路行动，投入绿化美化、路面修补资金249.191万元，拆除非公路标志1619块，清理水沟68033米，疏通涵洞207处，拆除违章搭棚4355.5平方米、267处。参与贵港市大气污染防治百日攻坚整治活动，对辖区内北环路一级公路16千米、西江监狱至平天山路口段一级公路4千米进行路面保洁和扬尘专项治理，清理道路边建筑垃圾、废土、碎石及路上散落物412.1立方米。（麦广朝）

【西江航运交易所建设】 2018年，西江航运交易所实施自治区党委、自治区人民政府“双核驱动”发展战略和贵港市委“13446”工作思路，为助力打造“西江流域核心港口和新兴工业城市”，加快网络交易平台建设，年内贵港二手船舶交易额25.46亿元，交易艘数1409艘，同比分别增长167%和94%，交易额和交易艘数在全国排名均列第一位。

交易平台建设　以航运交易所门户网站为基础，优化完善平台功能，通过西江航运交易所官方网站“西江航运网”和官方微信公众号，收集发布船舶交易、货运交易、人才服务和政策法规等重要信息，平台功能逐步升级完善，信息发布量稳步增长，西江综合物流信息平台建设，已开发完成并试运行。

船舶交易市场信息发布　年内，受国内经济企稳反弹，内河航运市场复苏的利好影响，二手船舶市场交易活跃度进一步加剧，西江航交所通过分析国内外航运市场发展态势，充分利用大数据平台，及时采集发布航运市场动态和热点信息，连通航运市场上中下游链条供需求信息，打破货物、船舶和客商信息孤岛。同时，提升服务水平，提高办事效率。

船东互保业务开业　1月8日，贵港市船东互保协会揭牌成立，全面提升船企抗风险能力，并降低企业运行成本。年内参保船舶30艘38971总吨，总保费111万元，承保责任险22件，保额4.4亿元。

航运发展政策落实　上线贵港市集装箱班轮航线补贴系统，在门户网站开发集装箱班轮和运价备案软件，对接补贴材料收集工作。全年有6家航运企业11条新旧航线开航，有力促进全市水路集装箱运输培育发展，年内全市水路集装箱吞吐量突破30万标准箱，同比增长35%，港口吞吐量突破7000万吨，同比增长10.8%。

（严昌俊）

交通运输行业管理

【城市公共交通管理】 2018年，贵港市交通运输局组织有关部门开展《贵港市中心城区公交线网优化三年实施方案》《贵港市城乡道路客运一体化规划》等编制工作。推进公交基础设施建设，开展公交首末站选址相关工作，修改完善纳入智慧公交统筹规划实施的BRT项目方案，开展“云巴”项目编制前期工作；第三公交综合停车场完成充电桩、停车场、运营管理用房、生产管理用房、维修保养场等建筑的结构建设，部分设施在质量验收合格后已开始交付使用；公交专用道项目已完成从高铁站前广场经金港大道至园博园路口的专用道标线施划。开展公交多样化服务，开行定制线路5条、学生线路3条，优化调整线路11条、暂停3条、改道绕行15条。在园博园开园、春节、元宵灯会、国际马拉松比赛、人大、政协两会、临时开行专线4条、调整线路10条，临时延长运行时间3条，完成指令性运输任务8次。在广西首个开展“环卫工人免费乘坐公交”活动，开展2期免费运送军人活动。推进交通一卡通建设，贵港市中心城区已实现交通一卡通互联互通建设工作，贵港市城区机具安装率、线路覆盖率100%。桂平市、平南县交通一卡通工作也在加快推进。召开贵港市城市客运管理工作联席会议2次，组织开展“绿色出行宣传月”和“公交出行宣传周”活动，被评为交通运输部2018年绿色出行宣传月和公交出行宣传周活动成绩突出集体。

【出租汽车行业管理】 2018年，贵港市交通运输局引导加快转型，新成立的贵港市荷美公交出租车有限公司，投入纯电动出租汽车，实现贵港市纯电动出租汽车零的突破。促进依法治理，制订《贵港市深化出租汽车行业改革发展实施方案》《关于私人小客车合乘出行的实施意见(征求意见稿)》等。举办2018年贵港市出租汽车行业违规驾驶员法律法规培训，落实贵港市2017年度社会评价群众意见建议事项整改，完成投诉案件。严格管理网约车准入制度，2018年已有滴滴出行、万顺叫车和天津出行3家平台公司获得贵港市的网约车经营许可，开展办理网络预约出租汽车驾驶员证，办理网约车运输证。完成2017年城市公交车燃油补贴，出租车油补审核发放工作；完成2018年城市公交车油补及2017年度新能源公交车运营补助资金审核发放工作。

【客运管理】 2018年春运期间，贵港市道路运输行业运送旅客233.52万人次。贵港市交通运输局联合多个部门开展“情满旅途”活动，贵港市道路运输管理处被交通运输部等部门评为“情满旅途”活动成绩突出集体。建制村(贫困村)通客车项目，重新验收19个建制村通预约客车信息公示牌重新安装工作；完成新增建制村通客车工作目标14个，实际超额完成达28个；同时完成6个便民候车亭建设。落实客运站场的封闭式管理，完善各类工作台账。并按照上级部门部署，在相关站场开展落实各项创建、共建、服务工作，维护相关站场的有序经营。完成客运经营届满续营许可工作。完成2017年农村客运油补审核发放工作。

2018年2月18日，交通运输执法人员在汽车西站前检查出租车　市交通运输局　提供

【货运管理】 2018年，贵港市开展公路货车超限超载治理工作，根据相关执法部门转来的违章信息，建立抄告信息登记台账。落实上级部门部署的货运车辆行业监管、疫情运输防控等工作。下发《关于进一步加强危险货物运输管理工作的通知》，落实危货运输管理工作。开展对接服务企业活动，积极协助组建贵港市汽车物流运输行业协会和筹建“货车司机之家”。农村物流中心项目落实规模用地，已做项目第一期建设的“三通一平”工作，并开展围墙、标准化仓库、分拣中心、停车场等基础建设前期工作。推进公路水路运输无缝接驳，继续引导道路运输企业与水路相关企业签订运输协议，深化多式联运合作关系。

【维修行业管理】 2018年，贵港市11家汽车综合性能检测机构按国家要求实现普通货运车辆“两检合一”和道路运输车辆综合性能检测全国联网。按照交通部的要求组织开展道路运输车辆综合性能检测机构专项督查、整治工作。加强取消“机动车维修经营许可”行政许可事项后的事中事后监管工作，建立健全贵港市机动车维修经营备案制度。

【机动车驾驶员培训管理】 2018年，贵港市完成客货危道路运输从业人员的培训考试8125人次。确认继续教育驾驶员8124人；出租车和网约车驾驶员从业考试2196人。落实驾驶员计时培训管理工作，全市所有培训机构均使用计时系统进行培训并完成更新计时培训系统，完成安装新计时培训终端。通过计时培训各类驾驶员全市111621人。严把驾校准入门槛，引导原有驾校通过重组合并做强做大，通过质量信誉考核淘汰不合格的驾校，开展机动车驾驶员培训教练场地专项检查工作，核查各驾校的设施、设备，场地等。

【水运管理】 2018年，贵港市加强港航行业管理工作。10月中旬，召开港口行业管理工作会议，明确港口行业管理有关事项，布置老旧码头开展技术检测工作，规范行业管理。做好港航企业、船舶管理业的资质管理，对企业筹建、开业、变更事项认真审核把关，年内申请经营许可的企业10家(其中省内水路客运1家)。通过严格按照《国内水路运输管理规定》要求审核上报。做好客渡船财政油价补贴资金下放工作，全市有渡船171艘，上级下达客渡船财政油价补贴资金240.87万元，制订补贴方案下发各县(市、区)贯彻执行。推进列入自治区便民码头建设计划的覃塘区大岭乡木铺码头改造工程、覃塘区大岭乡良岭码头引道硬化、桂平市木圭渡口码头工程，已完工。开展大气污染防治和“小散乱”码头整治，促进港口提档升级。开展港口大气污染防治“百日攻坚”行动，对中心城区港口企业开展港口大气污染防治整治，对大秦码头道路旁焚烧垃圾、路面破损、泥浆满地等问题进行整改，对大秦、南山码头进行约谈并采取停业整改等强制措施，督促贵港二线船闸工程施工单位加强工地扬尘污染防治，落实各项扬尘污染防治措施。在华润水泥(贵港)有限公司码头开展船舶固体垃圾接收试点工作。《贵港市防治船舶及其有关作业活动污染水域环境应急能力建设规划》已获市人民政府批复实施。对老旧码头进行技术检测评估，至年底有59家码头企业与检测单位签订协议。

贵港港货物吞吐量突破7000万吨 贵港市交通运输等有关部门，坚持优化营商环境，深入港航行业提供优质服务，督促指导港航企业提高服务质量，合理安排港航生产。同时引导企业拓宽货源渠道，全年组织有关人员到云南昆明、贵州贵阳、南宁等地开展港口宣传推介暨招商引资活动2次，并组织大宗货源进港中转，促进港航生产持续增长。

经调研、编制、征求意见、讨论修改等环节完成《贵港港总体规划(草案)》上报市人民政府审核。12月29日，贵港市五届人民政府六十次常务会审议通过该规划。

【应急安全管理】 2018年，贵港市严格实行节假日及重要时段领导带班和24小时在岗值班制度，按时、按要求报送突发事件和重要值班信息。强化落实安全行业监管责任和企业安全生产主体责任。扎实开展安全行业7个专项整治行动，检查港航企业83家，渡口26个，道路运输企业131家(次)。排查道路交通一般安全隐患218处，处罚各类交通运输违法案件1511起，罚没款187.76万元。通过强监管，严执法，全市交通安全生产形势稳定。在桂平市白沙车渡举办公路车渡码头应急演练。

【交通综合执法】 2018年，贵港市交通输运局出动执法人员18225人(次)，查扣违法违章车辆1661辆(次)。其中，非法营运车1336辆，违章车辆325辆;违章维修厂3家。联合查处超限超载货车47辆，卸载货物2147.53吨;处罚1年内违法超限运输超3次的货车5辆和驾驶员7人。查处违法违规经营货船15艘，违法违规经营渡船22艘，无证经营码头5座。处理违法违章案件2049起，罚没款291.98万元。

深化市中心城区三轮车专项整治 1月24日至2月28日，按市政府统一部署，贵港市交通运输

2018年6月15日，桂平市交通运输局开展车渡渡船综合应急演练

市交通运输局 提供

综合行政执法支队联合市交警、治安、市政等部门的94名执法人员组成联合整治工作组，通过行动前部署整治重点区域路段、整治中相互配合堵截、夜间整治等措施，采取拉网、封堵等方式，全方位、全区域整治贵港市中心城区三轮车违法违章行为。查扣非法营运三轮车21辆及面包车1辆；非法改装三轮车99辆（移交交警部门处理）。

配合开展高铁站交通秩序专项整治行动 2017年12月15日至2018年3月15日，根据上级部门《关于高铁站交通秩序专项整治方案》要求，市交通运输综合行政执法支队与市公安局治安支队、市运管处等部门组成联合执法组，分成三个组采取轮班制，从早上8点至晚上11点对高铁站及其周边区域的非法营运车辆、违章出租车开展整治和劝导，查扣非法营运车辆48辆（次），教育劝导不规范经营出租车46辆（次）。

集中开展市城区交通运输秩序专项整治行动 8月29日至12月31日，市交通运输综合行政执法支队全员出击，采取定点监控和机动巡查相结合、白天和夜间执法相结合、日常监管和节假日监管相结合等方式，加强高铁站、汽车站等重点区域的巡查力度，严查非法营运车辆、违章出租车及客车等车辆，有效遏制市城区交通运输违法违规经营行为，道路客运秩序明显好转。行动出动执法人员7385人（次），查扣违法违章车辆1339辆（次）。

深入开展机动车驾培市场专项整治 4月10日至7月10日，市交通运输综合行政执法支队开展为期3个月驾培市场专项整治，组织执法人员深入贵港三区24家驾培机构，严查驾培市场各种违法违规行为，查扣违法违规教练车36辆（次）；到桂平市、平南县督促检查驾培市场专项整治工作情况，查扣违法违规教练车41辆（次）。

积极配合其他部门开展相关整治行动 市交通运输综合行政执法支队继续派出执法人员配合市住建委、市政部门开展施工工地和建筑垃圾运输车辆专项整治行动，配合市环保局开展大气污染专项治理行动，对市环保局移交的2083张涉嫌扬撒车辆照片进行核实，确认为扬撒案件559起，已处罚452起，罚没款62.85万元。

稳步推进水路运输市场检查 每月对辖区港口码头进行巡查，随时掌握水路运输动态，及时查处水路运输违法违章经营行为；加强与贵港海事局、市港航局的沟通协作，对渡口及船舶进行联合执法检查，确保水路运输有序；深入桂平、平南检查指导水路运输执法工作2次；年内查处违法违规经营货船15艘，违法违规经营渡船22艘，无证经营码头5座，对码头发出《责令整改通知书》5份。

积极为各项重大活动保驾护航 市交通运输综合行政执法支队按照要求组织执法人员做好自治区工业高质量发展大会代表考察团、华奥汽车·2018贵港国际马拉松、第32届全国荷花展览开幕式、第五届全国基层党建创新典型案例征集评选活动及其他启动仪式等重大活动期间的执法工作，并与交警、市政等部门全程助力活动现场秩序，为活动顺利进行保驾护航。市港航管理局圆满完成迎接自治区六十周年大庆中央代表团慰问北部湾港贵港集装箱码头公司的相关工作。做好迎接自治区六十周年大庆中央代表团慰问现场接待平面图、港口宣传板报制作、慰问活动介绍稿撰写报审，以及组织迎接慰问活动等工作。

（蒋路遥）

【路政执法管理】 2018年，贵港公路管理局路政许可项目受理128起，收缴赔补偿费98.085万元；查处损毁公路路产赔偿案件63起，收取公路路产赔补偿费24.442万元；出动执法人员9295人次，查处超限超载车辆1196辆，罚款40.4万元，卸载货物12701吨，移交交警扣分846分。公路路容整治行动中清理非公路标志1785块，清理堆积物178处、3732.5平方米；拆除违法建筑2处、26平方米；清理清理临时搭棚8处、62平方米；疏通人为堵塞水沟141米。

贵港市交通运输局严格落实路政联合巡查制度，到桂平市、平南县开展农村公路执法检查，与三区路政部门开展农村公路路政执法工作，及时发现和查处涉路违法行为，有效保护路产、维护路权；在市政府组织下，联合贵港路政、市交警等部门开展治超行动，共查处超限超载货车47辆，卸载货物2147.53吨；做好治超后续处理工作，处罚1年内违法超限运输超3次的货车5辆和驾驶员7人。

（麦广朝　蒋路遥）

邮　政

【概　况】 2018年，贵港市辖内有邮政普遍服务的营业场所83个。其中，贵港市城区7个、港北区乡镇7个，港南区8个，覃塘区10个，桂平城区2个、乡镇26个，平南城区2个、乡镇21个，全市所有乡镇均设有一个以上邮政支局（所），全市所有行政村均设有邮件接转点，建成邮乐购站点1106个。全市快递

2018 年 11 月 30 日，贵港市邮政政企党建联盟成立大会在市邮政公司召开

许可企业 19 家，分支机构 313 家，末端服务网点 140 个，乡镇覆盖率 100%。

年内，邮政行业业务总量完成 69131.73 万元，同比增长 29.07%；业务收入完成 70251.01 万元，同比增长 21.26%，占全区比重为 6.43%，业务收入在全区排名第 5 位。其中，快递业务量完成 1555.2 万件，同比增长 28.04%；业务收入完成 23402.15 万元，同比增长 30.27%。快递投递量 6604.1 万件，同比增长 68.99%。全市电子商务类快递业务总量达到 960.92 万件，同比增长 42.03%，占快递业务总量比重 61.79%。

【邮政改革】 2018 年，贵港市邮政管理局坚持党建引领，成立党建联盟，加强对《快递暂行条例》宣传。3 月 2 日《快递暂行条例》发布，贵港市邮政部门组织政府相关部门和邮政、快递企业集中培训，借助电视台、广播电台、报纸等媒体加强解读宣传，利用党员进社区、党日活动、安全生产月等活动，通过拉横幅、分发读本资料、现场讲解等形式深入广泛开展宣传。建立党建联盟为全市邮政快递企业搭建协调、沟通和交流的平台，实现优势互补、共建共促，着力破解邮政行业特别是非公快递企业党的组织组建难、作用发挥难、活动开展难、生产经营难等难题。

深化“放管服”改革　加强政策、法规宣贯落实，落实简政放权，强化审批业务管理，优化审批工作，缩短办事时限。全年完成许可审批事项 126 起，大部分实现“零跑腿”，少部分“最多跑一次”，全面节约消费者办事成本，提高办事效率。邮政、快递业的发展得到政府政策和资金支持，6 月 14 日贵港市政府印发《贵港市服务业发展专项资金使用管理暂行办法》，明确提出支持现代物流业发展及支持快递业与电子商务协同发展，并予以相应的资金支持。

“快递 +”转型升级　搭乘“互联网 +”的快车，快递与电商快速发展。“快递 + 木制品”业务，贵港市快递服务制造业比较突出的是木制简易衣柜，平均每天出港量超过 1.5 万件，在木衣柜的带动下，木制婴儿床、化妆盒等电商也逐步发展起来，贵港市成为全国最大简易木衣柜生产基地。“快递 + 百香果”业务，中国邮政集团公司贵港市分公司积极推动贵港富硒百香果产业链联盟，引进 18 家电商企业入驻仓配一体化的电商物流园，并陆续引导建成 100 多个富硒百香果电商基地，全力打造贵港富硒百香果品牌。桂平市邮政分公司成功引进秋田公司商家进驻，日交寄量达 2000 件左右。“快递 + 石峡龙眼”业务，各邮政快递企业到水果采摘现场为果农及企业提供现场咨询、包装包材、现场寄递、车辆配送运输、合作恰谈等服务，全力做好运输寄递方面的支撑与保障。

【邮政普遍服务】 2018 年，贵港辖内所有行政村均设有邮件接转点，建制村直接通邮率为 100%，达到普遍服务标准。全市投递邮路 11941 千米，其中城市邮路 2366 千米，农村邮路 9575 千米，全部城市邮路和 98% 的农村邮路已经是水坭路面，各县市分公司到各乡镇邮路全部使用汽车运输，贵港、桂平、平南各有 7 条汽车专线邮路，乡镇到村的邮路主要使用机动车(汽车、摩托车)、电动车投递。投递频次城区为每日班，乡镇农村邮路绝大邮路为周五班，小数偏远山区邮路为周三班，保证农村地区邮件用邮需要。

贵港市城市地区提供普遍服务的 11 个营业网点有 7 个营业时间达到 8 小时以上，4 个达到 6 小时以上；乡镇人民政府所在地 69 个营业网点营业时间全部达到 6 小时以上；3 个非政府所在的网点达到 4 小时以上，全部达到或超过邮政普遍服务规定的营业时间标准。2018 年全市县级城市党政机关党报当日见报率，贵港、桂平市区当天见报率达到98%以上，平南县城区，当天见报率88%。

邮政管理局积极推进邮政普遍服务创新发展，一方面，鼓励邮政企业分片分级管理营业网点。市邮政公司以邮乐购站点为基础，通过农村片区投递改革重新规划乡镇投递邮路，为农村电商的发展奠定坚实基础，并逐步推进市场化运作。全市根据62个乡镇邮政支局，划分为20个片区，65条段道，覆盖912个行政村和993个邮乐购站点，目前已基本完成片区运行，实行营揽投三合一管理，扩充揽投队伍，加强售后服务管理、客户满意度不断提升。另一方面，鼓励邮政企业拓展业务积极开展“警邮合作”。整合交警和邮政资源，以邮政便民服务中心为支点，联动覆盖贵港辖区的1200多个邮政实体渠道，打造“1+N”便民服务模式，为广大市民就近提供补换领机动车驾驶证、行驶证、车号牌等20多项交管业务。

邮政管理局加强邮政普遍服务、机要通信、邮票发行监督力度。落实机要通信和“扫黄打非”工作领导责任，开展机要专项检查，对全市机要通信全部网点及整个生产运行环节进行全面检查，下达整改1份。全面开展“扫黄打非”抽查工作。指导和监督邮政企业做好党报党刊投递工作，进一步提升县以下地区党报见报水平。聘请邮政特邀监督员加强社会监督，邮政特邀监督员已覆盖全部市县。做好《戊戌年》《拜年》《元宵节》等重点邮票专项检查。

【企业监管与服务】 2018年，贵港市邮政管理局坚持依法履行职责，落实系列措施狠抓行业安全，强化落实寄递企业安全主体责任，加强安全检查，严抓三项制度落实，打造“安全用邮”环境。全年出动执法检查737人次，检查寄递网点222家次，约谈2次，整改隐患51项，做出行政处罚19起，罚款金额9.2万元。

制订《贵港市邮政业落实企业安全生产主体责任专项巡查行动实施方案》，督促寄递企业落实安全主体责任，指导企业建立安全生产管理制度，设置安全生产机构，配置安全员，形成安全自查自改机制。

制订《关于进一步推进贵港市邮件快件实名收寄信息系统推广应用的工作方案》，推进寄递企业严格落实收寄验视、实名收寄、过机安检“三项制度”工作，落实分包品牌的实名率执行情况的跟踪督查责任，实现实名率执行全覆盖。抓好重大节庆日前安全检查，以问题为导向，重点排查收寄验视、车辆运输、现场作业、消防管理、设备检修和场地安全等方面隐患。结合“安全生产月”行动和寄递渠道涉枪涉爆隐患集中整治行动，加强寄递协议服务安全管理。做好突发事件应急处置，突出抓好预防关，有效控制贵港市邮政业重大安全生产事故的发生。

创新邮政业安全生产监管模式，联合市综治办、市公安局印发《贵港市寄递企业网络视频实时监控平台建设实施方案》，推动建成寄递企业网络视频实时监控平台，全市260多个快递网点的监控视角全部接入属地派出所，进入全市“天网”系统，实现寄递渠道监管的远程信息化，形成“警邮共管”常态模式。有效地弥补监管力量不足的短板，延伸监管触角，减少监管的盲区，进一步强化“三项制度”在寄递末端的贯彻执行。

继续推进邮政业更贴近民生实事工作，着力打好防范化解重大风险、精准脱贫、污染防治三大攻坚战。推进建制村直接通邮，继续加强建制村直接通邮质量核查，双随机实地检查建制村共50个，全部达到时限要求。改善末端投递服务。继续推进快递下乡工程，推广智能信包箱建设，全市累计建成智能信包箱79（组）。做好精准扶贫工作服务“乡村振兴”，推进邮政公司“邮乐购”站点、电商运营中心的农村综合服务平台建设及“一市一品”农特产品进城示范项目，贵港市“一市一品”百香果项目已成为地方特色。提高行业绿色发展水平，督促企业按照包裹、快递包装国家标准使用包装材料，鼓励企业使用电子面单，全市寄递企业电子面单使用率达95%以上。实施“放心消费工程”，持续开展邮件快件“不着地、不抛件、不摆地摊”治理工作，全市邮政、快递分拣场地离地铺设率达100%；做好快递申诉处理工作，全年处理消费者申诉1110起，有效申诉26起，为消费者挽回经济损失2.6万元，消费者对申诉处理满意率为100%。加强快递员（投递员）权益保护，继续落实西部和农村地区局所改造工程，提升基层邮政局所服务能力，改善投递员生产作业条件。（丘　凌）

商贸物流业

商贸综述

【概　况】 2018年，贵港市商贸经济稳中向好、好中有进，消费品市场繁荣发展，外贸进出口增幅、实际利用外资等多项商务经济指标增速排名位居自治区前列。其中，住宿业营业额、零售业销售额增速排名自治区第一，加工贸易增速排名第二，餐饮业营业额增速排名第三，实际利用外资额增速排名第五；外贸进出口总额、批发业销售额增速排名第六。因贵港市加工贸易成绩突出，在全区商务工作会议上贵港市作典型交流发言，贵港市商务局获2018年城市发展跃升先进集体称号。

2018年6月26日—28日，在贵港园博园举办2018贵港市荷系列富硒农产品展

【社会消费品市场建设】 2018年，贵港市社会消费品零售总额515.24亿元，同比增长7.6%。从各县（市、区）情况看，港北区社会消费品零售总额200.52亿元，同比增长7.54%；港南区社会消费品零售总额49.88亿元，同比增长6.45%；覃塘区社会消费品零售总额48.83亿元，同比增长6.43%；平南县社会消费品零售总额79.53亿元，同比增长10.04%；桂平市社会消费品零售总额136.48亿元，同比增长7.15%。

批零住餐业　批发业销售额276.77亿元，同比增长21.26%；零售业销售额630.35亿元，同比增长19.72%；住宿业营业额5.12亿元，同比增长16.7%；餐饮业营业额27.6亿元，同比增长19.41%。

限上企业零售额　限额以上企业实现社会消费品零售总额66.95亿元，比上年的67.99亿元下降1.5%，占社会消费品零售总额比重为13%。新增限额以上企业93家，同比增长16.3%。其中，港北区新增限额以上企业28家，同比增长86.7%；港南区新增限额以上企业23家，同比增长21.1%；覃塘区新增限额以上企业13家，同比下降13.3%；平南县新增限额以上企业12家，同比下降7.7%；桂平市新增限额以上企业17家，同比下降5.6%。

表10　2018年贵港市商贸主要指标

类　别	指　标	数额	同比增长率
国内贸易	社会消费品零售总额(亿元)	515.24	7.6%
对外贸易	进出口总额(亿元)	27.6	15.3%
利用外资	实际利用外资额(万美元)	4002	17%
对外投资	对外直接投资额(亿元)	1.66	1080.7%

【商贸市场体系培育】 2018年，贵港市通过深化体制改革、规范市场秩序、加强基础设施建设等加快商贸市场发展。

市场秩序建设　深入推进商事制度改革，开展“双随机一公开”检查，完成“两库一单”的创建，并对随机抽查事项清单实行动态管理，新增2个事项，并在贵港市人民政府门户网站进行公示。出台《贵港市二手车流通管理办法》。进一步规范全市商务领域市场秩序，履行执法监管职责，加强对成品油市场、单用途商业预付卡、家政服务、拍卖、典当、汽车销售、二手车市场、再生资源回收等行业管理，共检查经营企业70家（次），作出行政处罚1件。全市各有关行政执法部门共立惩治侵权假冒案405件，结案375件，移送司法机关4件。

硬件设施建设　万达广场、上亿汽车城开业运营，登龙桥农贸市场（铁路市场）、蓝田村农贸市场建成投用，大润发商业广场、易农国际农产品交易中心、亿上仓储物流中心等大型商贸物流项目开工建设。各县（市、区）积极推进各类商贸物流项目，如覃塘区建成贵港市首个跨境电商产业园，桂平市的现代农产品冷链物流项目完成主体工程。

商贸促消　举办大型促消费活动10多项，组织开展广西（贵港）园博园农产品展销会、平南县农产品展销暨2018年春节年货会、“壮

表 11 2018 年贵港市各县(市、区)批零住餐业情况

指标 地区	批发业		零售业		住宿业		餐饮业	
	销售额万元	同比增长率	销售额万元	同比增长率	营业额万元	同比增长率	营业额万元	同比增长率
桂平市	235855	16.90%	1928109	21.22%	19983	17.26%	81844	24.08%
平南县	260887	21.66%	937516	15.85%	6750	7.03%	50243	23.14%
港北区	1999206	20.91%	1834933	18.18%	18021	19.64%	78599	19.22%
港南区	73985	25.30%	786607	21.56%	4874	24.11%	8536	24.27%
覃塘区	197785	28.61%	816377	22.64%	1534	2.14%	56795	10.08%

族三月三”富硒农产品促销推介、贵港市第二十一届、二十二届大型汽车展销会、2018 贵港市荷系列富硒农产品展、2018 年广西特产行销全国(一市一品)贵港市富硒农产品(广州)专场推介活动、2018 年新能源汽车展销会,并开展“双百促消费”活动,有力地促进全市消费品市场的繁荣发展。其中,在 8 月 22 日—26 日举办的广西特产行销全国(一市一品)2018 年贵港市富硒农产品推介会上,签订战略合作意向合作金额 1500 多万元。

【成品油流通管理】 2018 年,贵港市具有成品油批发经营资质企业 3 家(中石化广西贵港石油分公司、广西贵港市弘昌石化有限公司、广西平南辉明石油有限公司),加油站有 198 座。按照交通区域分,市县城区 44 座、国省道 59 座、县乡道 70 座、农村 7 座、高速公路 11 座、水域 7 座。按照企业性质分,中石化 79 座,占全市加油站总数的 39.90%;中石油座 29 座,占全市加油站总数的 14.65%;其他国有 2 座;民营企业 88 座(民营加油站主要分布在乡镇一级),占全市加油站总数的 44.44%。全市成品油消费量累计 52.06 万吨,同比下降 11.5%。其中,汽油消费量 23.8 万吨,同比下降 13.1%;柴油消费量 32.5 万吨,同比下降 10.2%。

【电子商务发展】 2018 年,贵港市制订出台《贵港市关于加快推进电子商务精准扶贫工作的实施方案》,明确电商扶贫 3 年行动计划。举办电商培训班 4 期,培训电商从业人员、贫困户 600 多人。积极通过电商平台推广销售农产品,其中百香果、白玉蔗、马蹄等 3 种“网红”产品网上销售额 3000 多万元。全市电子商务保持快速发展,全年网络交易额约 100 亿元,同比增长约 15%。

【对外贸易】 2018 年,贵港市外贸进出口总额 27.6 亿元,同比增长 15.3%,增速排名自治区第六。其中,出口 13.24 亿元,增长 20.0%;进口 14.37 亿元,增长 11.3%。加工贸易进出口额 9.78 亿元,同比增长 116.7%,增幅排名自治区第二位。

从各县(市、区)情况看,港北区外贸进出口总额 135802.22 万元,同比增长 223.37%;港南区外贸进出口总额 17489.14 万元,同比下降 32.31%;覃塘区外贸进出口总额 2094.1 万元,同比下降 13.75%;平南县外贸进出口总额 52237.98 万元,同比增长 57.89%;桂平市外贸进出口总额 68228.39 万元,同比下降 5.43%。

从外贸结构看,贵港市出口贸易产品以鞋靴、胶合板、植物材料编织品、腐竹等劳动密集型产品为主,2016 年传统产品占全市出口 45.5%,机电产品仅占全市出

2018 年 9 月 12 日,中国—东盟博览会贵港新能源汽车展区

口3%。随着新引进的龙头企业建成投产，机电产品出口出现高速增长，2018年全市机电产品进出口累计达3.95亿元，占同期全市外贸进出口比重14.3%，比上年同期上升11.3个百分点；进口、出口分别同比增长232.6%和7.1%，跃升为贵港市第三大进出口商品。机电产品进出口的增长及比重的上升，优化贵港市近几年来以传统劳动密集型产品进出口为主的产业结构。

【利用外资】 2018年，贵港市合同外资额7203万美元，同比下降69.4%，实际利用外资额4002万美元（商务部口径），同比增长17%。年内新备案成立外商企业9家。签订CEPA框架下贵港与香港合作项目2个，分别为东宝塑胶制品（广西）有限公司、桂平市华都房地产有限公司。

【口岸扩大开放】 2018年，贵港口岸进出口货运量163.7万吨，同比上升32.8%；出入境集装箱6332标准箱，同比下降40.87%；出入境船舶158艘次，同比下降48.87%；出入境人员1135人次，同比下降52.23%。

出台《贵港市关于优化通关环境畅通南向通道若干措施》。贵港进境粮食指定口岸通过原国家质检总局审查验收；贵港口岸微生物实验室建成并投入使用；贵港口岸核心能力建设通过海关总署复核验收；持续推进贵港西江保税物流中心(B型)项目。国际贸易“单一窗口”已上线并推广使用，实现关检业务“一次申报”。2018年贵港口岸货物进口、出口通关时间分别压缩85.11%、64.07%，超额完成通关时间压缩三分之一以上的目标。

（韦欣彤）

物　流

【概　况】 2018年，贵港市港口货物吞吐量完成7003.2万吨，同比增长10.8%，其中集装箱吞吐量完成30.01万标准箱，同比大幅增长35.1%；公路货运周转量1355987万吨千米，同比增长9%；水路客货运周转量完成5069215万吨千米，同比增长13%。邮政业务总量累计完成6.91亿元，同比增长29.1%；贵港口岸进出口货运量163.7万吨，同比增长32.8%；入出境集装箱6332标准箱，同比下降40.87%；入出境船舶458艘次，同比下降48.87%。

【物流业发展规划编制】 2018年，贵港市为加快推进物流业发展，科学编制物流业发展规划，加快推进《贵港市物流业发展中长期规划(2018—2025)》《贵港现代物流园服务集聚区（苏湾核心区）规划》《贵港西江科技产业城科技服务业集聚区规划》《贵港羽绒交易中心控制性详细规划》4个规划的编制。按照“高站位、高质量、高效益”发展要求，瞄准国家级区域性物流园区和自治区现代物流集聚区示范园区目标，正确定位贵港市物流业发展，重点规划建设苏湾综合物流园区，合理布局产业，充分发挥贵港市物流业发展总体规划的引领作用。截至年末，4个规划均通过市政府常务会议并已印发实施。

【物流合作机制建设】 2018年，贵港市为加快推动交通运输业、物流业发展，降低物流成本，促进和引导物流业向高质量发展，下半年，贵港市物流办会同市发改委、交通运输局、商务局等有关部门多次与中国铁路南宁局集团有限公司沟通协调，共同草拟《贵港市人民政府　中国铁路南宁局集团有限公司合作框架协议》，该协议已经市人民政府常务会议审议通过。

【物流业重大项目建设】 2018年，贵港市全力推进物流业重大项目建设，推进贵港至隆安高速公路、荔浦至玉林高速公路、覃塘至石卡产业园一级公路等项目顺利实施，

2018年2月23日，广西物资集团贵港储运贸易物流园揭牌

西外环高速公路、“九路两桥”项目全面启动，江南工业园至桥圩、猫儿山至武乐等8条公路开工。苏湾作业区进港公路通车，武林港二期、苏湾作业区一期竣工，贵港至梧州3000吨级航道项目开工，大藤峡水利枢纽工程、贵港航运枢纽二线船闸工程建设加快。苏湾作业区进港铁路和郁水作业区进港铁路纳入国家“十三五”港口集疏运系统建设方案。口岸升级工程有序推进，贵港进境粮食指定口岸通过国家验收，贵港口岸核心能力建设通过海关总署复核，建成国际贸易“单一窗口”，关检业务实现“一次申报”。物流园区基础设施建设不断完善，广西永泰跨境电子商务产业园(一期)正式开园；亿上仓储物流园项目及荷润物流园项目被列入自治区统筹推进的新开工项目，目前两个项目已经开工建设。

【物流业储备项目】 2018年，贵港市积极协调和配合各项目单位按照国家产业及自治区政策，科学筛选符合贵港市发展实际的重点建设项目，进一步优化、充实、完善项目库，编制好2019年的重点项目支撑清单，扎实推进重点项目前期工作，为全年开好局、起好步打好基础。截至目前，贵港市物流业重大项目储备53个，总投资908.98亿元，其中属于自治区统筹推进的物流业重大项目6个，总投资45.6亿元；2018年招商引资7个物流业签约项目，合同投资总额7.3亿元。

【优化物流业发展环境】 2018年，贵港市不断优化招商引资环境，深化“放管服”改革，落实税收优惠政策，优化政务服务，积极营造优质、公平的营商环境。贯彻实施物流企业大宗商品仓储设施用地城镇土地使用税优惠政策，2018年涉及扩大物流企业仓储用地税收政策优惠的企业有10户，减免城镇土地使用税114万元；落实降低车船税部分税目适用税率政策，预计2019年减免车船税445万元；全面贯彻落实现代服务业集聚区内的物流企业电力用户可享受低电价优惠政策，进一步减轻企业负担。

【物流业发展不足】 截至2018年末，贵港市物流业发展基础设施分散薄弱，物流园区尚在起步阶段，缺乏更多符合市场和物流企业需求的标准化基础设施。物流场站总体供应不足，部分连接港口和码头的对外交通体系配套不健全，港口运输方式衔接系统有待进一步完善优化。物流园区尚在起步阶段，大多数规模小，物流功能不完善，园区进驻的企业有限。

物流企业实力较弱，现代化水平不高。物流企业呈现“小、散、多”现象，缺乏高水平的龙头企业，运输装备现代化水平不高。大多数物流企业还是以单纯的运输、仓储等形式为主，在运输、储存、加工、包装、装卸、配送、信息处理等物流活动和环节的整合与综合管理方面还不够成熟。

物流货源种类单一，品质较低。港口大宗货源种类单一，货源不稳定，西南地区腹地货源流向难以把握，货物流向不平衡，短期港口货源难以聚集增加，面临较大挑战，高端物流集聚发展“瓶颈”短期难以突破。港口物流运输主要仍是散杂货运输为主，港口物流集装箱运输发展缓慢，与周边的梧州港和沿海港比有巨大的集装箱运输量差距。 （麦菲菲）

粮食贸易

【概　况】 2018年，贵港市粮食系统切实贯彻落实粮食安全行政首长责任制，完善粮食宏观调控体系，提升粮食流通现代化水平。贵港市国有、重点非国有和粮食转化企业粮食总购进214万吨(贸易粮，下同)，同比增加27万吨，增幅13%；粮食总销售218万吨，同比增加32万吨，增幅15%，剔除玉米、豆粕后销售粮食53万吨，饲料用粮需求强劲。全市储备粮规模落实到位，粮食仓储设施建设力度不断加大，粮食流通监督检查不断加强，市场通畅有序，粮食价格未发生大的波动。

【粮食安全行政首长责任制落实】 2018年6月12日—15日，国家粮食安全省长责任制考核工作组派出联合抽查工作组到广西考核2017年度落实粮食安全省长责任制情况，贵港市作为唯一被抽中的市，代表广西接受国家联合抽查工作组实地抽查考核。6月14日，国家联合抽查组听取贵港市政府粮食安全行政首长责任制落实情况汇报，查阅市粮安办及成员单位档案资料，抽查港北区、平南县工作落实情况，实地考察一批优质稻种植基地和粮油加工企业，对贵港市落实粮食安全行政首长责任制工作给予充分肯定。

【直补订单粮食收购】 2018年，贵港市完成直补订单粮食收购23.26万吨，占广西总量80万吨的29%，创历史新高，收购量连续5年居全区第一，为全广西的粮食宏观调控打下坚实的物质基础，为保障地方粮食安全作出较大的贡献。

【粮食仓储设施建设】 2018年，贵港市粮食储备库项目投入资金4501万元，3栋仓库主体工程完工；贵港市军粮供应站搬迁重建项目投入资金2438万元，主体工程完工。此外，贵港市积极推进"粮安工程"粮食仓储设施智能化升级改造项目和"危仓老库"维修改造，平南县、港南区、覃塘区中心粮库仓储设施智能化升级改造项目已基本完成，各项设施设备正在调试当中。

【粮食流通监督检查】 2018年，贵港市推进粮食依法行政，先后组织开展全市粮食库存检查、粮食收购市场联合执法检查、粮食安全隐患大排查快整治严执法行动等一系列粮食流通专项监督检查，进一步规范市场秩序；加强粮食卫生质量管理，组织开展春秋季粮油安全普查、"放心粮油"质量监督检查等专项行动，加强对粮食收购、供应、储存环节的粮食质量卫生安全监管，全年抽取160份样品送各级粮油测验机构检验，做到不合格粮食不出库，从源头上确保粮食质量卫生安全；积极参与惩治走私大米专项行动，防范走私大米的泛滥；开展行政审批"先照后证"制度改革，加强事中事后监管，对县级粮食行政管理部门的行政执法案卷进行集中评议，推动规范化执法；加强粮食市场监测，建立6个粮油监测点，定期上报粮油价格行情信息，开展社会粮油供需平衡调查，编发政务信息180条。

【大米加工】 2018年，贵港市抓住国家实施"中国好粮油"行动计划的机遇，积极配合自治区正在实施的"广西香米"品牌推广建设，主动对接，积极参与，引导具有一定生产规模的粮食加工企业加入"广西香米"联盟体。全市有6家大米生产企业加入"广西香米"联盟体，以此为依托发挥贵港富硒资源优势，构建贵港市优质粮食品牌，为加快粮食产业供给侧结构性改革、推动优质水稻的升级换代和品种改良、做大做强富硒米、扩大贵港市粮食产品美誉度和市场占有率打下良好的基础。

【粮食应急保障】 2018年，贵港市签订粮食应急加工企业协议33家，应急供应单位106家，完善粮食应急供应体系的建设。 （范翠珊）

电力供应

【概 况】 2018年，南方电网广西贵港供电局（以下简称贵港供电局）营业面积1.06万平方千米，服务人口560多万人，拥有客户154万户，客户装见容量1214.3万千伏安，市场占有量为83.5%。贵港供电局售电结构以大工业为主，占47%，居民占30.8%，其他占22.2%。共有35千伏及以上变电站102座，其中500千伏变电站1座、220千伏变电站11座、110千伏变电站33座、35千伏变电站57座，110千伏及以上线路1911.5751千米，35千伏及10千伏公用线路12900.308千米，形成以500千伏电网为支撑，东西部220千伏双环网运行，110千伏基本实现N-1的区域性供电格局，全市重要客户有一半以上实现双电源或双回路供电。

【社会用电】 2018年，贵港市全社会用电量94.32亿千瓦时，其中第一产业为1.44亿千瓦时、第二产业57.71亿千瓦时、第三产业12.39亿千瓦时、城乡居民生活用电22.76亿千瓦时，分别占全社会用电量比重分别为1.52%、61.18%、13.13%、24.13%。在第二产业中工业用电56.6亿千瓦时，其中220千伏工业用电4.15亿千瓦时，110千伏工业用电13.87亿千瓦时，35千伏工业用电6.63亿千瓦时，10千伏工业用电10.62亿千瓦时，该年度新增工

2018年12月23日，贵港供电局第11座220千伏变电站开元变电站竣工投运

龙 森 摄

业用电3.4亿千瓦时。该区域最高电网负荷156.7万千瓦，同比增长20.3%；最大日电量0.27亿千瓦时，同比增长4.58%。

【电网规划建设】 2018年，贵港供电局利用全市电力工作会议的政策红利，及时解决施工受阻等24个电网建设“硬骨头”，确保110千伏彩旺等4项主网工程和35千伏东华送变电等11项农配网工程按期投产。紧盯低电压客户投诉，打响低电压治理攻坚战，完成2117个(其中新投产1016个，改造1101个)低电压台区治理，再改善22万多客户用电质量。创新实施“专责+班组”履约管控模式，物资履约更加规范高效，全年七天准时供货率100%，有力支撑电网建设。

【电网运行与安全生产】 2018年，贵港供电局推进600项本质安全型企业建设任务落地见效，实现五级及以上电力事故事件同比下降100%。细化194项创“五钻”任务，创新实施答辩式三级安全风险管理论坛442期、本质安全精益化提升项目43个，促使体系建设与日常工作有机结合。全年完成变电A、B类检修212台(A修14台，B修198台)，完成率达130%。未发生输电线路因树障、山火导致的跳闸事件，配网故障率同比下降30%以上。实施“安全综合大整治”行动，按期完成470项问题整改。从严执行“贵港供电局安全生产红线十条”，加重处罚2起、查处各类违章302起、约谈施工单位7家。有效化解主网Ⅵ级及以上电网风险112次，成功应对“山竹”强台风，圆满完成三级及以上保供电任务74次。开展信息系统实用化及数据质量清理专项行动，实现网络信息安全“零事件”。突出抓好交通安全管理，同等责任及以上的交通事故事件同比减少53%。

【市场营销与优质服务】 2018年，贵港供电局深化客户服务网格化，21个满意度支撑指标提升措施有效落地，“95598”投诉同比下降47%，在广西公共行业满意度测评蝉联贵港第一。营销技术升级换代，如期实现“两覆盖”，远程渠道客户服务比例达71.5%，率先完成省级计量自动化系统单轨运行。积极应对恒丰化肥厂大额欠费事件，提前实现电费回收达100%。大力优化电力营商环境，报装时限在规定基础上再压缩1/3，材料精简率超过77%。推行专职客户经理、片区客户经理服务，对396个市级层面重大项目、71个厅级领导联系重大项目实行“一对一”服务，全年新增专变客户945个，拉动售电量同比增长13.6%。

2018年7月18日，驻桂全国人大代表、自治区人大代表、贵港市人大代表到贵港供电局开展优化营商环境实地调研　　韦振宏　摄

【经营管理】 2018年，贵港供电局开展瘦身健体提质增效专项行动，“两金”清理完成率100%。实现审计全覆盖，全年促进增收节支144.4万元。实施法律维权行动，赢得诉讼案件7起，挽回经济损失458.74万元。完成8宗产权清理任务，超额完成公司考核目标。“三供一业”和资产接收工作有序推进，实现移交协议签订完成率100%，分离移交完成率100%。

【科技信息】 2018年，贵港供电局抓实三大职工创新平台，岑宗元劳模创新工作室被认定为南网公司五星级劳模创新工作室，陆仲生技能专家创新工作室晋升为南网公司一星级创新工作室，获26项国家专利、30多项公司及以上职工创新优秀成果。

【改革与发展】 2018年，贵港供电局电力体制改革方面，助推第三批增量配电网试点在贵港市平南县大成工业园落地。完成桂平木乐工业园区233万元供配电设施资产接收。投资4523万元实施业扩界面延伸，超前规划建设方竹站至台湾产业园等15回工业园区线路。坚决落实自治区关于进一步深化电力体制改革15条措施及相关配套文件，全年降低客户用电成本3.72亿元。内部机制变革方面，率先在广西电网公司系统挂牌运营配网管理办公室，以“客户经理+设备主人”机制，实现农配网“一本帐”管理，整合优化农配网项目223个，精准高效完成144个低电压投诉台区整治。服务调度和配网调度合署办公有序推进，客户诉求工单处理及时率、首次回访满意率分别提升至99.99%、99.50%。积极推进调控一体化改革试点，设备操作效率再提升20%。在公司系统率先完成地县两级组织机构优化调整，推动组织机构与业务管理“双优化”。

【党群工作】 2018年，贵港供电局制定“1+2”行动方案细化153项措施，不折不扣落实网省公司党建一号文。深化“明责—履责—评责”党建责任体系，编制《党委班子成员履责工作手册》，完成“一部门一支部”设置，优化党支部“13+N”月度指标管控，积极运用“双A制”考核结果，倒逼党建责任落实落地。创新探索党建与业务工作“双融双促”机制，以“四创新”“五步法”为实施路径，运用党委、党支部、党小组、党员工作清单，率先打造党建与生产经营融合的“贵供模式”。党建工作得到南方电网公司党建责任制考核组及课题调研组的一致好评。突出抓好迎接中央新一轮政治巡视对照检查和广西电网公司“机动式”巡察整改工作，整改完成率均达100%；内部巡察取得新突破，反馈问题20项，追回经济损失59.7万元。全面铺开“四种形态”规范化试点工作，197人主动向组织说清问题，清退金额16.89万元。三年“扫雷”行动开局良好，追缴虚报家电维修费5.6万元。严抓形式主义、官僚主义专项整治，刚性落实中央八项规定精神。廉洁风险防控体系建设进业务、入流程，得到南网监察局的肯定。开展“不忘初心跟党走·青春建功新时代”主题团日活动，落实青年“萃智”计划，在公司“依法治安·青年争先”青年辩论赛中勇夺桂冠。全年累计对外发稿2024篇，未发生影响企业形象的舆情事件，进一步唱响贵供好声音。全年投资5576万元，安排144个项目，对111个脱贫摘帽贫困村进行农网升级改造，确保易地扶贫搬迁通电率达100%。

（韦勇娇）

食盐供销和烟草专卖

【盐业供销】 2018年，贵港盐业体制改革政策实施的第二年，7月3日，贵港市食盐质量安全监管职能正式移交食品药品监督管理部门。在盐业体制改革的过渡期，食盐经营走向市场化的第二年，食盐经营主体增多，市场竞争机制引入，给传统的食盐经营造成巨大的冲击。贵港盐业分公司认准形势、找准差距、转变观念，主动把握、适应盐行业的“新常态”，进入改革适应期，积极融入市场竞争，提升服务质量，推进花色品种多样的盐品销售。成立价格决策领导小组，按照盐业改革方案要求，根据市场情况及公司实际，研究制定食盐合理的配送价格、促销政策，以客户为中心，实施食盐终端网点配送，积极做好优质服务工作。同时，加强品牌宣传，提升扩大对桂盐、桂山食盐品牌的知名度和认可度，在激烈的盐业市场竞争中，仍能保持70%以上的食盐市场销售份额，全年销售各类用盐8536吨，年末库存3844吨，经营收入1735万元，上缴国家税金180万元，安全生产经营率100%。根据国家食盐储备分配计划，定点贵港盐业分司储备合格碘盐1920吨，为应对平息突发事件，维护市场供应秩序和市民食盐安全提供保障。

（黄冬莉）

【烟草专卖】 2018年，贵港市烟草专卖局(公司)围绕国家烟草专卖局“一个首要任务”“五个坚定不移”的主要任务，继续深入推进“11236”终端建设模式，企业总体保持稳中有进、稳中向好的发展态势，呈现销量稳定、“真龙”品牌发展势头好、经营管理转型有新突破。全市建成“11236”终端456户，完成整店打造零售户453户，新增加推广信息系统602户。统筹推进文明吸烟环境建设，累计建设文明吸烟区(室)5个，更换具有灭烟功能的多功能果皮箱1134个。销售卷烟110709.4箱，同比增加48.3箱；单箱销售额25601.9元(含税)，同比增长4.57%；实现税利65827万元，同比增长0.29%。贵港市烟草专卖局(公司)获得2018年度“全区市场监管突出贡献奖”“品牌培育突出贡献奖”和“卷烟打假专项奖励”3项荣誉。

【烟草市场监管】 2018年，贵港市查处涉烟违法案件777起，其中查获1万元以上案件392起，同比增加33起，5万元以上国标以下案件35起，国标网络案件3起。查获各种非法卷烟2812.56万支，同比增长49%。移送公安机关案件38起，移送处理人员中刑拘23人，逮捕17人，判刑6人，有效维护良好的卷烟生产经营秩序。贵港市公安局、贵港市烟草专卖局联合捣毁的“6·1”涉嫌非法经营案，被公安部列入2018年惩治涉烟犯罪典型案例。据悉，该案案值650余万元，为广西公安烟草联合查获的最大涉嫌非法经营案件之一。

（梁小玲）

供销合作经营

【概　况】 2018年，贵港市供销合作社联合社（以下简称“贵港市供销联社”）牢记为农服务宗旨，继续扎实推进供销合作社综合改革，在实施乡村振兴战略中发挥更新更大作用。供销社系统实行上下联合合作推进项目建设。以市本级投资公司为龙头，联合基层社建成大圩供销社日用品综合楼、庆丰供销社日用品综合楼、新塘供销社马骝塘仓库改造项目等项目3个，建成建筑面积8000多平方米。在建设项目1个，即位于贵港市西江产业园的年回收10000吨废旧金属再生利用项目，用地规模29442.71平方米，年底投入使用。供销社积极争取政策支持推进为农服务项目建设，争取到中央农综开发项目资金、自治区综改资金及市、县财政综改资金等各类扶持资金1475万元，建成乡镇综合服务站改造项目7个、县级“农合联”项目3个、地头冷库项目8个、土地托管扩建项目1个。企业利用自有资金盘活资产上项目，由市农资公司投入资金1200多万元对桥圩农资仓库危旧房屋进行改造重建，项目总用地面积6214.94平方米，总建筑面积4859.58平方米，一期工程已经完成，二期工程抓紧推进建设中，项目全部竣工投入使用后，企业年收入比改造前提高70倍。引进社会经济能人合作盘活社有资产，覃塘供销社引进社会经济能人共建供销社浩业百货超市，经营面积由2571平方米增加到现在的7700平方米，企业收入提高5倍。

【供销经营】 2018年，贵港市供销联社重抓综合改革各项工作实施，充分挖掘存量实体的更大效应，力推系统经济持续平稳较快发展。全市系统7项主要经济指标均持续保持两位数增长，其中商品购进总额103.38亿元，比增25.35%；销售总额113.96亿元，比增24.64%；农副产品购进14.38亿元，比增29.5%；消费品零售额61.04亿元，比增28.45%；售农生资31.83亿元，比增16.8%；再生资源回收额1.51亿元，比增33.5%；汇总利润完成1750万元，比增23.33%。

2018年，经过改造升级后的覃塘供销社浩业百货超市

【服务领域拓展】 2018年，贵港市供销联社抓服务拓领域，创建共享共赢发展模式。培育壮大合作经济组织，新建农民专业合作社50家，累计241家；新组建农业合作联联20家，累计46家。扎实开展土地托管，实施土地托管15.25万亩，助农增收3000多万元，解放农村劳动力2万多人次。积极开展农村金融服务，承接平安等6家保险公司保险业务，收缴保险保费1200多万元，成为农村保险服务新生骨干力量；与建行合作建立镇村助农金融服务点21个，便利农民办理金融业务。与宅急送等7家快递公司合作把乡镇供销社打造成农村物流快递中转站，解决快递“最后一公里”难题。发展农村电子商务服务，实现线上线下电子商务销售额18982万元，比增81.92%。积极开展农技培训，累计培训农民5843人次。依托镇村综合服务平台积极拓展水电费代缴、教育培训、驾校考试报名、旅游服务、幼儿教育等服务，尽可能满足农村群众生活需要。

【企业管理】 2018年，贵港市供销联社抓管理上台阶，力推供销社持续健康发展。实施财务集中核算管理，市联社直属公司、三区基层供销社全面实行财务集中核算管理。设立专职财务总监、会计、出纳，对新办企业、直属公司、三区基层社的资产收益实行“集中审核、统一运营、独立核算、收支两条线”

集中管理制度，确保资金安全、降低企业管理成本。对企业管理人员实行末位淘汰管理办法，奖勤罚懒、淘汰慵懒者3人，营造敢担当、勇创新的干事创业氛围。对供销工业品公司、奇石供销社等6个实力较弱的企业由实力较强的社有企业进行并管。通过整合资源，强化管理，降低管理成本，提升为农服务能力，达到加快社有企业良性发展的目的。

【参与扶贫攻坚】 2018年，贵港市供销联社抓扶贫促发展，助推打赢脱贫攻坚战。积极推进产业扶贫，发展产业扶贫基地3500亩，其中茶叶基地2000亩、富硒米基地500亩、柠檬基地500亩，林下养殖基地500亩。社村共建助推贫困村精准脱贫，指导贵港市供销联社挂点的桂平市麻垌镇福华村村"两委"成立生态茶叶合作社，引进3家企业共同实施产业扶贫，已经完成改扩建茶叶基地500亩，正在规划推进5000亩生态茶基地。推进基层社与村"两委"、农村经济能人开展合作经营，升级建设功能较为完善的村级综合服务社70多个，为群众提供政策宣传、保险、快递、日用品、农资、电费、电话费代收等多样化快捷服务。

（李月芬）

旅　游　业

旅　游　综　述

【概　况】 2018年，贵港市有国家A级旅游景区16家。有AAAA级7家，自治区级生态旅游示范区1家，自治区级旅游度假区1家，星级乡村旅游区和农家乐27家，星级旅游饭店10家，星级旅行社19家，星级汽车旅游营地3家。全市接待游客总人数2743.54万人次，同比增长30.6%，比上年提高5.3个百分点。其中，入境过夜游客人数10.23万人次，同比增长6.28%，比上年提高0.1个百分点。旅游总消费322.68亿元，同比增长35.7%，比上年提高3个百分点。其中，旅游外汇消费4624.89万美元，同比增长16.21%，比上年提高4.92个百分点。旅游各项指标平稳增长，旅游业发展继续保持良好的增长势头。3月5日，自治区人民政府正式公布全区第四批广西特色旅游名县，桂平市成为贵港市首个获评为特色旅游名县的县级单位。

【旅游业发展会议】 2018年，贵港市为相结合"乡村振兴"战略，大力促进旅游产业发展，提升组织领导规格，深入动员，全面部署。

旅游产业发展领导小组升格 经贵港市委、市政府研究决定将贵港市旅游产业发展领导小组成员进行升格，由原市政府副市长担任领导小组组长、市旅发委主任担任副组长，升格为由贵港市委书记、市人大常委会主任李新元和市委副书记、市长农融共同担任市旅游产业发展领导小组组长；成员单位由13个升格为53个。6月7日，召开升格后首次会议，会议由李新元主持会议并讲话，农融就推动全市旅游业各项重点工作作部署，贵港市四家班子有关领导以及市直、中区直各有关单位主要领导60人参加会议。

乡村振兴暨旅游发展大会 9月6日—7日，贵港市委、市政府在桂平市召开全市乡村振兴暨旅游发展大会，会议研究全市乡村振兴和旅游发展新形势，安排部署工作。会议由贵港市委副书记、桂平市委书记钟畅姿主持，贵港市委副书记、市长农融对全市乡村振兴和旅游发展工作作部署，贵港市委书记、市人大常委会主任李新元作讲话。250多人参加会议。此次大会是继2014年后

2018年9月7日，贵港市乡村振兴暨旅游发展大会在桂平市召开

就旅游业发展召开规模最大、规格最高的会议，对旅游业发展具有里程碑式的意义。

【旅游业发展顶层设计】 2018年9月30日，为加强贵港市旅游业发展顶层设计，贵港市委办公室、市政府办公室印发《贵港市旅游业发展三年行动计划(2018—2020年)》。该文件是贵港市旅游业发展具体工作实施的纲领性文件，是广西所有地级市中率先出台类似文件的城市。计划设置贵港市三年内旅游业发展的总目标，提出重点开展旅游项目建设、旅游产业融合发展等10大行动，并具体明确各行动的目标和措施，任务分解计划等。

【旅游党建联盟发展】 2018年，贵港市旅游行业党建联盟按照“政企联合、党员联训、活动联办、制度联建、阵地联创、服务联动、信息联通”和党建工作一体化的目标要求，紧扣“联盟＋服务”主题，发挥党建统领作用、基层党组织战斗堡垒作用，促进党建与旅游工作的深度融合，组织各旅游党建联盟、分盟联合或单独开展春节慰问老党员、困难党员和困难群众13次，慰问对象98人次；组织参加华奥汽车·2018贵港国际马拉松比赛200多人次、2018中国健身名山·广西平天山登山赛等全市重大活动；组织开展植树造林、参加环保日活动各3次；组织联盟200多人次开展“缅怀革命先烈·传承红色基因”主题活动；组织开展2018年全市旅游党建联盟研讨会、“党员面对面—谈招商”服务企业发展专题会等会议；组织联盟400多人次党员志愿者服务华奥汽车·2018贵港国际马拉松比赛、第32届全国荷花展、第十一届广西园博会、“中国旅游日”（广西分会场）活动等。

旅游市场开发

【全国森林旅游示范市创建】 2018年12月16日，2018中国森林旅游节在广东省广州市开幕，贵港市被国家林业和草原局授予“全国森林旅游示范市”称号，是2018年广西唯一获此荣誉的城市。贵港市森林资源丰富，地质遗迹景观完整，风景优美，生态环境良好。自2014年贵港市启动国家森林城市创建活动至此，贵港市有国家级森林旅游地3处、省级森林旅游地3处、国有林场6处，另有大藤峡、南山、东湖、北帝山等自治区级以上森林风景区。2014年至2017年，全市年接待森林旅游人数1675.67万人次，森林旅游年收入179.16亿元。

【平天山(贵港)登山赛开赛】 2018年10月11日至14日，在重阳佳节期间，亿上国际汽车城·2018重阳中国健身名山·广西平天山(贵港)登山赛在贵港市平天山国家森林公园开赛。赛事期间，举办山地自行车比赛、“一名山一小学爱心公益活动”“敬老爱老”重阳爱心公益活动、民族音乐晚会、名特优产品博览会、美食嘉年华等多项活动，在学校、敬老院开展公益等系列活动，将运动健身与公益梦想相结合，促进全民健身运动开展、展示名山魅力、宣传环境保护、推动风景名胜区可持续发展。

【第32届全国荷花展开展】 2018年6月26日晚，第32届全国荷花展览在“荷城”贵港园博园开幕，500余个品种的荷花竞相开放，吸引海内外宾客到此体验荷文化盛宴。贵港市委书记、市人大常委会主任李新元在第32届全国荷花展览暨贵港市第五届“美丽贵港·我爱荷城”荷花展开幕式致欢迎辞。开幕式上，在贵港园博园望江剧场上演中国首部荷文化“情景集”、大型浸透式情景诗画——《荷城往事》。

该届荷花展览策划学术交流、美术名家现场绘荷、“2018幸福跑——贵港站”马拉松赛、主题美术作品比赛、插花展、旅游推介、荷家体验等20多项活动，让群众“与荷同行”，共享荷文化大餐。

【举办“中国旅游日”(广西分会场)活动】 2018年5月19日，2018年“中国旅游日”广西分会场暨贵港(平南)全域旅游主题推广活动在平南县举行。活动以“全域旅游，美好生活”为主题，内容包括开幕式、广西旅游形象展、广西旅游商品展销、“平南好味”民俗美食节、“民俗百汇”开心擂台活动、游园活动、北帝山旅游风景踩线活动等，以及特色牛歌戏、瑶族民俗歌舞表演，邀约天下来宾观光旅游、共谋发展。

此次全域旅游主题推广活动依托平南“南雄北帝”的旅游特色，整合欢乐民俗、主题游乐、诗歌音乐、文艺会演、体育运动、美食特产等多元化元素，串联平南县城及特色景区资源，以点带面辐射贵港旅游，通过发布一站式深体验的精品惠民游线，让游客享受旅游发展过程中及个人旅游过程中获得的幸福感，传播“爱旅游、爱生活”的活动理念。活动期间，平南围绕“全域旅游，美好生活”的主题，推出一系列精彩主题活动。

【第十一届广西（贵港）园林园艺博览会开幕】 2018年1月21日上午，第十一届广西（贵港）园林园艺博览会在贵港市开幕。自治区党委常委、自治区人民政府常务副主席蓝天立，自治区人民政府副秘书长黄圣杰，自治区住房和城乡建设厅厅长周家斌，贵港市市委书记李新元，贵港市市长农融等嘉宾及广西14个地级市代表团出席园博会开幕式。

该届园博会以“水韵古郡·活力荷城”为主题，依托鲤鱼江优美的田园、湿地生态环境，因地制宜，打造“一轴托两翼，三带十六景”的景观结构，是一个展现广西各市风气风貌、突显荷文化特色的生态园林园艺博览会。除园林园艺展外，美食展、名特优农产品展、插花艺术展、盆景艺术展、书法展、工艺品美术展、新能源展等都一一展示，同时，各地市“城市活动日”举行盛大的开园仪式。

【组织参加中国—东盟博览会桂林旅游展】 2018年10月26日—28日，2018中国—东盟博览会旅游展在桂林国际会展中心举办，有54个境外国家和地区、国内20个省（自治区、直辖市）、区内14个市组团参展参会。市旅游发展委组织参展旅游企事业单位15家，以荷花为主题设贵港展位，向国内外客商展示“荷美贵港·祈福之旅”品牌形象及推介贵港市丰富的旅游资源。展会上，港南区四季花田的莲花茶、莲子、荷叶茶，平南的石硖龙眼干、桂圆肉、铁皮石斛等特色旅游商品受到观众喜爱。贵港市参加此次旅游展获“最佳组展奖”。

【参与全区旅游联合促销】 广西利用冬季气候温暖宜游的特点，发挥“老、少、边、山、海、寿”的六大旅游资源优势，吸引东北、华北、西北、西南等13个省（自治区、直辖市）重点客源地游客入桂旅游。活动时间从2018年12月1日0时至2019年1月31日24时止。参与联合促销活动，在活动期间贵港市实施景区门票优惠、自驾游优惠、旅游饭店优惠、旅游专列优惠等多项旅游优惠奖励措施。

【旅游宣传促销】 2018年，贵港市旅游发展委围绕全市“荷美贵港·祈福之旅”整体旅游形象品牌，全方位、多渠道开展宣传推介和市场营销。

举办系列旅游节庆和赛事活动 成功举办第十一届广西园博会、华奥汽车·2018贵港国际马拉松赛、“中国旅游日”广西分会场暨贵港（平南）全域旅游主题活动、全国第32届荷花展、中国健身名山登山赛等全国、全区性大型活动，扩大贵港市的知名度、影响力和美誉度。

开展旅游推介活动 先后组织人员赴俄罗斯、香港、澳门、台湾、广东、陕西、江苏、上海、福建等地开展旅游宣传推介活动，进一步巩固贵港市“荷美贵港·祈福之旅”旅游形象品牌。参加中国—东盟博览会桂林旅游展获得“最佳组展奖”。

加强旅游自媒体宣传 利用“贵港旅游”微信公众号、今日头条公众号、企鹅公众号、抖音号、新浪微博等自媒体平台，及时地传播全市旅游信息，不断更新旅游资讯，吸引游客更多的关注。

景区景点规划与建设

【旅游资源普查】 2018年，贵港市开展旅游资源普查，本次旅游资源普查覆盖全市所有村镇，调查旅游单体1528个，普查面积1.06万平方千米。经初评，入级资源单体总量548个，其中新发现166个，按照入级单体等级划分，五级旅游资源5个，四级旅游资源28个，三级旅游资源212个，普通级旅游资源303个。普查收集和整理了全辖区内与旅游有关分布在各级部门的各类资料和研究成果，摸清贵港市旅游资源家底，全面分析旅游资源特征、类别、性质、等级与构成、资源的地理分布、资源可利用程度和可利用潜力，为将来旅游资源开发和保护奠定基础。年末，形成《贵港市旅游资源普查报告》待专家组评审。

【旅游项目建设】 2018年，贵港市重点推进的旅游项目有桂平西山泉国际养生旅游文化综合区、北帝山旅游区、西山泉露营基地、汉古伞庄4个自治区统筹推进重大旅游项目，以及雄森动物大世界、四季花田、铜鼓湾温泉度假区、布山古郡、龙涡瀑布、北环生态廊道6个市本级重大旅游项目。4个自治区统筹推进重大旅游项目建设进度按照月形象顺利推进，完成全年建设任务。

桂平西山泉国际养生旅游文化综合区 项目计划总投资36亿元，已累计完成投资8亿元，建成旅游体验中心、婚纱摄影基地、45栋叠翠水岸小区别墅、旅游风情街、文化主题酒店、汽车（房车）露营基地等设施并对外开放，2018年获评

为自治区级旅游度假区。

北帝山旅游区　项目计划总投资9.06亿元，已累计完成投资4.85亿元，完成11千米旅游区主干道路、1.5万平方米停车场、3座旅游厕所、游客服务中心、入口广场、游客换乘点、休闲长廊、登山区山门、旅游交通标识、监控系统、酒店主体等基础设施建设，2018年12月25日成功获评为国家AAAA级旅游景区。

西山泉露营基地　项目一期总投资8.3亿元，累计完成投资1.01亿元，完成营地大门、场地自行车、部分营地内配套基础设施等建设以及7辆拖挂式房车的采购及安装，正在进行溪水泳池及相关配套设施建设和住宿产品、游乐产品等联系采购。

汉古伞庄　项目一期总投资5亿元，累计完成投资1亿元，完成项目总体规划设计的编制工作，完成竹海景观6千米竹林栈道建设和造林绿化、景区内民宿区土地和停车场平整、3个旅游厕所以及汉古书院基础、游客服务中心、石磅、木工雕刻等建设。

【旅游公共服务设施建设】 2018年，贵港市积极整合资源，加大旅游公共服务设施的投入，不断提升旅游景区档次。

景区基础设施建设　以连续3年成功举办中国健身名山平天山登山赛活动为契机，积极筹措资金，完善平天山国家森林公园2条景区道路和旅游厕所等各项基础设施建设；龙潭国家森林公园景区完成环景区柏油路改造工程。

旅游厕所建设　继续推进"厕所革命"建设，安排200万元用于扶持全市34座旅游厕所的新建和改建，年末26座新建和10座改建的旅游厕所投入使用，超额完成自治区下达的全年建设任务。

旅游服务中心建设　新建6座各类景区和乡村旅游区（农家乐）游客服务中心，设置旅游标识牌30多块，"智慧旅游"项目前期工作稳步推进，旅游景区监控系统二期项目顺利实施。

【创建全域旅游示范区】 2018年，贵港市全面启动创建全域旅游示范区工作，五县（市、区）均获得全域旅游示范区的创建资格（其中，桂平市创建国家级全域旅游示范区，平南县、港北区、港南区、覃塘区创建自治区级全域旅游示范区），并制订计划、安排资金，开展各项旅游基础设施建设。自治区验收评定组于11月底对平南县进行了验收。

【旅游招商引资】 2018年，贵港市旅游发展委主动谋划积极开展招商引资，全年开展招商活动19次，其中请进来11次、走出去8次，跟踪洽谈项目12个，正式签订投资合同项目3个，总投资额5.8亿元；2015年—2017年招商引资项目开工率达73%，超额完成全年招商引资任务。

【景区景点建设】 2018年，贵港市新增国家AAAA级旅游景区4家、广西星级乡村旅游区2家、广西星级农家乐6家、广西旅游度假区1家、广西金绣球农家乐示范点4家、广西休闲农业与乡村旅游示范点5家。

国家AAAA级旅游景区　平南雄森野生动物大世界、平南龚州公园、平南北帝山旅游区、覃塘区荷美覃塘景区获评国家AAAA级旅游景区。

广西星级乡村旅游区　平南县垌美生态游乐园、覃塘区灵龟宝山乡村旅游区获评广西四星级乡村旅游区。

广西星级农家乐　桂平市紫荆镇荆山人家农庄、桂平市金龙农家乐获评广西五星级农家乐，港北区望湖亭文化农庄、桂平市隆安生态农庄获评为广西四星级农家乐，平南县余甘果生态山庄、平南县镇隆镇生态石斛农庄获评为广西三星级农家乐。

广西旅游度假区　桂平西山泉旅游度假区获评广西旅游度假区。

广西金绣球农家乐示范点　平南县垌美生态旅游有限公司、港北区港岛山庄、覃塘区荷美覃塘乡村旅游区、桂平市佳景小筑农家乐获评2018年全区"金绣球"农家乐示范点。

广西休闲农业与乡村旅游示范点　港北区灵龟宝山秀美壮乡示范点、桂平市紫荆镇十八山生态景区、桂平市石咀镇佰盛农业生态园、平南县思旺镇垌美休闲农业与乡村旅游示范区、九凌湖锦绣乡村示范点获评为2018年全区休闲农业与乡村旅游示范点。

其他创建工作　桂平西山风景名胜区完成自治区文化和旅游厅对其进行的国家AAAAA级旅游景区景观质量等级评定的初评，龙潭国家森林公园完成自治区文化和旅游厅对其进行的国家级生态旅游示范区初评。

【旅游扶贫】 2018年，贵港市旅游发展委举办乡村旅游、旅游扶贫、农村致富能手培训班，累计培训乡村旅游从业人员、旅游扶贫工作人员、农村致富能手等超过

900人次。重点针对2017年启动的5个旅游贫困村的扶贫建设项目,开展扶贫领域腐败和作风问题专项治理行动,持续加强扶贫资金监管和扶贫建设项目监督工作。

旅游行业管理

【旅游市场综合治理】 2018年,贵港市为破解长期“多头治理,九龙治水”的旅游市场监管困局,经贵港市政府同意,由贵港市旅游发展委牵头负责全市旅游市场综合整治工作。市政府成立市旅游市场综合整治工作领导小组,印发《关于加强全市旅游市场突出问题综合治理的工作方案》《贵港市旅游市场突出问题综合治理工作考评方案》,建立市旅游工作局际联席会议制度,设立旅游市场综合监管协调小组,统筹推进旅游市场突出问题综合治理。开展旅游购物市场专项检查7次,检查旅游购物商店20多家,旅游购物实现零投诉。全年,全市出动执法检查人员50多人次,检查旅行社、服务网点80多家次;排查并整改旅游安全隐患点22处;开展旅游交通工具专项检查3次,全年没有发生旅游交通事故;受理并办结旅投诉4件;查处旅游企业违法案件1起,并给予相应的行政处罚。贵港市游客满意度2018年各季度均保持在全区中上水平,旅游市场突出问题综合治理专项考评得分在广西14个地级市中排名第二。

【旅游行业培训】 2018年,贵港市组织各旅游企业开展旅游行业专业技能培训,提高全市旅游行业整体专业水平。举办旅游饭店管理人员培训班,培训旅游星级饭店从业人员120人次;组织举办旅游安全培训班2期,培训约200人次;组织举办旅游行业预防艾滋病知识培训班,培训各类旅游从业人员约200人。通过开展各类培训,有效提高全市旅游从业人员的职业技能、行业素质和服务水平,促进旅游服务质量的提升。

【旅游安全生产管理】 2018年,贵港市定期召开旅游安全生产会议,签订安全生产责任状,举办安全生产应急培训。年内,全市旅游行业安全生产“零事故”。

重点敏感期安全检查 在第32届全国荷花展、中国—东盟博览会、全国、自治区、市“两会”等重大活动期间,组织执法检查人员开展全市旅游行业安全隐患排查整治。在春节、“壮族三月三”、中秋节等法定节假日期间实行24小时值班值守,全力做好全市旅游行业安全应急管理工作。

旅游交通安全专项检查 开展旅游道路交通安全专项治理、汛期旅游安全隐患排查整治、旅游水上交通安全专项检查等工作,对涉及旅游交通安全的运输公司、旅行社、A级景区、渡口、渡轮、游轮等旅游企业和经营场所进行专项检查,对检查中发现的安全隐患点督促限期整改。

安全生产联合执法检查 建立联合执法检查机制,将市安监局、市交运局、市工商局等部门纳入联合执法检查成员单位。2018年第一、第三季度联合市市政局、安监局、公安局、工商局等部门相继开展生产安全、消防安全、水上安全、运输安全、食品安全等领域的联合执法检查,有效预防安全事故的发生。

【旅游行业“双随机一公开”监管】 按照属地管理原则,对旅游市场开展随机抽查作为日常监督检查的主要方式,加强对旅游市场的秩序检查和整顿。编制监管及抽查事项清单,动态管理“两个名录库”,统筹考虑区域旅游质监执法人员配备数量、旅游违法案件类型与数量、旅游企业分布结构等,完善“双随机一公开”机制,通过行政处罚、信用惩戒等措施加大对违法失信行为的惩处力度。

【旅行社管理】 2018年,贵港市旅游发展委积极开展“多证合一”商事制度改革工作,继续执行不再办理“旅行社设立分社备案”“旅行社设立服务网点备案”业务,实行“多证合一、一照一码”,以统一社会信用代码为标识,进一步降低市场准入门槛。加强对旅行社的日常监督管理,开展多次专项检查活动,以检查旅游合同、旅游包车合同为抓手,开展查处不合理低价游、旅游黑车等专项整治活动,有效地规范全市旅行社的经营行为。

【导游管理】 2018年5月1日起,按照《自治区旅游发展委员会关于有关行政审批事项委托下放实施的通知》,贵港市旅游发展委承接自治区旅游发展委委托下放“导游证核发”行政审批事项,通过制订承接方案、监管措施和完善办理流程,并将调整后的单位权责清单、承接文件等材料报备,同时利用网站、微信公众号、旅游工作QQ群、微信群、各旅行社门店等加强宣传,确保了导游证核发工作的无缝衔接,全年受理、办结“导游证核发”行政许可事项9件。

(杨小聪)

信 息 业

中 国 电 信

【概 况】 2018年，中国电信股份有限公司贵港分公司(以下简称电信贵港分公司)属中型本地网，管理港北区、港南区、覃塘区3个区域分公司，桂平、平南2个县(市)分公司。贵港电信考核主营收入完成7亿元，天翼手机用户规模超90万户；有线宽带出账用户45万多户；宽带资源利用率45.99%，宽带端口总容量超100万线，城市光网覆盖率达99.9%，行政村通光缆比例达99.6%。7月，电信贵港分公司获得“2017年度全区用户满意企业”称号。

【网络建设】 2018年，电信贵港分公司致力于加强4G网络建设，打造精品网络。全年启动无线工程项目14个，其中电信承建项目12个、通服承建项目2个，建设基站729个，扩容扇区548个。在移动网质量提升工作中，以“点线面”进行全面对标、“五高一低”重点区域实现“四领先一确保”为目标，通过优化与新建结合，采用新的优化手段和技术取得良好效果。1月，桂平电信成功中标广西首个乡镇高清视频会议系统建设项目——桂平市委办乡镇1080p高清视频会议系统建设项目；4月，贵港电信结合移动及光网质量双提升专项行动，对移动短板进行重点突破，在全区率先完成农村800M项目开通站点109个；9月，贵港市“12345”政府服务热线开始上线；11月，与贵港市江南中学签订“智慧校园”战略合作协议。

实施传统设备退网，推进非光用户迁转，提升FTTH用户占比。8月完成ADSL及零流量FTTB退网，10月完成40%固网软交换用户迁转103.96%，同时完成传统接入点机房、室外点退网48.72%。

推进光纤网络建设，实施农村ODN主干光缆扩容建设，支撑有线、无线业务基础能力；新建小区贯彻国标实现100%FTTH进场覆盖；FTTH建设端口能力同步考虑端局退网需求，实施10GPON建设实现千兆入户，城市光网覆盖率达99.9%，行政村通光缆比例达99.6%。

【网络运行维护】 2018年，贵港电信网络运行正常稳定，各项运维指标完成良好，一、二级干线运行基本正常，无安全生产事故。1—11月，宽带装移机平均时长、宽带装移机履约准时率、修障及时率、宽带故障率、天翼高清视频业务感知优良率全区排名靠前。

基于客户感知装维服务指标完成良好，其中装移机2小时预约及时率为85.3%，全区最高，远高于全区平均水平65.9%；当日装成功率为91.9%，当日修成功率为91.3%；微信参评率为79.1%，全区最高；宽带修机催修率逐步下降；微信评价满意率为99.6%，宽带装移机履约准时率为98.9%，远远高于广西电信公司管控要求；宽带即时测评满意率为98.8%。

【客户服务】 2018年，电信贵港分公司进一步加强客户服务工作，提升服务质量。

客户投诉处理 1月至11月，月均客户咨询投诉率为11.92人次/万用户，好于管控目标(不大于16人次/万户)和全区平均水平(13.85人次)。月均工单处理及时率为99.94%，月均工单处理准确率为99.96%。

装移修服务 宽带装移维即时测评满意度月均98.94%，高于广西电信公司管控目标不小于96%，也高于上年平均的97.2%，连续3年均有提升。每月基本排名全区前列。装移修疑似虚假回单率1—11月月均0.1%，好于广西电信公司管控目标不大于0.55%，连续四年均有下降，按优排名全区前列。宽带重复故障率月均13.27%，远低于广西电信公司考核指标不大于21%。月均宽带催修率为2.4%，好于广西电信公司管控目标不大于3.5%，也低于上年平均的2.78%，连续三年保持下降趋势。

【企业建设】 2018年，电信贵港分公司坚持把党建责任机制与中心工作相融合，做到党建工作与经营工作目标一体、责任一体、运作一体、考核一体。有多人获优秀党务工作者、优秀党员称号。此外，全面试行推进“党建翼联”，签订党建翼联单位4家。

贵港电信工会持续巩固提升“四小”品牌内涵，提升员工获得感和幸福感。持之以恒地开展“五大关爱”和坚持做好“两节”送温暖、员工疗休养、员工健康体检、“五必访、五必贺”等常规关爱活动。致力铸造员工“岗位创新”品牌，提升岗位创新能力。

【信息扶贫】 2018年，电信贵港分公司积极落实亿元信息扶贫工作，针对贫困户、扶贫干部推出专项补贴政策，以助力扶贫攻坚工作开展。截至11月末,贵港电信投入宽带终端成本(光猫、机顶盒)920万元、手机成本230万元用于贫困户及扶贫干部,助力信息扶贫,落实2.3万户贫困户及扶贫干部的信息补贴,为贫困户及扶贫干部节省通讯支出1352.4万元/年。

在有线网络方面,深入实施电信普遍服务试点建设项目,全年投入光纤网络建设0.7亿元,建设光宽带端口17万线,光宽带容量到达120万线,贵港所有乡镇自然村屯光纤网络通达率达98%;在无线网络方面,加快4G移动通信基站建设,全年投入无线网络建设1亿元,建设690个4G基站,在网各类基站达3930个,贵港4G网络覆盖率到达98.3%。

【政府“12345”服务热线运行】 2018年9月,贵港市“12345”政府服务热线上线运行,该平台的上线是中国电信贯彻落实数字广西建设,助力加快政务数据资源整合、提升政府治理数字化水平的重要举措。贵港电信引入先进的智能机器人系统、智能语音分析系统、大数据分析系统等应用模块,完成全媒体诉求平台的整合,完善平台各项功能。同时,根据贵港市全年政务热线话务量需求,贵港电信组建33人的话务团队,每年人均可处理话务量约8000通,每年总话务处理能力为24万通,能够全面受理全媒体渠道的群众诉求及将处理结果反馈群众。（何成华）

中国移动

【概　况】 2018年,中国移动通信集团广西有限公司贵港分公司(以下简称贵港移动公司)坚持党建工作和业务工作两手抓、两手硬,全面实施“大连接”战略和“四轮驱动”融合发展提供坚强政治保障,通信服务接近12亿元,增长近10%。3月22日,贵港市委宣传部举办2016年度贵港市正能量新媒体平台颁奖仪式,经公众投票,贵港移动公司“荷城和4G”微信公众号获得2016年度贵港市正能量新媒体平台称号。

【移动企业宣传】 2017年6月12日,贵港移动公司以“智慧贵港,信息惠民”为主题,邀请媒体参观该公司信息体验厅。信息化体验厅向公众媒体展示最新的信息化产品及技术解决方案,介绍贵港移动公司互联网+教育、互联网+生活、互联网+医疗、智能穿戴、大数据、云计算等前沿科技。在推进城市智慧化的同时,注重前沿科技“接地气”的发展,以公众需求为导向,前沿科技为依托,推出便民服务方案及智能穿戴设备落地实施。

【移动企业营销】 2017年9月4日,贵港移动公司紧追热点,根据各大高校迎接最后一批90后新生,开展贴近学生喜好的二次元文化校园营销。

9月28日,云创未来　融汇天下信息化巡展活动第二站在贵港开启。活动安排各地市“中小企业云”战略合作协议签约、云计算和新型智慧城市研究专家报告会、信息化大篷车产品展示三部,重点面向政府、金融、医疗、交通、能源、教育等行业及中小企业的客户。

【移动通信服务】 2017年4月15日,根据客户特殊情况下的特殊需求,贵港移动公司转变观念,改变既定的业务办理规定,主动上门服务,为因受伤住院的客户办理手机补卡业务。

7月20日,在贵港新世纪广场贵港移动公司与贵港市公安局共同举行“打击盗抢二轮电动车违法犯罪专项行动暨‘车安网’二轮电动车防盗备案登记”启动仪式,揭开与公安系统信息化合作的新篇章。此前,该公司与贵港市公安局通过“天眼”工程专线建设进行合作,得到首肯。“车安网”通过“和车宝”定位搜索,结合路面监控进行追踪定位,提高二轮电动车盗抢案件破案率。10月11日,通过该系统破获贵港市首例被盗电动车案,破案用时2天多。

12月9日,成功“星耀荷城2017贵港明星演唱会”,作全程通信保障。

【移动企业文化建设】 2017年7月1日,贵港移动公司联合贵港市作家协会、贵港市港北区统计局举办2017年咪咕阅读读书分享会,为市民创造阅读新体验。

7月13日,举办“念党恩　颂经典”主题朗诵比赛。

9月19日,联合贵港市总工会在贵港国际大酒店举办第一届职工岗位技能竞赛。技能竞赛分服务营销技巧、有线业务装维、通信网络技能三项,采取主会场、分会场同时进行,主会场进行服务营销技巧及有线业务装维比赛。竞赛中引入该公司“和目”产品进行现场投屏直播。

【移动企业社会服务】 2017年3月9日,贵港移动公司团委组织志愿者协同荷城义工协会开展“学雷锋·智服务”志愿服务活动,免费为市民提供手机屏幕清洗、手机软件安装、业务咨询等服务，向大家讲解手机日常维护及故障处理的小知识。

11月12日至14日，中国移动爱“心”行动——贫困先心病儿童救助项目第二期贵港站筛查工作启动，为270名患儿提供免费筛查。经筛查，确定适合做手术患儿79名。12月8日，派出志愿者协同贵港市民政局护送39名患儿到天津市免费接受诊疗。

（区弘哲）

中国联通

【联通概况】 2017年，中国联合网络通信集团有限公司贵港市分公司（以下简称贵港联通）下辖业务包括桂平市、平南县和港北、港南、覃塘三个区，奉行“诚信求实、致力服务、唯求满意”的企业宗旨，在经营基础业务的同时，大力发展创新业务，与贵港市公安局、贵港市国资委、贵港市交警支队等单位以大数据、云计算、物联网为项目目标进行交流与合作。组建成覆盖全贵港的WCDMA网络，实现有线宽带的全光纤化，新增宽带全部采用GPON技术，4兆以上宽带提供能力达到100%，4G信号基本覆盖市区。

【企业营销业务】 2018年，贵港联通在移网业务销售主营收入完成18779万元，预算完成率90.86%，与广西地市级联通公司相比，全区排名第二，累计同比下降2.88%，全区排名第二。在网用户市场份额14.23%。在用户规模方面，全市移网用户规模38.75万户。移网净增出账用户38.75万，净增用户减少5828户，为负增长。2G用户97445户、3G用户37042户、4G用户253033户、宽带用户26339户。

贵港本地通信网络及服务在移动网方面，贵港全市4G基站898个，3G基站1344个，2G基站1110个；对标全区4G基站规模排名第9，4G人口覆盖率45.2%，面积覆盖9.56%；3G人口覆盖率89%，面积覆盖率90.3%；对标本地友商贵港移动4G基站数2347个，贵港电信4G基站数1546个。在宽带网方面，贵港全市宽带总端口数16.71万（含投资商3.41万端口），其中城区端口数10.05万、占比60.15%，乡镇端口数6.66万、占比39.85%，端口实装率22%，端口实装率全区排名第10名；对标本地友商贵港移动端口60万，在网用户18万户，端口实装率30%；贵港电信端口80万，在网用户28万户，端口实装率35%。贵港通信类门店1200多家，联通实体渠道约174家，占贵港通信类门店14.5%。

【联通网络发展】 2018年，贵港联通新建4G宏站421个，4G物理站达到1127个，逻辑站址达到1292个，4G人口覆盖率由45.2%提升至56%，面积覆盖率由9.56%提升至45%。室分开通38个点，解决了普罗旺斯、迎宾华府、华泰官邸、碧桂园等一批大型小区及重要楼宇的深度覆盖问题，用户感知提升。高铁红线内、红线外两个项目解决了南广高铁弱覆盖问题，基本实现南广高铁贵港段4G连续覆盖，MR测试，质量居全区前列。

宽带网总端口数达到18.5万个。其中，LAN端口占比12.11%，FTTB端口占比36.44%，FTTH端口占比51.45%。推进全光网改造建设，完成网络光纤化改造小区149个，累计交付光改端口18592个。

传送网中城域网、本地网的健壮性得到进一步的提升传输接入新建24芯光缆997千米，新增ATN950传输设备80套，新增IPRAN微波7跳。管道新增10.7千米管孔，10G环路扩容4个。

【企业社会服务】 2018年，贵港联通积极参与社会公共服务项目，作为三大运营商之一，在为政府及党建工作宣传、贵港市社会公共服务中起到重要作用。参加市政府组织的游行活动，响应共青团的各项植树活动、公益活动等；为扫黑除恶专项行动、惩治传销行动进行针对联通用户的短信群发宣传。

【通信服务】 2018年，贵港联通以“客户为本”围绕一切为了客户，一切为了一线，一切为了市场理念，结合“12345”政府热线便民服务平台，打造“优+”渠道服务品牌，聚焦客户感知改善，从网络、业务、服务三个方面，把工作目标、工作措施分解落实到各部门及专业分公司，推动各责任单元从根源解决影响客户感知的顽疾问题，对客户投申诉、突发服务问题、重点问题开展攻坚挂摘牌和NPS客户口碑服务质量管控，通过统一各触点渠道服务标准规范及服务承诺，引导一线员工自觉执行优质服务标准和服务规范，提升各渠道触点服务能力水平，在一线窗口积极开展以“百倍用心，10分满意”为主题的“全员服务在行动”活动，为客户提供优质的服务，促进生产流程客户化和一线服务便捷化，持续改善客户NPS口碑，以服务提升公司业务发展，促进企业品牌和用户口碑双提升。

（林嘉欣）

无线电管理

【无线电台(站)审批】 2018年,贵港市无线电管理处根据国家和自治区150兆赫、450兆赫频段专用对讲机频率划分和使用管理的有关规定,提出符合本地区的做法,统筹本地区的无线电对讲机频率资源,合理指配频率。全年审批无线电台(站)150余个。

【无线电监督检查】 2018年,贵港市无线电管理处按照监督检查计划,贯彻监督检查和行政执法合理、公正、公开的指导思想,对市移动公司、大型超市、酒店、宾馆等多家设台单位依法开展监督检查工作,检查台站30余台(套),规范设台用户依法用频,促进无线电频率和台站管理的规范化、制度化、科学化。

【无线电监测】 2018年,贵港市无线电管理处严格按照国家和自治区有关要求,对辖区内的航空无线电通信、公众移动通信、调频广播、集群、对讲机等重要业务频段开展监测,特别是对西江黄金水道、南广高铁沿线和桂平、平南航空等无线电专用频率的监测。年内开展无线电日常监测累计2万多小时,形成主要业务监测报告12期。全面掌握辖区各业务频段的用频情况,为科学指配无线电频率,有效利用频谱资源,促进各项无线电业务健康发展打好坚实的基础。

【无线电频率使用率评价】 2018年,无线电频率使用率评价专项工作是国家下达的无线电管理工作的一项重点任务。贵港市无线电管理处严格按照具体方案和实施细则开展工作,按相关要求和时间进度完成监测数据的采集、分析、处理,以及评估报告的编制和上报。开展专项监测1200多小时,形成监测报告2期,并开展设台用户信息及非法用频设台情况的核查工作。历时2个多月,贵港市频率使用率评价工作完成,进一步贯彻落实了2018年全国无线电管理工作要点,加强频率资源的使用监管,把握重点频段无线电频率使用率现状。同时,贵港市无线电管理处积极参与中越边境崇左段无线电监测及频谱使用评估工作,为中越边境地区地面无线电业务频率协调会谈工作提供基础数据。

【无线电安全保障】 2018年,贵港市无线电管理处加强与公安、森林防火、防汛抗旱、民航等相关部门建立应急联动机制,制定并完善无线电安全保障应急预案。在春节、国庆、元旦、“两会”等重要时段,坚持24小时值班和24小时监测,做好特殊时期无线电监测工作和特殊时期无线电安全保障工作。配合教育、人事等部门,做好社会各类考试无线电安全保障工作,防范利用无线电设备进行作弊的行为,维护考试的公平、公正。全年开展考试无线电安全保障工作50次,保障时长177小时,派出人员108人次,派出车辆34车次,启用技术设备51台次。完成贵港市首届国家级马拉松——2018贵港·国际马拉松无线电安全保障任务和广西工业高质量发展大会考察观摩通信保障,协助做好2018年环广西公路自行车巡回赛北海赛段的保障工作,为重大活动无线电安全保障工作提供借鉴。

【“黑广播”查处】 2018年,贵港市无线电管理处在打击治理“黑广播”违法犯罪活动过程中,出动监测车62车次,动用监测定位设备73台次,出动监测人员179人次,工作监测时长1870小时,与公安机关、文新广局联合执法,查处“黑广播”案件12起,有效遏制“黑广播”蔓延发展势头,严厉打击违法犯罪分子的嚣张气焰。

【打击“伪基站”】 2018年,贵港市无线电管理处针对“伪基站”干扰用户正常通信、发送诈骗、广告短信等违法行为,做好无线电监测分析、定位、逼近“伪基站”工作。为提升工作合力,贵港市无线电管理处与市公安网监支队、三大运营商等建立联络机制。

【无线电干扰排查】 2018年,贵港市无线电管理处针对各类有害无线电干扰危及国家利益和人民生命财产安全情况排查航空用频干扰案1起和私设屏蔽器干扰政府测绘设备案1起,及时消除各类无线电干扰,维护良好的用频秩序。

【执法能力专项行动】 2018年,提升无线电管理执法能力是国家专项行动,根据自治区工信委《2018年提升全区无线电管理执法能力专项行动方案》,贵港市无线电管理处加强领导、统筹安排,积极派员参加相关业务培训,坚持问题导向,结合本地无线电管理执法实际,按照专项行动检查内容和考核标准逐项对照检查,做好项目任务分解表,开展执法案例宣传,提升普法宣传效果,完善工作材料,规范工作环节,并根据专项工作办公室的考核评价做出整改措施,从组织领导、制度建设、队伍建设、执法规范、信息公开等方面抓好落实，全面提高执法能力和水平。制订政治理论学习和业务学习计划，全年开展集中理论学习12次；参加技术设施、监测技术、频率协调、纪检监察、财务管理、档案管理等培训班40人次以上；开展岗位大练兵，着力提高干部职工的综合素质。在第十五届中国—东盟博览会无线电安全保障技术演练比赛中，综合成绩获广西二等奖。江苏连云港市经信委、无锡市经信委和河池市无线电管理处先后到贵港市无线电管理处开展学习调研。

【无线电管理宣传】 2018年，贵港市无线电管理处因地制宜，以"2·13"世界无线电日、"5·17"世界电信日及各类考试和其他重大活动为契机，运用各种形式开展无线电法规宣传和普及活动。为扩大宣传影响，全年撰写无线电宣传稿30余篇。开拓宣传渠道，创新宣传方式，提升宣传效果。结合主题党日活动，联合荷城社区党群服务中心，在市政府广场开展无线电科普宣传现场活动，发放《漫画无线电管理〈条例〉宣传手册》《漫画无线电管理科普宣传手册》等宣传资料300多份，向群众介绍无线电管理、法律法规、无线电辐射等方面的科普知识，为群众答疑解问；编印无线电管理宣传册。

【政务服务】 2018年，贵港市无线电管理处坚持以推进行政权力公开透明运行为抓手，梳理行政许可事项，开展"减证便民"专项行动，做好"最多跑一次"事项分类统计工作和"一事通办"事项"八统一"成果应用工作，贯彻"放管服"要求，力求通过一个"窗口"为设台用户提供便捷的审批服务。

【业余无线电】 2018年5月、11月，贵港市无线电管理处按照中华人民共和国工业和信息化部《业余无线电管理办法》及自治区工信厅的要求，举办业余无线电台操作技能考试2期，扩大业余无线电爱好者队伍，规范业余无线电台。

【无线电频率占用费收缴】 2018年，贵港市无线电管理处根据国家对无线电频谱资源实行统一规划、合理开发、有偿使用的原则，按照区财政厅和区财务部门的要求，坚持"票款分离""收支两条线"的征管机制收缴频率占用费。6月15日前完成上半年计征报表的上报，12月1日前完成下半年新增台站计征报表上报。全年向设台单位征收频占费4.92万元，顺利完成频占费收缴工作。

【无线电管理技术设施建设】 2018年，贵港市无线电管理处围绕服务经济建设中心开展技术设施布局和建设，做好"十三五"基础设施中期动态评估报告。经过多次实地考察和筛选分析，完成西江黄金水道监测网建设桂平、平南3个水上站点的选址、建设工作，为推动本年度无线电管理技术设施建设项目的实施奠定坚实的基础。

【无线电管理工作专题汇报会】 2018年，贵港市无线电管理处加强与政府部门沟通协调，及时汇报无线电管理工作新情况、新进展，积极宣传无线电管理工作在服务经济社会发展方面的重要作用，争取政府主管部门和相关单位对无线电管理工作的理解和配合。8月下旬，贵港市人大常委、党组书记、副主任肖孟和市人大常委会秘书长郭淑娣到贵港市无线电管理处调研，并召开无线电管理工作专题汇报会。贵港市无线电管理处与贵港市人大常委会共同拟定《贵港市人大常委会领导到无线电管理处调研召开专题汇报会会议纪要》。市人大常委会对市无线电管理处在服务地方经济发展、服务党政机关、保障无线电安全等给予充分肯定，同时对管理处立法、行政执法及开展相关部门横向协调等方面工作给予协助，为贵港市无线电管理处开展工作创造有利的决策依据和社会氛围。

（甘　萍）

住房与房地产

【概　况】 2018年，贵港市商品房销售面积325.31万平方米，同比增长4.9%；房地产投资123.1亿元，同比下降9.9%；商品房累计可售面积258.47万平方米，消化周期8.71个月，保持在合理区间。

【物业管理】 2018年，贵港市有物业管理小区200多个，物业服务企业186家。贵港市住建委进一步规范对物业服务企业的管理，年内核准12个小区的业主委员会申请，参加指导、协调8个物业小区成立业主委员会。及时处理、回复通过"12345"政府服务热线、网络平台的物业纠纷投诉96宗，通过物业科电话投诉、现场接待物业纠纷投诉80多宗，有效的解决业主的诉求，维护小区的和谐稳定。

（梁思远）

建设　环保

自然资源管理

【概　况】 2018年，贵港市国土资源局有序推进党建工作、耕地保护、土地规划、用地报批、项目供地、矿产管理、执法监察、地灾防治、测绘地理信息等工作，全面完成年初确定的各项目标任务。年内，全市获得新增建设用地指标11858亩，其中获得自治区奖励2200亩，已安排10238亩用于保障高铁站前广场商业项目等159个急需建设项目用地指标；全市完成项目报批237个，面积27150亩，已获得批复224个，面积17445亩。成立土地供应办公室，全市供应国有建设用地341宗，面积31538亩，其中盘活存量建设用地29479亩，完成自治区下达任务的262%，比上年增长115%，近五年平均供地率达到71.25%，已连续五年超过70%。成立司法征收办公室，通过司法程序成功解决项目征地问题78个，市本级完成征收土地项目205个，面积21004亩。

贵港市深入推进党建引领国土资源管理工作，贵港市国土资源局完善"国土资源党建联盟""书记面对面·国土在行动""国土大讲堂"等活动平台，更新"三室一基地"（党务室、党风室、党宣室和党建联盟基地）。完成2轮廉政巡察，巡察下属单位12个，开展扶贫领域、不动产窗口作风问题和形式主义、官僚主义突出问题等专项治理行动。

【耕地保护】 2018年，贵港市落实耕地保护目标责任，坚守全市11.74万公顷耕地保护和10.29万公顷永久基本农田保护面积控制线。落实耕地占补平衡，全市获批准建设占用耕地面积689.93公顷，全部按规定进行先补后占，做到耕地占补平衡；完成覃塘区三里镇隆兴村耕地提质改造等4个项目、145.53公顷的验收、系统备案工作，按要求完成贵港市依法批准建设项目占用耕地涉及以承诺方式，向自治区和国家承诺至2018年兑现的141.96公顷耕地提质改造归还目标任务。推进耕地后备资源开垦工作，立项耕地开垦项目34个。其中，通过自然资源部农村土地整治监测监管系统备案项目27个，预计新增耕地2016.05公顷；完成验收备案项目1个，新增耕地83.52公顷。通过异地购买补充耕地指标，解决占补平衡难题，分别向罗城县、象州县、来宾市兴宾区购买耕地指标997公顷。按要求开展"大棚房"问题专项清理整治工作，整治农地非农化违法行为。

【国土规划】 2018年，贵港市获得新增建设用地指标11858亩，保障166个项目用地。城乡增减挂钩工作取得突破性进展，完成潜力调查工作，获立项批复项目44个，拆旧区实施面积11340亩，通过验收项目4个，复垦面积711亩。

【建设用地调控和监测】 2018年，贵港市涉及自治区层面统筹推进重大项目84个。跨市项目26个，其中已保障或有保障用地指标的项目10个，未保障或部分保障用地指标的项目16个；贵港市项目58个，其中已保障项目35个，部分保障项目7个，未保障项目13个，不需安排新增建设用地指标项目3个。

【土地储备】 2018年，贵港市本级储备新增立项37个3142.64亩。完成对龙宝粮油有限公司、港北区港城镇人民政府、港北区贵城街道三合社区居民委员会等324宗、1732.78亩国有土地的收回。市本级累计供应土地237宗、面积1011.54亩，土地出让价款57.12亿元，创历史新高。征拆资金瓶颈获历史性突破，市本级获批发行土地储备专项债券15亿元，涉及贵港市园博园周边土地收储项目、中山北路周边土地收储项目、体育中心周边土地收储项目、港南城区土地

2018 年 6 月 1 日，贵港市国土资源局到石卡产业园区实地了解保税物流中心、腾骏汽车、平果铝业、久久星电动车等项目用地情况

收储项目 4 个项目，拟储备土地面积 19014.89 亩，包含商住、商服、工业、教育及基础设施等类型用地。贵港市与广西农垦合作取得突破性发展，双方拟订的规划利用西江农场土地方案得到自治区政府批准同意，规划利用土地协议完成签订。

【建设用地供给】 2018 年，贵港市供应国有建设用地 341 宗、面积 31538 亩，土地总价款约 72 亿元。全市近五年(2013—2017 年)平均供地率为 71.25%，已连续五年达 70% 以上。2018 年全市盘活存量建设用地 29511 亩。

按供应方式分类，招拍挂出让 164 宗、面积 10258 亩，划拨用地以协议方式补办出让 3 宗、面积 12 亩，划拨 174 宗、面积 21300 亩。

按土地用途分类，供应商服用地 38 宗、面积 1262 亩，工矿仓储用地 81 宗、面积 5722 亩，住宅用地 93 宗、面积 6443 亩，交通运输用地 46 宗、面积 12290 亩，特殊用地 5 宗、面积 457 亩，公共服务等其他用地 78 宗、面积 5396 亩。

【不动产登记】 2018 年，贵港市实现与房产交易、不动产登记、税务部门“一窗受理，并联办理”，较好清理各种“奇葩”证明、重复证明、无谓证明，取消门牌证明、档案查询证明等，努力解决群众办证“窗口多头跑、资料反复送、等待时间长”等问题；全面实现群众在不动产登记窗口自助查询机上自助查询不动产登记资料。年内，全市办理不动产权证书 40634 本，不动产登记证明 83868 张。其中，市本级发放不动产权证书 23934 本，不动产登记证明 44638 张；平南县发放不动产权证书 8340 本，不动产登记证明 18537 张；桂平市发放不动产权证书 8360 本，不动产登记证明 20693 张。

【地籍管理】 2018 年，贵港市完成年度土地变更调查工作及城镇地籍调查数据更新汇总工作，为国土管理工作提供现实性的基础数据成果。进一步推进农垦国有土地使用权确权登记发证工作，完成西江农场登记发证 107 宗、11775.81 亩，完成 2018 年度自治区下达贵港市农垦国有土地使用权确权登记发证任务 109.25%。扎实推进贵港市第三次国土调查工作，完成港北区示范县的调查，形成阶段性调查成果，完成第三次国土调查城镇内部土地利用现状调查 157.79 平方千米。

【测绘管理】 2018 年，贵港市积极推进“数字县域”建设和推广“数字贵港”共建共享工作，数字平南地理空间框架建设和数字桂平地理空间框架建设项目获得自治区立项批复，“数字平南”落实经费 300 万元并正式启动。基于数字贵港地理空间框架平台，贵港市 613 管理系统和产业园区动态监测系统作为“数字贵港”应用推广项目，经市政府批准，被纳入“智慧贵港”建设和统一管理，与市交通运输局、市林业局等 8 个部门签订贵港市地理信息公共服务平台共享合作协议。贵港市政府投资建设工程项目竣工“三测合一”在全区率先推行，批准入驻贵港市中介超市平台上的测绘资质单位 75 家，通过审核测绘中介服务项目 248 个。对市编办批复的 53 项测绘方面权责清单全部编制行政权力运行流程并在网上公布。贵港市测绘地理信息产业不断扩大，有测绘资质单位 24 家，其中乙级 5 家、丙级 13 家、丁级 6 家。

【矿政管理】 2018 年，贵港市严格落实矿业权人勘查开采信息公示制度。年内应公示采矿权 91 个，完成填报公示 88 个，公示进度 96.7%；勘查项目 44 个，完成填报公示 44 个，完成率 100%。全市办理矿业权审批登记37宗。其中，市本级办理采矿权审批登记18宗，探矿权审批登记10宗；桂平市办理采矿权审批登记9宗。

【地质灾害防治】 2018年，贵港市通过完成市城区岩溶地面塌陷调查与评价项目，对调查评价区进行岩溶塌陷预测风险管理区划，提出地质灾害防治建议，提升贵港市防灾减灾和保护地质环境的能力，为新型城镇化建设、重大工程建设提供基础地质数据。贵港市地质灾害预警信息系统使用正常，利用预警信息系统在汛期期间发布预报信息154次，发布地质灾害预警预报橙色预警1次、黄色预警86次、蓝色预警147次，预警短信28468条。全市发生的地质灾害35起，造成的直接经济损失157.5万元，同比减少12.4%。

【行政审批】 2018年，贵港市国土资源管理局全力推进“一事通办”改革，政务窗口列入“一窗口受理，集成服务”改革，制定3张清单、容缺受理清单等，开展政务办事“最多跑一次”改革相关梳理工作，在43项行政审批事项中梳理出建设项目用地预审、国有建设用地使用权划拨批准等42项政务服务事项列入“最多跑一次”。推进网上办事工作，将农村村民宅基地审批、测绘作业证核发等35项审批事项列入广西一体化网上政务服务平台网上办事事项。全年，市政务服务中心国土资源窗口使用政务服务业务通用软件办理咨询件687件，受理审批事项1336件，办结1350件（含上年受理在本年办结数），超时办结0件。贵港市国土资源局行政审批事项“最多跑一次”达到97.67%，网上办事事项达81.39%，提前3个月完成自治区要求12月底前完成80%的任务。

2018年10月10日，自治区国土资源厅党组书记、厅长陈建军一行到桂平市大成塘移民安置区现场调研项目建设和用地报批情况　　黄　瑜　摄

【国土资源执法监察】 2018年，贵港市国土资源执法监察工作不断强化，办理行政复议案件11宗，涉诉案件36宗，组织开展听证会31场，清理规范性文件17份，选送参加全区案卷评查的2宗行政处罚案卷均被评为优秀，法治政府建设绩效考评获满分。组织参加全区行政执法人员资格（续职）培训考试22人，参加国土资源执法监察人员持证上岗培训考试16人。组织开展“6·25”全国土地日、“12·4”国家宪法日等宣传活动，采取多种形式对国土资源法律法规、保障发展和保护耕地新政策进行宣传。召开会审会5期审查重大违法案件48宗；召开耕地破坏损毁鉴定审查会5期，组织开展矿产资源破坏价值鉴定13宗。收到违法违规用地用矿举报线索267件，办结267件，办结率100%。推进2017年度土地矿产卫片执法监督检查，全市顺利通过自治区和自然资源部的验收。

【国土资源管理队伍建设】 2018年，贵港市国土资源局完成年度考录（招聘）公务员计划，录用参照公务员法管理人员4名。规范干部选拔任用工作，完成16名干部、3个职位的转任、推荐考察、任用。加强干部教育培训，全年举办培训班50期。完成经营类事业单位市国土资源测绘院转企改制工作。

（黄　瑜）

城乡建设

【概　况】 2018年，贵港市围绕建成西江流域核心港口和战略性新兴产业城的目标，不断加快城乡建设步伐。中心城区建成面积75.67平方千米，常住人口城镇化率50.09%。城市规划编制日趋合理，多个重大城建项目相继建成或稳步推进，城市基础设施不断完善。

年内，建筑业现价增加值达97.53亿元，增速为13.6%，增速排名全区第一；建筑业总产值178.25亿元。房地产投资123.1亿元，商品房销售面积325.31万平方米。棚户区改造开工实现一年超万套的历史性突破。在城市发展的同时，村镇工作也取得新进展。示范县建设、特色小镇建设、农村危改、改厨改厕等工作均取得较好成绩，还着手开展农村人居环境整治和乡村风貌提升工作。贵港市智慧城市建设获2018中欧绿色和智慧城市"技术创新奖"，成功承办2018中国绿色智慧城市发展高峰会议；获"国家森林城市"称号；继续保持"广西卫生城市"称号；在全区建筑节能与绿色建筑工作会议上作绿色建筑典型发言；贵港市住房城乡建设局、园博园管理处、港北区建设局、港北区市政管理局均被授予全区住房城乡建设系统集体二等功，被授予全区住房城乡建设系统二等功个人5人。

城乡规划

【城乡规划编制】 2018年，贵港市本级在2017年完成贵港市城市总体规划实施评估的基础上，组织开展城市总体规划修改工作，形成"区域分析与城市定位"等10个专题研究正式成果及贵港市城市总体规划纲要成果。组织开展西江新城规划编制，提出进一步拉大城市框架，拓展城市发展空间，打造集生产、服务和消费于一体的城市新区。11月，完成规划初步成果方案。组织开展中心城区控制性详细规划全覆盖编制，根据《广西县市控制性详细规划全覆盖攻坚专项行动方案》，年底设区市规划建设区域、县（市）近期建设区域控制性详细规划完成全覆盖目标，完善贵港市中心城区控规编制，获得市人民政府批复。

【项目审批】 2018年，贵港市住房和城乡规划建设委员会办理建设项目选址意见书251份、建设用地规划许可76份、审查总平面规划图100项、出具规划定点意见书9项、非建筑类建设工程规划定点37份、非建筑类工程规划许可33份、规划设计条件及用地界限图530件，处理规划答复、意见类64份；开展设计方案论证审查72项（件），核发建设工程规划许可证157本、规划核实证明57项，组织工程项目验线35项。办理郁林路小学、文笔山小学、和平路小学、华奥阳光城·松宇公馆等项目规划审批手续。中梁国宾一号、广西工业学院校园总体规划及一期工程、盛世青云府、白凹窝小学、郁林路小学、港南区第三初级中学等城市配套公建项目完成总平审查及核发建设用地规划许可证。核发一中心两基地、贵港市荷城第二初级中学、汽车制造整体搬迁改造项目、贵港市中级人民法院诉讼服务中心、贵港市港北区桂林路小学、贵港市消防训练基地和战勤保障大队、贵港市港北区第六初级中学一期、华奥·阳光城悦府等项目的建设工程规划许可证。畜禽屠宰深加工、全科医生临床培养基地加建项目、贵港市看守所搬迁重建二期、贵港边防检查站公寓楼、贵港市城东消防站、金港明珠、贵港市人民检察院专项业务用房、粤桂热电循环糖厂搬迁技改（仓库区）、贵城街道登龙桥社区居民委员会服务中心等项目实现竣工并办理规划核实证明。

【历史文化保护】 根据自治区工作部署，2017年—2020年在全区范围内开展历史文化街区和历史建筑确定工作。贵港市住房和城乡规划建设委员报请市政府印发《贵港市历史文化街区和历史建筑确定工作方案》，安排设计单位与市文新广局、市地方志办和港北、港南、覃塘建设局进行工作对接，组织各县（市、区）结合实际情况先期开展历史建筑潜在对象调查。根据相关规定对调查了解到的213处历史建筑潜在对象进行评分，最终推荐桂平市中沙镇松柏庄等32处建筑申报历史建筑。并结合普查情况，完成历史文化街区和历史建筑普查报告和申报报告的编写。

城市建设

【概　况】 2018年，贵港市住房和城乡规划建设委员会主要负责推进重点项目6个，其中计划开工项目2个、续建项目2个、计划竣工项目2个。项目总投资45.7亿元，年度计划投资5.62亿元，实际完成投资6.73亿元，占年度计划投资的120%。市政基础设施及终点项目建设和海绵城建设稳步推进。

【保障性安居工程】 2018年，贵港市棚户区改造新开工10874套，完成目标任务的101.4%；基本建成安置住房757套，完成目标任务的106.8%；公租房分配入住28018套，完成年度目标任务的103.1%；累计完成新增发放租赁补贴家庭资格审核68户，完成目标任务的136%。贵港市保障性安居工程获得自治区绩效加分1.5分。

【PPP项目建设】 2018年，根据自治区统筹推进续建重大项目要求，

2018年6月21日，贵港市西环互通立交建设现场　　市城市管理局　提供

贵港市郁江两岸综合治理工程PPP项目年度计划投资4亿元。项目北岸进行防洪堤外立面改造及护岸施工，南岸进行1#至4#足球场、6#管理用房、南江村泵站、游泳池等施工，同时进行绿化植被的种植工作，累计完成投资4.4亿元，占年度计划投资的110%。自治区住建厅下达地下综合管廊及道路工程PPP项目年度开工5千米（开工条件要求达到底板施工），4月郁林路段管廊（中山路至仙衣路段）先行开工建设，建设规模为7.08千米，完成3千米的围挡，并进行土石方开挖及廊体底板施工，年度计划投资8000万元，实际完成投资10757.4万元，占年度投资目标的134%。

【基础设施建设】 2018年，贵港市新华路（港宝街—圣湖路）主要进行解放路至港宝街段路基、路面、人行道及排水管道施工，10月底全线通车，累计完成投资404万元，占年度投资目标的161.6%。贵港市国土空间规划技术业务用房开展立项、全过程咨询服务招投标、可研、方案设计及初步设计等前期工作，完成投资217.43万元，占年度投资目标的54.36%。

【海绵城市建设】 2018年，广西建筑科学研究设计院对贵港市建成区范围内的公园及湖泊地块进行调研，选取14个海绵资源条件较好的项目进行评估。经评估，贵港市海绵城市综合径流总量控制率达到78.33%，满足自治区70%的指标要求。　（梁思远）

【市政项目建设】 2018年，贵港市市政管理局负责的项目38个，总投资106.33亿元，完成投资40.78亿元，竣工投入使用项目13个，开工建设项目9个。一级连线项目全线贯通；西江大桥维修加固工程和进港公路提升改造工程完工，完成白改黑支路6条；金港大道东段高架桥工程完成上部桥梁结构50%，3个路口立交桥实现南北通车；高铁广场项目一期工程投入使用，西环北环综合改造工程、高铁广场片区高架环路系统工程开工建设，港城棚户区改造项目、马尾江整治工程等项目加快推进，城市承载力和服务功能不断完善。

【污水垃圾处理设施建设】 2018年，贵港市建成镇级污水处理厂11座，新建改建市政公厕18座，贵港市城西污水处理厂提标改造工程和江南污水处理厂应急技改工作基本完工，5条河道截污与生态治理工程完成总工程量的50%，基本消除牛皮河黑臭水体。

（卢　斌）

建筑行业管理

【概　况】 2018年，贵港市建筑业现价增加值97.53亿元，增速为13.6%，增速排名全区第一；建筑业总产值178.25亿元，增速为25.7%。全市有资质等级内建筑业企业177家，年内增加36家。

【建筑市场秩序整顿】 2018年，贵港市继续抓好工程建设监管工作，市本级全年依法核发施工许可153项，开工建设建筑总面积576.39万平方米，总造价123.26亿元。其中，中心城区核发施工许可97项，总面积443.48万平方米，总造价95.3亿元。做好建筑业企业诚信信息库入库管理工作，年内审核入库企业18家，发放诚信卡553张，实施中标锁卡366张，解卡185张。落实“一人一卡、全区通用”“桂建通”农民工工资卡制度，按区住建厅、人社厅要求率先达到在全区范围内实名制管理公共服务平台人社口径录入率100%，得到自治区的表扬；年内全市实行实名制工程项目166项。

【工程招投标管理】 2018年11月，贵港市实行建设工程招投标事中事后监管，建设工程招投标取消招标文件事前审查，取消合同备案，加强事中事后监管。服务类的项目招标采取无纸化网上免费下载标书。对全市80多家招标代理机构和接近300名建设工程评标专家分别进行培训。市本级招标监管项目197个，开标项目171项，中标价43亿元。

【施工安全监管】 2018年，贵港市住房和城乡规划建设委员会落实建筑企业安全生产主体责任，进一步强化全市建筑企业施工安全监管。组织拉网式检查3次、层级检查6次、专项检查3次。对施工企业进行16次、监理企业11次、项目经理52次、项目总监33次、专职安全员161次安全动态扣分，发出质量安全隐患整改通知书472份，停工通知18份。组织召开全市建筑施工安全生产专项会议8次，开展建筑施工质量安全标准化暨扬尘治理现场观摩会1次，举办消防应急演练1次。开展安全生产、文明工地评选，评选出市级文明工地53个，自治区文明工地24个。

表12 **2018年自治区建设工程施工安全文明标准化工地表**

序号	工程名称	获奖单位	项目经理/总监理工程师
1	金港茗苑A-1#楼、A-2#商业楼、A-2#楼、A-3#、A-9#楼及地下室(一期)	福州第七建筑工程有限公司	邢光义
2	桂平碧桂园5#、6#、7#楼	浙江融兴建设有限公司	舒　庆
3	贵港市江南中学5#教学综合楼建设项目	广西贵港建设集团有限公司	梁进球
4	龚州新天地荣华府((F1、F3栋)工程	广西贵港建设集团有限公司	邓壬华
5	贵港·迎宾华府B1、B9-B11#楼	广西贵港建设集团有限公司	周超志
6	荷城嘉园6#、7#、8#楼	贵港市市政建筑工程有限公司	胡世阳
		广西中正金诺建设工程项目管理有限公司	周瑞祥
7	嘉天下(1#、2#、3#、5#、6#楼、地下室)	广西贵港建设集团有限公司	谭伟裕
8	兴港综合楼	广西贵港建设集团有限公司	陆子锋
9	盛世天禧1#~3#楼及其地下室	广西贵港建设集团有限公司	梁海山
	鑫炎·凤凰城10#、11#楼及地下室	广西建工集团第四建筑工程有限责任公司	谭昌立
10	通泰爱丽舍保障性住房	广西建工集团第五建筑工程有限责任公司	兰鸿吉
11	广汇·钰荷园B区(1#-3#楼住宅、1#-12#商业及B区一期地下室)	广西建工集团第五建筑工程有限责任公司	王　丹
12	贵港市高级中学新校区项目	广西建工集团第五建筑工程有限责任公司	孙　迪
		广西鼎策工程顾问有限责任公司	余　俊
13	贵港市向南居★汉唐世家二组团项目1#、2#、3#楼建安工程	中国建筑第五工程局有限公司	谭永帅
14	广汇·钰荷园A区19#~23#楼及A区一期地下室工程	中国建筑第七工程局有限公司	王　权
15	贵港市中心血站搬迁重建项目(一期)业务楼	广西莲城建设集团有限公司	覃如贵
		广西桂宝工程监理咨询有限公司	李怀强
16	广西贵港市郁江两岸综合治理工程PPP项目	中交天津航道局有限公司	殷立中
17	贵港万达广场项目	中国建筑第四工程局有限公司	吴　涛
18	中共贵港市委党校搬迁项目(一期)	广西建工集团第四建筑工程有限责任公司	刘余兴
		广西桂宝工程监理咨询有限公司	谭巧琪

续表 12

序号	工程名称	获奖单位	项目经理/总监理工程师
19	贵港市翰林世家二期(5#、6#、7#、8# 楼)	广西建工集团第五建筑工程有限责任公司	韦长欢
		广西桂宝工程监理咨询有限公司	李传艺
20	嘉龙海杰(贵港)电子科技园一期新建工程	上海建工五建集团有限公司	张明生
21	碧桂园·城央府一标段 1#、2#、6#–9# 楼	浙江融兴建设有限公司	吴幸义
		广西益建工程建设监理有限责任公司	郑　婷
22	"福桂三千城"D 区 2# 楼及二期地下室	福建章诚隆建设工程有限公司	吴剑辉
		广西南宁建科工程监理有限责任公司	文　旭
23	广汇·东湖城 A2 区 19#、20# 楼及地下室	浙江中成建工集团有限公司	刘海坤
		广西大通建设监理咨询管理有限公司	苏　炫
24	郁江湾项目 1–3# 楼、5–6# 楼及一期地下室	广西莲城建设集团有限公司	梁锦助
		广西正峰工程项目管理咨询有限公司	黄开含

表 13　**2018 年贵港市建筑施工安全文明标准化工地表**

序号	工程名称	获奖单位	项目经理/总监理工程师
1	贵港市润月·公园里一期项目 5#、6#、7# 楼	广西贵港建设集团有限公司	钟才全
2	贵港·迎宾华府 B1、B9–B11# 楼	广西贵港建设集团有限公司	周超志
3	贵港市凯旋国际六期工程 5#、6#、7# 楼	广西贵港建设集团有限公司	苏　毅
4	贵港市中心血站搬迁重建项目(一期)业务楼	广西莲城建设集团有限公司	覃如贵
5	广汇·钰荷园 A 区(19#~23# 楼及 A 区一期地下室)工程	中国建筑第七工程局有限公司	王　权
6	广汇·钰荷园 B 区 1#、2# 楼住宅工程	广西建工集团第五建筑工程有限责任公司	王　丹
7	贵港市高级中学新校区项目	广西建工集团第五建筑工程有限责任公司	孙　迪
		广西鼎策工程顾问有限责任公司	余　俊
8	贵港市食品药品检验所检验业务用房建设项目	广西贵港建设集团有限公司	覃琼瑶
9	贵港市荷城嘉园 6#、7#、8# 楼	贵港市市政建筑工程有限公司	胡世阳
		广西中正金诺建设工程项目管理有限公司	周瑞祥
10	贵港市港北区人民医院门诊医技楼建设项目	广西建工集团第五建筑工程有限责任公司	何能军
11	中强·普罗旺斯 20# 楼	广西建工集团第一建筑工程有限责任公司	韦家聪
		广西桂宝工程监理咨询有限公司	罗兴伟
12	兴港综合楼	广西贵港建设集团有限公司	陆子锋
13	通泰·爱丽舍(11#~14# 楼)	广西建工集团第五建筑工程有限责任公司	兰鸿吉
14	通泰爱丽舍保障性住房(1#、2# 廉租房、公租房)	广西建工集团第五建筑工程有限责任公司	兰鸿吉
15	贵港市盛世天禧 1#~3# 楼及其地下室工程	广西贵港建设集团有限公司	梁海山
16	嘉天下(1#、2#、3#、5#、6#、地下室)	广西贵港建设集团有限公司	谭伟裕
17	广汇·圣湖城北区 34#、35#、36# 楼工程	广西建工集团第五建筑工程有限责任公司	廖志相
18	贵港市龙凤江城 1#、2#、3# 楼及地下室	广西莲城建设集团有限公司	周声扬

续表 13

序号	工程名称	获奖单位	项目经理／总监理工程师
19	广西贵港市郁江两岸综合治理工程 PPP 项目	中交天津航道局有限公司	殷立中
		深圳市东鹏工程建设监理有限公司	蒋华平
20	贵港市旺岭仓储项目	广西正丰建筑工程有限公司	廖进莲
21	贵港市江南中学 5# 教学综合楼建设项目	广西贵港建设集团有限公司	梁进球
22	贵港市园博园棚户区改造项目工程	广西华宇建工有限责任公司	林昭永
23	贵港市向南居·汉唐世家二组团项目 1#、2#、3# 楼建安工程	中国建筑第五工程局有限公司	谭永帅
24	鑫炎·凤凰城 10#、11# 楼及地下室	广西建工集团第四建筑工程有限责任公司	谭昌立
25	桂平碧桂园 5#、6#、7# 楼	浙江融兴建设有限公司	舒　庆
26	金港茗苑 A-1# 楼、A-2# 商业楼及地下室（一期）	福州第七建筑工程有限公司	邢光义
27	金港茗苑 A-2# 楼、A-3#、A-9# 楼	福州第七建筑工程有限公司	邢光义
28	鼎盛·中央公园（金港国际）5#、6#、7# 楼	广东中信建江集团有限公司	谢沙沙
29	桂平市江口·湟朝新型城镇华示范小镇（一期）1#、2#、3#、5#、9#、12#、13#、15# 楼	广西桂平市市政工程有限责任公司	陈海铭
30	郁江新城二期景江苑 9# 楼	广西建工集团第四建筑工程有限责任公司	王仁意
		广西南宁建科工程监理有限责任公司	马廷疆
31	龚州新天地·怡景园（、D1、D3、D5、D6、D7、D8、D9 栋、地下室）工程	广西建港建设集团有限公司	黄振站
32	龚州新天地·怡景园（D2 栋）工程	广西建港建设集团有限公司	黄振站
33	龚州新天地荣华府（F1、F3 栋）	广西贵港建设集团有限公司	邓壬华
34	平南县盛世名城小区 10# 楼工程	广西贵港建设集团有限公司	谢　溢
35	贵港市翰林世家二期	广西建工集团第五建筑工程有限责任公司	韦长欢
		广西桂宝工程监理咨询有限公司	李传艺
36	贵港万港城 5#、6# 楼	贵港市市政建筑工程有限公司	张根红
		广西南宁建科工程监理有限责任公司	马廷疆
37	贵港市碧桂园二期 B 标段（39-41#、46#、47# 楼	河北建设集团股份有限公司	梅九禄
		广西益建工程建设监理有限责任公司	梁　运
38	中共贵港市委党校搬迁项目一期工程	广西建工集团第四建筑工程有限责任公司	刘余兴
		广西桂宝工程监理咨询有限公司	谭巧琪
39	广汇·东湖城 A2 区 19#、20# 楼及地下室	浙江中成建工集团有限公司	刘海坤
		广西大通建设监理咨询管理咨询管理有限公司	苏　炫
40	盛世悦城（一期）工程 1#、2#、3# 楼	广西贵港市小龙建设工程有限公司	胡赛龙
		广西益建工程建设监理有限责任公司	郑　婷
41	贵港市港城棚户区改造项目 12#、13#、15#、16# 楼	广西建工集团第一建筑工程有限责任公司	陈俊儒
		广西桂宝工程监理咨询有限公司	谭伯逸
42	贵港万达广场	中国建筑第四工程局有限公司	吴　涛
43	贵港市工人文化宫工程（BOT 建设项目）	广西建港建设工程有限公司	谭小廷
44	广汇·圣湖城（北区二标段）	中建海峡建设发展有限公司	黄贺林

续表 13

序号	工程名称	获奖单位	项目经理／总监理工程师
45	贵港西江投资大厦项目	广西贵港建设集团有限公司	凌榜锋
		广西桂宝工程监理咨询有限公司	龙 林
46	贵港市金港明珠一期(1# 楼)项目	玉林市第一建筑安装工程公司	蒋亮辉
47	贵港市金港明珠三期(5#、6#)项目	玉林市第一建筑安装工程公司	蒋亮辉
48	贵港市人民检察院办案和专业技术用房及地下训练场项目	广西贵港建设集团有限公司	杨裕永
49	中国移动广西贵港生产调度用房工程及综合业务接入机房项目	广西贵港建设集团有限公司	陈爱梅
		中达安股份有限公司	陈小安
50	郁江湾项目 1–3# 楼	广西莲城建设集团有限公司	梁锦助
		广西正峰工程项目管理有限公司	黄开含
51	郁江湾项目 5–6# 楼级一期地下室工程	广西莲城建设集团有限公司	梁锦助
		广西正峰工程项目管理有限公司	黄开含
52	港北区港口高级中学女生宿舍楼	广西莲城建设集团有限公司	谭景腾
53	广西区三〇七核地质大队危旧房改住房改造项目	广西建工集团第一安装有限公司	万宏林
		广西益建工程建设监理有限责任公司	曾毅勇
54	碧桂园·城央府一标段 1#、2#、6–9# 楼	浙江融兴建设有限公司	吴幸义
		广西益建工程建设监理有限责任公司	郑 婷
55	嘉龙海杰(贵港)电子科技园一期新建工程	上海建工五建集团有限公司	张明生
56	贵港市港南区第一小学建设项目	广西莲城建设集团有限公司	梁家栋
57	贵港市港南区桥圩高级中学学生宿舍楼	广西莲城建设集团有限公司	温富隆
58	贵港市港南区八塘镇中心学校教学综合楼	广西莲城建设集团有限公司	张冬梅
59	贵港市港南中学教学综合楼工程	广西莲城建设集团有限公司	黄东汛
60	桂平市金田水电站职工集资楼(综合楼)	广西莲城建设集团有限公司	黄晔金
61	“福桂三千城”D 区 2# 楼	福建章诚隆建设工程有限公司	吴剑辉
		广西南宁建科工程监理有限责任公司	文 旭
62	桂平市保障性安居工程廉租房 6# 楼	广西建工集团第四建筑工程有限责任公司	阳宇鹏
		达华工程管理(集团)有限公司	周新生
63	润月星城商住小区一期 1#–4# 楼及地下室	广西建工集团第三建筑工程有限责任公司	黄荣勋
		广西南宁建科工程监理有限责任公司	马延疆
64	龙祥名都商住小区 17# 楼	广东中信建江集团有限公司	游耀强

【施工质量管理】 2018 年，贵港市认真贯彻落实自治区住房和城乡建设厅有关安全生产文件精神，全面落实五方责任主体项目负责人的质量终身责任，继续强化建设工程竣工验收及备案监管，加大创优工程的培育和监督指导力度。年内，新受监工程 381 项，总造价 118.8 亿元，总建筑面积 476 万平方米；竣工工程 86 项，总造价 253.2 亿元，总建筑面积 118.46 万平方米，竣工工程合格率 100%。符合核发施工许可证条件的新开工工程质量监督覆盖率达到 100%，受监工程竣工验收合格率达 100%，其中大中型工程的一次竣工验收合格率达到 100%，未发生质量事故及房屋倒塌事故。获评自治区“真武阁杯”奖工程 8 项，被评为贵港市建设工程“荷城杯”奖(最高质量奖)工程 19 项。开展住宅工程质量满意度四年提升专项活动，2018 年贵港市的工程住宅满意度较上年有所提升，满意度达到 82%。

表 14

2018 年贵港市获得自治区建设工程“真武阁杯”奖工程表

序号	工程项目	施工企业	项目经理或项目总监
1	贵港市御林皇府 28#（A37–A38 栋）楼及地下室工程	广西建工集团第二建筑工程有限责任公司	杨学新
2	三千城花漾里 2# 楼	广西建工集团第四建筑工程有限责任公司	申德仁
3	广西贵港钢铁集团有限公司 25MW 高（转）炉煤气发电工程项目安装工程	广西建工集团第一安装有限公司	何　伟
4	广西壮族自治区公司烟草专卖局、广西壮族自治区烟草公司贵港市公司经营业务用房	广西贵港建设集团有限公司	林志文
5	平南县交通组织管理中心综合楼	广西贵港建设集团有限公司	周敏智
6	贵港市华泰国际工程二期（2#、5#、6# 楼）	广西贵港建设集团有限公司	罗　坚
7	贵港市华泰国际工程一期（1#、3# 楼）及地下室	广西贵港建设集团有限公司	罗　坚
8	贵港市凯旋国际 12#、17# 楼	广西贵港建设集团有限公司	苏　毅

表 15

2018 年贵港市建设工程“荷城杯”奖获奖表

序号	工程名称	获奖单位	项目经理／项目总监
	港北区（5）个		
1	贵港市港北区高级中学学生食堂	广西莲城建设集团有限公司	陈梦华
2	贵港市凯旋国际 10#、11#、16# 楼	广西贵港建设集团有限公司	苏　毅
		广西中正金诺建设工程项目管理有限公司	王纯伟
3	贵港市体育中心游泳馆、观景平台工程	广西建工集团第二建筑工程有限责任公司	林家富
4	贵港市港北区人民医院业务综合楼	贵港市市政建筑工程有限公司	滕金龙
5	中强·普罗旺斯四期 C 区 70#、77# 楼及地下室工程	广西建工集团第二建筑工程有限责任公司	钟肇悦
		广西桂宝工程监理咨询有限公司	罗祥宏
	港南区（7）个		
6	贵港市港南区第一小学建设项目 1# 教学楼工程	广西莲城建设集团有限公司	黄东汛
7	港南区江南街道办事处南江社区服务中心综合楼	广西莲城建设集团有限公司	郑运恒
8	贵港市 2012 年市本级公共租赁住房建设项目工程	广西贵港建设集团有限公司	梁俊成
		广西桂宝工程监理咨询有限公司	黄建勇
9	贵港市 2012 年市本级廉租住房	广西贵港建设集团有限公司	王运明
		广西大通建设监理咨询管理有限公司	黄春培
10	贵港市江南中学 4# 教学楼	广西贵港建设集团有限公司	廖春伟
		广西桂宝工程监理咨询有限公司	陆日桂
11	贵港市港龙湾花园 15# 楼	广西贵港建设集团有限公司	周超志
12	贵港市港龙湾花园 17# 楼	广西贵港建设集团有限公司	周超志
	覃塘区（1）个		
13	贵港市覃塘区人民医院业务综合楼	贵港市市政建筑工程有限公司	滕金龙
	平南县（1）个		
14	幸福花园	广西贵港建设集团有限公司	林永军
	桂平市（5）个		
15	桂平市社会福利院老年人养护楼、桂平市救灾物资储备仓库	广西桂平市市政工程有限责任公司	梁徐灿
16	桂平市天将花苑商住楼工程	广西桂平市市政工程有限责任公司	罗平勇
17	江滨领航小区（一期）1# 楼	广西桂平市市政工程有限责任公司	韦凌波
18	江滨领航小区（一期）2# 楼	广西桂平市市政工程有限责任公司	韦凌波
19	鑫炎凤凰城 2#、3#、5# 楼及一期地下室	广西建工集团第五建筑工程有限责任公司	梁文鑫

【工地扬尘治理】 2018年,贵港市对建筑工地实施“九个100%”管理,即扬尘治理方案编制率达到100%(含责任公示牌上墙),建筑工地四周设置连续围挡率达到100%,施工现场渣土运输车辆出入口车辆冲洗设备、设施设置率达100%,施工现场主要道路硬化率100%,施工现场堆土绿化、覆盖率达到100%,密闭化运输达到100%,抑尘措施达到100%(包括喷雾喷淋、湿法作业),禁止建筑垃圾场内焚烧100%,视频监控率达到100%。对违法违规行为进行严管重罚专项整治。中心城区有建筑工地113个,按照扬尘治理相关要求全部进行抑尘硬件设置,包括工地大门冲洗设备、设施等,有86个工地安装围墙、外架喷雾系统,113个工地安装监控摄像头,对工地出入口进行24小时视频监控。全年,对扬尘整治措施不符合要求的项目进行处罚,处罚项目61个,处罚金额41.1万元。

【建安劳保】 2018年,贵港市本级收缴建筑行业建安劳保费1.6亿元,超额完成自治区下达的全年收缴计划数。核退金额5000多万元。

【工程造价管理】 2018年,贵港市建设工程招标控制价、合同价备案108项,总建筑面积228.82万平方米,总造价56.07亿元。其中,招标控制价63项,总建筑面积82.25万平方米,总造价27.11亿元;施工合同价45项,总建筑面积146.57万平方米,总造价28.96亿元。协调处理工程造价争议17个,工程计价咨询160多个,办理工程造价员变更46人,出版《贵港市建设工程造价信息》12期。

【建筑节能】 2018年,贵港市城镇新增居住建筑面积212万平方米,新增公共建筑面积84.4万平方米,实现节能4.82万吨标准煤,超额完成自治区下达的2.5万吨标准煤目标任务。在全区建筑节能与绿色建筑工作会议上作绿色建筑典型发言。

能耗监测　在2017年建立的贵港市能耗监测平台基础上,不断扩大监测范围建设,2018年增加达开高级中学和贵港市住房和城乡规划建设委员会办公楼监测点2个,监测项目32个,监测数据上传稳定、连续、可靠。

墙体改革　继续发挥全区清水墙砖研发生产和推广应用示范作用,新增贵港市裕盛新型墙材公司清水墙砖示范生产线一条,总投入776万元,该公司清水砖生产线经自主创新获得多项国家专利,形成日产12万块清水砖的生产规模,年末生产能力居于全国前列,是广西其他同类产品生产线的6倍,被贵港市科技局推荐参加科技部举办的第七届中国创新创业大赛并获奖项。覃塘区清水墙砖工作推动模式,带动其他县区组织部、建设局交流学习,港北区2018年村级新建44个党群服务中心全部使用清水砖建设,贵港市形成市辖三区、区区都有清水砖应用示范点的局面。贵港市清水墙砖生产及应用示范推动工作得到自治区建设厅的肯定,并在2018年全区建设工作会议上作经验材料介绍,《广西贵港乡土特色墙材助力宜居新家园建设》被全国建材综合性期刊《墙材革新与建筑节能》2018年第4期全文刊发。

可再生能源建筑应用　贵港市圣湖中学新增学生宿舍楼热水供应系统节能改造创新采用“制冷+热回收”及空气源热泵机组制取热水,与传统的电加热供热水相比,改造后每年可节约用电54.18万千瓦时,折算为每年节省耗煤180吨,每年减排二氧化碳407吨,减少二氧化硫1533千克,获得2017年度贵港市建筑节能示范项目奖励。荷城初中、圣湖中学、江南中学、达开高中、贵港高中等学校完成节能改造,2018年贵港市争取到自治区建筑节能专项资金300万元,在平南县、港南区开展可再生能源应用建设。

绿色建筑推广应用　根据《广西壮族自治区民用建筑节能条例》,从2017年开始,贵港市规划区内新建民用建筑已全面执行绿色建筑标准。贵港市结合财政投资项目、大型公建建筑节能审查和日常管理工作,抓好建筑节能宣传和培训,协调重点项目推广应用绿色建筑,并加大示范项目指导监督和管理力度。2018年贵港市中心城区所有新建的民用建筑项目全部按绿色建筑标准进行设计,并组织专家对其绿建方案进行评审,全年开展绿色建筑设计项目52个,建筑面积528.7万平方米。市辖各县(市)区的绿建工作也扎实推进,初步形成全市参与的良好社会氛围。贵港万达项目、贵港市环保监测业务用房项目均获得自治区绿色建筑二星级设计标识,贵港恒大城一期项目获得自治区绿色建筑一星级设计标识,贵港市建筑节能与绿色建筑工作走在全区前列。

城市管理

【环境卫生管理】 2018年,贵港市投资9887.49万元,采购环卫作业车辆150辆,新建改建市政公厕

18座。科学调配车辆及人员，城区主次干道实行人扫、机扫、人机混合冲扫及机械冲水喷雾降尘相结合的24小时作业模式，加强保洁作业，城区清扫保洁水平进一步提升。全年清运垃圾38181车次、28.43万吨，出动应急9836人次、各类应急车辆4945车次，清理垃圾卫生死角5642处、垃圾量3027吨；维修果皮箱1859次、车辆2095车次、公厕1876次、中转站1020次。截至年底，贵港市中心城区新增清扫保洁面积84.9万平方米，中心城区清扫保洁面积达763.8万平方米，其中主次干道清扫保洁面积为605.7万平方米，主次干道机械冲洗清扫率为65%。现有果皮箱4339个，市政公厕66座，中转站11座。全年中心城区征收生活垃圾处理费1591.64万元。

【市容秩序管理】 2018年，贵港市城市管理部门以"城市发展跃升年"活动为契机，以"六城联创"为抓手，持续深入开展市容市貌专项整治活动。开展户外广告专项整治，完成桂林路东段（国际新城段）门楣招牌统一改造，拆除存在安全隐患、未经批准、超期设置的违规广告牌约410块，面积10926.76平方米，清理乱挂横幅2690条，清理违规广告贴纸、牛皮癣小广告45200多张。开展夜宵摊点专项整治，查处夜市露天烧烤摊点随街摆卖行为8436摊（次），港北城区餐饮油烟净化器安装率达77%，港南城区44家烧烤摊点全部安装油烟净化器。开展乱摆乱卖专项整治，整治占道摊点189504多摊（次），整治门店占道（超门槛）经营行为37290次，发放市容整改通知书9557份，发放宣传资料3万多份，教育当事人16.85万人次。开展渣土运输撒漏专项整治，完成《贵港市城区特定范围内散货运输实施办法》草拟工作，印发贵港市特定范围内散货运输通告，查处工地和建筑渣土运输车违规行为949起。开展"双违"整治，查处存量"双违"1013宗2309间，违法占地面积18.27万平方米，建筑面积31.67万平方米，查处新增"双违"275宗687间，违法占地面积11.57万平方米，建筑面积10.07万平方米。

【城市执法体制改革】 2018年，贵港市组建城市管理监察支队和贵港市园博园管理处，完成市环卫处和垃圾处理场整合工作，初步实现住房城乡建设领域行政处罚权的集中行使。举办贵港市市政管理局中山大学城市管理培训班，不断提升城市管理系统干部综合素质。完成智慧市政项目一期工程测试工作，微信城管平台全年办理案件27911宗，应结案件19611宗，结案18930宗，结案率96.53%，城管问题发现和处置效能不断提升。

【城市道路绿化管理】 2018年，贵港市园林管理部门围绕"城市大变化"总体目标，基本完成迎宾大道、金港大道东延段、中山路北段、迎宾东支路、达开西支路等城区道路绿化彩化，共种植宫粉紫荆、黄花风铃木、大花紫薇、大腹木棉、红花风铃木等乔木1100株；种植三角梅柱、盆景三角梅、造型榕等造型植物300株；三角梅、小花紫薇、美花红千层、金叶银合欢等大灌木1200株，龙船花、矮化朱槿等地被植物5万株，种植时令花卉10万盆，并在城区街道吉田大厦花架、公积金绿地、布山路口更换一串红、四季海棠、矮牵牛、石竹、孔雀草、三色堇等时令花卉共4.2万盆。在广西第十一届园博园开幕以及为庆祝自治区成立60周年期间，累计在街道种植时花12万盆，摆设25个时花景点，布置区庆LOGO和吉祥物园林小品15组，摆放三角梅116盆、鲜花16.8万盆、矮化朱瑾2.8万盆，悬挂灯笼约7.5万个。加强道路绿化养护，实行人员分组、划分城区每条道路责任人负责制，做好保洁、修剪、补植等绿化日常养护，处理各种损绿毁绿案件555起，补植乔木105株、球型植物150株，小灌木10万袋，铺设草皮1500平方米，施肥料15吨，除虫面积约950万平方米，修剪地被约700万平方米，修剪乔木、造型植物5.5万株次。坚持做好全天候的绿化带卫生保洁和淋水管护工作，清理垃圾约5000车，淋水2.5万吨。截至年底，贵港市中心城区绿地面积2800.7公顷、绿地率36.85%，绿化覆盖面积3127.79公顷、绿化覆盖率41.16%，公园绿地面积577.74公顷、人均公园绿地面积15.67平方米。

【城市公园广场管理】 2018年，贵港市城市公园管理部门以"城市发展跃升年"活动为契机，着力提升公园管理和服务水准，努力打造设施完善、环境美好、秩序和谐、管理规范的城市公园形象。大力推进公园广场园林绿化彩化工作，全年实施三季彩化播种3.2万平方米，节庆彩化美化布展面积1.5万平方米，摆放时花8万盆。全力抓好自治区成立60周年庆祝活动等重大节庆氛围营造工作，完成新世纪广场、民族公园等7个点的摆花造型布展，摆放时花3.5万盆。完善公园广场设施，新增公益宣传广告230块，新增宣传展板、灯杆广告、落地广告等230幅，设置志愿服务站15个。加强公园广场日常

2018 年,贵港市区迎宾路绿化景观　　市城市管理局　提供

管护,继续强化市场化运作管护模式,全年绿篱及景观植物修剪30万平方米,草坪修剪60万平方米,植物施肥25吨,清理枯枝枯叶400吨,冲洗地板200万平方米,清扫垃圾4000吨,补植苗木3万平方米,进一步消除公园广场黄土露天现象。加强公园广场乱象治理,累计规范、劝导乱停乱放车辆2.5万辆次,劝阻流动摊点乱摆乱卖7000人次,教育劝阻噪音扰民行为8500人次,劝导公园广场内随意躺卧、钓鱼、骑行等不文明行为5000人次。清理乱堆乱放、乱贴乱画800余处,制作公益广告面积8500平方米。各公园广场工作人员帮助走失儿童、迷路老人寻找家人、联系派出所40起,救助老人15起,拾金不昧15起,失物招领90余起,开展志愿服务为游客(旅客)排忧解难提供帮助260次。

【贵港园博园管理】 2018年1月21日,贵港园博园开园,由贵港市园博园管理处(原贵港市城市广场管理处)负责园区的日常管理维护。全年,贵港园博园接待考察团200个1.6万人次,累计接待观光游客和市民约420万人次。加强卫生保洁,增设公厕6座,开展集中大行动12次,清除蜘蛛网3300多处,擦洗栏杆1500多米、坐凳2000多张。强化公共秩序,全年累计处置偷盗破坏园博园设施9起、批评教育16人、为162名走失儿童找到家人,劝离流动摊贩1000多人次,有力维护园区秩序安全稳定。做好设施维护,累计维修水阀150个、水管900多米、疏通厕所管道72处、灯具300盏(件)、配电箱26个、电线电缆近1000米、各种栏杆500多米、地板砖460平方米,确保设施完好率达95%以上;设置公益广告60块,使得园博园的文明氛围更加浓厚。开展绿化养护。累计施放各种肥料约3000公斤,修剪乔木160多株、造型灌木530株、片植灌木5.7万平方米、草坪6.3万平方米,补植灌木4.5万株、草皮0.25万平方米,在重要节点位置种植时花约18万株,确保园区景观效果。

【公共照明管理】 2018年,贵港市市政管理局持续加大照明设施维修养护力度,加快楼宇照明景观建设,有力推动照明事业的发展。加快江南楼宇亮化工程建设,发动社会资本建设16处73栋楼宇亮化设施。加强照明设施维护,修复城市道路路灯地下电缆故障点224多处,处理更换故障电缆6500多米;修复故障路灯控制箱131多台;维修更换主次干道、小街小巷损坏的灯具、灯泡6545多盏(次);拆装损坏、故障路灯灯杆49杆;迁移背街小巷路灯线路10500多米,清除路灯设施上的“牛皮癣”小广告12000多张,确保照明设施完好率95%以上、亮灯率98%以上。投入30万元对中心城区城市照明监控系统进行升级改造,投入50万元开展楼宇亮化设施维修工作,确保中心城区楼宇景观亮化设施的正常安全运行和有效管理。

【城市道路管理】 2018年,贵港市投入40万元对城区36座市政桥梁(涵)进行常规定期检测;加强道路巡查,巡查中心城区道路794次,巡查小江桥等桥梁305次,巡查中修复各种设施661起;加强道路修复,维修混凝土道路2130平方米,利用沥青维修道路16412平方米;维修级配碎石道路15100平方米,维修人行道步砖410平方米;维修路缘石493米;改造井座127套,更换井盖282块;更换防撞桶25个;安装修复护栏7945块、约25千米;安装修复反光立柱67杆;安装修复指示牌、禁停牌69杆;清除斜坡500米;人工清洗护栏2000米;利用砂石临时填补拥军一路3万平方米,机械清洗中心城区护栏约2583千米;施划共享单车专用停车点100多个,促使共享单车规范管理。

2018年7月10日，贵港市园博园一角　　市城市管理局　提供

【污水处理】 2018年，贵港市市政管理局加强中心城区生活污水处理运营管理，城西污水处理厂污水处理3611.91万立方米，日均处理污水10万立方米，污水处理率93.07%，达到自治区要求。

【供水排水管理】 2018年，贵港市强化供水行业日常监管，抓好供水行业安全检查和水质检测工作。贵港市城区水质均达到国家饮用水标准，并向社会公布检测结果。全年供水量4560万吨，比上年同期增长9.6%，日供水量12万吨，水压合格率99.4%，水质合格率99.84%。新建供水管网7.85千米，截至年底，贵港市中心城区供水管网总长948千米。加强排水系统养护，对城区主要路段的市政排水系统进行全面疏通，疏通污水井782座、雨水井1024座，疏通排水管道约108千米，清出淤泥204吨。

【燃气供气管理】 2018年，贵港市新增燃气市政管网0.87千米，天然气供气量1682万立方米，液化石油气供气量13248吨。开展燃气安全检查活动，检查燃气企业184家次，排查燃气用户1000多户，排查出安全隐患问题364条，下发隐患整改通知书143份，燃气企业落实整改隐患325条，整改率89.3%。深入开展防治一氧化碳中毒专项检查活动，查处非法燃气经营点121个。

【垃圾处理】 2018年，贵港市中心城区及所辖三区乡镇生活垃圾基本清运至贵港市生活垃圾焚烧发电厂进行焚烧处理。全年生活垃圾进场量28.43万吨，日均778.9吨，生活垃圾无害化处理率100%；完成渗滤液处理系统工艺设备升级改造项目安装工作。加强中心城区建筑垃圾管理，全年清运违规排放建筑垃圾4.59万立方米。

（卢　斌）

勘察设计　拆迁

【勘察测绘】 2018年，贵港市住建系统主要承接地形测绘274项，规划监督测量130栋，放样、验线328项，管线探测40项，土方测量4项。完成广西广业粤桂投资公司“三供一业”电网改造工程地形加管线测绘，贵港城北西片区电力管沟项目地形加管线、管深、管径测量，贵港新奥燃气有限公司地形加管线测量，城南大道地形加管线、井底标高测量，同济大桥及其道路管线测量、高铁站市民广场地形加管线测量。普罗旺斯地下室规划监督测量，迎宾华府规划监督测量，碧桂园规划监督测量。湛江泵竣工、贵港市妇幼保健院综合大楼、万达广场竣工，凯旋国际8#、9#、13#、幼儿园及商铺竣工。完成西区一路（安澜路—西区二路）地形测绘、产业园5万平米、年产200万、年产80万地形测绘，廉石小学、滨江小学、安澜小学、港南特殊教育小学正射影像，三合棚户区航拍、文笔山小学航拍。完成贵港市港北区郁林路小学、贵港市看守所新增监区、贵港市江南污水处理厂技改二期工程等工程项目放样加水准。完成94个建设工程主要技术经济指标复核工作，核算总建筑面积1000万平方米，计容建筑面积788.51万平方米，用地面积417.3万平方米。完成贵港市3600平方千米大地水准面精化改造检核与试验，重点完成贵港市新旧GNSS控制网平差。

【国有土地房屋征收】 2018年，贵港市完成征地2.06万亩、房屋征收38.38万平方米。桂林路小学、解放路下穿铁路工程（北段道路）、高铁站前广场（含市民广场）、贵港市城北新区道路等基础设施建设项目、桂东南汽车博览中心、江南商贸城二期、桥圩·中国羽绒谷建设项目、贵港市城东大桥及接线工程、海事工作船码头、迅态木业有限公司年产12万立方米生态胶合板项目、广西贵港市覃塘区实验小学、贵港市产业园(石卡园)派出所项目、贵港市产业园(石卡园)进港三路扩建项目、覃塘荷家坞民俗风情度假村一期工程等232个重大项目均完成年度征收工作任务。

(梁思远)

村镇规划与建设

【新型城镇化示范工程】 贵港市平南县列为2016年度自治区新型城镇化示范县,建设年限2016—2019年,由自治区专项配套2000万资金对该县城区江滨路综合整治工程等10个示范项目进行建设,计划总投资13568万元。2018年底,累计完成投资18781万元,完成投资计划的138.42%。

【农村危房改造】 2018年,贵港市按照2018—2019年农村危房改造11999户任务(其中2018年第一批改造任务4150户,2018—2019年第二批改造任务7849户),完成农村危房改造项目开工12707户,开工率105.90%。全市列入2018年脱贫摘帽县、村、贫困人口的4类重点对象危房改造1308户,年内竣工1308户,竣工率100%。该项工作获得自治区人民政府办公厅的表扬和农村危房改造核查工作经费奖励。

【农村改厕改厨工程】 2018年,贵港市改厕任务60300户,其中港北区5800户、港南区5000户、覃塘区8000户、平南县16500户、桂平市25000户。改厨任务60300户,其中港北区5800户、港南区5000户、覃塘区8000户、平南县16500户、桂平市25000户。年内,全市改厕完成60349户,占任务的100.08%;改厨完成60327户,占任务的100.04%。超额完成自治区下达的年度目标任务。

【百镇建设示范工程】 2018年,平南县大安镇列为广西第二批百镇建设示范工程,计划投资2000万元,完成投资2030.9万元,完成投资率101.55%,11月7日通过广西第二批百镇建设示范工程验收。平南县丹竹镇、桂平市木乐镇列为广西第三批百镇建设示范工程,丹竹镇计划投资2000万元、木乐镇计划投资3450万元,截至年底,平南县丹竹镇完成投资1897万元,完成总投资任务的94.85%;桂平市木乐镇完成投资2882万元,完成总投资计划的83.54%。

【特色小镇培育】 2018年,贵港市开展特色小镇培育,对港南区桥圩镇(温暖小镇)、桂平市木乐镇(运动服智造小镇)、平南县大安镇(节庆装饰品小镇)进行培育,完成产业策划研究和核心区建设规划成果编制,通过自治区特色小镇培育阶段验收评估,转入建设小镇阶段。

【乡改镇、民族乡、乡土特色示范村建设】 2018年,贵港市乡改镇项目6个,分别为港北区根竹镇、武乐镇,港南区瓦塘乡、新塘乡,覃塘区樟木镇,平南县东华乡。每个乡镇自治区补助800万元,年内完成投资3524.68万元。国安瑶族乡列为自治区第二批少数民族乡建设项目,自治区补助资金600万元,年内完成投资532万元。贵港市有自治区乡土特色建设示范村18个,分别是港北2个、港南6个、覃塘5个、桂平5个。自治区给予每个示范村补助150万元,年内完成15个村屯乡土特色建设。

【农村人居环境整治和乡村风貌提升】 2018年,贵港市启动乡村风貌提升三年行动的同时,实施农村人居环境改善三年行动,贵港市委、市政府批准,印发《贵港市乡村风貌提升三年行动实施方案》《贵港市农村人居环境整治三年行动实施方案》,并组织实施。

(梁思远)

住房公积金管理

【概　况】 2018年,贵港市住房公积金管理服务进一步实行简政放权,围绕清权、减权、优权、制权4个关键环节,以减少事前审批作为重点,不断规范行政审批项目。加强监管,做到“放得下、接得住、管得好”,对公积金归集、提取、信贷等业务实行全面稽核检查,落实各项风险防控措施。简化手续,缩短时限。5月15日起,在办理提取、贷款和归集业务时,全面清理烦扰企业和群众的各类无谓证明,并减少盖章、审核、备案、确认、告知等各种繁琐环节和手续。编制完成“一次性告知”“最多跑一次”“一次不用跑”3张清单和“一事通办”“八统一”责任清单。年内,全市公积金缴存18.01亿元,办理提取13.90亿元,个人住房贷款1995户,6.35亿元,办理时间均在法定时限一半以下。6月30日,为3070个单位的15.78万名职工完成计结利息5960.91万元,同比增长13.29%。6月21日,2018年全区住房城乡建设系统精神文明建设工作会议在贵港召开，贵港市公积金中心在会上作《打造智慧公积金　提速便民大服务》的典型发言，并作为住房城乡建设系统文明单位观摩点之一。

2018 年 6 月 21 日，全区住房城乡建设系统精神文明建设工作会议在贵港召开，图为与会人员观摩贵港公积金中心信息化系统建设

【住房公积金归集】 2018 年，贵港市实缴单位 2879 家，净增单位 88 家 0.65 万人，实缴职工 14.29 万人，比增 5.77%，完成全年任务（自治区下达）的 164.78%。全市已缴存 18.01 亿元，同比增长 12.04%，完成自治区下达年度任务的 101.86%，缴存总额 110.87 亿元，缴存余额 44.11 亿元，分别同比增长 19.39%、10.28%。

【住房公积金提取】 2018 年，贵港市住房公积金提取 13.90 亿元，提取占当年缴存额 77.18%，同比增长 22.79%；累计提取总额 66.76 亿元。其中，租房提取 12938 万元，完成任务 140.21%。

【住房公积金贷款】 2018 年，贵港市发放住房公积金个人住房贷款 1995 户、6.35 亿元，其中公积金放款 1279 笔、4.18 亿元，公转商放款 716 户 2.17 亿元；全市累计发放个人住房贷款 25955 笔、52.64 亿元，同比增长 8.63%，贷款余额 35.28 亿元，个人住房贷款率为 79.97%。累计为政府民生工程城市廉租住房建设贡献 12121.24 万元补充资金，其中 2018 年上缴廉租住房建设补充资金 841.61 万元。

【住房公积金提取贷款政策调整】 2018 年，贵港市住房公积金政策调整，购房时只能在提取住房公积金支付首付款或申请住房公积金贷款上二选一；暂停办理“公转商贴息”贷款业务，恢复办理公积金贷款业务；暂停受理购买第二套及以上住房、申请第二次及以上住房公积金贷款等职工家庭户的住房公积金贷款业务；暂停受理异地缴存职工的住房公积金贷款业务；未结清住房公积金贷款的职工，其住房公积金账户的留存余额不得低于 6 个月缴存额；申请住房公积金贷款职工，应当连续正常缴存住房公积金一年以上；提高贵港市住房租赁提取住房公积金额度，已婚的 1000 元 / 月，未婚的 600 元 / 月，取消装修提取等。2 月 1 日，出台《贵港市住房公积金网上业务管理办法》；6 月 11 日，印发《关于印发贵港市个人自愿缴存住房公积金管理实施细则的通知》；12 月 24 日，出台《贵港市住房公积金管理中心关于住房公积金个人住房组合贷款暂行办法》。9 月 18 日，在市区举行贵港市住房公积金政策调整新闻发布会。

（赵　凤）

生态环保

综　述

【环保法治建设】 2018 年，贵港市通过《贵港市烟花爆竹燃放管理条例（草案）》，制订《关于贵港市畜禽养殖污染防治条例调研起草工作方案的通知》《贵港市贯彻落实〈党政领导干部生态环境损害责任追究办法（试行）〉的实施细则》，草拟《贵港市生态环境损害赔偿制度改革实施方案》。实施环境管理制度，建立环境信息公开指南，明确信息公开的内容和时限。加强环境影响评价管理工作，制定建设项目环境影响评价文件分级审批管理办法，深化环评审批制度改革，简化审批流程，压缩环评文件审批时间，实行限时办结。完善依法行政制度体系，完成大气、水、土壤等领域规范性文件的合法性审查、集体讨论5件，全面推行法律顾问制度。坚持严格规范公正文明执法，按照《贵港市环境保护局行政处罚工作流程及适用法律文书格式》开展行政处罚和组织开展行政处罚案卷评查活动，重点对违反建设项目管理规定和超标排放污染物的环境违法行为，以及违法处置危险废物等行为进行查处，全市作出环境行政处罚181件，罚款总金额1781万元。办理行政复议案3件；报送企业环境违法项目181个，企业建设项目环境影响评价审批项目266个，企业建设项目环境保护设施竣工验收项目39个；办结人大建议案6件，政协提案4件。

【组织全国第二次重点污染源普查】 2018年，贵港市组织开展第二次全国污染源普查，对工业污染源、农业污染源、生活污染源、集中式污染治理设施、移动源进行普查。建立普查领导机构，组建工作机构，落实普查兼职工作人员42人，落实普查指导员74人、普查员555人，根据国务院《关于做好第二次全国污染源普查质量核查工作的通知》开展核查，国家下发贵港市的普查单位数量为22245家，12月底上报自治区全市清查建库普查单位工业源1530家、农业源1048家、集中式污染源90家、移动源202家、生活源锅炉11家。

【生态示范创建】 2018年，贵港市启动国家生态文明建设示范市创建活动，将创建国家生态文明建设示范市活动纳入市政府十项重点工作内容，4月9日出台《贵港市生态文明建设示范市规划(2016—2025)》，将创建活动纳入“六城联创”工作，统一部署，成立贵港市“六城联创”工作领导小组及其办公室，印发《贵港市创建国家生态文明建设示范城市工作方案》，联合24个部门单位开展协调工作。年末，港北区获得自治区级生态县命名，获得自治区级生态乡镇命名乡镇15个、行政村(社区)208个，实现自治区级生态县零的突破。

【环评审批制度改革】 2018年，贵港市环境保护局深化环评审批“放管服”工作，落实国家有关环保管理机制的改革要求，强化服务意识，“简化手续”提高行政审批效能，加强环保“事中事后”监管。开展重大项目环评，贵港市被列入自治区层面重大项目18个，除1个项目因涉及规划调整，其余项目均按时办结；环保政务服务窗口受理事项158件，按时办结率100%；审批建设项目环境影响评价文件27件，其中报告书20件、报告表4件；承接自治区委托核发的辐射安全许可证52件，按时办结率100%。配合自治区环保厅加强各县(市、区)环保局环评文件的抽查考核，抽取环评文件33件，编制质量合格环评文件29件，占抽查总数的89%；编制质量较差的4件，占抽查总数11%；质量差的0件。对发现问题的环评机构，加强监管，落实责任追究制。

【环境信访件办理】 2018年，贵港市处理环境投诉信访案件1892件，已办结1892件，办结率100%。其中，广西环境监管与预警信息系统(总队批转交办)环境信访案件91件，微信举报135件，网络问政、综合信访、贵港门户网等88件，来信154件，来访79件、114人次，市长热线转办80件，市长热线微信公众号0件，自治区生态环境厅电话转办0件，环保“12369”热线电话和其他来电共1265件。

【环保宣传】 2018年，贵港市围绕环境质量改善、污染减排、生态文明建设、中央环保督察“回头看”、大气污染防治“百日攻坚战”等重点工作广泛开展环保宣传，利用贵港市环境保护局官方微信公众平台——“贵港环保”和微博及时推送有关环保知识、环保工作动态；利用电视媒体宣传播发“6·5”世界环境日、环保专项行动、高考期间噪声管理、中央环保督察“回头看”、烟花爆竹禁放、大气污染防治“百日攻坚战”等环保宣传工作和标语；利用《贵港日报》刊登环保新闻稿件和各类公告；利用新世纪广场宣传专栏出版板报24版；利用政务信息宣传全市环保工作；利用门户网站及时公开和宣传环保信息，发布环保工作动态、环境质量、环评公示等各类环境信息，积极维护广大网民和社会公众的知情权、参与权和监督权。4月25日，由团市委等12部门单位在港南区南江小学联合举行“保护母亲河·争当‘河小青’”护江公益千人行启动仪式，参加人员400余人。6月5日，在贵港市新世纪广场举办以“美丽中国·我是行动者”为主题的环保公众开放日活动，现场200多人参加。6月12日，在覃塘区黄练镇张团村举办“6·5”环境日环保宣传活动，300多村民参加。

7月，组织130家木业企业人员参加自治区生态环境厅在贵港举办的“打好贵港市挥发性有机物(VOCs)治理攻坚战——环保科技帮扶行动”2018年“帮企减污”下基层系列活动。全年，在贵港市环保局门户网站主动公开政府信息811条，贵港市人民政府门户网站发布信息703条。

【环境舆情监控】 2018年，贵港市环境保护局加强网络信息公开工作的监督管理以及对网评、微博、微信等网上舆情的跟踪监控。收到网络投诉、质询59条。其中，贵港市网络问政平台10条，该局门户网站49条，均根据内容转交对应业务科室进行处理解答，经由分管领导审核后，在规定时间内回复。

【信息化建设】 2018年5月，贵港市环境保护局参与智慧城市建设，年末智慧环保项目完成系统平台的所有开发、建设，环保前端噪声监测设备10套、应用配套硬件13套，均已使用，获取静态信息数据100%，动态信息数据20%。其余动态数据自治区环保厅同意下发。

在网站维护管理方面，把网站管理工作列入重要议事日程，明确专人负责。贵港市环境保护局加入贵港市政府网站集约化，将在2019年新的官方网站上线。网站管理员负责网站日常管理、信息发布与更新等，根据网站规划和栏目设置，收集相关信息，充实网站内容，每日浏览网页不少于3次，及时关注网站动态。网站后台服务器由外包公司进行定期备份，保障网络和信息的安全，网站建立后未发生因中毒等原因而导致网络中断事件。

环境质量监测

【概　况】2018年，贵港市环境监测站根据国家环境监测规范要求完成贵港市城区环境空气、降水、地表水、饮用水、噪声等环境要素的监测、重点监控企业监督性监测和其他工业污染源的委托监测等；按时上报城市环境空气日报、河流水质监测、自动监测水质月报、城市集中式饮用水源地水质月报；按时编制年度环境质量概要和年度环境质量报告书。

【环境空气监测】 2018年，贵港市设置国控监测点位4个，分别为贵城子站、江南子站、荷城子站和德智子站，其中德智子站为对照点，数据不参与统计。贵港市环境监测站对贵港市城市环境空气质量进行自动监测，监测项目包括二氧化硫、二氧化氮、可吸入颗粒物、细颗粒物、一氧化碳、臭氧。监测频率为每天24小时连续自动监测。

【降水监测】 2018年，贵港市区的降水常规监测共设置区控监测点位2个，分别为庆丰一中、贵港市环境监测站。监测项目有pH值、降雨量、硫酸根离子、硝酸根离子、电导率、氟离子、氯离子、铵离子、钙离子、镁离子、钠离子、钾离子指标12项。监测频次为逢雨必测。降水酸度(pH值)以pH大于5.6作为划分酸雨的界限。

【地表水环境监测】 2018年，贵港市开展的水体环境监测点包括5个国控江河水点位、3个市交界江河水点位、4个湖库水点位、29个全流域江河水点位。

5个国控监测断面：郁江港北区河段的火电厂断面、黔江桂平河段的白额断面、浔江桂平河段的石嘴断面、浔江平南县河段的武林渡口断面、武思江港南区河段的武思江大桥断面，共13个测点。每个月监测一次。

3个市交界断面：碧滩断面、大湾断面、相思洲断面、大岭渡口(南岸)断面。市交界断面水质每月监测一次。

4个湖库水点位：达开水库、平龙水库、六陈水库、武思江水库。达开水库水质每月监测一次，其他水库水质每年的4、9月各监测一次。

29个全流域江河水点位：武思江出口、大平水库出口、下江口、陈村河、白沙口、鲤鱼江、渡冲江、东坣江、冲口河、画眉江、大洋江、崩江河、搬江、独流江、大湟江、万江、维新河、社坡河、群合河、历江、清河、望步河、乌江、河口河、芳岭河、秦川河、渭河、白沙江、竹南河。5月、11月各监测一次。

【饮用水水源地环境监测】 2018年，贵港市对本辖区的一个集中式饮用水源地进行水质监测，采样点位为位于郁江流域的泸湾江，设左、中、右3个点位，监测频率为每月监测一次。7月，开展全分析1次，监测项目为《地表水环境质量标准》(GB3838-2002)中的109项。

【声环境监测】 2018年，贵港市环境监测站进行环境噪声监测，监测项目有道路交通噪声、城市建成区区域环境噪声和功能区噪声监测。城市建成区区域噪声布设监测点位118个，道路交通噪声布设监测点位30个，城市功能区噪声布设监测点位8个。监测频率为交通噪声和城市建成区区域环境噪声每年各监测1次，城市功能区环境噪声每季度监测1次。

【重点污染源监督性监测】 2018年，根据环保部印发的《2018年广西壮族自治区重点排污单位名录》确认，贵港市重点排污单位53家。其中，水环境重点排污单位21家(包括污水处理厂4家)，大气环境重点排污单位23家，土壤环境重点排污单位9家。监督性监测频次为一年监测2次，原则上每年开展不少于1次全指标监测；存在超标现象的，应根据本

2018年11月29日，环境监测人员对大气环境监测

地监管需要加强监督性监测，适当增加监测频次。在进行污染物排放监督性监测的同时，对于安装有污染源自动监测设备的要开展比对监测。

环境安全监管

【中央环境保护督察“回头看”反馈意见问题整改】 2018年6月，中央环保督察“回头看”工作组到贵港市开展督查，贵港市对广西迎检工作组交办群众投诉件进行清理，清理出34批、285件。其中，属实248件、不属实37件，重复投诉件53件，2016年第一轮中央环保督察交办群众举报案件14件。按照《广西壮族自治区关于中央环保督察反馈意见的整改方案》要求整改时限，编号为1、4等8件已于2017年按期完成整改，分别于2017年7月13日、11月21日提交销号申请。2018年1月16日，中央第六环境保护督察组反馈意见广西整改工作领导小组办公室作出《关于同意贵港市完成中央环境保护督察反馈意见问整改任务销号的函》和《关于同意贵港市完成中央环境保护督查反馈意见问题整改任务销号的函》。年末，所有交办的群众举报环境问题全部办结并按中央环保督察组的有关要求上报，做到“处理一件，公开一件”。

【环境监察稽查】 2018年6月5日，贵港市环境保护局根据《自治区环境保护厅关于做好2018年广西环境监察稽查工作的通知》部署，印发《2018年贵港市环境监察稽查工作方案》。8月—10月，稽查港北区、港南区、覃塘区环境保护局的环境监察，通过采取查阅档案资料、现场验证等形式，稽查工业污染源现场监察记录档案30份、建设项目现场监察记录档案30份、信访投诉调解处理工作材料30份、行政处罚案卷材料15份，发现问题10个，下达环境监察稽查意见书3份。

【环保专项行动】 2018年，贵港市开展环保专项整治行动，根据《广西大气污染防治攻坚三年作战计划(2018—2020年)》“强化‘散乱污’企业及集群综合整治”以及自治区人民政府关于集中清理整治“小散乱污”企业的要求，在全市范围内开展“散乱污”企业专项整治。截至年底，排查出“散乱污”企业808家，整治企业793家，其中拆除139家、关闭31家、停产整治200家、限期整改438家。运用新《中华人民共和国环境保护法》及其配套办法查办“散乱污”企业32件。其中，涉嫌犯罪移送公安5件，移送公安拘留1件，查封、扣押18件，限制生产、停产整治8件。

开展大气污染防治“百日攻坚”行动。贯彻落实《广西壮族自治区人民政府办公厅关于印发广西大气污染防治“百日攻坚”行动方案(2018)的通知》要求，采取企业错峰生产、限产；停止土石方开挖、回填、渣土车运输和拆迁施工作业；加大查处渣土车违规运输、拖拉机、重型货车、农用柴油车违规进入中心城区等行为；严查露天焚烧秸秆、垃圾行为，整治餐饮行业露天经营和流动烧烤摊点；加强城区道路及城乡结合部的清扫保洁、喷雾抑尘等措施，对9大专项整治行动开展全面督查，出动人员803人次，检查工地151个次、企业533家次、码头12个次，发现并扑灭火点25个，移交督查发现问题239个，对13家企业、21个环境违法行为进行立案查处。

【环境执法】 2018年，贵港市规范环境执法，制订《贵港市开展规范环境执法年活动实施方案》，立案查处各类环境违法行为180件，处以罚款1731.21万元。办理《〈环境保护法〉配套办法》案件78件。其中，按日连续处罚案件1件，查封扣押案件43件，限产停产案件23件，移送拘留案件5件，涉嫌污染犯罪

2018年12月13日，市委书记李新元在木材加工企业实地检查大气污染防治工作

移送公安机关案件6件。

全面推行“双随机一公开”制度，监管污染源企业719家。其中，一般排污单位615家，重点排污单位101家，特殊污染源3家，建设项目86家。随机抽查发现并查处的违法问题2个，抽查结果均在贵港市环境保护局门户网站、辖区政府门户网站和国家企业信用信息公示系统公示，公示率达到100%。

【固体废物管理】 2018年，贵港市积极做好中央环保督察“回头看”及固体废物环境问题专项督察迎检工作，督察期间依法关停非法处置固体废物企业3家，查处工业废渣管理不规范企业6家，查处非法处理生活污水处理厂污泥1件。根据《中央环境保护督察“回头看”及固体废物环境问题专项督察反馈意见》，制订《贵港市贯彻落实整改方案》；建立健全固体废物污染防治长效机制，印发《关于进一步防范和打击固体废物非法转移倾倒处置工作方案》和制定《强化固体废物环境监管工作制度》，明确各部门监管职责，督促企业落实污染防治主体责任，共同防范和惩治固体废物环境违法犯罪行为。惩治多起跨省非法转移固体废物案件，将1.2万吨涉案固体废物安全退运回移出地处置。

【危险废物管理】 2018年，贵港市积极开展企业危险废物污染防治工作，开展企业危险废物规范化管理日常督导检查3次，检查企业20余家，发现问题53个，下发整改督办文件10份，全部整改销号。年度危险废物规范化管理督察考核，自治区抽查考核的贵港市企业9家，合格率为97%，全区排名第三。

【危险化学品管理】 2018年，贵港市配合开展危险化学品安全综合治理工作，对涉危险化学品危险废物产生、贮存过程环境风险排查整治，完善收集、贮存环境风险防控设施、措施。督促产生企业开展涉危险化学品环境风险评估、应急演练，完善突发环境事件应急预案，针对可能对环境造成损害的情形进一步补齐环境物资，完善应急措施。全年，未发生过涉危险化学品危险废物突发环境事件，环境安全有保障。

【核与辐射安全监管】 2018年，贵港市有放射性同位素和射线装置使用单位109家，贵港市环境保护局对65家核技术利用单位进行辐射安全监督管理检查，发现并整改辐射安全隐患29处。优化辐射监督管理审批，完成52家企业的核技术利用建设项目辐射安全许可证核发。开展辐射事故应急演练，12月7日，在贵港市钢铁集团有限责任公司开展辐射事故应急演练1次，对接收辐射事故、环保部门启动应急响应、人员出动、事故处置、警报解除等环节开展演练。持续开展辐射知识宣传，利用“6·5”世界环境日等时节通过发放宣传资料、现场模拟演示等方式开展宣传。

【排污申报与收费】 2018年1月1日起，《国家环境保护税法》实施，排污费属国家规定取消的收费项目。1月1日起，贵港市停止征收排污费。2018年第一季度，贵港市环境保护局完成2017年第四季度以及历年欠缴的排污费核定和征收工作，并及时报送各类数据报表和文字报告。截至3月30日，排污费征收开单企业13家，排污费开单417.68万元，全部解缴入库，国控重点企业欠缴为零。

为确保排污费改环境保护税的平稳过渡，贵港市环境保护局积极配合贵港市地税局开展环境保护税配套政策调研，于2月底前完成了与贵港市地税局排污费征收档案资料的移交。

【重点企业清洁生产审核】 2018

年，贵港市根据《清洁生产审核办法》等文件，经各县（市、区）筛选和贵港市环保局核定，以《贵港市环境保护局关于公布2018年度强制性清洁生产审核企业名单的通知》公布2018年度列入强制性清洁生产审核企业——广西贵港北控水务环保有限公司。继续推进列入强制性清洁生产审核企业的清洁生产审核工作，督促、指导具备条件的企业按《广西重点企业清洁生产审核评估、验收技术细则》逐步开展清洁生产审核，广西桂平市安顺选矿有限公司、广西清隆机械制造有限公司、广西贵港北控水务环保有限公司3家企业年末已具备审核条件，正有序开展审核工作。

污染防治

【水污染防治】 2018年，贵港市以改善和提升水环境质量为核心，紧盯饮用水水源保护区环境整治、工业集聚区污水处理厂建设、黑臭水体整治、农村环境综合整治、加油站地下油罐防渗改造等重点难点工作，制订《贵港市水污染防治攻坚三年作战实施方案(2018—2020年)》《贵港市水污染防治2018年度工作计划》《贵港市生态环境损害赔偿制度改革实施方案》，出台《贵港市污染防治攻坚战领导小组成员单位和工作职责》《生态环境保护工作考核办法》《全面加强生态环境保护坚决打好污染防治攻坚战的实施意见》等文件，与各级签订《水污染防治目标责任书》。

重点流域水污染防治 启动《贵港市流域水污染防治总体实施方案》编制工作，以“四湖库”（武思江水库、达开水库、平龙水库、六陈水库）水环境综合治理为重点，委托第三方机构对贵港市流域环境进行调查摸底，追根溯源，全面掌握流域水环境质量现状和污染特征，彻底摸清污染源数量、类型、分布及排污去向，并进行污染物负荷计算和空间分析，综合诊断各流域的水环境问题。积极推进网箱养殖拆除工作，根据《贵港市人民政府办公室关于印发贵港市打击非法渔业养殖非法渔业捕捞工作实施方案的通知》，开展惩治非法渔业网箱、拦网养殖和非法渔业捕捞活动，截至11月，拆除网箱面积44.18万平方米，拆除率80.18%。

重点项目水污染减排 组织实施重点工程项目16项，削减化学需氧量1876吨，比上年下降0.27%；削减氨氮441吨，比上年下降3.14%。其中，工业污染治理项目削减化学需氧量139吨、氨氮57吨；城镇生活污水处理项目削减化学需氧量621吨、氨氮119吨；规模化畜禽养殖粪污治理与资源化利用项目削减化学需氧量348吨、氨氮34吨。实施网箱养殖拆除项目削减化学需氧量768吨、氨氮231吨。

饮用水水源地保护 对贵港城区泸湾江饮用水水源地每月监测1次，覃塘、桂平市、平南县城区饮用水水源地每季度监测1次，水监测质分析项目61项；7月，对泸湾江饮用水水源进行全面分析，监测项目为109项，监测结果全部达到Ⅲ类标准，水质达标率为100%。

组织完成2017年度贵港市饮用水水源环境状况评估工作。为加强饮用水保护区水源地环境安全，在泸湾江和达开水库安装饮用水保护区交通警示标志牌52块、界标31块、饮用水源保护宣传牌128块，支出资金34万元。开展全国集中式饮用水水源地环境保护专项整治行动，1月制订印发《贵港市集中式饮用水水源地环境保护专项排查工作方案》，出动执法人员40人次、车辆20车次，对泸湾江饮用水水源地和达开水库饮用水水源地一、二级保护区内违法建设项目、工业企业、居民生活污水排放、警示标志及界碑设置进行全面排查，按照“一个水源地、一套方案、一抓到底”原则，制订印发《贵港市泸湾江饮用水水源地环境保护专项整改实施方案》《贵港市达开水库备用饮用水水源地环境保护专项整改实施方案》，组织辖区政府完成市级集中式饮用水水源地环境问题的整改11个，完成率100%。

【土壤污染防治】 2018年，贵港市按照“预防为主、保护优先、风险管控”的原则，配合自治区有序地开展土壤污染状况详查，对农用地核实详查点位4000多个，划定详查单元740多个；重点行业企业用地调查信息管理系统中需核实地块数131个，贵港市已全部完成企业地块现场踏勘工作，其中删减地块43个，增补地块0个，承担调查地块数量88个，并完成88个地块的信息采集工作，采集任务完成率为100%；79个提交入库，入库率89.77%，基本完成全市农用地土壤污染详查、重点行业企业用地污染状况调查信息采集与风险筛查等工作。推进土壤污染治理与修复规划及产粮油大县土壤环境保护方案的编制工作，年末完成方案编制，落实专项资金140万元。强化建设用地土壤环境管理，建立疑似污染地块名单。经核实，贵港市有疑似污染地块4个，分别是港北区的贵港市天泽电镀厂地块、贵港市迅达皮革厂地块，港南区的贵港市联新电镀厂地块、广西贵港格雷蒙化工冶炼有限公司地块，贵港市环保部门委托第三方调查机构开展调查，确认不属于污染地块，已录入全国污染地块土壤环境管理信息系统。

【大气污染防治】 2018年，贵港市扎实推进“大气十条”工作落实，调整优化产业结构，引进新能源项目，对重污染企业搬迁或改造制订《建成区重污染企业搬迁改造工作方案》，加快淘汰落后产能，依法关停贵港市恒丰化肥有限责任公司。调整优化能源结构，淘汰设计烧煤而实际烧生物质的锅炉13台，对贵港市金冠装饰材料厂等41家单位的41台燃煤小锅炉列入“回头看”整治对象，加快推进水电、风电、太阳能、生物质能项目，全市7个风电项目获得自治区发改委核准批复，7个集中式光伏电站项目获得自治区备案。调整优化运输结构加强机动车污染防治，淘汰老旧车辆11151辆，注销拖拉机3192台；加大油品质量监管，开展油气回收治理工作，对贵港市50座加油站点成品油的36个批次进行质量抽检，立案查处3件；深化移动源污染防治，审核外地转入二手车2.59万辆，尾气环保检测车辆23.54万辆次。开展露天矿山综合整治，巡查发现非法采矿6处，下达《责令停止违法行为整改通知书》6份；开展扬尘综合治理，严管重罚工地扬尘污染，检查工地项目4535个次，处罚金额51.1万元；加强秸秆露天焚烧管控，出动巡查车辆（包括摩托车、电动车）1.03万车次，巡查人员3.27万人次，发现并及时清除火点644个，教育群众457起，及时发现并制止准备焚烧点327起。加强重污染天气应对，实行重污染天气应急联动机制，强化督查，夯实应急减排措施。通过召开专题会议、建立长效机制、加大约谈问责力度等措施落实各方环保责任。重点行业污染物减排，电力行业，跟踪推进中国华电集团贵港发电有限公司2台机组烟气超低排放改造项目，削减二氧化硫1036.43吨；氮氧化物584.76吨；钢铁行业，广西贵港钢铁集团有限公司投入整改资金1.5亿元，完成烧结机头机尾电除尘项目改造，完成脱硫烟气湿式电除尘项目设备安装；水泥行业，台泥（贵港）水泥有限公司、华润水泥（平南）有限公司、华润水泥（贵港）有限公司等企业的脱硝效率提高，削减氮氧化物3246.93吨。

【噪声污染防治】 2018年，贵港市市本级通过环保“12369”和“12345”市政府服务热线受理投诉共357件，噪声投诉95件，约占总环境投诉总数的26.6%，其中建筑施工噪声投诉61件、社会生活噪声投诉13件、工业企业噪声投诉21件。针对交通噪声监管，环保部门、公安部门联合行动开展机动车禁鸣工作，在城区主干道设立禁鸣标识，在各学校、医院所在路段和办公场所等敏感区域附近设禁鸣区和限速区，合理组织车流，继续推进老旧车淘汰，严控重型柴油车进城。施工噪声监管，实行申报管理制度，申报工程项目名称、施工场所和期限、可能产生的环境噪声值以及所采取的环境噪声污染防治措施的情况，对其采取日常检查与突击抽查相结合的方式进行监管，年内对3个项目下达行政处罚决定书，处罚金7.68万元，并建立建筑行业重点噪声源名录。社会生活噪声监管，严把产生环境噪声项目进入关，对城区娱乐场所超标排放噪声的要求限期整改，商业广告音量、商业中央空调扰民和流动商贩利用扩音器吆喝招揽生意的加大监管力度。工业企业噪声监管，严格落实建设项目环境影响评价和“三同时”制度，把涉及污水处理、钢铁、制糖、水泥、火电行业的6家企业列入重点噪声源名录进行监管。噪声自动监测通过智慧城市项目具体实施。

【重金属污染防治】 2018年，贵港市贯彻落实《自治区环境保护厅关于进一步加强涉重金属行业污染防控重点工作的通知》，开展全市涉重金属重点行业企业排查与审核，建立贵港市土壤重点监管企业名单并向社会公开，建立全口径涉重金属重点行业企业清单并录入全国排污许可系统实行动态管理，严格环境准入控制涉重金属行业无需扩增，督促涉重金属企业开展排污自行监测并向社会公开，全面开展涉镉等重金属重点行业企业排查整治工作，建立污染源整治清单。年内，土壤重点监管企业13家，其中列入广西首批重点监管企业6家、市级重点监管企业2家；排查粮食镉超标重点区域46个，铅锌铜矿采选集中区域22个，重点区域内涉重金属污染源18个，发现存在问题企业10个。根据排查发现的问题形成问题清单，制订《贵港市突出重金属污染问题整治工作方案》，印发《贵港市环境保护局关于加强涉镉等重金属重点行业企业污染源整治的通知》，进一步加强涉贵港市重金属污染防控。

【重点行业污染防治】 2018年，贵港市完成制糖造纸行业重点企业广西粤桂广业控股股份有限公司（原广西贵糖股份有限公司）纸浆无元素氯漂白技术改造项目，将现有漂

2018年10月24日，贵港市环境保护局执法人员到城区工地检查大气污染防治工作情况

白车间的每天180吨传统氯漂白浆系统改造为二氧化氯ECF漂白系统，技改内容为新增二氧化氯制备车间。中国华电集团贵港发电有限公司2号机组(630兆瓦超临界)完成超低排放改造项目，1号机组超低排放改造项目开始进行试运行。贵港钢铁股份有限公司完成烧结机头机尾脱硫烟气湿式电除尘项目的改造。初步排查贵港市挥发性有机物(VOCs)无组织排放企业有274家，其中有4家木材加工企业压机安装有活性碳过滤的挥发性有机物收集处理设施启用。

重拳整治“散乱污”企业(作坊)，重点针对砖瓦、石灰、畜禽养殖、木材加工等行业企业开展专项排查和整治，排查出“散乱污”企业808家，其中拆除139家、关闭31家、停产整治200家、限期整改438家。运用《中华人民共和国环境保护法》及其配套办法查办“散乱污”企业32件，处罚企业2家，处罚金额21.8万元。推进工业污染源达标排放整治，贵港市大气污染防治2018年度实施计划重点工程项目中已完成16个；制订《木材加工行业整治工作方案》，立案处罚企业16家，处罚金120.5万元。推进重点排污单位自动监控设施建设，广西西江化工有限责任公司、广西农垦糖业集团西江制糖有限公司已安装在线监控系统，并联入环保监管网站，实行24小时监控。

【环境应急与事故调查】 2018年，贵港市加强环境风险防范实行环境风险源目录清单制度，印发《贵港市环境保护局关于加强建立完善环境风险源管理目录清单工作的通知》，按照6大行业企业分别建立环境风险源目录清单。组织开展隐患排查治理，根据《2018年全市环境安全隐患大排查大整治工作方案》，出动检查人员395人次，排查企业153家次，县级以上专用饮用水源5个，发现存在问题企业22家，对1家企业进行挂牌督办。完善环境应急管理，印发《贵港市2018年环境应急管理工作要点》，对未纳入备案管理名录企业督促其开展风险评估和环境应急预案的编制。组织专门力量对辖区所有尾矿库进行排查，补充完善《全区尾矿库环境风险排查汇总表》信息内容。环境应急能力建设，完善环境应急保障体系，对石灰、液碱、活性炭等应急资源资料和专业应急救援人员信息进行收集，提高企业应急救援水平；开展应急培训和演练，推进应急联动机制建设，加大与安监、海事等部门交流，整合信息资源，集中会商，统一开展预警、响应及应急处置。1月25日，华润水泥(贵港)公司6号码头发生沉船导致液压油泄漏的次生突发环境事件1起，全年贵港市没有发生较大以上突发环境事件。

(温志杰)

教育　科技

教育综述

【概　况】2018年，贵港市有各级各类中小学、幼儿园2122所，在校生108.15万。其中，幼儿园1049所，在园幼儿20.49万；小学846所，在校学生47.11万；初中159所，在校学生22.21万；普通高中57所，在校学生13.73万；中等职业学校8所，在校学生45705人（其中全日制23021人，非全日制22684人）；特殊教育学校3所，在校学生370人。

教师数和师生比：专任教师54693人。其中，幼儿园7981人，小学23970人，初中14602人，普通高中7079人，中等职业学校1009人，特殊教育学校52人。师生比例，幼儿园1∶25，小学1∶20，普通初中1∶15，普通高中1∶19，中等职业学校1∶23，特殊教育学校1∶7。

每万人口在校生：幼儿园365人，小学839人，普通初中396人，普通高中245人，中等职业学校51人。

基础教育普及程度：学前教育三年毛入园率87.3%，九年义务教育巩固率95.05%。

基本办学条件：占地面积及生均情况，幼儿园162.85万平方米、7.95平方米；小学1000.52万平方米、21.24平方米；普通初中535.51万平方米、24.11平方米；普通高中354.57万平方米，25.82平方米，中等职业学校81.10万平方米、35.26平方米。校舍面积及生均情况，幼儿园118.89万平方米、5.80平方米；小学338.99万平方米、7.19平方米；普通初中257.89万平方米、11.61平方米；普通高中202.94万平方米，14.78平方米；中等职业学校31.49万平方米、13.69平方米。

【教育经费收入与支出】2018年，贵港市教育经费总收入792920.6万元，比上年677867.1万元增长16.97%。其中，财政拨款收入704135.2万元，比上年595138.5万元增长18.31%。教育经费总支出786328.6万元，比上年693710.1万元增长13.35%。其中，财政拨款支出687266.8万元，比上年602935.3万元增长13.99%。总支出中教职工人员经费支出457359.0万元，对个人和家庭的补助支出37837.6万元（含学生资助支出25149.6万元），学校运转公用经费支出107164.7万元，校舍建设支出124258.9万元，设备购置支出56068.1万元，其他支出3640.3万元。

【学前教育】2018年，贵港市财政投入学前教育建设资金8429.09万元，新建幼儿园12所，改扩建幼儿园49所，新增园舍面积41792平方

2018年秋季期建成投入使用的中山幼儿园

米。贵港市编制实施第三期学前教育行动计划，加快公办幼儿园建设，全市有公办幼儿园 141 所，实现每个乡镇有 1 所公办幼儿园的目标。全年认定多元普惠性幼儿园 75 所，全市普惠性幼儿园达到 537 所。全市学前教育三年毛入园率达 87.3%，比上年增长 1.88 个百分点，在园生 20.49 万人。

【义务教育】 2018 年，贵港市印发《贵港市统筹推进县域内城乡义务教育一体化改革发展实施方案》，投入资金 75798 万元，实施农村中小学校舍维修改造项目、薄弱学校改造计划、购置图书、仪器及多媒体教学设备等项目，改善办学条件。推进县域义务教育均衡发展，规范办学行为和推进学校章程建设，优化教师资源配置，强化学校管理，提高学校办学水平。

【普通高中教育】 2018 年，贵港市普通高中招生 49207 人，超额完成自治区指标任务，完成率达 112.09%。高中阶段毛入学率达到 88% 以上。教育质量有新突破，高考质量逐年攀升，每万人口考上一本人数上线率位列全区第 2 位，每万人口上二本以上和专科以上上线率位列全区第 1 位。2018 年度广西高考综合改革推进会在桂平市召开。实行普通高中集团化办学，整合全市高中教育资源，通过 1+N 模式，以强带弱、以公带民、通过管理重构、资源重组、教师干部互相流动、统一考核奖惩等实现一体化办学，充分发挥优质教育资源的辐射、引领和示范带动作用，促使高中教育均衡、优质、特色、和谐发展。

【中等职业教育】 2018 年，贵港市加快西江教育园区（近期规划 7968 亩）建设，入驻园区职业院校 4 所，其中签约引进中等职业学校 2 所。全市争取到上级及本级项目 9 个、资金 3700 多万元用于原有职业学校基础能力建设，职业学校办学条件逐步改善；贵港市职业教育中心被正式确认为国家中等职业教育改革发展示范学校，贵港市职业教育中心和平南县中等职业学校各有一名学生被团中央授予全国最美中职生称号，贵港市职业教育中心 1 名学生荣获 2018 年全国中职学生职业技能比赛二等奖，实现历史性突破。

2018 年 6 月 14 日，贵港市与温州弘海投资有限公司合作建设广西工业学院项目签约仪式在贵港城区举行

【教育科研】 2018 年，贵港市获全国教育科学"十三五"规划 2018 年度单位资助教育部规划课题立项课题 1 个，获广西教育科学"十三五"规划 2018 年度广西教育研究专项课题立项课题 12 个，获 2018 年度广西职业教育教学改革研究项目立项课题 4 个。广西职业教育教学改革研究项目获结题 5 项，广西教育系统维护学校安全稳定研究课题获结题 5 项。获 2018 年度贵港市教育科研课题立项课题 139 个。全年有 189 个课题获结题。各学科教师参加广西各类中小学教师优质课比赛获一等奖 3 名、二等奖 6 名、三等奖 4 名。在 2018 年自治区教育厅举办的全区中小学幼儿园教师教学技能大赛中，获一等奖 2 人、二等奖 4 人、三等奖 7 人，贵港市教育局获得优秀组织奖（全区仅有 3 个教育局获得优秀组织奖）。

【民办教育】 2018 年，贵港市有民办学校（包括幼儿园）958 所，学生 22.21 万人，学生数占全市的 20.54%。其中，民办高中在校生 4.77 万人，占全市高中在校生的 34.74%，占全广西民办高中在校生的 38%。出台《鼓励社会力量促进民办教育健康发展的实施细则》。3 月，成立中共贵港市民办学校委员会，贵港市是广西 14 个地市中第一个在民办中小学建立行业联合党委的地市。教学水平日益提高，在"八桂联盟"第二届同课异构教学比武大赛中，贵港市新江南教师获评特等奖 1 名，一等奖 2 名，二等奖 1 名。

【特殊教育】 2018 年，贵港市印发《贵港市第二期特殊教育提升计划实施方案（2017—2020 年）》，建立完善以特殊教育学校为骨干、随班就读为依托、送教上门为补充的特殊教育体系，扩大特殊教育资源，为残疾儿童少年提供合适的教育。目前义务教育阶段适龄残疾儿童入学率95%以上。

【教师队伍建设】 2018年，贵港市印发《贵港教育系统进一步加强师德师风建设的实施方案》；面向社会公开招聘中小学教师1210名，指导县（市、区）教育局招聘特岗教师984名，组织市直学校赴武汉、桂林、南宁等地招聘高层次人才，签约高层次人才38名；协助广西工业学院招聘高层次人才114人，其中研究生101人、教授1人、高级工程师2人。召开贵港市返乡大学生座谈会，开展"青苗优才 智汇荷城"社会实践活动，为贵港市引才工作做好服务。开展中小学教师系列职称评审工作，获得广西中小学正高级教师评审通过公示教师1名，取得高级教师专业技术职务任职资格（含3名高级讲师）教师613名，取得一级教师专业技术职务任职资格教师427名。依法认定高中教师资格417人、中职教师资格68人、中职实习指导教师资格1人。被授予自治区第九批优秀专家（全区100名，中小学仅4名）教师1名，评选表彰优秀教师200名，评选享受贵港市人民政府第六届特殊津贴教师50名，协调贵港电视台、贵港日报社对全市60名优秀典型教师进行宣传报道。选派428名优秀教师到边远艰苦地区参加支教、走教，发放支教、走教经费237万元。发放乡村教师生活补助922.07万元，其中自治区补助资金534.51万元、县级配套资金387.56万元，惠及教师3965名；发放乡镇工作补贴1.1亿元，惠及乡村教师3.7万名。贵港市机电工程学校归属市教育局管理，学校性质由差额拨款事业单位变为全额拨款事业单位，接收该校教师17名。

【教育信息化建设】 2018年，贵港市大力推进教育信息化建设与应用。教育城域网接入学校1806所中小学（含教学点），对村完小以上学校覆盖率97.8%。其中，以光纤接入的学校1239所，光纤接入率68.6%，以100兆以上带宽接入的学校431所，占比23.86%；有14所学校的接入带宽达1000兆。贵港市中小学互联网接入平均带宽和校园网建成比例居广西14个市第一名，互联网接入率居广西14个市第二名。全市有名师课堂录播教室96间；中小学有"班班通"设备15238套，占教学班总数的79.9%，乡镇中心小学、村完小、初中和高中基本实现优质资源"班班通"。教育城域网资源中心的12万册数字图书、理化生科学仿真实验系统、中央电化教育馆教学资源库、教学点数字教学资源全覆盖项目资源库、贵港教育e网通资源库共10500G的优质教学资源供全市中小学共享。中小学图书集群管理系统投放使用，使全市600多所中小学的图书馆实现信息化的图书管理。贵港教育办公自动化系统覆盖全市各级教育单位，是广西覆盖面最广、覆盖率最高的教育办公自动化系统，全市1000多所中小学实现无纸化公文流转。在市直、各县（市、区）学校中选择中小学开展智慧教育云平台应用试点工作36所；对40所教育信息化对象校进行培育建设，教育信息化示范典型案例培育工作初见成效。组织开展全市中小学教师信息技术实务操作能力全员培训，累计培训教师2300多人次。组织参加全区信息技术与学科教学深度融合比赛决赛，获得一等奖1节、二等奖1节、三等奖3节，获最佳优秀组织奖；组织参加2018年广西"书香校园·阅读圆梦"系列评选活动，获得一等奖1篇、二等奖15篇、三等奖46篇、优秀奖177篇，获优秀组织奖；组织教师参加全区中小学实验教学说课活动，获得一等奖3节、二等奖7节、三等奖15节；组织参加广西中小学电脑制作评选活动，获得一等奖7项、二等奖15项、三等奖31项。

【贫困学生资助】 2018年，贵港市建立从学前教育到高中阶段教育全覆盖的资助体系，对贫困学生进行精确识别、精确建档、精确审核、精确发放。资助金全部通过银行代发，确保发放到位。年内，发放各级各类资助金3.07亿元，惠及学生43.5万人次。同时，做好大学生生源地贷款工作，做到应贷尽贷，发放大学生生源地贷款金额4.13亿，使5.68万名大学生受益。

【学校项目建设】 2018年，贵港市2017—2018年教育专项工程项目投资（包括薄改、学前、高中、中央投资项目）总额186928.09万元。其中，中央资金83721.68万元，自治区资金65796.32万元，地方资金36075.09万元。新建改扩建2123所学校。其中，实施土建项目1204个，投资147416.09万元，建设校舍面积823970平方米；投资36979万元，购置教学仪器设备6136136（台件套册）。贵港市加快中心城区学校项目建设，港北区中山路小学、港南区凤凰岭小学、港北区中山幼儿园、江南中学扩建项目（5#教学综合楼）、达开高中改扩建项目（三期）5个项目完工投入使用；新开工项目7个，达开高中改扩建项目(五期)、民族中学扩建项目(3#4#教工公租房)、荷城二中、覃塘区实验小学、覃塘区实验幼儿园、市东湖小学、郁林路小学。

【教育项目招商】 2018年，贵港市教育招商签订正式协议的项目3个，总投资额31亿元人民币；签订框架协议的项目2个，总投资额38亿元人民币。签订总投资额25亿元、占地约2000亩、办学规模达2.5万人的广西工业学院项目正式协议；签订分别投资1.5亿元、分别占地75亩、办学规模分别达2000人的贵港市电子工业学校项目和贵港市商贸职业学校项目正式协议；签订总投资38亿元，分别建设本科和高职(含中职)各1所项目的框架协议。

【西江教育园区项目建设】 2018年，规划建设中的贵港市西江教育园区项目近期规划总用地面积7968亩，入驻园区学校5所，其中本科层次职业教育学校1所、高职学校1所、中等职业学校2所、普通高中1所。广西工业学院(暂名，本科)、广西物流职业技术学院(筹，高职)2所院校项目一期工程均已基本封顶；贵港市高级中学新校区项目已基本完成主体工程建设。

【招生考试】 2018年，贵港市完成高考、成人高考、自学考试、高中学业水平考试(简称高考)、初中学业水平考试(简称中考)、教师资格考试笔试、中小学教师招聘笔试等7大类、12项招生考试工作，并协助有关单位开展公务员考试、事业单位公招笔试、司法考试、英语等级考试、计算机等级考试、警察执法资格考试等社会考试，全部做到"考前无泄密事件，考中无大规模违纪舞弊事件发生，考风考纪良好，实现考试平安"。贵港市报名参加高考46328人，报名参加高考统考42102人，比上年分别增加4813人和3158人。空军招飞再创新高，全市有5名考生被录为空军飞行员，贵港市招生考试院被空军招飞局广州选拔中心、自治区招生考试院评为全区招飞先进单位，获评招飞先进个人2人。参加中考考生68677名，71194名考生参加八年级地生考试，组考规范有序。组织录取高中新生4.92万人，超出自治区下达任务5500多人。重新研发中考报名和录取信息系统，首次启用网上报名，提高报名的效率和准确性。在统一使用电子设备进行中考体育与健康测试的基础上，优化测试办法，增加测试设备和测试人员，减少测试时间3天。分别在6月和12月各组织1次高中学业水平考试，全市考生报考45.7万科次，报考科次创新高。通过进一步规范考务管理，再次缩减乡镇考点保密室1个，严厉防范考场作弊行为，无失、泄密事件和作弊现象。考试工作均顺利完成，组织成人高考10145人，教师资格考试笔试15890人28599科次、面试3809人，自学考试2860人7212科次。

2018年10月16日至17日，全区高考综合改革推进会在桂平市城区召开

【学校安全管理】 2018年，贵港市加强各级各类学校的安全管理工作，中小学和幼儿园总体上保持安全稳定。出台各种安全管理工作制度，认真做实做细学校安全教育工作和积极开展中小学校应急演练观摩活动。加强安全督查，定期召开中小学校安全稳定工作形势研判会，开展学校安全稳定隐患排查和依法整治工作。开展学校及周边治安综合治理专项整治和"平安校园"创建活动，做好防范和抵御敌对势力利用宗教对学校进行渗透工作。加强网络意识形态安全监测队伍建设，完善网络舆情管控工作制度。

【教育督导】 2018年，贵港市推进义务教育均衡发展，被自治区教育厅认为是广西最难通过区检的桂平市，5月以高分通过自治区义务教育均衡发展督导评估，全市"区检"通过率达100%。12月，平南县、桂平市通过国家义务教育均衡发展督导评估，全市“国检”通过率达100%。组织幼儿园办园行为督导评估，评估幼儿园258所，对5所幼儿园办园行为进行第三方评估试点，促进幼儿园完善办学条件，加强教育管理，提高办园水平。开展中小学生欺凌综合治理工作复查，推动校园欺凌防治工作长效化。推动义务教育质量监测改革，指导桂平市、平南县完成全国义务教育质量监测任务。发挥督导工作职能，组织对县（市、区）教育局和市直学校年度工作考评，促进教育工作落实。开展城乡义务教育一体化改革发展专项督导，推动贵港市各县（市、区）加快推进义务教育改革发展一体化工作。

【教育培训】 2018年，贵港市教育局组织教师参加各级各类培训24791人次。其中，参加2018年“国培计划”“区培计划”项目以及“职业院校教师素质提高计划”项目培训12266人次，参加市本级培训项目12525人次。培训培养骨干校长100名，骨干教师和班主任1000名，乡村教师10000名，有效提升乡村课堂教学水平，促进教育均衡发展。推荐优秀骨干教师参加自治区教育厅重点培养工程项目的遴选，入选广西基础教育名师青蓝工程教师18人，入选广西基础教育乡村名师培养工程教师16人，为骨干教师专业发展提供更好的上升通道。经市、县、校三级培训管理部门的努力，教师培训质量大幅提升。2018年3月，人民网对贵港市教师培训工作进行了宣传报道。

【勤工助学】 2018年，贵港市制定出台《中小学生校内课后服务工作实施办法（试行）》，规范和加强全市中小学生校内课后服务工作的管理。加强全市校园方责任保险工作的管理、指导和协调工作，健全校园安全风险管理体系，校园安全管理和风险转移工作有序进行，有效防范和妥善化解各类安全事故风险，维护学校学生权益。对全市中小学校（幼儿园）食堂（含小卖部）的食品安全、校服征订采购、学校饮用水情况和10蒸吨/小时燃煤锅炉进行检查，学校后勤服务安全有序。 （何镇海）

广播电视大学

【概　况】 2018年，贵港市广播电视大学（以下简称贵港电大）利用现代远程教育和电大系统办学的优势，为广大市民和在职干部在职进修学习提供服务，全年注册学生6828人，其中开放教育5824人（本科1004人，专科4820人）。7个网络院校注册学生1200人（本科765人，专科435人）。学校获得全区电大招生先进集体、全区网络教育先进集体、重庆大学网络学院优秀校外学习中心、广西广播电视大学参加全国办税技能竞赛组织奖、参加全国办税技能大赛组织奖、广西电大工商管理案例设计与分析优秀组织奖等称号和奖项。

【社区教育】 2018年，贵港电大组织社区教育服务开展烟花爆竹培训、太极拳培训、电工培训、安全生产教育、建筑行业施工培训、公务员和事业单位考前培训、普通话培训、广场舞等社区教育活动。

【招商引资与校企合作】 2018年，贵港电大积极参与全市招商引资工作，成功引进贵港市电子有限公司项目，总投资额0.2亿元，实现当年签约、当年建设、当年投产。同时，学校与港大电子有限公司合作，企业作为电大学生实训基地，为电大学生提供技能实训服务。

【招生工作】 2018年，贵港电大招新生3352人，其中开放教育2874人、网院478人，名列全区电大系统第一名，被评为全区电大系统招生先进集体。

【人才培养】 2018年，贵港电大通过现代远程教育平台，开展网上教学，全年有2021名学生通过考试和考核，取得毕业学分，完成学业，取得专、本科毕业文凭。 （李　红）

科技综述

【概　况】 2018年，广西贵港高新技术产业开发区获自治区人民政府批复设立。新增广西农业科技园区2个、广西创新小镇（培育）2个；新增国家级星创天地1家、自治区级星创天地3家；新增广西院士工作站（组建）1个、自治区工程技术研究中心（组建）1个、自治区技术转移示范机构1个。完成自治区科技成果转化项目25项。全市吸纳技术合同108项，合同成交额15.62亿元，技术交易额13.45亿元。全市高新技术企业保有量达40家，新增自治区“瞪羚企业”1家。新建市校合作关系4个，组织开展科技合作交流活动50多次，新建博士工作站23家，设立市校合作专项资金500万元，立项实施市校合作项目12项。获国家级科技项目立项1项、自治区科技项目立项35项，下达2018年市级科技项目36项。发明专利申请量721件；发明专利拥有量446件，每万人口发明专利拥有量增速全区排名第一。

【科技政策】 2018年，贵港市修订完善《贵港市科技项目管理暂行办法》《贵港市农村科技星创天地管理暂行办法》《贵港市工程技术研究中心管理暂行办法》等21项规章制度，进一步优化科技创新创业环境。

【科技平台建设】 2018年9月25日，广西贵港高新技术产业开发区获自治区人民政府批复设立。新增桂平市农业科技园区、港北区农业科技园区2个，广西农业科技园区累计5家，实现广西农业科技园区县县全覆盖；广西平南农业科技园区、广西覃塘农业科技园区通过自治区验收，并分别获评优秀和良好。新增中国—东盟电动车创新小镇、桥圩羽绒科创小镇2个广西创新小镇（培育）。新增国家级星创天地1家、自治区星创天地3家；史丹利化肥贵港有限公司引进的陈温福院士创新团队组建的院士工作站获列入第四批广西院士工作站组建名单，广西扬翔股份有限公司院士工作站和市人民医院院士工作站在广西院士工作站绩效评估中分别获优秀、良好等次。贵港市农业科学研究院建设的广西富硒产品精深加工工程技术研究中心获自治区科技厅批准组建。贵港市星迈科技企业孵化器有限责任公司获认定为第七批自治区技术转移示范机构。新建贵港市级科技创新平台44家，其中博士工作站23家、市级工程技术研究中心11家、市级孵化器1家、产业工程院3家、重点实验室3家、星创天地3家。

【科技企业】 2018年，贵港市组织40多家中小企业入库培育，其中28家获科技型企业评价入库。全市获入库培育高新技术企业39家，组织申报高新技术企业31家，新增高新技术企业14家，高新技术企业保有量达40家。新增自治区级"瞪羚企业"1家。

2018年2月11日，广西复鑫益生物科技有限公司与苏州大学举行水蛭肽蛋白协同创新中心签约揭牌仪式

【科技发明】 2018年，贵港市发明专利申请量721件，发明专利拥有量446件，每万人口发明专利拥有量增长39.45%，增速全区排名第一，每万人口发明专利拥有量1.03件。

【科技成果转化】 2018年，贵港市建立技术转移经纪人队伍，建成贵港技术市场线上线下平台，发布各类科技信息477条，采集技术需求26项，登记科技成果25项。全市完成自治区科技成果转化项目25项。全市吸纳技术合同108项，合同成交额15.62亿元，技术交易额13.45亿元。

【科技项目】 2018年，贵港市组织申报各级科技项目93项，获国家和自治区级立项科技项目27项，经费1134万元，下达2018年市级科技项目25项，支持科技经费302.64万元。

【科技服务】 2018年，贵港市建成科技企业孵化器10家，其中自治区级孵化器3家、市级7家。孵化器开展科技培训26次，投融资服务18次，创业指导服务31次，企业诊断服务29次，在孵企业申报科技项目22项、申请专利36项。成功举办2018年第七届中国创新创业大赛广西赛区贵港选拔赛暨第三届贵港市创新创业大赛，组织参赛企业19家，推荐参加广西赛区复赛企业5家，1家企业获成长组优胜项目奖。举办双创活动周双创成果展示活动，进一步营造浓厚的创新创业氛围。组织181名农村科技特派员为全市贫困村提供全覆盖的科技服务。在市本级和桂平市、平南县电视台开辟《农村科技新视界》电视培训栏目，制作播出节目32期，播出时长1000多分钟；与贵港电视台、贵港日报社联合开设《创新贵港》栏目,播放、刊发40期。组织23家企业35个项目参加各类科技展会活动,开展科技对接活动12场次,达成合作意向20多项。完善科技信息平台数据库信息资源,新增入库企业204家,累计达1967家;新增入库专家35名,累计达332名;科技成果库新增入库成果27项,累计达462项;科技项目库新增入库项目31项,累计达217项;企业技术供应与需求库新增入库需求21项,累计达206项。收集、整理、发布科技信息1579条;平台浏览量达55万多人次。新发展广西科技文献共享与服务平台单位会员7个、个人会员55名。

【科技合作】 2018年,贵港市完成招商引资项目2个,项目合同投资额6.5亿元;2015—2017年签约项目9个,开工项目6项,开工率66.7%。深化拓展与广西大学、桂林电子科技大学、桂林理工大学、广西科技大学等高校的合作,设立市校合作专项资金500万元,设立产学研合作博士工作站23家,引进博士创新团队23个,立项实施2018年度市校合作项目12项。组织开展科技合作交流活动50多次。

(周　宇)

气　象

【气象预报服务】 2018年,贵港市气象局根据气象防灾减灾、环境保护、生产生活等服务需求,在节假日、关键农事期和2次台风影响、12次局地强暴雨、低温冷害等灾害性天气过程,全力做好气象预报服务,向地方政府及有关部门发送决策气象服务材料116期。组织全市气象台站通过各种途径及时发布气象预报预警信息,其中预警短信305条次,接收人次约2900万。在台风"山竹"期间,提前一个星期发布预报服务信息,根据台风形势变化,开展滚动服务,适时启动应急,及时向地方党政领导报告,滚动发布台风预报、警报、最新动态气象服务信息,为全市防台风决策和紧急救援行动提供保障。

各级气象部门完成第十一届广西(贵港)园林园艺博览会开幕式、贵港国际马拉松赛、平南国际龙舟邀请赛、贵港国际荷花展、桂平龙潭森林国际半程马拉松赛等多项重大活动气象服务保障,做好"大藤峡水利枢纽工程""贵隆高速公路"等重点工程项目专项气象服务。

【人工增雨】 2018年,贵港市开展地面人工增雨作业17次,协调空中飞机增雨作业2次,有效缓解农业旱情,降低森林火险等级,改善空气质量。在龙头山、亚计山建设2个人工增雨烟炉播撒系统,进一步提升人工影响天气作业能力。

【气象现代化建设】 2018年,贵港市气象现代化重点项目建设扎实推进。做好全固态双偏振X波段天气雷达项目建设,及时完成项目可研报告编制并组织专家评审,项目可研报告获自治区气象局批复,完成项目库项目申报工作。落实桂平国家基本气象站迁站建设,桂平、平南国家级气象观测站新址自动气象站通过启用验收。

【行政审批改革】 2018年,贵港市深入开展气象部门行政审批改革,规范中介服务事项,完成清理和公布保留行政许可事项工作,完成"一事通办"事项的三张清单,努力做到"减证便民",让办事的群众和企业"最多跑一次"。

【防雷减灾】 2018年,贵港市完成对全市易燃易爆、危险化工和人员密集建(构)筑物防雷装置安全检测工作。市气象局联合市安监局按"双随机"抽查方式在全市范围内开展一次防雷安全专项检查活动,督促相关企业落实防雷安全主体责任。开展防雷检测市场整顿专项督查行动,促进防雷检测市场健康有序发展。

2018年11月1日,位于桂平市西山镇的桂平国家基本气象站

【气象科技和人才工作】 2018年，贵港市完成1个厅局级、2个县处级科研项目实施，组织申报和新设立科研项目4项，设立科技创新团队1个。加强人才队伍建设，做好人才交流工作。重视干部教育培训，完善《贵港市气象局干部职工学习管理办法》，制订并实施预报质量提升工作方案。 （卢冬梅）

水　文

【水文测验与水文资料整编】 2018年，贵港市水文水资源局全面贯彻测报一体化管理工作方案，开展水文常态化监测和应急监测，发布水情短信和预警、预报信息，为地方政府和防汛部门提供水文信息服务。贵港市水文测验方式改革取得新成效，有51个站开展流量巡测，桂平市中心水文站继续推进流量测验、外业测量辅助业务购买服务。桂平市中心水文站、平南县中心水文站20兆光纤网络开通，三级骨干网络工作布设完成，县域中心水文站的水情预警、预报能力大大提升。继续推进政府向社会力量购买服务改革的要求，充分利用水文公共服务市场，在水文测报系统遥测雨量站外业维修保养及巡检、水文站缆道上油维护、水位台保洁清淤、水质监测采送样等业务工作方面向社会力量购买服务，有效缓解水文水资源局人少事多的矛盾。贯彻落实水文资料在线整编改革，完成贵港市2017年度和2018年度水文资料整编、审查工作，并在广西水文资料复审验收中获得优秀等次。

【水文情报预报服务】 2018年，贵港市水情信息优质高效，在大面积强降雨、大洪水及台风影响期间，发布的雨水情信息及时、准确。全年发送水雨情电报83.44万份，30分钟到报率96.3%；报送水情预警4期，水情服务信息16份，水情旬月报108份，水情服务短信7.9万条。根据雨水情，全年发布洪水蓝色预警2次、黄色预警2次，发布率100%；启动水文Ⅳ应急测报响应5次，Ⅲ级响应4次。

【水环境监测与评价】 2018年，贵港市水环境监测中心对黔江、浔江、郁江、武思江、鲤鱼江、白沙河、大同江等主要江河重要水功能区以及武思江、平龙、达开、六陈4座大型水库坝首断面共24个代表断面和国控水功能区15个、省控水功能区8个、市级水功能区1个、城市重要水源地4个、备用水源地1个、跨设区市界河流交接断面3个进行水质采样监测，并对跨设区市界河流交接断面进行水量测验，监测频次12次/年。依据《地表水资源质量评价技术规程》(SL395-2007)、《地表水环境质量标准》(GB3838-2002)以及《地表水资源质量评价技术规程》(SL395)开展评价工作。黔江、浔江、郁江、武思江、鲤鱼江等代表断面年度水质类别为Ⅱ类，大同江利列断面为Ⅰ类，白沙河大安断面为Ⅲ类，达到或优于水功能区水质管理目标和最严格水资源管理制度目标；3个跨设区市界河流交接断面水质、水量达到考核控制目标；4座大型水库坝首断面在总氮项目不参与评价情况下，武思江水库坝首断面为Ⅲ类，平龙、达开2座水库坝首断面水质类别为Ⅱ类，六陈水库坝首断面水质类别为Ⅰ类；在营养化方面，除武思江水库有轻度富营养外，其他3座大型水库为中营养。

【水文项目建设】 2018年，贵港市水文水资源局建立健全工程项目管理规章制度，出台《贵港市水文水资源局合同管理办法》《贵港市水文水资源局政府采购实施细则》《贵港市水文水资源局项目建设管理办法》《贵港水文设施工程验收工作细则》等制度。重点抓好工程项目建设，完成平南、桂平水文站装修工程及设备安装调试工作，完成投资210万元；加强水文设施的运行维护工作，完成设施维修维护投资55.22万元；大力推进大藤峡水利枢纽淹没影响水文设施复改建工程（桂平市部分）建设，完成项目前期工作，开工建设。完成广西水文巡测站技术改造、广西重点山洪与渍涝区水文监测系统、广西跨行政区界河流水质水量监测系统等工程（贵港市部分）的可行性研究编制工作，做好项目储备。 （廖　伟）

防震减灾

【防震减灾机制建设】 2018年，贵港市为全面提升综合防灾减灾救灾能力，进一步完善体制机制建设。3月2日，经贵港市政府批准，对贵港市防震减灾工作领导小组成员进行调整，并组织召开防震减灾工作领导小组联席扩大会议。建立健全防震综合治理工作机制，充分发挥政府在防震减灾工作中的领导和主导地位，加强部门之间合作和资源共享，强化跨部门业务协同互联互通，加快构建多元共治、善治高效的防震减灾综合治理格局。

【地震应急准备工作】 2018年，贵港市为落实广西《地震应急避难场所场址及配套设施要求》《地震应急避难场所运行管理规范》等标准，大力推进地震应急避难场所建设，以“创城”建设为契机，与民政、市政部门通力合作，利用城市公园绿地拓宽贵港市应急避难场所的承载能力，完成对南山公园、马草江公园、民族公园、体育中心等场所的改造工作，基本实现贵港市公园绿地避难场所实施率90%以上。

【科普示范基地建设】 2018年，贵港市以防教结合，扎实开展防震减灾科普示范基地建设。根据自治区防震减灾科普示范基地建设的要求，指导贵港市防震减灾科普示范基地申建工作，特别强化各中小学校防震减灾科普示范学校申报，年内港北区贵城西江中心小学、平南县平南镇中学、桂平市桂平二中、覃塘区大岭乡初级中学4所学校被评为自治区级防震减灾科普示范学校。

【防震减灾队伍建设】 2018年3月26日至30日，为提升防震减灾工作人才队伍的整体素质和能力水平，在广西大学马克思主义学院举办防震减灾业务培训班，邀请自治区地震局、中国地震灾害防震防御中心等资深地震专家授课，系统分析地震成因、分类，分享抗震救灾的经验做法。

【地震监测预报预警】 2018年，贵港市为全面提升监测预报预警能力，严格执行《地震监测管理条例》，依法管理地震监测台站。完成大圩、东龙、安怀、平山、西山等17个台站的例行巡查，不断加强观测环境的保护，保证各台站监测环境良好，各仪器设备运转正常，数据传输畅通。拓宽监测渠道，在市辖区范围内开展地震流动监测5次，采集贵港市不同时间段、不同地貌的监测数据，并及时上传至广西台网中心，为贵港市地震年度趋势会商工作提供科学的数字依据。加强防震减灾群测群防管理，充分发挥地震宏观观测点的作用，利用贵港市现有规模农业养殖，在桂平市、平南县、港北区、港南区、覃塘区等纵横间距10公里的乡镇建立市级地震宏观观测点20个，并加强对观测人员的业务能力培训，密切关注观测动态，结合动物生活习性，及时发现并上报异常情况，切实做好观测工作。与养殖规模户签定合同，在各县(市、区)新建地震宏观观测点5个。

【政务服务】 2018年，贵港市地震局坚持服务为民，完善防震减灾标准体系。严格按照国家颁布的第五代《中国地震参数区划图》规定的抗震设防要求进行抗震设防，依法依规办理建设工程抗震设防行政许可。深入贯彻关于深化改革创新优化营商环境决策部署，落实政务“一事通办”事项，做好“八统一”事项，实行一站式服务，不断优化行政审批流程，提高政务服务质量和服务效率。明确政务窗口人员的职责，落实首问责任制，实现政务服务“最多跑一次”或“一次不用跑”，提升服务办事的满意度，认真贯彻落实《首问责任制》《限时办结制》和《责任追究制》，按照政务服务中心实行量化考核管理办法对窗口工作人员实施精细化管理，并每月安排2名处级领导坐班审批，全年完成建设工程抗震设防行政许可118项。

【防震减灾宣传教育】 2018年，贵港市提高防震减灾宣传教育吸引力，开展防震减灾科普宣传活动。根据自治区地震局《关于印发2018年防震减灾科普宣传工作要点的通知》，5月开展以“行动起来，减轻身边的灾害风险”为主题、纪念汶川地震十周年的防震减灾宣传活动，广泛普及地震科普知识、不断提升社会公众的防震减灾意识及避险逃生技能。贵港市地震局积极推动防震减灾科普宣教进学校、进社区、进农村、进机关、进企业、进家庭的“六进”活动深入开展，通过联合市法制办、市科协、市科技局、市邮政局分别在民族公园、东湖公园、新世纪广场等人员密集场所设立宣传咨询台、摆放宣传展板和标语、发放宣传资料，普及地震基本知识和防、抗、救相关知识。全年，全市地震系统组织开展宣传活动20多次，发放各类宣传品、宣传图册1.4万份，直接受教育的群众1.5万人次。推广防震减灾科普宣传教育，组织指导市江南中学(高中组)和覃塘三中(初中组)参加5月5日广西地震局“防震减灾、知识先行”为主题的防震减灾知识竞赛。拓展防震减灾科普宣传途径，发挥市地震科普馆主阵地作用，广泛发动全市干部群众、组织全市中(小)学生到地震科普馆参观体验；与教育部门合作，邀请学生家庭到地震科普馆参观体验。年内500多个家庭1000人次参观体验。开展防震减灾基本技能普及系列活动，在全市防震减灾科普示范学校开展地震应急疏散演练。5月11日，与市应急办、民政局、气象局、消防支队等部门组织指导地震安全示范社区港北区贵城街道石羊塘社区在港北区九龙新城小区开展应急综合疏散演练。 (梁勋宇)

文化 体育 卫生

文 化

综 述

【概 况】 2018年，贵港市有图书馆6个，其中市级图书馆1个、县（市、区）级图书馆5个。市群众艺术馆1个，县（市、区）文化馆5个，乡镇（街道）综合文化站73个，村级公共服务中心653个，农家书屋1133个。年内新建村级公共服务中心104个，完成843个农家书屋出版物补充更新。剧场、影剧院10个。文艺表演团体3个，群众业余文艺团队471个。有博物馆3个，其中市级博物馆1个、县级博物馆2个。文物保护单位182处，其中国家级文物保护单位1处、自治区级文物保护单位18处、市县级文物保护单位163处。建成自治区级非物质文化遗产保护工作平台13处。非物质文化遗产名录113项，其中自治区级20项、市级37项、县级56项。现有非物质文化遗产代表性项目传承人24人，其中自治区级非物质文化遗产代表性项目传承人12人、市级非物质文化遗产代表性项目传承人24人。全市各类文化经营单位532家，其中互联网上网服务营业场所245家、歌舞娱乐场所46家、电子游戏游艺场所7家、互联网文化经营单位3家、印刷企业92家、出版物发行单位139家。

贵港市文化新闻出版广电局获自治区文化和旅游厅授予"八桂文化艺术奖先进集体"称号。港北区文化体育和新闻出版局、港南区文化体育和新闻出版局获自治区文化和旅游厅、自治区人力资源和社会保障厅授予"全区文化系统记二等功集体"称号。

【文艺精品创作】 2018年，贵港广播电视台创作的话剧《压舱石》获第十届广西戏剧展演桂花铜奖，微电影《并蒂莲》获评第三届美丽乡村国际微电影艺术节优秀作品。贵港市群众艺术馆创作的小品《脱贫趣闻》和桂平市文化体育和广播电视局创作的小品《不想见到你》获第六届全区基层群众文艺会演三等奖。拍摄制作电视纪录片《大藤峡》在广西卫视和广东卫视播出，全景式记录和展现国内首创双鱼道布置水利枢纽工程，全面反映贵港西江黄金水道建设重要成果。编排舞蹈《习习清风荷花舞》在广西壮族自治区成立60周年庆祝大会群众文艺表演活动中作为首个出场的地市级表演方阵，向全国乃至海外观众生动展现贵港深厚的荷文化底蕴。

2018年8月27日，贵港市创作的话剧《压舱石》在南宁参加第十届广西戏剧大型剧目展演

【群众文艺活动】 2018年，贵港市开展“美丽贵港·宜居乡村”文艺演出活动，全年下乡演出1173场。继续深入打造常态化驻场演出品牌，开展“荷城大舞台”周周演82场。完成贵港市文艺界新春茶话会、广西园林园艺博览会开幕式、2018贵港国际马拉松、“壮族三月三·和谐美贵港”、第32届全国荷花展、第八届“和为贵”文化节、自治区成立60周年庆祝大会群众文艺表演等重大演出任务。成功举办贵港市首届少儿春晚和贵港市首届“荷城杯”才艺大赛，为贵港有才艺有梦想的青少年儿童提供一个展示自我的舞台。实施戏曲振兴工程，采取馆校结合模式，全市开展“戏曲演出进校园”活动200场。先后引进2018年新春音乐会、大型壮族魔幻杂技剧《百鸟衣》、粤剧《风雨骑楼》等当下具有较高艺术品位的精品剧目呈现给市民，实现文化惠民项目与群众文化需求有效对接。超额完成农村电影公益放映任务，全年全市农村电影公益放映12957场。

【文化产业发展】 2018年，贵港市引导和鼓励各县（市、区）积极开发区域特色文化产业和文化企业转型升级，全市新增互联网上网服务行业转型升级场所10家。全市文化产业项目获自治区级文化产业发展专项扶持资金50万元。

【文化市场执法】 2018年，贵港市实施文化市场黑名单、警示名单管理和“双随机”抽查，开展文化市场集中整治行动，全年全市出动执法检查人员17454人次，检查文化经营单位5728家次，办结案129件，罚款金额86698元。贵港市文化新闻出版广电局获评2017—2018年度全区文化市场十大案件办案单位，港北区文化体育和新闻出版局获评2017—2018年度全区文化市场重大案件办案单位。

公共文化

【群众艺术馆建设】 2018年，贵港市群众艺术馆开展各类文艺活动226场次，举办文艺培训班6期，公益性展览2场次，公益性讲座2期。贵港市群众艺术馆获自治区党委宣传部授予“2013—2018年全区宣传思想文化工作先进集体”称号，获2018年中国—东盟南派粤剧大赛暨粤剧红派艺术大赛（广西赛区）和第十届广西广场舞大赛优秀组织奖。

【图书馆建设】 2018年，贵港市图书馆接待到馆读者44.87万人次，新增持证读者5383个，外借书刊文献17.54万册次，场馆网站点击量6.63万次，微信公众号阅读量6万人次，新建馆外流通点6个，举办“荷田故事汇”、科普小课堂、“微熹悦读”分享会、“荷城学堂”“快乐周末”“在阅读中成长”等各类公益活动130场次。年内，贵港市图书馆被文化和旅游部授予“一级图书馆”称号，桂平市图书馆、平南县图书馆和港北区图书馆被文化和旅游部授予“三级图书馆”称号。

【组建贵港市荷城艺术团】 2018年7月，贵港市以“政府主导、企业主体、市场运作”的模式，组建贵港市荷城艺术团，致力于打造具有地域特色的地方“大戏”和其他精品节目，完成市委、市政府交办的文艺宣传演出任务和送戏下乡等公益性文艺演出，属贵港市当下唯一一家民办公助大型专业艺术团体。

【设立“香港图书阁”】 2018年10月12日，香港特别行政区政府驻广西联络处、广西壮族自治区港澳事务办公室、贵港市港澳事务办公室在贵港市图书馆联合主办“香港图书阁”开幕式暨“桂港合作标语创作比赛颁奖典礼”活动，并在贵港市图书馆设立“香港图书阁”，捐赠香港书籍200多册。

文化活动

【贵港市首届少儿春晚】 2018年2月6日，贵港市在市城区举行首届少儿春晚。晚会围绕“小舞台　大梦想”宗旨，展现贵港市少年儿童在新时代的良好家风和家教，践行社会主义核心价值观的新形象、新作为，引导广大少年儿童健康快乐成长。晚会分为七彩童年、魅力家乡和圆梦祖国三个篇章，表演舞蹈、武术、器乐合奏等节目14个。

【全民艺术普及展演活动】 2018年2月27日至3月2日，贵港市委宣传部、贵港市文化新闻出版广电局在贵港市新世纪广场联合举办2018年元宵节地方戏曲展演活动，展演剧种主要包括牛哥戏、师公戏、客家山歌、粤剧等。10月13日，在贵港市东湖广场联合举办“舞动广西”——庆祝自治区成立60周年全国广场舞展演活动，展演参赛节目9个和助兴节目3个，来自各县（市、区）的9支广场舞团队的上百名演员参加比赛。

【举办广西名家贵港元宵朗诵会】 2018年3月1日，贵港市在市会议中心举办“我们走进新时代”——

广西名家元宵朗诵会,朗诵会分为“爱上南山”“情满西江”“梦圆荷城”三个篇章,中国金话筒提名奖获得者、中国演讲与口才协会联盟理事、广西人民广播电台国家二级文字编辑寒芳,国家一级演员、南宁艺术剧院原副院长唐仲亭,国家一级演员、广西著名歌手鲍朝志等广西优秀朗诵名家联袂献声,以诗词诵读的方式,与大家分享阅读之美、文字之美和朗诵之美,以诗歌的形式赞颂新时代。

【开展“行走中的阅读”专题活动】 2018年4月18日至4月20日,贵港市图书馆带领本馆2017年度十大优秀读者和其他全民阅读活动中的部分获奖读者、热爱阅读和写作的其他读者等30人赴广州、深圳开展“4·23”世界读书日“行走中的阅读”专题活动,参观广州方所书店,深圳市图书馆、中心书城、24小时书吧、西西弗书店和深覔书店等。

【千人现场写荷画荷活动】 2018年6月27日,“我芳香2000年·只为等你来”全国第32届荷花展暨贵港市“美丽贵港·我爱荷城”第五届荷花展——千人现场写荷画荷活动在贵港市园博园举行。贵港市大将国际学校和贵港市达开高中的同学挥毫泼墨,书文颂荷,现场写荷以硬笔书法为主,另有毛笔书法楷书、行书等,画荷有中国画、水粉水彩画、素描画、彩铅画等,还有幼儿共同绘制百米长卷画,作品风格各异,尽抒爱荷之情。通过写荷画荷,展示贵港荷文化的精神内涵。

【首届“荷城杯”才艺大赛举办】 2018年7月16日至8月12日,贵港市首届“荷城杯”才艺大赛举行。大赛分少儿组和青年组,比赛涵盖声乐类、舞蹈类、器乐类、戏曲语言、杂技类等。7月1日,大赛开始报名,总报名人数约2500人,海选时少儿组节目350个、青年组节目140个。经10场海选、6场初赛、3场半决赛和2场总决赛,在少儿组和青年组中分别决出金奖、银奖、铜奖、优秀奖得主。主办方对获奖选手以资鼓励,其中青年组金奖奖励10000元。贵港市群众艺术馆在暑期期间通过举办青少儿才艺比赛活动,搭建青少年展示才艺的舞台,培养青少年的创新意识,健康的审美情趣和良好的艺术修养,充分展示贵港市青少年昂扬向上,奋发有为的精神风貌。

【开展文化扶贫系列活动】 2018年9月13日,贵港市文化新闻出版广电局、贵港市新华书店有限公司、广西广电网络贵港分公司联合在桂平市下湾镇、大洋镇开展文化扶贫系列活动。为贫困户免费发放卫星直播设备142套、免费安装有线电视100户,向村图书阅览室捐赠图书2500册。

【举办“迎中秋、庆国庆”诗词朗诵晚会】 2018年9月23日,为营造浓厚的节日氛围,在欢乐中助推全民阅读,贵港市图书馆在馆内举办“迎中秋、庆国庆”暨庆祝改革开放40周年和自治区成立60周年读者诗词朗诵晚会。晚会由16个诗词作品朗诵、乐器演奏节目和知识有奖问答环节组成。诗词朗诵以反映中秋、国庆和改革开放伟大成就以及自治区成立60周年来取得成绩为内容,器乐舞蹈表演主要有萨克斯、小提琴、古筝演奏等,有奖知识竞猜或问答内容包括《公共图书馆法》、广西区情民俗、改革开放等有关知识。表演者来自全市各单位、学校和社会团体。

【成立“新时代武警贵港市支队官兵讲习所”】 2018年9月30日,贵港市图书馆与武警贵港支队开展联建新时代武警官兵讲习所系列活动,并在贵港市图书馆举行“新时代武警贵港市支队官兵讲习所”揭牌成立仪式。

【举办庆祝改革开放40周年和自治区成立60周年音乐会】 2018年11月15日至18日,贵港市群众艺术馆在贵港市新世纪广场主办贵港市第八届“和为贵”文化节系列活动“伟大的时代　难忘的歌声”暨庆祝改革开放40周年和自治区成立60周年音乐会,音乐会分别以“春天的故事”“走进新时代”“为祖国干杯”“共筑中国梦”为主题举办4场,用音乐讲故事,采用多种演唱形式,回顾改革开放走过的光辉历程,着力挖掘音乐文化中蕴含的民族精神和爱国情怀,唱响时代的主旋律。

【读者活动品牌创建工作】 2018年11月始,贵港市图书馆利用每周六下午为青少年儿童开展“科普小课堂”系列活动,内容包括物理、化学、生物等各类科普实验、知识探索。12月始,贵港市图书馆每月为全市小学生、幼儿开展不少于一场“荷田故事汇”故事阅读推广活动,活动以故事讲述为主,辅以相关参与互动环节。

文化遗产

【博物馆建设】 2018年,贵港市博物馆馆藏文物1910件套,实际藏品实物总量4672件,其中珍贵文物773件套、一般藏品1137件套，接待观众24.14万人次。

【推进特色博物馆建设】 2018年12月7日，贵港市为建立以国有博物馆为主体、以非国有博物馆为补充的主体多元、特色鲜明、富有活力的特色博物馆体系，制订《推进贵港市特色博物馆建设的实施方案》，方案要求力争于2020年基本形成体系。

【文物保护】 2018年，贵港市完成罗泊湾漪澜塔主体维修工程，大南门城楼修缮保护和利用工程、南江古码头第二期维修工程和桂平市黄埔军校旧址桂山钟楼维修工程有序推进。贵港市文化新闻出版广电局查办的某公司擅自在省级文物保护单位保护范围内进行建设工程案获评2018年度全国文化行政处罚案卷评查优秀案卷。

【考古工作】 2018年6月，广西文物保护与考古研究所在贵港市郁江两岸综合整治项目(原达开高中)地块考古发现汉代护城壕、建筑基槽及大量汉至明清时期的文物，主要有陶器瓷器、汉代筒瓦板瓦等建筑材料，首次发现菱形纹铺地方砖和带有“万岁”字样的瓦当，部分遗迹可能早至秦代。

【非物质文化遗产保护】 2018年，贵港市建成“西山佛教音乐”传承基地、“平安年三利小刀段制工艺”生产性保护示范户和“木格彩灯”生产性保护示范户3个自治区级非物质文化遗产保护工作平台。贵港壮族油纸伞制作技艺和桂平石龙壮族春牛舞入选第七批自治区级非物质文化遗产代表性项目名录。

【举办贵城遗址考古发掘成果图片展】 2018年6月8日，在全国文化和自然遗产日前夕，广西文物保护与考古研究所和贵港市博物馆在贵城考古遗址(原达开高中校部)联合主办《贵港市贵城遗址考古发掘成果图片展》。此次展览除展示以往考古文物之外，对2018年度最新的考古成果也首次进行展示，辅以讲解、发放宣传资料，普及文物保护知识、扩大文物资源共享。

【接收邓拔奇烈士铜像捐赠】 2018年8月14日，贵港市在中共广西一大旧址举行接收邓拔奇烈士铜像捐赠仪式，接受邓拔奇烈士侄孙邓敏赠送邓拔奇烈士铜像一尊及其传记书籍一批，铜像保存于中共广西一大旧址，传记书籍保存于贵港市博物馆。

邓拔奇，中国共产党的优秀党员、忠诚的共产主义战士，中共广西早期党组织的开创者和领导人、两广农民运动的先驱。第一次国内革命战争失败后，邓拔奇受命于危难之际，奔走于梧州、桂林、柳州、南宁、玉林、平南与桂平之间，为整顿恢复广西地委领导下的党组织系统做了大量工作。在担任广西地委书记期间，深入浔州四属农村，指导发动桂平、平南、武宣等县农民武装暴动，曾在桂平县白额、烂泥两村重建地委机关，健全和发展党的基层组织。1932年，奉命到广东东江特委领导“反围剿”工作，在与敌人的一次战斗中壮烈牺牲，年仅29岁。

2018年9月30日，在贵港市博物馆举办广西壮族自治区成立60周年文物博物馆事业成果展贵港站巡展

【文物博物馆事业成果展】 2018年9月30日，自治区文化厅主办的《心仪广西 六十国宝——广西壮族自治区成立60周年文物博物馆事业成果展》贵港站巡展开幕仪式在贵港市博物馆举行。此次巡展汇聚区内10多家博物馆和文博机构藏品56件，展期20天。现场配有照片、图版、视频等，从考古发掘、藏品体系、保护修复、场馆建设、陈列展览、学术研究和文创开发7个方面，全面展示60年广西文物博物馆工作成果。

【黎家德个人藏品捐赠】 2018年

10月29日，黎家德个人藏品捐赠仪式在贵港市园博园举行，贵港市委书记、市人大常委会主任李新元，市委副书记、市长农融，政府各机关单位主要负责人，黎家德及其儿女出席。黎家德将火山化石、木化石、奇石、海洋生物化石、乌木雕像等一批具有重要科学研究价值和历史、文化、艺术价值的藏品捐赠给贵港市，其中不少藏品都极具特色，全国稀有，甚至独此一件，捐赠藏品有砖碟621个、阴沉木66根(尊)和化石981件。

新闻出版

【"扫黄打非"工作】 2018年，贵港市持续保持"扫黄打非"高压态势，组织开展"护苗""清源""固边""净网""秋风"五大专项行动，成功破获"6·29"传播淫秽色情案、"贵港市某中学使用盗版教辅材料案"。桂平市西山镇中心小学获全国"扫黄打非"工作小组办公室授予"全国'扫黄打非'进基层示范点"称号，贵港市"扫黄打非"工作领导小组办公室获全国"扫黄打非"工作小组办公室授予"2018年全国'扫黄打非'先进集体"称号，贵港市"扫黄打非"进校园创建工作经验被广西推广。

【印刷企业年度核验】 2018年3月12日，贵港市完成2018年度印刷企业年度核验工作。全市通过准予年度报告的印刷企业92家，资产总额21075.12万元，销售收入17634.92万元，利润总额1756.57万元，营业税金及附加708.65万元，对外贸易总额229万元，工业总产值17775.77万元，工业增加值1777.99万元，工业总产出18076.52万元，从业人员0.13万人。

【出版物发行单位年度核验】 2018年3月22日，贵港市完成出版物发行单位年度核验工作。全市通过准予年度报告的出版物发行单位139家，销售总额25425.1万元，营业收入23225.08万元，利润总额1478.73万元。

【成立贵港市全民阅读促进会】 2018年4月23日，正值第23个世界读书日，贵港市全民阅读促进会成立大会暨广西著名作家丘晓兰读书分享会在市图书馆举行。揭牌仪式结束后，举行《公共图书馆法》专场读书分享会以及2018年第二期咪咕阅读读书分享会，广西作家协会副主席、红豆杂志社社长兼总编辑丘晓兰和广西师范学院文学院教授、硕士生导师陈敢作读书分享报告。贵港市成立全民阅读促进会，是时下广西第一家全民阅读组织机构，致力于推进全民阅读，为建设"书香贵港"奠定基础。

广播电视

【广播电视覆盖】 2018年，贵港市建成乡镇广播电视无线发射台站21座，通有线广播电视行政村737个，发放安装广播电视户户通直播卫星设备3982套。广播综合覆盖率97.88%，覆盖人口543.94万人；电视综合覆盖率98.62%，覆盖人口548.02万人。

【广播电视播出安全管理】 2018年，贵港市组织开展卫星电视传播秩序整治，持续做好广播电视节目、网络视听节目的监听监看，顺利完成春节、全国全区"两会"、国庆等重要时段的安全播出保障工作。全年，开展卫星电视地面接收设施专项联合执法行动10次，收缴非法安装使用卫星广播电视接收天线249面，接收机139台，高频头76只，支架一批。开展违规接收境外电视节目清查整治行动，检查星级饭店21家，农村有线电视传输网35个。严厉惩治"黑广播"，参与查处"黑广播"12个，缴获非法设备8套，抓获犯罪嫌疑人1人。

【贵港广播电视台建设】 2018年，贵港广播电视台以习近平新时代中国特色社会主义思想和党的十九大精神为指导，围绕"四个全面"战略布局和"五位一体"总体布局和市委"13446"工作思路，主动做好政治建设、脱贫攻坚、经济发展、工业兴市、文化繁荣、社会共享和生态文明等工作的广播、电视和新媒体宣传。1月23日，贵港广播电视台在全区地级台中率先启用IP无压缩虚拟化融合播出系统，实现电视播出画面由"标清"向"高清"质的转变，贵港电视台新台标也同步启用。

【广播电视宣传】 2018年，贵港广播电视台播发新闻稿件11860篇。其中，广播稿件6100篇，电视稿件5760篇。制播《红旗飘飘》《平安贵港》等专题90期。中央人民广播电台(含中国广播网)、广西人民广播电台分别采用贵港广播电视台广播稿件15条和552条，中央电视台、广西电视台分别采用贵港广播电视台电视稿件12条和344条。贵港手机台日均发稿20篇、点击量219万。（韦 玮）

报　业

【概　况】 2018年,贵港日报社坚持以习近平新时代中国特色社会主义思想和中共十九大精神为指引,牢记“举旗帜、聚民心、育新人、兴文化、展形象”的使命任务,推进媒体融合发展,坚持党报姓党、政治家办报办网原则,坚持正确的舆论导向,紧紧围绕贵港市委、市政府中心工作任务做好新闻宣传报道,广泛深入宣传党的路线方针政策,反映人民群众的呼声,为读者提供权威的新闻信息。为落实市委“13446”工作思路、打造新时代“四力”新贵港营造良好的舆论氛围。

全年出版《贵港日报》346期,期均发行量5.05万份,刊发各类稿件13013篇(幅),其中本地稿件占82%。报社初步形成“《贵港日报》+贵港新闻网+网络问政平台+贵港宣传微信号(头条号、企鹅号、百家号)+现场云直播+新华社贵港宣传政务号+贵港发布微博+贵港日报抖音+红色悦读站户外宣传屏”的宣传矩阵。“贵港宣传”微信号推送文章1685篇,“贵港新闻网”微信号发稿1203篇,“贵港发布”微博发稿1589条;贵港宣传新华社政务号发稿量700多篇,报社新媒体矩阵阅读量超过2500万。全年,全市订销报纸杂志累计2257万份,其中报纸2060万份、杂志198万份。

【专栏开设】 2018年,贵港日报社围绕市委、市政府中心工作开展新闻宣传工作,认真贯彻落实习近平总书记对新闻舆论工作的48字方针,唱响主旋律,打好主动仗,精准做好市委、市政府重大会议、重大活动、重大部署等“三重大”报道。建立完善“时政重点报道组每周分析会”“各部室每周工作例会”“编前会”等采编工作例会,将“三重大”报道规范为“会前报道”“会议报道”“会议评论”“会议反响”“会后深化报道”等项目组成。通过报纸、网站、微信、直播等全媒体方式开展“组合拳”宣传,集中力量做好《全面贯彻党的十九大精神》《在习近平新时代中国特色社会主义思想指引下》《解放思想再发力、营商环境再优化、赶超跨越再攀登》《落实“13446”工作思路　打造“四力”新贵港》《书记面对面谈党建》《书记问效党建工作》《市委书记“基层直通车”》《优化营商环境大行动》《开展六城联创　打造“四力”贵港》《坚决打赢脱贫攻坚战》《聚焦第32届全国荷花展览》《华奥汽车2018年贵港国际马拉松》等一系列具有较大影响力和引导力的主题报道专栏,为贵港经济社会发展摇旗呐喊,取得较好的宣传效果。

【新闻报道】 2018年,贵港日报社认真贯彻落实中央、自治区和贵港市委、市政府决策部署开展新闻宣传工作。全年组织策划实施园博会、春节系列活动、贵港国际马拉松赛、全国全区和贵港两会、优化营商环境、工业高质量大会、第32届全国荷花展览、年中工作会议、革命老区变化、改革开放40周年暨自治区成立60周年等重大新闻宣传战役。

精心策划“解放思想再发力、营商环境再优化、赶超跨越再攀登”宣传报道。全年在《贵港日报》上刊发“解放思想再发力、营商环境再优化、赶超跨越再攀登”专栏稿件150多篇(幅),头版整版专题报道1版,评论员文章2篇。

全方位策划报道第32届全国荷花展览盛况。6月,《贵港日报》刊发荷花展览相关报道或文学作品70多篇,刊发相关图片(副刊)专版10多版;携手新华社运用现场云直播,对第32届全国荷花展览开幕式进行网络直播,浏览量超40万,跻身“现场云”直播全国周榜单第6位。此外,贵港日报社还参与策划组织“百名文化名家代言全国荷花展”“网眼看贵港”“网友随手拍”“寻味荷城”等一系列宣传线下互动活动。

全力做好庆祝改革开放40周年、喜迎广西壮族自治区成立60周年宣传报道,在《贵港日报》上开设“在习近平新时代中国特色社会主义思想指引下——喜迎自治区成立60周年”专栏,对贵港发展成就进行持续报道,共刊发大庆稿件300多篇,并出版9个专版专题刊登庆祝改革开放40周年、自治区成立60周年经济社会发展成就,内容涵盖贵港市创国家森林城市、党建、扶贫、工业、富硒港、城市建设、旅游产业、重大项目、民族团结等。同步在贵港新闻网、“贵港日报”和“贵港宣传”微信公众号开辟“热烈庆祝广西壮族自治区成立60周年”的专题专栏,每天专题刊登报道地级贵港市成立20多年经济、社会等各项事业所取得的成就,推送微信105条,点击量超120万。全方位宣传展示自治区成立60年取得的辉煌成就,宣传党中央和国家的亲切关怀,为建设壮美广西、共圆复兴梦想而奋斗。

【媒体融合发展】 2018年,贵港日报社围绕“导向为本、内容为王、视觉优先、注重效益”的思路推进报纸版面改革、传统媒体和新兴媒体深度融合改革,成立新闻媒体深度融合发展改革领导小组,制订《贵港日报社采编岗位记者编辑绩效考核方案》,出台《贵港日报社网络新媒体采编管理办法》《贵港日报社关于规范经营工作管理暂行规定》等系列文件。

6月,推出贵港新闻网手机版,《贵港日报》因此实现从传统媒体走向"指尖",大大提升贵港新闻网和贵港市网络问政平台的网络阅读量;"贵港宣传"微信在广西政务微信排行榜上继续保持领先地位,有《重磅!贵港市刚刚签下一个百亿元大项目》等8篇微信文章阅读量破10万;与新华社签约开通新华社现场云直播,全年开展直播活动20场,报社新媒体矩阵年浏览量超2500万。"贵港宣传"头条号获得2017年最具区域影响力政务头条号。贵港日报社获新华社现场云直播全国"优秀组织奖"并作经验介绍。

在广西率先启动建设"红色悦读站"党报阅报栏,在车站、广场、社区、公园等人流量较大的公共场所建成大型阅报栏20个。创办贵港日报社"同心圆网友俱乐部""摄影俱乐部""文学爱好者俱乐部""新闻通讯员俱乐部",年末俱乐部会员达300多人,定期组织学习培训和采风活动,通过设置议题开展活动,组织本地网络大V、摄影家、文学爱好者、新闻通讯员等"看发展谈变化",引导其与市委、市政府在思想上同心同德、目标上同心同向、行动上同心同行。

在媒体深度融合改革中,围绕"不止于报纸、不限于贵港"的思路,积极加强对外宣传合作,加入粤桂琼三省区11市报业联盟,粤桂琼11市报业联盟推出联盟宣传覆盖人群超4000万。与新华社、人民网、新浪、腾讯等30多家中央、自治区级和市级主流媒体建立战略(项目)合作关系。《贵港日报》和"贵港宣传"微信的新闻稿件实现无缝直推新浪广西平台;携手央视CCTV-7开展"寒门学子"助学宣传活动,资助贵港市10名贫困家庭大学新生每人8000元。

【报业经营】 2018年,贵港日报社抓经营促发展,通过发行"爱心报"、拓展驻地部队订报、动员城区所有的民办学校征订、安排人员上门服务等办法加大报纸发行量,《贵港日报》期均发行量5.05万份,实现平稳发展。

3月,成立广西贵港日报文化传媒有限公司,年内成功策划承办第32届全国荷花展览大型专题外宣采访、"新时代·新贵港"暨"翠贯浔郁·森林荷城"大型摄影展、广西第二届"花山诗会"、广西报纸自办发行协会2018年会员大会、贵港市首届"寻味荷城"评选等一系列活动,均取得良好的社会反响,经济效益也开始凸显。通过多元化经营拓展,报纸和网站传统广告经营收入比上年增长27.2%。

【报业人才队伍建设】 2018年,贵港日报社加强人才培养,不断提高新闻队伍综合素质。继续推进"两学一做"学习教育常态化、制度化,充分发挥编委会、周一学习例会、"三会一课"、党组理论学习中心组学习会、民主生活会等主阵地作用,通过"走出去、请进来"等方式加强对干部职工的培训教育。出台《贵港日报社优秀人才引进工作实施办法》,新招聘一批有特长的全媒体型采编人才。开展每月内部好新闻、勤奋之星评选活动,激励干部职工争先创优,多出新闻精品,全年16篇作品获广西新闻奖、中国地市报新闻奖等奖项。加快推进采编人员量化考评和绩效改革,逐步解决聘用人员同工不同酬问题。加强人才储备,年内招聘大学生20多人。截至年末,贵港日报社有干部职工110人。其中,在职在编46人、聘用64人;副处以上领导干部6人、科级干部17人;高级职称2人、中级职称26人、初级职称34人。 (陆筱梅)

档　案

【概　况】 2018年,贵港市有档案行政管理部门6个,国家综合档案馆6个。有专职工作人员48人。各级综合档案馆馆藏档案13.71万卷、113.64万件,录音录像档案403盘,照片档案6326张,馆藏资料4.1万册。其中,解放前档案1.5万卷,主要是民国档案和革命历史档案;解放后档案12.21万卷、113.64万件。贵港市档案馆馆藏档案159个全宗,4.94万卷、32.26万件,照片档案4030张,录音录像档案336盘,实物档案420件,资料9620册。馆藏档案资料的历史跨度近90年,保存年代最早的为民国档案,4061卷;保存最多的是解放后档案,4.53万卷、32.26万件。

【档案馆建设】 2018年,贵港市各级综合档案馆新馆建设稳步推进。贵港市档案馆续建工程列入全市大额投资项目计划,2018年增设5个实物档案库房,完成档案馆库房及查阅室、监控室所有门窗防盗网的安装,购置152套实物档案柜,进一步加强档案馆库房安防设施建设。12月4日,港南区档案馆的"印象港南"文化展厅正式对外开放。

2018 年 12 月 4 日，港南区“印象港南”展厅揭牌仪式在港南区档案馆举行

曾 升 摄

【档案资源建设】 2018 年，贵港市档案资源建设持续深化。5 月，为规范机构改革单位档案管理，出台《贵港市档案局关于加强机构改革中档案管理工作的通知》，及时组织学习贯彻国家档案局《机关档案管理规定》，进一步规范全市机构改革档案管理。各级综合档案馆加大档案接收力度，不断丰富馆藏资源。全年，各级档案馆接收文书档案 1027 卷、24.19 万件，实物档案 33 件，征集档案 120 卷。其中，贵港市档案馆接收文书档案 172 卷又 42586 件、会计档案 814 卷、基建档案 68 盒共 1636 件、礼品档案 33 件。征集一批具有地方特色和重大活动档案进馆，优化馆藏结构，贵港市档案馆完成 47 项非物质文化遗产及传统文化项目口述档案的采集，征集贵港国际马拉比赛 2 枚徽章进馆；港南区档案馆征集木梓镇木梓村 1950 年—2005 年有关农业税收据、土改时期土地房产所有证及存根、非耕地房屋申请登记表、村“两委”换届档案等 120 卷，以及“香江龙舟赛”、三月三“开耕节”等大型活动特色档案，接受社会捐赠《贵港风光》2 本。

【档案信息化建设】 2018 年，贵港市各级档案部门不断加大档案信息资源建设力度，馆藏传统载体档案数字化率稳步提升，完成馆藏纸质档案数字化 318.52 万幅。贵港市档案馆建立有纸质档案、录音录像档案、照片档案数据库，年内完成馆藏档案数字化加工 110.52 万幅。新一代档案综合管理系统 GD2016 V1.0 在全市 140 多个市直单位投入使用，为加快档案信息化建设打下基础。

【档案利用】 2018 年，贵港市各级综合档案馆不断改善服务设施、创新服务方式，通过加快推进馆藏档案数字化、推行电话预约等形式，切实为群众提供优质免费利用服务，接待利用者 3730 人次，提供利用档案资料 2480 卷、5578 件。其中，市本级档案馆接待利用者 589 人次，提供利用档案资料 897 卷册、550 件。民生档案利用率达 84.3%。贵港市档案馆向社会开放第九批(1988 年到期）档案 56 卷 4288 份又 2474 件。全市各级综合档案馆举办各类展览 11 个，接待观展人员 1000 多人次。

【档案编研】 2018 年，贵港市档案局争取到国家档案局专项资金 36 万元，组织实施国家重点档案保护与开发项目 2 个，利用馆藏国家重点档案(民国档案）编研《同仇敌忾——抗战时期贵港空军及其武装力量》和《沧桑巨变——中华人民共和国成立前后贵港社会发展对比》。以广西壮族自治区成立 60 周年为契机，组织完成《广西档案 60 年·贵港篇》编撰，总结贵港档案事业 60 年发展的客观规律，展现档案工作“记录历史、传承文明、服务社会、造福人民”的特殊作用。

【档案业务指导】 2018 年，贵港市档案局突出工作重点，加大对全市档案工作指导力度，服务中心大局。11 月 7 日，贵港市覃塘区人民法院档案室晋升自治区特级档案室。

履行承包地确权档案工作的指导职责，主动作为、落实责任、强化监督，全力推进农村土地承包经营权确权登记颁证档案工作。全市落实土地确权档案整理、数字化及相关设施设备经费 3674 万元。贵港市机构完善、措施得力的做法得到自治区确权办、自治区档案局肯定和推广。7 月 24 日，市档案局在全区土地确权档案工作现场会上作典型发言。7 月 12 日，贵港市农村土地承包经营权确权登记颁证工作现场推进会在覃塘区召开，会上覃塘区土地确权档案整理和数字化工作经验得到推广。

精准扶贫档案工作扎实推进。贵港市档案局把做好精准扶贫档案工作作为围绕中心、服务大局、打好脱贫攻坚战的重点任务，与县（市、区）档案部门签订精准扶贫档案工作责任书，明确目标任务和工作要求，加强精准扶贫档案监督指导，开展精准扶贫档案规范化建设试点。7月25日，平南县在全区精准扶贫档案现场会推进会作典型经验介绍。

加强对重大建设项目档案工作的监督和指导，及时跟进、主动服务，到市建投公司、苏湾码头、大藤峡水利枢纽、贵港港桂平港区蒙圩棉宠作业区一期码头等建设项目单位开展业务指导，对16个自治区重大建设项目档案进行登记备案。8月底，苏湾码头项目档案顺利通过自治区档案局验收。11月23日，举办贵港市重大建设项目档案培训班，进一步规范各建设项目单位档案工作。

【档案监督】 2018年，贵港市各级档案部门开展档案行政执法检查5次、档案专项检查8次。档案年度归档检查工作继续稳步推进，贵港市档案局采取集中检查和实地抽查相结合方式，对市直、中区直驻贵及部分企事业121个单位进行检查，有14个单位被评定为优秀，优秀率为11.6%；94个单位被评定为合格，合格率为77.7%；13个单位被评定为不合格，不合格率为10.7%。

【档案宣传】 2018年，贵港市档案局以“6·9”国际档案日为契机，与贵港宣传公众号、贵港日报社合作策划，利用馆藏照片档案，制作“档案君珍藏的这组老照片，带你穿越贵港40年震撼变迁史”，通过微信和信息网站等新媒体发布、宣传，鲜活地反映改革开放40年贵港经济社会发展和人民生活变化，引起众多网民甚至国外友人的普遍关注，一天点击率超万。通过举办档案新闻写作培训班、邀请新闻媒体调研报道等措施推进档案宣传工作，提升稿件质量，全年200多篇信息、理论文章被各级报刊网站采用，其中国家级专业报刊、网站采用42篇，自治区级报刊网站采用190多篇。7月底，自治区档案局在贵港市召开全区档案新闻写作培训班，市档案局在培训班上作经验介绍。

【档案干部队伍建设】 2018年，贵港市进一步加强档案干部教育培训，各级档案部门举办各类培训班23期，培训档案业务人员1700多人次。

在自治区档案局、自治区人力资源和社会保障厅联合开展的自治区档案系统记集体和个人二等功评选表彰活动中，贵港市获得全区档案系统记集体二等功2个、个人二等功3人。　（甘　丽）

党史研究

【党史资料征集与文献编纂】 2018年，中共贵港市委员会党史办公室（以下简称贵港市委党史办）根据自治区党委办公厅《关于加强地方党史工作的实施意见》，为开门办史，构建“大党史”格局，组建中共贵港历史研究智库，利用社会资源，进一步加强党史研究，《黄日葵》《谭寿林》《胡福田》《毛泽东与大藤峡》等重点课题，均由智库成员主动领题进行研究。组织人员前往上海市、湖北省咸宁市、江苏省南京市以及柳州、玉林、贺州等地征集史料，开展地方党史基本著作编撰。截至年末，《中共平南历史（第二卷）》编写出版，《中共贵港历史（第二卷）》正在送审，《中共桂平历史（第二卷）》完成2次修改，《中共贵港历史（第三卷）》正在收集相关资料。坚持“一突出、两跟进”，即时跟进市委的各项决策部署和新鲜实践成果，完成《中共贵港市委执政纪事·2018》《书记面对面工作实打实——贵港市创新党建工作平台纪实》《贵港时代先锋》等党史著作的编撰出版，平南县、港北区、覃塘区分别编撰出版《执政纪事》和《大事记》。

【党史宣传教育】 2018年，贵港市委党史办结合党史意识形态阵地建设实际，深入挖掘红色资源，积极推进红色革命教育基地建设，充分发挥红色资源在加强理论武装、强化党性教育、弘扬优秀文化、激发爱国热情等方面的正能量作用。年末，胡福田故居完成土建工程，中共广西省代表大会旧址开工建设，谭寿林故居、中共广西一大旧址、中秋起义纪念馆正在抓紧项目前期工作，平南县“劳五暴动”陈列室充实革命历史文物布展，桂平市筹建“黄日葵纪念馆”。同时，在贵港市“不忘初心　牢记使命”教育基地设立中共贵港历史教育基地，自治区关工委在中共广西省代表大会旧址建立广西关心下一代党史国史教育示范基地。

进一步加大党史宣传教育力度，主动深入机关、学校、农村、企业、社区开展党史宣教活动20场次，举办贵港市“初心永驻”党史国史宣传教育报告会，切实讲好红色革命故事，大力弘扬社会主义核心价值观。主动向基层党组织赠送党史书籍，让基层干部群众更好了解我们党的艰苦奋斗史，从而更加坚定脱贫致富的信心和决心。桂平市开展“传承红色基因”主题教育活动，创新党史宣传的方式方法，同时举办“日葵杯”征文大赛；平南县利用工业园区党群服务中心党性教育基地，开展党史宣传教育活动；港北区、港南区开展“红色教育进校园”党史宣讲活动；覃塘区在每月党支部活动日，安排讲地方党史故事。

联合市委组织部、市委宣传部等相关部门，在《贵港先锋》《贵港宣传》微信公众号播放党史微视频，提升党史宣传教育的感染力和影响力。组织拍摄党史微视频3个，其中《永远的持炬人》《碧血雨花铸丰碑》微视频，获自治区党史研究室和广西电视台联合举办的“信仰伴我成长”党史微视频比赛优秀奖。（韦有恒）

地方志编纂与研究

【概　况】 2018年，贵港市地方志系统按照国务院《全国地方志事业发展规划纲要（2015—2020年）》，围绕“两全目标”（即2020年底前，省、市、县三级综合志书全部出版发行，三级综合年鉴实现全覆盖，并达到一年一鉴公开出版发行）任务，重点抓好第二轮地方综合志书和地方综合年鉴编纂工作，全市地方综合年鉴提前完成全覆盖目标，《平南年鉴》被自治区列为2018年度全区年鉴精品工程项目。但地方综合志书编纂总体落后于全区平均水平，《桂平市志》2017年10月完成终审待印刷出版，三个城区志书完成三级（省、市、县）评稿待终审，《贵港市志》完成一半评议稿编纂。

【综合志书编纂】 2018年，贵港市根据全国地方志工作“两全目标”要求，各县（市、区）综合志书按计划推进。12月，《贵港市港北区志》完成三级（省、市、县）评稿，《桂平市志》继续做好出版前修改补充，《贵港市港南区志》《贵港市覃塘区志》继续完成评审后的资料补充、修改完善工作。通过重新理清编纂思路，调整编纂方案，落实编纂人员并通过服务采购方式引入社会力量参与编纂，《贵港市志》编纂打破了多年停滞不前的僵局，于4月正式进入实质性编纂，年内完成一半评议稿编纂，由于真正启动编纂迟，编纂力量薄弱，依然落后于全区，截至年底，《贵港市志》是全区唯一一部未完成评稿的地级市综合志书。

【综合年鉴编纂】 2018年，贵港市市、县两级2018年卷综合年鉴编纂实现全覆盖，完成一年一鉴、公开出版发行目标，提前完成“两全目标”要求，处于全区各地市综合年鉴编纂单位领先行列。连续3年做到在元旦收假就启动《贵港年鉴》编纂工作。于1月启动2018年卷，5月完成资料搜集。因人手不足，首次探索实行通过服务采购引进社会力量完成编辑，于8月完成编辑总纂，随即进入印刷排版，12月完成出版发行。《平南年鉴》列入全区年鉴精品工程，于10月通过自治区专家评审会评审，11月经修改完善后印刷出版。12月，《港北年鉴》《港南年鉴》完成出版印刷，年末完成《桂平年鉴》《覃塘年鉴》排版校对待印刷。

【地情资源开发与利用】 2018年，贵港市地方志编纂委员会办公室继续推进《历史名人与贵港》编纂工作，该书分“贵港历史名人志”“历史名人在贵港”“历史名人写贵港”3个部分。通过服务采购引进社会力量参与编纂，年内基本完成“贵港历史名人志”和“历史名人在贵港”部分编辑，“历史名人写贵港”部分继续进行资料搜集。

按时按质完成地情信息资料搜集与上报。于5月经资料搜集、整理编辑完成自治区下达的2018年卷《广西年鉴》《广西图鉴》等志鉴稿件贵港部分上报任务，是较好完成该任务的地市。

2月，广西地情网贵港子站工作因网站清理，以及贵港市地方志编纂委员会办公室人员严重不足等多种实际问题，经报告后关停。

【地方志工作协调服务】 2018年，贵港市地方志编纂委员会办公室围绕“两全目标”要求，提升主体责任意识，主动介入，加强对各县（市、区）志鉴编纂及各部门供稿工作的指导，利用工作会议、常态协调、上门指导等形式加强对县（市、区）志鉴编纂指导，于6月组成调研组，对各县（市、区）志鉴编修开展全面调研指导，促进全市综合年鉴编纂提前实现全覆盖，《贵港市港北区志》完成三级评稿。

（周绪明）

体　　育

群众体育

【概　况】 2018年，贵港市全民健身活动丰富多彩。贵港市体育局采取联办、委托和购买服务等多种方式，挖掘社会潜力，充分利用社会资源优势推动全民健身事业持续发展。组织开展新年登高健身活动、迎春杯足球赛、春节龙狮展演、贵港国际马拉松、壮族“三月三·民族体育炫”系列贵港分赛场活动、迷你马拉松、第十届广西体育节贵港市系列体育活动等系列丰富多彩的全民健身活动，直接参与人数超过60万人次。逐步形成全民健身全民办的大格局和全民健身活动“天天练、周周比、月月赛”的良好氛围。全年，成功举办贵港国际马拉松赛等国际级赛事8个，全区青少年武术套路赛省的赛事3个，市级赛事6个。

【全国新年登高健身大会】 2018年1月2日，“中国体育彩票”2018全国新年登高健身大会广西桂平分会场在桂平市西山风景名胜风景区举行。此次登山活动有2200人参与，分健身组和竞速组两方面进行。为扩大比赛的影响力，组委会还面向全区招募竞速组运动员参加竞速比赛。此次活动为推动全民健身活动的广泛开展和持续发展营造良好的社会氛围，充分展示和宣传贵港市体育彩票“公益体彩、乐善人生”的公益形象。

【贵港国际马拉松赛】 2018年3月4日，国家级IP《奔跑中国》2018赛季首站——贵港国际马拉松顺利举行。此次比赛既是贵港市首届国家级马拉松赛，也是国家级IP《奔跑中国》马拉松系列赛“一带一路”主题的第一站，参赛人数近8000人。2018年平昌冬奥会冠军、短道速滑男子500米世界纪录创造者武大靖担任赛事领跑者，与参赛者一同起跑。此次赛事成功举办，很好地提升了贵港市的城市形象。

【平南国际龙舟邀请赛】 2018年5月20日，“庆祝自治区成立60周年”广西龙舟系列赛暨“龙聚西江·情满龚州”2018年平南·国际龙舟邀请赛首站在西江平南县城段开赛。此次邀请赛是平南县首次举办的国际级龙舟大赛。来自中国、美国、摩洛哥、巴基斯坦、加拿大等国家的32支龙舟队参加比赛。此次龙舟赛是加强各国文化交流的一次成功的重大赛事，打响广西龙舟系列赛的第一炮。

【桂平龙潭森林国际半程马拉松赛】 2018年9月16日，庆祝自治区成立60周年“奔跑吧·广西”生态马拉松系列赛（桂平站）暨2018广西桂平龙潭森林国际半程马拉松赛鸣枪开跑。此次赛事由自治区体育局、林业厅、旅游发展委员会、民族宗教事务委员会、广西电视台、贵港市人民政府主办。此次赛事设置半程马拉松、10千米健康跑、10千米徒步行三个组别，全国30多个城市的3000名跑步爱好者参与比赛。此次活动将传统的旅游与森林马拉松、登山、徒步等体育项目，音乐会、美食节、房车露营、篝火晚会等休闲娱乐进行有机结合，升级跑步体验，探索“体育+文化”“体育+旅游”“体育+休闲”的全新模式，将全域旅游的打造推向全新的高度。

【全国健美健身公开赛（贵港站）】 2018年12月12日至15日，2018 CBBA全国健美健身公开赛（贵港站）在贵港市体育中心举行。本次赛事由中国健美协会、自治区体育局主办，广西社会体育运动发展中心、贵港市人民政府、贵港市体育局承办，旨在贯彻落实《全民健身条例》，推动健身健美运动的普及发展，更好地引导广大群众增强体育健身意识，使全民健身成为新的时尚潮流。比赛设6个大项15个小项，有个人赛与团队赛。

【中国—东盟国际体育舞蹈公开赛】 2018年12月22日至23日，“佳兆业杯”2018年中国—东盟国际体育舞蹈公开赛在贵港市体育中心举办。来自中国、越南、马来西亚、菲律宾、俄罗斯、乌克兰6

2018年12月22日，“佳兆业杯”2018年中国—东盟国际体育舞蹈公开赛在市体育中心举办

个国家的66支队伍、1200多名运动员参赛。此次比赛设国际公开组、国际公开青年组、国际公开少年组、单人单项组、女子六人组等多个项目,设有标准舞和拉丁舞两个大项,华尔兹、探戈、伦巴、恰恰、桑巴等10个小项。

竞技体育

【概　况】 2018年,贵港市青少年各类年度单项比赛成绩明显进步,9月贵港市体校举重队U11、U12参加全国比赛,6名运动员获得6金9银的成绩。同时,备战2018年广西青少年单项锦标赛,组队参加女子篮球、乒乓球、羽毛球、女子手球、网球、男子足球、女子足球、跆拳道、男子举重、女子举重、武术套路、武术散打、摔跤、拳击、游泳、跳水、田径、射箭18个项目的比赛,取得35金、34银、48铜的成绩,奖牌数比上年增加38枚。

【少年儿童武术套路锦标赛】 2018年8月8日至14日,由广西体育局主办,广西体操武术运动发展中心、贵港市体育局联合承办的2018年广西少年儿童武术套路锦标赛在贵港市体育中心举办。此次比赛的参赛队伍由上年的12支增加至13支,参赛运动员386人,比上届赛事增加105人。赛事产生金牌50枚,银牌50枚,铜牌41枚。贵港市收获"体育道德风尚奖"称号。

【青少年网球锦标赛】 2018年8月3日至7日,由广西壮族自治区体育局主办,广西球类运动发展中心、贵港市体育局承办的2018年广西青少年网球锦标赛在贵港市体育中心网球场开赛。此次比赛有来自南宁市、柳州市、桂林市、梧州市、北海市、玉林市、百色市、贺州市、防城港市、来宾市、贵港市、宁铁体协12支队伍、263名运动员参加。

体育产业

【体育中心营运】 2018年,贵港市体育中心移交给贵港市佳兆业文化体育有限公司运营后,体育中心全面实现对外开放。通过市场运作盘活场馆资源,组织承办各类体育、文化、演艺、会展等活动40场次,并进行衍生业务经营,服务质量和管理水平进一步提升,市体育中心的整体社会效益正逐步显现。

2018年8月8日,广西少年儿童武术套路锦标赛在贵港市体育中心举办

【体育彩票销售】 2018年,受福利彩票腐败案件影响,体育彩票销售一度增长困难。贵港体彩分中心和各管理站工作坚持"建设负责任、可信赖、健康持续发展的国家公益彩票"销售理念,通过强化责任考评,创新宣传方式,扩展渠道建设等措施,确保全市体彩销售稳步增长。贵港市体育彩票全年累计销售1.3亿元。

【体育场地建设】 2018年,贵港市体育系统认真组织实施全民健身工程项目,大力改善基层体育基础设施。通过与自治区体育局沟通协调,落实村级篮球场建设项目19个,资金95万元。采取"以奖代补"方式,另外落实村级篮球场项目18个,资金90万元。落实32个乒乓球台和21副移动式气排(羽排)网柱用于支持各县(市、区)改善村级公共体育基础设施。为加快实现贵港市公共体育服务体系建设向高质量发展,贵港市体育局制订《贵港市2018年创建"健康贵港·休闲运动示范点"工作实施方案》,市县两级财政采取以奖代补形式支持各县(市、区)年内建成"健康贵港·休闲运动示范点"30个。

(吴浩阳)

卫生健康

【概　况】 2018年,贵港市有医疗卫生机构4162个(含村卫生室),医院56个，其中公立医院13个、民营医院43个。医院按等级分：三级医院3个，二级医院23个，一级医院17个，未定级医院13个）。基层医疗卫生机构4012个，其中乡镇卫生院73个、社区卫生服务中心14个、社区卫生服务站1个、门诊部和诊所、卫生所、医务室581个、村卫生室3343个；专业公共卫生机构94个，其中疾病预防控制中心6个、专科疾病防治院（所、站）2个、妇幼保健院（所、站）6个、采供血机构1个、卫生计生监督所6个、计划生育技术服务机构73个。全市医疗卫生机构床位数17338张，比上年增加1024张，增长6.28%，每千人口拥有床位3.93张，比上年增加0.2张。卫生技术人员20835人，比上年增加818人，增长4.09%，每千人口卫生技术人员4.73人，比上年增加0.16人；正高职称54人、副高职称611人、中级职称3168人、初级职称10766人。执业医师和执业助理医师6870人，比上年增加281人，增长4.26%，每千人口执业医师和执业助理医师数为1.56人，比上年增加0.05人；注册护士8435人，比上年增加432人，增长5.40%，每千人口注册护士数为1.91人，比上年增加0.08人。医疗卫生机构总诊疗2438.13万人次，比上年减少6.26万人次，下降0.26%。其中医院总诊疗人次数671.75万人次，比上年增加81.78万人次，增长13.86%。基层医疗卫生机构总诊疗人次数1669.58万人次，比上年减少86.78万人次（村卫生室机构数较上年减少172个，总诊疗人次数也相应减少88.04万人次），下降4.94%。其中，乡镇卫生院总诊疗人次数490.11万人次，比上年增加36.3万人次，增长8%。全市医疗机构出院人数73.53万人，比上年增长3.88万人。其中，医院出院人数46.28万人，增加3.14万人；农村三级医疗机构出院人数48.88万人。医院门诊病人次均医药费用171.8元，出院病人人均医药费7028.4元，平均每日住院医疗费为1023.4元；社区卫生服务中心门诊病人次均医药费用48元；乡镇卫生院门诊病人次均医药费用68.5元，出院病人人均医药费用2021.2元，平均每日住院医疗费为395.8元。万元以上设备总价值24.73亿元，比上年增长15.78%；万元以上设备台数为12194台，比上年增长12.97%。

【医药卫生体制改革】 2018年，贵港市卫生和计划生育委员会（以下简称贵港市卫计委）制订《贵港市远程医疗服务体系建设实施方案》，出台《贵港市分级诊疗双向转诊规范（试行）》等配套政策，建立医疗机构分级诊疗双向转诊长效机制。同步调整医疗服务价格和医保支付政策，实现公立医院控费总目标，医疗费用增长幅度控制在12.5%以下。截至年底，全市二、三级医疗机构全部参与医联体建设，建成“三二医联体”6个、县域医共体11个（桂平市3个、平南5个、港北1个、港南1个、覃塘1个），全市参与县域医共体建设的乡镇卫生院52家，参与率71.23%，超过自治区要求50%的目标。

【医政管理】 2018年，贵港市改进医疗服务，提升医疗服务能力和水平。进一步完善医疗服务行动计划，改善群众看病就医感受。全市二级以上公立医院预约诊疗率12.02%，比2017年提高3.22个百分点；开展优质护理病房217个，优质护理开展率98.64%；出院病人临床路径管理比例31.01%，比2016年提高9.38个百分点；住院患者抗菌药物使用比例43.26%、抗菌药物使用强度37.14DDDs，达到考核评价标准。指导城乡三级医院对口支援县级综合医院工作，努力提升受援医院医疗服务能力。市人民医院派出驻点指导受援医院医护人员22名，完成诊疗人次2000余人次，组织查房100余次，会诊80多次。组织开展“服务百姓健康行动”活动，方便群众在家门口看病就医。全市参加义诊医疗机构67个，参加义诊医务人员406人次、义诊人次6676人次。年内，贵港市人民医院骨科被确定为自治区临床重点专科及医疗技术准入建设项目，分别获得专项资金100万元；神经外科通过自治区临床重点专科建设项目现场考核验收。强化医疗机构及医师、护士准入与管理，批准设置医疗机构（医院）8个，批准设置总床位546张；完成医疗机构（医院）执业登记13个，执业登记总床位数733张。严格血液质量安全管理，贵港市保持临床用血100%来自自愿无偿献血，参加无偿献血总人数33216人次，采血总量61337单位，贵港市获得“2016—2017年度无偿献血先进市”称号。开展“平安医院”创建活动，妥善处理医疗纠纷，各级医疗机构内部受理的医疗投诉145起，医疗机构自行处理医疗纠纷73起，各级卫生计生行政部门受理并处理医疗纠纷或医疗事故争议8起；二级以上医院三防系统建设达标率100%。组织、协调完成全市医学考试，卫生系列高级专业技术资格考核743人、初中级卫生专业技术资格考试4154人、护士资格考核868人、医师定期考核业务水平测试850人、医师资格实践技能考试1203

人、医师资格医学综合笔试考试1163人、医师资格医学综合笔试（二试）469人。

【爱国卫生】 2018年，贵港市新增农村无害化卫生厕所户6.22万户，农村卫生厕所普及率96.05%，农村无害化卫生厕所普及率95.61%，达到“2020年全国农村卫生厕所普及率达到85%”和贵港市委市政府提出“2018年农村无害化卫生厕所普及率达到90%”的目标要求，有效改善农村环境。开展城乡环境卫生综合治理的爱国卫生大行动8次，集中整治行动200多次，出动人员1万多人次，清理垃圾9万多吨，清理沟渠污水淤泥等600多处。开展饮用水卫生项目监测，每个季度定期向社会公布，全年未发现异常监测点，未接到不合格生活饮用水检测报告。开展整治“五乱”和清理“牛皮癣”工作，城乡主要街道基本实现净化美化，大街小巷卫生状况明显改善。开展除“四害”工作，清理四害滋生地4000多处，消杀面积300多万平方米，降低“四害”密度，有效预防病媒生物传播疾病。通过自治区卫生城市复审工作。落实健康促进县区建设，抓好健康教育，群众健康知识知晓率不断上升。利用“3·24”世界结核病防治宣传日、全国爱卫月等重要卫生节日开展宣传活动，切实履行《烟草控制框架公约》，各单位通过张贴禁烟标识，下发禁烟文件，在户外设置“吸烟区”和配备劝烟巡视员等开展控烟工作。

【疾病预防控制】 2018年，贵港市各类传染病疫情得到有效控制。全年无甲类传染病报告，报告乙类传染病17种、15326例，较上年同期（14207例）上升7.88%，位于前五位是肝炎9019例、肺结核4609例、梅毒502例、艾滋病492例、淋病414例，报告死亡病例415例，较上年同期上升31.75%；报告丙类传染病8种20948例，较上年同期(23581例）下降11.17%，位于前5位是其他感染性腹泻13051例、手足口病4664例、流行感冒1639例、急性出血性结膜炎1009例、流行性腮腺炎570例。艾滋病防控工作稳步推进，年内新报告HIV/AIDS病例774例，比2013—2015年(1—12月）三年同期平均数(892例）下降13.23%；在治艾滋病病人病死率为0.82/百人·年，不高于2015年全区平均数1.54/百人·年。惩治故意传播艾滋病违法行为，成功立案11起，以传播性病罪判决9起，“关口前移、重心下沉”工作继续得到加强，防艾示范乡镇建设进一步规范。扩大国家免疫规划工作持续深入开展，保证免疫规划常规运转，免疫规划疫苗报告接种率达到95%以上；接种率监测、麻疹监测、AFP监测、乙脑监测、流脑监测、异常反应监测等监测系统各项监测指标均达到自治区要求；全市连续26年无脊髓灰质炎病例和疫苗株循环病例；连续17年无百日咳、白喉病例的报告；其他免疫规划疫苗针对传染病亦控制在国家要求的标准以下。全年无重大预防接种事件发生。进一步完善结核病的“防管治”机制，肺结核患者和疑似肺结核患者的总体到位率92.38%，涂阳肺结核患者密切接触者筛查率100%，结核病痰涂片镜检室间质量保证体系盲法复检覆盖率100%，各项指标均达国家要求。重点传染性疾病防控成效显著，狂犬病全年共报告8例；检测1529份居民户食盐，居民合格盐碘食用率为91.11%，碘盐覆盖率为99.67%，维持碘缺乏病消除状态；麻风病发病率控制在较低水平，完成“消除麻风病”的“十三五”中期评估；血吸虫病疫区村查螺面积47.54万平方米，查螺2958框，结果未发现钉螺；抽查采血200人，血吸虫抗体检测结果均为阴性，未发现感染者。慢性病防控工作有序推进，431032位老年人接受健康管理，管理率70.9%；规范管理170096位高血压患者，规范管理率84.8%；2型糖尿病患者规范管理人数为45751人，规范管理率84.4%；死因监测系统实时统计报告死亡人数为26857人，粗死亡率为6.14‰。健康素养促进工作在各县（市、区）均全面开展，进一步推进全民健康素养能力的提高。精神卫生工作得到进一步加强，建立市级精神卫生医院1所和民营精神卫生专科医院3所，现有从事精神卫生注册执业医师119名。登记在册重精患者18855人，发病报告率4.32‰，管理率94.49%。环境卫生、职业卫生、放射卫生、学校卫生等健康危害因素监测工作有序开展。

【卫生应急】 2018年，贵港市发生突发公共卫生事件12起，均得到有效处置。成功应对“7·11”港北区根竹镇诺如病毒感染导致的腹痛腹泻疫情事件。贵港市拥有市级卫生救援专家组62人，卫生应急队伍三类，其中紧急医学救援类2队、突发急性传染病防控类2队、突发中毒事件处置类1队，共88人。创立应急志愿者队伍，组成人员24人。组织市级卫生应急重点科目演练4次，涉及人员139人次。修订《贵港市急性非职业性一氧化碳中毒救治方案》。开展传染病疫情监测分析和突发公共卫生事件风险评估，发布卫生健康预警信息

7次。各级各类医疗机构出动紧急医学救援救治28678人次。市直医疗卫生单位举办培训班16次、共48学时，培训580人次。利用防灾减灾日等宣传日，开展卫生应急知识进乡村、社区、企业、学校、家庭“五进”活动。通过网络、媒体、宣传专栏等多种宣传方式开展宣传，先后发放卫生应急宣传资料14083份，制作展板52块，接受卫生咨询3012人次，覆盖约5.8万多人次。

【妇幼卫生保健】 2018年，贵港市落实妇幼健康惠民项目，全市活产数63294，住院分娩数63292，孕产妇住院分娩率100%；孕产妇死亡率15.8/10万；婴儿死亡率3.49‰，5岁以下儿童死亡率4.98‰，出生缺陷发生率92.16/万，叶酸服用率179.78%。艾滋病感染孕产妇抗艾滋病病毒用药率为100%；阳性产妇所分娩婴儿抗病毒药物治疗率100%。梅毒阳性孕产妇阻断治疗率为80.23%，梅毒感染产妇所生婴儿规范诊疗率为100%。乙肝免疫球蛋白使用率99.94%。免费孕前优生检查目标人群覆盖率达105.19%。农村妇女宫颈癌检查任务完成率161.93%，发现宫颈癌119例。乳腺癌检查任务完成率168.4%，发现乳腺癌25例。婚前医学检查率99.93%，地中海贫血基因诊断率、产前诊断率补助率100%，重型地中海贫血胎儿干预率98.26%；产前筛查率达86.02%，新生儿听力筛查率97.94%，新生儿疾病筛查率97.53%，贫困地区儿童营养改善项目，营养包发放人数9038人，发放率120.51%。妇幼健康主要指标有所改善。

【基层卫生】 2018年，贵港市继续开展“建设群众满意的乡镇卫生院”及“优质服务基层行”活动，经考评桂平市江口中心卫生院、木根镇卫生院、木乐中心卫生院、石龙中心卫生院、平南县大新镇卫生院、丹竹镇中心卫生院、同和镇中心卫生院，港北区中里中心卫生院、港南区东津镇中心卫生院、湛江镇卫生院、覃塘区樟木中心卫生院11个单位被国家卫计委授予“2016—2017年度群众满意的乡镇卫生院”称号。开展对口支援工作，贵港市有二级以上医院12个，对口支援乡镇卫生院14个。建立居民电子健康档案391.83万人，电子健康档案建档率90.45%，达到自治区80%的目标要求。全市常住人口家庭医生签约率45.81%，达到自治区30%的目标要求，重点人群家庭医生签约率70.34%，达到自治区60%的目标要求。

【卫生基础设施建设】 2018年，贵港市实施桂平市中医医院外科综合楼等卫生基建新项目39个，开工34个，开工率89.7%，完成投资5263.6万元，完成建设规模建筑面积1850平方米。2018年下达贵港市的9个乡镇卫生院设备购置工作全部签订采购合同，合同签订率100%。6月，建成贵港市全科医生培养基地，使用面积7600平方米；8月，建成桂平市人民医院第二门诊部，使用面积4515.3平方米；8月，建成平南县人民医院外科综合楼，使用面积33901平方米；10月，建成贵港市妇幼保健院综合大楼（贵港市儿童医院业务大楼、妇幼保健院公共卫生服务业务综合楼、妇产医院业务大楼），使用面积38266.18平方米。年末，正推进建设的贵港市中心血站搬迁重建项目（一期）业务楼建设完成投资2164万元，港北区人民医院门诊医技楼项目完成投资4043万元，港北区妇幼保健院业务综合楼项目完成投资800万元，港南区人民医院内科楼建设项目完成投资8189万元，桂平市中医医院外科综合楼完成投资4108.22万元。

【卫生监督与执法】 2018年，贵港市加强执法能力建设，以推进“健康贵港”为核心，扎实开展医疗服务、生活饮用水和公共场所卫生监督执法。启动基层卫生监督机构规范化建设，统一标准对县级卫生监督机构业务用房、功能布局及设施设备进行规范，桂平市、平南县和港南区完成监督指挥中心建设和水质在线监测设施的安装调试。与河南漯河市建立卫生监督合作共建机制，签订合作框架协议，开展学习交流活动，共谋卫生监督新发展。每季度对城区生活饮用水、集中消毒餐饮具和布草进行抽检，全年投入检测经费53.6万元，抽检生活饮用水185份、集中消毒餐饮具和布草335份，合格率分别为97.5%、97.9%。推进“双随机”监管模式，完成640个随机抽检任务。组织医疗机构传染病分类监督综合评价和消毒质量监督监测“蓝剑”行动，投入检测经费10万元，抽检医疗机构34家、监测样品309份，合格率90.94%。实施放射诊疗管理规范化建设目标管理，44家医疗机构达标。加强案件查处力度，规范卫生健康市场秩序，全年依法立案查处134件，罚没金额48.25万元，没收药品、器械一批。

【依法行政和行政审批工作】 2018年，贵港市卫生医疗行业动态调整权责清单，取消行政权力事项6项。持续优化权力运行流程，对卫生部门所有行政许可、行政确认和公共服务等23项事项编制《政务办事一次性告知(限时办结)清单标准》。组织梳理并形成卫生计生系统“一事通办”“八统一”成果,研究取消一批“证明事项”。确定行政执法重大决策事项范围和重大行政决策事项范围,明确重大行政决策事项和重大行政执法决策事项的清单、流程,年内办理重大决策事项11件。在本年度法治政府建设专项考核中,贵港市卫计委获优秀等次。年内,将卫生部门所有依申请行政权力事项和公共服务事项逐项编制《政务办事一次性告知(限时办结)清单标准》,其中编制行政许可事项14大项、61子项,行政确认7项,行政给付3项,行政奖励3项,其他权力13项。汇总形成“一次性告知(限时办结)”“最多跑一次”“一次不用跑”三张办事清单。继续推进行政审批制度改革,实现行政审批质量的全面提升。办理各类卫生计生行政审批事项6882件,同比2017年(3395件)增长102.7%。其中,行政许可事项5919件,所有办件中即办件6675件,即时办结率达97%。在市政务服务中心对窗口单位及工作人员的量化考核中,获“红旗窗口”称号4次,窗口工作人员获“服务之星”称号10人次,“党员先锋岗”称号4人次。

【人口和计划生育管理与服务】 2018年,贵港市继续实施全面两孩政策。根据计划生育报表,2017年10月至2018年9月出生65813人,人口自然增长率为8.19‰,比上年度下降0.81个千分点,控制在自治区下达的责任指标10‰以内。全年全市受理生育登记40550份,再生育审批发证803本,生育登记服务目标人群覆盖率达到85.69%。积极推行网上办理生育服务证,年内举办广西计划生育业务信息系统应用培训班2期,培训县、乡两级办证人员320人次。11月19日,全市正式启用广西生育服务证网上办理平台管理系统,极大方便群众办理生育服务证件。全员人口数据库信息准确率为98.32%,信息变更及时率为103.84%。落实计划生育家庭奖励扶助政策,受惠对象5114人,发放奖扶资金948.15万元,计划生育奖励扶助政策兑现率100%。加大计划生育特殊家庭关怀力度,落实《贵港市计划生育特殊困难家庭养老扶助制度实施方案》,全年为55个60周岁以上计划生育特殊家庭老人发放养老扶助资金80.33万元,解决计划生育特殊家庭养老问题。落实《贵港市计划生育特殊家庭就医绿色通道暂行管理办法》,为计划生育特殊家庭开通就医绿色通道。积极推进母婴设施建设,贵港市卫计委联合市委宣传部、市发展改革委、市住建委等20个部门出台实施《贵港市加快推进母婴设施建设工作方案》。贵港市人民政府办公室印发《贵港市推进医疗卫生与养老服务相结合实施方案》,进一步推进贵港市医养结合工作。开展创建全国、全区计划生育优质服务先进单位活动,港南区获“2018年全区计划生育优质服务先进单位”称号。

【中医药和民族医药发展】 2018年,贵港市有中医(含中西医结合)医院6个,综合医院33个,妇幼保健院6个,城市社区卫生服务中心14个,社区卫生服务站1个,乡镇卫生院74个,村卫生室3343个,中医类个体诊所124个。中医医疗机构房屋建筑面积13.62万平方米,占全市医疗机构房屋建筑面积的8.44%;全市中医医疗机构固定资产总值26540.5万元,占全市医疗机构固定资产总值的7.95%;万元以上设备1734台,占全市医疗机构万元以上设备台数的14.4%。中医医疗机构编制病床1500张,达到每万人口中医床位4.6张。2018年底,全市有中医执业(助理)医师1096人,占全市执业(助理)医师总数的15.95%,每万人口中医执业(助理)医师达到2.5人。建成基层名老中医药专家传承工作室3个,在乡镇卫生院(社区卫生服务中心)建成中医馆48个。全市中医医院总入院人次数为65721人次,占医院入院总人数的14.11%;出院人数为65509人次,占医院出院总人数14.15%;总收入77577.8万元,占全市医疗机构总收入11.82%;总支出75254.6万元,占全市医疗机构总支出12.24%。桂平市再次获得“全国基层中医药工作先进单位”称号。

【医疗医药科技与教育】 2018年,贵港市医药卫生科研项目立项56项,其中国家级1项、省部级5项、厅级4项、市级46项。完成结题和鉴定的市级项目、自治区级项目、国家级项目和自治区卫生计生委项目56项,投入科研经费355万。2018年度获得广西医药卫生科研厅级二等奖2项、厅级三等奖9项、市级27项;获得专利数10项,学术论文发表情况20篇。全市完成自治区级继续医学教育项目78项申报与举办工作,参加人数11700人。各医疗卫生单位举办各种各类学术活动班次89次,参加人员5020人次。继续医学教育项目和举办各种各类学术活动投入经费98万元。派出446名专业技术人员进修学习。 （戴建福）

社会生活

居民生活

【城镇居民生活】 2018年，贵港市城镇居民人均可支配收入30506元，同比增长5.9%，增速位居全区第12位，比全区平均水平低0.4个百分点。其中，城镇居民人均工资性收入21068元，同比增长5.5%；城镇居民人均经营净收入3609元，同比增长7.5%；城镇居民人均财产净收入1230元，同比增长5.1%；城镇居民人均转移净收入4599元，同比增长6.8%。

贵港城镇居民人均生活消费支出19329元，比上年增长8.6%。人均食品烟酒、衣着、居住、生活用品及服务、交通通信、教育文化娱乐、医疗保健、其他用品和服务八大类消费分别支出7370元、1493元、1566元、1493元、3859元、2283元、846元、418元，比上年分别增长5.1%、6.8%、2.6%、23.4%、14.3%、4.7%、32.1%、-7.1%。

【农村居民生活】 2018年，贵港市农村居民人均可支配收入13786元，同比增长9.9%，增速位居全区第8位，比全区平均水平高0.1个百分点。其中，农村居民人均工资性收入6001元，同比增长8.3%；农村居民人均经营净收入6546元，同比增长10.7%；农村居民人均财产净收入289元，同比增长5.1%；农村居民人均转移净收入950元，同比增长16.2%。

贵港农村居民人均生活消费支出9023元，比上年增长10.2%。人均食品烟酒、衣着、居住、生活用品及服务、交通通信、教育文化娱乐、医疗保健、其他用品和服务八大类消费分别支出3699元、186元、1671元、495元、1345元、592元、814元、221元，比上年分别增长7.8%、-17.2%、4.3%、5.4%、23.1%、2.8%、39.6%、7.2%。

【居民消费价格】 2018年，贵港市居民消费价格总水平(CPI)上涨3.0%，涨幅与上年相比高1.4个百分点，比广西高0.7个百分点，在全区14个地级市，位居第2位(按涨幅从高到低)。从分类别看，八大类消费价格同比全部上涨，食品烟酒类同比上涨0.4%，衣着类价格同比上涨2.0%，居住类价格同比上涨5.1%，生活用品及服务类价格同比上涨2.8%，交通和通信类价格同比上涨4.1%，教育文化和娱乐类价格同比上涨4.7%，医疗保健类价格同比上涨5.3%，其他用品和服务类价格同比上涨1.3%。

【农业生产资料价格】 2018年，贵港市农业生产资料价格比上年下降0.4%。十大类农资价格呈“五升四降一平”。其中，农机用油价格上涨12.2%，农用手工工具价格上涨10.9%、农业生产服务价格上涨10.0%、化学肥料价格上涨4.4%、机械化农具价格上涨1.6%，仔畜幼禽及产品畜价格下降29.5%、饲料价格下降1.6%、农药及农药器械价格下降0.7%、其他农用生产资料价格下降1.1%，半机械化农具价格持平。（黄崇色）

民政事务

【概　况】 2018年，贵港市7.28万建档立卡贫困人口纳入农村低保，占全市农村低保的52.82%，支出城乡低保特困人员供养资金5.03亿元，惠及困难群众16.83万人，城乡低保补助水平分别达到月人均370元、192元。筹资1247.6万元为111.4万户农房购买政策性保险，协调理赔562件、337.8万元。发放孤儿保障金1863人、1700万元，发放困难残疾人生活补贴860万元、重度残疾人护理补贴2148.3万元。为全市10.2万名80岁以上老人发放高龄津贴4072万元。顺利通过自治区对贵港市新一轮创建自治区双拥模范城工作的验收。为全市2.51万名优抚对象发放各类抚恤补助金1.37亿元。完成退役军人和其他优抚对象信息采集工作第一阶段任务。全市10个城乡社区获得自治区综合减灾示范社区称号;完成33个自治区级农村社区试点建设;推进总投资15.54亿元294个贵港市居民综合服务中心PPP项目建设。全市社会组织投入资金500多万元开展关爱弱势群体、敬老爱老等各类公益活动300多场次,服务各类群体2万多人次。

【社会救助与脱贫攻坚】 2018年,贵港市支出城乡低保特困人员供养资金5.03亿元,惠及困难群众16.83万人,城乡低保补助水平分别达到月人均370元、192元。支出医疗救助资金2044.57万元,资助医疗救助对象7.79万人次;支出临时救助资金1090.5万元,资助临时救助对象1.28万人次。

【康养产业发展】 2018年,贵港市社会福利中心正式启用,市老年人公寓、市老年人活动中心、桂平市福利院养护楼、平南县福利院1号和2号老年人养护楼、覃塘区老年人养护楼6个项目竣工。市老年养护院完成主体工程,累计完成投资2500万元,贵港市第一老年养护院已落实土地、立项和可研报告、初步设计等前期工作。投入76万元打造了港北区龙圣社区、东港社区、覃塘区三里社区3个社区居家养老服务中心。落实资金78万元,建设基层老年协会示范点26个。港北区康乐湾养老中心启动运营,全市首家按五星级标准建设的医养结合养老机构——贵港市医大仁爱养老服务中心在市社会福利中心顺利开业。港南区四季花田获评为2018年广西养生养老小镇。投入76万元打造了港北区龙圣社区、东港社区、覃塘区三里社区3个社区居家养老服务中心。

【防灾减灾】 2018年,贵港市投入625万元完成2017、2018年度285户因灾倒损住房恢复重建任务;投入1138.1万元完成2017年度6.55万名冬春生活困难群众的救助任务。全市受理农村住房政策性保险案件562件,发放理赔金337.8万元。社区减灾准备认证和"综合减灾示范社区"创建工作稳步推进,港北区贵城镇南平社区、八一社区等227个社区通过自治区减灾准备认证,港北区港宁社区、马草江社区等10个社区被授予"广西壮族自治区综合减灾示范社区"称号。灾情应对及应急处置工作成效显著,成功抵御"山竹"等多次强台风和热带低压强降雨的侵袭,有效保障了人民群众的生命和财产安全。

【双拥优抚】 2018年,贵港市深入开展拥军慰问活动,为驻邕、驻贵各部队赠送慰问金、慰问品660多万元。自治区双拥模范城考评组对贵港市的双拥创建工作给予高度评价。按时足额为全市2.51万名优抚对象发放各类抚恤补助金1.37亿元,发放医疗补助金470.3万元。为义务兵发放家庭优待金3368.88万元。全市要求接收退役士兵、转业士官,发放自主就业退役士兵一次性经济补助1306万元。培训退役士兵支出培训经费186万元。为11名随军家属安置就业,为108名未就业随军家属每月发放600元的生活补贴,安排335名部队子女在城区中心就读。完成退役军人和其他优抚对象信息采集工作第一阶段任务。

【社会组织】 2018年,贵港市新成立社会组织222个。市本级完成31个行业协会商会脱钩试点。安排175万元支持社会组织承接政府购买服务项目,开展各类助残助困关爱活动。联合公安部门开展打击整治非法社会组织专项行动,排查各类社会组织1000多个,移送境外非政府组织线索1条,公布涉嫌非法社会组织5个,给予行政处罚13个,注销28个。组织广西扬翔慈善基金会等社会组织向社步镇捐赠扶贫助困物资10.8万元。全市社会组织共投入资金500多万元开展关爱弱势群

2018年12月7日,贵港市医大仁爱养老服务中心开业

2018年12月7日，建成的港北区贵城街道樟村综合服务中心

体、敬老爱老等各类公益活动300多场次，服务各类群体2万多人次。强化社会组织党建工作，成立荷城义工协会党支部、保险行业协会党支部。

【基本公共服务】 2018年，贵港市民政局招商引进总投资1亿元的广西宝信添贸易有限公司——贵港市装配式房屋新型建筑材料项目，实现竣工投产。组团赴桂林、哈尔滨、沈阳、南宁等地开展健康养老产业招商推介，寻求运营商合作发展。完成33个自治区级农村社区试点建设；推进总投资15.54亿元294个贵港市居民综合服务中心PPP项目建设。全年销售即开型福利彩票8258.8万元，为国家筹集公益金1796万元。调整市民政部门行政权力事项9项，编制政务办事一次性告知清单36项，梳理市县民政部门政务"八统一"事项50项，全市民政窗口办理事项2.6万件。涉军信访维稳工作取得成效，全年接待来信来访350多件次，妥善处理突发上访事件30多起，全市没有出现一例涉军人员进京上访事件，维护全市社会稳定。 （吴伟书）

社会保障

【概　况】 2018年，贵港市参加各项社会保险747万人次，各险种基金征缴收入48.13亿元，支付"五险"待遇46.83亿元。全市为企业减收各项社会保险费7907.82万元，为企业减收职工基本养老保险5488.82万元，完成任务的121.97%；失业保险791万元，完成任务的101.41%；工伤保险1035万元，完成任务的115%；生育保险费593万元，完成任务的104.04%。实施阶段性降低企业社保费率，全市为企业减收各项社保费用7908万元，拨付企业稳岗补贴704万元，受惠企业450家，受惠职工35846人。

【社保服务】 2018年，贵港市推进惠民的异地就医报销服务，取消异地备案时需就医地提供所有审批盖章程序，推进异地就医网上即时结算，全市职工医保异地就医直接结算享受待遇2.33万人次（含门诊和住院），医保报销7806万元，累计持社保卡人数257万人；推进市本级社保经办"一门式"改革，做到前台受理、后台审核、统一反馈，规范服务流程，优化服务效能。推进社保经办信息化建设，促进经办服务更高效便捷。开通"社会保险网上服务平台"，市本级申请开通网上经办服务单位有3819家，占参保单位比例95%。推广贵港社保通APP、贵港市社会保险事业局微信公众号、工银e缴费等"掌上办"服务功能，自开通网络缴费以来，注册（关注）用户19.92万人次，实现缴费29.7万人次。开通24小时社保自助服务，解决了群众到社保大厅排长队办理困扰。推进"人脸识别"自助化，专门为全市各县（市、区）社保机构配备的"人脸识别"自助服务一体机20台，并进行全面的系统升级调试。

【优化医疗保险管理】 2018年，贵港市持续推进异地就医网上直接结算。向自治区人社厅累计上报社会保障卡制卡数据410万条，完成年度任务的100%；在自治区内实现互联互通的定点医疗机构153家，定点零售药店203家，全市跨省定点医疗机构12家，与全国12623家定点医院实现联网。全市成功实现跨省异地就医结算786人次，跨省异地就医医保报销支付医疗费用1148.12万元。取消异地备案时需就医地提供所有审批盖章程序，全市职工医保异地就医直接结算享受待遇共23273人次（含门诊和住院），医保报销7806.13万元。深入推进健康扶贫工作，建档立卡贫困人员参加城乡居民基本医疗保险参保人数30.96万人，参保率100%；建档立卡贫困人口参加城乡居民医疗保险个人缴费的财政补助标准从60%提高到80%；建档立卡贫困人口住院医疗费用通过政府兜底机制个人实际报销比例达到90%。进一步完善医保信息系统，桂平市实现城乡居民医保完成信息系统整合，平南县启动医保信息系统整合前期工作。强力推进门诊特殊慢性病报销工作，实现系统直接结算。强力推进城乡居民大病保险赔付工作，7月启动城乡居民大病保险赔付工作，年内大病保险赔付24239例，赔付金额13235.96万元。

【养老保险管理服务】 2018年，贵港市持续调整职工养老保险待遇，企业和机关事业单位退休人员月人均分别增加125.9元、181.05元，与上年同期相比，增长率分别为6.02%、4.17%。有序推进机关事业单位养老保险清算和职业年金托管，应清算单位2882家，已清算2724家，清算率94.5%，在职清算人数75457人；全市征缴职业年金64527.54万元。推进城乡居民基本养老保险工作，城乡居民社会养老保险参保人数为176.35万人，完成年度参保任务174万人的101.35%。推进老农保况清零工作，全市老农保参保人数20.31万人，衔接城乡居民养老保险或退保20.31万人，退保金额2196.7万元。推进建档立卡贫困人员参保工作，全市符合条件的建档立卡贫困人员参加城乡居民养老保险参保人数23.97万人，参保率达100%，发放60周岁以上贫困人员5.07万人，发放率达100%。有序开展被征地农民养老保险工作，《贵港市被征地农民参加基本养老保险实施办法》经市政府常务会议讨论通过。

【信息化建设】 2018年，贵港市大力实施"互联网+社保"工程，开通社保网上业务经办功能、贵港社保手机APP缴费和微信公众号缴费等多项便民服务措施。截至年末，市本级申请开通网上经办服务单位3819家，占参保单位比例95%，完成网上经办常规业务142647笔。实行银行代缴代扣，累计发送至银行的社保扣费数据17587笔，扣费成功3.64亿元。通过"贵港社保通APP""贵港市社会保险事业局"公众号、注册和关注的用户21万人次，实现缴费人数29.70万人次；设立24小时社保自助一体机，日均使用24小时社保自助机办理业务200人次。推进"人脸识别"自助化，专门为全市各区县社保机构配备的20台"人脸识别"自助服务一体机进行了全面的系统升级及调试。

【社保惠企惠民政策】 2018年，贵港市落实阶段性降低企业社保费费率，为企业减收各项社会保险费7907.82万元，为企业减收企业职工基本养老保险5488.82万元，完成任务的121.97%；失业保险791万元，完成任务的101.41%；工伤保险1035万元，完成任务的115%；生育保险费593万元，完成任务的104.04%。落实企业稳岗补贴政策，拨付企业稳岗补贴704.43万元，完成全年500万元任务的141%，受惠企业450家，受惠职工35846人。落实企业的职业培训补贴政策，依据《广西壮族自治区失业人员职业培训和职业介绍补贴办法》，开展失业人员职业培训6个项目，培训11个班，培训合格人数774人，申请补贴金额91万元。

【社保基金监管】 2018年，贵港市全面贯彻落实社会保险基金安全监管"三项制度"，开展社会保险基金安全巡查、挂牌督办、约谈工作，定期开展内控监督检查工作，加强稽核促进应缴尽缴。追缴近100家参保单位当期欠费3000多万元，追收历欠款800万元。

（汪建国　刘　丽）

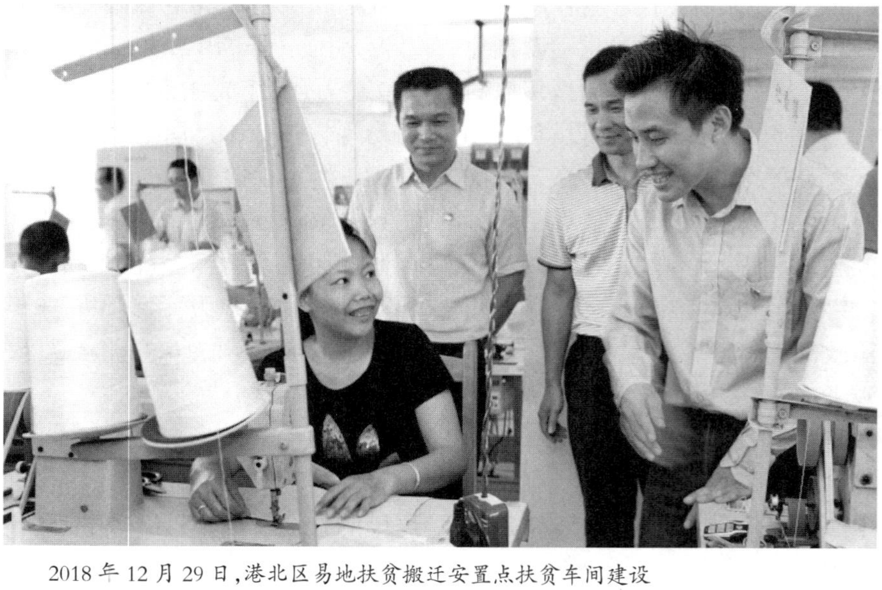

2018年12月29日，港北区易地扶贫搬迁安置点扶贫车间建设

县（市）区

港 北 区

【概　况】港北区位于郁江之北，是贵港市中心城区、主要党政机关所在地。境域北部以低山、丘陵为主，莲花山脉横亘北部，主峰平天山海拔1157.8米，为境内最高峰；南部为冲积平原，地处广西最大的平原——浔郁平原中部。位于珠江三角洲和大西南之间的过渡带，处于南宁、柳州、北海、梧州四大城市的几何中心，距4个城市均在200千米左右，黎湛铁路复线、324国道、南广高速公路、梧贵高速公路、南广高速铁路、西江黄金水道交汇于城区，华南地区最大的内河港口贵港港坐落城东。是广西重要的无公害优质谷、甘蔗、荔枝、龙眼等生产基地和金银矿开采基地，富硒农产品享誉区内外，素有"广西粮仓、鱼米之乡"之称，至2018年16个农产品获得广西富硒品牌认证，数量排全市第一。2018年，辖2个街道、4个镇和2个乡，23个居民委员会，101个村民委员会。行政区域面积806平方千米。港北区人民政府驻贵城街道荷城路1128号。2018年末人口72.46万人，其中农村人口38.52万人。人口自然增长率8.93‰。

2018年，实现地区生产总值251.96亿元，其中第一产业增加值21.21亿元，第二产业增加值82.72亿元，第三产业增加值148.03亿元，三次产业比例为8.4∶32.8∶58.8。社会消费品零售总额200.52亿元。外贸进出口总额13.58亿元，其中加工贸易进出口总额3.78亿元。招商引资实际到位资金116.66亿元，全口径实际利用外资17148万美元。财政收入22.03亿元，其中一般公共财政预算收入10.79亿元、一般公共财政预算支出22.06亿元。城乡居民可支配收入28350元，城镇居民人均可支配收入32700元，农村居民人均可支配收入14472元。年内被评为全国中小学校责任督学挂牌督导创新县（市、区）、自治区级生态县、广西诚信计生示范县（市、区）等，连续7年获"全国生猪调出大县"称号。

【工业发展】2018年，港北区实现工业总产值234.48亿元，增长22.6%；工业增加值增长19.2%。规模以上工业总产值227.21亿元，同比增长23.1%；规模以上工业增加值同比增长20.8%。新增规模以上工业企业12家，总量达87家，工业增速在广西21个主城区排名第一。五大重点行业（农副食品加工业、造纸和纸制品业、化学原料和化学制品制造业、黑色金属冶炼和压延加工业、电力、热力生产和供应业）完成工业总产值176.14亿元，同比增长14.8%；黑色金属冶炼和压延加工业产值56.05亿元，同比增长24.5%；电力、热力生产和供应业值53.73亿元，同比增长17.5%；木材加工业总产值完成14.66亿元，同比增长84.7%。贵钢特种钢技改项目投产，贵钢集团入选中国制造业500强，华电贵港电厂、群星电缆公司等企业增产达效。累计引进"新三篇"产业项目90家、投产49家。新能源电动车质检中心试运营，爱玛电动车项目试产，大菱电动车、上马电动车获得国家3C认证，电动车小镇列入广西特色小镇、创新小镇培育名单；赛尔康企业生产线投产27条；石药泰诺项目建设扎实推进。中国—东盟新能源电动车基地、电子信息制造基地和生物医药生产基地产业框架基本形成。新能源电动车、生物制药、电子信息为主的新兴产业总产值19.93亿元，同比增长131.4%，占港北工业总产值的8%。

【现代农业发展】2018年，港北区实现农林牧渔业总值35.07亿元，增长4.8%；农林牧渔业增加值21.99亿元，增长4.8%。从行业看，农、林、牧、渔和农林牧渔服务业产值分别为14.09亿元、3.91亿元、12.86亿元、2.15亿元和2.05亿元，分别增长3.7%、10.92%、3.93%、6.23%和6.82%。完成粮食种植面积36.28万亩，完成年粮食总产量14.7万吨，同比增长1.01%；出栏肉猪57.29万头，增长2.21%；猪存栏32.17万头，增长0.25%；肉类总产量5.95万吨，增长1.98%；家禽出栏723.92万羽，下降0.09%；水产品产量1.24万吨，增长4.73%。水稻耕种收综合机械化率91.1%，位居广西前列。

现代特色农业示范区建设 出台《港北区2018—2020年现代特色农业示范区创建奖励方案》，激励各经营主体创建现代特色农业示范区，各级示范区共引进龙头企业22家、合作社55家、家庭农场12家参与建设，累计整合各类资金投入示范区建设8.5亿元。其中，贵港市港北区港丰瑶山鸡产业(核心)示范区被认定为自治区级农业核心示范区(四星级)，港北区龙荟花世界休闲农业示范区等2个示范区被认定为县级示范区，港北区武乐镇柑桔产业示范园等7个示范园被认定为乡级示范园，港城街道群山村恒源种植示范点等39个被认定为村级示范点。

农业特色产业发展 实施产业提升行动，调整农业结构，培育农业品牌，先后出台《港北区沃柑产业三年发展规划(2018—2020年)》《港北区2018—2020年“八个一”特色农业产业发展扶持方案》，“八个一”(即一袋米、一只虾、一只鸡、一头猪、一颗坚果、一粒橘红、一片桑叶、一颗荔枝)产业特色农业产业格局初步形成，富硒优质米、瑶山鸡等特色优质农产品上市热销。年内，新增4个农产品获得富硒品牌认证，累计15家企业的16个农产品获得自治区富硒品牌认证，数量排全市第一。在2018年第五届全国硒产品博览会上，港北区的“富硒黑米”“富硒福箩米”分别获“名优硒产品”“特色硒产品”称号。年内，建立无公害生产基地3个，新增6个农产品获得“三品一标”产品认证。

农村产权制度改革 先后制订《关于全面开展农村集体资产清产核资工作的方案》《港北区稳步推进农村集体产权制度改革工作实施方案》《港北区粮食生产功能区和糖料蔗生产保护区划定工作方案》及《港北区农村产权流转交易市场建设方案》等，农村土地承包经营权确权登记颁证工作稳步推进，累计颁证77456户，颁证率占农户数的97.76%，基本完成土地确权工作，在自治区组织的验收中，获得优良评定等次。投入100多万元，建成港北区农村产权流转交易中心，为深化农村产权制度改革提供良好的平台。新型农业经营主体不断壮大，新增农业专业合作社99家，累计达到645家；新增家庭农场24家，累计达到251家；新增市级涉农龙头企业4家，涉农龙头企业达到31家(其中国家级1家、自治区级5家、市本级25家)。

【第三产业发展】 2018年，港北区实现社会消费品零售总额200.52亿元，同比增长7.5%。批发业商品销售额199.9亿元，同比增长20.9%；零售业商品销售额183.49亿元，同比增长18.2%；住宿业营业额1.8亿元，同比增长19.6%；餐饮业营业额7.86亿元，同比增长19.2%。邮政、电信营业收入分别同比增长27.4%和241.7%；人民币存贷款余额同比增长17.2%；其他营利性服务业实现营业收入39765万元，同比增长38.18%；财政八项支出同比增长15.0%。第三产业增加值可拉动GDP增长6.1个百分点。新增限上服务业企业29家，总量106家。美家居、上亿、步步高三家大型商贸城营业额超1.3亿元，恒大城、万达广场开业，建成登龙桥农贸市场、蓝田村农贸市场，消费市场持续升温。龙涡瀑布旅游度假区、汉古伞庄、亿上仓储物流园、荷润物流城等项目加快建设。成功举办油菜花节、文化旅游节等活动，协办第32届全国荷

港北区富硒优质农产品展示

花展，被列入自治区级全域旅游示范区第一批创建名单，旅游业持续兴旺，接待游客876.29万人次，带动旅游消费101.41亿元，分别增长27.8%、35.7%。望湖亭文化农庄被认定为自治区四星级农家乐。

【项目建设】 2018年，港北区列入自治区层面统筹推进重大项目7个，列入贵港市层面重大项目70个，列入贵港市“项目建设效益年”活动项目47个，港北区项目投资同比增长42.8%。新开工荷润物流城、汉古伞庄等项目15个，竣工雅达自动化注塑加工、盈胜电子精密五金件加工等项目8个。组织618人次深入100家挂点企业和项目现场办公，解决101项问题；与广西金投贵港公司、西江融资担保公司等金融机构开展融资合作，为企业和项目建设解决融资难问题。“新三篇”产业项目发展良好，港北区累计签约引进电动车企业79家，建成投产40家；建成投产的电子信息产业项目有赛尔康贵港有限公司、奥柏尔光电技术有限公司、雅达科技有限公司、东森科技有限公司、盈胜科技有限公司等；落户西江科技创新产业城的生物制药企业6家，计划总投资15.52亿元，建成投产2家。

【招商引资】 2018年，港北区出台《关于全面深化招商引资工作的意见》，制订《港北区2018年招商引资工作要点》《港北区全面深化招商引资工作实施方案》，明确招商引资目标任务，优化项目服务制度，招商引资工作成效显著。全年招商引资到位资金116.66亿元，占任务数90亿元的129.62%；全口径利用外资17148万美元，占任务数11000万美元的155.89%。新引进项目32个，计划总投资130.52亿元，占任务数60亿元的217.53%。其中，投资亿元以上项目30个，占任务数18个的166.67%。新引进项目包括国电广西新能源开发有限公司白花山风电项目、广东海大集团“猪—林—渔—种”生态农业综合开发项目等中国500强企业项目。新签约亿元项目开工15个，占任务数7个的214.29%；2015—2017年签约项目开工率85.84%，比任务数70%高15.84个百分点。

【贵港国家生态工业(制糖)示范园区建设】 2018年，园区完成工业总产值139亿元，同比增长26%；完成工业增加值24亿元，同比增长51%；完成税收3.6亿元。其中，规模以上企业完成工业总产值134亿元，同比增长23%；工业增加值22亿元，同比增长30%；税收3.3亿元。项目建设有序推进，新开工和乐门业、爱玛电动车、百隆达科技、盈盛科技、石药集团、美联电子、汇源包装、电子信息产业园、三雄机械、西江机械项目10个，续建康联拆解、康联回收、桂升电力、中德泓建材、裕晟二期、新华书店、电动车基地、检测中心、天福二期项目9个，雅达科技、百隆达、宏远科技、桂升电力、港建钢结构5个项目竣工。爱玛电动车项目试产。园区引进项目10个，计划总投资超40亿元，其中投资10亿元以上有新嘉源、懿福汽车项目2个，超亿元项目有华九家居、百隆达、强泰机械、前海国健、徐州变压器、LED光源封装与智能产品、奥柏尔二期、飞能电机二期8个，租用标房面积5万多平方米。园区道路建设完成投资5500万元，建设总长度1615米。园区电网迁改工程投入850万元，完成芙蓉—太华220千伏、芙蓉—太华110千伏2路高压线迁改，配合贵港供电局完成110千伏独山站前进线、六队支改造工程，缓解爱玛电动车厂、赛尔康电子厂的用电不足、不稳定的问题。西江污水处理厂本年度投入运行费用约200万元，日处理污水8000吨，经处理达标后排放。配合开展城市总体规划修编、电动车特色小镇和现代服务业集聚区规划工作，横寨木业加工区规划基本完成初步设计。港北区财政用于园区的征地投入资金1.54亿元，2018年园区列入港北区土地房屋征收统筹推进项目11个，完成征地1761.28亩，累计开发面积7290亩。

【城乡建设】 2018年，港北区全面修编完善乡镇、村屯规划，构建以中心城区、6个乡镇、2个街道为框架，覆盖港北区的城乡规划体系。武乐镇总体规划修编和控制性详细规划通过审批，根竹镇总体规划修编开展报批工作。电动车小镇入选市级特色小镇培育名录，并列入第一批广西特色小镇培育名单；电动车小镇完成初步规划设计，并通过总体规划评审会及产业发展规划评审会评审。加强对庆丰富硒农业小镇、中里汉唐古伞小镇的培育创建指导工作，加快推进新型城镇化进程。基本建成公共租赁住房360套，任务完成率133.3%；开工建设贵港市堤路园棚户区改造项目(二)白凹窝安置点B标段项目。扎实开展棚改项目房源安置工作，制订《港北辖区棚户区改造项目安置方案》，网签安置协议19户；从6月初开，始摸排辖区六大片区棚户区改造项目房屋征收补偿安置数据。辖区棚户区改造项目签协议需房源安置项目20项，房屋征收总面积92.5万平方米，需安置户数3341户，需安置面积60.21万平方米;完成列入国家计划的政府投资公租房分配入住2593套,完成率100.5%。新增发放租赁补贴51户,完成率127.5%。加快推进蓝田安置区、文华雅苑安置区、永新安置区等棚户区改造项目建设,园博园、青云大桥等一批重大项目建成投入使用。启动港北"智慧城市"建设,开展"六城联创"活动,完善城区保洁"一张图",做好城区道路保湿保洁及"门前三包"等工作,强化市容市貌管理,城市形象不断提升。农村危房改造开工547户,开工率100%,完工416户,完工率76.05%,三类对象、19户全部完工;列入2018年度预脱贫户147户和脱贫摘帽村危改户72户,完工219户。农村改厨开工5825户,完工5825户;改厕开工5850户,完工5850户。港北区完成土地征收1.5万亩、房屋征收46.82万平方米,完成高铁站前广场、贵港市城市规划馆等99个项目的土地房屋征收任务。大力开展"双违"整治,依法拆除"双违"建筑128.86万平方米。

【生态环境建设】 2018年,港北区推进乡村建设投入资金2.45亿元,实施《港北区2018年度大气污染防治攻坚工作方案》和《港北区大气污染防治"百日攻坚"行动方案》,打响蓝天保卫战,整治"小散乱污"企业40家,深化扬尘、秸秆及垃圾焚烧、油烟排放综合整治,提高城区空气质量、道路清洁质量。抓好中央环保督察"回头看"反馈的3类、4个问题及固体废物环境问题专项督察反馈的3类、6个问题整改工作。全面推行河长制湖长制,实施泸湾江、马来河、东湖、达开水库等江河湖库保护工程,依法拆除达开水库非法养殖网箱30万平方米。港北区主要江河水断面水质达标率,泸湾江集中式饮用水源地水质达标率为100%。加大乡镇污水处理设施建设,建成庆丰镇、根竹镇、武乐镇3个乡镇级污水处理厂并正常运行。开展"清洁家园"各类集中整治行动10次,清运处理生活垃圾14万多吨。完成保洁费收取442.7万元,占全年任务的85%;开展"清洁水源"专项整治活动3次,出动人员100人次,清理水体垃圾6吨多,出动6500多人次,开展达开水库和泸湾江饮用水水源地整治,清理水上设施30多万平方米,关闭或搬迁企业3家;开展"清洁田园"活动,印发宣传资料1万多份,举办各类技术培训班3期次,培训农民1500多人次,推广测土配方施肥技术面积5万亩,组织发动群众2000多人次,清理回收农业生产废弃物5吨,清捡田园面积20多万亩。抓好土壤污染防治,完成第二次全国污染源普查清查工作。打造生态宜居家园,82个村获得"贵港市生态村"称号,35个村获得"自治区级生态村"称号,7个乡镇(街道)获得"自治区级生态乡镇"称号,港北区被命名为"自治区级生态县"。深化爱国卫生运动,城镇生活垃圾无害化处理率100%,卫生环境满意率90%以上。实施城乡绿化工程,道路绿化率80%,集中居住型村庄林木绿化率40.21%。新建农村户用沼气池300座。

【精准脱贫】 2018年,港北区实现18个贫困村脱贫摘帽,1695户7477人脱贫,贫困发生率下降到1.47%。整合资金4473万元,建设基础设施项目728个,其中道路建设项目134个、74.84千米、桥梁项目6个、危房改造任务547户、贫困村公共服务中心项目2个、篮球场建设和路灯建设等项目22个。提升区级"5+2"、村级"3+1"特色产业,贫困户产业覆盖率88.01%,带动3699户贫困户发展产业。35个贫困村均建立有1个以上农民专业合作社等新型农业经营主体或产业基地,每个村培育3名以上创业致富带头人。建成港丰农牧、东方尚贤、庆丰镇富硒稻、虾谷基地等规模较大、带动能力较强的扶贫产业基地。积极探索多元化发展模式,先后研究制订《港北区贫困村村级集体经济发展行动方案》《2018年贫困村集体经济发展扶持方案》等指导性政策文件,统筹780万元集体经济扶持资金继续扶持16个贫困村集体经济发展和3个深度贫困村产业发展,成立村级集体经济组织核算中心、推广"组财村管"制度、攻坚村级集体"三资"清查等工作,推动港北区的村级集体经济发展,全部消除村集体经济"空壳村",港北区102个村实现村集体经济收入550万元,35个贫困村集体收入全部达到3万元以上,其中13个贫困村收入5万元以上,提前达到2020年考核指标,67个非贫困村集体收入全部达到2万元以上。提前完成易地扶贫搬迁"十三五"规划290户、1246人搬迁任务,入住率达100%,拆除旧房193间,完成年度目标任务276%;老乡家园成立"党支部+管委会+合作社"的"一部一会一社"自我管理机构,深入实施"红色一家"工程,设置红色议事站、服务中心多个服务机构;创建老乡家园"共享·微田园"工程,计划流转1000亩土地发展老乡家园扶贫产业基地,在老乡家园建立扶贫车间,帮助35名贫困人员实现家门口就业,确保搬迁户"搬得出、稳得住、有事做、能致富"。易地扶贫搬迁工作综合进度排名自治区第一，多次获得自治区通报表扬，成为自治区易地扶贫搬迁安置点后续管理现场考察点，被列为自治区易地扶贫搬迁示范点。通过送教上门、送特殊教育学校等方式帮助73名残疾儿童获得平等的教育机会，成功劝返建档立卡贫困户辍学儿童29人，2018年脱贫摘帽贫困户和贫困村实现无建档立卡贫困户儿童辍学。全面推进"雨露计划"培训，发放资金166.3万元。落实医疗保险惠民政策，投入约380万元购买"健康扶贫保险"，实现港北所辖医院住院"先诊疗后付费""一站式结算"，贫困户100%落实家庭医生签约服务，建档立卡贫困人员住院报销率达90%以上。多渠道促进贫困劳动力就业，委托定点培训机构开设专业培训，培训贫困劳动力178人；建成扶贫车间15间，设立47个村级公益性岗位，帮助1200名贫困人员实现就业。

【各项综合事业】 2018年，港北区城镇新增就业3556人，农村劳动力转移就业新增4115人，城镇登记失业率1.66%。更新农村劳动力资源数据4333条，发布招聘和培训信息830条，培训和登记就业人员信息6060人次。救助农村低保37977户次、12.53万人次，发放农村低保金2438.38万元；救助城市低保5182户次、9715人次，发放城市低保金345.92万元；救助农村特困供养13856人次，发放特困供养金598.07万元，月人均救助供养水平432元；救助城市特困供养890人次，发放特困供养金73.704万元。加大城乡医疗救助力度，城乡居民基本医疗保险参保57.75万人，救助812人次，发放医疗救助资金321.93万元，其中建档立卡贫困户109户、35.17万元。资助困难参合参保14686人，资助资金208.59万元。发放残疾人两项补贴资金411.87万元。发放孤儿保障金115.32万元，惠及孤儿59人。按时足额给2303名优抚对象发放各类生活补助1459.66万元，给优抚对象购买城乡医保及发放医疗救助52.11万元。实施农村饮水安全巩固提升工程9项，总投资225.31万元，受益人口8875人。实施小型农田水利项目9个(含5个高效节水项目)，总投资1174.29万元，灌溉面积6690亩。完成农机购置补贴资金579.56万元(其中中央补贴资金549.556万元，自治区补贴资金30万元)，任务完成率99.92%；完成为民办实事工程项目农机购置补贴资金380万元，受益农户309户，补助机具438台套。实施教育提升三年行动计划，新增中山幼儿园、港宁幼儿园、县东幼儿园、中山小学、港北二中5所公办学校，实施学校建设项目277个，义务教育学校"大班额"问题得到有效缓解，县西小学、新世纪小学、港宁小学被评为"自治区依法治校示范校"，港北区被评为"全国中小学校责任督学挂牌督导创新县(市、区)"。建成黄大年纪念馆。壮族原生态舞蹈节目《幸福壮家妹》获自治区基层群众文艺会演决赛优秀奖，贵港壮族油纸伞制作技艺列入自治区级非物质文化遗产代表性项目名录。区公共实训基地、区民政公益园儿童福利院、区妇幼保健院业务综合楼、区人民医院门诊医技楼等项目顺利推进。规范政务服务事项管理，办理政务服务事项13.8万件，办理提速达96.48%，行政审批效能位居广西42个城区前列。大力推进"一事通办"改革，实现"一次不用跑"事项56项，"最多跑一次"事项626项。深化商事登记制度改革，发放"多证合一"营业执照9020张。落实减税降费政策，约20.19万户纳税人受益，减免税收5.27亿元。举行庆祝自治区成立60周年系列活动，并圆满完成中央代表团在港北的慰问活动。防风险工作稳步推进，建立健全政府性债务管理机制，全力防范化解政府债务风险；落实安全生产责任制，港北区没有发生重特大生产安全事故；加强食品药品监管，年内无重大食品药品安全事故发生；积极开展"书记大接访"活动，调解"三大纠纷"案件55件，化解信访历史积案49件；创新网格化社会管理模式，加强社会治安综合治理，不断完善"天网""天眼"工程，严厉惩治违法犯罪行为，扫黑除恶专项斗争成绩显著，禁毒工作再上新台阶，社会治安秩序持续稳定；加强社区矫正工作，年内无服刑人员脱管、漏管现象；应急管理、消防救援等工作扎实开展，群众安全感和政法队伍满意度大幅提升，创历史新高。

【广西平天山(贵港)登山赛】 2018年10月13日，"2018重阳中国健身名山·广西平天山(贵港)登山赛"在港北区平天山国家森林公园举行。此次赛事由中国登山协会、中国风景名胜区协会、贵港市人民政府、自治区旅游发展委员会、自治区林业厅、自治区体育局联合主办，港北区人民政府、贵港市旅游发展委员会、贵港市林业局、贵港市体育局、共青团贵港市委员会、贵港市老龄工作委员会共同承办，"亿上国际汽车城"冠名。2500多名中外登山健儿在海拔1157.8米的平天山激烈角逐，共同完成2018年重阳中国健身名山·广西平天山(贵港)登山赛事。贵港籍世界锦标赛举重冠军丘乐，北海籍运动员、亚洲百米飞人劳义参加此次活动开幕式并领跑。比赛设男、女竞技组，家庭双人组，健身组和企业团体组4项，比赛赛程总长8.1千米。本次登山赛是中国健身名山登山比赛2018年的“收官”之战。

（廖广越）

港南区

【概　况】港南区位于贵港市南部。2018年，辖2个街道、7个镇，行政区域面积1225平方千米，年末人口70.45万人，其中农村人口56.88万人，人口自然增长率11.52‰。全年实现地区生产总值111.24亿元。其中，第一产业增加值22.85亿元，第二产业增加值44.28亿元(其中工业增加值32.78亿元)，第三产业增加值44.11亿元。固定资产投资20.6亿元。社会消费品零售总额49.88亿元。完成财政收入10.18亿元，其中一般公共预算收入49065万元、一般公共预算支出213843万元。城镇居民人均可支配收入31223元；农村居民人均可支配收入14017元。先后获全国粮食生产先进县(市、区)、全国生猪调出大县(市、区)、中国羽绒之乡、广西产粮大县(市、区)、富硒农业之乡、广西经济发展十佳县(市、区)、广西林业产业发展十强县(市、区)等荣誉。年内，被自治区列为“一事通办”改革试点、乡村风貌提升三年行动试点和新时代文明实践中心试点单位，被评为国家级信访“三无”县(市、区)，获得“2017年度广西科学发展进步县”称号。

【工业发展】2018年，港南区深入推进“工业提质增效年”活动，工业增加值32.78万元，规模以上工业总产值同比增长27.1%，规模以上工业增加值同比增长17%。新增规模以上工业企业64家，新增数量排名广西各县(市、区)第一。获自治区和贵港市推动经济高质量发展情况“红榜”通报22次。木业产业提档升级加快，胶合板产业链全覆盖，高档板材和板式家具制造在木业产业中比重不断增大，全年实现税收4.2亿元，同比增长81%，产值超142亿元。港南木业品牌效应不断增强，东海木业入选农业产业国家重点龙头企业。羽绒产业实力持续提升，全年实现税收1.02亿元，同比增长8.6%。电子信息产业加快集聚，新引进盛科达电子等综合实力强、效益好的大项目。嘉龙海杰电子科技园项目建设进展迅速，是自治区2018年工业高质量发展大会现场参观点。

【农业发展】2018年，港南区粮食总产量23.7万吨。中国好粮油项目顺利实施，粮食直补订单6万吨，排自治区第3名。现代农业示范区增点扩面提质升级，累计建成各级现代示范区(点)72个，其中自治区级(核心)示范区2个、县级示范区4个，实现每个镇有一个乡级以上示范区的目标。富硒农业连创佳绩，在第五届世界硒都(恩施)硒产品博览交易会上，港南区4个农产品获“中国名优(特色)硒产品”称号。新增广西富硒农产品认定3个，累计认定数达到13个；新认证“无公害农产品”品牌9个，“满田乐富硒米”获评为首届广西好食材，“木梓阿婆茶”通过国家农产品地理标志登记评审。新增农民专业合作社109家，家庭农场30家；培育自治区级以上示范农民专业合作社4家，自治区级示范家庭农场18家。港南区农机化水平稳步上升，水稻耕种收综合机械化水平达84.6%。

【现代服务业发展】2018年，港南区社会消费品零售总额50.6亿元，同比增长8.5%，成功入选自治区第三批全域旅游示范区创建单位。服务业增加值占地区生产总值比重39.5%，餐饮、住宿、保险、电信、家政等服务业稳步发展，汽车南站农贸综合市场投入使用，苏湾综合物流园区全年吞吐量达到1143万吨；服务产业新业态趋于丰富，逐步向现代物流、文化旅游、商贸流通、电子商务等领域拓展延伸。成功举办四季花田“三月三”开耕节，在广西新闻频道进行直播推介。

【项目建设】2018年，港南区深化细化“项目建设效益年”活动，谋划储备重大项目177个，总投资512.7亿元。其中，申报列入广西乡村振兴“三年行动计划”项目库的项目124个，计划总投资203.2亿元。完成继禹环保、桥圩·羽绒谷等项目详细性规划。项目建设用地得到有力保障，新增建设用地指标2087.6亩，率先在全市完成2017年自治区追加用地指标与2018年市级用地指标“双指标”的报批工作。完成土地征收6124亩，房屋征收6.4万平方米。其中，净地交付江南商贸城二期、海事工作船码头等项目75个。港南区列入市级以上层面主要建设项目62个，完成投资25.6亿元。

【脱贫攻坚】2018年，港南区全面落实精准扶贫政策措施，投入财政扶贫资金1.53亿元，实现8197人脱贫、20个贫困村摘帽。扬翔公司

"一十百千万"扶贫经验在广西多个县(市、区)得到推广;实现所有贫困村、建档立卡贫困户扶贫项目全覆盖。通过飞地抱团发展、龙头企业带动等模式,引导打造扶贫车间16间,整合扶贫资金2180万元发展壮大村级集体经济,全面消除集体经济"空壳村"。贫困村基础设施不断改善,建成86条、33.6千米村屯道路;实施农村饮水安全巩固提升工程项目11个,电网改造项目2个,贫困户危房改造466户。大力开展"雨露计划"等贫困生资助活动,发放资助金500万元。易地扶贫搬迁工作稳步推进,提前完成"十三五"期间381户、1602人的易地扶贫搬迁任务及261户搬迁户旧房拆除工作。港南区获2018年度广西非贫困县考核一类县二等等次,易地扶贫搬迁工作经验被国务院扶贫办宣传。

【城镇建设】 2018年,港南区统筹做好城区公共设施建设规划,确定港南消防大队二中队、港南区人民医院城区分院、安澜小学、滨江路小学选址。综合交通能力得到增强,青云大桥、木格—博白二级路建成通车;峡山—东津公路完成路基建设;苏湾作业区进港公路通车,进港铁路纳入国家"十三五"港口集疏运系统建设方案。"中梁·国宾首府"、江南郡都、桂花小区、南江市场改造、罗泊湾安置区等多个项目开工建设。加快智慧城市建设速度,制订《港南区智慧城市建设方案》,"城市大脑"建设迈出重要一步。深入开展"六城联创"工作,城区文明程度不断提高,食品安全水平持续提升,园林绿化景观提档升级,城市环境更加生态宜居,郁江两岸综合治理工程项目有序推进。木格、湛江、木梓、瓦塘等镇小城镇开发项目建设步伐加快,桥圩羽绒科创小镇成功列入2018年第一批自治区创新小镇培育名单。

【乡村建设】 2018年,港南区持续深化"宜居乡村"产业富民、服务惠民、基础便民专项活动,农村土地"三权分置"改革有序推进,港南区161个行政村土地确权工作已完成自治区级验收,颁发确权证书12.6万本,颁证率98.2%。加强农田水利工程和农村人饮工程建设,完成水利水电固定资产投资2670万元,新增、恢复和改善灌溉面积1.03万亩,新增高效节水灌溉面积6000亩。新修、改扩建252条共158千米村屯道路,167个行政村(社区)全部建成村级综合服务中心。深入开展农村人居环境三年行动,完成农村改厨5000户、改厕5000户。湛江平江村罗塘屯和田寮屯被列入广西乡村风貌提升三年行动试点村庄,是全国改善农村环境示范村、全国生态文化村。

【民生保障】 2018年,港南区统筹安排教育、社会保障和就业、医疗卫生等民生支出18.8亿元,同比增长14.6%,占一般公共预算的88.0%。就业形势保持稳定,城镇新增就业人数3020人,农村劳动力转移就业新增人数5217人,精准扶贫转移就业人数363人。城乡医疗保险覆盖60万人,城乡居民养老保险覆盖24万人,贫困人口住院费用报销比例达到90%以上。健全和完善兜底性社会救助体系,农村最低生活保障标准提高12.5%,发放低保、优抚、特困人员供养等各类救助补助资金6207万元。

【"印象港南"展馆建成揭牌】 2018年12月4日,港南区举行"印象港南"展馆开馆揭牌仪式。展馆展厅面积400平方米,以图文、视频、和实物(实样)展示的形式,结合声光电,全方位、多视角、深层次展示港南历史文化的独特魅力和当前港南的建设成就以及未来港南的发展规划。 (余力为)

覃塘区

【概　况】 覃塘区位于贵港市西北部,区政府驻地在覃塘街道办六务村中山大道1号,距贵港市城区20千米。东邻郁江,与港北区和港南区接壤,南与南宁市横县相连,西与南宁市宾阳县毗邻,北与来宾市兴宾区、武宣县为邻。国道209线和324线在覃塘城区交汇,广昆高速公路、贵港至隆安高速公路穿境而过,在建覃塘城区至贵港市产业园石卡园区一级路,黎湛铁路复线、南广高速铁路横穿全境,西江流域郁江流经辖区。境内大地构造属华夏构造体系和广西山字形构造的前面孤顶区,以平原、台地和山丘地形为主,东部有莲花山脉,主峰平天山海拔1158米,西部有镇龙山脉,主峰镇龙山海拔1170米,形成东西高,中间低,东西窄,南北长的石灰石岩溶孤峰平原,南北长67千米,东西宽24千米。行政区域面积1502平方千米,辖1个街道办7个镇、2个乡,139个村、7个社区,2018年末人口60.99万人,其中少数民族人口37万人,人口自然增长率8.8‰,耕地面积6.2万公顷,林地面积3.3万公顷,森林覆盖率38.89%。辖区内主要旅游景点有"荷美覃塘"乡村旅游区、九凌湖、平天山、龙泉水上世界、平龙水库、八台山等，是“全国休闲农业和乡村旅游示范县（市、区）”，其中灵龟宝山秀美壮乡、九凌湖锦绣乡村获评为2018年广西休闲农业与乡村旅游示范点。

2018年，覃塘区地区生产总值159.18亿元，同比增长15.3%，比全国、广西、贵港市分别提高8.7个、8.5个和5.3个百分点。三次产业比例17.9∶51.9∶30.2，第一产业增加值28.48亿元，增长4.7%；第二产业增加值82.64亿元，增长26.2%；第三产业增加值48.06亿元，增长8.7%。财政收入12.72亿元，增长43%。全体居民人均可支配收入22358元，增长8.8%。社会消费品零售总额48.83亿元，增长6.4%。全社会固定资产投资125亿元，增长21.6%。实际利用外资8500万美元。县域经济综合实力进一步增强，在自治区重点开发区的综合排名从20名进步到第9名，2018年覃塘区获“广西科学发展进步县”“广西工业投资评价优秀单位”称号。

【工业发展】 2018年，覃塘区继续深化开展“六个年”活动，提出工业实现“工业提质增效年”“企业服务品牌年”“县域经济发力年”目标任务，制订出台《关于推动覃塘区工业高质量发展的实施方案（2018—2020年）》，编制《贵港市覃塘区汽车产业发展战略规划》，初步形成“1+3”工业产业体系（即1就是以新能源汽车制造业为代表的新兴产业，3就是板材业、精细化工、水泥建材三大传统产业）。新兴产业在华奥新能源汽车、腾骏汽车等企业带动下，覃塘区年内引进一批新能源汽车上下游产业，3月9日引进投资35亿元的平铝轻量化车厢项目落地贵港市产业园石卡园区。腾骏汽车具备下线条件，华奥二期工程建设进入设备安装阶段。年末华能风电有11台机组实现并网发电，古平水库渔光互补、金沙农光互补项目部分投产，贵和科技、伟特电子、兆泰电子等电子信息产业项目实现投产，新兴产业从无到有，逐步发展壮大。覃塘区产业园列为自治区重点县域工业园区，其中甘化园区进驻企业31家，迅发化工、中恒化工项目实现试产。一批板材项目如湘佳、亿松、航凯等生态板、饰面板项目建成投产，年内新增22家板材企业转入规模以上企业，覃塘区板材规模以上企业产值实现110亿元，板材业成为覃塘区第一个百亿元产业。水泥建材业实现转型升级，华润装配式建筑、台泥水泥窑协同处置固体废物项目实现开工建设。工业占地区生产总值的比例为45.1%，规模以上工业企业129家，其中2018年新增规模以上工业企业37家，规模以上工业总产值增长48.4%，增速排在全市第一；规模以上工业增加值增长33.8%。新能源汽车年产量2438辆，水泥产量1461.7万吨，水泥熟料1218.9万吨，商品混凝土34.5万立方米，发电量20902万千瓦时，甲醛24.985万吨，人造板711.31万立方米。规模以上工业企业生产用电量150771万千瓦时，规模以上工业增加值能耗同比下降27.6%。

【农林水产业】 2018年，覃塘区粮食种植面积57.9万亩，粮食总产量20.57万吨，获产粮大县中央财政奖励1092万元。建成一批现代特色农业示范园区，新增县级示范区2个，乡级示范园10个，村级示范点48个，“荷美覃塘”莲藕产业（核心）示范区入围自治区2018年田园综合体备选试点项目。富硒农产品生产基地扩大到1.47万亩，年内新增富硒农产品认证1个，贵港市江隆农业有限公司获富硒田螺认定。累计有7个产品获得富硒农产品认证，分别是富硒红米、富硒黑米、富硒蛋、富硒鳖、富硒田螺、富硒茶、富硒金花茶。实施“双高”糖料蔗基地2万亩，自治区“双高”基地建设年中工作会议在覃塘区樟木显滕片区、邓保片区现场参观点。覃塘区甘蔗产量117.05万吨，增长1.6%。樟木镇率先实行“土地预流转”模式，截至年末覃塘区土地流转面积累计18.7万亩。年内新增农民专业合作社91家，家庭农场20家，市级农业产业化重点龙关企业3家。畜禽生态养殖认证75家，占覃塘区规模养殖场的89%，生猪出栏49.95万头，增长3.2%，连续7年获得全国生猪调出大县奖励。肉类总产量49012吨，增长2.9%。其中，猪肉总产量39808吨，增长3.3%。8月31日，在覃塘区举行贵港市2018年高致病性猪蓝耳病疫情应急演练，重大动物疫病防控成效明显，年内覃塘区无非洲猪瘟疫病发生。农机总动力52.16万千瓦，各类拖拉机2.64万台套，其中大中型拖拉机799台套、配套农机具1.40万台套，发放农机购置补贴资金370万元，受益农户148户。新增农机专业合作社1家，累计15家；新成立机械化粮食烘干中心1家，累计3家；新建机械化育秧工厂1家。完成水利建设项目投资2466.38万元。8月，覃塘区鲤鱼江黄练镇河段整治工程通过完工验收，治理河道总长3.75千米。10月，三渌水库除险加固工程开工建设，总投资1701.75万元，其中中央及自治区投资1642万元。实施农村饮水安全工程项目15个，总投资

400.87 万元,实施高效节水灌溉工程 3 项,总投资 780.87 万元。林产品加工企业累计 852 家,其中规模以上企业 93 家,年内板材新增规模以上企业 22 家。覃塘区植树造林总面积 2.8 万亩,全民义务植树 80 万株,中央财政造林补贴项目 0.2 万亩,中央财政森林生态效益资金发放面积 17.94 万亩,发放资金 264 万元。覃塘区在广西古树名木系统登记待审核认定古树名木 686 株,包括榕树、朴树、龙眼、樟等树种,其中一级古树(树龄 500 年以上)1 株、二级古树(树龄 300~499 年)12 株,三级古树(树龄 100~299 年)466 株,准古树(树龄 80~99 年)207 株。年底开始,覃塘区开展古树二维码智能信息牌挂牌工作。年内,“广西覃塘农业科技园区”通过自治区验收,成为首批广西农业科技园区。大岭金沙生态农业获批为自治区级星创天地,“覃塘莲藕”“覃塘毛尖”地理标志商标成功注册。

【服务业发展】 2018 年,覃塘区列入自治区级全域旅游示范区创建单位,全域旅游 PPP 项目列入自治区重大项目库,年内完成 9 个旅游规划编制,荷美覃塘景区获评为国家 AAAA 级旅游景区,灵龟宝山乡村旅游区获评为广西四星级乡村旅游区。举办第 32 届全国荷花展暨第五届“荷美覃塘”荷花节,接待旅客 220 万人次,旅游总消费 21 亿元。广西永泰跨境电子商务产业园实现开园,第一个跨境电商平台投入运营,跨境电商已在广西整合农特产品签约企业达 50 家,其中贵港市签约企业 35 家、广西其他地市签约企业 15 家,产品种类近 300 种。覃塘产业园与深圳跨境电商协会达成战略合作,通过垮境电商协会,引进跨境企业 5 家,合作跨境产品种类 30 种。农村“邮乐购”电子商务服务站 148 个,覆盖覃塘区 117 个行政村,包括 38 个贫困村,贫困村电子商务站点覆盖率 84.4%。逐步实现邮政农村电商一体化运营建设,形成“乡有电商店面、村有电商网点”格局。全年覃塘区“邮乐购”电商网点产生消费销售订单笔数 788 笔,带动农村电商合计销售金额 45 万元。港口货物吞吐量 1258 万吨,增长 7%。

【项目建设】 2018 年,覃塘区深化拓展“项目建设效益年”活动,招商引资签约项目 67 个,涉及总投资 139.2 亿元,实现 43 个项目落地开工建设。其中,总投资 35 亿元的平铝集团年产 500 万平方米铝模板及 10 万个铝车厢投资项目完成施工图设计及审图、临时变压器安装、临时办公区建设、用地报批、地勘等工作,正在开展项目环评、水保、安评(含职业卫生)报告编制及审批、报建等前期工作,以及进行围墙建设、2#、3# 厂房基础开挖及浇筑。位于甘化园的电镀园项目完成土地平整、地勘等前期工作,正在进行环评、安评、施工图设计等工作。华奥汽车项目二期进入设备安装阶段,腾骏汽车获得国家工信部整车生产资质,汽车具备下线条件,久久星电动车下线投产。华能贵港清洁能源公司七星岭风电项目有 11 座机组并网发电,贵隆高速公路、覃塘城区至石卡产业园一级公路加快推进。全年覃塘区项目建设中,列入自治区层面统筹推进重大项目 11 个,总投资 120.7 亿元,年度完成投资 33 亿元;市级层面重大项目 66 个,总投资 287.4 亿元,年度完成投资 49.7 亿元。2018 年覃塘区获得自治区乡村振兴产业发展基础设施公共服务能力提升三年行动计划专项资金 16 个,补助资金 4380 万元,其中旱河西路、培仁大道、甘化大道、甘化污水处理厂、覃塘区图书馆实现开工建设;获得中央预算内投资项目 15 个,中央投资 9214 万元,年内完成投资 8413 万元。

【园区发展】 2018 年,贵港市覃塘区产业园被确认为广西重点县域工业园区,其前身为贵港(台湾)产业园,成立于 2009 年,2011 年确认为自治区 A 类园区,2018 年《贵港市覃塘区产业园总体规划修编(2017—2035)》通过专家评审会并完成报批初稿;《贵港市覃塘区产业园区总体规划修编环境影响报告书》获得批复;11 月 8 日,《供热规划》以及《热电联产规划》通过专家评审会通过审查。园区总体规划为一园三区的结构,即综合产业中心区(含甘化园区、林循区)、两个副园区(东龙片区、黄练工业集中区)。规划区控制范围为 38.04 平方千米,其中建设用地面积为 33.79 平方千米。年内,完成林循区 12000 亩和东龙片区 1400 亩的地形测绘以及影像图航拍。完成征地 6675 亩,其中石卡园 3400 亩、甘化园 2100 亩、林循区 1175 亩。年内覃塘产业园区获得用地指标 1309.08 亩。园区主导产业为装备制造、精细化工、林产品加工及家具制造,布局金属电镀、建材、新材料产业等。入园企业累计 96 家,其中建材业 4 家、化工业 33 家、板材业 37 家。新签约入园项目 25 个,占地面积 1726.7 亩,总投资额 78.55 亿元,年内实现新开工项目 10 个,完成投资 6.78 亿元。园区实现规模以上工业总产值 68.72 亿元,规模以上工业增加值 16.49 亿元,入园企业完成税收 5.77 亿元。

【城乡建设】 2018年,覃塘区深化拓展“城市发展跃升年”活动,完成编制覃塘新区控制性详细规划与城市设计、《覃塘区乡村振兴战略规划(2018—2022年)》。覃塘新区完成建设布山古郡一期、接待中心、启源广场、荷城实验小学和幼儿园、中央文化大街、环城水系、稻作广场等项目。贵港城区至324国道(覃塘段)改建为城市道路,贵隆高速覃塘出口至覃塘火车站一级路开工建设,平龙大道、培仁大道等城区道路的供水管网、排污管网、燃气管道实现开工建设。完成覃塘城区的振兴路、民族路、百信超市至建行路及华西街等街道白改黑改造提升,配套相应的市政基础设施。改造街道总长度为1665米,投资1200万元。覃塘、东龙污水处理厂负荷率超过30%,进水COD(化学需氧量)浓度达到70毫克/升以上,达到稳定运营标准,樟木、石卡、黄练、三里、五里等乡镇污水处理厂试水运行。完成覃塘镇2017年保障性安居工程配套基础设施项目,改造及修复道路21290平方米,埋设雨(污)水管9757米,供水管1270米。建成覃塘街道办江屋屯、蒙公镇新归屯等5个乡土特色项目。完成8000户农村改厕改厨工程,完成83.9千米“四好农村路”。完成黄练镇葵新村新寨屯、莫村莫村屯、覃塘街道杨志村杨乍屯、樟木镇沙水村甘沙屯、山北乡石马村石磨屯5个试点照明项目建设,安装84盏太阳能路灯,其中24盏装有灯杆、60盏挂壁。实现146个行政村(社区)100%达到通客车班线条件。

【招商引资】 2018年,覃塘区积极组织参加各种招商引动活动。9月13日,参加第十五届中国—东盟博览会覃塘专场推介会。年内,新引进项目37个,其中亿元以上(含亿元)投资项目30个,投资总额110.05亿元,主要项目有山东久久星轴承有限公司投资10亿元的年产5000万套精密轴承项目、广西贵港鑫鼎钙业有限公司投资5.5亿元的年产120万吨碳酸钙项目、贵港市桂之源新能源有限公司投资4.6亿元的贵港覃塘区金沙60兆瓦农光互补光伏发电项目、广西平铝集团有限公司投资35亿元的年产500万平方米铝膜板、10万个铝车厢投资项目、深圳市黑茶时代科技有限公司投资7.3亿元的新物联网智能产业园一期项目、四川弈新实业有限公司投资6亿元的电镀产业园项目、华润水泥投资有限公司投资4亿元的华润装配式建筑项目等。新签约亿元项目开工16个,招商引资实际到位资金完成101.59亿元,完成目标任务90亿元的112.8%;全口径实际利用外资完成8500万美元。

【脱贫攻坚】 2018年,覃塘区开展“精准扶贫突破年”活动,建成广西首个县级村集体经济孵化器,建成覃塘区农村产权交易中心,为覃塘区村集体经济发展提供市场咨询、农资供给、人员培训、产品展销、项目培育、金融信贷等一站式服务。孵化器引进华夏助农、汉世伟等农业龙头企业12家,进驻孵化4大类、34个项目。45个贫困村集体经济年收入达到3万元以上,创建贫困村新型农业经营主体74个,建设产业示范点34个,培育创业致富带头人135名,覃塘区“5+2”特色产业覆盖率93.9%。印发《2018年覃塘区贫困村、贫困户扶贫资金建设出租猪舍项目实施方案》,整合资金1373万元建设猪场,采取“龙头企业+基地+贫困村+贫困户”模式,覆盖2016、2017年已脱贫户和2018年预脱贫户共4414户。全年实现16个贫困村、1768户、7818人贫困人口通过脱贫认定。确保易地扶贫搬迁安置小区建成“老乡家园信息化云平台”、扶贫车间,实现贫困户搬得进,住得下,就近就学就业。布山移民安置小区、东龙镇兰山村列为自治区2018年易地扶贫搬迁后续扶持暨拆旧复垦现场会观摩点。发动308家企业参与精准扶贫,83家企业与45个贫困村结对帮扶。覃塘财政投入扶贫资金2900万元,社会各界人士捐款捐物价值477万元,完成56条、47.6千米的村屯道路项目建设;建成扶贫水利项目8个,贫困村村级服务中心1个,贫困户危房改造314户,发放教育资助、“雨露计划”补助13716人次、1760.5万元。公立医疗机构全面建成健康扶贫“一站式”结算平台,贫困人口患病住院费用实际报销比例达90.5%,门诊特殊慢性病个人费用实际报销比例达80%。实行村医签约服务,贫困人口家庭医生签约服务率100%。

【各项综合事业】 2018年,覃塘区投入资金3356万元,用于百所中小学校教师公租房配套基础设施建设,实施薄改计划、校舍维修等教育专项项目198个。新建、维修校舍面积6.28万平方米,建围墙8729米,新建、扩建运动场9.74万平方米,计划总投资10233万元。5月初,覃塘区实验小学、覃塘区实验幼儿园开工建设。覃塘区学前三年毛入学率86%,九年义务教育巩固率达到99%,高中阶段毛入学率88%。覃塘区开展特色学校建设推进年活动,蒙公镇民族初级中学获评为广西壮族自治区第八次民族团结进步模范集体。培育国家高新技术企业3家,自治区创新企业2家,自治区知识产权优势企业1家,入库国家科技型中小企业3家,实现科技成果转化3项,新增市级博士工作站3个,覃塘区有效发明专利拥有量36件。农民工创业园进驻企业10家,新增农民工就业300多个。举办"荷美覃塘"摄影展、原生态山歌对唱、古筝演奏、现场书画展示等活动,开展"庆祝改革开放40周年和广西壮族自治区成立60周年"摄影展活动,展出150副精美摄影作品。年内,文艺作品入展全国性展览13件幅,入展自治区级展览10件幅,入展市级展览12件幅,入选自治区展演的文艺节目3个。年内,举办文艺演出、体育赛事、戏曲下乡、非遗展示、图书阅览、公益讲座等文体活动2000多场次。其中开展十九大主题的"送戏下乡"20场次,惠及群众3万多人次。创建"健康贵港·休闲运动示范点"4个,举办首届"荷美覃塘"杯广西气排球精英邀请赛。推荐东龙镇长岭村胜利节申报第七批自治区级非物质文化遗产代表性项目。广西省代表大会(三里"罗村会议")旧址红色革命教育基地开工建设。覃塘区城镇新增就业2245人、农村劳动力转移就业新增5423人,城镇登记失业率为0.04%。城乡居民基本医疗保险参保率为98.7%,城乡居民养老保险参保率100%,人口自然增长率8.8‰,农村卫生厕所普及率达到98.8%。国家基本药物制度实现区、乡(镇)、村三级政府办医疗机构全覆盖。区域医共体建设参与率100%,区人民医院门诊急诊综合楼投入使用,新增业务用房面积1.4万平方米、床位100张、诊室40间。覃塘区妇幼保健院(二级)、民族医院、第二人民医院开展项目前期工作。覃塘区人民医院通过国家二级甲等综合医院复审,樟木中心卫生院被国家卫计委授予"群众满意的乡镇卫生院"称号。 (覃国祥)

平南县

【概　况】 平南县位于贵港市东北部。辖16个镇,3个乡(含2个民族乡)、2个街道,县人民政府驻地在平南街道。行政区域面积2989平方千米,其中县城区建成区面积26.43平方千米。2018年末人口153.96万,其中瑶族人口9.2万、壮族人口3.1万,人口自然增长率9.42‰。耕地面积6.13公顷,粮食播种面积6.75万公顷,经济作物种植面积2.24万公顷,森林面积17.89万公顷。社会用电量(含华润)19.17亿千瓦时。农业机械总动力87.9万千瓦。高铁动车路程25千米,等级公路里程1366.7千米(其中二级以上公路225.6千米)。主要旅游景区(点)有大新新桂园,大安古建筑群、北帝山旅游区、大桂山、畅岩怀古、平南奇湖山庄、平南德湖山庄、平南生态公园、平南雄森动物园等,全年接待游客403万人次。重要矿产资源有石灰石、红砂石、花岗岩、铁、锰、铜、铅、锌、黄金等,其中石灰石储量48亿吨,含钙量52%~54%。地方产品有大米、甜麦菜、空心菜、大白菜、苦瓜、豆角、莲藕、龙眼、荔枝、柑橘、青枣、黄皮、余甘果、木薯、马铃薯、蚕丝、甘蔗、葛薯、淮山、凉粉草、鸡骨草、茶叶、食用菌、百香果、八角、肉桂、干果、果脯、腊肉、水泥、石灰、编织品、沙砖、页岩砖、五金制品、灯饰品、酒精、农药、服装、饲料、塑制品等。知名地方品牌有华润水泥、三利小刀、平丹大玉余甘果、红心食品、仙珠食品、陈房花生饼、雄森补骨酒。传统名吃有思旺桥头粉、平山鱼生、六陈钵儿粿等。

全年实现地区生产总值285.6亿元,财政收入19.86亿元,固定资产投资130.9亿元,城镇居民人均可支配收入30205元,农村居民人均可支配收入13540元,社会消费品零售总额79.53亿元。

【工业发展开创新局面】 2018年,平南县坚持"工业兴县、工业强县"理念,提高工业发展质量,被列入广西第一批工业重点县。全县新增规模以上工业企业6家,总产值超亿元的规模以上工业企业达65家;建材业产值达134亿元,占全市的64%以上。万机科技等3家企业被认定为国家高新技术企业;华润公司入选国家工信部绿色制造名单。全力打造木材加工、纺织服装、水暖五金三大产业,建设三大产业园区的工作思路,年末初步完成规划布局,完成大成工业园征地400公顷,有意向进驻企业100多家,正式签约项目10个。

【项目建设稳步推进】 2018年,平南县继续开展"大招商、招大商"活动,新引进招商项目47个、合同投资额233亿元。其中,新引进亿元以上项目33个、开工12个,分别完成贵港市下达年任务的184%、172%,发展后劲不断增强。创新实施"五片区"协同作战和"七同步"征拆工作方法,成立征拆处遗领导小组,解决征拆难题,全力提供用地保障,完成征地1067公顷,拆除违法建筑面积6万平方米。

【现代农业活力增强】 2018年，平南县实施乡村振兴战略和农业增效工程，坚持走特色农业产业化发展道路。完成农村土地确权登记颁证24万户、完成率99.91%；流转土地5.6万亩，促进现代农业规模化发展。创建平南石硖龙眼中国特色农产品优势区、全国平安农机示范县国家级示范区2个、创建“活力龚州”生态循环现代农业示范区、石硖龙眼现代特色农业核心示范区、北帝山森林生态文化旅游核心示范区自治区级现代农业示范区3个。打造县乡村级现代农业示范园区120个；新增富硒农产品品牌9个，总数达到17个。完成余甘果国家地理标志认证，高产栽培技术推广示范项目通过国家验收。石硖龙眼被评为首批广西农产品区域公用品牌，平南农业科技园区被评为广西首批农业科技园区，农业品牌建设成效凸显。被农业农村部、财政部列为畜禽粪污资源化利用整县推进试点县，获中央财政扶持资金5000万元。

【第三产业发展】 2018年，平南县特色旅游业和服务业得到快速发展。创建3个国家AAAA级旅游景区(雄森动物大世界、龚州公园、北帝山旅游区)，实现AAAA级景区零的突破；打造垌美生态园等一批自治区星级乡村旅游区(农家乐)；成功举办汽车场地越野争霸赛、“5·19”中国旅游日系列活动、国际龙舟邀请赛和中国(平南)富硒石硖龙眼节等大型活动。全年接待游客人数403万人次，增长42%；国内旅游总消费51亿元，增长49%。

【脱贫攻坚成果丰硕】 2018年，平南县深化拓展“扶贫富民工程”，投入2亿多元完善贫困村基础设施和发展扶贫产业，29个贫困村、17462名贫困人口脱贫摘帽。全县73个贫困村均打造100亩以上产业基地，产业覆盖率92%，实现“一村一品”产业发展目标；率先在全市完成村级集体经济收入年度目标；3817名贫困群众有了温暖的新家。

【城乡面貌焕然一新】 2018年，平南县深化拓展城乡升级工程，完成城区“五化”工作，“一江两岸”主题景观带不断完善提升，塑造城市良好形象。平南二桥、疏港大道等建成通车；平南三桥、荔玉高速等项目开工建设，城乡路网不断完善，连续两年被评为“四好农村路”自治区示范县。特色小镇创建工作扎实推进，大安节庆装饰品小镇被列入首批广西特色小镇培育名单。

【教育事业发展】 2018年，平南县落实教育项目建设资金7亿元，义务教育均衡发展通过国家教育督导评估，龚州中学、大安高中分别通过自治区示范性普通高中、星级特色普通高中的验收评估。

【生态环境持续向好】 2018年，平南县全面推行河长制，压实县乡村三级河长责任，江河湖库“水清、岸绿、河畅、景美”。贵港市河长制工作现场会在平南县召开；“33012”工作法获广西河长制工作简报推广。整治“小散乱污”企业295家。全县森林覆盖率为56.8%，高于全市10.4个百分点；全年空气质量优良天数328天、优良率为93.4%，高于目标值4.9个百分点。镇隆镇富藏村被评为“全国生态文化村”，大安镇、镇隆镇获评“自治区生态乡镇”，镇隆镇廖村、官成镇新建村被评为广西乡村建设示范村，全县生态村镇建设实现新突破。

【举办全域旅游主题推广活动】 2018年5月19日，2018年“中国旅游日”广西分会场暨贵港市(平南)全域旅游主题推广活动开幕式在平南县雄森动物大世界举行。活动包括广西旅游商品展销、“平南好味”民俗美食节、“乐游平南”主题活动、“龙聚西江·情满龚州”国际龙舟邀请赛等。依托平南“南雄北帝”的旅游特色，整合欢乐民俗、主题游乐、诗歌音乐、文艺会演、体育运动、没事特产等多元化元素，串联平南县城及特色景区资源，以点带面辐射贵港旅游。

【举办平南·国际龙舟邀请赛】 2018年5月20日，“庆祝自治区成立60周年”广西龙舟系列赛暨“龙聚西江·情满龚州”2018年平南·国际龙舟邀请赛在平南县举行。

比赛设男子组22人龙舟300米直道赛竞速与男子组22人龙舟800米直道赛竞速2个项目。来自美国、摩洛哥、巴基斯坦、加拿大和中国香港、澳门、广州等国内外32支队伍汇聚平南，挥浆争游。龙舟赛吸引8万多观众，引起了广泛的影响。

【举办中国(平南)富硒石硖龙眼节】 2018年7月31日，平南县以“南雄风雅龚州醉，北帝山奇龙眼香”为主题的中国(平南)富硒石硖龙眼节在石硖龙眼特色农业核心示范区开幕。邀请各级新闻媒体和知名水果经销商，共同参与“平南石硖龙眼品鉴”“平南特色农产品展销”“石硖龙眼趣味采摘”“参观石硖龙眼母本园”“石硖龙眼推

介暨项目签约大会”“平南农旅资源推介”等活动。（覃　永）

桂　平　市

【概　况】桂平市位于贵港东北部，黔江、郁江、浔江在城区交汇。南宁至广州高速铁路、贵港至梧州高速公路、桂来高速公路及南梧、武平、玉桂二级公路纵横其中。辖21个镇5个乡、432个村(社区)。市人民政府驻西山镇，行政区域面积4074平方千米。2018年末人口203.4万人，其中乡村人口168.3万人，有壮、瑶等少数民族约13.9万人，人口自然增长率6.762‰。耕地面积11.6万公顷，农田有效灌溉面积5.5万公倾，粮食播种面积104万公倾，经济作物种植面积2.6万公顷，林地面积301.6万公顷。社会用电量17.98亿千瓦时。农机总动力134.2万千瓦。等级公路里程2527.9千米，其中二级以上公路里程165.97千米。主要旅游景区(点)有西山风景名胜区、龙潭国家森林公园、太平天国金田起义地址、大藤峡、白石洞天、罗丛岩、东塔、北回归线标志公园和西山泉汽车露营基地等。其中西山风景名胜区、龙潭国家森林公园和太平天国金田起义地址为国家AAAA级旅游景区；太平天国金田起义地址、东塔是国家、自治区重点文物保护单位，大平山是国家重点动植物保护区。西山泉汽车露营基地获得全国五星级汽车自驾运动营地称号，是广西首家五星级汽车自驾运动营地。西山泉国际养生旅游文化综合区被评为自治区级旅游度假区。新增广西休闲农业与乡村旅游示范点2个，五星级农家乐实现零的突破。成功举办2018年桂平龙潭森林国际半程马拉松赛，全面开启“旅游＋体育”发展新模式，全年旅游消费126.19亿元，增长25%。重要的矿产资源有锰、锡、铝锌、重晶石和大理石，其中锰储存量为3000万吨。著名地方产品有乳泉井酒、西山茶、麻垌荔枝、龙眼、西山香米、富硒优质米、罗秀米粉、腐竹、木薯、八角、肉桂、沙姜、竹笋等。桂平黄沙鳖、金田淮山、桂平西山茶、桂平白石山铁皮石斛、麻垌荔枝是国家地理标志保护产品。同时特色农业提档升级，新增“三品一标”产品认证5个，金田淮山、西山茶被评为首批“广西农产品区域公用品牌”，桂平市获“广西商标品牌战略实施示范县”称号。桂平市是全国荔枝之乡、淮山之乡、腐竹之乡、广西玉桂之乡、全国武术之乡、中国优秀旅游城市。广西特色旅游名县(市)，获“中国幸福百县”“西部县域经济百强县”“全国基层中医药工作先进单位”“广西科学发展先进县”“广西健康产业发展示范县”称号，获得自治区扶贫开发成效考核一等奖。

2018年，地区生产总值372.81亿元，增长9.3%。其中，第一产业增加值69.34亿元，第二产业增加值172.13亿元，第三产业增加值131.34亿元。财政收入18亿元，增长8.9%。其中，一般公共预算收入10.38亿元，一般公共预算支出73.86亿元。工业总产值402.37亿元，增长12.8%；规模以上工业总产值增长13.1%，规模以上工业增加值增长8.1%，固定资产投资增长17%；社会消费品零售总额136.48亿元，增长7.1%；农林牧渔业总产值117.04亿元，增长6.6%。城镇居民人均可支配收入30164元，增长6.7%；农村居民人均可支配收入14022元，增长10.9%。人民币存款余额417.26亿元，增长8.87%；贷款余额230.24亿元，增长15.74%。外贸出口总额38153.41万元。

【工业发展提质升级】2018年，桂平市推动服装针织等传统产业改造升级，培育电子信息等新兴产业，成功引进三一筑工、振华通讯科技等一批优质工业项目。规模以上工业总产值380.61亿元、增长13.1%，规模以上工业增加值增长8.1%。新增规模以上工业企业8家。新开工产业项目56个、竣工8个。其中，玉柴桂平农光互补光伏发电(二期)、昌成新材料(一期)等工业项目竣工投产。园区道路、排水、排污等基础设施不断完善，新建园区道路3千米，长安工业园区污水处理厂、消防站等项目投入使用，龙门污水处理厂加快推进。木乐农民工创业园通过自治区验收，被评为自治区级示范性贫困县农民工创业园。

【现代服务业发展提速】2018年，桂平市第三产业对GDP增长的贡献率43.8%，同比提高15.5个百分点。旅游产业加快发展，推进国家全域旅游示范区和西山AAAAA级景区“两区联创”工作，其中金田起义博物馆竣工，金田起义景区一级公路等项目即将竣工，西山泉、万隆国际等重大旅游项目稳步推进。西山泉旅游度假区被评为自治区级旅游度假区，新增广西五星级农家乐2家、四星级农家乐1家、广西休闲农业与乡村旅游示范点2个。全年接待游客989.86万人次、旅游消费126.19亿元，分别增长20.09%和25%。商业贸易持续增长，服务业快速发展，新增限上贸易业企业17家。实现社会消费品零售总额136.48亿元，增长7.2%。农村电商较快发展，完成桂平市电子商务公共服务中心建设，建成市、乡、村三级物流配送体系，新增乡镇电子商务服务站和村电子商务服务点78个，全市电商网上交易额1.56亿元，增长30%。

2018年8月8日，桂平市举行招商引资项目集中签约仪式，签约项目8个总投资64.7亿元

【现代农业发展】 2018年，桂平市成功创建维军生态国家级稻渔综合种养示范区。新增自治区现代特色农业核心示范区1个、县级示范区4个、乡级示范园31个、示范点145个。新型农业主体加快发展，新增专业合作社171家、家庭农场52家、村民合作社282家、龙头企业5家。获得“全国生猪调出大县”称号。主要农作物耕种收综合机械化水平达到63.62%，水稻耕种收机械化水平达到84.94%。农产品品牌建设深入推进，获“广西商标品牌战略实施示范县”称号，新增“三品一标”产品认证5个；金田淮山、西山茶获首批“广西农产品区域公用品牌”称号。农村改革稳步推进，农村承包土地经营权确权登记颁证工作、小型水利体制改革基本完成。农村集体产权制度改革完成清资核产工作。

【改革攻坚促发展】 2018年，桂平市坚持把实施“优化营商环境大行动”作为提高综合竞争力、营造良好发展氛围，在思路举措上解放思想。抓住特色，把特色做大、做精、做强，做成独一无二的市场竞争力和发展优势。抓住关键，把握重点环节，集中力量迅速取得突破。完成实施“一次性告知”“最多跑一次”“一次不用跑”三张清单编制工作，实现925项服务事项“最多跑一次”、51项服务事项“零跑腿”。项目投资审批时间压缩至6天，比自治区要求的少14天。持续推进商事登记制度改革，全面落实降低社会保险费率政策。清理规范行政审批事项，推行权责清单制度，公开政府部门权力清单和责任清单。完成河长制改革、事业单位公务用车改革制度，持续深化供销合作社综合改革、乡镇“四所合一”改革。招商引资取得实效，新签约项目24个，合同计划投资总额101.51亿元。实施项目组团突破行动重大项目255项，完成投资105.73亿元。全市项目库新增亿元项目17个，新增建设用地147.53公顷，征收土地12428亩、收储土地1200亩。大藤峡水利枢纽工程库坝区征拆工作基本完成，大成塘移民安置区正式交付移民使用，其他6个移民安置区全面开工建设。

【城乡建设】 2018年，桂平市按照建设“魅力桂平”的思路，勾勒出城市建设总框架，统筹城乡一体化发展，全范围提升城乡发展品质。城市功能稳步改进，加快构建大交通格局，贵港至隆安高速公路桂平段将竣工，开工建设荔浦至玉林高速公路桂平段、平南泗灵至兴业高峰二级路桂平段项目，麻垌至社步二级公路、白兰至蒙圩三级公路稳步推进。玉桂大道、蒙圩大道等主干道工程基本完成，黔江西岸进坝大道、郁江西岸堤路园二期防洪堤工程顺利推进。市政基础设施得到加强，建成镇级污水处理厂5家、新建5家。市污泥处理厂、西山镇官冲口污水处理厂投入运行。推进“厕所革命”建设，城区改建公厕6座、新建旅游厕所6座。江北新区建设取得突破性进展，年内完成征收土地4500多亩，金田大道、龙潭大道将竣工，商住项目安置回建区顺利推进。城市建设管理得到加强，完成人民路立面改造，常态化推进城区保洁、喷雾降尘、洒水保湿等工作，扎实开展城区“五乱”专项整治行动，持续开展“双违”整治行动。乡村建设有序实施，完善“户集、村收、镇运、市处理”垃圾集中处理长效机制，新建乡镇垃圾中转站19个，完成农村危房改造2460户、改

2018 年 12 月 16 日，桂平市市长陈锦秀到南木慰问、检查扶贫工作

厨改厕各 2.5 万户，硬化村屯道路 498 千米，新建、扩建、改造农村饮水安全巩固提升工程 14 个。新建 70 个小型农田水利设施项目，实施水库除险加固工程 7 个。木乐镇全国特色小镇建设工作扎实推进。

【生态环境建设】 2018 年，桂平市全面抓好中央环境保护督察组“回头看”反馈问题整改，及时解决突出环境问题一批。开展大气污染防治攻坚战，整治、关停、取缔排放不达标企业 35 家，改造升级 20 家。加强扬尘综合治理，强制建筑施工工地采取配置洒水、喷淋、喷雾等有效降尘措施。严厉整治物料运输车辆带泥上路、运输撒漏、渣土物料不覆盖等行为。加强乡村秸秆及垃圾焚烧管控。全年城区空气质量优良率达到 94.7%。开展水污染防治攻坚战，拆除水面网箱养殖面积 14.32 万平方米，清除水污染隐患。对乡镇及农村 1000 人以上集中式饮用水源地划定保护区。市辖区内 2 个地表水监测断面水质均达到或优于Ⅲ类标准，城区集中式饮用水水源地水质达标率均为 100%。开展土壤污染防治攻坚战，重点整治木圭矿区非法开采、非法洗选矿行为，关停取缔 31 家非法冶炼小高炉和炼铝窝点。

【脱贫攻坚深入推进】 2018 年，桂平市整合各类财政资金 9.9 亿元用于扶贫工作。大力实施产业扶贫，强化“造血”功能，建档立卡贫困户特色产业覆盖率达到 89.8%。92 个脱贫村全部建有新型经营主体或产业基地，建成 8 个乡村旅游扶贫产业示范点，建成 41 个就业扶贫车间。大力支持发展村级集体经济，村集体经济发展能力得到改善。加大教育扶贫力度，严格落实控辍保学责任，资助各类困难学生 17.85 万人次，发放各项补助资金 1.32 亿元。建档立卡贫困人口全部参加城乡居民基本医疗保险，住院医疗费用实际报销比例 90% 以上，特殊慢性病门诊费用个人实际报销比例达到 80%，符合条件的贫困人员全部参加城乡居民基本养老保险。建档立卡贫困户家庭医生签约率达到 100%。强化扶贫小额信贷资金管理及风险防范，全年分红 4684.57 万元。投入资金 6.73 亿元建设贫困村村屯道路、农田水利、安全饮水、危房改造、电网改造和基本公共服务项目等项目 8288 个。2018 年广西县级脱贫攻坚项目库建设现场推进会暨业务培训会在桂平召开。在全区提前 2 年完成“十三五”易地扶贫搬迁任务；加强易地扶贫搬迁安置移民的服务和管理，支持移民后续发展；做好

2018 年 9 月 16 日，庆祝自治区成立 60 周年，“奔跑吧广西”生态马拉松系列赛（桂平站）暨 2018 广西桂平龙潭森林国际半程马拉松赛开

移民旧房拆除复垦工作。全市28个贫困村、23188名贫困人口通过自治区脱贫摘帽核查验收。

【科教卫文体事业发展】 2018年，桂平市新增国家授权专利35件，每万人口发明专利拥有量增长35.52%。桂平市玉桂农业科技园区被认定为广西农业科技园区，石咀镇小汶农业示范园被评为自治区级星创天地。完成科技成果转化3项，新增贵港市级博士工作站2家、高新技术企业2家。加大教育投入，大力改善教学条件，新建凤凰小学和7所公办幼儿园，新投入使用长安工业园区小学、南木镇京塘小学、寻旺乡南津小学东校区小学3所，改建扩建义务教育学校88所。高分通过自治区和国家义务教育均衡发展评估验收，全区县域义务教育均衡发展现场推进会、全区高考综合改革推进会在桂平召开。大力推进健康桂平建设，深化医药卫生体制改革，不断改善群众就医环境，分级诊疗、医疗联合体改革工作有序推进，城区3家公立医院扩建和新建工程、18个基层医疗卫生机构能力建设行动项目按计划推进，金田中心卫生院升级为县级二级综合公立医院，麻垌、木根、石龙、金田4家乡镇卫生院获国家级“群众满意的乡镇卫生院”称号。全民健身活动广泛开展，成功举办2018全国新年登高健身大会、龙潭国家森林公园国际半程马拉松比赛。大力推进城乡基本公共文体服务均等化建设，新建村

2018年10月8日，桂平市分别在长安移民搬迁安置小区（第二安置点）、南木移民搬迁安置小区二期、石龙移民搬迁安置小区二期同时举行易地扶贫搬迁集中入住仪式，342户贫困户、1941人同时喜迁新居

级公共服务中心41个、村屯篮球场47个。深入推进武术之乡建设，体操健儿在国际性、全国性武术比赛中勇夺金牌49枚、银牌39枚、铜牌22枚。西山镇中心小学被评为全国第二批“扫黄打非”进基层示范点，中沙镇南乡村入选第五批中国传统村落名录，石龙壮族春牛舞入选自治区级非物质文化遗产代表性项目名录。

【社会保障】 2018年，桂平市民生支出64.56亿元，占公共财政总支出的87.41%。新增城乡就业人数2.6万人，城镇登记失业率为2.09%。城乡居民医疗保险参保人数173.3万人，城乡居民养老保险参保人数65.11万人。农村最低生活保障标准提高12.5%。郁江西岸堤路园棚户区改造项目将竣工，铺岭棚户区、糖厂棚户区改造项目有序推进。深入推进“平安桂平”建设和“维稳基石工程”以及严格落实安全生产“党政同责、一岗双责”责任制，一批疑难复杂的矛盾纠纷及信访历史积案得到化解，刑事案件警情实现大幅下降，“两抢一盗”等多发性侵财犯罪得到根本性遏制，社会稳定动态八项工作在全区排名第二名，社会治安形势明显好转，人民群众安全感持续提升。完成桂平市金雅选矿厂尾矿库闭库工作，有效消除重大安全隐患。开展专项整治行动，严厉惩治食品生产经营违法违规行为，保障人民群众“舌尖上的安全”。社坡镇禄全村获得“全国民主法治示范村”称号。 （李琼慧）

人　　物

新闻人物（2018）

（按姓氏笔画）

丁　速　贵港市国税局职工，其家庭获第十一届“全国五好文明家庭”。丁速家庭崇德守礼、孝老爱亲、乐于助人，以大爱之心传承家庭美德和时代新风，深受邻里和社会的赞扬。丁速30多次受到上级表彰奖励，获记三等功3次、嘉奖7次，其家庭被评为第一届自治区文明家庭。丁速廉政勤政、敬业奉献，撰写各类工作材料、论文90多万字，发表论文20多篇，其中7篇获奖；他秉公执法，组织检查补税额6720多万元，其中其个人发现问题补税991万元，挽回国家税收损失。丁速是业余作家、评论家，业余创作文学作品，出版2部文学作品集，弘扬中华传统美德和社会主义核心价值观。

韦炳稳　覃塘区蒙公乡古山村农民，2018年9月荣登“中国好人榜”。先后照顾3个既有智力残疾又有精神障碍、生活不能自理的残疾人，长期义务担当他们的监护人，三十六年如一日精心照料其两位叔叔和堂弟的事迹感动四邻八乡。

邓小东　贵港边防检查站驻外维和警察，联合国和平勋章获得者。贵港市港北区人，2010年大学毕业后应招入伍，因学日语专业对口进入贵港边防检查站。2016年9月，参加受公安部委托，广西公安边防总队要求独立组建中国第五支赴利比里亚维和警察防暴队选拔培训。2017年3月至2018年2月，飞赴利比里亚，参加中国第五支赴利比里亚维和警察防暴队执行维和任务。因任务完成出色，获得利比里亚总统授予“利比里亚杰出贡献奖”，这是中国维和警察防暴队在利比里亚首次获此荣誉。

许新全　广西费港钢铁集团有限公司工人，2018年广西“五一劳动奖章”获得者。许新全平南县寺面镇人，2007年毕业于柳州职业技术学院电气自动化专业，2011年6月入职广西贵港钢铁集团有限公司炼钢厂，经潜心学习，虚心求教，从普通的炉前工成长为优秀的合金工，设计工作流程，撰写技改优化方案，为企业发展做出积极贡献，多次获得贵钢集团公司“岗位能手”“优秀导师”“青年岗位能手”等称号。

李春水　其家庭获得2018年广西“最美家庭”称号。李春水港南区瓦塘乡六里人，2018年58岁。自1998年港南区木松岭社区居委会成立，他勤勤恳恳，一心一意为群众办事，已经连任两届社区居委会主任。在新一届居委会换届选举中，再次高票当选为新一届居委会主任。其家庭用勤劳、朴实、宽容、相敬和呵护演绎着最真实的幸福，享受着最舒心的生活。

杨海娟　女，桂平市司法局副局长，曾先后获得全国调解能手、自治区调解能手、自治区三八红旗手（2017年）。凭借过硬的职业素养、依法公正为群众办事、情理并用的调解方式，以为民办事不辞劳苦、待人亲和有担当、铁娘子也有柔情的形象使得她在司法调解领域声名在外。

陈畅富　2018年任平南县公安局乐群派出所所长，2017获自治区公安厅授予“全区优秀人民警察”称号。从警28年如一日，兢兢业业、任劳任怨。2017年带领乐群派出所在“神剑·打黑除恶”专项行动中，破获刑事案件130多起，其中侵财案件88起，抓获犯罪嫌疑人 62 人，为群众挽回经济损失 40 多万元，辖区百姓赠送锦旗 20 多面、感谢信 50 多封。在 28 年间，陈畅富直接参与侦破刑事案件 2800 多起，为国家和人民挽回经济损失 3300 多万元，先后荣立二等功 1 次、三等功 5 次，他曾带领的平南县乌江派出所获公安部授予“全国公安一级派出所”称号，并获“全区公安机关执法示范和信息科技示范单位”“全区优秀公安基层单位”，获自治区公安厅荣记集体二等功。

施　亮　广西扬翔股份有限公司技术总监，获 2018 年广西创新争先奖。施亮长期在养猪生产一线从事技术研究和成果推广工作，创新服务模式，投身“三农”建设，引领行业发展。2009 年，施亮在贵港市率先设计、推广“公司 + 基地 + 农户”合作养殖模式，针对不同的服务对象分别采取“线上服务 + 线下服务”“驻场服务 + 巡回服务 + 应急服务”“远程咨询服务 + 现场服务”相结合的立体服务网络体系，对养殖户进行养殖技术培训。2016 年带动区内外 503 户养殖户增收 11184.98 万元，2017 年带动全区 824 户养殖户增收 14859.97 万元。

黄定寿　广西扬翔股份有限公司执行董事长，2018 年全国脱贫攻坚奖获得者。1986 年大学毕业在广西百色农校任教 8 年后，1998 年回到家乡贵港市创立扬翔公司，发展农牧养殖业。在公司成立之初的 6 年内扶助农村贫困家庭 8200 多个、贫困失学青少年 1 万多名。扬翔股份从创立开始便大力探索“精准扶贫”模式，累计在广西各地带动贫困户 58674 户发展养殖产业，涉及 102 个县市（区）、1036 个乡镇、2667 个贫困村；累计组织带动饲养出栏瘦肉型商品猪 66.53 万头，带动贫困村农户创收超 10 亿元，带动 25 万贫困村民实现养猪脱贫致富，在八桂大地谱写了一曲动人的扶贫传奇。黄定寿先后获得“全国扶贫开发先进个人”“第四届全国非公有制经济人士优秀中国特色社会主义事业建设者”“全国优秀乡镇企业家”“改革开放三十年推动饲料工业发展十大新锐人物”“中国农村新闻人物”“广西劳动模范”等称号。扬翔公司先后获“全国社会扶贫先进集体”“全国‘万企帮万村’精准扶贫行动先进民营企业”等称号。

黄敏开　覃塘区人民法院院长，2018 年全国法院先进个人。覃塘区人民法院实行交通巡回法庭审判，自 2016 年出任覃塘法院院长后全力推动该项工作，交通巡回法庭化解各类交通矛盾纠纷 2100 余起，当事人当场履行率 98.9%；家事审判改革试点中，通过系列“便民、亲民”举措，实行《覃塘区家事纠纷联动处理机制》，年均审结案件 600 件，结案率 98% 以上。在家事纠纷案件、信访投诉率连续三年保持零记录，2017 年覃塘区人民法院被评为全国优秀法院。在他带领的覃塘区人民法院，司法“红利”，既着眼群众，又惠及企业，创新在企业设立“法官联系服务站”等，为企业排扰解难，2018 年被最人民法院授予“全国法院先进个人”。

梁维富　中国人民银行贵港市中心支行员工，2018 年广西“五一劳动奖章”。在中国人民银行贵港市中心支行“美丽广西”乡村建设（扶贫）工作中派驻桂平市石龙镇新隆村。2016 年，新隆村脱贫 20 户、93 人；2017 年，新隆村完成脱贫 68 户、273 人，贫困发生率降至 2.829%。先后获得 2016 至 2017 年度全区“美丽广西”乡村建设（扶贫）工作优秀个人，中国人民银行总行 2017 年度“公德奖”。

梁敬旺　其家庭获得 2018 年广西“最美家庭”称号。梁敬旺港南区新塘镇湖表村村支书，37 岁，全家十口人互敬互爱、积极进取、乐于助人，家庭和睦、温馨，深受邻里和社会的好评，令人羡慕。

彭少敏　女，其家庭获得 2018 年广西“最美家庭”称号。贵城街道荷城社区党委书记，在近 20 年婚姻岁月里，尽心尽力经营着自己的“小家”，孝顺公婆、妯娌和睦、相夫教子，把良好家风发扬光大；由“小家”顾及“大家”，友好睦邻、热心公益，做社区里的热心大姐。她以德修身、以德持家、以德及人，用美德建立了和谐美满的“小家”，用心传递真善美温暖着“大家”。

覃厚其　港北区根竹镇人，全区扶残助残先进个人。在自身残疾的情况下，2002 年东拼西凑借来资金，租下 30 亩鱼塘，开始艰辛的创业，实行水里养鱼，水面养鸭，岸边搭起简单的猪圈养两头母猪，池塘边的树林下养鸡，发展到最大规模年出栏生猪 1000 多头、肉鸡 7000 多羽、鸭 5000 多羽。在自己致富的同时热心助残，2009 年成立港北区根竹镇残疾人爱心互助协会，2017 年入会残疾人 16 人。协会每年开展助残活动，累计投入 50 多万元帮助残疾人 400 多名。覃厚其还不定期免费举行养殖技术培训班，让自己的技术惠及更多残疾人，2016年3月覃厚其养殖场被认定为“广西阳光助残扶贫基地”。2011年被授予“自治区自强模范”称号，2017年获得“自治区扶残助残先进个人”称号。

覃浩慧 女，其家庭获得2018年广西“最美家庭”称号。覃浩慧在港南区妇联工作，丈夫李飞雨在桂平市寻旺乡工作。夫妻俩爱岗敬业、爱国守法、廉洁奉公、善待家人、共同进步，深受身边同事、邻里和社会的好评。

傅敏华 女，桂平市公安局城南派出所教导员，全区公安机关阳光警察。从警15年，一直扎根公安一线，无论在调解矛盾、巡逻防控，还是防爆处突，她毫不畏惧，冲锋在前；她始终牢记从警誓言和使命，工作兢兢业业，成为警队里的“知心人”、实战中的“女汉子”、群众眼里的“活雷锋”，先后被评为全区公安机关阳光警察、优秀内勤、荣立个人三等功二次。

谢昭信 贵港市体育局主任科员，获2017年“全国体育事业突出贡献奖”（个人奖）。从事体育工作39年，从专业运动员到体校教练、副校长，再到局机关从事竞技体育管理工作，坚持扎根于基层，服务于基层，曾荣获广西体育系统个人二等功、广西体育竞赛优秀竞赛干部、广西学校体育工作先进工作者等荣誉。

黎　明 桂平黎明医院院长，2017年广西壮族自治区脱贫攻坚先进个人。身为院长的黎明，找准党建与脱贫攻坚的结合点，“围绕业务抓党建，抓好党建促扶贫”，全面推进黎明医院抓党建促脱贫工作，充分发挥党员模范带头作用，积极开展党员帮扶工作，为做好脱贫攻坚工作提供坚实的组织保障。2017年6月牵头成立桂平市民营医院党建联盟，推动了9个联盟成员单位党组织的建设，坚持做到组织共建、资源共享、活动共办、事务共商、人才共育、制度共创、医风共兴及发展共促，带动更多的民营医院参与进来，助力脱贫攻坚。2016年至2018年5月，联盟成员单位党员志愿服务队共下乡开展义诊活动3次，扶贫慰问6次，慰问贫困户96户，发放慰问金63000元、慰问品价值20000多元；义诊贫困人口700多人，免费赠送药品价值1万多元。黎明医院累计为1550名贫困白内障患者进行白内障复明手术医疗救助，优惠费用400多万元。

黎秀成 覃塘区三里镇人，覃塘区三里中心小学教师，2018年5月荣登由中央文明办推出的“中国好人榜”。1995年，在家庭条件本就不好的情况下，收养村中七旬五保夫妇黎锦铎、黄碧珍。自此，他克服种种困难，与妻子悉心照顾三位老人23年，黎秀成的爱心义举在社会上引起积极反响。

注：本栏目选录标准是2016—2018年省级以上（含省级）先进个人（家庭），且经《贵港日报》或市级以上党报党刊、网络等主流媒体2018年宣传报道的贵港市人物。资料来源于《贵港日报》和各单位提供。

先进人物名录

表16　**2018年贵港市获得全国先进人物名录**

编号	姓　名	性别	工作单位、职务	所获奖项	获奖文号或单位	备注
1	黄依军	男	贵港市芭田生态有限公司包机班长	全国五一劳动奖章	总工发〔2018〕12号	
2	黄桂林	女	贵港市信访局	2018年度被评为全国“两会”期间全区信访维稳工作先进个人	桂信联发《2018》3号	
3	卢江曼	女	国家税务总局覃塘区税务局党委委员、副局长	全国青年岗位能手	中青联发〔2018〕6号	
4	黄曦莹	女	贵港市港北区新世纪小学学生	全国优秀少先队员	中青联发〔2018〕10号	
5	黄丽萍家庭		国家税务总局贵港市港南区税务局	第十一届全国五好家庭	妇字〔2018〕16号	
6	丁速家庭		市国税局			
7	李建壑家庭			2018年度全国最美家庭		
8	余金权家庭					
9	黎鹏	男	平南县人民法院	全国优秀直播法官		最高人民法院

续表 16

编号	姓　名	性别	工作单位、职务	所获奖项	获奖文号或单位	备注
10	黄敏开	男	覃塘区人民法院	全国法院先进个人	法(2018)22 号	最高人民法院
11	陈珠恒	男	港北区人民法院	天平奖章		最高人民法院授予
12	李志廉	男	贵港中院			
13	苏洁平	女				
14	吴逢仕	男	桂平区人民法院			
15	黄云英	女	桂平区人民法院			
16	覃海燕	女	桂平区人民法院			
17	陈国明	男	桂平区人民法院			
18	袁忠荣	男	桂平区人民法院			
19	苏勇强	男	贵港市人民检察院	全国检察宣传先进个人		检察日报社授予
20	杨德灿	男	平南县人民检察院			
21	杨　霞	女	港北区人民检察院			
22	覃振杰	男	贵港市港南区司法局新塘司法所所长	全国人民调解工作先进个人	司发通〔2018〕40 号	
23	韦少杰	男	港北区司法局庆丰所所长			
24	苏　洁	女	贵港市司法局法制科科长	国家司法考试工作先进个人	司发通〔2018〕85 号	

表 17

2018 年贵港市获得广西先进人物名录

编号	姓　名	性别	工作单位、职务	所获奖项	获奖文号或单位	备注
1	严郁富	男	贵港市荷城初级中学党委书记、校长	广西五一劳动奖章	桂工发〔2018〕12 号	
2	潘建广	男	贵港市人力资源和社会保障局科长			
3	杨　正	男	广西贵糖(集团)股份有限公司副总经理、工会主席、会计师			
4	许新全	男	广西贵港钢铁集团有限公司工人			
5	梁维富	男	中国人民银行贵港市中心支行宣传群工部副部长、政工师、经济师			
6	陶庆斌	女	中共贵港市委宣传部副部长	全区宣传思想文化先进个人	桂宣发〔2018〕25 号	
7	廖　欣	女	中共贵港市委宣传部	2016—2017 年度全区脱贫攻坚先进个人	桂委〔2018〕316 号	
8	张芷琪	女	贵港市人力资源和社会保障局	全区人力资源和社会保障系统二等功	桂人社发〔2018〕50 号	
9	韦运葵	男	贵港市人力资源和社会保障局			
10	谢晔华	女	桂平市民族宗教事务局局长	广西壮族自治区第八次民族团结进步模范个人	桂委〔2018〕528 号	
11	黄金鸿	男	桂平市紫荆镇木山村党支部书记			
12	邹贵才	男	桂平市农业局高级农艺师			
13	陆献玲	女	平南县马练瑶族乡党委书记			
14	张文剑	男	平南县公安局国安瑶族乡派出所民警			
15	马琼模	男	广西平南新马工艺品有限公司董事长			
16	黄英梅	女	港北区委副书记、区长			
17	廖国春	男	港北区奇石乡寄宿制民族小学党支部书记、校长			

续表 17

编号	姓 名	性别	工作单位、职务	所获奖项	获奖文号或单位	备注
18	徐 卫	女	港南区人民法院民二庭庭长、审委委员	广西壮族自治区第八次民族团结进步模范个人	桂委〔2018〕528 号	
19	韦 捷	男	中共贵港市覃塘区委宣传部部务委员			
20	曾伟杰	男	贵港市覃塘区教育局党组书记、局长			
21	谢寿泳	男	覃塘区黄练镇科宝桑蚕种养专业合作社高级农艺师			
22	张 雄	男	广西久久星新能源车辆科技有限公司执行董事	广西青年五四奖章	桂青发〔2018〕4 号	
23	李钦志家庭			第十一届广西五好家庭	桂妇发〔2018〕6 号	
24	刘冀宏家庭					
25	韦胡兰家庭					
26	韦显业家庭					
27	杨勇娟家庭					
28	邹明泉家庭					
29	黄逵娟家庭					
30	伍彩灯家庭					
31	杨慧丽家庭			2018 年广西最美家庭	桂妇发〔2018〕5 号	
32	万秀丽家庭					
33	覃丽珍家庭					
34	钟伟东家庭					
35	吴虹锋家庭					
36	李梅莉家庭					
37	谢绍春家庭					
38	彭少敏家庭					
39	覃浩慧家庭					
40	霍开勇家庭					
41	梁勇家庭					
42	龚丹英家庭					
43	李春水家庭					
44	陆小艳家庭					
45	梁敬旺家庭					
46	叶汝强	男	桂平市人民法院	全区法院司法警察教练员教学技能竞赛警务基础理论类二等奖	桂高法〔2018〕144 号	
47	唐 萍	女	平南平南县法院			
48	梁敏欢	男	平南平南县法院			
49	农晓阳	男	港南区人民法院	全区法院司法警察教练员警务技能类一等奖	桂高法(2018)144 号	
50	甘 剑	女	桂平市人民法院	全区法院家事审判工作先进个人	桂高法〔2018〕154 号	
51	王冰梅	女	桂平市人民法院	全区法院审判管理工作先进个人	桂高法〔2018〕170 号	
52	廖日堂	男	覃塘区人民法院			
53	潘雪花	女	港南区人民法院			

续表 17

编号	姓　名	性别	工作单位、职务	所获奖项	获奖文号或单位	备注
54	姜永明	男	贵港市人民检察院	全区检察机关优秀信息员		自治区检察院政治部、办公室
55	范海彬	男	贵港市人民检察院	全区优秀贫困村党组织第一书记		自治区委组织部
56	陈佳思	女	贵港市人民检察院	全区检察业务能手	桂检发政字〔2018〕59号	
57	黄平壮	男	贵港市人民检察院	第二届广西检察机关刑事执行检察业务标兵	桂检发政字〔2018〕56号	
58	郑红英	女	桂平市人民检察院	全区检察业务能手	桂检发政字〔2018〕59号	
59	吴黎乐	女	平南县人民检察院	全区检察机关优秀通讯员	桂检政发〔2018〕20号	
60	石玉芳	女	港南区人民检察院	广西法制日报、平安广西网优秀通讯员优秀奖		广西法制日报、平安广西网
61	杨　霞	女	港北区人民检察院	全区检察机关优秀通讯员	桂检政发〔2018〕20号	
62	陆婵婵	女	港北区人民检察院	全区检察业务能手	桂检发政字〔2018〕59号	
63	陈富成	男	港南区人民检察院			
64	周叶菊	女	覃塘区人民检察院			
65	韦爱明	女	覃塘区人民检察院	广西检察机关案件管理岗位技能业务标兵		自治区检察院政治部、案管处
66	戴彬桓	男	贵港市公安局治安警察支队	全区模范人民警察	桂人社发〔2018〕18号	
67	龙启淬	男	平南县公安局网络安全保卫大队			
68	甘　欣	男	桂平市公安局蒙圩派出所	2013—2017年度全区优秀人民警察	桂公令〔2018〕5号	
69	刘石坤	男	平南县公安局大安派出所			
70	陈晓荣	男	贵港市公安局港北分局禁毒大队			
71	黄勇胜	男	贵港市公安局江南派出所所长			
72	徐　君	男	贵港市公安局警令指挥部			
73	谭绍警	男	贵港市公安局经济犯罪侦查支队			
74	甘　俊	男	贵港市公安局技术侦察支队			
75	黄健鹏	男	贵港市公安局禁毒支队			
76	张迩迈	男	贵港市公安局网络安全保卫支队			
77	郑海裕	男	贵港市公安局户政管理科	自治区空军招飞政治考核工作先进个人	南空政干〔2018〕265号	
78	罗继胜	男	贵港市公安局港北分局网络安全保卫大队	二等功	桂公令〔2018〕2号	
79	黄健鹏	男	贵港市公安局禁毒支队	“全区十佳破案能手”,并记个人二等功		
80	曾　梓	男	贵港市公安局覃塘分局巡逻警察大队	“全区十佳创新民警”并记个人二等功		
81	徐　君	男	贵港市公安局警令指挥部	“全区十佳情报技术标兵”并记个人二等功		

续表 17

编号	姓　名	性别	工作单位、职务	所获奖项	获奖文号或单位	备注
82	杨佐林	男	桂平市公安局法制大队	“全区十佳执法标兵”并记个人二等功	桂公令〔2018〕2 号	
83	粟汝君	男	平南县公安局丹竹派出所	“全区十佳社区民警”		
84	黄　伟	男	贵港市公安局市局交通警察支队事故处理大队	“全区十佳交通管理能手”并记个人二等功		
85	黄勇胜	男	贵港市公安局港南分局江南派出所	三等功	桂公令〔2018〕2 号	
86	李金源	男	贵港市公安局网络安全保卫支队			
87	覃维华	男	贵港市公安局经济侦查犯罪支队一大队			
88	周昆松	男	贵港市公安局特警支队			
89	冼星南	男	贵港市公安局法制支队			
90	梁进衮	男	贵港市公安局刑事侦查支队三大队			
91	甘　俊	男	贵港市公安局技术侦察支队三大队			
92	覃业雄	男	桂平市公安局刑事侦查大队			
93	秦锐荣	男	桂平市公安局交通警察大队事故处理中队			
94	陆钧强	男	平南县公安局情报大队			
95	黄祖设	男	贵港市公安局港北分局港城派出所			
96	黄联科	男	贵港市公安局覃塘分局刑事侦查大队			
97	陆创伟	男	贵港市公安局刑侦支队一大队	专案个人二等功	桂公令〔2018〕9 号	
98	廖夏莲	女	贵港市公安局政治部	全区公安机关从事绩效考评工作	桂公发〔2018〕4 号	
99				成绩突出个人		
100	张文剑	男	平南县公安局国安派出所	广西壮族自治区民族团结进步模范个人	桂委〔2018〕528 号	
101	韦雄昌	男	港北司法局港城司法所所长	全区人民调解员通报表扬	桂司通〔2018〕193 号	
102	王建标	男	港北区司法局武乐司法所所长			
103	宁祖礼	男	港南区司法局八塘司法所所长	综合管理类岗位能手	桂司通〔2018〕19 号	
104	宁祖礼	男	港南区司法局八塘司法所所长	全区人民调解员通报表扬	桂司通〔2018〕193 号	
105	韦克友	男	港南区司法局东津司法所所长			
106	杨德华	男	桂平司法局大湾司法所所长			
107	郭群美	女	桂平市司法局大洋司法所副所长			
108	李　清	女	平南县司法局上渡司法所司法助理	教育改造类岗位能手	桂司通 [2018]19 号	
109	朱　亮	男	港北司法局办公室科员			
110	韦　莹	女	贵港市司法局社区矫正科科员	执法管理类岗位能手	桂司通 [2018]19 号	
111	罗江柳	男	覃塘区司法局社区矫正股股长			
112	谢钜达	男	覃塘区司法局局长	全区人民调解员通报表扬	桂司通〔2018〕193 号	
113	黄俭军	男	覃塘区司法局黄练司法所所长			
114	张向东	男	贵港市住房和城乡规划建设委员会	全区住房城乡建设系统二等功个人	桂建人〔2018〕80 号	
115	张文新	男	贵港市住房和保障中心			
116	廖　志	男	贵港市环境卫生管理处建筑垃圾清运大队			
117	李　燕	女	贵港市住房公积金管理中心			
118	罗有崇	男	贵港市港北区环境卫生管理所			

续表 17

编号	姓　名	性别	工作单位、职务	所获奖项	获奖文号或单位	备注
119	林剑伟	男	贵港市平南县林业局	2018 年广西林业生态建设突出贡献奖先进个人	桂林发〔2019〕1 号	
120	米庆顺	男	贵港市森林公安局			
121	韦永祥	男	贵港市港南区林业局			
122	陈　田	女	贵港市文化新闻出版广电局	八桂文化艺术奖先进个人	桂文艺奖函〔2018〕2 号	
123	陶桂丽	女	贵港市群众艺术馆			
124	陈兆仁	男	桂平市文化体育和广播电视局	全区宣传思想文化工作先进个人	桂宣发〔2018〕25 号	
125	刘　敏	女	贵港市图书馆			
126	覃叶飞	男	贵港市港北区文化市场综合执法大队	全区文化系统记二等功个人	桂文旅发〔2019〕2 号	
127	梁远辉	男	桂平市文化馆馆长			
128	韦炳常	男	贵港市档案局(馆)	全区档案系统记个人二等功	桂档发〔2018〕19 号	
129	吴　红	女	港南区档案局(馆)			
130	黄　剑	男	平南县档案局(馆)			
131	徐林庆	男	贵港市民政局	全区民政系统记二等功个人	桂民发〔2018〕2 号	
132	蒋辉芳	男	桂平市民政局			
133	黄奇懋	男	港南区民政局			

说明:以上名单由各编写单位提供

逝世人物

冯文林　1962 年出生,2000 年 12 月加入中国共产党,2011 年 7 月担任桂平市扶贫开发办公室副主任、党组成员,桂平市油麻镇人,因常年奔忙在脱贫攻坚第一线,积劳成疾、医治无效于 2018 年 3 月 28 日去世,年仅 56 岁。2018 年 6 月,冯文林荣登“中国好人榜”;7 月 19 日,被贵港市委追授“优秀共产党员”称号。

冯文林是习近平新时代中国特色社会主义思想的模范践行者,是新时代中国共产党人不忘初心、牢记使命、永远奋斗的光辉典范,是新时代党员干部信念坚定、许党报国、为民造福的杰出楷模。

冯文林信念坚定、忠诚于党、忠诚于事业。在扶贫办工作的 7 年时间里,以坚韧不拔的劲头学习党的理论,钻研业务知识,带领队伍研究制定政策、宣传解读政策、贯彻执行政策,推动扶贫政策法规落地见效。秉公办事,主动担责,清正廉洁,担任桂平市扶贫办副主任期间,工作十分严谨,对工程验收毫不讲情,秉公办理,在分管项目、资金的工作中高要求、严把关。一心为民、无限赤诚。他没有豪言壮语,始终把工作当事业,把事业当生命,直到生命的最后一刻。勤勉工作、笃行不倦。“激战”易地扶贫搬迁安置工作中,他以百姓期盼为工作动力,不知疲倦,珍重民心,珍视民利,爱岗敬业,无私奉献。

附　　录

重大决议、决定

表 18　　**贵港市第五届人大及其常委会通过的重要决议、决定(2018 年)**

时间	决议、决定	会议
1 月 12 日	关于接受黄荣煜辞去市第五届人民代表大会常务委员会委员职务的请求的决定	第五届人大常委会第十二次会议
2 月 28 日	关于批准《贵港市生态文明建设示范市规划(2016—2025)》的决议	第五届人大常委会第十三次会议
4 月 27 日	关于授予武大靖“贵港市荣誉市民”称号的决定	第五届人大常委会第十四次会议
	关于接受石义斌辞去贵港市人民政府副市长职务的请求的决定	
8 月 31 日	关于批准 2017 年贵港市本级决算的决议	第五届人大常委会第十六次会议
12 月 28 日	关于批准 2018 年贵港市本级财政预算调整方案的决议	第五届人大常委会第十八次会议
	关于举行贵港市第五届人民代表大会第四次会议的决定	
	关于贵港市第五届人民代表大会第四次会议列席人员的决定	

选 举 任 免

表 19　　**贵港市五届人大及其常委会选举任免国家机关工作人员名单(2018 年)**

时间	会议	任免	姓　名	职　务
1 月 12 日	贵港市第五届人民代表大会第三次会议	选举	秦金敏	贵港市监察委员会主任
			成　广	贵港市中级人民法院院长
1 月 12 日	贵港市第五届人大常委会第十二次会议	任命	吴卓奎(女)	贵港市监察委员会副主任
			雷尚忠	贵港市监察委员会副主任
			黄荣煜	贵港市监察委员会副主任
			杨　勇	贵港市监察委员会委员
			曹杰灿	贵港市监察委员会委员
			梁伟华	贵港市监察委员会委员
			甘天阳	贵港市监察委员会委员
			莫昆冰	贵港市监察委员会委员
		免去	潘　琴(女)	贵港市人民检察院检察员
			李宇伟	贵港市人民检察院检察员
		任命	曹鸿意	贵港市人民检察院检察员
4 月 27 日	贵港市第五届人大常委会第十四次会议	决定任命	范治晖	贵港市人民政府副市长

续表 19

时间	会议	任免	姓 名	职 务
8月31日	贵港市第五届人大常委会第十六次会议	决定免去	区 杰	贵港市交通运输局局长
			李育新	贵港市市政管理局局长
		决定任命	李育新	贵港市交通运输局局长
			李红模	贵港市市政管理局局长
		免去	蒋少云	贵港市中级人民法院审判委员会委员、审判员
			陆 展	贵港市中级人民法院审判委员会委员、审判员
			李武伟	贵港市中级人民法院审判委员会委员
			梁健桂	贵港市中级人民法院审判委员会委员
			滕杰旺	贵港市中级人民法院审判员
			陆昌桂	贵港市中级人民法院审判员
10月30日	贵港市第五届人大常委会第十七次会议	任命	陈佳思(女)	贵港市人民检察院检察委员会委员
			陆智辉	贵港市人民检察院检察员
		免去	余树森	贵港市人民检察院检察员
			蔡国君	贵港市人民检察院检察员

表 20 **2018 年贵港市专利授权情况统计表**

序号	专利号	专利名称	专利权人名称	专利权人地址	专利类型	专利权人类型
1	2017303281868	布艺沙发(888#)	李安花	广西壮族自治区贵港市港南区八塘镇高朗村大巷屯 142 号	外观设计	个人
2	2017303310377	手机保护壳	郑少芳	广西壮族自治区贵港市港南区木梓镇红朗村下坡屯 228 号	外观设计	个人
3	201730419917X	油漆桶	贵港市华一商贸有限公司	广西壮族自治区贵港市港北区大圩镇南梧公路旁(景泰物流园对面)	外观设计	企业
4	2017302100155	音乐灯(蓝牙 SD-2)	邓国全	广西壮族自治区贵港市桂平市罗秀镇罗秀村龙塘坡屯 5 号	外观设计	个人
5	2017206562228	一种压线机	贵港市嘉龙海杰电子科技有限公司	广西壮族自治区贵港市江南工业园 C 区龙军物业服务小区内	实用新型	企业
6	2017301975802	车载缝隙储物盒(PC006)	程 耿	广西壮族自治区贵港市港南区瓦塘乡乌柳村乌村屯 327 号	外观设计	个人
7	2017205914766	防火阀外框生产设备	黎贵强	广西壮族自治区贵港市桂平市南木镇群合村下江屯 203 号	实用新型	个人
8	2017303071126	汽车打气泵(JX001)	卓细兵	广西壮族自治区贵港市港南区桥圩镇振南村卫屯 59 号	外观设计	个人
9	2017302291788	路灯(3)	覃文远	广西壮族自治区贵港市桂平市木乐镇联堂村 2-6 号	外观设计	个人
10	2017205183597	配电低压线路带电作业旁路系统	广西电网有限责任公司贵港供电局	广西壮族自治区贵港市民主路 89 号贵港供电局	实用新型	企业
11	201720531449X	一种全自动的木板加工中心	吴浩纲	广西壮族自治区贵港市桂平市南木镇渡头村龙井屯 9 号	实用新型	个人
12	2017303541920	蓝牙耳机(H2 运动铝合金款)	卢国胜	广西壮族自治区贵港市平南县大安镇凤古村佛山屯 21 号	外观设计	个人
13	2017303919205	护眼仪	梁春胜	广西壮族自治区贵港市桂平市寻旺乡寻旺村下岭屯 159 号	外观设计	个人

续表 20

序号	专利号	专利名称	专利权人名称	专利权人地址	专利类型	专利权人类型
14	2017303643430	吊灯(6008)	陈　策	广西壮族自治区贵港市桂平市石龙镇珍垌村陈屋屯 147 号	外观设计	个人
15	2017206567734	电饭锅外壳冲孔机	张　维	广西壮族自治区贵港市平南县平南镇城东路 130 号	实用新型	个人
16	2017208371808	一种高楼消防救生装置	罗远林	广西壮族自治区平南县平南镇城东街 344 号	实用新型	个人
17	2017302608961	美背薄杯文胸	覃达明	广西壮族自治区桂平市木圭镇大朗村新村屯 79 号	外观设计	个人
18	2017302484780	驱动外壳(HW-002)	李太荣	广西壮族自治区贵港市桂平市木圭镇四德村马白屯 5 号	外观设计	个人
19	2016306220876	化妆盒	韦健宁	广西壮族自治区贵港市港北区江北中路 226-33 号院金凤花园小区 3 幢 1 单元 402 室	外观设计	个人
20	2017303721459	水龙头 JHM-2018A	李枫叶	广西壮族自治区贵港市平南县同和镇新雅村瓦屋屯 5 号	外观设计	个人
21	2017302803926	氧气泵(菱形面)	陆勇军	广西壮族自治区贵港市平南县马练瑶族乡石垌村那高屯 07 号	外观设计	个人
22	2017206504504	一种绝缘线脱皮机	贵港市嘉龙海杰电子科技有限公司	广西壮族自治区贵港市江南工业园 C 区龙军物业服务小区	实用新型	企业
23	2017206450294	一种金花茶育苗棚	广西圆美金花茶科技发展有限公司	广西壮族自治区贵港市港北区金港大道德宝农行旁圆美金花茶店	实用新型	企业
24	2017208853016	一种树杈吊灯	丁惠婷	广西壮族自治区贵港市桂平市下湾镇南安街 10 号	实用新型	个人
25	2014106485858	烤烟用生物质颗粒燃烧炉	广西节得乐生物质能源科技有限公司	广西壮族自治区贵港市港北区根竹乡吉祥屯新民村 1 队	发明	企业
26	2017302351717	灯饰配件(XD059)	邓　健	广西壮族自治区贵港市桂平市南木镇洛连村朱红岭屯 75 号	外观设计	个人
27	2016100333916	一体式动力总成	王家宇	广西壮族自治区贵港市桂平市厚禄乡峡口村芦村屯 79 号	发明	个人
28	2017302611381	床	何秀良	广西壮族自治区桂平市江口镇新生村宝藏屯 1 号	外观设计	个人
29	201730384690X	执手锁(V86-V)	韦　放	广西壮族自治区桂平市蒙圩镇新田村福龙屯 158 号	外观设计	个人
30	2017207346067	一种太阳能生活污水处理系统	广西国宏智鸿环境科技发展有限公司	广西壮族自治区贵港市产业园区(石卡园)内	实用新型	企业
31	2017303094062	多功能中频激光综合治疗仪	郑　利	广西壮族自治区平南县上渡镇雅埠村石头脚屯 60 号	外观设计	个人
32	2017206596474	电饭锅外壳冲孔机的支座	张　维	广西壮族自治区贵港市平南县平南镇城东路 130 号	实用新型	个人
33	2017303191999	信号连接头	杨锡朋	广西壮族自治区贵港市桂平市大洋镇石步村猪母塘屯 1 号	外观设计	个人
34	2017201530837	一种带自动调节功能的断桥专用滑轮	陈德源	广西壮族自治区桂平市江口镇三布村思荫屯 129 号	实用新型	个人
35	2017304107623	吊灯(MSL2701)	莫兴勤	广西壮族自治区贵港市平南县镇隆镇马旦村耍武垌二屯 3 号	外观设计	个人

续表 20

序号	专利号	专利名称	专利权人名称	专利权人地址	专利类型	专利权人类型
36	201730374969X	落地灯(DJ83022)	王可富	广西壮族自治区贵港市桂平市木圭镇大朗村三划王屯15-31号	外观设计	个人
37	2017303130745	头灯(JH-741)	黄兴剑	广西壮族自治区贵港市平南县同和镇同朝村龙住屯32号	外观设计	个人
38	2017303779619	投光灯	徐毅贤	广西壮族自治区贵港市港南区瓦塘乡柳江村柳村屯199号	外观设计	个人
39	2017301851405	剃须刀	吕金凤	广西壮族自治区贵港市港北区南平路东庆小区160号	外观设计	个人
40	2017302572796	车载电源降压器(外壳2系列)	方胜波	广西壮族自治区贵港市平南县上渡镇柘畲村岭头铺屯90-1号	外观设计	个人
41	201730385849X	音箱(QN1)	姜　赵	广西壮族自治区贵港市港南区八塘镇木龙村路头屯51号	外观设计	个人
42	2017203069826	一种淋浴用管中套管的升降管	卢　健	广西壮族自治区贵港市桂平市木根镇木根村古城屯151号	实用新型	个人
43	2017302288465	路灯(1)	覃文远	广西壮族自治区贵港市桂平市木乐镇联堂村2-6号	外观设计	个人
44	2017206690194	一种带有鱼饵的翻板钩	梁发华	广西壮族自治区平南县官成镇官南村儒三屯37号	实用新型	个人
45	2017208023072	一种可拆卸式脚轮装置	覃世训	广西壮族自治区贵港市桂平市大湾镇大湾村竹马冲屯2号	实用新型	个人
46	2017207345717	一种双膜式餐饮污水处理系统	广西国宏智鸿环境科技发展有限公司	广西壮族自治区贵港市产业园区(石卡园)内	实用新型	企业
47	2017201042439	一种多功能拖地机湿巾	曾丽君	广西壮族自治区贵港市阳光城18栋2单元1301室	实用新型	个人
48	2017302288304	路灯(2)	覃文远	广西壮族自治区贵港市桂平市木乐镇联堂村2-6号	外观设计	个人
49	2017302326310	按摩仪(AY-208E-1智能型多功能语音数码经络理疗)	郑　利	广西壮族自治区平南县上渡镇雅埠村石头脚屯60号	外观设计	个人
50	201730340637X	360旋转车牌(CP-001)	黄仲育	广西壮族自治区贵港市覃塘区大岭乡五合村下棍屯332号	外观设计	个人
51	2017303717294	车载蓝牙车充(A518)	覃生义	广西壮族自治区贵港市桂平市木根镇山表村王京坪屯64号	外观设计	个人
52	2016212133969	竹制热压筒	覃胜超	广西壮族自治区贵港市平南县平山镇盛富村岭境屯35号	实用新型	个人
53	2017304305107	加湿器	张甲东	广西壮族自治区贵港市平南县大鹏镇大山村下旱田二屯32号	外观设计	个人
54	2017302648244	指尖陀螺	谢　济	广西壮族自治区贵港市平南县大鹏镇高龙村垌心屯7号	外观设计	个人
55	2017304344830	端子机(2款)	汤谊冰	广西壮族自治区贵港市平南县思旺镇思旺村东街143号	外观设计	个人
56	2017201350938	一种节能环保型空气能腐竹烘干设备	广西威颜食品有限公司	广西壮族自治区桂平市长安工业园区(长安大道与规划三路西南侧)	实用新型	企业
57	2017303128162	吊灯(树叉)	丁惠婷	广西壮族自治区贵港市桂平市下湾镇南安街10号	外观设计	个人

续表 20

序号	专利号	专利名称	专利权人名称	专利权人地址	专利类型	专利权人类型
58	2017304439031	臂式手机包	秦军宇	广西壮族自治区贵港市桂平市罗秀镇路棠村塘边屯 11 号	外观设计	个人
59	2017304179091	运动服	莫荣德	广西壮族自治区贵港市平南县隆镇马旦村瓦窑冲屯 10 号	外观设计	个人
60	2017302803837	氧气泵(弧面)	陆勇军	广西壮族自治区贵港市平南县马练瑶族乡石垌村那高屯 07 号	外观设计	个人
61	2015102162823	铁皮石斛的繁育及种植方法	广西白石灵草铁皮石斛开发有限公司	广西壮族自治区贵港市覃塘区大岭乡金沙村	发明	企业
62	2017207480954	出榫机	廖东海	广西壮族自治区贵港市广西桂平市罗秀镇廖村村廖村屯 56 号	实用新型	个人
63	2017303127901	按键式喷枪	潘国祥	广西壮族自治区贵港市平南县六陈镇新塘村马冲屯 28 号	外观设计	个人
64	201730313075X	头灯(JH-731)	黄兴剑	广西壮族自治区贵港市平南县同和镇同朝村龙住屯 32 号	外观设计	个人
65	2017205914785	新型冲模	黎贵强	广西壮族自治区贵港市桂平市南木镇群合村下江屯 203 号	实用新型	个人
66	2015103408869	一种多功能护理床	黎容玲	广西桂平市寻旺乡福寿村上大汶屯 059 号	发明	个人
67	2017303179836	萃茶奶盖杯	卢日贤	广西壮族自治区贵港市平南县六陈镇登塘村上村屯 31 号	外观设计	个人
68	2017303069499	安全扣(童车和餐椅)	刘顶山	广西壮族自治区贵港市覃塘区樟木乡中周村中刘屯 107 号	外观设计	个人
69	2017207345505	一种变压器铜箔引线的修剪装置	贵港市嘉龙海杰电子科技有限公司	广西壮族自治区贵港市港南区江南工业园(广西龙军物业服务小区内)	实用新型	企业
70	2015102583841	瑶红麻鸡的选育方法	广西贵港市港丰农牧有限公司	广西壮族自治区贵港市港北区中里乡双古村	发明	企业
71	2013101967440	一种混合式变形平板电脑结构	韦斯豪	广西壮族自治区贵港市港北区荷城路普罗旺斯小区 53-3-1101	发明	个人
72	2017206429274	R 销专用取销器	广西电网有限责任公司贵港供电局	广西壮族自治区贵港市港北区民主路 89 号	实用新型	企业
73	2017206712259	一种电脑安装模块	杨文栋	广西壮族自治区贵港市桂平市中沙镇新定村祠堂坡屯 56 号	实用新型	个人
74	201620559385X	一种个性化接骨板	谭海涛	广西壮族自治区贵港市港北区中山中路 1 号院 12 幢 1 单元 1101 室	实用新型	个人
75	2017208320488	一种超薄形路灯	徐毅贤	广西壮族自治区贵港市港南区瓦塘乡柳江村柳村屯 199 号	实用新型	个人
76	2017206567749	电饭锅外壳冲孔机的工件固定装置	张 维	广西壮族自治区贵港市平南县平南镇城东路 130 号	实用新型	个人
77	2017203186726	一种用于污水处理的水力剪切曝气器	广西新嘉源环保科技有限公司	广西壮族自治区贵港市港南区江南工业园区与南二路交汇处(昌桂产业园)2 幢	实用新型	企业
78	2017203176194	一种用于黑臭水体高效充氧的微纳米气泡发生器	广西新嘉源环保科技有限公司	广西壮族自治区贵港市港南区江南工业园区与南二路交汇处(昌桂产业园)2 幢	实用新型	企业

续表 20

序号	专利号	专利名称	专利权人名称	专利权人地址	专利类型	专利权人类型
79	2017206103693	一种人造板行业压机的尾气处理系统	广西华晟木业有限公司	广西壮族自治区贵港市产业园区石卡园	实用新型	企业
80	2017208664828	一种新型插座	杨　军	广西壮族自治区贵港市覃塘区三里镇水仙村铁炉屯 19 号	实用新型	个人
81	2017206501309	一种基于飞行平台放置绝缘绳的装置	广西电网有限责任公司贵港供电局	广西壮族自治区贵港市民主路 89 号	实用新型	企业
82	2017206596277	电饭锅外壳冲孔机的卸料装置	张　维	广西壮族自治区贵港市平南县平南镇城东路 130 号	实用新型	个人
83	2017207265750	一种远程控温式保鲜贮藏系统	王向峰	广西壮族自治区贵港市平南县大新镇大新村红乙一屯 192 号	实用新型	个人
84	2017209445781	一种轿厢式车辆起吊系统	李清景	广西壮族自治区贵港市桂平市罗播乡罗播村良将坡屯 53 号	实用新型	个人
85	2017206700124	一种搅拌机带罩的排气装置	覃醒宏	广西壮族自治区贵港市平南县六陈镇寻社村竹址屯 12 号	实用新型	个人
86	201720536528X	一种耐磨活塞环	广西贵三钜科技有限公司	广西壮族自治区贵港市港北区金港大道西段南侧(西苑小区)	实用新型	企业
87	2017206876348	一种皮肤科用照射装置	范　华	广西壮族自治区贵港市港南区建设路 29 号市中西医结合骨科医院	实用新型	个人
88	2017206596309	电饭锅外壳冲孔装置	张　维	广西壮族自治区贵港市平南县平南镇城东路 130 号	实用新型	个人
89	201720645028X	一种金花茶的储存装置	广西圆美金花茶科技发展有限公司	广西壮族自治区贵港市港北区金港大道德宝农行旁圆美金花茶店	实用新型	企业
90	2017206096755	一种脲醛树脂制作过程产生的甲醛尾气净化装置	广西华晟木业有限公司	广西壮族自治区贵港市产业园区石卡园	实用新型	企业
91	2017206501296	一种可移动的双分裂导线限距器	广西电网有限责任公司贵港供电局	广西壮族自治区贵港市民主路 89 号	实用新型	企业
92	2017208854396	一种石蜡分隔式环介导反应管装置	温和心	广西壮族自治区贵港市港北区中山路 429 号	实用新型	个人
93	2017206885281	智能全自动燃油燃气大锅炒炉	广西贵港市威能新能源设备有限公司	广西壮族自治区贵港市港南区八塘镇横岭乡开发区	实用新型	企业
94	2017203004770	涵道内水平桨叶滚动式流体推进器	黄树坚	广西壮族自治区桂平市石咀镇水口村第二片屯 51 号	实用新型	个人
95	2017206096793	一种刨花板行业摆动筛软连接装置	广西华晟木业有限公司	广西壮族自治区贵港市产业园区石卡园	实用新型	企业
96	2017206088087	一种刨花板行业压机液压系统油温降温装置	广西华晟木业有限公司	广西壮族自治区贵港市产业园区石卡园	实用新型	企业
97	2017208661209	一种风扇连接插头	李广才	广西壮族自治区贵港市桂平市木根镇山表村焦木坪屯 31 号	实用新型	个人
98	2017206596120	一种对磨机	贵港市嘉龙海杰电子科技有限公司	广西壮族自治区贵港市江南工业园 C 区龙军物业服务小区内	实用新型	企业
99	2017208984671	一种 LED 灯	陈　滢	广西壮族自治区贵港市平南县思旺镇北村镇北街 239 号	实用新型	个人
100	2017208162639	一种可转换为拖杆的扶手结构	刘顶山	广西壮族自治区贵港市覃塘区樟木乡中周村中刘屯 107 号	实用新型	个人

续表 20

序号	专利号	专利名称	专利权人名称	专利权人地址	专利类型	专利权人类型
101	2017207437386	一种多层指尖陀螺	谢　济	广西壮族自治区贵港市平南县大鹏镇高龙村垌心屯7号	实用新型	个人
102	2017206088091	一种实木颗粒板的包装装置	广西华晟木业有限公司	广西壮族自治区贵港市产业园区石卡园	实用新型	企业
103	2017206274659	冲模	黎贵强	广西壮族自治区贵港市桂平市南木镇群合村下江屯203号	实用新型	个人
104	2017206907346	一种越野自行车防震坐垫	苏俊宁	广西壮族自治区贵港市港北区港宁社区荷城路1108号	实用新型	个人
105	2017200726864	一种智能净化剂控制装置	黎安强	广西壮族自治区贵港市桂平市罗秀镇企街35-13号	实用新型	个人
106	2017206737148	一种组装式环氧树脂建筑装饰瓞	覃　彬	广西壮族自治区桂林市木圭镇木圭街24号院矿兴小区7号	实用新型	个人
107	2017206567753	电饭锅外壳冲孔机的活动孔形座	张　维	广西壮族自治区贵港市平南县平南镇城东路130号	实用新型	个人
108	2017206690419	速差闭锁后备保护装置	广西电网有限责任公司贵港供电局	广西壮族自治区贵港市港北区民主路89号	实用新型	企业
109	2017210140553	一种变电站运维平台故障自动诊断与快速恢复系统	朱明增	广西壮族自治区贵港市港北区民主路89号	实用新型	个人
110	2017204988423	一种安全帽	王振宁	广西壮族自治区贵港市港北区七里桥路88号院14幢2单元301室	实用新型	个人
111	2017201244816	一种智能投光灯	李展辉	广西壮族自治区贵港市平南县大安镇动界村分界二屯9号	实用新型	个人
112	2017205778121	一种内燃机节油活塞	广西贵三钜科技有限公司	广西壮族自治区贵港市港北区金港大道西段南侧(西苑小区)	实用新型	企业
113	2017209414213	生物质气体蒸汽机	叶常青	广西壮族自治区贵港市广西贵港市港北区中山中路259号	实用新型	个人
114	201730401083X	音乐灯	覃中桥	广西壮族自治区桂林市罗秀镇伟扬村石脚山屯109-1号	外观设计	个人
115	2017304205880	包装袋	贵港市华一商贸有限公司	广西壮族自治区贵港市港北区大圩镇南梧公路旁(景泰物流园对面)	外观设计	企业
116	2017303500422	沙发(8635#)	罗　勇	广西壮族自治区贵港市桂平市江口镇胡村少岭屯22号	外观设计	个人
117	2017304107661	吸顶灯(MLS1726)	莫兴勤	广西壮族自治区贵港市平南县镇隆镇马旦村耍武垌二屯3号	外观设计	个人
118	2017303502733	包装盒(侯药师)	张健荣	广西壮族自治区贵港市平南县镇隆镇盆龙村关塘二屯58号	外观设计	个人
119	2017303846897	分体锁(T86-V)	韦　放	广西壮族自治区桂平市蒙圩镇新田村福龙屯158号	外观设计	个人
120	2017304386814	吸顶灯(MLS1717)	莫兴勤	广西壮族自治区贵港市平南县镇隆镇马旦村耍武垌二屯3号	外观设计	个人
121	2017304552458	灯饰配件(001)	黄家义	广西壮族自治区贵港市桂平市麻垌镇洞天村新村屯48号	外观设计	个人
122	2017303505619	双羊鼎盛	蒙健荣	广西壮族自治区贵港市港南区八塘镇新陆村木根屯10号	外观设计	个人

续表20

序号	专利号	专利名称	专利权人名称	专利权人地址	专利类型	专利权人类型
123	2017303500475	沙发(8631#)	罗　勇	广西壮族自治区贵港市桂平市江口镇胡村少岭屯22号	外观设计	个人
124	2018300350841	电热水壶	黄德满	广西壮族自治区贵港市平南县上渡镇渭河村大下河屯9号	外观设计	个人
125	2017303314433	玻璃灯罩(160祥云喇叭)	黄勇强	广西壮族自治区贵港市平南县思界乡相塘村相五屯23号	外观设计	个人
126	2017303721444	水下地埋灯(豪华型)	陈胜炎	广西壮族自治区贵港市平南县马练瑶族乡九槐村第六屯02号	外观设计	个人
127	2017302141206	纳米膜发热管(B)	广西泰亿诺新能源有限公司	广西壮族自治区贵港市港北区西江产业园(贵港国家生态工业(制糖)示范园区)1幢	外观设计	企业
128	2017303306761	玻璃灯罩(麻纹珠点)	黄勇强	广西壮族自治区贵港市平南县思界乡相塘村相五屯23号	外观设计	个人
129	2017304763660	抽水器(K-03)	欧国富	广西壮族自治区贵港市平南县马练瑶族乡藤旺村西龙屯14号	外观设计	个人
130	2017303860682	灯饰配件(DB268)	邓　健	广西壮族自治区贵港市桂平市南木镇洛连村朱红岭屯75号	外观设计	个人
131	2017302966016	风扇(商用雾化扇)	李广才	广西壮族自治区贵港市桂平市木根镇山表村焦木坪屯31号	外观设计	个人
132	2017302584492	灯外壳	凌　新	广西壮族自治区贵港市平南县大坡镇雅水村白竹屯37号	外观设计	个人
133	2017304554006	灯具(003)	黄家义	广西壮族自治区贵港市桂平市麻垌镇洞天村新村屯48号	外观设计	个人
134	2017304248439	光束灯	黄洁玲	广西壮族自治区桂林市金田镇彩村鸡母屯5号	外观设计	个人
135	2017304650501	剃毛器	郑泽辉	广西壮族自治区贵港市平南县上渡镇雅埠村石头脚屯56号	外观设计	个人
136	2017303233830	灯饰配件(DB264)	邓　健	广西壮族自治区贵港市桂平市南木镇洛连村朱红岭屯75号	外观设计	个人
137	2017303077071	锌合金数据线(Y07)	覃桂荣	广西壮族自治区贵港市平南县武林镇武林村二屯11号	外观设计	个人
138	2017303495335	灯饰配件(S型)	蒙仪华	广西壮族自治区贵港市桂平市大洋镇竹塘村西屯117-1号	外观设计	个人
139	2017304386941	吸顶灯(MLS1707)	莫兴勤	广西壮族自治区贵港市平南县镇隆镇马旦村耍武垌二屯3号	外观设计	个人
140	2017304774218	须刀头	吕金凤	广西壮族自治区贵港市港北区南平路东庆小区160号	外观设计	个人
141	2017303273700	灯具(LED)	陈　滢	广西壮族自治区贵港市平南县思旺镇北村镇北街239号	外观设计	个人
142	2017303856672	灯饰配件(DB269)	邓　健	广西壮族自治区贵港市桂平市南木镇洛连村朱红岭屯75号	外观设计	个人
143	2017303660417	灯饰配件(双心)	李书运	广西壮族自治区贵港市港北区金港大道890-6号院7幢6号	外观设计	个人
144	2017304344845	端子机(1款)	汤谊冰	广西壮族自治区贵港市平南县思旺镇思旺村东街143号	外观设计	个人

续表 20

序号	专利号	专利名称	专利权人名称	专利权人地址	专利类型	专利权人类型
145	2017303233826	灯饰配件(DB267)	邓 健	广西壮族自治区贵港市桂平市南木镇洛连村朱红岭屯75号	外观设计	个人
146	2017302152126	纳米膜发热管(A)	广西泰亿诺新能源有限公司	广西壮族自治区贵港市港北区西江产业园(贵港国家生态工业(制糖)示范园区)1幢	外观设计	企业
147	2017303493306	抽水器(06)	欧国富	广西壮族自治区贵港市平南县马练瑶族乡藤旺村西龙屯14号	外观设计	个人
148	2017304551417	灯饰配件(002)	黄家义	广西壮族自治区贵港市桂平市麻垌镇洞天村新村屯48号	外观设计	个人
149	2017303230885	净水器	吴裕望	广西壮族自治区贵港市覃塘区石卡镇坭湾村上坭湾屯70号	外观设计	个人
150	201730600000X	风机(1)	杨 晴	广西壮族自治区贵港市港南区桥圩镇羽绒城小区14号	外观设计	个人
151	2017205279439	一种分体式有线信号传输水电分离电磁热水器	梁达贵	广西壮族自治区贵港市桂平市大洋镇新和村头湾屯264号	实用新型	个人
152	201720642926X	拉线上下把制作装置	广西电网有限责任公司贵港供电局	广西壮族自治区贵港市港北区民主路89号	实用新型	企业
153	2017305986717	空气净化器(KQJ-868)	广西泰润生物科技有限公司	广西壮族自治区贵港市港南区八塘卖酒坡(原贵港镁厂用地)	外观设计	企业
154	2016212102195	一种白内障裁囊器	冯桂强	广西壮族自治区贵港市荷城路4-12号贵港爱尔眼科医院	实用新型	个人
155	2017206920529	一种木薯制备酒精用的预处理装置	广西金茂生物化工有限公司	广西壮族自治区贵港市平南县平南镇东郊(原平南糖厂)	实用新型	企业
156	2017304439169	LED 青鸟灯	蓝光示	广西壮族自治区贵港市平南县马练瑶族乡藤旺村丹桂屯84号	外观设计	个人
157	2017305999365	风轮	杨 晴	广西壮族自治区贵港市港南区桥圩镇羽绒城小区14号	外观设计	个人
158	2015102575173	一种香蕉肥料的制作工艺	广西贵港市丰收肥业有限公司	广西壮族自治区贵港市江南工业园高新产业园西区	发明	企业
159	2017209224488	一种建筑防震砖	罗泽勇	广西壮族自治区贵港市平南县镇隆镇拥平村沙河二屯	实用新型	个人
160	2017206266900	一种换热管管内清洗设备	广西金茂生物化工有限公司	广西壮族自治区贵港市平南县平南镇东郊(原平南糖厂)	实用新型	企业
161	2017305623906	充电器(V6)	韦德管	广西壮族自治区贵港市覃塘区山北乡山北村磨屯103号	外观设计	个人
162	2017305624078	充电器(S2)	韦德管	广西壮族自治区贵港市覃塘区山北乡山北村磨屯103号	外观设计	个人
163	201730530407X	滑轨	区强奔	广西壮族自治区贵港市平南县同和镇练山村古宥屯42号	外观设计	个人
164	2017210272815	一种货船减压艏柱	桂平市大众船舶修造厂(普通合伙)	广西壮族自治区贵港市桂平市西山镇永培村1-5队	实用新型	企业
165	2017210655738	带有隔仓的煮饭机	平南县科力酿酒机械制造有限公司	广西壮族自治区贵港市平南县平南镇永发区永发新村林业光房屋	实用新型	企业
166	2017208495389	智能模块化低压配电柜	广西华超电气有限公司	广西壮族自治区贵港市港北区根竹乡国道324线根竹圩路段北面	实用新型	企业

续表 20

序号	专利号	专利名称	专利权人名称	专利权人地址	专利类型	专利权人类型
167	2017306000118	风机(2)	杨　晴	广西壮族自治区贵港市港南区桥圩镇羽绒城小区 14 号	外观设计	个人
168	2017211366557	一种多功能牛仔裤	唐进江	广西壮族自治区贵港市桂平市蒙圩镇罗容村木告岭屯 183 号	实用新型	个人
169	2017304691643	LED 汽车大灯(H7)	甘　泉	广西壮族自治区贵港市平南县平南镇兴平路 1 号	外观设计	个人
170	2016214658567	一种紫砂脐灸具	黄家联	广西壮族自治区贵港市港北区庆丰镇新岭路 68 号	实用新型	个人
171	2017211007889	箱式变压器自动重合闸装置	广西电网有限责任公司贵港供电局	广西壮族自治区贵港市贵港市港北区民主路 89 号	实用新型	企业
172	2017210756921	一种立式 U 状海浪发电装置	徐文贵	广西壮族自治区贵港市港北区南平路 8 号院 22 幢 2 室	实用新型	个人
173	2017206266898	一种适用于发酵罐的除沫消泡器	广西金茂生物化工有限公司	广西壮族自治区贵港市平南县平南镇东郊(原平南糖厂)	实用新型	企业
174	2017210859415	一种养牛用喂食框	李宏荣	广西壮族自治区贵港市桂平市石龙镇龙山路 132 号	实用新型	个人
175	2017206926807	一种木薯粉碎再处理设备	广西金茂生物化工有限公司	广西壮族自治区贵港市平南县平南镇东郊(原平南糖厂)	实用新型	企业
176	2017211452016	一种电热热水器过滤装置	梁　艺	广西壮族自治区贵港市港南区木梓镇南龙街 3 号	实用新型	个人
177	2017201757906	一种多用滤芯组合的过滤器	凌伟胜	广西壮族自治区平南县镇隆镇峙冲村峙冲二屯 2 号	实用新型	个人
178	2017304691766	LED 汽车大灯(H1)	甘　泉	广西壮族自治区贵港市平南县平南镇兴平路 1 号	外观设计	个人
179	2017207093523	一种新型 LED 带罩玉米灯	黄勇贤	广西壮族自治区贵港市北区大圩镇寻杨村寻东屯 128 号	实用新型	个人
180	2017303233525	吊灯(1)	李益旺	广西壮族自治区贵港市平南县平南县镇隆镇石岭村石三屯 48 号	外观设计	个人
181	2017209304105	一种旋转停车留言牌	詹运妹	广西壮族自治区贵港市覃塘区蒙公乡高占村占村屯 58 号	实用新型	个人
182	2017304258905	面包机	黎永源	广西壮族自治区贵港市桂平市罗秀镇新伟村鸡母冲屯 5-14 号	外观设计	个人
183	2017207345721	一种餐饮含油污水处理系统	广西国宏智鸿环境科技发展有限公司	广西壮族自治区贵港市产业园区(石卡园)内	实用新型	企业
184	2017207365443	一种电源线的保护装置	韦初安	广西壮族自治区贵港市港北区港城镇平富村太平屯	实用新型	个人
185	201730367177X	吊灯(小马)	李益兴	广西壮族自治区贵港市平南县镇隆镇石岭村石三屯 48 号	外观设计	个人
186	2017303260486	壁灯(龙形系列)	黄威铭	广西壮族自治区贵港市南县同和镇练山村茶下屯 59 号	外观设计	个人
187	2017205731036	一种内燃机节油活塞	广西贵三钜科技有限公司	广西壮族自治区贵港市港北区金港大道西段南侧(西苑小区)	实用新型	企业
188	2017207337867	一种可双向伸缩双头绝缘锁杆	广西电网有限责任公司贵港供电局	广西壮族自治区贵港市贵港市民主路 89 号	实用新型	企业

续表 20

序号	专利号	专利名称	专利权人名称	专利权人地址	专利类型	专利权人类型
189	2017305652877	吊灯(A1)	莫兴勤	广西壮族自治区贵港市南县镇隆镇马旦村耍武垌二屯3号	外观设计	个人
190	2017305032978	电脑椅(1713)	覃达康	广西壮族自治区贵港市桂平市马皮乡均福村松柏屯55号	外观设计	个人
191	2017304691658	LED汽车大灯(H4)	甘　泉	广西壮族自治区贵港市平南县平南镇兴平路1号	外观设计	个人
192	2017304947344	榨汁机(26)	吴荣汉	广西壮族自治区贵港市港南区八塘镇高北村沙岭屯26号	外观设计	个人
193	2016212122447	可折射光线的灯罩	温碧海	广西壮族自治区贵港市港北区大圩镇东塘村田傢屯46号	实用新型	个人
194	2017207337871	一种新型绝缘夹钳	广西电网有限责任公司贵港供电局	广西壮族自治区贵港市贵港市民主路89号	实用新型	企业
195	2017305652843	吊灯(A2)	莫兴勤	广西壮族自治区贵港市平南县镇隆镇马旦村耍武垌二屯3号	外观设计	个人
196	2017211424656	一种新型电热水器排污阀	梁　艺	广西壮族自治区贵港市港南区木梓镇南龙街3号	实用新型	个人
197	2017205887453	小蚕共育蚕框大棚式自动化清洗和消毒系统	谢寿泳	广西壮族自治区贵港市覃塘区黄练镇南梧路75号	实用新型	个人
198	2017210756847	一种用于海浪发电机构的旗状指示器	徐文贵	广西壮族自治区贵港市港北区南平路8号院22幢2室	实用新型	个人
199	2017210750111	一种杠杆式海浪发电装置	徐文贵	广西壮族自治区贵港市港北区南平路8号院22幢2室	实用新型	个人
200	2017206920514	一种干木薯除铁装置	广西金茂生物化工有限公司	广西壮族自治区贵港市平南县平南镇东郊(原平南糖厂)	实用新型	企业
201	2017306155848	包装盒(WOWlive燕窝美肌防护喷雾)	张　敏	广西壮族自治区贵港市港北区解放路恒昌垌巷43号	外观设计	个人
202	2017210184640	一种可伸缩操作平台	广西电网有限责任公司贵港供电局	广西壮族自治区贵港市民主路89号贵港供电局	实用新型	企业
203	2017207736551	500kV接地线装拆辅助装置	广西电网有限责任公司贵港供电局	广西壮族自治区南宁市贵港市港北区民主路89号	实用新型	企业
204	2017304107587	吸顶灯(MLS1725)	莫兴勤	广西壮族自治区贵港市平南县镇隆镇马旦村耍武垌二屯3号	外观设计	个人
205	2017303227740	吊灯(2)	李益旺	广西壮族自治区贵港市平南县平南县镇隆镇石岭村石三屯48号	外观设计	个人
206	2017210761243	一种立式禾叉状结构海浪发电装置	徐文贵	广西壮族自治区贵港市港北区南平路8号院22幢2室	实用新型	个人
207	2017206927994	一种干木薯制备酒精用的生产系统	广西金茂生物化工有限公司	广西壮族自治区贵港市平南县平南镇东郊(原平南糖厂)	实用新型	企业
208	2017207004750	一种变压器尺寸测量治具	贵港市嘉龙海杰电子科技有限公司	广西壮族自治区贵港市江南工业园C区龙军物业服务小区内	实用新型	企业
209	2017305999543	风机(3)	杨　晴	广西壮族自治区贵港市港南区桥圩镇羽绒城小区14号	外观设计	个人
210	2015102253733	一种甘蔗专用肥及其制作方法	广西贵港市丰收肥业有限公司	广西壮族自治区贵港市江南工业园高新产业园西区	发明	企业

续表 20

序号	专利号	专利名称	专利权人名称	专利权人地址	专利类型	专利权人类型
211	2017212296049	一种具有散热功能的电力柜	广西贵港市新宇电气设备有限公司	广西壮族自治区贵港市港北区科技大道国家生态工业(制糖)示范园区西江产业园	实用新型	企业
212	2017209711309	一种血液科实时监测仪	韦春燕	广西壮族自治区贵港市中心血站	实用新型	个人
213	2015102340820	一种水蛭用清热解毒散	广西复鑫益生物科技有限公司平南分公司	广西壮族自治区贵港市平南县工业园	发明	企业
214	2017303858305	灯饰配件(HP237)	邓　健	广西壮族自治区贵港市桂平市南木镇洛连村朱红岭屯 75 号	外观设计	个人
215	2017304115333	沙发(A237)	黄汉实	广西壮族自治区贵港市港北区庆丰镇杨林村东屯 125 号	外观设计	个人
216	2016212375351	物联网组合电路密码锁	卢　彬	广西壮族自治区贵港市港北区港城镇旺岭村西头屯 31 号	实用新型	个人
217	2015102823826	一种甘蔗有机肥料	杨新兰	广西壮族自治区贵港市覃塘区三里镇吉塘村	发明	个人
218	2016100078575	一种糖用蒸发罐的清洗方法	广西农垦糖业集团西江制糖有限公司	广西壮族自治区贵港市城西狮子岭西江农场	发明	企业
219	2013101926027	一种塑料地球仪的注塑成型工艺	李一波	广西壮族自治区贵港市平南县平南镇冬笋塘 311-3 号	发明	个人
220	2017304829386	路灯壳	刘锦群	广西壮族自治区贵港市平南县官成镇苏茆村苏一屯 10-1 号	外观设计	个人
221	2017211160978	犊牛饲养用高架床	广西农垦西江乳业有限公司奶牛场	广西壮族自治区贵港市西江农场总场	实用新型	企业
222	2017210841318	一种高压变压器试验短接线装置	广西电网有限责任公司贵港供电局	广西壮族自治区贵港市港北区民主路 89 号	实用新型	企业
223	2017305395666	吊灯(CD1601-3)	丁惠婷	广西壮族自治区贵港市桂平市下湾镇南安街 10 号	外观设计	个人
224	201721216919X	一种防电路短路保护器	韦琼山	广西壮族自治区贵港市港北区港城填平富村	实用新型	个人
225	2017305199872	灯饰配件(跑道)	蒙仪华	广西壮族自治区贵港市桂平市大洋镇竹塘村西屯 117-1 号	外观设计	个人
226	2017205587603	一种电器保护装置	韦初安	广西壮族自治区贵港市港北区港城镇平富村太平屯 139 号	实用新型	个人
227	2017305950857	MG8066 玻璃弯管吊灯	郑　肇	广西壮族自治区贵港市桂平市木圭镇木圭街 109 号	外观设计	个人
228	2017305736463	吊灯(水滴)	李荣尧	广西壮族自治区贵港市桂平市中沙镇理珍村庞冲屯 15 号	外观设计	个人
229	2017210853442	一种用于高压气瓶瓶阀的开关工具	广西电网有限责任公司贵港供电局	广西壮族自治区贵港市港北区民主路 89 号	实用新型	企业
230	2017305285810	LED 苹果音乐灯	邓国全	广西壮族自治区贵港市桂平市罗秀镇罗秀村龙塘坡屯 9 号	外观设计	个人
231	2017306068394	桌子(T06#)	谢庆县	广西壮族自治区贵港市南区木梓镇武思村武思屯 385 号	外观设计	个人
232	2017304837984	台式纳米喷雾机	谭增广	广西壮族自治区贵港市港南区瓦塘乡新江村谭村屯 136-1 号	外观设计	个人

续表 20

序号	专利号	专利名称	专利权人名称	专利权人地址	专利类型	专利权人类型
233	2017304692773	LED 汽车大灯(H11)	甘　泉	广西壮族自治区贵港市平南县平南镇兴平路 1 号	外观设计	个人
234	201730468880X	电陶炉	黄伟武	广西壮族自治区贵港市平南县上渡镇渭河村大下河屯 52 号	外观设计	个人
235	2017304838012	台式纳米喷雾机喷头	谭增广	广西壮族自治区贵港市港南区瓦塘乡新江村谭村屯 136–1 号	外观设计	个人
236	2017305807666	化妆镜	全思婷	广西壮族自治区贵港市桂平市蒙圩镇新阳村大阳岭屯 80 号	外观设计	个人
237	2017305920917	落地灯(DJ83033)	王可富	广西壮族自治区贵港市桂平市木圭镇大朗村三划王屯 15–31 号	外观设计	个人
238	2017212072616	一种高低可调的电力电缆装置	广西贵港市新宇电气设备有限公司	广西壮族自治区贵港市港北区科技大道国家生态工业(制糖)示范园区西江产业园	实用新型	企业
239	2013106585673	一种陶瓷薄板加工方法及装置	唐硕度	广西壮族自治区贵港市平南县大安镇新儒村圩三屯 24 号	发明	个人
240	201720943835X	一种水管连接件	徐志国	广西壮族自治区贵港市港南区桥圩镇江南路 41 号	实用新型	个人
241	2017304763779	抽水器(K–05)	欧国富	广西壮族自治区贵港市平南县马练瑶族乡藤旺村西龙屯 14 号	外观设计	个人
242	2017200546607	一种子宫内出血止血装置	杨燕嫣	广西壮族自治区贵港市人民医院	实用新型	个人
243	2017304794372	一种无线蓝牙耳机	刘展枢	广西壮族自治区贵港市港南区乔圩镇何平村平民屯 201 号	外观设计	个人
244	2017305425002	灯饰配件(棒锥型)	李　钦	广西壮族自治区贵港市桂平市中沙镇理珍村庞冲屯 15 号	外观设计	个人
245	2016102122479	燃烧机的燃料输送装置	广西贵港市宏利生物能源科技有限公司	广西壮族自治区贵港市江南大道东段中国石油旁	发明	企业
246	2017305750704	加湿器(小 D)	詹运营	广西壮族自治区贵港市覃塘区蒙公乡高占村占村屯 58 号	外观设计	个人
247	2017305250205	车充(二)	岑景开	广西壮族自治区贵港市港南区八塘镇湴村岑村屯 22 号	外观设计	个人
248	201721219275X	一种自动开槽机	蒙恒杰	广西壮族自治区贵港市平南县大安镇天堂村洋上屯 46 号	实用新型	个人
249	2016102461976	一种橡胶用纳米碳酸钙的制备方法	广西平南县恒祥钙业有限公司	广西壮族自治区贵港市平南县丹竹镇东山村平丹公路旁	发明	企业
250	2017304404028	纳米喷雾机	谭增广	广西壮族自治区贵港市港南区瓦塘乡新江村谭村屯 136–1 号	外观设计	个人
251	2017211470565	一种可多方位调节的车载电话号码牌	黄仲育	广西壮族自治区贵港市覃塘区大岭乡五合村下棍屯 332 号	实用新型	个人
252	2017305395952	吊灯(CD1601–5)	丁惠婷	广西壮族自治区贵港市桂平市下湾镇南安街 10 号	外观设计	个人
253	2013101925664	一种小型塑料地球仪的注塑成型工艺	李一波	广西壮族自治区贵港市平南县平南镇冬笋塘 311–3 号	发明	个人
254	2017212354862	一种鸟形 LED 灯	蓝光示	广西壮族自治区贵港市平南县马练瑶族乡藤旺村丹桂屯 84 号	实用新型	个人

续表 20

序号	专利号	专利名称	专利权人名称	专利权人地址	专利类型	专利权人类型
255	2017305979427	打火机	韦贵宝	广西壮族自治区贵港市覃塘区东龙镇振龙街46号	外观设计	个人
256	2017209018508	别墅式家用健身透明游泳池	陈荣勇	广西壮族自治区贵港市桂平市船厂路桂南太阳能热水器厂	实用新型	个人
257	201730503800X	灯饰配件(DB274)	邓 健	广西壮族自治区贵港市桂平市南木镇洛连村朱红岭屯75号	外观设计	个人
258	2017210425488	一种降落伞	罗远林	广西壮族自治区平南县平南镇城东街344号	实用新型	个人
259	2017304123221	投光灯(聚光线条)	张锦鸿	广西壮族自治区贵港市桂平市江口镇理塘村田垌心屯60号	外观设计	个人
260	2017304115348	沙发(A238)	黄汉实	广西壮族自治区贵港市港北区庆丰镇杨林村东屯125号	外观设计	个人
261	2017304836746	路灯头(06)	黄勇贤	广西壮族自治区贵港市北区大圩镇寻杨村寻东屯128号	外观设计	个人
262	2017305239691	车充(一)	岑景开	广西壮族自治区贵港市港南区八塘镇湴村岑村屯22号	外观设计	个人
263	2017211470090	一种多功能停车留言牌	詹运营	广西壮族自治区贵港市覃塘区蒙公乡高占村占村屯58号	实用新型	个人
264	2017305622640	充电器(S6)	韦德管	广西壮族自治区贵港市覃塘区山北乡山北村磨屯103号	外观设计	个人
265	201730470302X	电陶炉	黄伟武	广西壮族自治区贵港市平南县上渡镇渭河村大下河屯52号	外观设计	个人
266	2017208686329	一种蔬菜切碎机	广西博能生物质能源科技有限公司	广西壮族自治区贵港市港南区江南大道东段(桥头中国石油加油站旁)	实用新型	企业
267	2017303500460	沙发(8638#)	罗 勇	广西壮族自治区贵港市桂平市江口镇胡村少岭屯22号	外观设计	个人
268	2017305553547	吊灯(DJJ-D8002)	葛耀强	广西壮族自治区平南县上渡镇柘畲村白水村屯8号	外观设计	个人
269	2017304923570	路灯头(太阳能一体化)	吴大深	广西壮族自治区贵港市平南县安怀镇安怀村河头屯100-1号	外观设计	个人
270	2017305668593	LED灯泡(小魔球彩灯)	邓国全	广西壮族自治区贵港市桂平市罗秀镇罗秀村龙塘坡屯9号	外观设计	个人
271	201830040738X	灯饰配件(HP260)	邓 健	广西壮族自治区贵港市桂平市南木镇洛连村朱红岭屯75号	外观设计	个人
272	2017212936740	电力变压器自动排气装置	广西电网有限责任公司贵港供电局	广西壮族自治区贵港市贵港市港北区民主路89号	实用新型	企业
273	2017209820147	一种移动式机械加工划线装置	林海华	广西壮族自治区贵港市平南县平南镇附城村水路塘屯33号	实用新型	个人
274	2017209584568	汽车挡风玻璃内侧自动刮雾器	陈斯宝	广西壮族自治区贵港市平南县马练瑶族乡石垌村长四屯10号	实用新型	个人
275	2017209786983	一种智能交通电控柜的防盗报警装置	广西贵港市新宇电气设备有限公司	广西壮族自治区贵港市港北区科技大道国家生态工业(制糖)示范园区西江产业园	实用新型	企业
276	2018300407233	灯饰配件(DB291)	邓 健	广西壮族自治区贵港市桂平市南木镇洛连村朱红岭屯75号	外观设计	个人

续表 20

序号	专利号	专利名称	专利权人名称	专利权人地址	专利类型	专利权人类型
277	2017209406664	沼气蒸汽锅炉	叶常青	广西壮族自治区贵港市广西贵港市港北区中山中路259号	实用新型	个人
278	2017212765944	一种压砖机自动码砖装置	广西港桥新型墙体材料有限公司	广西壮族自治区贵港市覃塘区石卡镇林桥江南面(港桥水泥有限公司内)	实用新型	企业
279	2017210648433	一种能整车收合折叠的婴儿车	刘顶山	广西壮族自治区贵港市覃塘区樟木乡中周村中刘屯107号	实用新型	个人
280	2017211487585	一种使用寿命更长的机电用继电保护器	广西贵港市新宇电气设备有限公司	广西壮族自治区贵港市港北区科技大道国家生态工业(制糖)示范园区西江产业园	实用新型	企业
281	2017213076648	一种双轮车电动脚撑	广西柳钢大菱电动汽车制造有限公司	广西壮族自治区贵港市港北区狮岭路569号(国家生态工业(制糖)示范园西江科技创新产业城)	实用新型	企业
282	2017202883484	一种新型医用陪护床	李嘉欣	广西壮族自治区贵港市桂平市白沙镇沿江街2–5号	实用新型	个人
283	2017306055869	角码(天花连接)	黄武盛	广西壮族自治区贵港市港北区大圩镇永隆村下赊屯153号	外观设计	个人
284	2017211982258	一种具有防凝露功能的户外电力柜	广西贵港市新宇电气设备有限公司	广西壮族自治区贵港市港北区科技大道国家生态工业(制糖)示范园区西江产业园	实用新型	企业
285	2017210146403	一种敷设二次电缆滚轮装置	广西电网有限责任公司贵港供电局	广西壮族自治区贵港市港北区民主路89号	实用新型	企业
286	2017213991798	旋转连接环	李　炼	广西壮族自治区贵港市桂平市白沙镇新龙村12队56号	实用新型	个人
287	2017306437187	射灯(KYP003)	卢兑盛	广西壮族自治区贵港市桂平市木根镇都合下村村儿屯228号	外观设计	个人
288	2017211982417	一种电力柜的防尘装置	广西贵港市新宇电气设备有限公司	广西壮族自治区贵港市港北区科技大道国家生态工业(制糖)示范园区西江产业园	实用新型	企业
289	2017209406749	生物质喷燃多管蒸汽锅炉	叶常青	广西壮族自治区贵港市广西贵港市港北区中山中路259号	实用新型	个人
290	2017210859133	一种养羊用喂水器	李宏荣	广西壮族自治区贵港市桂平市石龙镇龙山路132号	实用新型	个人
291	201720080109X	一种旋挖机的双立柱结构	平南县炳德机械制造厂	广西壮族自治区贵港市广西贵港市平南县六陈镇古和村古和街39号	实用新型	企业
292	2018300027145	椅子(A188)	黄建任	广西壮族自治区贵港市港南区木格镇护录村下江屯130号	外观设计	个人
293	2017305155997	高效轻便搅拌机	杨德林	广西壮族自治区贵港市桂平市下湾镇新街5号	外观设计	个人
294	2017306475460	吊灯	陈思燃	广西壮族自治区贵港市桂平市江口镇和合村下冲屯155号	外观设计	个人
295	2017305621968	充电器(S1)	韦德管	广西壮族自治区贵港市覃塘区山北乡山北村磨屯103号	外观设计	个人
296	2018300407464	灯饰配件(DB296)	邓　健	广西壮族自治区贵港市桂平市南木镇洛连村朱红岭屯75号	外观设计	个人

续表 20

序号	专利号	专利名称	专利权人名称	专利权人地址	专利类型	专利权人类型
297	2018300347783	手电筒(168)	蓝柱平	广西壮族自治区贵港市平南县同和镇平美村冲口屯 5 号	外观设计	个人
298	2017304974731	汽车应急启动电源(JX19)	卓细兵	广西壮族自治区贵港市港南区桥圩镇振南村卫屯 59 号	外观设计	个人
299	2017306437219	射灯(KYP001)	卢兑盛	广西壮族自治区贵港市桂平市木根镇都合下村村儿屯 228 号	外观设计	个人
300	2018300815336	沙发(FD-816#)	黄科华	广西壮族自治区贵港市桂平市社步镇中占村白云屯 227 号	外观设计	个人
301	2018300410359	短袖套装(3)	李正桦	广西壮族自治区贵港市桂平市木乐镇木乐村 21-3 号	外观设计	个人
302	2017305874270	台灯配件(前环)	蒙运荣	广西壮族自治区贵港市桂平市大洋镇竹塘村西屯 49 号	外观设计	个人
303	2018300621256	运动服(850)	李正桦	广西壮族自治区贵港市桂平市木乐镇木乐村 21-3 号	外观设计	个人
304	2017302008036	灯饰配件(DB258)	邓　健	广西壮族自治区贵港市桂平市南木镇洛连村朱红岭屯 75 号	外观设计	个人
305	2017306252759	分子细化瓶	马登华	广西壮族自治区贵港市桂平市江口镇莲塘村新高黎屯 142 号	外观设计	个人
306	2017306132850	灯泡(音乐蓝牙火焰)	邓国全	广西壮族自治区贵港市桂平市罗秀镇罗秀村龙塘坡屯 9 号	外观设计	个人
307	2017210948461	一种用于小蚕共育的石灰喷粉车	谢寿泳	广西壮族自治区贵港市覃塘区黄练镇南梧路 75 号	实用新型	个人
308	2018300721589	运动服(836)	李正桦	广西壮族自治区贵港市桂平市木乐镇木乐村 21-3 号	外观设计	个人
309	201730631638X	圆形带扣连接器	李旺昌	广西壮族自治区贵港市港南区八塘镇湴村木根屯 5 号	外观设计	个人
310	2017207523983	汽车摄像头翻盖装置	郭贤源	广西壮族自治区贵港市平南县平南镇鼎盛时代 B4 单元	实用新型	个人
311	2017304852414	萃茶器具	卢日贤	广西壮族自治区贵港市平南县六陈镇登塘村上村屯 31 号	外观设计	个人
312	2018300407479	灯饰配件(DB295)	邓　健	广西壮族自治区贵港市桂平市南木镇洛连村朱红岭屯 75 号	外观设计	个人
313	2017214277451	一种四面轨道叶片锁匙开锁结构	李永然	广西壮族自治区贵港市覃塘区大岭乡江兴村江头屯 70 号	实用新型	个人
314	2017305731987	吊灯(流星雨)	李荣尧	广西壮族自治区贵港市桂平市中沙镇理珍村庞冲屯 15 号	外观设计	个人
315	2018300890055	吊灯(1601-16)	丁惠婷	广西壮族自治区贵港市桂平市下湾镇南安街 10 号	外观设计	个人
316	2017206166550	一种语音识别系统	朱明增	广西壮族自治区贵港市港北区民主路 89 号	实用新型	个人
317	2017214203053	矿物质复合材料耐火电缆	广西群星电缆有限公司	广西壮族自治区贵港市港北区狮岭路 578 号	实用新型	企业
318	2018300242936	吊坠	程　耿	广西壮族自治区贵港市港南区瓦塘乡乌柳村乌村屯 327 号	外观设计	个人

续表 20

序号	专利号	专利名称	专利权人名称	专利权人地址	专利类型	专利权人类型
319	2018301027833	办公椅(B831)	郭优生	广西壮族自治区贵港市覃塘区东龙镇农昌村大农屯 473 号	外观设计	个人
320	2018300156150	电吉他	李　宏	广西壮族自治区贵港市港南区木格镇寿莫村佛子屯 7 号	外观设计	个人
321	2017304116001	儿童安全座椅(CS006)	蒙祖胜	广西壮族自治区贵港市港南区八塘镇陈湾村竹边屯 068 号	外观设计	个人
322	2018300407214	灯饰配件(DB294)	邓　健	广西壮族自治区贵港市桂平市南木镇洛连村朱红岭屯 75 号	外观设计	个人
323	2018300298236	LED 补光灯	王志友	广西壮族自治区贵港市桂平市江口镇三布村必群屯 263 号	外观设计	个人
324	2018300240358	吊灯(CDS1601-8808-1)	丁惠婷	广西壮族自治区贵港市桂平市下湾镇南安街 10 号	外观设计	个人
325	2017207822063	一种道轨灯配件	陈海荣	广西壮族自治区贵港市桂平市江口镇新其村凤岭屯 20 号	实用新型	个人
326	2018300027200	椅子(A178)	黄建任	广西壮族自治区贵港市港南区木格镇护录村下江屯 130 号	外观设计	个人
327	2017305573822	手冲咖啡架	袁国海	广西壮族自治区贵港市平南县思旺镇六桂村岭二屯 30 号	外观设计	个人
328	2018300407394	灯饰配件(DB297)	邓　健	广西壮族自治区贵港市桂平市南木镇洛连村朱红岭屯 75 号	外观设计	个人
329	2017210520340	传送带自动纠偏装置	平南县科力酿酒机械制造有限公司	广西壮族自治区贵港市平南县平南镇永发区永发新村林业光房屋	实用新型	企业
330	2017212027521	一种组合门	覃汉盛	广西壮族自治区贵港市港北区大圩镇大仁村覃屋屯 92 号	实用新型	个人
331	2017205368235	一种不受坏天气影响的的电缆分接箱	广西贵港市新宇电气设备有限公司	广西壮族自治区贵港市港北区科技大道国家生态工业(制糖)示范园区西江产业园	实用新型	企业
332	2017305689142	护目仪(贝昕)	黄云樟	广西壮族自治区贵港市港北区根竹乡民权村横龙屯 186 号	外观设计	个人
333	2017304962359	指甲打磨手柄(HG-506)	谭超康	广西壮族自治区贵港市港南区瓦塘乡新江村谭村屯 306-1 号	外观设计	个人
334	2017207345755	一种高油脂餐饮污水处理装置	广西国宏智鸿环境科技发展有限公司	广西壮族自治区贵港市产业园区(石卡园)内	实用新型	企业
335	201730627305X	角码(天花连接-2)	黄武盛	广西壮族自治区贵港市港北区大圩镇永隆村下赊屯 153 号	外观设计	个人
336	2018300047327	风扇(F1)	詹运营	广西壮族自治区贵港市覃塘区蒙公乡高占村占村屯 58 号	外观设计	个人
337	2017207859157	一种既可水冷散热又可分体的电磁热水器	甘秀坚	广西壮族自治区贵港市桂平市大湾镇界岭村鸡母屯 62 号	实用新型	个人
338	2017305059256	海鸥音	韦永斌	广西壮族自治区贵港市平南县寺面镇南山村山步屯 32 号	外观设计	个人
339	2018300121062	无线充电器(方块 1)	覃　胜	广西壮族自治区贵港市平南县同和镇新雅村公二屯 36 号	外观设计	个人
340	2017304995935	路灯(太阳能一体化)	张彩华	广西壮族自治区贵港市平南县大鹏镇花龙村石东一屯 19 号	外观设计	个人

续表 20

序号	专利号	专利名称	专利权人名称	专利权人地址	专利类型	专利权人类型
341	2018300407125	灯饰配件(DB292)	邓　健	广西壮族自治区贵港市桂平市南木镇洛连村朱红岭屯75号	外观设计	个人
342	2018300350466	短袖套装(2)	李正桦	广西壮族自治区贵港市桂平市木乐镇木乐村21-3号	外观设计	个人
343	2018300156146	电吉他	李　宏	广西壮族自治区贵港市港南区木格镇寿莫村佛子屯7号	外观设计	个人
344	2017213889520	一种便携式静音高效混凝土搅拌机	杨德林	广西壮族自治区贵港市桂平市下湾镇新街5号	实用新型	个人
345	2017205095134	一种全自动点胶机	广西美声电子科技有限公司	广西壮族自治区贵港市港北区西江科技创新产业城内	实用新型	企业
346	201730339048X	柠檬车牌	詹运营	广西壮族自治区贵港市覃塘区蒙公乡高占村占村屯58号	外观设计	个人
347	2018300164195	轨道灯(HC008)	蒙绍龙	广西壮族自治区桂林市大洋镇竹塘村西屯38号	外观设计	个人
348	2017214284811	高强度矿物质填充阻燃电缆	广西群星电缆有限公司	广西壮族自治区贵港市港北区狮岭路578号	实用新型	企业
349	2018300625702	电子烟(OMEGA-V01)	罗国靖	广西壮族自治区贵港市平南县官成镇章逻村大村一屯9号	外观设计	个人
350	2017302641724	按摩仪(多功能语音数码经络理疗)	郑　利	广西壮族自治区平南县上渡镇雅埠村石头脚屯60号	外观设计	个人
351	2017214337645	柔性矿物质填充防火电缆	广西群星电缆有限公司	广西壮族自治区贵港市港北区狮岭路578号	实用新型	企业
352	2017303946838	键盘掌托	何　艇	广西壮族自治区贵港市港北区江北东路168号	外观设计	个人
353	2017306437191	射灯(KYP002)	卢兑盛	广西壮族自治区贵港市桂平市木根镇都合下村村儿屯228号	外观设计	个人
354	2018300350409	短袖套装(1)	莫显耀	广西壮族自治区贵港市桂平市社坡镇理竹村田了塘屯1号	外观设计	个人
355	2016103668305	一种自动接皮机	广西腾森自动化设备有限公司	广西壮族自治区贵港市港北区金港大道西江工业品批发市场西2幢07号	发明	企业
356	201720941764X	一种镜画壁灯的新型安装方式	赵志远	广西壮族自治区贵港市南县官成镇官东村高良四屯25号	实用新型	个人
357	2018301586207	吸顶灯(8038大号)	丁新玉	广西壮族自治区贵港市大洋镇新和村尾湾屯163号	外观设计	个人
358	2017306345698	折叠灯(方形01)	黄宝莉	广西壮族自治区贵港市港北区大圩镇乐堂村新村屯415号	外观设计	个人
359	201730634942X	折叠灯(圆形02)	黄宝莉	广西壮族自治区贵港市港北区大圩镇乐堂村新村屯415号	外观设计	个人
360	2017305151835	包装盒	广西贵港市华宇葛业有限公司	广西壮族自治区贵港市港北区大圩镇千秋岭	外观设计	企业
361	2017213786952	在线低浓度氯气分析仪用水气分离器	广西华超电气有限公司	广西壮族自治区贵港市港北区根竹乡国道324线根竹圩路段北面	实用新型	企业
362	2017213786948	带除湿装置的固体绝缘环网柜	广西华超电气有限公司	广西壮族自治区贵港市港北区根竹乡国道324线根竹圩路段北面	实用新型	企业

续表 20

序号	专利号	专利名称	专利权人名称	专利权人地址	专利类型	专利权人类型
363	2017214997467	具有抗震功能的配电箱	广西华超电气有限公司	广西壮族自治区贵港市港北区根竹乡国道324线根竹圩路段北面	实用新型	企业
364	2017215577383	一种室内健身器材	周小东	广西壮族自治区贵港市港北区贵城小江石鼓井小区6号旁	实用新型	个人
365	2017215442206	一种L型梯子	广西电网有限责任公司贵港供电局	广西壮族自治区贵港市港北区民主路89号	实用新型	企业
366	2017203706082	具有安全节能的多功能电热餐桌	黄远华	广西壮族自治区贵港市港北区人民中路50号院红旗新区	实用新型	个人
367	2017203706468	能扩大转盘和桌面并具有节能安全的多功能电热餐桌	黄远华	广西壮族自治区贵港市港北区人民中路50号院红旗新区	实用新型	个人
368	2017214746399	一和双轮车电动车撑	广西柳钢大菱电动汽车制造有限公司	广西壮族自治区贵港市港北区狮岭路569号(国家生态工业(制糖)示范园西江科技创新产业城)	实用新型	企业
369	2017214807922	一和电机减速器	广西柳钢大菱电动汽车制造有限公司	广西壮族自治区贵港市港北区狮岭路569号(国家生态工业(制糖)示范园西江科技创新产业城)	实用新型	企业
370	2017214177218	消防安全用防火电缆	广西群星电缆有限公司	广西壮族自治区贵港市港北区狮岭路578号	实用新型	企业
371	2017214197620	防水耐高温电缆	广西群星电缆有限公司	广西壮族自治区贵港市港北区狮岭路578号	实用新型	企业
372	2017201311806	生物质颗粒热水炉	广西节得乐生物质能源科技有限公司	广西壮族自治区贵港市港北区新民工业园区	实用新型	企业
373	2017211788243	两用型生物质燃烧机	广西节得乐生物质能源科技有限公司	广西壮族自治区贵港市港北区新民工业园区	实用新型	企业
374	2018301272303	榨汁机(27)	吴荣汉	广西壮族自治区贵港市港南区八塘镇高北村沙岭屯26号	外观设计	个人
375	2018300963003	手机保护壳	郑少芳	广西壮族自治区贵港市港南区木梓镇红朗村下坡屯228号	外观设计	个人
376	2018301266463	手机壳	郑少芳	广西壮族自治区贵港市港南区木梓镇红朗村下坡屯228号	外观设计	个人
377	2018300981853	茶几(SC−1802)	陆丽梅	广西壮族自治区贵港市港南区桥圩镇建设路56号	外观设计	个人
378	2017213744926	猪场污水管道疏通装置	广西秀博科技股份有限公司	广西壮族自治区贵港市港南区瓦塘镇亚计山林场	实用新型	企业
379	201721370148X	猪场污水处理系统	广西秀博科技股份有限公司	广西壮族自治区贵港市港南区瓦塘镇亚计山林场	实用新型	企业
380	2017213445924	猪场废气除臭系统	广西秀博科技股份有限公司	广西壮族自治区贵港市港南区瓦塘镇亚计山林场	实用新型	企业
381	2017209423104	电、燃气两用快速一体机	叶常青	广西壮族自治区贵港市广西贵港市港北区中山中路259号	实用新型	个人
382	2017200801174	一和多功能旋挖机	平南县炳德机械制造厂	广西壮族自治区贵港市广西贵港市平南县六陈镇古和村古和街39号	实用新型	企业
383	2018301586194	吸顶灯(8061大号)	丁新玉	广西壮族自治区贵港市桂平市大洋镇新和村尾湾屯163号	外观设计	个人

续表 20

序号	专利号	专利名称	专利权人名称	专利权人地址	专利类型	专利权人类型
384	2018301586245	灯饰配件(180401)	丁新王	广西壮族自治区贵港市桂平市大洋镇新和村尾湾屯163号	外观设计	个人
385	2018300596771	灯(玉米灯)	陆志添	广西壮族自治区贵港市桂平市厚禄乡延寿村陈村屯338号	外观设计	个人
386	2018301314842	钱包(1)	阮展胜	广西壮族自治区贵港市桂平市江口镇大樟村阮屋屯63号	外观设计	个人
387	2017306756801	吊灯(9186)	陈玉敏	广西壮族自治区贵港市桂平市江口镇大樟村石板屯107号	外观设计	个人
388	2017306752196	吊灯(9182)	陈玉敏	广西壮族自治区贵港市桂平市江口镇大樟村石板屯107号	外观设计	个人
389	2018300296014	固化灯(UV)	王志友	广西壮族自治区贵港市桂平市江口镇三布村必群屯263号	外观设计	个人
390	2017305929199	晾衣架(1)	蓝秋平	广西壮族自治区贵港市桂平市金田镇古东村蓝屋屯107号	外观设计	个人
391	2018300596894	吸顶灯(YM-D09)	何淳全	广西壮族自治区贵港市桂平市麻垌镇洞天街3巷19号	外观设计	个人
392	2018300152709	台灯(阅读台灯)	黄　杰	广西壮族自治区贵港市桂平市木圭镇大朗村大朗屯97号	外观设计	个人
393	2018301666362	运动服	唐其伟	广西壮族自治区贵港市桂平市木乐镇富民路165号	外观设计	个人
394	2018300103632	运动服	李正桦	广西壮族自治区贵港市桂平市木乐镇木乐村21-3号	外观设计	个人
395	2018301407141	吸顶灯(01)	伍城召	广西壮族自治区贵港市桂平市南木镇思竹村新村屯84号	外观设计	个人
396	2018300838855	灯饰配件(SG018)	曾柏树	广西壮族自治区贵港市桂平市南木镇中桥村5-3号	外观设计	个人
397	201830188208X	沙发(FD-819#)	黄科华	广西壮族自治区贵港市桂平市社步镇中占村白云屯227号	外观设计	个人
398	2018301848765	灯泡	郑华秋	广西壮族自治区贵港市桂平市石咀镇罗洪村大福屯225号	外观设计	个人
399	2018300295083	灯饰配件(魔球)	郑华秋	广西壮族自治区贵港市桂平市石咀镇罗洪村大福屯225号	外观设计	个人
400	2018300347707	面板灯	覃建容	广西壮族自治区贵港市桂平市石龙镇东安街五巷3号	外观设计	个人
401	2018300348184	灯具	周庆醒	广西壮族自治区贵港市桂平市石龙镇石山村良山屯180号	外观设计	个人
402	2018300577319	长形水滴吊灯	陈　策	广西壮族自治区贵港市桂平市石龙镇珍垌村陈屋屯147号	外观设计	个人
403	2015104433162	一种医用生物紧肤敷料及其制备方法	广西信业生物技术有限公司	广西壮族自治区贵港市桂平市长安工业区金龙工业小区新区第三栋第一层	发明	企业
404	2015104454116	一种医用人体润滑剂及其制备方法	广西信业生物技术有限公司	广西壮族自治区贵港市桂平市长安工业区金龙工业小区新区第三栋第一层	发明	企业
405	2018300008680	台灯(4003A)	马　锦	广西壮族自治区贵港市江口镇莲塘村新高黎屯40号	外观设计	个人

续表 20

序号	专利号	专利名称	专利权人名称	专利权人地址	专利类型	专利权人类型
406	201730673662X	灯具	梁永升	广西壮族自治区贵港市木梓镇井良村井头屯 341 号	外观设计	个人
407	2016100437309	车温控制装置	赵鑫明	广西壮族自治区贵港市平南县大安镇稻花村村背屯 26 号	发明	个人
408	2017304891211	灯臂(弯管)	张　明	广西壮族自治区贵港市平南县大鹏镇蒙都村横了二屯 8 号	外观设计	个人
409	2015101962018	一种病毒性皮肤医用修复敷料及其制备方法	广西达庆生物科技股份有限公司	广西壮族自治区贵港市平南县临江工业园区第三支线道路和入园南一路交界处广西达庆生物科技有限公司	发明	企业
410	2015101962427	一种医用生物降血糖口服液及其制备方法	广西达庆生物科技股份有限公司	广西壮族自治区贵港市平南县临江工业园区第三支线道路和入园南一路交界处广西达庆生物科技有限公司	发明	企业
411	201510269860X	一种医用生物美白祛斑敷料及其制备方法	广西达庆生物科技股份有限公司	广西壮族自治区贵港市平南县临江工业园区第三支线道路和入园南一路交界处广西达庆生物科技有限公司	发明	企业
412	2017303806692	拉环钥匙扣	陆旭炎	广西壮族自治区贵港市平南县六陈镇古和村胜塘屯 6 号	外观设计	个人
413	2017306101246	灭蚊灯(S01)	欧国富	广西壮族自治区贵港市平南县马练瑶族乡藤旺村西龙屯 14 号	外观设计	个人
414	2017304926028	刀具(01)	蔡业斌	广西壮族自治区贵港市平南县平南镇西山路 36 号	外观设计	个人
415	201730510517X	LED 汽车大灯(H8)	甘　泉	广西壮族自治区贵港市平南县平南镇兴平路 1 号	外观设计	个人
416	2017306105957	净化灯	郑运通	广西壮族自治区贵港市平南县上渡镇六凤村雁塘一屯 56 号	外观设计	个人
417	2018300396012	燃烧器(HRV9+1 大功率型)	何森荣	广西壮族自治区贵港市平南县上渡镇上渡村向阳屯 77 号	外观设计	个人
418	2018300395753	燃烧器(HRV9+1 节能型)	何森荣	广西壮族自治区贵港市平南县上渡镇上渡村向阳屯 77 号	外观设计	个人
419	2018300766363	壁灯(8201)	陈贤仕	广西壮族自治区贵港市平南县思旺镇新政村红卫屯 153 号	外观设计	个人
420	2017303260433	凤凰壁灯(系列)	黄威铭	广西壮族自治区贵港市平南县同和镇练山村茶下屯 59 号	外观设计	个人
421	2018300479693	龙头	陈小华	广西壮族自治区贵港市平南县同和镇平美村平上屯 23 号 537300	外观设计	个人
422	2018300977684	吸顶灯	莫兴勤	广西壮族自治区贵港市平南县镇隆镇马旦村耍武垌二屯 3 号	外观设计	个人
423	2017306043490	吊灯(A3)	莫兴勤	广西壮族自治区贵港市平南县镇隆镇马旦村耍武垌二屯 3 号	外观设计	个人
424	2018301197942	吸顶灯(1782)	何丽森	广西壮族自治区贵港市覃塘区大岭乡互合村油甘屯 41 号	外观设计	个人
425	2017306802250	椅子(A-139)	覃作士	广西壮族自治区贵港市覃塘区东龙镇京榜村乔站屯 187 号	外观设计	个人

续表 20

序号	专利号	专利名称	专利权人名称	专利权人地址	专利类型	专利权人类型
426	2017212231400	车用吊床式座椅套	黄　增	广西壮族自治区贵港市覃塘区东龙镇阮寺小学	实用新型	个人
427	2018300164180	轨道灯(HC009)	蒙绍龙	广西壮族自治区桂林市桂平市大洋镇竹塘村西屯38号	外观设计	个人
428	2017304940966	北欧实木简约沙发	陈光泽	广西壮族自治区桂平市厚禄乡厚禄村下陈屯91号	外观设计	个人
429	2017201733634	一种医院医用护理车	严　艳	广西壮族自治区桂平市人民医院	实用新型	个人
430	2017216094258	一种旋转太阳能篷伞发电装置	罗远林	广西壮族自治区平南县平南镇城东街344号	实用新型	个人
431	2017305796977	头盔	蒙远志	广西壮族自治区贵港市平南县大安镇育才路059号	外观设计	个人
432	2017213488525	一种防压、降温母猪哺乳栏	广西扬翔猪基因科技有限公司	广西壮族自治区贵港市港南区瓦塘镇亚计山林场广西扬翔猪基因科技有限公司	实用新型	企业
433	201730658322X	A形果汁瓶	吴华昌	广西壮族自治区贵港市港北区大圩镇大仁村集圩屯8号	外观设计	个人
434	2017213482302	一种仔猪保温活动平台	广西扬翔猪基因科技有限公司	广西壮族自治区贵港市港南区瓦塘镇亚计山林场广西扬翔猪基因科技有限公司	实用新型	企业
435	2018302100056	灯具(猴面包树)	李映朋	广西壮族自治区贵港市覃塘区石卡镇新旺村新里屯147号	外观设计	个人
436	2018301602430	轨道灯	赵炳华	广西壮族自治区贵港市平南县镇隆镇廖村廖二屯20号	外观设计	个人
437	2018301892151	吊灯(P9803)	张冠龙	广西壮族自治区贵港市覃塘区覃塘镇六务村张屋屯45号	外观设计	个人
438	2018301178585	椅子(TJ18103A)	杨菊敏	广西壮族自治区贵港市桂平市罗秀镇植棠村新西屯23号	外观设计	个人
439	2017216191205	一种燃气灶燃烧器	广西富力永恒厨房设备有限公司	广西壮族自治区贵港市江北中路金凤花园A幢E6、F6号	实用新型	企业
440	2018300407341	吸奶器(电动)	黄威林	广西壮族自治区贵港市平南县同和镇新雅村后性屯7号	外观设计	个人
441	2018300157223	投影灯(MH-LO-D0003)	梁益然	广西壮族自治区贵港市港南区东津镇中和村旺合屯16号	外观设计	个人
442	2018300265622	吸油烟机	刁柏全	广西壮族自治区贵港市港北区港城镇麻山村山口屯74号	外观设计	个人
443	2018301592091	榨汁机(3089)	梁竑翔	广西壮族自治区贵港市港南区木梓镇莲子村雅子屯34号	外观设计	个人
444	2015100403736	一种医用生物除皱抑斑敷料及其制备方法	广西达庆生物科技股份有限公司	广西壮族自治区贵港市平南县临江工业园区第三支线道路和入园南一路交界处广西达庆生物科技有限公司	发明	企业
445	2017206463203	一种绞线剪线机	贵港市嘉龙海杰电子科技有限公司	广西壮族自治区贵港市江南工业园C区龙军物业服务小区内	实用新型	企业
446	2018300895877	多功能食品加工机(AW-25-B)	冯少芬	广西壮族自治区贵港市桂平市南木镇长清村珠章坪屯73号	外观设计	个人

续表 20

序号	专利号	专利名称	专利权人名称	专利权人地址	专利类型	专利权人类型
447	2018301592072	料理机	梁竑翔	广西壮族自治区贵港市港南区木梓镇莲子村雅子屯 34 号	外观设计	个人
448	2017306592587	钻石瓶	吴华昌	广西壮族自治区贵港市港北区大圩镇大仁村集圩屯 8 号	外观设计	个人
449	2018300045088	方管输液椅	韦泽慧	广西壮族自治区桂平市寻旺乡南津村马畲岭屯 67 号	外观设计	个人
450	2017306768616	组合式手冲咖啡架	袁国海	广西壮族自治区贵港市平南县思旺镇六桂村岭二屯 30 号	外观设计	个人
451	2017304911696	头盔	蒙远志	广西壮族自治区贵港市平南县大安镇育才路 059 号	外观设计	个人
452	2017216191050	一种节能炉头	广西富力永恒厨房设备有限公司	广西壮族自治区贵港市江北中路金凤花园 A 幢 E6、F6 号	实用新型	企业
453	2018301961113	运动服套装	唐彬仕	广西壮族自治区贵港市木乐镇农塘村红旗岭屯 27 号	外观设计	个人
454	2015102581210	瑶黑麻鸡的选育方法	广西贵港市港丰农牧有限公司	广西壮族自治区贵港市港北区中里乡双古村	发明	企业
455	2017306595405	灯(配件)	廖泽阳	广西壮族自治区贵港市桂平市金田镇古东村林屋屯 64-1 号	外观设计	个人
456	2017215792197	一种定位栏猪舍的降温系统	广西秀博科技股份有限公司	广西壮族自治区贵港市港南区瓦塘镇亚计山林场	实用新型	企业
457	2017306041921	X 元素分体投光灯	廖福贵	广西壮族自治区贵港市广西贵港市港南区东津镇维新村天俄屯 6 号	外观设计	个人
458	2017213490690	一种双足投篮训练装置	贵港市港北区荷城小学	广西壮族自治区贵港市布山路与城二路交汇处	实用新型	机关团体
459	2017306739454	灯(1300 分体头灯)	蓝柱平	广西壮族自治区贵港市平南县同和镇平美村冲口屯 5 号	外观设计	个人
460	2017305940639	电热升降火锅(YD-H320)	罗 斌	广西壮族自治区贵港市平南县国安乡大兴村大冲屯 23 号	外观设计	个人
461	201721344591X	置换式通风系统	广西秀博科技股份有限公司	广西壮族自治区贵港市港南区瓦塘镇亚计山林场	实用新型	企业
462	2017209422949	生物质气化一体机	广西贵港市西江节能锅炉有限公司	广西壮族自治区贵港市江南工业园南一路	实用新型	企业
463	2017306745864	灯饰配件(DB289)	邓 健	广西壮族自治区贵港市桂平市南木镇洛连村朱红岭屯 75 号	外观设计	个人
464	2018302207161	加湿器(雾光 DJ-1050)	罗 斌	广西壮族自治区贵港市平南县国安乡大兴村大冲屯 23 号	外观设计	个人
465	2017306728604	电煮锅	陈永玉	广西壮族自治区贵港市桂平市江口镇平石村八冬屯 32-19 号	外观设计	个人
466	2018301888885	电吉他	李 宏	广西壮族自治区贵港市港南区木格镇寿莫村佛子屯 7 号	外观设计	个人
467	201830015695X	投影灯(MH-LO-D0002)	梁益然	广西壮族自治区贵港市港南区东津镇中和村旺合屯 16 号	外观设计	个人
468	2017306583215	果汁瓶	吴华昌	广西壮族自治区贵港市港北区大圩镇大仁村集圩屯 8 号	外观设计	个人

续表 20

序号	专利号	专利名称	专利权人名称	专利权人地址	专利类型	专利权人类型
469	2018301735907	吊灯(KYDD8005)	黄镠源	广西壮族自治区贵港市桂平市麻垌镇大上村上鸪屯164号	外观设计	个人
470	2018302023257	电风扇机身	李广新	广西壮族自治区贵港市桂平市罗播乡罗播村良将坡屯29号	外观设计	个人
471	2017306760493	灯(052调光带显示头灯)	蓝柱平	广西壮族自治区贵港市平南县同和镇平美村冲口屯5号	外观设计	个人
472	2018301784265	沙发(8663#)	罗　勇	广西壮族自治区贵港市桂平市江口镇胡村少岭屯22号	外观设计	个人
473	2018301956863	运动服	唐彬仕	广西壮族自治区贵港市桂平市木乐镇农塘村红旗岭屯27号	外观设计	个人
474	2017213007440	引磁复合板	广西贵港市泓林木业有限公司	广西壮族自治区贵港市港南区新塘乡三平村(鬼斗岭)	实用新型	企业
475	2017213878672	一种新型LED灯具安装方式	陈　滢	广西壮族自治区贵港市平南县思旺镇北村镇北街239号	实用新型	个人
476	201720400924X	艾灸玉熨理疗仪	黄容晓	广西壮族自治区贵港市港北区江北路湖畔人家小区	实用新型	个人
477	2017203503016	一种污水处理模块化组合型填料装置	广西国宏智鸿环境科技发展有限公司	广西壮族自治区贵港市产业园区(石卡园)内	实用新型	企业
478	2017217412934	一种二轮车智能防盗、自动升降控制系统	广西柳钢大菱电动汽车制造有限公司	广西壮族自治区贵港市港北区狮岭路569号(国家生态工业(制糖)示范园西江科技创新产业城)	实用新型	企业
479	2017214760926	一种亚克力模型展示盒	郑仕燊	广西壮族自治区贵港市平南县丹竹镇白马村白沙十六屯755号	实用新型	个人
480	2017306767401	滤纸架	袁国海	广西壮族自治区贵港市平南县思旺镇六桂村岭二屯30号	外观设计	个人
481	2018300839010	灯饰配件(SG017)	曾柏树	广西壮族自治区贵港市桂平市南木镇中桥村5-3号	外观设计	个人
482	2018300292827	壁灯(小太阳)	郑华秋	广西壮族自治区贵港市桂平市石咀镇罗洪村大福屯225号	外观设计	个人
483	2018300994340	灭蚊灯(S03)	欧国富	广西壮族自治区贵港市平南县马练瑶族乡藤旺村西龙屯14号	外观设计	个人
484	2018300479814	沙发(8669)	罗　勇	广西壮族自治区贵港市桂平市江口镇胡村少岭屯22号	外观设计	个人
485	2018301370819	吊灯(6009)	陈　策	广西壮族自治区贵港市桂平市石龙镇珍垌村陈屋屯147号	外观设计	个人
486	2017304986654	箭形星钻枪尖(509)	蒙健荣	广西壮族自治区贵港市港南区八塘镇新陆村木根屯10号	外观设计	个人
487	2017306802602	手冲咖啡架(鸟笼)	袁国海	广西壮族自治区贵港市平南县思旺镇六桂村岭二屯30号	外观设计	个人
488	2017216201264	一种水循环蒸汽机箱	广西富力永恒厨房设备有限公司	广西壮族自治区贵港市江北中路金凤花园A幢E6、F6号	实用新型	企业
489	2017306316549	方形带扣连接器	李旺昌	广西壮族自治区贵港市港南区八塘镇湴村木根屯5号	外观设计	个人
490	201721349649X	一种可防压、控温的母猪分娩栏	广西扬翔猪基因科技有限公司	广西壮族自治区贵港市港南区瓦塘镇亚计山林场广西扬翔猪基因科技有限公司	实用新型	企业

续表 20

序号	专利号	专利名称	专利权人名称	专利权人地址	专利类型	专利权人类型
491	2017304925913	刀具(02)	蔡业斌	广西壮族自治区贵港市平南县平南镇西山路 36 号	外观设计	个人
492	2017213437684	楼房立体养猪系统	广西秀博科技股份有限公司	广西壮族自治区贵港市港南区瓦塘镇亚计山林场	实用新型	企业
493	2018301717148	灯饰配件(DB308)	邓　健	广西壮族自治区贵港市桂平市南木镇洛连村朱红岭屯 75 号	外观设计	个人
494	2018300157083	投影灯(MH-LO-D0001)	梁益然	广西壮族自治区贵港市港南区东津镇中和村旺合屯 16 号	外观设计	个人
495	2018301126190	按摩器(抠动震动棒)	黄经坤	广西壮族自治区贵港市港南区八塘镇横酒路 1 号院 3 栋 05 室	外观设计	个人
496	2018301372462	吊灯(6002)	陈　策	广西壮族自治区贵港市桂平市石龙镇珍垌村陈屋屯 147 号	外观设计	个人
497	2018300265637	吸油烟机	刁柏全	广西壮族自治区贵港市港北区港城镇麻山村山口屯 74 号	外观设计	个人
498	2018302235157	门锁(壹字鳄鱼头款 LG-33C01)	陆向正	广西壮族自治区贵港市港南区瓦塘乡大村三区屯 124 号	外观设计	个人
499	2017304694533	一种多功能文具斧	蒙昌林	广西壮族自治区贵港市平南县大安镇小蒙村新屋屯	外观设计	个人
500	2018300407248	灯饰配件(DB290)	邓　健	广西壮族自治区贵港市桂平市南木镇洛连村朱红岭屯 75 号	外观设计	个人
501	2017306635756	沙发(506)	张健敏	广西壮族自治区贵港市桂平市蒙圩镇新建村石塘屯 225 号	外观设计	个人
502	2018300479706	沙发(8666)	罗　勇	广西壮族自治区贵港市桂平市江口镇胡村少岭屯 22 号	外观设计	个人
503	2017306599321	散热器	廖泽阳	广西壮族自治区贵港市桂平市金田镇古东村林屋屯 64-1 号	外观设计	个人
504	2017306750951	灯(超声波防水头灯 082)	蓝柱平	广西壮族自治区贵港市平南县同和镇平美村冲口屯 5 号	外观设计	个人
505	2017305901278	萃茶奶盖机专用杯(ANS-718)	覃允蔚	广西壮族自治区贵港市平南县六陈镇寻社村竹址屯 20 号	外观设计	个人
506	2018301606925	台灯(木底)	缪日静	广西壮族自治区贵港市覃塘区石卡镇石卡村石卡屯 87 号	外观设计	个人
507	2018301606910	台灯(大爱心)	缪日静	广西壮族自治区贵港市覃塘区石卡镇石卡村石卡屯 87 号	外观设计	个人
508	2017306805738	磁能变频器(MH300-10)	杨锡朋	广西壮族自治区贵港市桂平市大洋镇石步村猪母塘屯 1 号	外观设计	个人
509	2018301592000	榨汁机(3087)	梁竣翔	广西壮族自治区贵港市港南区木梓镇莲子村雅子屯 34 号	外观设计	个人
510	2017216191031	一种小炒炉尾锅热水节能装置	广西富力永恒厨房设备有限公司	广西壮族自治区贵港市江北中路金凤花园 A 幢 E6、F6 号	实用新型	企业
511	2017204348446	一种负压瓶	谭惠莲	广西壮族自治区贵港市港北区中山中路 1 号院	实用新型	个人
512	2017216201531	一种燃气灶燃烧器	广西富力永恒厨房设备有限公司	广西壮族自治区贵港市江北中路金凤花园 A 幢 E6、F6 号	实用新型	企业

续表 20

序号	专利号	专利名称	专利权人名称	专利权人地址	专利类型	专利权人类型
513	2017306405453	沙发(SF021)	廖海胜	广西壮族自治区贵港市桂平市马皮乡均福村龙门步屯38号	外观设计	个人
514	2018300890125	吊灯(1601-15)	丁惠婷	广西壮族自治区贵港市桂平市下湾镇南安街10号	外观设计	个人
515	2017306658461	搅拌机(Ans-010)	覃允蔚	广西壮族自治区贵港市平南县六陈镇寻社村竹址屯20号	外观设计	个人
516	2018301446273	染发剂容器瓶(圆底)	杨翰孟	广西壮族自治区贵港市南区桥圩镇兴华村杨屋屯6号	外观设计	个人
517	2017215574883	一种热风烘干机	李常青	广西壮族自治区贵港市港北区中山路荷城新苑A2-103室	实用新型	个人
518	201730665920X	搅拌机(Ans-767)	覃允蔚	广西壮族自治区贵港市平南县六陈镇寻社村竹址屯20号	外观设计	个人
519	2018300892506	茶几(A1085#)	李榜超	广西壮族自治区贵港市桂平市白沙镇满堂村新李屯29号	外观设计	个人
520	2018201558729	矿物质绝缘防火船用电缆	广西群星电缆有限公司	广西壮族自治区贵港市港北区狮岭路578号	实用新型	企业
521	2018300310308	运动服	莫荣德	广西壮族自治区贵港市平南县镇隆镇马旦村瓦窑冲屯10号	外观设计	个人
522	2017306658014	搅拌机(Ans-A6)	覃允蔚	广西壮族自治区贵港市平南县六陈镇寻社村竹址屯20号	外观设计	个人
523	2016104941997	一种新型禽畜运输车厢	广西贵港市港丰农牧有限公司	广西壮族自治区贵港市港北区中里乡双古村古子屯六空垌	发明	企业
524	2018300892258	茶几(1801#)	李榜活	广西壮族自治区贵港市桂平市白沙镇满堂村新李屯11-41号	外观设计	个人
525	2016214784678	一种碰撞球能量守恒探究实验装置	贵港市港北区荷城小学	广西壮族自治区贵港市布山路与城二路交汇处	实用新型	机关团体
526	2018204513486	一种肝胆外科用手术拉钩	黄　宁	广西壮族自治区贵港市桂平市西山镇人民西路7号	实用新型	个人
527	2018300922516	染发梳	杨翰孟	广西壮族自治区贵港市南区桥圩镇兴华村杨屋屯6号	外观设计	个人
528	2015103434346	一种自热型胃炎医用热敷贴及其制备方法	广西信业生物技术有限公司	广西壮族自治区贵港市桂平市长安工业区金龙工业小区新区第三栋第一层广西信业生物技术有限公司	发明	企业
529	201830032400X	汽车锌合金钥匙扣(PC009)	程　耿	广西壮族自治区贵港市港南区瓦塘乡乌柳村乌村屯327号	外观设计	个人
530	2017214974450	一种钢珠滑轨用固定块	区强奔	广西壮族自治区贵港市平南县同和镇练山村古宥屯42号	实用新型	个人
531	2018200649114	生物质热风炉换热装置	广西节得乐生物质能源科技有限公司	广西壮族自治区贵港市港北区新民工业园区	实用新型	企业
532	2017306151870	LED化妆镜	全思婷	广西壮族自治区贵港市桂平市蒙圩镇新阳村大阳岭屯80号	外观设计	个人
533	2018301772643	吊灯(2)	李益旺	广西壮族自治区贵港市平南县镇隆镇石岭村石三屯48号	外观设计	个人
534	2017214974408	一种滑轨阻尼缓关装置	区强奔	广西壮族自治区贵港市平南县同和镇练山村古宥屯42号	实用新型	个人

续表 20

序号	专利号	专利名称	专利权人名称	专利权人地址	专利类型	专利权人类型
535	2017219262611	一种文胸	广西益嘉发服装实业有限公司	广西壮族自治区贵港市港北区狮岭路594号裕晟纺织服装产业园生产车间一号楼	实用新型	企业
536	2017210655776	小型煮饭机	平南县科力酿酒机械制造有限公司	广西壮族自治区贵港市平南县平南镇永发区永发新村林业光房屋	实用新型	企业
537	2017210041914	一种建筑外架板	广西莲城建设集团有限公司	广西壮族自治区贵港市港南区江南商贸城广西莲城建设集团有限公司	实用新型	企业
538	2018300614290	运动服(851)	李正桦	广西壮族自治区贵港市桂平市木乐镇木乐村21-3号	外观设计	个人
539	201830076601X	灯罩	甘育明	广西壮族自治区贵港市港南区东津镇东岭村东岭屯21号	外观设计	个人
540	2018300789219	煮茶器(C11)	何家欢	广西壮族自治区贵港市桂平市寻旺乡南津村马畲岭屯70号	外观设计	个人
541	2017214974446	一种滑轨单弹簧阻尼缓关装置	区强奔	广西壮族自治区贵港市平南县同和镇练山村古宥屯42号	实用新型	个人
542	2017306658673	搅拌机(Ans-978B)	覃允蔚	广西壮族自治区贵港市平南县六陈镇寻社村竹址屯20号	外观设计	个人
543	2018300983079	电视柜(SV-1803)	陆丽梅	广西壮族自治区贵港市港南区桥圩镇建设路56号	外观设计	个人
544	2018300585635	包装袋(保育)	贵港市恒和农牧科技有限公司	广西壮族自治区贵港市港南区南环路与324国道交汇处南面(贵港市星辉服务有限公司内)	外观设计	企业
545	2018300591528	包装袋(鱼料)	贵港市恒和农牧科技有限公司	广西壮族自治区贵港市港南区南环路与324国道交汇处南面(贵港市星辉服务有限公司内)	外观设计	企业
546	2018300914007	剃须刀架(WWY005)	吕金凤	广西壮族自治区贵港市港北区南平路东庆小区160号	外观设计	个人
547	2017306883243	灯具(飞碟)	唐建定	广西壮族自治区贵港市桂平市木乐镇复全村东科屯34号	外观设计	个人
548	2017204122810	一种六边形防震建筑结构架	广西莲城建设集团有限公司	广西壮族自治区贵港市港南区江南商贸城广西莲城建设集团有限公司	实用新型	企业
549	2017306871759	足球服(2)	莫荣德	广西壮族自治区贵港市平南县镇隆镇马旦村瓦窑冲屯10号	外观设计	个人
550	2018301077211	椅子(SY-1805)	陆丽梅	广西壮族自治区贵港市港南区桥圩镇建设路56号	外观设计	个人
551	2017218919931	一种检修电源箱	广西电网有限责任公司贵港供电局	广西壮族自治区贵港市港北区民主路89号	实用新型	企业
552	2018301800662	吊灯(8009)	缪日静	广西壮族自治区贵港市覃塘区石卡镇石卡村石卡屯87号	外观设计	个人
553	2017217463531	一种电气接地监控装置	广西电网有限责任公司贵港供电局	广西壮族自治区贵港市港北区民主路89号	实用新型	企业
554	2018300914346	剃须刀架(WWY004)	吕金凤	广西壮族自治区贵港市港北区南平路东庆小区160号	外观设计	个人

续表20

序号	专利号	专利名称	专利权人名称	专利权人地址	专利类型	专利权人类型
555	2018300914219	剃须刀架(WWY003)	吕金凤	广西壮族自治区贵港市港北区南平路东庆小区160号	外观设计	个人
556	2014105839713	一种虹吸式可折叠超薄型淋浴废热回收装置	甘秀坚	广西壮族自治区桂平市大湾镇界岭村鸡母屯62号	发明	个人
557	2018301031311	雾光加湿器(DJ-2070)	罗　斌	广西壮族自治区贵港市平南县国安乡大兴村大冲屯23号	外观设计	个人
558	2018300892489	茶几(A1086#)	李榜超	广西壮族自治区贵港市桂平市白沙镇满堂村新李屯29号	外观设计	个人
559	2018300988706	球泡灯(USB充电)	黄兴就	广西壮族自治区贵港市桂平市江口镇龙山村新罗山屯51号	外观设计	个人
560	201721816916X	固体绝缘环网柜便携式光纤内窥装置	广西华超电气有限公司	广西壮族自治区贵港市港北区根竹乡国道324线根竹圩路段北面	实用新型	企业
561	2018200794419	一种便于测量的木材水分测定仪	唐茂炎	广西壮族自治区贵港市港北区丽江街125号贵港市计量测试所	实用新型	个人
562	2017211085426	蔬菜压滤脱水机	广西贵港市宏利生物能源科技有限公司	广西壮族自治区贵港市江南大道东段中国石油旁	实用新型	企业
563	2017216494570	一种医用泌尿外科检查涂片装置	甘　隆	广西壮族自治区贵港市桂平市人民西路7号广西桂平人民医院	实用新型	个人
564	2017211507396	一种混合叶片实芯钢梁锁芯	覃寿格	广西壮族自治区贵港市覃塘区蒙公乡凌寺村岜寺屯177-1号	实用新型	个人
565	2017210289587	一种双体船舶子弹尾结构	桂平市大众船舶修造厂(普通合伙)	广西壮族自治区贵港市桂平市西山镇永培村1-5队	实用新型	企业
566	2018300272096	高效静音搅拌机	杨德林	广西壮族自治区贵港市桂平市下湾镇新街5号	外观设计	个人
567	2017211793612	一种生物质燃烧设备的热风换热器	广西节得乐生物质能源科技有限公司	广西壮族自治区贵港市港北区新民工业园区	实用新型	企业
568	2017210041558	一种建筑外架对接件	广西莲城建设集团有限公司	广西壮族自治区贵港市港南区江南商贸城广西莲城建设集团有限公司	实用新型	企业
569	2018300480544	电陶炉	黄伟武	广西壮族自治区贵港市平南县上渡镇渭河村大下河屯52号	外观设计	个人
570	2017306658141	蒸汽奶泡机(Ans-886)	覃允蔚	广西壮族自治区贵港市平南县六陈镇寻社村竹址屯20号	外观设计	个人
571	2018300892385	茶几架(1801A)	陆伟超	广西壮族自治区贵港市桂平市白沙镇良美村睦村屯13号	外观设计	个人
572	201830089239X	餐台架(1801C)	陆伟超	广西壮族自治区贵港市桂平市白沙镇良美村睦村屯13号	外观设计	个人
573	2017202881417	一种匙子	黎东玲	广西壮族自治区贵港市桂平市罗播乡六凤村中村屯35号	实用新型	个人
574	2013104966717	储室节能发动机	谭　文	广西壮族自治区贵港市港南区瓦塘乡新江村塘平井屯55-1号	发明	个人
575	2017217081537	一种废塑料连续化油装置	广西锟德能源科技有限公司	广西壮族自治区贵港市港南区江南工业园与南二路交汇处(昌桂产业园)8幢230、231、232、233号	实用新型	企业

续表 20

序号	专利号	专利名称	专利权人名称	专利权人地址	专利类型	专利权人类型
576	2017215576018	一种风刀	李常青	广西壮族自治区贵港市港北区中山路荷城新苑 A2-103 室	实用新型	个人
577	2017305559420	多接口数据线	韦　杰	广西壮族自治区贵港市桂平市社坡镇光明村镇步屯 22 号	外观设计	个人
578	2017208028038	一种 LED 化妆镜	全思婷	广西壮族自治区贵港市桂平市蒙圩镇新阳村大阳岭屯 80 号	实用新型	个人
579	2018303971209	电陶炉	黄德满	广西壮族自治区贵港市平南县上渡镇渭河村大下河屯 9 号	外观设计	个人
580	2017305953200	椅子(2017)	郭优生	广西壮族自治区贵港市覃塘区东龙镇农昌村大农屯 473 号	外观设计	个人
581	2017306657191	搅拌机(Ans-A5)	覃允蔚	广西壮族自治区贵港市平南县六陈镇寻社村竹址屯 20 号	外观设计	个人
582	2018201403338	杠杆折叠传动装置及具有该杠杆折叠传动装置的发电设备	平南县益云农业种养有限公司	广西壮族自治区贵港市平南县思界乡新旺村冲田屯 13 号	实用新型	企业
583	2017215575104	一种可拆卸过滤装置的热风管道	李常青	广西壮族自治区贵港市港北区中山路荷城新苑 A2-103 室	实用新型	个人
584	2017210331809	一种建筑施工防坠落架	广西莲城建设集团有限公司	广西壮族自治区贵港市港南区江南商贸城广西莲城建设集团有限公司	实用新型	企业
585	2018300944962	吊灯(富贵竹)	李荣尧	广西壮族自治区贵港市桂平市中沙镇理珍村庞冲屯 15 号	外观设计	个人
586	2017218059032	一种新型创意汽车钥匙挂件	程　耿	广西壮族自治区贵港市港南区瓦塘乡乌柳村乌村屯 327 号	实用新型	个人
587	2017218942938	一种枪械防走火装置	覃子飞	广西壮族自治区贵港市港北区奇石乡兴中村山塘屯 87 号	实用新型	个人
588	2018302235142	门锁(壹字方形 LG-F3001)	陆向正	广西壮族自治区贵港市港南区瓦塘乡大村三区屯 124 号	外观设计	个人
589	2018300892493	电视柜(B2086#)	李榜超	广西壮族自治区贵港市桂平市白沙镇满堂村新李屯 29 号	外观设计	个人
590	2017305879081	头灯	黄兴剑	广西壮族自治区贵港市平南县同和镇同朝村龙住屯 32 号	外观设计	个人
591	2017306657149	搅拌机(Ans-012)	覃允蔚	广西壮族自治区贵港市平南县六陈镇寻社村竹址屯 20 号	外观设计	个人
592	2018300283207	料理破壁机刀	李树新	广西壮族自治区贵港市桂平市罗秀镇木村村东界屯 71 号	外观设计	个人
593	2017212173867	一种便携式风扇加湿器	宁华德	广西壮族自治区贵港市平南县大鹏镇农福村浓水屯 31 号	实用新型	个人
594	2018300983100	餐台(ST-1802)	陆丽梅	广西壮族自治区贵港市港南区桥圩镇建设路 56 号	外观设计	个人
595	2018300913998	剃须刀架(WWY006)	吕金凤	广西壮族自治区贵港市港北区南平路东庆小区 160 号	外观设计	个人
596	2018300921299	染发剂容器瓶(黑金色)	杨翰孟	广西壮族自治区贵港市南区桥圩镇兴华村杨屋屯 6 号	外观设计	个人

续表 20

序号	专利号	专利名称	专利权人名称	专利权人地址	专利类型	专利权人类型
597	2017215991580	一种胶合板自动拼接机	贵港市铭成机械设备有限公司	广西壮族自治区贵港市港南区八塘镇南环加油站右边(横岭乡卖酒坡62坊)	实用新型	企业
598	2017306642302	置物架(2)	李海维	广西壮族自治区贵港市平南县同和镇同朝村利一屯7号	外观设计	个人
599	201720692678X	无烟烧烤炉	广西金茂生物化工有限公司	广西壮族自治区贵港市平南县平南镇东郊(原平南糖厂)	实用新型	企业
600	2018300503809	背部剃毛器	郑泽辉	广西壮族自治区贵港市平南县上渡镇雅埠村石头脚屯56号	外观设计	个人
601	2017215574597	一种带有强过滤装置的热风管道	李常青	广西壮族自治区贵港市港北区中山路荷城新苑A2-103室	实用新型	个人
602	2017218935031	一种掏鸟窝组合工具	广西电网有限责任公司贵港供电局	广西壮族自治区贵港市港北区民主路89号	实用新型	企业
603	2018300892243	茶几(1831#)	李榜活	广西壮族自治区贵港市桂平市白沙镇满堂村新李屯11-41号	外观设计	个人
604	2018200949763	一种医学检验用试管架	曾　灏	广西壮族自治区贵港市中山中路1号院贵港市人民医院职工住宅楼13栋4单元1904号	实用新型	个人
605	2017306091757	宝马投光灯	廖福贵	广西壮族自治区贵港市广西贵港市港南区东津镇维新村天俄屯6号	外观设计	个人
606	2018301880652	灯饰配件(亚克力起泡梅花)	伍恩召	广西壮族自治区贵港市桂平市南木镇思竹村新村屯84号	外观设计	个人
607	2018300978507	灯(蘑菇)	谢远坚	广西壮族自治区贵港市桂平市大洋镇蕉树村草花琅屯31号	外观设计	个人
608	2016105004968	医疗废物冷藏间废气的净化系统	广西博能生物质能源科技有限公司	广西壮族自治区贵港市港南区江南大道东段(江南不锈钢水塔厂大院内)	发明	企业
609	2018202396488	一种全新的平板操作全智自动加湿能净化器	广西泰润生物科技有限公司	广西壮族自治区贵港市港南区八塘卖酒坡(原贵港镁厂用地)	实用新型	企业
610	2018302005600	菱形咖啡漏斗	袁国海	广西壮族自治区贵港市平南县思旺镇六桂村岭二屯30号	外观设计	个人
611	2017210270523	一种船舶艉轴装置	桂平市大众船舶修造厂(普通合伙)	广西壮族自治区贵港市桂平市西山镇永培村1-5队	实用新型	企业
612	2018300267755	煮茶器(C01)	何家欢	广西壮族自治区贵港市桂平市寻旺乡南津村马畲岭屯70号	外观设计	个人
613	2017218033193	一种带加蜜装置的丙糖连续分蜜机筛篮	广西农垦糖业集团西江制糖有限公司	广西壮族自治区贵港市广西贵港市港北区西江制糖有限公司	实用新型	企业
614	2018202777865	一种钳形50Hz微电流同相放大器	广西电网有限责任公司贵港供电局	广西壮族自治区贵港市港北区民主路89号	实用新型	企业
615	2018301818420	小蛮腰壹字锁	陆向正	广西壮族自治区贵港市港南区瓦塘乡大村三区屯124号	外观设计	个人
616	2017306767666	茶包装盒(匠酸茶)	广西护身天使网络营销有限公司	广西壮族自治区贵港市江南工业园C区	外观设计	企业
617	2017213152459	母猪助产模拟器	广西扬翔猪基因科技有限公司	广西壮族自治区贵港市港南区瓦塘镇亚计山林场	实用新型	企业

续表 20

序号	专利号	专利名称	专利权人名称	专利权人地址	专利类型	专利权人类型
618	2018203965024	一种玉米灯	陆志添	广西壮族自治区贵港市桂平市厚禄乡延寿村陈村屯 338 号	实用新型	个人
619	2017218500595	一种制糖用节能沉淀池曲筛	黄　健	广西壮族自治区贵港市港北区城区布山路 1066 号德宝国际新城 9 栋 1 单元 601 号	实用新型	个人
620	201730676769X	茶包装盒(竹通茶)	广西护身天使网络营销有限公司	广西壮族自治区贵港市江南工业园 C 区	外观设计	企业
621	2018301558917	树叉吊灯	陈俊钟	广西壮族自治区贵港市桂平市江口镇和合村下冲屯 34 号	外观设计	个人
622	2017110910914	一种用于环保板材加工装置	贵港市鸿盛隆木业有限公司	广西壮族自治区贵港市覃塘林场内	发明	企业
623	2018302005687	咖啡滤纸架(波板糖)	袁国海	广西壮族自治区贵港市平南县思旺镇六桂村岭二屯 30 号	外观设计	个人
624	2017216816305	一种母猪产床头盘式食槽	广西秀博科技股份有限公司	广西壮族自治区贵港市港南区瓦塘镇亚计山林场	实用新型	企业
625	2018301543343	电烤炉	黎永源	广西壮族自治区贵港市桂平罗秀镇新伟村鸡母冲屯 5-14 号	外观设计	个人
626	2017306253408	指甲刀	梁国宇	广西壮族自治区贵港市港南区东津镇万垌村外西屯 20 号	外观设计	个人
627	2017216816714	一种子母泡沫箱猪精液运输装置	广西秀博科技股份有限公司	广西壮族自治区贵港市港南区瓦塘镇亚计山林场	实用新型	企业
628	2018300773189	椅(02)	黄建任	广西壮族自治区贵港市港南区木格镇护录村下江屯 130 号	外观设计	个人
629	2017218500881	一种用于纯化二氧化硫的系统	黄　健	广西壮族自治区贵港市港北区城区布山路 1066 号德宝国际新城 9 栋 1 单元 601 号	实用新型	个人
630	2018201952960	一种挂壁式智能电吹风机	黄忠坚	广西壮族自治区贵港市桂平市麻垌镇麻垌村旧圩屯 119 号	实用新型	个人
631	2018201157210	微电网群运行模式控制系统	广西电网有限责任公司贵港供电局	广西壮族自治区贵港市民主路 89 号	实用新型	企业
632	2018300773193	椅(01)	黄建任	广西壮族自治区贵港市港南区木格镇护录村下江屯 130 号	外观设计	个人
633	2018300501574	一种可折叠婴儿床骨架	刘晓伟	广西壮族自治区贵港市覃塘区樟木乡中周村中刘屯 14 号	外观设计	个人
634	2017207225541	一种截石位腔镜手术无菌巾	刘秀芝	广西壮族自治区贵港市中山路 1 号院 99-1 号贵港市人民医院外科楼 4 楼	实用新型	个人
635	2018200974125	一种新型轻便高效混凝土搅拌机	杨德林	广西壮族自治区贵港市桂平市下湾镇新街 5 号	实用新型	个人
636	2017210271600	一种自动除渣的生物质颗粒燃烧池	广西节得乐生物质能源科技有限公司	广西壮族自治区贵港市贵港市港北区新民工业园区	实用新型	企业
637	2016104221905	离心膜生物反应器	广西贵港市蓝月亮水处理环保科技有限公司	广西壮族自治区贵港市港南区江二路 340 号(港龙湾花园)5 幢 02 号	发明	企业
638	2017306752209	吊灯(9177)	陈玉敏	广西壮族自治区贵港市桂平市江口镇大樟村石板屯 107 号	外观设计	个人

续表 20

序号	专利号	专利名称	专利权人名称	专利权人地址	专利类型	专利权人类型
639	2018301076492	椅子(SY-1802)	陆丽梅	广西壮族自治区贵港市港南区桥圩镇建设路56号	外观设计	个人
640	2018300272927	吊灯(毛毡)	谢远坚	广西壮族自治区贵港市桂平市大洋镇蕉树村草花琅屯31号	外观设计	个人
641	2017218844526	一种用于微电网通信系统诊断的协议分析仪	广西电网有限责任公司贵港供电局	广西壮族自治区贵港市民主路89号	实用新型	企业
642	2018301653663	按摩器(舌头)	黄经坤	广西壮族自治区贵港市港南区八塘镇横酒路1号院3栋05室	外观设计	个人
643	2017306756820	吊灯(70圆)	陈玉敏	广西壮族自治区贵港市桂平市江口镇大樟村石板屯107号	外观设计	个人
644	2018302005672	咖啡滤纸架(心型)	袁国海	广西壮族自治区贵港市平南县思旺镇六桂村岭二屯30号	外观设计	个人
645	2018301706374	吸顶灯(8038小号)	丁新玉	广西壮族自治区贵港市桂平市大洋镇新和村尾湾屯163号	外观设计	个人
646	2017217706143	一种自动烧水器	黄安治	广西壮族自治区贵港市平南县思界乡相塘村星一屯27号	实用新型	个人
647	2018203731430	一种新型线头带扣连接器	李旺昌	广西壮族自治区贵港市港南区八塘镇湴村木根屯5号	实用新型	个人
648	2018300979069	灯(枇杷)	谢远坚	广西壮族自治区贵港市桂平市大洋镇蕉树村草花琅屯31号	外观设计	个人
649	2018201214552	一种新型可移动安装的面板灯	覃建容	广西壮族自治区贵港市桂平市石龙镇东安街五巷3号	实用新型	个人
650	2018202152939	一种新型玉米灯	陆志添	广西壮族自治区贵港市桂平市厚禄乡延寿村陈村屯338号	实用新型	个人
651	2018301061247	小宝马投光灯	廖福贵	广西壮族自治区贵港市港南区东津镇维新村天俄屯6号	外观设计	个人
652	201830165282X	按摩器(拉珠)	黄经坤	广西壮族自治区贵港市港南区八塘镇横酒路1号院3栋05室	外观设计	个人
653	2018300030913	充电器(C1,C2,C4,C6,C8)	韦德管	广西壮族自治区贵港市覃塘区山北乡山北村磨屯103号	外观设计	个人
654	2018300994355	球泡灯(USB充电高富帅)	黄兴就	广西壮族自治区贵港市桂平市江口镇龙山村新罗山屯51号	外观设计	个人
655	2018301086263	双杯牙刷牙膏架	周维民	广西壮族自治区贵港市桂平市社坡镇理端村下独洲屯13-24号	外观设计	个人
656	2018301122679	加热棒	陆勇军	广西壮族自治区贵港市平南县马练瑶族乡石垌村那高屯07号	外观设计	个人
657	2018300981923	餐台(ST-1803)	陆丽梅	广西壮族自治区贵港市港南区桥圩镇建设路56号	外观设计	个人
658	2017305902849	数码播放器-K3	谭艺和	广西壮族自治区贵港市港南区江南大道6-101号	外观设计	个人
659	2018301880648	灯饰配件(亚克力起泡心形)	伍恩召	广西壮族自治区贵港市桂平市南木镇思竹村新村屯84号	外观设计	个人
660	2018300983098	电视柜(SV-1802)	陆丽梅	广西壮族自治区贵港市港南区桥圩镇建设路56号	外观设计	个人

续表 20

序号	专利号	专利名称	专利权人名称	专利权人地址	专利类型	专利权人类型
661	2018301817131	染发剂容器瓶(白色)	杨翰孟	广西壮族自治区贵港市南区桥圩镇兴华村杨屋屯6号	外观设计	个人
662	2018302005668	咖啡手冲架(铁塔)	袁国海	广西壮族自治区贵港市平南县思旺镇六桂村岭二屯30号	外观设计	个人
663	2017306284603	灭蚊灯(S02)	欧国富	广西壮族自治区贵港市平南县马练瑶族乡藤旺村西龙屯14号	外观设计	个人
664	2017218847026	一种内绝缘式热水器石英发热管	杨锡朋	广西壮族自治区贵港市桂平市大洋镇石步村猪母塘屯1号	实用新型	个人
665	2018300682457	砖	陈江跃	广西壮族自治区贵港市桂平市西山镇永培村上肯屯33号	外观设计	个人
666	2017306595975	灯罩(异形冲花半圆100mm-1000mm)	黄应钦	广西壮族自治区贵港市桂平市金田镇新兴街306号	外观设计	个人
667	2017216898682	一种变电站智能机器人系统	广西电网有限责任公司贵港供电局	广西壮族自治区贵港市民主路89号	实用新型	企业
668	2018300621877	床	蒙健强	广西壮族自治区贵港市桂平市大湾镇耀团村大巷口屯146号	外观设计	个人
669	201820093338X	一种可以折叠和伸缩的支架	刘少杰	广西壮族自治区贵港市平南县大洲镇粤发村大化屯71号	实用新型	个人
670	2017306756816	吊灯(9163)	陈玉敏	广西壮族自治区贵港市桂平市江口镇大樟村石板屯107号	外观设计	个人
671	2018302288012	台灯(球形)	谭开良	广西壮族自治区贵港市港南区桥圩镇下李村欧塘屯43号	外观设计	个人
672	2018301474042	过滤网	欧何森	广西壮族自治区贵港市桂平市蒙圩镇西村欧村屯44号	外观设计	个人
673	2018300828270	太阳能投光灯(T-40W)	吴大深	广西壮族自治区贵港市平南县安怀镇安怀村河头屯100-1号	外观设计	个人
674	2017216918953	一种变电站智能机器人	广西电网有限责任公司贵港供电局	广西壮族自治区贵港市民主路89号	实用新型	企业
675	201830135685X	T2水马	谢永君	广西壮族自治区贵港市平南县思旺镇古榄村斑鸠岭屯21号	外观设计	个人
676	2018300955420	手冲咖啡架(幻影)	袁国海	广西壮族自治区贵港市平南县思旺镇六桂村岭二屯30号	外观设计	个人
677	2018301312048	椅(03)	黄建任	广西壮族自治区贵港市港南区木格镇护录村下江屯130号	外观设计	个人
678	2017306867043	足球服(1)	莫荣德	广西壮族自治区贵港市平南县镇隆镇马旦村瓦窑冲屯10号	外观设计	个人
679	2018300251507	低位吸水接头	欧金安	广西壮族自治区贵港市平南县马练瑶族乡藤旺村那扶屯01号	外观设计	个人
680	2018200612745	一种基于水轮风机的污水处理曝气系统	广西国宏智鸿环境科技发展有限公司	广西壮族自治区贵港市产业园区(石卡园)内	实用新型	企业
681	2018301269103	插座	杨 军	广西壮族自治区贵港市覃塘区三里镇水仙村铁炉屯19号	外观设计	个人
682	2017306752213	吊灯(9173)	陈玉敏	广西壮族自治区贵港市桂平市江口镇大樟村石板屯107号	外观设计	个人

续表 20

序号	专利号	专利名称	专利权人名称	专利权人地址	专利类型	专利权人类型
683	2018200259274	一种电动车后平叉	贵港市上佳电动车有限责任公司	广西壮族自治区贵港市贵港国家生态工业(制糖)示范园区－西江科技创新产业城内	实用新型	企业
684	2017213658174	一种木板烘干设备	李常青	广西壮族自治区贵港市港北区中山路荷城新苑 A2-103 室	实用新型	个人
685	2018301893686	灯饰配件(亚克力起泡雨点)	伍恩召	广西壮族自治区贵港市桂平市南木镇思竹村新村屯 84 号	外观设计	个人
686	2017304932141	茶饼纸	蒙义杰	广西壮族自治区贵港市桂平市西山镇城北街 726 号	外观设计	个人
687	2018301888654	灯饰配件(亚克力起泡圆形)	伍恩召	广西壮族自治区贵港市桂平市南木镇思竹村新村屯 84 号	外观设计	个人
688	2018300955079	手冲咖啡架(魔幻泡泡)	袁国海	广西壮族自治区贵港市平南县思旺镇六桂村岭二屯 30 号	外观设计	个人
689	2018300982377	茶几(SC-1803)	陆丽梅	广西壮族自治区贵港市港南区桥圩镇建设路 56 号	外观设计	个人
690	2017306542944	挂钩	周维民	广西壮族自治区贵港市桂平市社坡镇理端村下独洲屯 13-24 号	外观设计	个人
691	2018302270803	电陶炉	刘小明	广西壮族自治区贵港市港南区木格镇东坡村高简屯 27 号	外观设计	个人
692	2018300267736	煮茶器(C21)	何家欢	广西壮族自治区贵港市桂平市寻旺乡南津村马畲岭屯 70 号	外观设计	个人
693	2018202352456	一种甘蔗株田间剥叶机	广西贵港动力有限公司	广西壮族自治区贵港市江南工业园区内(工业二路)	实用新型	企业
694	2017213841131	一种防盗、防火的电动车或摩托车	黄远安	广西壮族自治区贵港市港南区湛江镇福兴村	实用新型	个人
695	2018300890712	卡夹	杨夏梅	广西壮族自治区贵港市平南县大洲镇大洲村坡头屯 2 号	外观设计	个人
696	2018302417742	热水器(2)	梁伟明	广西壮族自治区贵港市平南县官成镇苏茆村苏五屯 7 号	外观设计	个人
697	2018301908268	太阳能感应壁灯(带延长架)	刘淑清	广西壮族自治区贵港市桂平市木乐镇新连村草衣塘屯 39 号	外观设计	个人
698	2018200229917	一种蔬菜剪刀	邹　彬	广西壮族自治区贵港市港北区建设中路汶头塘小区 13 号	实用新型	个人
699	2018302693352	瓦楼灯	张锦鸿	广西壮族自治区贵港市桂平市江口镇理塘村田垌心屯 60 号	外观设计	个人
700	2018301272163	运动服套装	唐彬仕	广西壮族自治区贵港市桂平市木乐镇农塘村红旗岭屯 27 号	外观设计	个人
701	2018301999534	吸顶灯(3142)	王　霞	广西壮族自治区贵港市桂平市蒙圩镇兴宁街 61 号	外观设计	个人
702	2017205712891	一次性女性盆骨出口横径测量尺	何　清	广西壮族自治区贵港市中山中路 1 号	实用新型	个人
703	2018202343635	甘蔗株田间剥叶机的传动系统	广西贵港动力有限公司	广西壮族自治区贵港市江南工业园区内(工业二路)	实用新型	企业
704	2018200098003	一种医疗用医学影像检查专用运输车	张太华	广西壮族自治区贵港市平南县大安镇永发路 376 号	实用新型	个人

续表 20

序号	专利号	专利名称	专利权人名称	专利权人地址	专利类型	专利权人类型
705	2018301175835	服装套装	唐其伟	广西壮族自治区贵港市桂平市木乐镇富民路165号	外观设计	个人
706	201830269605X	轨道灯(聚光)	傅维活	广西壮族自治区贵港市桂平市南木镇桂塘村凼状屯25号	外观设计	个人
707	2018303095727	草坪灯(太阳能格子款-Y2018525)	杨志松	广西壮族自治区贵港市平南县上渡镇上渡村三忠屯66号	外观设计	个人
708	2018302429862	导轨式集成灯带(LED)	陈思健	广西壮族自治区贵港市桂平市西山镇城西街125-6号	外观设计	个人
709	2018302229989	电贝司	李　宏	广西壮族自治区贵港市港南区木格镇寿莫村佛子屯7号	外观设计	个人
710	2014103792341	滑落门捕鼠器	覃锡别	广西壮族自治区贵港市港北区迎宾大道933号院津华花苑小区物业处签收转6幢1单元403室覃锡别	发明	个人
711	2018205041834	一种机电设备智能保护器	贵港市煌鑫节能科技有限公司	广西壮族自治区贵港市港北区金港大道西段南侧贵港市科技孵化研究所三楼	实用新型	企业
712	2018300407483	灯饰配件(DB293)	邓　健	广西壮族自治区贵港市桂平市南木镇洛连村朱红岭屯75号	外观设计	个人
713	2018302570390	水晶彩灯(科幻UFO)	邓国全	广西壮族自治区贵港市桂平市罗秀镇罗秀村龙塘坡屯9号	外观设计	个人
714	2017215730665	CBR一体化连续流周期循环生物接触反应器	周　鹏	广西壮族自治区贵港市港北区新区二路世纪花园(荷城路907号)	实用新型	个人
715	2018301691523	吸顶灯(1)	莫兴勤	广西壮族自治区贵港市平南县镇隆镇马旦村耍武垌二屯3号	外观设计	个人
716	2018302203353	筷子筒(蛋形)	李海维	广西壮族自治区贵港市平南县同和镇同朝村利一屯7号	外观设计	个人
717	2018303019189	冷水机(CW-3000)	陈勇义	广西壮族自治区贵港市桂平市油麻镇勒竹村勒竹圩屯01号	外观设计	个人
718	2016100752816	一种多功能旋挖机	平南县六陈镇炳德机械厂	广西壮族自治区贵港市平南县六陈镇古和村	发明	企业
719	2018301544863	模组投光灯	胡献芳	广西壮族自治区贵港市桂平市蒙圩镇新德村岭脚屯152号	外观设计	个人
720	2017306642213	置物架(1)	李海维	广西壮族自治区贵港市平南县同和镇同朝村利一屯7号	外观设计	个人
721	2018200887428	一种具有低位吸水功能的变频水泵	欧金安	广西壮族自治区贵港市平南县马练瑶族乡藤旺村那扶屯01号	实用新型	个人
722	2017217593408	一种脱硫装置	黄美辉	广西壮族自治区贵港市港北区金港大道土地监察小区13号	实用新型	个人
723	2018302373091	地灯	蔡柏峰	广西壮族自治区贵港市桂平市南木镇长清村石逢屯121号	外观设计	个人
724	2018302436029	燃气炉(户外大功率七星灶)	何森荣	广西壮族自治区贵港市平南县上渡镇上渡村向阳屯77号	外观设计	个人
725	2018301703145	吸顶灯(8061小号)	丁新玉	广西壮族自治区贵港市桂平市大洋镇新和村尾湾屯163号	外观设计	个人

续表 20

序号	专利号	专利名称	专利权人名称	专利权人地址	专利类型	专利权人类型
726	2018203186491	一种多功能立式分拣机	贵港市蓝宇科技有限公司	广西壮族自治区贵港市港北区金港大道西江工业品批发市场西3栋16号二楼	实用新型	企业
727	2017302835607	运动服(1)	莫荣德	广西壮族自治区贵港市平南县隆镇马旦村瓦窑冲屯10号	外观设计	个人
728	2015108208411	猪粪便的处理方法及装置	贵港市港北区雁行养猪专业合作社	广西壮族自治区贵港市港北区庆丰镇都炉村大炉屯185号	发明	企业
729	2017211788239	水冷壁生物质热水炉	广西节得乐生物质能源科技有限公司	广西壮族自治区贵港市港北区新民工业园区	实用新型	企业
730	2016105458354	十字轴式万向联轴旋转活塞压缩机	黄树坚	广西壮族自治区桂平市石咀镇水口村第二片屯51号	发明	个人
731	2018302029639	灯饰配件(铜钱福字)	杨勇斌	广西壮族自治区贵港市平南县上渡镇上渡村三忠屯5号	外观设计	个人
732	2018201897569	一种内衣无缝压烫机	梁泽成	广西壮族自治区贵港市港南去桥圩镇震华村大岭屯58号	实用新型	个人
733	2018202822254	一种带充电功能的壁灯	陈贤仕	广西壮族自治区贵港市平南县思旺镇新政村红卫屯153号	实用新型	个人
734	2018204645837	一种土木工程用清渣机	韦　放	广西壮族自治区贵港市港北区普罗旺斯小区八栋三单元302	实用新型	个人
735	2018302693032	投光灯(千里眼)	张锦鸿	广西壮族自治区贵港市桂平市江口镇理塘村田垌心屯60号	外观设计	个人
736	2018303047348	移液器架子	曾　灏	广西壮族自治区贵港市中山中路1号院贵港市人民医院职工住宅楼13栋4单元1904号	外观设计	个人
737	2018302442354	热水器(1)	梁伟明	广西壮族自治区贵港市平南县官成镇苏茆村苏五屯7号	外观设计	个人
738	2018302413807	热水器控制面板	梁伟明	广西壮族自治区贵港市平南县官成镇苏茆村苏五屯7号	外观设计	个人
739	2017217692102	一种恒温烧水器	黄安治	广西壮族自治区贵港市平南县思界乡相塘村星一屯27号	实用新型	个人
740	2018302818235	线条灯(SD-2631)	陈美常	广西壮族自治区贵港市平南县上渡镇河口村新屋屯28号	外观设计	个人
741	2018302818108	线性洗墙灯(SD-3465)	陈美常	广西壮族自治区贵港市平南县上渡镇河口村新屋屯28号	外观设计	个人
742	2018201767599	一种电气线路短路及漏电保护装置	韦荣贵	广西壮族自治区贵港市港北区港城镇平富村太平屯139号	实用新型	个人
743	2018200012731	儿童安全座椅的旋转机构	蒙祖胜	广西壮族自治区贵港市港南区八塘镇陈湾村竹边屯068号	实用新型	个人
744	2018202333760	甘蔗株田间剥叶机的剥叶滚筒	广西贵港动力有限公司	广西壮族自治区贵港市江南工业园区内(工业二路)	实用新型	企业
745	2018301059088	发牌器	刘方健	广西壮族自治区贵港市桂平市木乐镇四合村平冲屯4号	外观设计	个人
746	2017204626121	一种多功能手套式约束带的制作与应用	李少莲	广西壮族自治区贵港市中山中路1号	实用新型	个人
747	2018303058130	摄像头(A10)	陈永光	广西壮族自治区贵港市桂平市木圭镇四德村金恩石岭屯40号	外观设计	个人

续表 20

序号	专利号	专利名称	专利权人名称	专利权人地址	专利类型	专利权人类型
748	2018303896852	床(储物高箱)	何秀良	广西壮族自治区桂平市江口镇新生村宝藏屯1号	外观设计	个人
749	2018303013002	汽车灯(LED灯H7)	梁泽均	广西壮族自治区贵港市桂平市寻旺乡上旺路63号	外观设计	个人
750	2018303022529	冷水机(CW-5000)	陈勇义	广西壮族自治区贵港市桂平市油麻镇勒竹村勒竹圩屯01号	外观设计	个人
751	2018304079882	拼接吊灯(空心)	蒙运荣	广西壮族自治区贵港市桂平市大洋镇竹塘村西屯49号	外观设计	个人
752	2018304097946	尼龙刷	何　芳	广西壮族自治区贵港市桂平市南木镇群合村就地圹屯32号	外观设计	个人
753	2018302024387	灯饰配件(冲花半圆100-1000mm)	黄应钦	广西壮族自治区贵港市桂平市金田镇新兴街306号	外观设计	个人
754	2018302124915	沙发(508)	黎日松	广西壮族自治区贵港市桂平市南木镇大黎村飞鼠屯88号	外观设计	个人
755	2018302723644	洗墙灯(勇闯天下)	张锦鸿	广西壮族自治区贵港市桂平市江口镇理塘村田垌心屯60号	外观设计	个人
756	2018302682381	美容笔	吕丽娜	广西壮族自治区贵港市桂平市白沙镇白沙村旧圩街屯230号	外观设计	个人
757	2018302858139	灯饰配件(DB327)	邓　健	广西壮族自治区贵港市桂平市南木镇洛连村朱红岭屯75号	外观设计	个人
758	201830309746X	鹿角灯(后现代)	林艺芳	广西壮族自治区贵港市桂平市金田镇金田村陈义屯48号	外观设计	个人
759	2018303606559	钱包	阮展胜	广西壮族自治区贵港市桂平市江口镇大樟村阮屋屯63号	外观设计	个人
760	2018303842918	拼接吊灯(1)	蒙运荣	广西壮族自治区贵港市桂平市大洋镇竹塘村西屯49号	外观设计	个人
761	2018303486222	吸顶灯(YM-L54系列)	潘小玲	广西壮族自治区贵港市桂平市麻垌镇洞天街3巷19号	外观设计	个人
762	201830353023X	吸顶灯(YM-L53系列)	潘小玲	广西壮族自治区贵港市桂平市麻垌镇洞天街3巷19号	外观设计	个人
763	2017219061256	一种应用在自动上管装置上的机械手机构	陆枝平	广西壮族自治区贵港市桂平市大洋镇石江村塞塘坪屯59-1号	实用新型	个人
764	2018302971733	吊灯(桃子2018-01)	丁惠婷	广西壮族自治区贵港市桂平市下湾镇南安街10号	外观设计	个人
765	2017306745883	灯饰配件(DB288)	邓　健	广西壮族自治区贵港市桂平市南木镇洛连村朱红岭屯75号	外观设计	个人
766	2018302224928	灯饰配件(HP296)	邓　健	广西壮族自治区贵港市桂平市南木镇洛连村朱红岭屯75号	外观设计	个人
767	2018303152787	折叠节能灯(1)	伍斯雄	广西壮族自治区贵港市桂平市南木镇思竹村新村屯63号	外观设计	个人
768	2018303189902	折叠节能灯(2)	伍斯雄	广西壮族自治区贵港市桂平市南木镇思竹村新村屯63号	外观设计	个人
769	2018303842759	拼接吊灯(2)	蒙运荣	广西壮族自治区贵港市桂平市大洋镇竹塘村西屯49号	外观设计	个人

续表 20

序号	专利号	专利名称	专利权人名称	专利权人地址	专利类型	专利权人类型
770	2018204801727	一种电池内胶圈输送装置	陈宇林	广西壮族自治区贵港市桂平市江口镇平石村下茗村屯33号	实用新型	个人
771	2018204866280	一种蓝牙音乐灯	黄健坤	广西壮族自治区贵港市桂平市大湾镇双岭村大岭屯2-50号	实用新型	个人
772	2018301582460	灯饰配件(180402)	丁新玉	广西壮族自治区贵港市桂平市大洋镇新和村尾湾屯163号	外观设计	个人
773	2018303058145	摄像头(A9)	陈永光	广西壮族自治区贵港市桂平市木圭镇四德村金恩石岭屯40号	外观设计	个人
774	2018304079878	拼接吊灯(实心)	蒙运荣	广西壮族自治区贵港市桂平市大洋镇竹塘村西屯49号	外观设计	个人
775	2018303328125	健身办公椅	覃文迪	广西壮族自治区贵港市平南县镇隆镇下良村下良二屯6号	外观设计	个人
776	2018301197177	线艺咖啡漏斗	袁国海	广西壮族自治区贵港市平南县思旺镇六桂村岭二屯30号	外观设计	个人
777	2018303100566	草坪灯(花窗-Y2018523)	杨志松	广西壮族自治区贵港市平南县上渡镇上渡村三忠屯66号	外观设计	个人
778	2018303585622	咖啡展示架(U形3孔试管)	袁国海	广西壮族自治区贵港市平南县思旺镇六桂村岭二屯30号	外观设计	个人
779	2018303466360	泵(增氧)	陆勇军	广西壮族自治区贵港市平南县马练瑶族乡石垌村那高屯07号	外观设计	个人
780	2018301584856	电动牙刷	黄威林	广西壮族自治区贵港市平南县同和镇新雅村后性屯7号	外观设计	个人
781	2017104481663	一种干木薯除铁装置	广西金茂生物化工有限公司	广西壮族自治区贵港市平南县平南镇东郊(原平南糖厂)	发明	企业
782	2017103693941	一种耐热橡胶材料	广西桂山特种橡胶制品有限公司	广西壮族自治区贵港市平南县平南镇环西路乌江工业园	发明	企业
783	2016100752746	一种双钻杆联动升降装置	平南县六陈镇炳德机械厂	广西壮族自治区贵港市平南县六陈镇古和村	发明	企业
784	201820239637X	一种动感特效互动平台	广西平南县极合科技服务有限公司	广西壮族自治区贵港市平南县平南镇大将区八米街C194号	实用新型	企业
785	2018205355761	一种发电装置	林耀泰	广西壮族自治区贵港市平南县大鹏镇波头村林屋二屯7号	实用新型	个人
786	2018303832719	餐吊(6039-蝴蝶)	马文健	广西壮族自治区贵港市平南县平山镇登明村旧村屯5号	外观设计	个人
787	2018303089213	草坪灯(太阳能水立方-Y2018524)	杨志松	广西壮族自治区贵港市平南县上渡镇上渡村三忠屯66号	外观设计	个人
788	2018302971926	包装盒(艾热灸)	黄世纪	广西壮族自治区贵港市平南县同和镇利道村新村屯42号	外观设计	个人
789	2018303330888	吸顶灯(2)	刘镇福	广西壮族自治区贵港市平南县平南镇城顶街79号	外观设计	个人
790	2018303585618	咖啡展示架(U形5孔试管)	袁国海	广西壮族自治区贵港市平南县思旺镇六桂村岭二屯30号	外观设计	个人
791	2018303672832	瓦楞灯(新款眼镜)	郭　杰	广西壮族自治区贵港市平南县马练瑶族乡九槐村寺村屯05号	外观设计	个人

续表 20

序号	专利号	专利名称	专利权人名称	专利权人地址	专利类型	专利权人类型
792	2018300829396	太阳能投光灯(T-60W)	吴大深	广西壮族自治区贵港市平南县安怀镇安怀村河头屯100-1号	外观设计	个人
793	2018202077957	一种实景模拟VR射击设备	广西平南县极合科技服务有限公司	广西壮族自治区贵港市平南县平南镇大将区八米街C194号	实用新型	企业
794	2018207172587	一种雾光加湿器	罗　斌	广西壮族自治区贵港市平南县国安乡大兴村大冲屯23号	实用新型	个人
795	2018303760301	卡夹(02)	杨夏梅	广西壮族自治区贵港市平南县大洲镇大洲村坡头屯2号	外观设计	个人
796	201730563083X	一种多功能文具斧	蒙昌林	广西壮族自治区贵港市平南县大安镇小蒙村新屋屯	外观设计	个人
797	2018302822599	线条灯(SD-3238)	陈美常	广西壮族自治区贵港市平南县上渡镇河口村新屋屯28号	外观设计	个人
798	201830304057X	吊灯(花开富贵)	陈明能	广西壮族自治区贵港市平南县思旺镇新政村二区一屯62号	外观设计	个人
799	2018303374956	沙发(S67)	黄颂梅	广西壮族自治区贵港市平南县上渡镇大成村旺石五屯32号	外观设计	个人
800	2018302870817	相机包	陈飘文	广西壮族自治区平南县上渡镇河口村高坎屯31号	外观设计	个人
801	2018303473504	潜水灯(水族专用)	张承鑫	广西壮族自治区贵港市平南县同和镇新雅村石门屯24号	外观设计	个人
802	2018303573377	泵(变频2)	陆勇军	广西壮族自治区贵港市平南县马练瑶族乡石垌村那高屯07号	外观设计	个人
803	2018303834610	餐吊(6038-蜻蜓)	马文健	广西壮族自治区贵港市平南县平山镇登明村旧村屯5号	外观设计	个人
804	2018301241108	灯(天使眼MAX-300)	陆勇军	广西壮族自治区贵港市平南县马练瑶族乡石垌村那高屯07号	外观设计	个人
805	2018302604749	椅子托盒	翁　烽	广西壮族自治区贵港市平南县平南镇附城村北胜三屯90号	外观设计	个人
806	2018303326219	吸顶灯(4)	刘镇福	广西壮族自治区贵港市平南县平南镇城顶街79号	外观设计	个人
807	2018302997593	气泵一体机	卓细兵	广西壮族自治区贵港市港南区桥圩镇振南村卫屯59号	外观设计	个人
808	2018302460916	台灯	韦冬梅	广西壮族自治区贵港市覃塘区三里镇水仙村元岭屯29号	外观设计	个人
809	2018300909901	光能发电装置(圆柱形)	覃建雄	广西壮族自治区贵港市港北区中里乡陈轩村思屯34号	外观设计	个人
810	2018303213193	帽子	吴国华	广西壮族自治区贵港市港南区桥圩镇下李村吴屋屯10号	外观设计	个人
811	2018303231492	花架	郭志斌	广西壮族自治区贵港市港北区西江产业园西区E号地块	外观设计	个人
812	2018303375323	太阳能路灯	甘　罗	广西壮族自治区贵港市南区瓦塘乡上江村下垌屯143号	外观设计	个人
813	2018301772450	瓶(凉水山含硒)	吴世华	广西壮族自治区贵港市覃塘区石卡镇坭湾村上坭湾屯61号	外观设计	个人

续表 20

序号	专利号	专利名称	专利权人名称	专利权人地址	专利类型	专利权人类型
814	2018301886146	壁灯(W9803)	张冠龙	广西壮族自治区贵港市覃塘区覃塘镇六务村张屋屯45号	外观设计	个人
815	201830357331X	米袋	贵港市和顺食品有限公司	广西壮族自治区贵港市覃塘区覃塘镇培仁大道28号	外观设计	企业
816	2017306041847	X元素一体投光灯	廖福贵	广西壮族自治区贵港市广西贵港市港南区东津镇维新村天俄屯6号	外观设计	个人
817	2018301611124	吊灯(如意陶瓷铜灯系列GY1805)	杨春岸	广西壮族自治区贵港市港南区湛江镇金洲村龙村屯3号	外观设计	个人
818	2015102450731	草食动物草料常温保鲜包装方法	广西绿江南草业有限公司	广西壮族自治区贵港市港南区瓦塘乡瓦塘村大师岭、长岭	发明	企业
819	2015105542824	蔬菜及水果废弃物的处理方法及设备	李而宏	广西壮族自治区贵港市港南区江南大道东段(江南不锈钢水塔厂大院内)	发明	个人
820	2018204894346	一种新能源汽车充电桩	新宇电气科技有限责任公司	广西壮族自治区贵港市贵港国家生态工业(制糖)示范园区西江产业园	实用新型	企业
821	2018202306693	一种改进型无卡轴木材旋切机	贵港市鸿盛隆木业有限公司	广西壮族自治区贵港市覃塘林业生态循环经济(核心)示范区内	实用新型	企业
822	2018200005475	一种机电一体化吸吊机	闭瑞华	广西壮族自治区贵港市机电工程学校	实用新型	个人
823	2018203146051	一种扬尘治理装置	广西科穗环境科技有限公司	广西壮族自治区贵港市港北区金港大道西段南侧(西苑小区1-A#)	实用新型	企业
824	2018205501217	一种快速确认刀闸位置的系统	朱明增	广西壮族自治区贵港市港北区民主路89号	实用新型	个人
825	2018207746064	一种多功能高效太阳能路灯	覃建雄	广西壮族自治区贵港市港北区中里乡陈轩村细思屯34号	实用新型	个人
826	2017210271668	一种生物质颗粒燃料的进料装置	广西节得乐生物质能源科技有限公司	广西壮族自治区贵港市港北区新民工业园区	实用新型	企业
827	2018303148669	吊灯(GY1808)	杨春岸	广西壮族自治区贵港市港南区湛江镇金洲村龙村屯3号	外观设计	个人
828	2015102450267	耐储存的草食动物全混合日粮的生产方法	广西绿江南草业有限公司	广西壮族自治区贵港市港南区瓦塘乡瓦塘村大师岭、长岭	发明	企业
829	2017101455864	一种新型五金加工机械	黄少锋	广西壮族自治区贵港市港北区大圩镇上莲村石塘岭屯27号	发明	个人
830	2018201489593	具有侧面保护装置的儿童安全座椅	蒙祖胜	广西壮族自治区贵港市港南区八塘镇陈湾村竹边屯068号	实用新型	个人
831	2018203558047	一种泡沫防臭马桶	施军彪	广西壮族自治区贵港市港北区港城镇猫儿山村施屋搬迁屯19号	实用新型	个人
832	2017215576431	一种风刀	李常青	广西壮族自治区贵港市港北区中山路荷城新苑A2-103室	实用新型	个人
833	2018205225039	一种变电站安全围栏杆存储架	广西电网有限责任公司贵港供电局	广西壮族自治区贵港市民主路89号	实用新型	企业
834	2018202304293	连续式断料机	贵港市鸿盛隆木业有限公司	广西壮族自治区贵港市覃塘林业生态循环经济(核心)示范区内	实用新型	企业

续表 20

序号	专利号	专利名称	专利权人名称	专利权人地址	专利类型	专利权人类型
835	2017219262999	一种保暖内衣	广西益嘉发服装实业有限公司	广西壮族自治区贵港市港北区狮岭路594号裕晟纺织服装产业园生产车间一号楼	实用新型	企业
836	2018202304039	一种高频真空木材干燥机	贵港市鸿盛隆木业有限公司	广西壮族自治区贵港市覃塘林业生态循环经济(核心)示范区内	实用新型	企业
837	2018202306689	一种木板自动排板线	贵港市鸿盛隆木业有限公司	广西壮族自治区贵港市覃塘林业生态循环经济(核心)示范区内	实用新型	企业
838	2018204030870	一种公路用沥青熔融机	广西正晟建设工程有限公司	广西壮族自治区贵港市城区三路说新区二路交汇处东南(贵港市民生路地产小区101号)	实用新型	企业
839	2017210723650	一种污水远程处理控制系统	广西国宏智鸿环境科技发展有限公司	广西壮族自治区贵港市产业园区(石卡园)内	实用新型	企业
840	201721742017X	一种医疗用神经内科康复训练装置	杨　吉	广西壮族自治区贵港市中山中路1号院	实用新型	个人
841	2018303733179	包装盒(状园米)	贵港市和顺食品有限公司	广西壮族自治区贵港市覃塘区覃塘镇培仁大道28号	外观设计	企业
842	2018300861692	发电式防雨装置	覃建雄	广西壮族自治区贵港市港北区中里乡陈轩村思屯34号	外观设计	个人
843	2018303107527	台灯(MG)	韦冬梅	广西壮族自治区贵港市覃塘区三里镇水仙村元岭屯29号	外观设计	个人
844	2018203921628	一种公路桥梁管道支撑设备	广西正晟建设工程有限公司	广西壮族自治区贵港市城区三路说新区二路交汇处东南(贵港市民生路地产小区101号)	实用新型	企业
845	2018202782365	一种公路桥梁伸缩缝	广西正晟建设工程有限公司	广西壮族自治区贵港市城区三路说新区二路交汇处东南(贵港市民生路地产小区101号)	实用新型	企业
846	2018203915557	一种公路工程维修用防撞缓冲装置	广西正晟建设工程有限公司	广西壮族自治区贵港市城区三路说新区二路交汇处东南(贵港市民生路地产小区101号)	实用新型	企业
847	2018301509130	便携式拳击袋	朱丽平	广西壮族自治区贵港市港北区登龙桥路384号院铁路新村小区5幢2单元202室	外观设计	个人
848	2018205249207	一种拳击袋	朱丽平	广西壮族自治区贵港市港北区登龙桥路384号院铁路新村小区5幢2单元202室	实用新型	个人
849	2017100710023	一种复合砂浆的施工工艺	广西绿地涂装工程有限公司	广西壮族自治区贵港市港北区金港大道德宝商城A区西10号二楼	发明	企业
850	2017219262429	一种长款运动内衣	广西益嘉发服装实业有限公司	广西壮族自治区贵港市港北区狮岭路594号裕晟纺织服装产业园生产车间一号楼	实用新型	企业
851	2018302387357	吸顶灯	姜健军	广西壮族自治区贵港市港北区武乐乡江城村上屋屯41号	外观设计	个人
852	2018207424751	灯杆连接关节	姜健军	广西壮族自治区贵港市港北区武乐乡江城村上屋屯41号	实用新型	个人
853	2018207695700	一种自动接皮机	岑宗俭	广西壮族自治区贵港市港南区东津镇荷池村荷南屯69号	实用新型	个人

续表 20

序号	专利号	专利名称	专利权人名称	专利权人地址	专利类型	专利权人类型
854	2018303873225	电陶炉(红木)	刘小明	广西壮族自治区贵港市港南区木格镇东坡村高简屯27号	外观设计	个人
855	2018207253071	一种新型推拉门带保险壹字锁	陆向正	广西壮族自治区贵港市港南区瓦塘乡大村三区屯124号	实用新型	个人
856	2017306041866	品尊带座投光灯	廖福贵	广西壮族自治区贵港市广西贵港市港南区东津镇维新村天俄屯6号	外观设计	个人
857	2018305055353	圆几架(1816#)	陆伟超	广西壮族自治区贵港市桂平市白沙镇良美村睦村屯13号	外观设计	个人
858	2018209423908	一种光场VR全景相机单轴陀螺仪增稳装置	蒙运荣	广西壮族自治区贵港市桂平市大洋镇竹塘村西屯49号	实用新型	个人
859	2018203927747	一种方便维修的水稻种植用施肥机	广西桂平市伟雄农业科技有限公司	广西壮族自治区贵港市桂平市厚禄乡峡口村草皮塘屯7号	实用新型	企业
860	2018203933288	一种水稻种植用自动喷药机	广西桂平市伟雄农业科技有限公司	广西壮族自治区贵港市桂平市厚禄乡峡口村草皮塘屯7号	实用新型	企业
861	2018300997300	玉米灯	陆志添	广西壮族自治区贵港市桂平市厚禄乡延寿村陈村屯338号	外观设计	个人
862	2018304072493	沙发(8688)	罗　勇	广西壮族自治区贵港市桂平市江口镇胡村少岭屯22号	外观设计	个人
863	2018304077514	沙发(8693)	罗　勇	广西壮族自治区贵港市桂平市江口镇胡村少岭屯22号	外观设计	个人
864	2018304077266	沙发(8691)	罗　勇	广西壮族自治区贵港市桂平市江口镇胡村少岭屯22号	外观设计	个人
865	2018303206679	水泵(HG-450)	王高润	广西壮族自治区贵港市桂平市江口镇新其村新罗塘屯165号	外观设计	个人
866	2018302367160	吊灯(金墨荷色)	杨志龙	广西壮族自治区贵港市桂平市金田镇理村理村屯344号	外观设计	个人
867	2018304682390	台灯(515)	何　龙	广西壮族自治区贵港市桂平市金田镇罗蛟村白额角屯8号	外观设计	个人
868	2018304567161	布艺挂饰面具	李明慧	广西壮族自治区贵港市桂平市罗秀镇旺盛村平岭屯131号	外观设计	个人
869	2018303735070	椅子(JT-401)	黎馨华	广西壮族自治区贵港市桂平市罗秀镇伟扬村伟村屯67号	外观设计	个人
870	2018304050032	轨道灯(精装款)	卢桂有	广西壮族自治区贵港市桂平市罗秀镇中西村南湖屯3-1号	外观设计	个人
871	2018302381952	壁灯	黄锦丽	广西壮族自治区贵港市桂平市麻垌镇东岸村上岸屯168号	外观设计	个人
872	201830443039X	吸顶灯(YM-L58系列)	潘小玲	广西壮族自治区贵港市桂平市麻垌镇洞天街3巷19号	外观设计	个人
873	2018303490162	吸顶灯(YM-L55系列)	潘小玲	广西壮族自治区贵港市桂平市麻垌镇洞天街3巷19号	外观设计	个人
874	2018303122777	LED微景观补光灯	黎倍贤	广西壮族自治区贵港市桂平市蒙圩镇官桥村上铨屯83号	外观设计	个人
875	2018303242815	低水位过滤器(05-4)	颜昭君	广西壮族自治区贵港市桂平市蒙圩镇新建村大虾塘屯9号	外观设计	个人

续表 20

序号	专利号	专利名称	专利权人名称	专利权人地址	专利类型	专利权人类型
876	2018302343221	吊灯(6042)	王　霞	广西壮族自治区贵港市桂平市蒙圩镇兴宁街61号	外观设计	个人
877	2018300747396	筒灯(外环)	何信德	广西壮族自治区贵港市桂平市木根镇平合村东岸屯3号	外观设计	个人
878	2018302332458	落地灯(DJ83018)	王可富	广西壮族自治区贵港市桂平市木圭镇大朗村三划王屯15-31号	外观设计	个人
879	2018304233885	轨道灯(小蛮腰)	傅维活	广西壮族自治区贵港市桂平市南木镇桂塘村凼状屯25号	外观设计	个人
880	2018208913651	聚光轨道灯	傅维活	广西壮族自治区贵港市桂平市南木镇桂塘村凼状屯25号	实用新型	个人
881	2018302854458	灯饰配件(DB326)	邓　健	广西壮族自治区贵港市桂平市南木镇洛连村朱红岭屯75号	外观设计	个人
882	2018302849676	灯饰配件(HP308)	邓　健	广西壮族自治区贵港市桂平市南木镇洛连村朱红岭屯75号	外观设计	个人
883	2018302858105	灯饰配件(HP304)	邓　健	广西壮族自治区贵港市桂平市南木镇洛连村朱红岭屯75号	外观设计	个人
884	2018301535544	吊灯(8868)	钟文强	广西壮族自治区贵港市桂平市南木镇思竹村思盘屯177号	外观设计	个人
885	2018303920086	灯(三米灯方形铝材)	郑良军	广西壮族自治区贵港市桂平市石咀镇罗洪村大福屯181号	外观设计	个人
886	2018208902676	一种磁性设备驱动装置	黄湛生	广西壮族自治区贵港市桂平市西山镇长安村马鞍岭屯18号	实用新型	个人
887	2015105279487	一种硒强化直条米粉的生产方法	桂平市三寻记食品有限公司	广西壮族自治区贵港市桂平市西山镇长安村三队玉桂大道旁	发明	企业
888	2018303708336	风扇灯(ZPSY-667)	梁远漫	广西壮族自治区贵港市桂平市下湾镇福高村高塘屯255号	外观设计	个人
889	2018303705249	风扇灯(ZPSY-666)	梁远漫	广西壮族自治区贵港市桂平市下湾镇福高村高塘屯255号	外观设计	个人
890	2018304912195	风扇灯(668)	梁远漫	广西壮族自治区贵港市桂平市下湾镇福高村高塘屯255号	外观设计	个人
891	2018304913041	风扇灯(663)	梁远漫	广西壮族自治区贵港市桂平市下湾镇福高村高塘屯255号	外观设计	个人
892	2018304912208	风扇灯(663A)	梁远漫	广西壮族自治区贵港市桂平市下湾镇福高村高塘屯255号	外观设计	个人
893	2018302684349	摩托车灯	梁泽均	广西壮族自治区贵港市桂平市寻旺乡上旺路63号	外观设计	个人
894	2017217052892	一种骨科治疗用冰敷袋	李广胜	广西壮族自治区贵港市马胖岭小区(东小区)22号苏立元诊所	实用新型	个人
895	2018302346747	染发梳	杨翰孟	广西壮族自治区贵港市南区桥圩镇兴华村杨屋屯6号	外观设计	个人
896	2018205001767	一种具有臭氧消毒及富氧功能的超滤净水器	傅勇锦	广西壮族自治区贵港市平南县安怀镇高荔村东彭屯128号	实用新型	个人
897	2018303501735	加湿器(xy-22)	宁华德	广西壮族自治区贵港市平南县大鹏镇农福村浓水屯31号	外观设计	个人

续表 20

序号	专利号	专利名称	专利权人名称	专利权人地址	专利类型	专利权人类型
898	2018303495560	卡夹(01)	杨夏梅	广西壮族自治区贵港市平南县大洲镇大洲村坡头屯2号	外观设计	个人
899	2018203779143	一种发电机支架钻套筒孔工装	平南县五金制品厂	广西壮族自治区贵港市平南县工业园	实用新型	企业
900	2018203784777	一种发电机调节板组件焊接夹具	平南县五金制品厂	广西壮族自治区贵港市平南县工业园	实用新型	企业
901	2018203779124	一种发电机调节板组件钻孔工装	平南县五金制品厂	广西壮族自治区贵港市平南县工业园	实用新型	企业
902	2018203779054	一种发电机支架组件的钻套筒孔工装	平南县五金制品厂	广西壮族自治区贵港市平南县工业园	实用新型	企业
903	2018203772676	一种发电机支架钻孔工装	平南县五金制品厂	广西壮族自治区贵港市平南县工业园	实用新型	企业
904	2018201542186	一种带烘干功能的除螨杀菌设备	广西达庆生物科技股份有限公司	广西壮族自治区贵港市平南县工业园区	实用新型	企业
905	2018302328518	卷发器	林琼全	广西壮族自治区贵港市平南县官成镇东成村勒州屯2号	外观设计	个人
906	2018304429956	投光灯(1)	黄祖杰	广西壮族自治区贵港市平南县马练瑶族乡六石村香交屯20号	外观设计	个人
907	2018304237424	暖菜盘(带旋)	陈世振	广西壮族自治区贵港市平南县马练瑶族乡新河村大劲屯1号	外观设计	个人
908	2018302367353	保温暖菜盘	陈世振	广西壮族自治区贵港市平南县马练瑶族乡新河村大劲屯1号	外观设计	个人
909	2018301465024	吊灯	梁勋柱	广西壮族自治区贵港市平南县平南镇遥望村良村四屯163号	外观设计	个人
910	2018302228045	草坪灯(现代几何艺术)	方飞强	广西壮族自治区贵港市平南县上渡镇大成村丹岭屯13号	外观设计	个人
911	2018304220599	包装箱(大黄蜂HARTTSK增压器)	郑圣华	广西壮族自治区贵港市平南县上渡镇六凤村十字路二屯18号	外观设计	个人
912	2018304723193	柱头灯(花笼A款-Y2018526)	杨志松	广西壮族自治区贵港市平南县上渡镇上渡村三忠屯66号	外观设计	个人
913	2018303900580	飞碟灯(磁力悬挂灯JH-816)	黄兴剑	广西壮族自治区贵港市平南县同和镇同朝村龙住屯32号	外观设计	个人
914	2018303900561	手电筒(JH-832)	黄兴剑	广西壮族自治区贵港市平南县同和镇同朝村龙住屯32号	外观设计	个人
915	2018303900576	移动电源(挂腰式JH-818)	黄兴剑	广西壮族自治区贵港市平南县同和镇同朝村龙住屯32号	外观设计	个人
916	201720578256X	一种腹腔引流管固定装置	陈爱萍	广西壮族自治区贵港市人民医院	实用新型	个人
917	2018300157153	平板车(伸缩型)	杨映勇	广西壮族自治区贵港市覃塘区三里镇甘道村甘道屯5号	外观设计	个人
918	2018304526570	吊灯(球拍魔豆M601-9)	黄加贵	广西壮族自治区贵港市覃塘区三里镇九岸村独木屯20号	外观设计	个人
919	2018304529672	落地灯(M611)	黄加贵	广西壮族自治区贵港市覃塘区三里镇九岸村独木屯20号	外观设计	个人
920	2018304036069	充电器(C4)	韦德管	广西壮族自治区贵港市覃塘区山北乡山北村磨屯103号	外观设计	个人

续表 20

序号	专利号	专利名称	专利权人名称	专利权人地址	专利类型	专利权人类型
921	201830403410X	充电器(C6)	韦德管	广西壮族自治区贵港市覃塘区山北乡山北村磨屯103号	外观设计	个人
922	2018302902150	台灯配件(多功能定位夹)	李映朋	广西壮族自治区贵港市覃塘区石卡镇新旺村新里屯147号	外观设计	个人
923	2018303055984	试管架	钟文富	广西壮族自治区贵港市中山中路1号院	外观设计	个人
924	2018209885061	一种医学检验的标本取样管	翚 缨	广西壮族自治区贵港市中山中路1号院	实用新型	个人
925	2018303194385	一种斧形多功能文具	蒙昌林	广西壮族自治区平南县大安镇小蒙村小屋屯14号	外观设计	个人
926	2012104567178	大型混流式水轮发电机组	梁家超	广西壮族自治区平南县平山镇平容街178号	发明	个人

贵港特产选介

贵港大米 贵港市地处浔郁平原，稻作农业文明史源远流长，是广西重要的稻米生产基地。在贵港市罗泊湾1号汉墓、风流岭西汉墓、北郊汉墓出土的大量农具、稻谷实物，说明早在汉代，郁江流域已普遍使用铁制农具，主食大米。贵港大米种植于宋代已成为农业生产的主导产业，《舆地纪胜》(宋王象之著)记载："贵州(今贵港)民以水田为业"。由于盛产水稻，郁江流域成为南方重要的稻米输出地，有大量稻谷运往广东。《广东新语》(清屈大均著)文献记载"东粤少谷，恒仰资于西粤。西粤之贵县尤多谷"。在当地政府大力推进富硒米业发展下，贵港以"中国富硒农业之都"著称。截至2018年末，全市创建富硒大米品牌20多个，有"翼王香""满田乐""东津细米""雄达""圣民"富硒米，"壮园"富硒红黑米(覃塘红米、覃塘黑米)等。

平南石硖龙眼 种植始于1927年，由早年留学日本早稻田大学的平南县大新镇乡绅覃敬清在其庄园种植，1950年该庄园被收归政府管理，现被命名为"中国广西石硖龙眼母本园"，成为全国唯一的石硖龙眼母本园，也成为现代旅游景点。1982年，经鉴定保存有石硖龙眼老树108株，现老树作为石硖龙眼母本树保留。

平南县属南亚热带季风气候，地处大瑶山之南、大容山之北，既阻隔北方寒流入侵，又阻止了部分台风的袭击，年均气温21.5℃。平南石硖龙眼原产于平南县大新镇，因气候适宜，植株生长壮旺，树冠自然圆头形、开张，枝梢粗壮，树冠外围枝梢下垂。果实圆球形或扁圆球形略歪，单果重7.0~10.5克。因果大、核小、肉厚、爽脆等，易剥皮、易离核和耐贮运的特点受到广大客商的青睐。2018年，平南石硖龙眼产量已达到20万吨。

平南石峡龙眼1992年获得首届中国农业博览会银质奖，1995年获得第二届中国农业博览会金奖，1996年被农业部评为优质石硖龙眼基地县，2013年获农产品地理标志产品。2018年7月31日，中国(平南)石硖龙眼节在平南石硖龙眼示范区开幕。同年，平南石硖龙眼作为农产区域公用品牌入选首批广西农业品牌目录，并先后分别被自治区、国家评为广西特色农产品优势区和中国特色农产品优势区。

桂平铁皮石斛 产于桂平市麻垌镇白石山地区，是桂平市名贵珍稀药材，野生资源丰富，其发展历史悠久。《浔州府志》（清光绪本）卷七物产药之属记载：“石斛一名金钗，俗曰‘黄草’。浔州多有之，以产桂平白石山为良。”《桂平县志》（民国本）卷十九纪地物产下篇记载：“石斛，一名金钗。俗曰‘黄草’，以产白石山为良。”史料所载“金钗石斛”经考证实为今桂平市的铁皮石斛。

铁皮石斛（干品又称铁皮枫斗）为兰科珍稀植物——石斛类的极品，因表皮程铁绿色而得名，具有独特的保健与药用价值，民间有“救命仙草”之称。经现代医学和中医药理研究表明，铁皮石斛具有滋阴清热、耐缺氧、抗疲劳、抗衰老、防治肿瘤、治疗糖尿病和萎缩性胃炎等多重功效。桂平市麻垌镇白石山地区位于广西东南部，北回归线穿境而过，属南亚热带季风气候，温度、光照、降雨等条件都极易适宜铁皮石斛生长。桂平铁皮石斛茎直立、圆柱形，茎长6.0~39厘米，茎粗2.3~7.5毫米，叶多数披针形或卵圆形，长1.4~4.0厘米，宽0.3~2.1厘米。居群多数为叶片青绿到淡紫色；叶鞘具紫斑或点；总状花序淡黄绿色、逐渐变淡黄色、黄色至紫色，唇瓣后部两边有紫色条纹，中部有2个紫红色斑块，分布在两边，较近或连在一起。花期4—7月。味微甘，有清香，品质上乘。桂平铁皮石斛多糖含量28.1%~41.8%，甘露糖含量27.5%~38.0%，氨基酸总量1.5%~2.59%，符合《中国药典》要求。

为开发和保护桂平铁皮石斛野生资源，1998年前后，麻垌镇白石山地区农民开始人工驯化种植野生苗，包括种子直播探索试验，但因技术等的原因规模较小，发展较慢。2010年后，在农业部门的大力支持和引导下，种子直播研究获得突破，铁皮石斛生产进入快速发展阶段。桂平铁皮石斛产地选择和种植过程执行《白石山铁皮石斛生产技术规程》，实行标准化生产，产品质量符合《中国药典》标准。2013年获得农产品地理标志保护产品登记证书。2018年，桂平市铁皮石斛种植面积40公顷，产量约120吨，年产值12万元。

木格白玉蔗 产于贵港市港南区木格镇，种植历史悠久，据光绪《贵县志》土产篇记载：“腊蔗，一名玉蔗，皮脆味甘，节疏而干大，不耐旱。”“初生节土，人即就其叶卷而护之，皮脆味甘，不能做糖，仅供小食也”。根据考证，清朝后期已有相当规模的种植，主要分布于木格镇木格村、护录村、谭冯村、江石村，其中以护录村的种植历史最久。

木格白玉蔗喜温、喜光、喜水作物，港南区木格镇是典型的亚热带季风气候，受季风影响明显，年均气温21℃以上，年降水量1250~2300毫米，十分适宜木格白玉蔗的生长。因独有的种植产地、种植方式、产品口感、营养成份和养生效果，白玉蔗成为中国独一无二的优

质珍稀绿色水果型甘蔗，是贵港市独具特色的传统名优地方农产品，在全国享有较高知名度。

木格白玉蔗种植方法独特，采用传统种植工艺——“扎束种植”，其外形美观，色泽诱人，略带金黄，如白玉清透润丽，故得名白玉蔗。蔗身粗壮、节间长、皮薄、腮白、肉白净脆嫩、纤维细而少、清甜多汁特点，其成分以蔗糖、果糖、葡萄糖为主，含有大量的铁、钙、磷、锰、锌等微量元素，尤以铁含量为最，故素有“补血果”之美称，是果蔗中稀见珍品。采收期为农历10月至翌年3月，现以20~40元/扎销售，一般每亩产值8000~10000元。除本地销售外，主要销往河南、福建、北京、上海、广东、海南等地，主要销售形式有实体经销商、超市、电商等，多年来一直供不应求，成为当地百姓的“致富蔗”。2018年末，港南区白玉蔗种植面积5000多亩，年产量4万多吨。

覃塘红米、覃塘黑米 由覃塘当地原生稻为种演变而来，是特种稻米的一种。据《贵县志》（清光绪十九

年版）记载："早稻一名金城稻，粒尖色红而性硬，高仰所种又谓之赤米，下品也。然性耐旱，高仰处皆宜贵，俗名禾米。米赤色作饭倍硬，宜酿酒。春分后播种于岭，布列成行，不须莳秧。郭南里及郭北水南里产。"经考证，贵港市覃塘区覃塘镇、根竹乡属当时郭北里，由此可见，覃塘红米、覃塘黑米种植历史已超 120 年。

覃塘红米、覃塘黑米采用壮家原始自然的耕种、培育、加工方法，生长周期比普通稻米长约 2 个月，红米外皮呈紫红色，内心红色，黑米外皮呈紫黑色，内心黑色。米质好，富含硒，营养价值和药用价值较高，有补血、健脾、养胃及治疗神经衰弱症等多种功效。

在覃塘区政府的大力支持下，贵港市覃塘区特色农产品产业协会、广西壮园农业发展有限公司与广西农科院 3 家建立了科研基地，常年进行覃塘红米、覃塘黑米的品种培育、生产种植、产品加工的自主研发，并通过"公司 + 基地 + 农户"的方式，坚持采用壮家自然耕种、培育、加工，采用标准化生产和绿色生产技术，施有机肥，灭虫采用物理或环保低毒农药技术，大力发

展覃塘红米和覃塘黑米种植业和加工业。2016 年，产品及生产方法获得国家专利认证并投入生产。2018 年，覃塘红米种植面积 1180 亩，覃塘黑米种植面积 1035 亩，产品远销北京、深圳等地，协会研发的有色米袋泡茶远销香港市场。

罗秀米粉　据老人口述，明朝初年罗秀米粉就已出名，并被列为贡品上贡朝廷，此惯例传至清末。香港曾记载的"中国十绝"中，罗秀米粉是其中一绝。

罗秀米粉因产于桂平市罗秀镇一带而得名。是桂平著名特产之一，被誉为"中国一绝"。其手工制作工艺独特，以其山区特有的水质，配以当地所产的优质大米，采用 18 道工序精制而成。以条细匀称，外观洁白、油亮，质地柔韧、耐煮、细腻、润滑，食之爽脆而闻名遐迩。1985 年，中央电视台、深圳都乐影视公司以《奇特的米粉》为题，将罗秀米粉摄入大型电视系列片《中国一绝》后，知名度更高。

在民国时期，罗秀米粉已盛销南粤各大城市，以及远销港、澳和海外。在当政府的大力支持下，桂平市现有 21 个村 100 多家米粉加公司、工厂和作坊，年产量超过 1500 万千克，产品供不应求，产品远销粤港澳地区和东南亚。

新塘红糖　是运用民间传统榨糖工艺生产的红糖，原产于贵港市港南区新塘镇而得名。贵港市盛产甘蔗，村民土糖作坊较多，且历史较长，清朝至民国期间，贵县的制糖业发展颇具规模，从业人员最高达 4000 人以上。据民国 31 年（1942 年）11 月统计，贵县有石卡、

三里、新塘、八塘、桥圩等 18 个乡镇种甘蔗，有 108 个村屯设有土榨糖厂，尤以新塘产量最大，品质最佳。

现代新塘红糖是港南区新塘镇采用现代设备，运用民间传统"直风灶""连环锅"榨糖工艺，选用新鲜甘蔗，纯手工加工而成，其产品不添加任何现代工艺防腐剂、色素等，完全采用物理的方法将蔗糖结晶而成，最大程度保持甘蔗的营养，为此新塘红糖带有一股类似焦糖的特殊味道。富含丰富的钙、铁等人体必需的微量元素，具有益气补血、化淤散寒、暖胃健脾、缓解疼痛的功效。2018 年，新塘镇有传统红糖生产作坊 20 多家，年产红糖 400 吨。

贵港根竹桑叶茶　贵港市栽桑养蚕历史悠久。据《贵港市志》（县级，403 页）记载：清朝光绪年初，黄炎光首先在南厢（今罗泊湾一带）发展种桑养蚕。曾有"只见桑株百万行，农家妇孺采桑忙"（《广西蚕业（科普版）》2007 年 02 期第 24 页）的诗句，可见种桑至为兴盛。光绪十五年（1889 年），广西巡抚马丕瑶劝业蚕桑，县始设蚕桑局。中华人民共和国成立后，在各级人民政府的领导下，蚕业生产有较大恢复和发展。

贵港根竹桑叶茶选用当地优质的嫩桑叶为原料，

经过采桑、洗晾、切叶、杀青、揉搓、解块、烘干、制香等工序精制而成。工艺中除去桑叶中有机酸的苦味、涩味较为关键;口味甘醇、清香溢人。桑叶茶用开水冲泡,清澈明亮,清香甘甜,鲜醇爽口。尤其对中老年人及不宜饮茶的人提供了一种新型饮品,使其在饮茶过程中得到一定的保健效果。贵港根竹桑叶茶特殊的加工工艺,最大程度地保留了桑叶中的多糖、黄酮和生物碱类DNJ成分,饮用后降糖效果明显。

自2001年始,贵港市港北区高度重视桑蚕产业的规划和发展,深挖桑蚕产业潜力,发展循环、立体、高效的现代蚕桑产业,截至2018年末根竹镇桑园种植3000亩,年养蚕12000多张,年产桑叶茶12.8吨,年产桑叶面40吨,桑蚕及附属产品产值2800多万元,是贵港市最大的桑蚕产区之一。其中,根竹镇江口村桑蚕养殖农户近500户,三民村养殖农户近200户。根竹镇江口村成立鑫农桑蚕种养专业合作社,现有社员250多名。该合作社在传承原有加工工艺的基础上,独创贵港根竹桑叶茶的生产加工工艺,2013年开发具有保健作用的"港农牌"桑叶茶,同年获得桑叶茶生产许可证(QS证),并取得无公害产品证书,2016年获得"中国名优硒产品"称号,并陆续研发出桑叶面条、桑叶饼干、桑叶蛋糕等富硒桑叶产品,实现了生产、加工、销售相结合的产业链发展。

桥圩马蹄 产于港南区桥圩镇而得名。以颗粒大、

皮薄、肉厚、色鲜、味甜、清脆、渣少为要,达到富硒标准值,较大的马蹄每个重34克左右。具有清热止渴,利湿化痰,降血压功效,用于热病伤津烦渴、咽喉肿痛、肺热咳嗽、凉血解毒。贵港市桥圩镇素有种植马蹄的历史,桥圩马蹄是贵港市传统农产品。桥圩马蹄于2015年通过自治区农业厅的无公害农产品认证。2018年,种植面积4500亩,产量1.35万吨,销售广东、福建等全国各地,以及远销新加坡等国。

平南墨底鳖 是广西的优质淡水水产品之一,原产于平南县浔江流域。自上世纪90年代初,广西平南一些农户收集江河野生苗种进行人工选育培养。其外观体型钝圆扁平,背部橄榄绿色或古铜色,分布有黑

色花斑大而清晰,裙边宽厚,腹部有明显的对称黑色斑印,因而取名"墨底鳖"。

平南墨底鳖具有含肉率高、肉质脆嫩爽滑的特点。每100克鲜肉中含蛋白质16.9~18.2克、脂肪0.9g~1.2克、钙16.1~17.5毫克、铁0.9~1.3毫克、锌2.4~2.6毫克。2012年5月2日,农业部正式批准对"平南墨底鳖"实施农产品地理标志登记保护。2018年,总养殖面积8250亩,总产量3100多吨。

贵港火龙果 贵港与台湾处于同一纬度,气候特征相近,2012年贵港从台湾引进火龙果进行种植,7年时间,贵港火龙果种植业已迅速发展成为贵港的水果支柱产业之一,2018年种植面积5000多亩,平均亩产2500~3000千克。经化验分析,贵港火龙果含有多种对人体有益的成份,果实富含铁元素,果实中花青素含量最高,具有抗氧化、抗自由基、抗衰老的作用,芝麻状的种子有促进胃肠消化的

功能。贵港火龙果的水溶性膳食纤维含量非常丰富，具有减肥、降低胆固醇、润肠、预防大肠肿瘤的功效。

水石荔枝　产于港北区武乐乡水石村得名，因肉质干爽、核小清甜、糖份高、有特殊的香味而闻名。荔枝是水石村种植的古老水果品种，由吴氏先祖从广东西迁带至广西，水石村现有树龄为200年左右的长寿

荔枝树3棵。全村荔枝种植面积2500多亩。2019年6月25日，贵港市港北区武乐镇荔枝古村水石村举办"第三届水石荔枝文化节"，广西荔枝龙眼创新团队首席专家朱建华带领专家团队到亲临现场指导，并与水石村签订水石荔枝品改技术合作协议，力争用3—5年打造出"水石荔枝"品牌。

贵港沃柑　是2010年后贵港引进种植成功的水果之一，主产地系贵港市港南区。贵港沃柑是一个晚熟杂交柑橘新品种，长势强、外观漂亮、多汁味甜、挂果期长、丰产性极好。港南区红壤土比例高，含钾、铁、硒等营养元素丰富，种植港南沃柑多汁味甜、化渣好、口味浓郁，春节前上市的沃柑糖度为14.8%~15.3%，春节后上市糖度为16%~18%。沃柑采摘后在常温下可以保存2个多月，冷藏条件下可以保存半年时间，上市时间灵活。

港南区地处亚热带季风区，年平均气温21.7℃，年平均日照时1650小时，年降雨量1250~2300毫米，土壤中富含微量元素，被证明是最适合沃柑种植区域之一。在当地政府的大力推动下，港南区沃柑种植通过果业公司、柑橘种植专业合作社、种植大户、农户自营等多种经营主体，推动了沃柑产业规模化、组织化的发展，成为港南区种植业的优势特色产业之一，并成为产业扶贫、产业富民主选种植业之一。2018年，港南区种植沃柑面积1.2万亩，产量2750吨，产值达到1650万元。

木梓阿婆茶　港南区木梓镇位于贵港市最南端，地处六万山余脉，武思江畔，早年由广东引入的六花茶（河婆茶）在贵县木梓乡种植成功，今称为木梓阿婆茶。

是贵港地域本土特色茶树。《贵县志》（光绪本）记载："河婆茶，一名六花茶，河婆人植之于六花山，故名。味淡而香，怀西、怀北各里产，土壤宜沙土，清明谷雨前采嫩叶培制者尤佳。"《贵阳竹枝词》（清莫潜著）："村庄零落路欹斜，荆棘围篱几处花。一阵香风吹市过，阿婆新煮雨前茶。"以此映证了阿婆茶的种植。

木梓阿婆茶外形条索肥嫩紧结、有锋苗、微卷曲、匀整，色泽灰绿光润，绿茶经久耐泡，茶味清淡，香气浓郁，红茶茶色金黄，香气怡人，入口鲜醇回甘。含茶多酚16.4%以上、氨基酸3.9%左右、咖啡碱5.1%，富含多种维生素、茶多糖等物质。根据广西壮族自治区地质调查院发布的土地质量地球化学评价显示，港南区木梓镇的茶叶硒含量0.046毫克/千克。

2009年，木梓阿婆茶专业合作社成立，以"合作社+基地+农户"的模式，采用"生产、收购、服务、销售"一条龙经营服务带动农民增收致富。2018年末有社员200多名，茶叶生产基地2000亩。2017年，木梓阿婆茶获得"无公害农产品"证书；2018年，木梓阿婆茶种植基地获评广西现代特色农业示范园，同年7月木梓阿婆茶通过广西农产品地理标志品质鉴评会评审。

贵港市经济社会发展综述

——记改革开放 40 周年、自治区成立 60 周年

广西贵港市，位于广西东南部，珠江流域干线西江中游，属于南亚热带季风气候区，阳光充足，雨水充沛，年均气温 21.5° C，是一座具有两千多年历史的古郡新城，1988 年撤县改市，由贵县更名为贵港市，1996 年升格为地级市，因自古以来遍种荷花，别称“荷城”。辖桂平市、平南县、港北区、港南区、覃塘区，总面积 10602 平方公里，户籍人口 555.71 万人，常住人口 437.54 万人，地处华南、西南及珠三角、北部湾经济圈结合部，境内县县通高铁、县县通高速、县县通高等级航道，是中国华南地区最大的内河港口和水陆交通联运枢纽，是广西最大的优质天然富硒地区，有“中国硒港”之称，是广西重要的粮食、蔗糖、林果、畜禽、水产基地。主要的矿产资源有 40 多种，其中，锰矿、铅锌矿、锡矿、石灰石、花岗岩、三水铝等储量丰富。主要旅游景点有南山公园、翼王石达开故居旅游风景区、桂平西山风景名胜区、太平天国金田起义旧址、大藤峡、龙潭国家森林公园、大平山自然保护区、白石山等。

党的十八大以后，贵港市认真贯彻落实中央和自治区党委、政府的决策部署，紧扣打造新时代“实力、活力、魅力、给力”新贵港、加快建成西江流域核心港口和新兴工业城市的总目标，深入实施“13446”工作思路，深化拓展“六个年”活动，弘扬“敢干、实干、苦干、善干”的作风，解放思想、勇于担当，因势而谋、顺势而为，各项工作均取得了突破性进展，全市经济社会保持加快发展的良好态势。

一、经济总量突破千亿大关，综合实力大幅提升

（一）经济总量实现新跨越

2017 年贵港生产总值 1082.18 亿元，经济总量突破了千亿元大关，比建市之初的 1996 年增加了 973.92 亿元，经济总量翻了 3.3 番，年均增长 9.9%。其中，“九五”、“十五”、“十一五”、“十二五”地区生产总值年均增速分别为 4.9%、11.9%、14.1%、7.4%。

（二）财政保障能力稳健提升

2017 年，全市财政收入 90.03 亿元，是 1996 年的 14 倍，年均增长 13.4%，其中，一般公共预算收入 50.41 亿元，是 1996 年的 12 倍。全市财政收入占 GDP 的比重由 1996 年的 5.8% 提升至 2017 年的 8.3%，财政保障能力稳健提升。

（三）人均 GDP 和人均财政收入均有较大突破

全市人均 GDP 从 1996 年的 2892 元提高至 2017

1996—2017年贵港市生产总值及增速

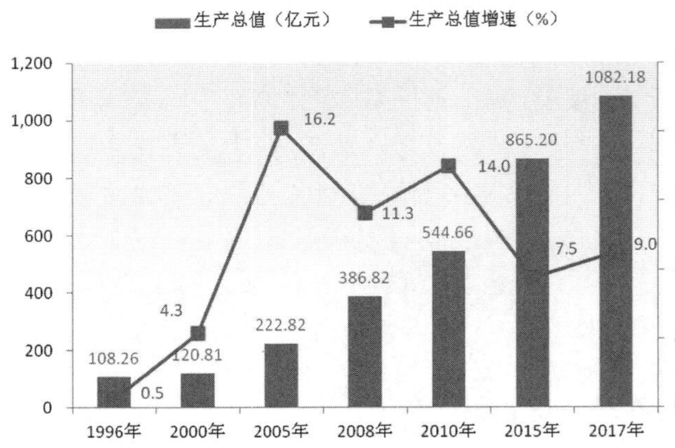

1996—2017年贵港市财政收入及增速

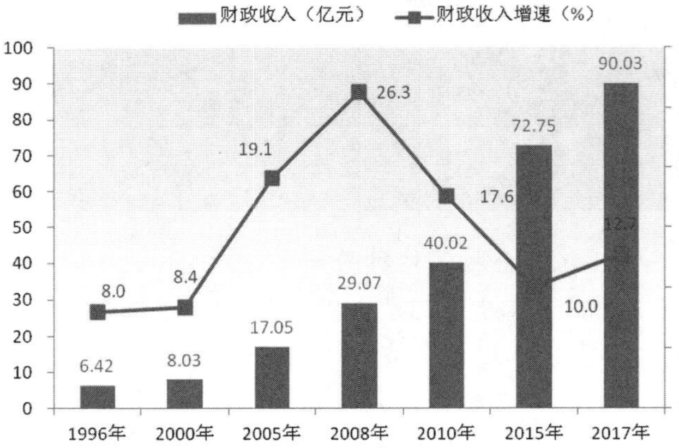

1996—2017年贵港市人均地区生产总值及增速

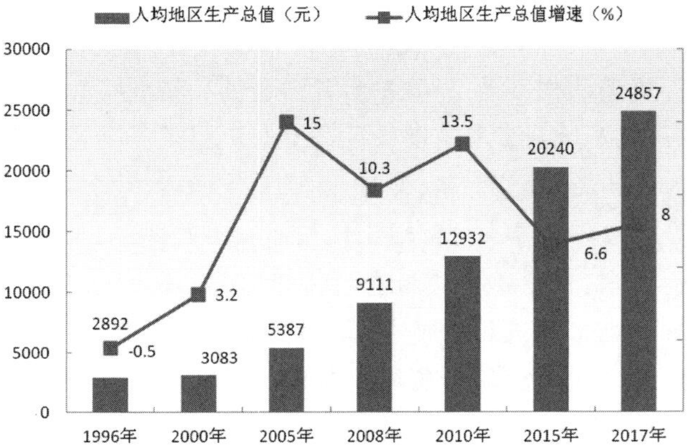

年的 24857 元，增长了 8.6 倍，年均增长 8.9%；人均财政收入从 1996 年的 171 元提高至 2017 年的 2068 元，增长了 12 倍。

二、经济结构逐步优化，第三产业比重稳步提升

随着经济的快速发展，贵港市三次产业结构发生了根本性的变化，建市之初三次产业结构为“一三二”，2002 年调整为“三一二”，2005 年调整为“三二一”，2007 年以后保持“二三一”的结构，产业结构不断优化。2017 年，全市三次产业结构为 17.9∶43∶39.1，与 1996 年相比，第一产业比重下降了 29.2 个百分点，第二、三产业比重分别提高了 24.8、4.4 个百分点。

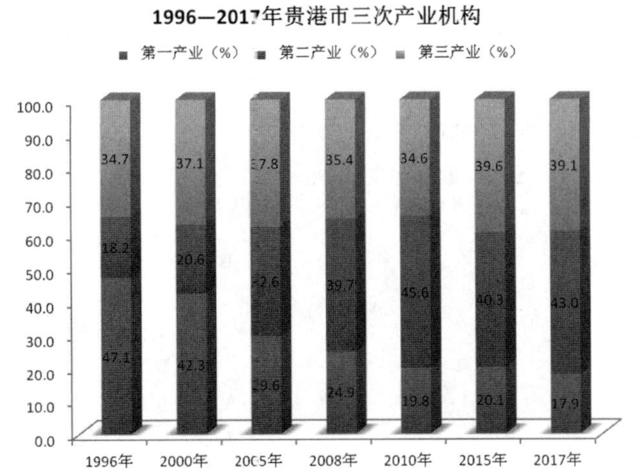

（一）农业基础不断稳固

贵港市地处北回归线上，地势平坦，三大河流郁江、黔江、浔江交汇于境内，资源丰富，农业经济发展具有得天独厚的先天条件。2017 年，全市农林牧渔业总产值 334.75 亿元，是 1996 年的 4.1 倍，年均增长 5.5%。

1. 从种植方面看，农业产业结构得到有效调整，主要农产品产量稳步增长。2017 年，全市农作物播种面积 45.04 万公顷，其中粮食种植面积 27.47 万公顷，经济作物种植面积 10.17 万公顷，蔬菜种植面积 6.97 万公顷。水果、蔬菜、油料、甘蔗、木薯等主要农产品产量增长迅速，2017 年产量分别为 31.05 万吨、162.66 万吨、11.5 万吨、246.32 万吨、26.33 万吨，分别比 1996 年增长 382.1%、94.6%、102.5%、32.4%、293.6%。粮食生产连年丰收，建市以来每年粮食总产量均稳定在 150 万吨左右，2017 年全市粮食产量 149.63 万吨。

2. 从养殖方面看，第一产业由以种植业为主发展为种养并举，水产畜牧业已发展成为全市第一产业的支柱产业和农民增收的主要途径。2017 年，全市肉类总产量 38.22 万吨，是 1996 年的 2.2 倍；生猪出栏 361.77 万头，是 1996 年的 2.2 倍；家禽出栏 4341.18 万只，是 1996 年的 2.1 倍；水产品产量 22.37 万吨，是 1996 年的 4.6 倍。

（二）工业支撑作用凸显

建市以来，贵港市优势支柱产业快速发展，生产能力和经济效益大大提高，形成制糖、造纸、建材、电力、化工、木材加工、服装、船舶制造等传统支柱产业体系，并随着“工业兴市、工业强市”、“大招商、招大商”等战略部署的稳步推进，成功引进了新能源汽车及电动车、电子信息、生物制药等新兴产业。2017 年，全市规模以上工业总产值首次突破千亿元，由 1998 年的 28.96 亿元提高到 1182.2 亿元，年均增长 21.6%；规模以上工业增加值由 1998 年的 8.63 亿元提高到 360.7 亿元，年均增长 17.1%。

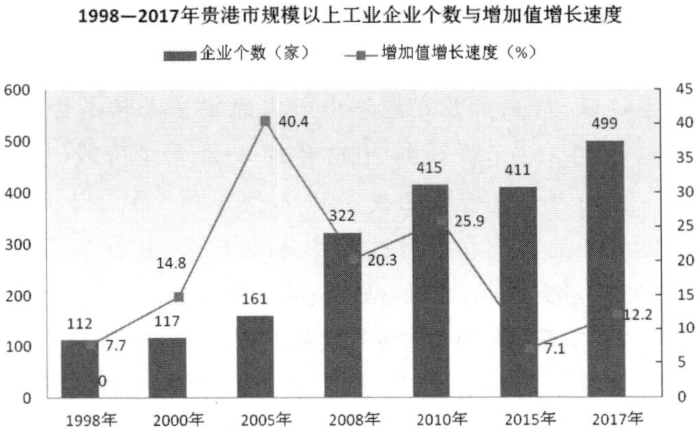

1. 规模以上工业企业个数增长迅速。1998 年，全市规模以上工业企业（年销售收入 500 万元以上工业企业）112 家，2017 年发展到 499 家（年主营业务收入 2000 万元以上工业企业），工业经济持续壮大。

2. 传统产业提档升级。贵糖技改搬迁、贵钢 120 万吨轧钢、桥圩 · 中国羽绒谷等项目建设加快推进，广西绿友农生物科技股份有限公司成功登陆“新三板”，林板纸、机械制造、纺织服装等产业产值分别突破 100 亿元，建材业产值突破 200 亿元，民用钢质船舶、服装、胶合板、水泥等产量均排名广西第一。

3. 新兴产业发展取得重大突破。新兴产业实现了从无到有的突破，并随着新兴产业产能的逐步释放，新旧动能转换加速，新兴产业成为贵港经济强大发展引擎。2017 年，华奥新能源汽车一期、久久星新能源车辆、芬兰赛尔康电子、贝丰电子一期、嘉龙海杰电子、石药集团药品生产基地等项目建成投产，腾骏汽车、战神新能源专用车、海南新世通制药等项目加快推进，贵港市初步构建了广西第二汽车生产基地、中国－东盟新能源电动车生产基地、电子信息制造基地的框架。2017 年新能源汽车及电动车、电子信息、生物制药三大新兴

产业工业产值50亿元，同比增长118.6%，工业增加值同比增长61.4%。

4. 园区工业加快发展，集聚效应持续提升。贵港市五大园区包括贵港生态工业园、江南工业园、覃塘产业园、平南工业园、桂平长安工业集中区，五个园区产业定位明晰、布局合理，可以承接不同规模各类产业投资项目进驻。2013年—2017年，园区规模以上工业企业个数从130家增加到216家，企业个数占全部规模以上工业企业的43.3%，总产值从334.7亿元增加到746.75亿元，年均增长22.2%。2017年，五大园区规模以上工业增加值224.06亿元，同比增长11.9%，增加值总量占全市规模以上工业增加值的62.1%。

（三）服务业不断优化发展

建市以来，全市第三产业经历三个阶段的发展轨迹：第一阶段（1996年—2003年）建市初期由于工业化水平较低，第三产业在经济中所占比重呈上扬态势，由1996年的34.9%提高到2003年的42%；第二阶段（2004年—2010年）随着工业发展进入快车道，第三产业占国民经济的比重在小幅波动中逐步下滑，由2004年的39.5%下滑到2010年的34.6%；第三阶段（2011年—2015年）“十二五”期间，在经济发展呈现新常态、工业经济增长后劲不足的背景下，第三产业在经济中比重逐年递增，由2011年的36.1%提高到2015年的39.6%。第三产业逐步成为推动经济发展的新引擎，2017年全市第三产业增加值422.68亿元，是1996年建市之初的11.2倍，年均增长9.6%。各行业之间打破了建市之初批发零售餐饮业一枝独秀的局面，形成均衡发展、共同带动服务业增长的格局。

1. 交通运输仓储邮政业是第三产业第一大行业，充分体现贵港市的交通区位优势。2017年，交通运输仓储邮政业增加值占第三产业增加值的19.4%，比1996年提高3.3个百分点，全市公路水路客货运周转量572.88亿吨公里，是1996年的12.5倍；邮电业务总量48.54亿元，是1996年36.8倍。港口建设欣欣向荣，港口货物吞吐能力、船舶运力和造船能力均占广西内河50%以上，2017年港口货物吞吐量6322万吨，是1996年的16.8倍，年均增长14.4%，稳居广西内河港口首位。

2. 行业发展逐步均衡化。1996年，批发零售贸易餐饮业一枝独秀，占第三产业增加值的30.1%，但随着金融业、房地产业等其他行业的崛起，第三产业的内部结构发生了根本性变化，批发零售业所占比重大幅下降，金融业、房地产业等其他行业发展迅速，占比不断提升，各行业间呈均衡发展态势。

三、固定资产投资成效显著，内外贸易助力经济发展

（一）固定资产投资高速增长

建市以来，贵港市充分利用地理区位优势，积极承接东部产业转移，极大改善了全市经济结构和生产力布局，先后建成投产了西江航运枢纽、华润水泥、台泥、华电等一大批重点建设项目。近几年，随着西江—珠江经济带建设上升为国家战略，房地产、高速铁路、高速公路、贵港二线船闸航运枢纽、大藤峡水利工程、工业新兴产业等项目的开发投资，带动固定资产投资进入快速扩张期。1996年全市全社会固定资产投资7.75亿元；2005年达到129.43亿元；2010年达到385.29亿元；2015年达到778.61亿元；2017年达到983.8亿元，是1996年的126.9倍，年均增长25.9%。

1996—2017年贵港市固定资产投资及增速

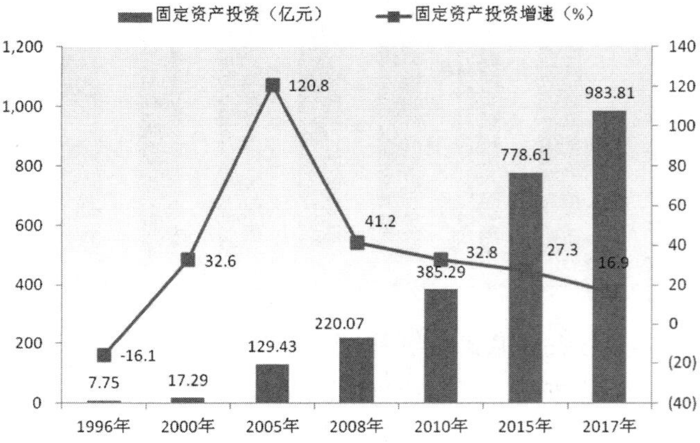

（二）消费市场繁荣活跃

经济发展促进消费市场繁荣活跃，2017年全市社会消费品零售额480.7亿元，是1996年的10.6倍，年均增长11.9%。随着市场经济、改革开放的不断深入发展，全市商业市场走出了原有的封闭模式，发展格局

2000—2017年贵港市社会消费品零售总额及增速

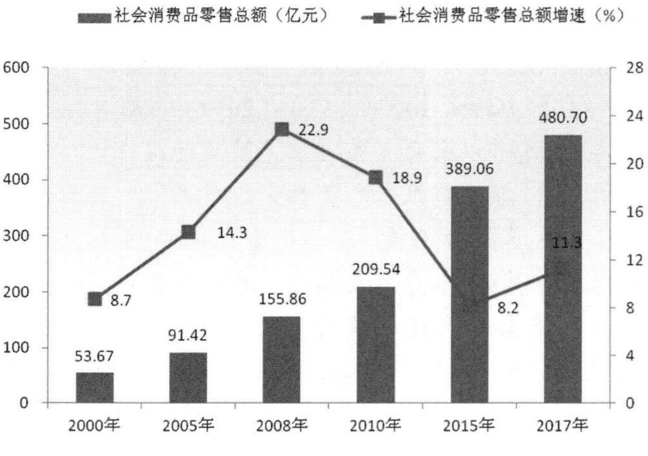

也逐渐由单一型向多元化转变，批发零售业逐步壮大，市场商品类别丰富多彩，消费热点随着人们生活水平的提高也逐步由传统的吃穿用转向享受型消费。1996年食品饮料烟酒类、日用品类、家用电器类是消费的三大类别，分别占限上商品零售额12.7%、19.7%、24.1%，到2017年，占据比重前三的是石油及制品类、汽车类、食品饮料烟酒类，分别占限上商品零售额的30.8%、29.4%、8.3%。

（三）对外贸易加快发展

贵港市是国家一类对外开放口岸，坐拥黄金水道，一年四季可航行2000吨级船舶，30个小时即可直达粤港澳，通江达海的航运优势为对外贸易加快发展提供了得天独厚的条件，对外贸易产品品种和供货量不断增加，2017年，进出口贸易总额35306万美元，是1996年的2.4倍，年均增长4.2%。如今，贵港市已与四十多个国家和地区，以及东盟、欧盟、亚太经合组织有贸易往来。出口贸易的国家（地区）和组织主要以韩国、美国、香港、澳门、新加坡、东盟和亚太经合组织为主，出口商品涉及近三十个品种。

四、城镇化建设稳步推进，城乡面貌焕发新气象

（一）城镇化建设稳步推进

建市以来，贵港市经济的发展吸引了大量的农村人口涌入，寻找就业发展的机会，城市人口扩张迅速。2017年，全市城镇常住人口214.46万人，比1996年增加126.92万人，城镇化率也由1996年的23.3%提高到2017年的49%，年均提高1.2个百分点。

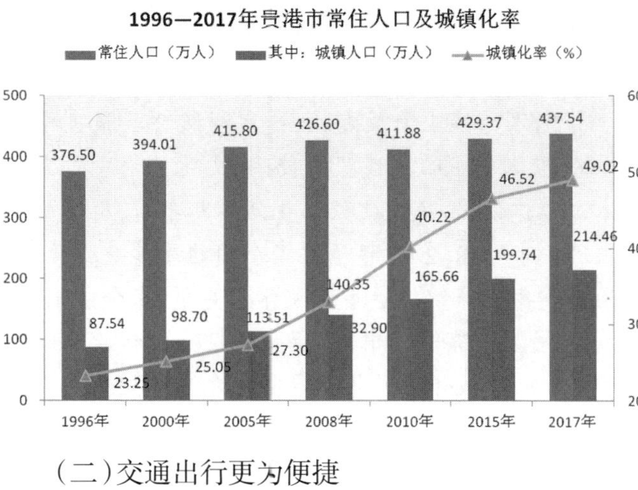

（二）交通出行更为便捷

建市以来，贵港市交通基础设施更加完善。梧州至贵港、贵港至合浦、桂平至来宾等高速公路竣工通车，贵港至隆安、荔浦至玉林等高速公路加快推进。高铁（贵港站）投入运营，圆了贵港人民的“高铁梦”，每天经过贵港站的动车约100车次，实现县县通高速、县县通高铁目标。罗泊湾大桥、青云大桥、浔江特大桥、郁江二桥建成投入使用，结束了贵港市中心城区、桂平城区、平南县城“一桥通南北”的历史。完成市中心城区主要道路“白改黑”工程16个，打通“断头路”20多条，新建改造城市道路250多条，开工建设城区立交桥9条。公共交通体系基本建成，公交线路实现全城覆盖，2017年末实有公共汽车营运车辆由1996年的17辆增加到2017年的429辆，其中2017年投入运营新能源公交车220辆，贵港市入选“十三五”时期全面推进公交都市建设第一批创建城市。

（三）城市基础设施不断完善，人居环境极大改善

建市以来，贵港市城市道路、供排水、供电、路灯等基础设施日趋完善，城市框架不断扩大，城市基础设施不断完善，人居环境得到极大改善。2017年，全市城市道路724.5公里，城市道路面积1570.78万平方公里，排水管道825.45公里，供水管道1404.25公里，公共供水总量8583.23万吨，天然气供气总量1560.62万立方米，液化石油气供气总量2.54万吨。众多现代化高层建筑、一大批生态商住小区建成，增强了贵港的时代特色，贵港中心城区建成区面积由1996年的18平方公里扩大到2017年的73.1平方公里，市图书馆、博物馆、“天网”工程二期、体育中心、园博园等一批重大城市配套设施相继建成，城市功能日趋完善。环保基础设施建设加快推进，市容市貌发生较大变化，城市绿化建设硕果累累，城市道路景观效果明显显现，东湖公园、南山公园的改（扩）建，以及马草江生态公园、民族文化公园建成开放，都极大改善居民的居住环境，2017年，全市绿化覆盖面积5528.5公顷，建成区绿化覆盖率38.25%，公园面积350.86公顷。

五、人民生活安居乐业，民生福祉大幅提升

建市以来，人民生活发生极大变化，生活水平、就业情况、文化素质和精神面貌都有显著提高，逐步由温饱向小康迈进。经济持续发展给人们提供大量的就业机会，2017年，全市城镇新增就业2.18万人，城镇登记失业率为1.07%，全市就业人员317.24万人，比1996年增加89.31万人。就业的增加促进居民收入的增长，2017年，全市城镇居民人均可支配收入28806元，是1996年的6.4倍，年均增长9.2%；农民居民人均可支配收入12544元，是1996年的6.6倍，年均增长9.4%。居民生活方式从数量扩张型向质量提高型转变，消费结构渐趋合理，在满足物质生活的同时，也越来越注重对精神生活的追求。2017年，城镇居民恩格尔系数39.4%，较1996年下降10.8个百分点；农村居民恩格

1996—2017年贵港市城乡居民人均收入

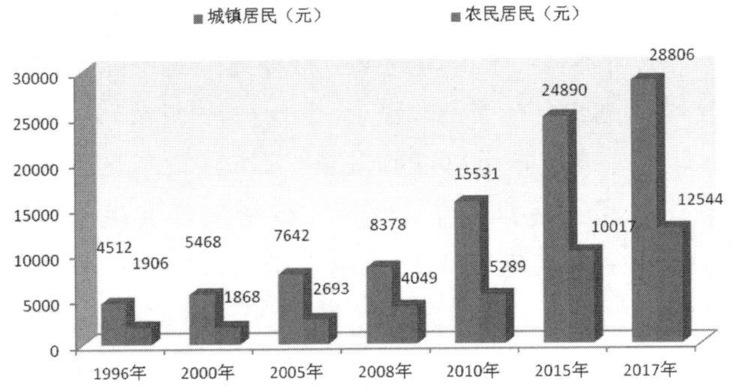

1996-2017年贵港市城乡居民人民币储蓄存款（亿元）

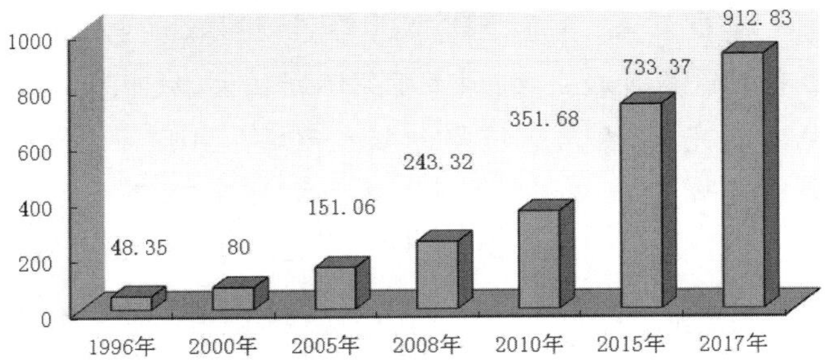

尔系数41.9%，较2000年下降11.2个百分点。居住条件得到很大改善，住房结构、装饰层次逐步提高，2017年城镇人均住房建筑面积47.3平方米，农村人均住房面积50.91平方米。城乡居民储蓄也随着生活水平的提升而持续增加，2017年贵港市金融机构人民币住户存款余额1262.28亿元，是1996年的21.5倍，年均增长15.7%。

民生保障体系逐步健全。建市以来，市委、市政府持续加快社会保障体系建设，注重以人为本，关注民生，社会福利事业继续推进。2017年末，全市共有提供住宿的社会服务机构910个，床位1.42万张，年末收养4551人。社会保障参保人数不断增加，覆盖面不断扩大，2017年参加城镇职工基本养老保险人数19.88万人，城乡居民基本养老保险人数173.89万人，基本医疗保险参保人数500.09万人，失业保险参保的人数10.34万人，工伤保险参保人数16.71万人，生育保险参保人数12.07万人。脱贫攻坚取得新成效，2012年以来累计实现减贫40.76万人、349个贫困村摘帽，贫困发生率由12.1%下降到4.3%，2017年城市居民最低生活保障人数1.13万人；农村最低生活保障人数17.49万人。

六、科教文卫稳步发展，社会事业全面进步

科教事业优先发展。教育事业加快发展，2012年以来累计投入31.1亿元新建学校43所、改扩建学校2549所；学前三年毛入园率达85%以上，义务教育巩固率达95%以上，高中阶段毛入学率达88%以上；建成荷城小学、金港小学、荷城初中等一批中小学校，开工建设广西物流职业技术学院，贵港人民的“大学梦”如愿启航。贵港市现有中等职业教育学校、普通中学和小学共1081所，在校生83.62万人，拥有专任教师4.5万人。科技事业成果丰硕，创新能力大幅提升，建成市级以上科技创新平台42个、院士工作站3个，新增高新技术企业14家，建成全区首家新能源电动车产品质检中心，成立华奥汽车－上海同捷联合汽车工程研究院。2017年专利申请受理量2217件，比上年增长9.7%，获得专利授权659件，其中发明58项；规模以上工业企业研发经费内部支出7019万元，比上年增长4.4%；研发人员663人，增长7.5%。

卫生计生服务水平进一步提高，2012年以来累计投入13亿元建设240多个卫生基础设施项目，市人民医院外科楼、市精神病医院、港北区人民医院新院等投入使用，桂平市和覃塘区分别获评“国家妇幼健康优质服务示范县”“全国计划生育优质服务先进单位”。2017年末全市共有卫生机构4278个，其中医院、卫生院124个，妇幼保健院（所、站）6个，疾病预防控制中心（防疫站）6个。医院、卫生院病床床位15676张，卫生技术人员2万人，其中执业医师和执业助理医师6589人，注册护士8003人。

文化体育事业繁荣发展，建成村级公共服务中心632个，市体育中心建成投入使用，文化艺术中心完成主体工程建设，人民文化娱乐生活不断丰富，群众健身意识进一步增强。2017年承办了全国健美健身公开赛、广西青少年篮球锦标赛等重大体育赛事，在全区15个项目的青少年锦标赛中，获得金牌27枚，银牌30枚，铜牌22枚，竞技体育整体竞争实力大幅度提升。

（贵港市统计局提供）

索　　引

索引说明

一、本索引采用内容分析法。正文中凡具有独立检索意义的完整资料，包括条目、子目、图片和表格等，均可使用本索引检索。综述、概况不作索引，大事记、文件目录选编等只标类目，不作内容分析。

二、本索引按汉语拼音字母（同音字按声调）顺序排列。类目、分目的索引款目使用黑体字排印，其余款目宋体字排印。表格、图片（含示意图）在其款目后分别注明“表”“图”。

三、索引款目后的数字表示内容所在的页码。数字后的拉丁字母(a、b、c)表示栏别（即版面的1、2、3栏）。

四、空二字起排的款目为该主题的“附见”，同一主题的“参见”，只标注页码和栏别。

五、首字为阿拉伯数字、拉丁字母的款目，排列在本索引后部。

H

J

Q

R

S

X

Y

Z